KB154415

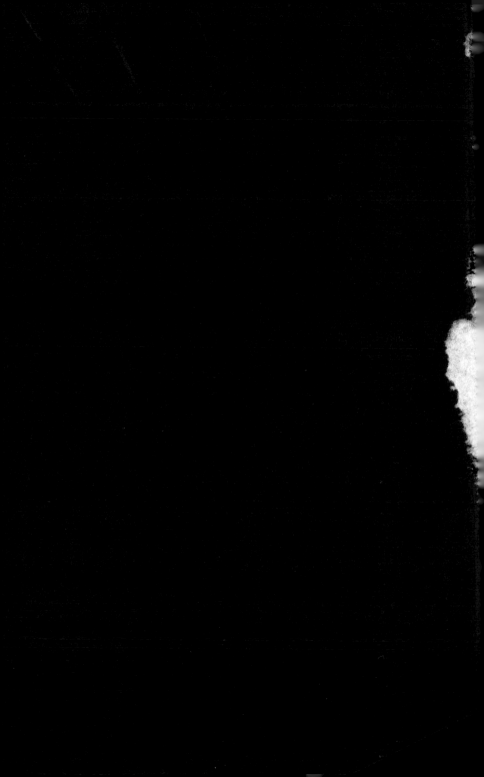

소통의 무기

소통의 무기

일상의 '왜'에 답하는 커뮤니케이션 이론

2017년 3월 20일 초판 1쇄

지은이 강준만

편 집 김희중 이민재
디자인 씨디자인
제 작 영신사

펴낸이 장의덕
펴낸곳 도서출판 개마고원
등 록 1989년 9월 4일 제2-877호
주 소 경기도 고양시 일산동구 호수로 662 삼성라끄빌 1018호
전 화 031-907-1012, 1018
팩 스 031-907-1044
이메일 webmaster@kaema.co.kr

ISBN 978-89-5769-382-7 93300
ⓒ 강준만, 2017. Printed in Korea.

• 책값은 뒤표지에 표기되어 있습니다.
• 파본은 구입하신 서점에서 교환해 드립니다.

소통의 무기

일상의 '왜'에 답하는
커뮤니케이션 이론

강준만 지음

개마고원

왜 '신문방송학과'라는 학과 이름이 사라질까?

한때 기자나 PD가 되고 싶어 하는 학생들이 지망하는 대학 학과 이름은 대부분 '신문방송학과'였지만, 이 학과 이름은 사라지고 있는 추세다. 전북대학교를 비롯하여 몇몇 대학들이 여전히 '신문방송학과'라는 이름을 쓰고 있지만, 대부분의 대학들이 이름을 새롭게 바꾸었다. 예컨대 언론정보학과(서울대), 언론홍보영상학부(연세대), 미디어학부(고려대), 커뮤니케이션학부(서강대), 미디어커뮤니케이션학부(중앙대) 등과 같은 식으로 말이다.

디지털 혁명으로 인해 '신문의 죽음'은 물론 '지상파 방송의 죽음'까지 거론되고 있는 상황에서 '신문방송학'이라는 이름이 시대에 뒤처진 느낌을 주는 건 부인할 수 없는 사실이다. 일부 대학들은 시대의 변화에 발맞춰 나가는 건 물론 한 걸음 더 앞서 가겠다는 취지로 '빅데이터'나 '인공지능'과 관련된 교과목을 신설하고 그 분야의 전공 교수를 채용하는 경향을 보이고 있기도 하다.

앞으로 그런 경향이 가속화된다면, 과거 신문방송학과에서 금 과옥조처럼 가르치고 연구하던 전통적 의미의 저널리즘은 어떻 게 되는 걸까? 완전히 사라지진 않는다 하더라도 '주류'의 위치 를 박탈당해 '비주류'의 교과목이나 연구 분야로 밀려나는 건 아 닐까? 만약 그렇다면, 이는 '언론학의 비애'라고 부를 만한 현상 일 게다.

대학은 늘 사회보다 한 박자 늦기 마련이지만, 사회 변화속도 를 외면하다간 도태될 수밖에 없어 사회를 따라잡는 노력을 하 지 않을 수 없다. 그런데 각 학문마다 속도 감각이 좀 다르다. 인 문사회과학 분야를 중심으로 말하자면, '문사철(문학·역사·철 학)'은 콘텐츠의 수명이 매우 긴 반면, 언론학은 매우 짧다. 그 중 간에 정치학과 사회학이 있다. 언론학 분야의 책은 시간이 조금 만 지나면 역사서가 되고 만다. 1개월도 길다고 하는 디지털 분 야의 변화속도를 따라 잡아야 할 뿐만 아니라 그런 변화가 사회 전반에 미치는 영향을 포착해야 하기 때문이다.

그러나 '비애'만 있는 건 아니다. 한국이 세계의 독보적인 '대 중매체 사회'라는 건 언론학자들에겐 축복이다. 다른 나라들은 '대중매체 사회'가 아니냐고 반문할 수 있겠지만, 한국만큼 대중 매체가 사회 진로와 대중의 일상적 삶에 큰 영향을 미치는 나라 도 드물다는 뜻으로 하는 말이다. 한국사회의 최대 특수성은 두 말할 필요 없이 '고밀도'와 '서울 1극 구조'다. 이건 서양 이론으로 도저히 감당할 수 없는 한국적 현상이다. 한국 정치에서 대중매체가 절대적으로 중요한 이유도 바로 여기에 있다. 한국인들은 정당 등의 매개조직을 경유하지 않은 채 미디어를 통한 '직거래'를 선호하기 때문이다. '풀뿌리 소통'이 없는 가운데 대중매체 장악을 놓고 이전투구를 벌이는 게 한국 정치의 주요 업무라고 해도 과언이 아니다.

게다가 한국 대중매체의 수용자는 다른 나라에선 그 유례를 찾기 어려울 정도로 중앙집중적일 뿐만 아니라 동질적이다. 한국사회의 독보적인 '쏠림' '소용돌이' 현상은 바로 그런 특성의 산물이다. 인터넷 등과 같은 뉴미디어의 성장으로 다양화·분권화가 나타나길 기대했지만, 기대에 미치지 못했다. 오히려 새로운 유형의 '쏠림' '소용돌이' 현상이 나타났다. 뜨거운 교육열에 따른 문맹 인구 일소, 대중매체 하드웨어의 수출산업 육성, 새로운 것을 적극 받아들이는 국민적 진취성, 놀이를 좋아하는 '호모 루덴스'(놀이하는 인간) 기질 등도 대중매체의 영향력을 크게 만드는 데 기여했다. 여기에 도입 초기부터 오늘에 이르기까지 대중매체를 각종 민관 합동 캠페인 도구로 적극 이용함으로써 대중매체의 동원 기능을 비대하게 만들었다. 이와 같은 이유들로 인해 대중매체는 늘 한국인 삶의 한복판을 차지해온 것이다.

아니 '신문의 죽음'과 '지상파 방송의 죽음'까지 거론되는 상황이라면, 그건 당연히 '대중매체의 죽음'도 말하는 게 아닌가? 맞다. 그간의 정의를 기준으로 하자면 '대중매체'는 디지털 혁명에 의해 파괴되면서 죽음의 길로 들어서고 있다. 하지만 나는 '대중매체'라는 용어를 죽게 내버려두는 것보다는 그 개념을 재정의 하자는 제안을 하고 싶다.

대중매체는 영어의 '매스미디어mass media'를 번역한 말이다. 미디어media를 우리 말로 번역하면 매개체이며, 줄여서 매체라 한다. 국어사전(동아출판사)은 매체를 "둘 사이에서 어떤 일을 하는 구실을 하는 물건"으로 정의하고 있다. 예컨대, A와 B가 커뮤니케이션을 하는 데, 직접 만나서 이야기를 하는 것이 아니라, 전화로 커뮤니케이션을 한다면 전화가 바로 매체인 셈이다.

영어에서는 단수와 복수의 구별이 엄격해 'medium'과 그 복수인 'media'를 가려서 쓰지만, 단복수 개념이 엄격하지 않은 우리나라에서는 모두 매체로 번역해서 사용하거나 미디어라는 단어를 쓴다. 또 '뉴미디어new media'의 경우처럼 아예 외래어로 널리 사용되는 단어는 '새로운 매체'라고 번역하면 오히려 이상할 것 같아 굳이 번역을 하지 않고 그대로 '뉴미디어'라고 사용하는 것이 보통이다.

A와 B가 커뮤니케이션을 하는 데, A가 TV 방송사이고 B가 시청자일 경우엔 TV는 매체인 동시에 대중매체다. 즉 커뮤니케이션을 하더라도 어느 한 쪽이 많은 수의 사람을 상대로 해서 하는 매스 커뮤니케이션의 매체가 바로 대중매체인 것이다.('대중매체'와 '매스미디어'는 보통 혼용하기 때문에, 인용이 많은 이 책에선 앞으로 두 가지를 섞어 쓰도록 하겠다.)

디지털 혁명은 어느 한 쪽이 많은 수의 사람을 상대로 하는 대중매체를 밀어내고, 누구든지 손쉽게 자신의 메시지를 송신할 수 있고, 누구건 '1인 미디어'의 주체가 될 수 있는 세상을 활짝 열어 젖혔다. 그래서 대중매체의 '독재'에 지친 대중은 자기 스스로 미디어가 될 수 있다는 소셜미디어에 희망을 건다. 그래서 어떤 일이 벌어지는가? IT칼럼니스트 김국현은 「'바보상자' 시대를 지나 바보 네트워크의 시대로」라는 제목의 칼럼에서 다음과 같이 말한다.

그런데 좋은 콘텐츠를 만드는 일은 비싼 일이다. 일상의 자투리에 만들어내는 미디어에는 그 한계가 있다. 겨우 기사를 소개하고 댓글을 다는 수준에서 벗어나지 못한다. 믿을 수 있는 친구들이 데스크가 되어 미디어를 취사선택해 준다는 맛은 있지만, 그 덕에 정작 알아야 할 정보에 대해서는 눈을 감게 된다. 내게 편한 정보에만 얼마든지 탐닉해 지낼 수 있기 때문이다. 우리 스스로 나서서 바보가 되어 가고 있다. 그나마 효험이 있다면 멀쩡한 줄 알았던 이들이 소셜미디어 덕에 그 민낯을 알게 된다는 정도일까? 어쩌면 소셜미디어는 이 바보탐지기의 기능이 최선이었는지도 모른다. 그리고 그렇게 탐지된 바보를 배제하면서 나의 재미, 나의 감동, 나의 기쁨에만 집중할 수 있게 된다. 그 덕에 미디어가 풀 수 있을 것이라고 기대했던 산적한 사회문제로부터는 모두가 눈을 감게 될 수 있었다. 마음 편하고 안락하게. 양질의 미디어를 만드는 일은 귀찮고 힘이 든다. 대신 사회문제는 바보 미디어를 자양분 삼아 마음껏 자라나고 있다.[1]

소셜미디어가 '바보 미디어'라는 뜻이 결코 아니다. 소셜미디어의 천국 시대에도 여전히 전통적인 대중매체의 기능이 필요하다는 가능성만이라도 인정하자는 것이다. 그런 인정이 있어야 대중매체의 재정의도 의미를 갖는다. 소셜미디어는 대중매체가 아닌가? 누가 어떻게 사용하느냐에 따라 대중매체일 수도 있고 아닐 수도 있다. 소셜미디어가 기존 대중매체보다 더 강력한 대중매체일 수 있다는 것은 미국 대통령 도널드 트럼프가 온몸으로 보여주고 있다. 그는 기존 대중매체를 적대시하면서 트위터를 통해 일시에 수백만 명의 대중과 '직거래 소통'을 하고 있다. 이미 대통령 선거 유세 당시 CNN은 케네디가 'TV 대통령'이고 오바마가 '인터넷 대통령'이라면, 트럼프가 승리할 경우 '소셜미디어 대통령'으로 기록될 것이라고 했고, 『살롱닷컴』은 이미 트럼프가 소셜미디어 캠페인으로 성공한 미국 최초의 전국 정치인이라고 했다.[2]

트럼프의 경우를 보자면, 트위터는 대중매체다. 아니 이런 경우는 무수히 많다. 유명 인사들은 자신의 메시지를 전달할 수 있는 수많은 대중을 거느리고 있을 뿐만 아니라, 그들의 트위터 메시지는 다른 미디어들이 뉴스의 단골 소재로 삼는 매스 커뮤니케이션이다. 그렇다면 우리가 전통적인 대중매체의 시대가 저물고 있다는 이유로 '대중매체'라는 용어를 포기할 게 아니라 새롭게 달라진 상황에서 여전히 과거의 대중매체 기능이 이루어지고 있다는 점에서 '대중매체'라는 용어를 '사용 방식'과 '영향력' 중심으로 재정의해야 하지 않겠는가.

나는 그런 취지에서 대중매체에 소셜미디어를 포함시키면서 그간 내가 역설해온 '대중매체 사회'라는 논지를 계속 유지하고자 한다. 이 논지의 핵심이었던 '서울 1극 구조'는 소셜미디어와는 아무 관계가 없지 않느냐고 생각할지 모르지만, 이는 소셜미디어를 통해 예전 대중매체 수준의 영향력을 행사하는 사람들의 거주지가 어디인가 하는 걸 살펴보면 달라진 건 아무것도 없다는 걸 깨닫게 될 것이다.

'대중매체 사회'는 그 자체로선 좋거나 나쁘다고 말할 수 있는 성질의 것은 아니다. 중요한 건 한국이 '대중매체 사회'라는 걸 깨닫고 그 명암明暗을 이해하면서 삶의 실제 문제와 연결시키려는 자세다. 그런데 우리에겐 이런 자세가 결여돼 있다. '대중매체 사회'라는 인식조차 없다. 모든 걸 자연스럽고 당연하게 여긴다.

그런 인식과 이해를 위한 입문서인 이 책은 95개의 "왜?"로 구성되었다. 왜 굳이 "왜?"라는 질문과 답의 형식을 빌려 썼는가? 지난 2012년에 발표된 미국 일리노이대 심리학과 연구팀의 9·11 테러와 관련된 연구 결과가 좋은 답이 될 것 같다. 연구팀은 1차 실험에서 항공기가 세계무역센터로 향하는 사진을 보여준 뒤 세계무역센터에서 두 블록 떨어진 곳에 세워진 이슬람 커뮤니티 센터에 대한 의견을 물었는데, 여기서 진보파와 보수파의 견해가 극단적으로 갈리는 사실이 확인됐다고 한다.

2차 실험은 다른 자원자를 대상으로 하되 한 가지를 추가했다. 건강 유지와 관련된 세 차례의 질문에 연속해서 대답하게 만든 것이다. 이때 한 그룹에는 "왜?"라고, 다른 그룹에는 "어떻게?"라고 물었다. 그 결과 "왜?"에 답변한 그룹은 이슬람 커뮤니티 센터에 대해 좀 더 온건한 견해를 갖게 된 것으로 나타났다. 보수파와 진보파의 답변이 서로 근접한 것이다. 이와 달리 "어떻게?" 그룹에선 변화가 나타나지 않았다. 연구팀은 "'왜?'라는 질문은 사람들로 하여금 보다 큰 그림을 그리고 자신과 반대되는 관점에서 문제를 바라보는 추상적 사고를 유도한다"고 설명했다. 이에 비해 "어떻게?"라는 구체적인 질문은 당장 눈앞에 있는 특정한 대상에 집중하게 만든다는 것이다.[3]

사실 당장 눈앞에 있는 것만 보려고 하는 우리의 성향은 집요하다. 우리는 사회적으로 불미스러운 일이 생길 때마다 그 당사자들을 비판함으로써 그 일의 원인마저 그 사람들 때문이라는 식으로 마무리 지으려고 하는데, 이게 옳은 경우도 있지만 그렇지 않은 경우도 많다. 사람 탓만 하는 식의 해법은 그런 일들이 사람만 바뀐 채 계속 일어날 수밖에 없게 만드는 결과를 초래할 뿐이다. 속된 말로 정치가 '개판'이라면 그렇게 된 이유와 책임을 정치인들에게만 물어선 답이 나오질 않는다. 정치인들은 왜 그러는지, 한 단계 더 나아간 "왜?"라는 질문을 던지는 게 필요하고, 바로 여기서 이론理論이 요구된다.

"왜?"라는 질문의 전부는 아닐망정 상당 부분은 이론이 있을 때에 더 쉽고 정확하고 일관되게 설명할 수 있다. 이론은 사실상 인과관계 또는 상관관계에 대한 설명이기 때문이다. 우리 사회의 모든 문제에서부터 개인의 심리 문제에 이르기까지, 이론을 알거나 이론을 찾으려고 노력하면 도움되는 게 많다. 특히 사실과 정보의 홍수 또는 폭발이 일어나고 있는 디지털 시대에 이론의 필요성은 더욱 커졌다. 사실과 정보의 홍수에 휩쓸려 떠내려 가는 사람들이 점점 더 많아지고 있기 때문이다.

그렇다고 해서 '이론 만능주의'를 주장하려는 건 아니다. 이론으로 모든 걸 설명하려는 시도는 위험할 수도 있다. 이론은 사고를 그 어떤 틀에 갇혀버리게 만드는 족쇄가 될 수 있기 때문이다. 그런데 실은 바로 이게 문제다. 사람들이 이론을 싫어한다곤 하지만, 자신이 깨닫건 깨닫지 못하건 모두 다 나름의 이론에 따라 세상을 살아가고 있기 때문이다.

미국 야구계에 떠도는 말 중에 이런 게 있다. "이론은 칫솔과 같다. 모든 이들은 각자 자기만의 이론을 갖고 있다. 다른 사람의 이론을 사용하고 싶어하는 사람은 아무도 없다."[4] 야구 선수들만 그런 게 아니다. 모든 사람들은 다 자기 나름의 이론을 갖고 있다. 그것이 고정관념이건 편견이건 버릇이건 그 무엇이건 간에 말이다.

이론은 강력한 증거로 뒷받침되는 가설이라는 엄격한 정의를 고수하는 학자들은 이론이라는 개념이 대중적으로 '근거 없는 추측'과 동의어로 쓰이는 걸 개탄한다.[5] 그럴만하다. 속된 말로 '똥고집'도 그 나름의 일관성을 갖고 있다는 점에서 그걸 갖고 있는 사람에겐 하나의 이론이지만, 이론으로 밥을 먹고 사는 학자들은 그것마저 이론이라고 부르는 데에 속이 상할 만하다. 누군가 말하지 않았던가. "개에게 벼룩이 있듯이, 학자에겐 이론이 있다" 고 말이다.

그러나 개탄하거나 속상해할 일은 아니다. 발상의 전환이 필요하다. '이론'이라는 말이 그렇게 느슨하게 쓰이고 있기 때문에 이론에 그 어떤 위험이 있다 해도 사회적으로 공유되고 검증받을 수 있는 이론의 중요성은 더욱 커진다. 자기 혼자만의 이론을 검증해볼 수 있기 때문이다. 우리에게 중요한 건 그 어떤 이론이건 이론의 노예가 아닌 주인이 되는 일이다. 그렇게 하기 위해선 이론에 대해서도 끊임없이 "왜?"라는 질문을 던져야 한다. 그렇게 열린 자세로 이론을 이용해 좀더 긴 '시야'와 깊은 '안목'을 갖고 대중매체와 사회를 이해하고 꿰뚫어보려는 노력을 해보자는 것이다.

이론은 '결론'이 아니라 '과정'이다. 그래서 열려 있으며 열려 있어야 한다. 수많은 학자들이 이론에 대해 수많은 말을 했지만, 나는 브렛 밀스Brett Mills와 데이비드 M. 발로우David M. Barlow가 『미디어 이론』에서 한 말이 마음에 든다. 이들은 "백과사전이나 사전에는 보통 타당하고 진실이라고 받아들여지는 사실이 들어 있기 때문에 토론이나 논쟁으로 이어지는 경우가 거의 없다"며 다음과 같이 말한다.

(반면) 이론은 합의된 결론을 도출하기 위한 움직임을 장려하기 위해 질문하고, 의견을 제시하고, 이미 나와 있는 의견들을 반박한다. 세상에 대한 이론화는 세상의 이해하는 것의 시작점이다. (…) (이론을 배우면) 어떤 것에 대한 비판적이고, 논리적인 사고를 장려하면서 대학 수준에서 중요하게 여겨지는 토론과 논쟁을 하는 능력이 향상될 것이다. (…) 미디어 이론을 가르치는 이유는 당신에게 의

문을 가지고, 토론하고 논쟁하는 방법을 알려주면서 당신이 세상과 스스로의 상태, 입장에 대해 좀더 깊은 사고를 하기를 바라기 때문이다.[6]

그런 관점에서 나는 평소 언론학 교재들이 너무 근엄하고 딱딱하다는 생각을 해왔다. 수용자(학생, 일반 대중)보다는 생산자(교수, 연구자) 위주가 아닌가 하는 생각을 할 때가 많았다. 그렇다고 해서 무슨 이의를 제기하려는 건 아니다. 단지 다양성 존중 차원에서 일반인들도 볼 수 있는 대중서 형식으로 씌어진 책도 있으면 좋겠다는 희망을 갖고 있을 뿐이다. 그런 희망을 실현하는 차원에서 이번에 큰마음 먹고 형식과 내용 면에서 큰 변화를 시도했다. 이미 출간된 나의 '세상을 꿰뚫는 50가지 이론' 시리즈처럼 가기로 했다. 그 시리즈에서 미디어 관련 글들을 가져와 재활용한 점이 마음에 좀 걸리긴 하나, 다시 손을 보면서 보완했다는 점을 감안해 그 시리즈를 읽은 독자들의 너그러운 양해를 바라마지 않는다.

나는 이 책을 2001년에 출간하고 2009년에 개정판을 냈던 『대중매체 이론과 사상』의 3판을 쓰겠다는 생각으로 집필에 임했지만, 위와 같은 변화를 시도하면서 형식과 내용이 워낙 많이 달라진데다 새로운 내용이 절반 이상 추가되는 바람에 아예 『소통의 무기』라는 새로운 책으로 내게 되었다. '신문방송학과'라는 학과 이름이 '커뮤니케이션학부'나 '미디어커뮤니케이션학부' 등과 같은 이름으로 바뀌는 추세와 맥을 같이 하는 셈이다.

커뮤니케이션은 매스 커뮤니케이션을 포함한 광의의 개념이다. 커뮤니케이션은 커뮤니케이션이 이루어지는 공간의 크기에 따라 분류하면, 자아 커뮤니케이션intrapersonal communication, 대인對人 커뮤니케이션interpersonal communication, 그룹 커뮤니케이션group communication, 조직 커뮤니케이션organizational communication, 공중 커뮤니케이션public communication, 매스 커뮤케이션mass communication, 국제 커뮤니케이션international communication, 문화간 커뮤니케이션intercultural communication, 글로벌 커뮤니케이션global communication 등으로 나눌 수 있다. 이 책은 '대중매체'를 중심에 놓고 있긴 하지만 이 모든 커뮤니케이션 유형을 다 다루기 때문에 '(일상의 '왜'에 답하는) 커뮤니케이션 이론과 사상'이란 제목이 내용에 부합한다.

"왜?"라는 질문 형식으로 이루어진 95개의 글 끝엔 '일독을 권함!'이라는 제목하에 각 이론·개념과 관련된 '최근 논문'들을 소개했다. 그밖에 참고할 만한 책들은 책 뒤의 주석을 참고하시기 바란다. 그런데 왜 하필 논문인가? 두 가지 이유가 있다. 첫째, 나는 날이 갈수록 학생들에게 교재 이외의 책들을 읽히는 게 매우 어렵다는 걸 절감하고 있다. 처음엔 개탄했지만, 이젠 개탄하지 않는다. 미디어 접근성에 있어서 종이 책은 '너무도 가까이 하기 어려운 당신'이라는 학생들의 처지를 이해했기 때문이다. 전자책의 대중화 속도는 더딜 뿐더러, 전자책보다 접근성이 훨씬 뛰어난 게 있다. 바로 그게 논문이다.

둘째, 논문에 대한 재인식이다. 학부생의 입장에서 논문이라고 하면 어려울 것이라고 지레 겁부터 먹기 십상이지만, 그렇게 생각할 필요가 전혀 없다는 말씀을 드리고 싶다. 잘 몰라서 그렇지 의외로 비교적 쉽게 읽을 수 있고 재미있는 논문들도 많다. 어려우면 어떤가. 사실 언론학 교수라도 전공 분야가 워낙 세분화돼 자신의 주 전공이 아니면 논문을 완전히 이해하진 못한다. 그럼에도 논문은 읽을 만한 충분한 가치가 있다. 완전히 이해하진 못한다 해도 상당 부분은 이해할 수 있으며, 무슨 이야기를 하고자 했는지, 각 이론이 현실 문제에 어떻게 적용될 수 있는지, 최근 연구 동향이 어떠한지 등을 아는 것만으로도 큰 공부가 되기 때문이다. 이는 학부생의 경우도 마찬가지이다. 이해 안 되는 부분은 건너뛰면서 읽어도 좋고, 최소한 논문 제목을 읽어보는 것만으로도 얻는 게 있다. 학교 도서관을 이용하면 이 책에 소개된 어느 논문이든 무료 온라인으로, 몇 번의 클릭만으로 손쉽게 이용할 수 있는 바, 많이 활용해주시길 기대한다.

2017년 3월
강준만 올림

목차

제1장 기초 개념과 이론

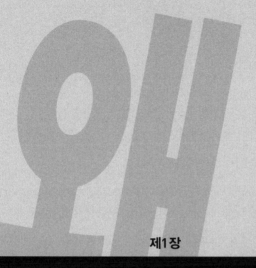

제1장

기초개념과 이론

커뮤니케이션
왜 우리 사회의 문제는 늘 '소통'인가?

우리 시대의 주요 화두는 소통이다. 2008년 6월 촛불집회에 참여한 시민들은 "국민은 소통을 하려고 하는데 불통이 되니까 울화통이 터집니다"라거나 "우리는 이제 '우리의 소원은 통일'이라 외치지 않습니다. 우리의 소원은 소통입니다"라고 말할 정도로 소통의 갈증과 굶주림을 호소했다.[1] 그런 호소는 여전히 계속되고 있다. 박근혜 대통령은 아예 '불통 대통령'이라는 별명을 얻었을 뿐만 아니라, 국정농단 사태의 전모가 드러나면서 아예 소통 능력과 자질이 없다는 평가마저 받았다.[2]

'소통'이라고 하면 좀 그럴듯해 보이지만, 소통을 영어로 옮기면 '커뮤니케이션'이다. 커뮤니케이션communication이란 무엇인가? 국어사전(동아출판사)은 커뮤니케이션을 "일정한 뜻의 내용을, 언어 그밖의 시각·청각에 호소하는 각종의 몸짓·소리·문자기호 따위를 매개mediation로 하여 전달하는 일"로 정의하고 있다. 그러나 학문적으로는 여러가지 정의가 있는데, 어느 학자는 이미 1970년에 서로 다른 정의가 98개나 된다고 보고한 적도 있다.³ 그러나 커뮤니케이션에 대한 정의를 어떻게 내리건 그 어원이 담고 있는 기본적인 뜻을 벗어날 수는 없을 것이다.

커뮤니케이션은 라틴어 communis(공유)와 communicare(공통성을 이룩한다 또는 나누어 갖는다)에서 유래된 단어로 공동common 또는 공유sharing라고 하는 기본적인 의미를 갖는다. 즉 '공통의 것을 갖게 한다to make common'는 것이다. 달리 말하자면, 사람들이 서로 의미를 공유함으로써 이해에 도달하고 합의에 도달하고 거기에서 공동체의 규범으로서의 문화를 창출하는 걸 가리켜 커뮤니케이션이라고 할 수 있는 것이다. 한국언론학회가 커뮤니케이션이라는 단어의 우리말 번역을 국어학자에게 의뢰한 적이 있었는데, 그때 나온 번역어는 '알림알이'였다. 그러나 '알림알이'는 거의 사용되지 않고, '커뮤니케이션'이 외래어로 정착돼 널리 쓰이고 있다.

커뮤니케이션은 과정이지 메시지 그 자체가 아니다. 또 그건 '공유'를 위해 쌍방적이어야 한다. 그래서 일부 학자들은 communication이라는 단어를 쓸 때에 여하한 경우를 막론하고 꼭 s를 붙여 communications라고 표기함으로써 쌍방성을 강조하기도 한다. 쌍방향 커뮤니케이션에서 '보내는 사람'은 communicator, '받는 사람'은 communicatee라고 한다.

커뮤니케이션 연구의 선구자라 할 수 있는 해럴드 라스웰Harold Lasswell은 1940년 커뮤니케이션 과정과 관련하여 다음과 같은 질문을 제시한 바 있다. "누가 무엇을 어떤 채널을 통해 누구에게 어떤 효과를 내면서 말하는가?Who says what to whom in what channel with what effects?" 이를 가리켜 'Source-Message-Channel-Receiver-Effect 모형', 줄여서 'SMCRE 모형'이라고 한다. 왜 SMCRE 모형엔 '왜Why'가 없는 걸까? 당시 제2차 세계대전 발발 상황에서 커뮤니케이션을 국민들을 효과적으로 설득하거나 동원하기 위한 수단으로 간주했기 때문이다.[4]

그런가 하면 또 다른 선구자라 할 윌버 슈람Wilbur Schramm은 1954년에 커뮤니케이션의 구성 요소에 대해 다음과 같이 말한 바 있다. "커뮤니케이션은 정보·생각·태도 등의 공유를 의도한다. 커뮤니케이션이 이루어지려면 최소 세가지 요소, 즉 송신자·메시지 그리고 메시지가 다다르는 목적지를 필요로 한다."[5]

커뮤니케이션엔 여러 종류가 있다. 앞서 지적했듯, 커뮤니케이션이 이루어지는 공간의 크기에 따라 분류하면, 자아 커뮤니케이션·대인對人 커뮤니케이션·그룹 커뮤니케이션·조직 커뮤니케이션·공중 커뮤니케이션·매스 커뮤케이션·국제 커뮤니케이션·문화간 커뮤니케이션·글로벌 커뮤니케이션 등으로 나눌 수 있다.

공간의 크기는 곧 수용자의 크기를 말하는 것이기도 하다. 우리는 대중매체를 이용하는 행위를 가리켜 흔히 '소비한다'거나 '수용한다'는 표현을 쓰기도 하는데, '소비한다'는 건 대중매체가 내보내는 것이 팔기 위한 상품이라는 점을 강조하는 것이고, '수용한다'는 건 대중매체가 내보내는 것을 사람들이 받아들인다는 점을 강조하는 것이다.

그래서 대중매체가 사회문화적으로 미치는 영향에 대해 이야기하고자 할 때엔 대중매체의 이용자를 흔히 '수용자audience'라고 부른다. 신문이나 잡지 같은 인쇄 매체 수용자는 독자, 연극이나 영화의 수용자는 관객, 라디오 방송의 수용자는 청취자, TV 방송의 수용자는 시청자가 될 것이다. 뉴미디어 분야에선 '수용자'가 수동성을 내포하고 있다는 이유로 주로 '이용자user'라는 표현을 쓰고 있다.[6]

매스 커뮤니케이션은 시대의 변화에 따라 다른 의미를 갖기도 한다. 한때 책을 통한 커뮤니케이션은 매스 커뮤니케이션으로 볼 수 있었지만, 오늘날엔 TV와 비교하여 책에 의한 커뮤니케이션을 매스 커뮤니케이션이라고 보기엔 좀 멋쩍은 감이 있다. 그래서 책과 TV에 의한 커뮤니케이션을 같은 매스 커뮤니케이션으로 보는 건 재고해야 한다고 주장하는 사람도 있다. 물론 오늘날엔 소셜미디어를 매스 커뮤니케이션으로 볼 수 있는가 하는 의문이 제기될 수 있겠지만, 이는 앞서 지적한 것처럼 소셜미디어를 누가 어떻게 사용하느냐에 따라 매스 커뮤니케이션일 수도 있고 아닐 수도 있다고 말할 수 있겠다.

전통적 관점에 따르자면, 매스 커뮤니케이션은 매스미디어를 이용해 많은 수의 사람들을 대상으로 한 커뮤니케이션을 가리킨다. 매스 커뮤니케이션을 줄여서 흔히 '매스컴' 또는 '매스콤'이라는 말도 많이 사용되고 있다. 매스 커뮤니케이션을 굳이 우리말로 번역하면 '대중 커뮤니케이션'이 될 것이나, 두 단어 중 어느 한쪽만 번역해서 쓰는 게 어색해 그대로 '매스 커뮤니케이션'이라고 부르는 것이 보통이다.

사람 사는 어느 곳에서건 벌어지는 문제의 대부분은 어떤 유형이든 커뮤니케이션의 문제다. 누구나 인간관계에서 벌어지는 갈등의 경험을 갖고 있을 게다. 그 갈등의 근본 원인은 커뮤니케이션의 문제가 아니었을망정 갈등의 전개 과정을 지배하는 건 바로 커뮤니케이션이라는 데에 공감할 것이다.

피터 드러커Peter Drucker는 "모든 경영 문제의 60%는 부실하거나 잘못된 커뮤니케이션의 결과"라고 했다. 기업만 그런 게 아니다. 국정운영도 마찬가지다. 다니엘 부어스틴Daniel J. Boorstin은 『민주주의와 그 불만Democracy and Its Discontents』(1975)이라는 책에서 "민주주의는 순전히 자기표현적이거나 폭발적이거나 독설적인 커뮤니케이션이 아니라 공유하는 커뮤니케이션에 의존한다."고 했는데,[7] 정부와 국민 사이의 소통이 안 되면 민주주의가 위협받을 수밖에 없다. 한국은 세계 최고 수준의 '시위 공화국'일 뿐만 아니라 '고소·고발 공화국'이라는 불명예를 얻을 정도로 국민 상호간 신뢰와 소통 수준도 매우 낮다. 우리 사회의 문제가 늘 '소통'인 이유도 바로 여기에 있다.

📚 일독을 권함!

● 강준만, 「사울 알린스키의 커뮤니케이션 전략: 한국정치의 소통을 위한 적용」, 「정

치·정보연구』, 19권 1호(2016년 2월 28일), 351∼387쪽.

● 심재철, 「한국적 공공 커뮤니케이션의 이론화 작업과 실제적 적용」, 『커뮤니케이션 이론』, 10권4호(2014년 12월), 5-20쪽.

● 홍원식, 「인터넷 공론장 돌아보기: 소통은 무엇을 위한 것인가?」, 『커뮤니케이션 이론』, 10권4호(2014년 12월), 263-300쪽.

● 강준만, 「한국 '포퓰리즘 소통'의 구조: '정치 엘리트 혐오'의 문화정치학」, 『스피치와 커뮤니케이션』, 17권(2012년 6월), 7-38쪽.

● 강준만, 「소통의 정치경제학: 소통의 구조적 장애 요인에 관한 연구」, 『한국언론학회 심포지움 및 세미나』, 2011년 5월, 49-65쪽.

● 송호근, 「공론장의 역사적 형성과정: 왜 우리는 不通社會인가?」, 『한국언론학회 심포지움 및 세미나』, 2011년 5월, 27-48쪽.

● 김겸섭, 「소통 자본주의 시대의 변증법과 정치 윤리: 지젝의 헤겔 읽기와 윤리학을 중심으로」, 『현대사상』, 7권(2010년 12월), 297-325쪽.

● 원용진, 「문화 정체성과 신 자유주의 '매체 정경'(media-scape)」, 『인간연구』, 4권(2003년 1월), 31-57쪽.

공중의 대중화

왜 '공중'이 없는 민주주의는 불가능하다고 하는가?

대중mass이란 무엇인가? 옥스퍼드 영어사전은 '개별성이 상실된 덩어리an aggregate in which individuality is lost'로 정의하고 있다. 그러나 '매스'는 그 정의가 어떠하건 매우 부정적인 의미를 내포하는 것으로 간주돼왔다. '매스'와 관련하여 흔히 연상되는 세가지 이미지는 ①군중 ②무식하고 무법 ③문화·지성·합리성 결여 등과 같은 것이다. 반면 사회주의 국가에선 무산계급의 힘과 단결을 상징하는 긍정적 의미를 띄기도 한다.

대중과 대비되어 긍정적인 의미로 사용되고 있는 단어는 '공중public'이다. 공중이란 15세기에 인쇄술의 발명과 더불어 생겨났다는 게 일반적인 시각인데, 이와 관련 가브리엘 타르드Gabriel Tarde는 다음과 같이 말한 바 있다. "인간의 모든 집단들은 공중으로 변화하려고 한다. 이러한 변화는 사회성에로의 욕구가 증대되고 공통의 정보와 자극을 끊임없이 흘려보냄으로써 성원들 사이에 규칙적인 커뮤니케이션을 개설할 필요가 생긴 데에서 비롯된다."

요컨대, 공중이란 커뮤니케이션의 기술을 통해 성립되었고, 또 커뮤니케이션을 통해서 맺어지고 있는 인간들의 비조직적인 집단이라고 볼 수 있다. 공중의 특성으론 보통 ①의견을 받기보다는 표현한다 ②의견은 토론에 의해 형성된다 ③통치집단에 대한 행동을 취할 수 있다 ④통치집단에 대해 자율적이다 등이 거론된다. 그래서 영영사전도 public을 "a group of people with a common interest"로 정의하고 있다.

그렇다면 군중crowd은 무엇일까? 군중의 특성으론 ①어떤 장소에 모여 있는 인간들의 무리[群] ②일시적·일회적 또는 일시적·정기적으로 집합하는 비조직적 집단 ③공통의 목표를 향한 행동을 일으키고 ④그 성원들은 모두가 익명적이고 ⑤충동적이고 감정적 ⑥피암시성suggestion이 많고 비합리적인 행동을 취하며 ⑦무책임하고 무비판적 등과 같은 일곱 가지 요소가 거론된다.

군중이 곧 대중은 아니다. 둘은 서로 좀 다른 개념이다. 대중mass과 군중crowd의 차이로는 ①군중은 일정한 장소에 모인 국지적인 집단이며 그리고 일시적·일회적으로 모이는 비교적 소수인의 집단인데 반해, 대중은 국지적인 성격을 띠지 않고 지구상에 널리 산재해 있는 포괄적인 집단이며 상시적 성격을 띠는 다수인의 집단이다 ②군중은 공통된 행동목표를 지님으로써 무책임하나마 리더십이 있는데 반해, 대중은 공통된 행동목표도 없고 따라서 리더십을 결하고 있다 ③군중은 감정적이고 충동적이며 피암시성에 강해서 군중심리에 끌려 무책임한 행동으로 나가기 쉬운 반면, 대중은 거대한 집단속에서 인간적인 안정성을 잃어 고독과 불안을 느낌으로써 어떤 강한 힘 앞에 쉽사리 굴복해 버리는 성격이 있다 등을 들 수 있다. 이와 같은 차이점에도 불구하고 대중과 군중은 모든 사회계층, 이해관계, 생활수준 등이 다른 이질적인 성원으로 구성되고 있다는 점과 익명적인 사람들의 비조직적인 집단이라는 공통성을 갖고 있다.[8]

현대사회의 한 가지 중요한 특징은 점점 더 '공중'이 상실 또는 실종돼가고 있다는 점이다. 그래서 '공중의 대중으로의 변환', 즉 '공중의 대중화the transformation of public into mass'라는 말을 하는 사람들도 있다. 월터 리프먼Walter Lippmann은 『여론Public Opinion』(1922)과 『유령 공중The Phantom Public』(1925)이라는 책에서 '공중'은 허구적 개념이 되었다고 주장했다.

리프먼은 유권자들이 공공문제들을 대하는 데 있어서 잠재적인 능력을 갖고 있다는 것조차도 그릇된 이상이라고 주장했다. 리프먼은 시간, 흥미 또는 지식이 없어서 사회적 문제들의 세부사항을 알고 있지 못한 유권자들의 의견을 물어 여론이라고 말하는 것은 무의미하며, 보통사람들에게 많은 것을 기대하는 것은 부당하다고 역설했다. 고전적 민주주의 이론에서 기본 가정으로 삼은 공중은 '유령'이요 '추상'에 지나지 않는데, 그런 사람들의 의견을 '여론'이라고 해서 중요시하고 또 그들의 표가 지도자를 결정하니 민주주의가 제대로 되겠느냐는 것이다.[9]

그러나 존 듀이John Dewey는 리프먼의 주장을 받아들이는 것은 민주주의의 전제를 포기하는 것이라며 "민주주의는 완전히 실현되지 않은 이상이었고, 이는 여전히 그럴 것이다. 인간임을 배우는 과정은 소통을 주고받으면서 공동체 내에서 자율적인 구성원이 되기 위한 감각을 키워가는 것이다"고 말했다.[10] 또 듀이는 민주주의가 정상적으로 작동하기 위해 모든 것을 아는 '지적인 공중'이 필수적인 것은 아니며, 지적인 공중이 없으면 민주주의가 불가능하다고 보는 시각이 잘못되었다고 주장했다. 이와 관련, 이준웅 등은 다음과 같이 말한다.

> 듀이는 공중은 단지 전문적 지식이 공동의 관심사에 대해 갖는 결과를 판단할 수 있을 정도의 능력만 있으면 충분하다고 주장한다. 또한 그는 공중의 판단을 위해 필요한 것이 바로 사회적 탐구social inquiries와 그 결과의 자유로운 전달과 공개라고 지적하면서, 공중의 문제the problem of the public란 바로 이것들을 위한 '논쟁, 토론, 설득의 방법과 조건을 개선하는 것'이라고 주장한다. 결국 듀이에 따르면, 민주주의의 실현은 공적인 채널을 통해 자유롭게 접근할 수 있는 정보를 근거로 상호 논쟁, 토론, 설득을 통해서 공공의 관심사에 대해 나름대로 판단할 수 있는 능력을 지닌 공중이면 된다는 것이다. 우리는 듀이의 주장에 공감하면서도, 바로 이러한 공중, 즉 '정보를 근거로 상호 논쟁, 토론, 설득을 통해서 공공의 관심사에 대해 나름대로 판단할 수 있는 능력을 지닌 공중'을 기대하는 것조차 쉽지 않을 것이라고 생각한다.[11]

사실 쉽지 않은 정도가 아니라 그마저도 거의 불가능하다는 게 충분히 입증되었다고 보아야 하지 않을까? 듀이의 반론은 진보의 '희망사고wishful thinking'에 가까운 것이었는지도 모른다. 크리스토퍼 래시Christopher Lasch는 『진보의 착각: 당신이 진보라 부르는 것들에 관한 오해와 논쟁의 역사』(1991)에서 리프먼-듀이 논쟁에 대해 다음과 같이 논평했다.

정작 듀이가 설명하지 못한 것은 대규모 생산과 매스컴이 지배하는 세상에서 (공동체에 대한) 충성과 책임이 도대체 어떻게 살아날 수 있는가 하는 것이었다. 듀이는 '가정, 교회, 이웃의 해체'를 당연한 것으로 받아들였다. 거기서 생겨나는 '공백'을 무엇으로 채워야 할까? 듀이는 답하지 않았다. 듀이는 '얼굴과 얼굴을 맞대는 공동체를 재건할 전망을 점치는 것'은 '우리의 논의 범위를 벗어났다'고 썼다. 듀이가 이 점을 파고들지 못한 것은 진보 이념에 대한 그의 믿음이 워낙 투철해서였다.[12]

리프먼은 '공중의 대중화'를 크게 우려했지만, 리프먼의 이런 용법과는 달리 '공중'을 '대중'과 비슷한 개념으로 쓰기도 한다. 예컨대, 빌 코바치Bill Kovach와 톰 로젠스틸Tom Rosenstiel은 공중의 참여를 ①개입하는 공중involved public ②관심을 갖고 있는 공중interested public ③관심 없는 공중uninterested public 등 세 단계로 나누었는데,[13] 이 경우의 '공중'은 사실상 '대중'의 대체어로 쓴 것이다.

인터넷의 발달은 공중 개념의 지평을 흔들고 있다. '사이버 공동체cyber community'는 '컴퓨터에 의해 매개된 통신CMC: computer mediated communication'에 기초한 것으로 게임 공동체, 채팅 그룹, 온라인 카페, 동호회, 온라인 동창회, 토론 그룹, 지역 네트워크, 메일링 리스트, 유스넷 등 시공간의 제약을 동시에 극복할 수 있는 공동체를 의미한다. 최근엔 블로그blog가 강력한 사이버 공동체로 떠오르고 있다.[14] 사이비 공동체를 '온라인 공중online public'으로 보기도 한다.[15]

공중 개념의 연장선상에서 국가와 사회를 매개하는 자발적이고 제한 없는 토론의 장을 가리켜 '공론장public sphere'이라고 한다. 낸시 프레이저Nancy. Fraser는 공론장을 '시민들이 그들의 공통문제에 대해 생각하는 공간' '산만한 상호작용의 제도화된 공간' '개념상으로 국가와 분리된 공간' 그리고 '이론적으로 국가에 비판적일 수 있는 담론의 생산과 순환의 장소'라고 비유했다.[16]

공론장은 과거 부정적인 비판의 영역에 갇혀 있던 미디어 영역을 보다 긍정적으로 확장·변모시킬 수 있는 의미가 있다는 이유로 1980년대 후반부터 집중적인 조명을 받았다.[17] 공론장에 대한 초기 연구에서는 시민의 자격을 가진 공중이 진지하게 공적이슈를 토론하는 공식적인 토론 장소를 주목했으나, 오늘날 공론장은 온라인 커뮤니이션의 발달과 함께 사이버 공간으로 확장되었다.[18]

강명구는 『훈민과 계몽: 한국 훈민공론장의 역사적 형성』(2016)에서 독일 철학자 위르겐 하버마스의 공론장 개념으로부터 비롯된 유럽과 미국사회의 공론장 논의를 공부하면서 한국의 현실과는 맞지 않는다는 데에 강한 문제의식을 갖고 '훈민공론장訓民公論場' 개념을 제시했다. '훈민'은 '백성을 가르치다' '도덕이나 윤리를 깨우칠 수 있도록 가르치다'는 뜻인데, 한국 공론장은 "저널리즘의 애국주의, 국가와 국가주의의 우산 아래 작동하는 시민사회와 공론장, 말하는 주체로서의 파워엘리트의 과다대표" 등의 특성을 갖고 있다는 것이다.[19]

그렇다면 훈민공론장이 아니라 시민공론장이 필요한 것 아닌가? 강명구는 그런 질문이 제기될 수 있다고 인정하면서도, 역사적 분석을 통해 훈민공론장의 긍정적 측면도 있음을 밝히고 있다. "예를 들면 애국계몽을 실천한 지식인들, 지사를 자임하면서 독재정권을 비판하고 언론의 자유를 지키고자 한 언론인들은 세계시민의 이해가 아니라 국가와 민족의 번영을 위해 자신의 삶을 헌신했다. 오늘날 국가권력을 비판하고 시민의 권리를 주장하는 건강한 국민사회가 만들어진 것도 이들의 헌신 덕분이라고 할 수 있다."[20]

최근엔 다중多衆, multitude이란 개념도 쓰이고 있다. 2008년 한국의 많은 지식인들이 촛불집회 참가자들을 '다중'이라고 주장하고 나서 널리 알려진 개념이기도 하다. 다중은 안토니오 네그리Antonio Negri와 마이클 하트Michael Hardt가 2000년에 출간한『제국』에서 인간의 새로운 주체성을 표현하기 위해 정식화한 개념으로, 다양하고 이질적이며 혼종적인 사람들의 집합체를 의미한다.[21]

다중은 특정한 지배장치에 의해 구조화되기보다는, 자신들의 개별 고유성을 소통하면서 공통성을 키워나가는 주체적인 사람들이다. 또 다중은 자본주의사회에서 획일화되고 매체에 의해 주조되며 수동적인 대중mass과는 달리, 자신들의 주체적인 욕망과 주장들을 결집해 나가는 무리들이다. 자본주의 발전과 국민국가 형성 과정에서 다중은 민중에게 패배했으나 80년대 이후의 변화, 즉 포스트포드주의는 상황의 근본적 변화를 몰고 왔기에 생산과정도 달라졌고, 국가는 약화됐으며, 보편성보다 개별성이 강조되었다는 것이다.[22]

그러나 다중 개념이 지나치게 낙관적이라는 지적도 있다. 더그 헨우드Doug Henwood는 『제국』은 "비유와 종교적 상징에 크게 의존하고 있기 때문에 읽다보면 정치경제학적 연구라기보다 환상의 신화적 판타지 작품처럼 보이기도 한다"고 말했다.[23] 같은 맥락에서 다중 개념은 반드시 대안, 그것도 혁명적인 대안을 만들어내야 한다는 강박의 산물이라는 시각도 있다. 아니면 적어도 희망 강박증일 수는 있겠다. 하기야 인간이 희망 없이 어찌 살아갈 수 있으랴.

📚 **일독을 권함!**

- 정용준, 「BBC의 공론장 모델에 대한 역사적 평가」, 『방송통신연구』, 91권(2015년 7월), 165~184쪽.
- 홍원식, 「인터넷 공론장 돌아보기: 소통은 무엇을 위한 것인가?」, 『커뮤니케이션 이론』, 10권4호(2014년 12월), 263~300쪽.

- 박근영·최윤정, 「온라인 공론장에서 토론이 합의와 대립에 이르게 하는 요인 분석: 개방형 공론장과 커뮤니티 공론장의 토론 숙의성 비교」, 『한국언론학보』, 58권1호(2014년 2월), 39~69쪽.

- 한승완, 「한국 공론장의 원형 재구성 시도와 사회 · 정치철학적 함축」, 『사회와 철학』, 26권(2013년 10월), 355~384쪽.

- 박근영·최윤정·이종혁, 「인터넷 토론 공론장의 분화: 공중의 진화과정에 영향을 미치는 요인 분석」, 『한국언론학보』, 57권3호(2013년 6월), 58~86쪽.

- 조흡·오승현, 「문화적 공론장으로서 〈도가니〉: 인식론적 커뮤니케이션에서 감성 커뮤니케이션으로」, 『문학과영상』, 13권4호(2012년 12월), 837~864쪽.

- 박홍원, 「공론장의 이론적 진화: 다원적 민주주의에 대한 함의」, 『언론과 사회』, 2012년 11월, 179~229쪽.

- 송호근, 「공론장의 역사적 형성과정: 왜 우리는 不通社會인가?」, 『한국언론학회 심포지움 및 세미나』, 2011년 5월, 27~48쪽.

- 원용진·이수엽, 「인터넷 공론장의 현실적 기술(記述)을 위한 이론적 제안: 의사소통적 '합의'에서 '협력'으로」, 『언론과 사회』, 18권3호(2010년 8월), 71~109쪽.

- 조항제·박홍원, 「공론장—미디어 관계의 유형화」, 『한국언론정보학보』, 50권(2010년 5월), 5~28쪽.

- 조항제, 「민주주의·미디어체제의 유형화」, 『언론과 사회』, 13권4호(2005년 11월), 7~38쪽.

- 나미수, 「공론장으로서의 텔레비전 시사 토론 프로그램에 대한 평가: KBS, MBC, SBS, EBS의 시사 토론 프로그램 내용분석」, 『한국언론학회 심포지움 및 세미나』, 2003년 8월, 51~81쪽.

왜

대중매체의 5대 기능

요즘 젊은이들은
'오락'이라는 단어를 쓰지 않나?

커뮤니케이션 연구의 선구자인 해럴드 라스웰은 1948년에 대중매체의 3대 기능으로 정보의 수집과 배포, 즉 뉴스를 통한 환경감시surveillance ② 해설·논평·사설 등을 통해 사회의 각 부문과 환경과의 상관조정correlation ③교육 또는 사회화를 통한 사회유산의 전달transmission of the social heritage 등을 제시했다. 1960년 찰스 라이트Charles R. Wright는 오락 기능entertainment을 추가했고, 1984년 데니스 맥퀘일Denis McQuail은 동원 기능mobilization을 추가했다. 그렇게 해서 오늘날 거의 모든 언론학 교과서에 '대중매체의 5대 기능'이 빠짐없이 등장하게 되었다.

환경감시 기능의 필요성 또는 중요성은 굳이 말하지 않더라도 누구나 쉽게 이해할 수 있을 것이다. 그 가운데 특기할 만한 것 두 가지를 지적하자면 미디어로 인해 어떤 사람 또는 집단이 유명해지거나 중요해지는 '지위부여status conferral'와 탈선적 행태를 규탄의 대상으로 폭로함으로써 '사회규범의 윤리화ethicizing 또는 강화'가 이루어진다는 것 등을 들 수 있다.

환경감시의 역기능으로는 '자아매몰privatization'을 들 수 있다. 이는 뉴스가 지나치게 많은 경우 사적 관심사로 도피하는 걸 의미한다. 뉴스를 통한 세상은 '통제 불능'의 것임에 비해 사적 관심사로 도피하는 건 '통제 가능'한 것이므로, 이는 뉴스에 압도된 상황에서 취하는 일종의 자구책인지도 모른다.

또 세상 돌아가는 걸 아는 시민이 된다는 것을 능동적인 시민이 되는 것과 동일하다고 착각하는 이른바 '마약중독narcotization'을 들 수 있다. 이로 인해 결과적으로 '정치로부터의 도피escape from politics'가 발생할 수도 있다. 그밖에 정보제국주의 또는 문화제국주의의 우려가 제기될 수도 있을 것이다. 세계뉴스의 유통은 어느 특정 사회나 국가의 안정을 위협할 수 있기 때문이다.[24]

언론을 '감시견watchdog'으로 부르는 관행은 언론이 권력의 오남용을 감시해야 한다는 뜻으로 환경감시의 중요성을 강조한 것으로 볼 수 있다. '감시견'이란 말은, 국가권력과 언론의 관계에서 언론을 다양한 모습의 개에 비유하는 이른바 '개의 메타포canine metaphor'를 낳게 했다. 권력집단의 요구에 순응하는 '애완견lap dog', 권력집단의 이익을 보호하는 '보호견guard dog', 권력집단에 무지비한 비판을 가하는 '공격견attack dog', 대중을 계도하는 '안내견guide dog'이 바로 그것이다.[25]

미국 버지니아대 정치학 교수 래리 사바토Larry J. Sabato는 『거세지는 광란: 공격저널리즘과 미국정치Feeding Frenzy: Attack Journalism

& American Politics』(1991)에서 "애완견lapdog의 시대에서 감시견 watchdog의 시대를 거쳐 '폐품 하치장을 지키는 사나운 개junkyard dog'의 시대가 도래했다"며 하나를 더 추가했다.[26]

사바토는 1941~1966년은 전시 분위기 때문에 언론이 권력에 순응한 '애완견 저널리즘'의 시대, 1966~1974년은 워터게이트 사건 보도로 그 정점을 이룬 '감시견 저널리즘'의 시대, 1974년 이후는 거칠고 공격적이고 침입적일 뿐만 아니라 '무엇을 해도 괜찮다' 철학이 지배한 '정크야드독 저널리즘junkyard dog journalism'의 시대라고 평가했다.[27]

사바토는 정크야드독 저널리즘의 동력은 언론사간 극심한 경쟁이라고 했다. "다른 언론사에 뒤져선 안 된다"거나 "우리가 터뜨리지 않으면 다른 언론사가 할 거다"는 생각으로 최소한의 사실조차 확보하기 전에 너무 많이 써대는 경쟁을 한다는 것이다.[28] 백악관 언론 담당 직원들이 매일 먹이를 줘야만 무사하다는 의미에서 기자들을 은어로 "야수the beast"라고 부르는 것과 맥을 같이 한다 하겠다.[29]

뉴스가 아닌, 해설 기사나 사설 등을 통해 이루어지는 대중매체의 상관조정 기능은 사람들로 하여금 세상사에 대한 이해를 쉽게 해준다는 순기능은 있으나 사람들이 스스로 뉴스를 찾아내어 가려서 분류하고 해석하고 평가할 수 있는 비판적 능력을 약화시킨다는 역기능을 낳을 수 있다. 사회적 유산의 전달에 큰 기여를 하는 대중매체의 사회화 기능은 문화적인 다양성과 창의성을 저해하고 남녀불평등이나 권위주의 같은 사회적 악습을 존속

케 하는 역기능을 낳을 수 있다.

대중매체의 오락 기능은 대중의 유쾌한 삶에 크게 기여하지만, 대중으로 하여금 유용한 사회적 참여와 행동을 외면케 하고 현실도피를 하게 만드는 역기능을 낳을 수 있다.[30] 대중매체의 동원 기능은 이게 아니었더라면 결코 할 수 없는 큰일을 가능케 하는 순기능이 있으나 권력집단에 악용되는 역기능을 낳을 수 있다.

이와 같은 여러 기능 가운데 오늘날 가장 중요한 기능은 '오락 기능'이 아닌가 생각된다. 다른 기능들마저도 '오락적 포장'을 씌우지 않고선 수용자와 만나는 것이 매우 어렵거니와 이윤 추구를 목적으로 삼는 자본의 대중매체 지배가 강화되고 있기 때문이다. 그런 점에서 윌리엄 스티븐슨William Stephenson이 1967년에 제시한 '커뮤니케이션의 놀이 이론The Play Theory of Communication' 은 주목할 만한 가치가 있다. 그는 존 F. 케네디의 죽음과 교황 요한 23세의 죽음에 관해 다음과 같이 말했다.

> 냉소적인 사람이라면 그들의 죽음에 대한 대중의 반응이 단순한 감정 과잉이며, 슬픔에 젖어 눈물지으며 보낸 주말이 결국 아무 의미가 없다고 말할 것이다. 그러나 나는 그것이 원초적인 커뮤니케이션의 사례, 즉 원초적인 동료애와 원초적인 쾌락의 사례였다고 생각한다. 초상집에 문상하러 모여서 즐기듯이 사람들은 그것을 즐겼다.[31]

이 이론에 따르면, 일은 모든 사회기관의 기능이지만 매스미디어의 주요 관심사는 일에 있는 게 아니라 커뮤니케이션의 즐거움, 즉 사람들이 사회적 통제로부터 자유로워져서 놀이의 세계로 몰입할 수 있게끔 하는 데에 있다. 스티븐슨은 다른 학자와 달리 매스미디어의 놀이를 유용한 것으로 보았으며 매스 커뮤니케이션을 주로 설득과 사회적 효과에 의거하여 연구하는 것은 큰 잘못이라고 생각했다. 매스 커뮤니케이션은 오히려 놀이와 즐거움을 주는 요소에 의거해 연구되어야 하며, 이러한 이유 때문에 '매스 커뮤니케이션의 정보 이론이 아닌 놀이 이론'이 필요하다는 것이다. 스티븐슨의 이런 주장에 대해 윌버 슈람과 윌리엄 포터 William E. Porter는 다음과 같은 평가를 내린다.

"만일 스티븐슨의 책이 읽기 쉬웠고 맥루한처럼 새 말을 만들어내는 사람이었다면 상업 미디어는 맥루한보다는 스티븐슨을 유명 인사로 만들었을 것이다. 그의 놀이 이론은 맥루한의 지구촌이라는 개념보다 일반적인 미디어의 내용을 정당화하는 데 더 적합하다. (…) 스티븐슨에 의하면 '뉴스를 읽는 것은 커뮤니케이션의 즐거움에 해당된다'고 결론을 맺는다. 뉴스 읽는 행위를 아무런 구별 없이 놀이행위로 여기며 놀이를 이렇게 상이한 기능과 영향 모두를 포괄하는 큼지막한 유산으로 생각하는 것이 도움이 되겠는가?"[32]

사실 오늘날엔 대중매체의 다른 모든 기능이 오락으로 수렴되거나 적어도 오락 요소를 가져야만 소기의 성과를 거둘 수 있게 되었다. 엔터테인먼트entertainment라는 단어가 수많은 합성어를 만들어내고 있는 것도 바로 그런 이유 때문이다.

엔터테인먼트가 정보information와 결합한 인포테인먼트infotainment, 디지털digital과 결합한 디지테인먼트digitainment, 다큐멘터리documentary와 결합한 다큐테인먼트docutainment, 아나운서announcer와 결합한 아나테인먼트annatainment, 스포츠sports와 결합한 스포테인먼트sportainment, 예술art과 결합한 아트테인먼트arttainment, 광고advertising와 결합한 애드테인먼트adtainment, 판촉promotion과 결합한 프로모테인먼트promotainment, 마켓market과 결합한 마켓테인먼트marketainment, 쇼핑shopping과 결합한 쇼퍼테인먼트shoppertainment, 유통retail과 결합한 리테일먼트retailment, 식사eating와 결합한 이터테인먼트eatertainment, 자원봉사volunteering와 결합한 볼런테인먼트voluntainment, 교육education과 결합한 에듀테인먼트edutainment, 의학medicine과 결합한 메디테인먼트medi-tainment, 일work과 결합한 워크테인먼트worktainment, 정치politics와 결합한 폴리테인먼트politainment 등등.

환자의 치료를 게임 형태로 구현하는, 즉 치료therapy와 엔터테인먼트가 결합된 테라테인먼트theratainment도 나타났다.[33] 팝송 스타일의 새로운 성가를 따라 부르기 좋게 하려고 대형 스크린 TV를 설치하는가 하면 예배에 록밴드와 댄서까지 동원하는 교회church들이 많이 생겨나자 처치테인먼트churchtainment라는 말도 등장했다.[34] 심지어 '티티테인먼트tittytainment'라는 말까지 생겨났다. 즈비그뉴 브레진스키Zbigniew Brzezinski가 만든 말로 '세계화'로 인해 '20 대 80'(부유층 20% : 빈곤층 80%)이 이루어진 세상에선 티티테인먼트가 판치게 될 것이란다. 이는 entertainment와 엄마 젖을 뜻하는 속어인 titty를 합한 말인데, 기막힌 오락물과 적당한 먹거리의 절묘한 결합을 통해서 이 세상의 좌절한 사람들을 기분 나쁘지 않게 만들 수 있다는 것이다.[35]

이제 CEO는 Chief Entertainment Officer인가? 2006년 3월 삼성경제연구소는 기업 임원급 대상 정보사이트인 세리를 통해 631명을 대상으로 인터넷 설문을 벌인 결과, 응답자의 89.9%가 "CEO라면 고객과 직원에게 즐거움을 줄 수 있는 엔터테이너가 되어야 한다"고 응답했다고 밝혔다.[36] 2008년 6월초 스웨덴의 남부도시 예테보리에서 열린 세계신문협회 총회와 세계편집인포럼에서 스웨덴의 안나 세르너와 카타리나 그라프만은 스웨덴 젊은이들의 미디어 이용 실태를 조사한 뒤 다음과 같이 발표했다.

요즘 젊은이들은 오락entertainment이라는 단어를 쓰지 않습니다. 이미 그들의 생활 자체가 오락이기 때문이죠. 그들의 일상생활에는 모든 것이 용해되어 있습니다. 그들에게는 사실적real인 것은 가상적virtual인 것이며, 뉴미디어는 올드미디어이고, 국지적 지역적 글로벌한 것은 서로 구별되지 않습니다. 픽션과 진정한 것, 정보와 엔터테인먼트도 구분되지 않아요. 젊은이들과 기성세대 사이에는 이런 정도의 차이가 있습니다.[37]

2013년 대학축제 등 행사를 수주하는 과정에서 수천만 원의 리베이트를 주고받은 연예기획사 대표와 대학 학생회장들이 무더기로 경찰에 적발됐는데,[38] 이는 학생회장의 주요 역할이 엔터테인먼트 가치가 높은 축제를 주관하는 것이라는 세간의 속설을 말해주는 사건이어서 많은 이들을 씁쓸하게 만들었다. 우리는 생활 자체가 오락이 되는 세상에 살고 싶지만, 먹고사는 문제의 압박 때문에 그럴 수 없는 사람들도 많다는 게 안타까울 뿐이다.

📚 일독을 권함!

- 김선진, 「텔레비전 리얼 버라이어티 시청자 유형 연구: 재미 요소를 중심으로」, 『영상문화콘텐츠연구』, 11권(2016년 12월), 123~149쪽.
- 이나연·백강희, 「1994~2014년 한국 경제뉴스의 변화: 언론의 감시견 역할을 중심으로」, 『한국언론학보』, 60권4호(2016년 8월), 203~231쪽.
- 민영, 「뉴스와 엔터테인먼트의 융합: 2012년 대통령 선거에서 정치 팟캐스트의 효과」, 『한국언론학보』, 58권5호(2014년 10월), 70~96쪽.
- 주정민·배윤정, 「리얼리티 쇼 프로그램의 재미에 관한 연구: '슈퍼스타 K' 프로그램을 중심으로」, 『한국콘텐츠학회논문지』, 14권1호(2014년 1월), 97~108쪽.
- 김민하·신윤경, 「전문기자와 시민기자 블로그 콘텐츠의 저널리즘적 특성에 관한 비교 연구: 감시견과 상호작용성을 중심으로」, 『한국언론정보학보』, 53권(2011년 2월), 73~99쪽.
- 조흡, 「포스트헤게모니 시대의 문화정치: 쾌락, 권력관계 그리고 대중문화」, 『문학과영상』, 11권1호(2010년 4월), 183~208쪽.
- 이재진, 「언론의 파수견 개념의 발전과 적용: 한국 판례분석을 중심으로」, 『한국언론정보학보』, 41권(2008년 2월), 108~144쪽.
- 김영주, 「블로그의 미디어적 기능과 한계: 블로그 이용자의 블로그 이용행태와 평가를 중심으로」, 『한국언론학보』, 50권2호(2006년 4월), 59~89쪽.
- 김용호, 「방송의 사회매개기능에 관한 사회네트워크 분석」, 『언론학연구』, 9권(2005년 12월), 29~63쪽.
- 김응숙, 「증언과 고백의 세계: 텔레비전의 사사화와 치료 윤리」, 『언론과학연구』, 4권2호(2004년 4월), 5~34쪽.

왜
언론의 6대 규범 이론

언론의 사명은
나라마다 다른가?

언론 문제가 불거질 때마다 빠지지 않고 등장하는 말이 '언론의 사명'이다. 도대체 어떤 사명인가? 언론은 당위적으로 어떠해야 하는가? 이런 규범은 이념과 체제의 지배를 받기 때문에 각 나라마다 다르다. 이는 언론을 포함한 미디어의 기존 질서를 마치 하늘에서 주어진 것처럼 당연하게 여기는 생각에 성찰의 기회를 준다는 점에서 진지하게 살펴볼 필요가 있다.

프레드 시버트Fred S. Siebert, 테오도어 피터슨Theodore Peterson, 윌버 슈람 등은 1956년에 출간한 『언론의 4이론Four Theories of the Press』에서 세계 각국의 언론을 지배하는 규범이론으로 ①권위주의 이론 ②자유주의 이론 ③소비에트 공산주의 이론 ④사회책임 이론 등을 제시했으며,[39] 1984년 데니스 맥퀘일이 ⑤발전 이론 ⑥민주적 참여 이론 등을 추가했다.[40] 이 이론들의 주요 원칙들은 다음과 같다.

첫째, 권위주의 이론Authoritarian Theory이다. 이 이론은 언론에게 다음 네 가지의 규범을 요구한다. ①미디어는 기존의 권위를 해치거나 질서를 어지럽히는 일을 해서는 안 된다. ②미디어는 기존의 권위(체제)에 항상 종속되어야 한다. ③미디어는 다수가 공유하는 지배적인 도덕과 정치적 가치를 공격해서는 안 된다. 이러한 원칙을 강조하기 위해 허가제가 사용될 수 있다. ④언론인들은 그들의 속한 미디어조직으로부터 독립될 수 없다.[41]

둘째, 자유주의 이론Libertarian Theory이다. 자유주의 이론은 1644년 영국 사상가 존 밀턴John Milton이 『아레오파기티카Areopagitica』('대법관'이라는 뜻)라고 하는 논문에서 "진리로 하여금 허위와 투쟁케 하라"고 외친 다음과 같은 주장에 그 철학적 기초를 두고 있는 이론이다.

"자유롭고 공개된 대결에서 진리가 불리한 편에 놓이는 것을 본 사람이 있느냐. 모든 사람으로 하여금 자유롭게 말할 수 있게 하라. 그러면 진리의 편이 반드시 승리하고 생존한다. 허위와 불건전은 '공개된 자유시장'에서 다투다가 마침내는 패배하리라. 권력은 이러한 선악의 싸움에 일체 개입하지 말라. 설혹 허위가 일시적으로 득세하는 일이 있더라도 선악과 진위가 자유롭게 싸워간다면 마침내 선과 진이 '자율조정과정the self-righting process'을 거쳐 궁극적인 승리를 얻게 되리라."[42]

자유주의 이론은 '사상의 자유시장the open market-place of ideas'과 자율조정과정을 근간으로 삼고 있으며 아담 스미스의 자율적 경제시장설 또는 자유방임주의와 상통한다. 이 이론은 인간은 이

성적이며 합리적이라는 인간관에 근거하고 있으며, 국가 내지 정부는 인간이 자연법과 양심의 지시에 따를 수 있도록 개인의 자유와 권리를 지키기 위하여 존재하는 것이라고 본다. 이 이론에 따르면 정부는 자유의 주요 적敵이며, 따라서 정부의 역할은 소극적인 것으로, 가장 좋은 정부는 가장 통제가 적은 정부를 의미한다.

'사상의 자유시장' 이론은 아름다운 말씀으로 가득 차 있지만, 현실은 꼭 그렇진 못하다. 많은 학자들이 이 이론의 한계를 지적해왔다. 상업 시장처럼 사상의 시장도 구조적으로 권력이 있고 경제적으로 힘 있는 사람들에게 유리하게 되어 있다는 것이다.[43]

자유주의 이론의 주요 원칙은 ①출판은 제3자에 의한 어떤 사전검열로부터도 자유로워야 한다. ②출판 및 배포 행위는 어떤 사람이나 집단에게라도 개방되어야 한다. ③정부나 정부관리, 정당 등에 대한 공격에 대해서 처벌해서는 안 된다. ④의견과 신념에 관한 오보는 진실과 마찬가지로 보호되어야 한다. ⑤출판을 위한 정보수집에 제재가 있어서는 안 된다. ⑥국가간 정보 교환 및 수입, 수출에 제한이 있어서는 안 된다. ⑦언론인들은 그들이 속한 미디어 조직 내에서 적절한 수준의 자율권을 가질 수 있어야 한다 등이다.[44]

셋째, 사회책임 이론Social Responsibility Theory이다. 이는 1942년 미국의 언론재벌 헨리 루스Henry Luce의 주도하에 구성한 언론자유위원회Commission on Freedom of the Press의 보고서에 의해 형성된 이론이다. 이 위원회는 당시 프랭클린 루즈벨트 행정부의 언론통제 위협에 대항하기 위한 것이었지만, 시카고대 총장 로버트 허친스Robert Hutchins가 위원장을 맡아 1947년 3월 27일 발표된 이 위원회의 최종 보고서『자유롭고 책임지는 언론A Free and Responsible Press』는 언론계의 기대와는 달리 언론에게 강한 책임을 요구했다. 이 보고서에서 유래된 사회책임 이론의 주요 원칙은 다음과 같다.

①미디어는 일정한 사회적 책임을 준수해야 한다. ②이러한 책임은 주로 정보성·진실성·정확성·객관성·균형성을 유지하는 높은 수준의 직업적 기준에 맞아야 한다. ③이와 같은 책임을 받아들이고 적용함에 있어서 미디어는 법과 기존 제도의 틀 내에서 자율적 규제를 해야 한다. ④미디어는 범죄·폭력·질서교란 및 소수민족에 대한 침해를 유발할 수 있는 것들에 대해서는 어떤 것이든 피해야 한다. ⑤미디어는 대체로 다원적이어야 하며 사회의 다양성을 반영하고 다양한 관점을 제시하고 이에 대한 반론도 제시해야 한다. ⑥사회와 공중은 맨 먼저 언급한 원칙에 따라 높은 수준의 미디어 활동을 기대할 수 있으며 공익을 위해 미디어에 간섭할 수 있다. ⑦언론인들은 그들의 고용주뿐만 아니라 사회에 대해서도 책임이 있다.[45]

넷째, 소비에트 공산주의 이론Soviet Communist Theory이다. 이 이론은 언론에게 다음 여덟 가지의 규범을 요구한다. ①미디어는 노동자계급의 이익을 위해 봉사해야 하며 노동자 계급에 의해 통제되어야 한다. ②미디어는 사유되어서는 안 된다. ③미디어는 사회화·교육·정보제공·동기부여·동원 등 사회를 위해 긍정적인 기능을 해야 한다. ④사회를 위한 전반적인 과업을 수행함에 있어서 미디어는 수용자들의 바람과 필요에 부응해야 한다. ⑤반사회적인 출판에 대해 사회는 검열이나 기타의 법적 조치를 취할 권리를 갖는다. ⑥미디어는 마르크스-레닌주의의 원칙에 입각하여 사회와 세계에 대해 완전하고 객관적인 견해를 제공해야 한다. ⑦언론인들은 그들의 목표와 이상이 최대의 사회적 이익과 합치되는 전문직업인이라야 한다. ⑧미디어는 국내외에서 진보적인 운동을 지원해야 한다.[46]

앞서 언급한 바 있는 네론 등은 1995년에 출간한 『최후의 권리: '언론의 4이론'을 넘어서』라는 책에서 『언론의 4이론』에 대해 통렬한 공박을 하면서 네 가지 이론들 가운데 이해하고 파악하기가 가장 어려운 것이 소비에트 공산주의 언론이론이라고 주장했다. 무엇보다도 이론의 제목부터가 불순하다는 것이다.

세계에는 다른 공산주의 국가들도 있고, 나머지 세 가지 이론들은 국가적 정체성을 필요로 하지 않았다. 쉬람은 맑스의 이념형과 이러한 지침들을 소련에서 적용한 형태가 서로 다르다는 점을 인식하면서도, 그는 당시에는 아마도 존재했지만, 오늘날 우리가 과거를 돌아보면서 간단히 스탈린주의 체계라고 요약하게 되는 무정형의 '소비에트 공산주의 이론'에 초점을 맞추었다. '맑스주의' 이론보다는 '소비에트' 이론을 기술하겠다는 선택은 미국의 가치와 소련의 가치 간의 차이를 부각시키는 것이 주요한 목표였다는 사실을 암시해 준다. 그것은 또한 1950년대나 그 이전에 일부 맑스주의 교리들을 (자유주의 세계에서) 관대하게 지적으로 수용한 것과 조세프 스탈린 체제하에서 언론을 통제하거나 개인의 권리를 억압한 것을 분리해 생각하고자 하는 욕구를 암시하기도 한다.[47]

한마디로 『언론의 4이론』은 냉전시대의 미국의 입장을 담은 이데올로기 문건이며 또 미국 언론산업의 이익을 반영한 상업적 문건에 지나지 않는다는 것이다. 네론 등은 결론에서 "언론은 더 이상 그것이 『언론의 4이론』이 출판됐을 때와 똑같은 기능을 똑같은 방식으로 수행하지는 않는다"면서, 공적 영역이 전에 비해 더욱 더 사적인 세력에 의해 지배되는 현실을 지적했다.[48]

그런 변화로 인한 문제들을 일정 부분 극복하기 위해 대두된 것이 바로 발전이론과 민주적 참여이론이다. 발전이론은 권위주의이론의 문제를 넘어서기 위해, 민주적 참여이론은 자유주의이론의 문제를 넘어서고 사회책임이론의 실천력을 확보하기 위한 이론으로 볼 수 있다.

다섯째, 발전 이론이다. 이 이론은 언론에게 다음 여섯 가지의 규범을 요구한다. ①미디어는 국가적으로 수립된 정책에 따라 긍정적인 발전과업을 받아들이고 수행해야 한다. ②미디어의 자유는 첫째 경제적 우선순위, 둘째 사회발전 요구에 따라 제한될 수 있다. ③미디어는 민족문화와 언어에 우선권을 두어야 한다. ④미디어는 지리적·문화적·정치적으로 밀접한 여타의 개발도상구들과 연결되는 뉴스나 정보에 우선권을 두어야 한다. ⑤언론인들은 정보수집과 전파의 자유에 못지않게 책임도 가져야 한다. ⑥국가발전의 목표를 위해 국가는 미디어의 운영에 개입하거나 제한을 가할 수 있으며 검열 등의 직접 통제도 가능하다.[49]

여섯째, 민주적 참여 이론이다. 이 이론은 언론에게 다음 일곱 가지의 규범을 요구한다. ①개개의 시민이나 소수 집단은 그들 자신의 필요에 따라 미디어에 접근할 수 있으며 또한 미디어로부터 서비스를 제공받을 권리를 가진다. ②미디어의 내용과 조직은 중앙집권화된 정치적 또는 국가관료적 통제의 대상이 되지 않는다. ③미디어는 일차적으로 수용자를 위해 존재해야 하며 미디어 기구 자체나 종사자, 고객 등을 위해 존재해서는 안 된다. ④집단·기구·지역사회 등은 그들 자신의 미디어를 가질 수 있다. ⑤소규모이며 쌍방적, 참여적 미디어가 일방적이며 전문화된 대규모 미디어보다 낫다. ⑥미디어에 관계된 특정한 사회적 욕구가 개인의 요구를 통해 표현되거나 정부 또는 정부의 주요 기관을 통해 표현되는 것은 적절하지 않다. ⑦커뮤니케이션은 중요한 일이므로 직업인들에게만 맡겨 둘 수가 없다.[50]

다니엘 핼린Daniel C. Hallin과 파올로 만치니Paolo Mancini는 『미디어 시스템 형성과 진화: 정치-미디어 3모델Comparing Media Systems: Three Models of Media and Politics』(2004년)에서 "『언론의 4이론』은 공포영화의 좀비처럼 자연적 수명을 넘어 수십 년 동안 미디어 연구의 영역을 배회해 왔다. 이제 우리는 그것에 알맞은 장례를 치러주고, 진정한 비교분석에 기초한 보다 정교한 모델을 개발시켜 나갈 때라고 생각한다."며 다음과 같이 말했다.

"규범적 이론에서 소중하게 취급되는 자유주의 모델은 일차적으로는 미국의 경험에, 그리고 일부는 영국의 경험에 기초한 것인데 전세계로 너무도 광범위하게 확산되게 되어 흔히 저널리즘의 종사자조차도 저널리즘에 대한 다른 관념들을 명확히 개념화시킬 수 없게 되었다. 심지어 미국 내에서조차 중립적이고 독립적인 감시자로서의 규범적 이상은 저널리스트 자신이 무엇을 하고 있는 지를 이해하지 못하게 하는 맹점이 되었다. 뿐만 아니라 그러한 규범적 이상은 규범적 모델에 맞지 않는 다른 많은 기능들을(예를 들어 합의적 가치를 찬미하는 기능) 모호하게 만들었다."[51]

그렇다면 핼린과 만치니의 대안은 무엇인가? 그들은 크게 대중신문 발전, 정치병행성 정도, 전문직주의 수준, 국가개입 정도 등 네 가지 기준으로 유럽과 미국의 미디어를 비교해, 미국·영국 등의 '북대서양형 자유주의', 이탈리아·스페인 등의 '지중해형 극화된 다원주의polarized pluralism', 독일 등의 '북중부유럽형 민주적 조합주의' 등 세 가지로 민주주의·미디어체제를 분류했다. 조항제는 「민주주의·미디어체제의 유형화」(2005년)라는 제목의 논문에서 민주주의·미디어체제를 시장자유주의, 자유다원주의, 공적·참여주의, 사회운동·대안 등의 네 가지 유형으로 재범주화하고 각 유형별 미디어의 특징적 기능을 제시했다.[52]

그렇다면 한국은 어떤 유형에 속할까? 김수정 등은 2009년 "현재의 한국 미디어 시스템은 규범적으로 혼란스럽고 실천적으로도 모순되는 정책들이 기묘하게 착종된 상태"로, 이는 "한국 사회가 지난 반세기 동안 주력해온 급속한 모방적 근대화 과정에서 기인한다"고 했다.

"한국 언론이 정보 중심적 객관 저널리즘·정치적 중립성·자율성을 근간으로 하는 자유주의적 규범을 표방하고 있음에도 불구하고, 상대적으로 낮은 언론인의 전문직화 수준과 언론인들의 무원칙한 정계 진출이 관행화된 현실이 그것을 방증한다. (…) 한국은 규범적으로는 방송 지배구조의 전문직 모델을 채택하고 있으나 그 운영에서는 정치권력에 의한 통제를 고집하고 있으며, 말로는 누구나 고품질 공영방송을 주문하지만 실제로는 각자의 정치적 이해관계나 (영리기업의 주주총회에나 어울릴 법한) 회계적 효율성에 따라 공영방송을 비판하는 이중성을 보이고 있다."[53]

미디어 체제의 비교분석은 꼭 필요하거니와 앞으로 계속 더 발전시켜 나가야 할 일이지만, 디지털 혁명은 규범이론의 정립을 어렵게 만들고 있다. 여러 권위주의 체제 국가들에서 민주화를 촉발시킨 이른바 '트위터 혁명' 등과 같은 디지털 혁명이 '위로부터의 통제'를 매우 어렵게 만들었으며, 자유주의 체제 국가들에선 거대 IT기업들이 사실상 언론 기능을 수행하는 등 언론 영역의 경계를 파괴하고 있기 때문이다.

한국의 인터넷 포털사이트 네이버는 2016년 매출 4조226억 원, 영업이익 1조1020억 원을 올렸으며, 광고 매출은 2조9500억 원을 기록해 국내 총광고비 11조2960억 원의 20%가량을 차지했다.[54] 과거엔 상상할 수도 없었던 이런 새로운 변화들은 사실 '언론의 규범 이론'이 가능한가 하는 의문마저 던져주고 있다 하겠다.

📚 일독을 권함!

- 김승수, 「미디어와 불평등의 변증법」, 『한국언론정보학보』, 80권(2016년 12월), 7–39쪽.

- 정용준, 「공영방송의 지배 구조에 대한 고찰: '특별다수제와 사장추천위원회'를 중심으로」, 『방송통신연구』, 96권(2016년 10월), 136–158쪽.

- 이창근, 「BBC 자율성의 제도적 기원: 공사(public corporation) 조직의 역사적 형성을 중심으로」, 『방송문화연구』, 27권2호(2015년 12월), 123–158쪽.

- 손태규, 「언론의 사회적 책임론과 공적 책임론 수용의 문제: 한국과 세계 각국의 언론법제 비교 연구」, 『공법학연구』, 14권3호(2013년 8월), 55–86쪽.

- 이창근, 「공영방송의 공공 가치 개념에 대한 이론적 검토」, 『언론과 사회』, 21권1호(2013년 2월), 74–135쪽.

- 최재헌, 「존 밀턴의 『아레오파기티카』에 나타난 "현명한 독자"와 검열, 그리고 자유의지」, 『밀턴과근세영문학』, 21권1호(2011년 5월), 131–157쪽.

- 전석환·이상임, 「'시민적 공론장' 개념을 통해 본 밀(J. S. Mill)의 '자유주의 이론'에 대한 고찰: 하버마스(J. Habermas)의 『공론장의 구조변동』에 나타난 논의를 중심으로」, 『철학논총』, 61권(2010년 7월), 417–436쪽.

- 조항제·박홍원, 「공론장-미디어 관계의 유형화」, 『한국언론정보학보』, 50권(2010년 5월), 5–28쪽.

- 정수영, 「매스미디어의 사회적 책임과 어카운터빌리티: 허친스 보고서(1947)의 재고찰 및 규범이론으로의 변천과정을 통해 본 현재적 의의와 과제」, 『한국언론정보학보』, 47권(2009년 8월), 23–49쪽.

- 마동훈, 「수용자 복지 개념의 역사적 변천: 새로운 이슈들의 문제 설정」, 『방송통신연구』, 63권(2006년 12월), 7–30쪽.

- 조항제, 「민주주의·미디어체제의 유형화」, 『언론과 사회』, 13권4호(2005년 11월), 7–38쪽.

- 정태철, 「언론 전문직업인주의의 필요성: 1987년 민주화 이후 한국 언론의 문제와 개혁에 대한 논의」, 『언론과학연구』, 5권2호(2005년 8월), 417–454쪽.

- 박승관·장경섭, 「한국의 정치변동과 언론권력: 국가-언론 관계 모형 변화」, 『한국방송학보』, 14권3호(2000년 11월), 81–113쪽.

고정관념

왜 사실이 바뀌어도 마음을 바꾸지 않는가?

어떤 범주 또는 집단에 대한 태도의 경우 인지적인 측면을 고정관념stereotype, 감정적인 측면을 편견prejudice, 그리고 행동적인 측면을 차별행동discrimination이라고 부른다.[55] 스테레오타입은 그리스어 'stereos(딱딱한firm, 고체의solid)'와 'typos(인상impression)'에서 나온 합성어로 'solid impression'이란 뜻이다. 여기서 impression은 '인상'이 아니라 '자국·흔적·인쇄'란 뜻이다. 즉 단단한 자국을 남긴 인쇄라고 생각하면 되겠다.

편견은 '이전before'을 뜻하는 라틴어 접두사 'prae-'와 '판단judgment'를 뜻하는 'judicium'이 합해져서 나온 말이다. pre-judge, 즉 미리 판단을 내려놓고 보겠다는 것이니, 편견이나 선입관이 되는 셈이다.[56] 사회심리학에서 편견 연구가 이루어진 것은 1920년대부터인데, 초기 연구 주제는 백인우월주의 편견을 입증하기 위한 것이었다.[57]

어원이 시사하듯이 '스테레오타입'이라는 용어는 원래 인쇄에서 '연판鉛版 인쇄'를 가리키는 말로, 1798년 프랑스 인쇄업자인 페르맹 디도Firmin Didot가 개발한 것이다. 연판은 활자를 짠 원판原版에 대고 지형紙型을 뜬 다음에 납·주석·알루미늄의 합금을 녹여 부어서 뜬 인쇄판으로, 활자가 닳는 것을 막고 인쇄 능률을 높일 수 있는 장점이 있다. 1850년경부터 이미지를 가리키는 비유적 의미로 쓰이긴 했지만, 이 단어를 널리 유행시킨 사람은 미국 칼럼니스트 월터 리프먼이다.[58]

리프먼은 사람들의 사회적 상황에 대한 지각과 정의를 표준화시키는 데 있어서 폭넓게 공유된 기대 효과를 설명하기 위해 스테레오타입이라는 개념을 원용했다. 그는 1922년에 출간한 『여론』에서 "우리는 먼저 보고 나서 정의를 내리는 게 아니라 정의를 먼저 내리고 나서 본다"고 했다. 사람은 모든 것을 다 볼 수는 없기 때문에 자신의 경험에 적합한 현실만을 만들어내며, 그것이 바로 '우리 머릿속의 그림'이라고 하는 스테레오타입이라는 것이다.[59]

사람들은 그렇지 않다는 증거를 보고 나서도 스테레오타입이 옳다는 믿음을 고수한다. 리프먼은 그 이유를 이렇게 설명한다. "스테레오타입은 바쁜 삶 속에서 시간을 절약해주고 우리의 사회적 지위를 지켜줄 뿐 아니라, 세상을 분별 있게 보려는 태도로 인해 발생하는 모든 혼란으로부터 우리를 보호해 준다."[60]

그렇긴 하지만 문제는 그런 고정관념이 미디어를 통해 확산될 때에 주로 사회적 약자에게 부정적으로 작용할 수 있다는 점이다. 그간 국내에서도 많은 학자들이 미디어가 특정 집단에 대해 유사한 이미지를 재현하여 보도함으로써 부정적인 고정관념을 생산해낸다는 문제를 지적해왔다. 최근 이루어진 연구로는 미혼모, 결혼이주여성, 이주노동자, 장애인, 여성 범죄 피해자 등에 관한 연구를 들 수 있다.[61]

『고정관념을 때려부수면 세상에 두려울 게 없다』『고정관념와장창 깨기』『고정관념은 깨도 아프지 않다』『엄마가 고정관념을 깨면 아이의 창의력은 자란다』『고정관념을 깨는 습관의 법칙』『고정관념을 깨는 10가지 교훈』『고정관념의 벽을 넘어서』『고정관념 벌주기』…. 이런 책 제목들이 시사하듯이, 고정관념은 깨뜨리거나 바꿔야 할 것으로 규정되며, 이는 상식으로 통용되고 있다. 그러나 송상호는 「고정관념을 위한 변명: 고정관념은 문명과 일상의 창조자」라는 제목의 글에서 고정관념이 인간의 정보 처리를 용이하게 해주는 점을 지적하면서 "사람에게 고정관념이 없다면 아마도 뇌에 과부하가 걸려서 고장이 날지도 모르겠다. 아니면 유용한 정보로 분류하는 것을 아예 포기하는 사태가 일어날 수도 있다"고 주장한다.[62]

인간 부류의 범주들이 현실의 정확한 표현이라고 주장하는 학자들도 있다. 하버드대학의 언어학자이자 인지과학자인 스티븐 핑커Steven Pinker는 스테레오타입이 대체로 "진짜 인간들에 대한 믿을 만한 통계"라고 말한다. 버지니아대학의 심리학자 조너선 하이트Jonathan Haidt 역시 "대부분의 스테레오타입은 진실"이라고 말한다. 그러나 이들은 개연성의 문제를 지적한 것뿐이다. 어떤 특성이 어떤 인간 부류에서 상대적으로 더 많이 발견된다면, 예측이 아무리 어긋난다 해도 스테레오타입이 아예 없는 것보다는 예측에 도움이 될 수 있다는 것이다.[63]

이념적 차원에서 고정관념과 편견을 옹호하는 이들도 있다. 보수주의의 사상적 원조라 할 에드먼드 버크Edmund Burke는 『프랑스 혁명의 반성Reflections on the Revolution in France』(1790)에서 편견 속에 깔려 있는 지혜를 발견해야 한다고 주장했다.

편견은 그 안에 있는 이성과 더불어 그 이성을 움직이는 힘을 가지고 있으며, 이성에게 영속성을 제공하는 영향력을 가지고 있다. 편견은 긴급한 상황 속에서 지체없이 적용될 수 있다. 편견은 우리 마음을 미리 지혜롭고 도덕적인 방향으로 설정해준다.[64]

박근은 『한국의 보수여, 일어나라!』(2002)에서 "편견은 그 용어가 주는 부정적 어감에도 불구하고 보수주의는 이를 소중히 여긴다"며 이렇게 말한다. "물론 인종 차별과 같은 편견은 정당화될 수 없다. 그렇기 때문에 편견만으로 우리 행동의 기준을 삼기에는 부족한 면이 있다. 전통 속에 뿌리박은 보수주의 고유의 가치와 윤리가 중요해진다. 전통적 가치관의 영향을 통해 편견은 정당한 편견이 될 수 있고, 버크가 말한 '편견 속의 이성'을 갖추게 된다."[65]

전통적 가치관에 '인종차별'이 들어 있다면 어떻게 할 것인가? 편견을 소중히 여기는 한 특정 집단에 대한 차별이 사라질 것 같진 않다. 우리 인간은 자신의 고정관념이나 편견에 들어맞지 않는 사실이 나타나면 이른바 '예외화the exception factor'를 통해 빠져나가기 때문에 더욱 그렇다. 스테레오타이핑(전형화)를 할 때, 거기서 나나 가까운 사람을 제외함으로써 전형화 자체를 합리화하는 것이다. 그 누구건 이런 식의 대화를 한두 번쯤 해본 기억이 있을 게다. "걔 너무 예민하지 않아? 좀 지나친 것 같아." "그래, 걔 페미니스트잖아." "나도 페미니즘을 지지하지만, 나는 그런 타입은 아니야." "그럼, 너는 아니지, 나는 다른 페미니스트들을 말한 거야."[66]

경제학자 존 메이너드 케인스는 "사실이 바뀌면 나는 마음을 바꾸겠다"라는 격언을 남겼지만, 고정관념이 그걸 가로막는 경우가 많다. 노리나 허츠Noreena Hertz는 "전문가들은 자기가 아는 진실을 고집하는 경향이 강하며 그 진실이 유통기한을 훨씬 넘겼을 때조차 그런 경우가 많다"며 생생한 증거들을 제시한다.[67]

하버드 경영대학원 교수 디팩 맬호트라Deepak Malhotra와 맥스 베이저먼Max H. Bazerman은 『협상 천재Negotiation Genius』(2007)에서 "고정관념화stereotyping가 우리에게 중요한 이유는, 우리 자신의 협상 결과에도 부정적인 영향을 끼칠 수 있다는 점이다"며 이렇게 말한다. "뉴욕 대학교 스턴 경영대학원의 돌리 처는 이것을 고정관념에 근거해서 타인을 판단할 때 치르게 되는 비용이라는 의미로 '고정관념세stereotype tax'라고 일컬었다. 우리의 고정관념은 타인뿐 아니라 우리 자신에게도 해를 입힐 수 있다는 의미다."[68]

고정관념은 그 어떤 불가피성과 장점에도 불구하고 고정관념의 피해자에겐 인권유린일 수 있다는 점에서 결코 가볍게 볼 문제가 아니다. 고정관념은 다른 많은 사람들에 의해 공유될 때에 의미를 갖는 것인바,[69] 소수에 대한 다수의 폭력의 가능성을 내재하고 있다. '고정관념세'라는 비유적 표현을 넘어 세금을 매길 수 있다면 정말 세금을 매기는 게 좋을 것 같다. 이는 피해자의 입장에 서보는 역지사지易地思之, 아니 역지감지易地感之를 할 수 있느냐의 문제일 것이다.

📚 일독을 권함!

● 강준만, 「'이중구속' 커뮤니케이션의 질곡: 힐러리 클린턴의 정치적 역정을 중심으로」, 『미디어, 젠더 & 문화』, 31권4호(2016년 12월), 5~48쪽.

● 김경희, 「뉴스 구성 관행과 고정관념의 재생산: 텔레비전 뉴스의 미혼모 보도 사례 분석」, 『미디어, 젠더 & 문화』, 30권1호(2015년 3월), 5~45쪽.

● 문원기·김현정, 「여성 정치후보자의 SNS 선거 캠페인 전략에 대한 유권자 반응: 성(性) 고정관념의 반영을 중심으로」, 『한국언론학보』, 58권6호(2014년 12월), 302~328쪽.

● 이민식·안대천, 「경기상황에 따른 여성고정관념형 제품의 광고효과에 관한 연구: 립스틱 효과를 중심으로」, 『광고연구』, 101권(2014년 6월), 217~252쪽.

● 문성준, 「미드에 대한 노출, 주인공에 대한 이미지, 그리고 서구에 대한 고정관념」, 『언론학연구』, 17권2호(2013년 5월), 5~31쪽.

● 차희원·장서진·장현지, 「공중 프레임, 고정관념, 트위터의 재매개(remediation)가 국가명성에 미치는 영향: 댜오위다오 이슈를 둘러싼 일본 및 중국 명성을 중심으로」, 『한국언론정보학보』, 62권(2013년 5월), 286~314쪽.

● 정연구·송현주·윤태일·심훈, 「뉴스 미디어의 결혼이주여성 보도가 수용자의 부

정적 고정관념과 다문화지향성에 미치는 영향」, 『한국언론학보』, 55권2호(2011년 4월), 405~427쪽.

● 금희조·김영경, 「전통적 성 고정관념과 여성 정치인에 대한 평가: 미디어 이용의 역할을 중심으로」, 『한국방송학보』, 22권1호(2008년 1월), 7~43쪽.

● 김수남, 「한국영화에 나타난 직업의식의 고정관념을 왜곡시킨 이미지에 대한 논의: 2006년도 한국영화 속의 선생님 역할을 중심으로」, 『영화연구』, 32권(2007년 7월), 41~66쪽.

● 김광옥·하주용, 「지상파텔레비전 광고에 나타난 여성의 이미지: 고정관념 지수(Stereotype Index)를 이용한 성별 스테레오타입 분석」, 『한국언론학보』, 51권2호(2007년 4월), 453~478쪽.

● 김재휘·서종희, 「일본 TV 드라마 시청이 일본인에 대한 고정관념에 미치는 영향」, 『한국심리학회지: 사회 및 성격』, 20권4호(2006년 11월), 35~46쪽.

인지부조화

왜 우리는 누군가를 한번 밉게 보면 끝까지 밉게 보나?

인지부조화는 흔히 인간 정신의 실패로 여겨진다. 하지만 사실 그 것은 핵심자산이다. 만일 사람들에게 모순되는 신념과 가치를 품을 능력이 없었다면, 인간의 문화 자체를 건설하고 유지하기가 불가능 했을 것이다.[70]

이스라엘 역사학자 유발 하라리Yuval Noah Harari가 『사피엔스 Sapiens』(2011)에서 던진 도발적인 주장이다. 과연 그렇게 볼 수 있는 것인지에 대해선 좀 더 따져봐야 하겠지만, 커뮤니케이션 관련 책들을 읽다보면 인지부조화가 약방의 감초처럼 끊임없이 출몰하는 개념이란 건 분명한 사실이다. 그래서 이 책을 읽는 데에 필요한 '기초 개념과 이론' 중의 하나로 넣게 되었다.

이 개념의 탄생은 1954년의 미국으로 거슬러 올라간다. 당시 말세론을 믿는 어느 종교단체의 신도들은 교주의 예언에 따라 직장과 가족을 떠나 한자리에 모여 곧 다가올 말세에서 그들만을 구원해 줄 비행접시의 출현을 기다리고 있었다. 물론 교주가 예언한 시간이 되어도 지구는 멸망하지 않았고 비행접시도 나타나지 않았다. 어떤 일이 벌어졌을까?

신도들이 모여 있는 장소에 수많은 구경꾼이 몰려들어 조롱 섞인 질문을 던지자 일부 신도들은 자신의 어리석음을 깨닫고 그곳을 떠났다. 그러나 떠나지 않고 교주의 곁을 지킨 신도들의 말세론에 대한 믿음은 더욱 강해졌다고 한다. 교주의 예언이 들어맞지 않은 것은 신이 그들의 신앙을 시험하는 것이라고 굳게 믿었다나.[71]

당시 이 신도들의 집단에 잠입해 관찰 연구를 한 심리학자들이 있었으니, 그 대표 학자는 레온 페스팅거Leon Festinger였다. 그는 참여관찰 연구의 결과를 동료들과 함께 1956년『예언이 실패할 때When Prophesy Fails』라는 책으로 출간했다. 이듬해 그는 단독으로『인지부조화 이론A Theory of Cognitive Dissonance』이라는 책을 출간했다. 이렇게 해서 탄생한 것이 바로 '인지부조화認知不調和 이론'이다. '인지불협화不協和 이론'이라고도 한다. 상반되는 두 인지 요소 사이의 부조화는 두 요소를 조화시키기 위한 압력을 일으킨다는 이론이다.

이 이론을 쉽게 설명할 수 있는 가장 좋은 사례는『이솝우화』의 '여우와 포도'다. 포도가 높이 달려 있어 먹을 수 없게 된 여우는 돌아서면서 "어차피 시어서 먹을 수도 없는데 뭘"이라고 말한다. 어떤 걸 원하지만 그걸 얻을 수 없으면 비난을 함으로써 심리적 부조화를 줄이려고 한다는 것이다. 이걸 가리켜 '신 포도 심리'라고 하는 데, 그 반대의 경우는 '단 레몬 심리'라고 한다. '단 레몬 심리'는 단지 자신이 갖고 있다는 이유만으로 신 레몬을 세상에서 가장 달다고 치켜세우는 것을 말한다.[72]

페스팅거는 불일치inconsistency를 부조화dissonance, 일치consistency를 조화consonance로 대체해 사용하면서 2개의 가설을 제시했다. 첫째, 불일치는 심리적 불편을 초래하기 때문에 사람들은 이걸 줄이기 위해 애를 쓴다. 둘째, 사람들은 그걸 줄이기 위해 애쓸 뿐만 아니라 부조화를 낳거나 증가시키는 상황이나 정보를 적극 피하려고 한다.[73]

이 이론에 따르면 사람의 의견 형성과 태도 변용에 영향을 미치는 심리적 메커니즘은 조화를 이루기 위한 것이 아니라 부조화를 줄이기 위한 것이다. 똑같은 말처럼 들리지만 행복을 추구하기 위해 사는 것과 불행하지 않으려고 사는 것은 분명히 다르다.

이 이론은 많은 사람들이 갖고 있는 편견 또는 고집을 설명하는 데 매우 유용하다. 사람들은 한번 받아들인 믿음에 반하는 확실한 증거가 나타나면 그 믿음을 고쳐 심리적 조화를 이루려고 하기 보다는 그 증거를 부인함으로써 부조화를 없애려고 한다. 흔히 하는 말로 "한번 좋게 보면 끝까지 좋게 보고 한번 밉게 보면 끝까지 밉게 본다"는 식이다.

페스팅거가 실시한 한 실험에서 거짓말을 하는 대가로 A그룹의 사람에게는 20달러, B그룹의 사람에게는 1달러를 주었다. 그런데 1달러를 받고 거짓말을 한 사람이 20달러를 받고 거짓말을 한 사람보다 거짓말을 진실이라고 주장하는 경향이 훨씬 강한 것으로 나타났다. 1달러를 받고 거짓말을 한 사람들은 낮은 보상으로 자신의 행동을 정당화하기가 힘들었기 때문에 차라리 믿음을 바꿔버렸다는 게 인지 부조화 이론의 설명이다.[74]

1달러를 받고 거짓말을 한 사람의 심리 상태는 이런 것이었다. "나는 스탠퍼드 학생이야. 그런 내가 고작 1달러를 위해 거짓말을 하는 사람이라고? 그건 말도 안돼. 사실 내가 여자에게 말한 것은 진실이야. 실험은 실제로 매우 재미있었다고."[75]

대학원생들에게 월급을 조금 주면 "돈 벌려고 하는 일이 아니라 공부를 위해서 하는 일이므로 월급이 없더라도 만족한다"고 말하지만, 월급을 올려주면 다른 사람과 비교하면서 불평이 많아지는 것도 같은 경우로 볼 수 있다.[76]

인지부조화 이론은 당시 미국 심리학회를 폭풍처럼 강타했다. 인간은 합리적rational 존재가 아니라 합리화하는rationalizing 존재라는 걸 드라마틱하게 증명해 보였기 때문이다. 페스팅거는 "실제로 인간의 행동은 보상 이론에 의해서만 설명될 수 없다. 인간은 생각을 하기 때문이다! 우리는 스스로의 위선을 정당화하기 위해 대단히 놀라운 정신적 활동을 한다"고 주장했다.[77]

심리학자 매튜 리버먼Matthew Lieberman은 페스팅거의 실험을 동아시아인들에게 했을 때 그들이 미국인보다 합리화를 훨씬 더 적게 한다는 사실을 발견했다. 아시아인들은 모순을 비교적 쉽게 받아들이는 문화적 환경 속에서 살아왔기 때문으로 분석되었

다.[78]

어떤 식으로건 흡연을 정당화하려는 흡연자는 자신의 인지부
조화를 줄이기 위해 4가지 자기암시 수법을 쓴다. 첫째, 매우 즐
기기 때문에 그만한 가치가 있다. 둘째, 난 유전자가 좋아 괜찮을
것이다. 셋째, 인생을 살면서 모든 위험을 다 피해가면서 살 수는
없는 법이다. 넷째, 금연하면 체중이 늘거나 스트레스가 심해져
건강에 오히려 좋지 않을 것이다.[79]

그런데 한 가지 궁금한 게 있다. 왜 사람마다 인지부조화에 대
응하는 방식이 다른가? 왜 어떤 사람은 전혀 다른 사태가 벌어졌
을 때 이성적으로 발을 빼는 데, 어떤 사람은 계속 매달리는가?
페스팅거의 제자인 심리학자 엘리엇 애론슨Elliot Aronson은 그 이
유를 다음과 같이 설명한다. "저는 정직한 성찰을 통해 부조화
문제에 대응하는 사람은 성격이 원만하고 높은 자기 존중감self-
esteem을 가지고 있거나, 아니면 반대로 아주 낮은 자기 존중감을
가지고 있다고 생각합니다. 지금까지 자신이 투자한 것이 별것
아니라 여기고 스스로 바보라고 생각하는 거죠."[80]

이 설명에 따른다면, 광신도들은 굉장히 높은 자기 존중감을
갖고 있는 사람들이라고 말할 수 있다. 지금까지 자신이 투자
한 것이 별것 아니라 여기고 스스로 바보라고 생각하는 걸 상상
할 수조차 없는 것이다. 그건 자신에 대한 씻을 수 없는 모욕이
된다.

행동경제학적으로 설명한다면, 이른바 '매몰비용'에 대한 집착
이 매우 강한 사람들에게 나타나는 '매몰비용 효과sunk cost effect'

라고 할 수 있겠다. 매몰비용이란 이미 매몰埋沒돼 버려서 다시 되돌릴 수 없는 비용으로 함몰비용이라고도 한다. 우리 인간에게는 돈이나 노력, 시간 따위를 일단 투입하면 그것을 지속하려는 강한 성향이 있는데, 이를 가리켜 매몰비용 효과라고 하는 것이다. 이는 낭비를 싫어하고 또 낭비하는 것으로 보여지는 걸 싫어하는 동시에 자신의 과오를 인정하기 싫어하는 자기 합리화 욕구 때문에 발생한다. 경제학적 인지부조화 이론이라고 볼 수 있다.[81]

정도의 차이일 뿐 우리 사회에는 심리적 부조화를 줄이기 위해 자기 자신을 속일 수 있는 능력을 갖고 있는 사람들이 많다. 누구든 자신은 예외일 거라고 믿고 싶겠지만, 예외는 없다. 단지 자신의 인지 부조화를 줄이려는 분야의 차이만 있을 뿐이다.

📚 일독을 권함!

● 김미라·민영식, 「지지 후보와 추론 동기가 유권자의 선택적 노출과 교차노출에 미치는 영향: 선거에서의 인지부조화를 중심으로」, 『한국방송학보』, 28권2호(2014년 3월), 7–49쪽.
● 전기우, 「사회복지전담공무원의 역할 인지부조화(role cognitive dissonance) 해소방안 연구: 원인과 그 처방」, 『대한정치학회보』, 20권1호(2012년 6월), 289–322쪽.
● 김재휘, 「위선유도에 의한 인지부조화의 설득 효과: CSR기업에 대한 태도에 미치는 영향」, 『광고연구』, 89권(2011년 6월), 205–228쪽.
● 이병관, 「인지부조화와 대안애착 상황에서 소비자 의사결정 행동에 미치는 내재적 태도와 외현적 태도의 효과 연구」, 『광고연구』, 86권(2010년 9월), 30–55쪽.

- 이종혁, 「뉴스의 일탈성이 기사 선택에 미치는 영향: 진화론, 인지부조화, 정보 효용성을 바탕으로 모델 도출」, 『한국언론학보』, 53권6호(2009년 12월), 241-261쪽.
- 김종영, 「'황빠' 현상 이해하기: 음모의 문화, 책임전가의 정치」, 『한국사회학』, 41권6호(2007년 12월), 75-111쪽.
- 허행량, 「출연진에 대한 태도가 프로그램 시청률에 미치는 효과에 대한 연구」, 『한국언론학보』, 48권4호(2004년 8월), 126-146쪽.

제2장

미디어효과 이론(1)

미디어효과 이론

미디어 효과를 둘러싼
논쟁이 뜨거운가?

대중매체의 효과가 강하냐 약하냐 하는 건 많은 학자들의 오
랜 관심사였다. 초기에 대두된 이론은 이른바 '강효과 이론'으로
탄환 이론bullet theory 또는 피하주사 이론hypodermic-needle theory으
로 불렸는데, 이는 기계적 자극-반응 이론에 근거한 것이었다.
1938년 10월 30일 오손 웰즈Orson Welles의 라디오 드라마 〈화성
으로부터의 침략Invasion from Mars〉이 청취자들을 공포에 떨게 한
이후, 제2차 세계대전 참전국들의 맹렬한 선전활동과 매디슨 애
비뉴Madison Avenue로 일컬어지는 미국 광고업계의 전투적인 광고
공세 등과 같은 역사적 배경이 대중매체의 효과에 관한 그런 이
미지를 만들어냈다.[1]

논쟁의 목적으로 탄환이나 피하주사와 같은 딱지를 붙인 게
아니냐는 주장도 있다. 예컨대 빈센트 모스코Vincent Mosco는 "피
하주사모델 이론 채용의 혐의를 가진 사람들은 그들의 이름이

거의 잘 드러나지 않는다"며 다음과 같이 말한다.

"실은 일부 학자들은 피하주사 모델이 커뮤니케이션학에서 주목할 만한 전통이었던 적이 결코 없었지 않았나 생각하고 있으며, 이 직접 효과 모델은 피하주사 외의 다른 입장들이 피하주사 모델에 대비해서 손쉽게 보다 세련돼 보일 것이라고 하는, 일종의 논쟁상 끄나풀로서 대체로 발동되어 오지 않았나 하고 생각한다."[2]

미디어의 영향력이 매우 강하다는 '강효과 이론'은 한동안 큰 설득력을 누렸지만, 미디어의 발전과 함께 수용자들의 일종의 면역효과를 갖게 되면서 다른 이론들이 등장하기 시작했다. 강효과 이론 다음에 제시된 건 약효과 또는 소효과 이론이었다. 이 이론은 제한효과모형·한정효과모형·소효과모형·선별효과모형 등의 다양한 이름으로 불렸는데, 이 이론에선 '보강효과'라는 개념이 핵심이었다. 즉 대중매체는 기존의 생각이나 신념을 보강해주는 효과만 있더라는 것이었다. 이러한 보강효과와 관련해 후일 '능동적active'이니 '완고한obstinate'이니 하는 식으로 수용자의 주체적 저항 능력을 강조하는 주장이 나오게 되었다.

강효과 이론 이후 제시된 효과 이론 가운데 대표적인 연구로는 폴 라자스펠드Paul Larzarsfeld 등의 『국민의 선택The People's Choice』(1948)을 들 수 있다. 프랭클린 루스벨트와 웬델 윌키Wendell Wilkie가 경쟁한 대통령선거에 관해 오하이오 주 어리Erie에서의 서베이와 인터뷰를 중심으로 이루어진 이 연구는 커뮤니케이션의 2단계 유통 이론the two-step flow of communication이라는 것을 제시했다. 이는 "아이디어들은 종종 매스미디어로부터 여론지도자 opinion leaders에게로 흐르고 다시 그들로부터 덜 능동적인 계층인 대중집단으로 흐른다"는 가설을 골자로 삼고 있다.

오늘날에야 "아니 그게 무슨 대단한 발견이란 말인가?"라고 비웃을 만하지만, 당시엔 미처 깨닫지 못한 새로운 발견으로 여겨졌다. 이 이론이 선거를 넘어 더욱 일반적인 상황에까지 적용할 수 있다는 인식도 한참 후에야 생겨났다. 사람들은 2단계 유통 모델을 통해 매스 커뮤니케이션 채널과 대인 커뮤니케이션 채널 사이의 관련성에 관심을 집중하게 되었다.[3]

2단계 유통 이론은 1960년대에 진입하면서 약화되었는데, 그 이유에 대해 방정배는 다음과 같이 말한다. "첫째 모든 수용자가 여론지도자에게 자문을 구하는 것도 아니고 많은 수용자가 직접 매스미디어에 접촉할 수 있는 커뮤니케이션 여건이 좋아졌고, 둘째 여론지도자가 수용자들에게 한결같이 믿을 만한 인물로 남아 있지 못하고 신뢰를 상실했으며, 셋째 수용자들이 하나의 혹은 동질적 사회집단에 소속되어 통합되어 있지 않고, 넷째 사회적 공개토론의 마당이 많이 성립됨으로써 미디어→여론지도자→수용자라는 정보의 2단계 흐름은 너무 단순한 가정이란 것이다."[4]

1955년 라자스펠드와 엘리후 카츠Elihu Katz의 『개인적 영향Personal Influence』, 1960년 조셉 클래퍼Joseph Klapper의 『매스 커뮤니케이션의 효과The Effects of Mass Communication』도 중요한 연구 문헌이다. 클래퍼의 책은 그때까지 나온 한정효과 이론 또는 선별효과의 기본 가정들을 총정리해서 일반화시켜 놓은 것인데, 그는 이 책에서 이들은 수용자의 선택성, 의견지도자의 영향, 소속집단의 규범, 매스컴과 다른 중개요인들과의 연계작용을 강조했다.[5] 그러나 이러한 제한효과 모델에 대한 비판도 만만찮다. 스테픈 리틀존Stephen W. Littlejohn은 "비평가들은 제한효과 모델이란 스스로를 조작적이라고 간주하지 않는 전문적인 저널리스트의 편에서의 한 이데올로기적인 반응이라고 생각한다"며 다음과 같이 말한다.

"대부분 제한 효과 연구자들은 학술적인 저널리스트들이거나 아니면 자유사회에서의 미디어를 매우 호의적으로 파악한 사람들이다. 이러한 개인들은 미디어의 특징을 영향력의 확산자가 아니라 정보의 유포자로서 표현하는 데 관심을 둔다. 만약 미디어가 통제하는 것으로써가 아니라 중요한 것으로 간주된다면, 미디어는 그들이 특별한 시기에 중요한 것이라고 느끼는 것이 무엇이든지 간에 조사하고 보고할 끊임없는 자유를 가지게 될 것이다."[6]

효과 이론은 강효과 이론과 약효과 이론을 거쳐 중효과 이론으로까지 나아갔는데, 이는 대중매체의 영향력을 어느 정도 인정한 것으로 이와 관련된 이론 모형으로는 ①정보추구information seeking 모형(개인의 정보추구행위에 초점을 맞추고 이러한 행위를 결정하는 요인들을 밝혀내고자 하는 것) ②이용과 충족uses and gratifications 모형 ③의제설정 기능 ④문화규범cultural norms이론(매스컴이 규범을 형성시킴으로써 사람들의 행위에 간접적인 효과를 갖는다) 등을 들 수 있다.

그렇다고 해서 강효과 이론이 완전히 자취를 감춘 건 아니었다. 독일의 커뮤니케이션 학자 노엘레-노이만Elisabeth Noelle-Neumann은 1972년 동경에서 열린 제20차 세계심리학대회에서 다시 강력효과모형을 제시했다. 그는 대중매체의 3대 특성으로 ①'정보의 원천으로서의 매체'라고 하는 점에서의 편재성ubiquity, ②'시공을 초월한 메시지의 반복'이라고 하는 점에서의 누적성 cumulation, ③'언론인의 가치' 등과 같은 것에서 찾아볼 수 있는 조화성 또는 협화성consonance을 들었다. 여기서 협화성은 대중매체가 만들어내는 어떤 이슈에 대한 통일된 상과 관련된 것으로 수용자로 하여금 선택의 폭을 축소시키며 주장을 그대로 받아들이게 만든다는 의미를 담고 있다.

그런가 하면 아예 '효과 이론' 자체를 거부할 정도로 '강효과론'을 지지하는 이론가들도 있다. 미국 사회학자 토드 기틀린Todd Gitlin은 텔레비전의 힘이 강하니 약하니 하고 따지는 논쟁은 한참 잘못된 것이며, 논점을 벗어난 것이라고 말한다. 우리는 텔레비전의 세계에서 헤엄치고 있다고 해도 과언이 아닌데, 그렇게까지 생활환경이 되어버린 텔레비전의 효과가 강하니 약하니 하고 따지는 게 도대체 말이나 되느냐는 것이다.[7] 요컨대, 미디어의 '효과'를 측정하겠다는 발상 자체가 잘못됐다는 것이다. 기틀린은 텔레비전의 영향을 측정하겠다는 건 물고기에게 미친 물의 영향을 측정하는 것과 같다고 말한다.[8] 그건 마치 공기가 사람에게 미치는 영향이 크니 작니 하고 따지는 것과 다를 바 없다는 것이다.

프랑스의 사상가 자크 엘륄Jacques Ellul은 대중매체를 분리된 현상이 아니라 교육·종교·법·정치·경제·인간관계 등 테크놀로지 사회를 구성하는 모든 것과 결합된 현상으로 간주한다. 미국의 사회과학자들은 대체로 프로파간다의 영향력이 약하다는 입장을 취해왔지만, 엘륄는 그들의 입장이 이방인 또는 적을 대상으로 삼는 국가간 프로파간다에만 국한되고 있다는 문제를 지적한다. 그런 종류의 프로파간다는 영향력이 약한 정도가 아니라 아예 없다고 말해도 무방하다는 것이다. 엘륄은 국제적 프로파간다가 아니라 한 국가 내의 프로파간다를 문제삼는다. 엘륄은 그의 저서 『프로파간다Propaganda』의 부록에서 경험주의적 효과연구의 문제를 구체적으로 지적한다. 프로파간다는 그 특성상 계속적·강화적·누적적·침투적이기 때문에 그 효과를 측정할 출발점을 찾을 수 없으며, 프로파간다는 사람들에게 심층적인 영향을 미치기 때문에 특정 행위와 관련된 효과를 측정하기 어렵다는 등 여러 이유들을 자세히 제시하고 있다.

대중매체 또는 프로파간다의 영향력이 약하다고 주장하는 사람들의 생각을 선의로 해석할 때에 그건 그들의 민주주의에 대한 신념에서 비롯된 것이기도 하다. 만약 개인이 프로파간다에 취약하다면 민주주의의 대전제는 흔들리고 말 것이기 때문이다. 엘륄은 그런 사정을 십분 이해한다고 말하면서도 개인이 외부의 설득에 매우 취약하다는 것은 부인할 수 없다고 강조한다. 그와 동시에 엘륄은 보통사람들이 가축처럼 조종될 수 있다고 믿는 시건방진 귀족주의적 지식인들의 입장은 결코 받아들일 수 없다고 말한다. 그건 동기가 다르다는 것이다. 자신이 개인의 취약성을 이야기하는 건 개인을 보호하기 위한 경고라는 것이다.[9]

미디어효과 이론은 그 이론이 나오게 된 사회적 상황 또는 이데올로기와 무관하지 않다. 이에 대해 제임스 캐리James W. Carey는 1978년에 쓴 한 논문에서 "효과에 대한 논의가 강력 모델로부터 제한 모델로, 그리고 다시 강력 모델로 옮겨간 기본적인 이유는 사회적인 세계 자체가 이 기간 동안에 변질을 겪어 왔기 때문이라고 논할 수 있다"며 다음과 같이 말한다.

"1940년대에 커뮤니케이션의 강력한 효과가 대두된 것은 대공황과 전쟁을 둘러싼 정치적 조류가 어떤 종류의 효과를 낳는 풍부한 조건을 만들어 냈기 때문이다. 그와 마찬가지로 1950년대와 60년대의 정상적인 상황은 제한 효과 모델을 가져다주었다. 1960년대 후반의 베트남전쟁 시기에는 정치적인 불일치와 인플레이션이 결합되어 사회 구조를 근본적으로 노출하고, 그것을 커뮤니케이션 미디어에 의해 일반 사람들 사이에 퍼져 나가게 했다."[10]

어찌됐건, 그간 미디어효과 이론에 대해 나온 비판 가운데 가장 강력하거니와 폭넓은 지지를 받은 것은 그것이 '개인 탓하기 individual-blame' 결과를 낳을 수 있다는 점이다. 실제로 미디어효과 이론의 초점은 항상 수신자이며, 수신자들이 송신자의 메시지를 어떻게 받아들이는가에 있다. 따라서 커뮤니케이션의 효과가 의도대로 나타나지 않을 경우 그 원인과 책임은 수신자인 개인에게 돌아가며 수신자인 개인이 비난의 대상이 된다. 이는 빈곤 및 성폭행 연구에서 '피해자 탓하기blaming the victim' 현상과 맥을 같이 하는 것이다. 커뮤니케이션 연구가 송신자 연구 중심이냐 수신자 연구 중심이냐 하는 건 연구자의 의도와 무관하게 예상치 못한 이데올로기적 효과를 낳을 수 있다는 점에 주목할 필요가 있겠다.

📚 일독을 권함!

- 소현진, 「광고 효과 연구의 문헌 분석: 『광고연구』를 중심으로」, 『광고연구』, 109권 (2016년 6월), 43~75쪽.
- 김명규·이창준·홍아름, 「효과적인 정보 확산을 위한 미디어 이용 패턴 분석: 온라인 의견지도자의 미디어 레퍼토리를 중심으로」, 『정보사회와 미디어』, 17권1호 (2016년 4월), 77~113쪽.
- 이지은·두수진·이상민·최한나·이민규, 「소셜 미디어 매개유력자의 속성과 트위터 메시지 유형 연구: 파워 트위터리안의 리트윗 메시지를 중심으로」, 『한국언론학보』, 58권6호(2014년 12월), 245~276쪽.
- 하상복, 「기술과 이미지: 엘륄(Jacques Ellul)의 이미지 비판 연구」, 『인간·환경·미래』, 13권(2014년 10월), 97~123쪽.
- 이형민, 「조직-공중 이슈 지각과 구전 의도 형성에 대한 실험적 분석: 편향된 언론 보도 노출과 소집단 대인 커뮤니케이션의 효과를 중심으로」, 『한국광고홍보학보』, 16권3호(2014년 7월), 219~250쪽.
- 박민경·이건호, 「온라인 오피니언 리더의 담론 유형 탐구: '세종시' 관련 인터넷 토론방 다음 아고라 '선도의견'을 중심으로」, 『언론정보연구』, 48권1호(2011년 2월), 114~149쪽.
- 이호규, 「자크 에릴의 테크닉과 그의 커뮤니케이션관」, 『언론과학연구』, 8권3호 (2008년 9월), 492~518쪽.
- 하상복, 「정보기술과 민주주의에 관한 일 고찰: 엘륄(Jacques Ellul)의 비판적 기술사상을 중심으로」, 『정치사상연구』, 9권(2004년 5월), 213~232쪽.

왜

이용과 충족 이론

미디어 이용 동기가
중요하다고 보는가?

미국 시카고대학 행동과학교수 버나드 베렐손Bernard Berelson은
1958년 미국여론연구협회 총회에서 「커뮤니케이션 연구 현황The
State of Communication Research」이라는 제목의 주제 발표를 통해 커
뮤니케이션 연구가 학문의 한 분과로서 소멸해가고 있는 상태에
놓여 있다고 진단했다. 쿠르트 레빈Kurt Lewin은 죽고 해럴드 라
스웰, 폴 라자스펠드, 칼 호블랜드Carl Hovland 등 커뮤니케이션 연
구의 거장들은 전쟁이 끝난 후 커뮤니케이션이라는 영역을 떠나
그들 고유의 분야로 돌아갔으며, 그들의 업적에 필적할만한 연구
성과가 다른 학자들에 의해 전혀 발표되지 않고 있다는 것이 그
이유였다.

베렐손의 주장에 대해 여러 학자들이 반론을 제기했는데, 그
중에서도 반론을 새로운 이론 구성으로까지 연결시킨 인물은 엘
리후 카츠였다. 1959년 카츠에 의해 그 명칭이 처음 사용된 '이

용과 충족 이론theory of uses and gratifications'이 바로 그것이다.

'이용과 충족 이론'은 기능주의의 대표적 이론으로 '대중매체가 사람들에게 무엇을 하고 있느냐what do the media do to people?' 대신에 '사람들이 대중매체를 가지고 무엇을 하느냐what do people do with the media?' 하는 입장에서 연구를 하려고 하는 접근방법이다. 즉 인간이 대중매체 내용을 어떻게 이용하며 또 그러한 이용으로부터 어떤 충족을 얻고 있는가를 연구하는 것이다.

차배근은 "이 이론 내지 접근방법은 매스 커뮤니케이션의 효과를 과소평가하고 있던 당시의 소위 '한정효과 이론' 내지 '소효과 이론'에 대한 반작용으로 또는 그 당시의 매스 커뮤니케이션 효과 연구방법에 대한 대안적 방법으로서, 그리고 또 한편으로는 '시들어 가고 있던 당시의 매스 커뮤니케이션 연구 풍토'를 다시 활성화시키기 위한, 즉 새로운 활로를 찾기 위한 하나의 연구방법론으로서 제시된 것이라고 할 수 있다"며 다음과 같이 말한다.

Katz에 의하면, 매스 커뮤니케이션에 관한 그때까지의 연구들은 주로 매스미디어 자체에 초점을 맞추어 그것들이 일방적으로 그 수용자에게 어떠한 영향(효과)을 미치는가를 연구해 왔다는 것이다. 그러나 이러한 전통적 연구방법상에는 문제가 없지 않은 바, 아무리 매스미디어가 큰 영향력을 지니고 있다손 치더라도, 만약 사회적 및 심리적 요인이나 환경으로 인하여 매스미디어를 이용하지 않는 사람들에게는 그것(매스미디어)이 아무런 영향을 줄 수 없다는 것이다. 따라서 매스미디어를 이용하지 않는 사람들이 많을 경우, 매스미디어는 그 영향력을 행사할 수 없기 때문에, 결과적으로 '매스미디어 효과가 별로 없다'는 식의 결론까지 나올 수 있으나, 만약 미디어 이용자만을 대상으로 한다면 미디어는 큰 영향력을 행사하고 있음도 발견할 수 있다는 것이다.[11]

이용과 충족 연구는 처음엔 텔레비전 이용동기 연구에 주력했지만 신문과 잡지 등의 매스미디어뿐만 아니라 전화 및 휴대 전화 연구로까지 확장되었고, 최근에는 인터넷 관련 서비스 연구가 많이 이루어지고 있다. 예컨대, 김유정은 「소셜네트워크서비스에 대한 이용과 충족 연구: 페이스북 이용을 중심으로」(2011)라는 논문에서 페이스북 이용자들은 자신을 표현하고자 하는 정체성 표현, 타인과의 교류를 나타내는 사회적 상호작용, 새로운 서비스로서 이용의 유용성, 친구들과의 교류, 친구에 관한 다양한 정보를 검색하려는 정보검색, 기분전환과 관련된 여가선용, 자신의 인맥관리, 고민거리에서 벗어나려는 현실도피, 친구와 함께하려는 동참하기, 외로움에서 벗어나기를 위해 페이스북을 이용하는 것으로 파악했다.[12]

이용과 충족 이론은 "개인적 차원에서의 커뮤니케이션 매체선택 행위와 그러한 선택에 수반되는 의미와 기대에만 연구의 초점을 맞춤으로써, 사회적 규율·관습 등의 형태로 존재하는 커뮤니케이션 매체 이용자가 처한 상황의 결정인자들에 대한 구조적·문화적 전망이 결여되어 있다"는 비판을 받고 있다.[13] 이 이론의 주창자 가운데 한 사람인 데니스 맥퀘일은 1979년에 쓴 논문에서 그간 제기된 비판을 6가지로 요약해 제시했다. 그 주요 내용은 다음과 같다.

①이 접근 방법은 그 방법론 및 개념상에서 너무 개인 중심적이기 때문에 보다 큰 사회적 구조에 연결 또는 적용시키기가 어렵다. ②이 접근방법의 실증적 연구들은 인간들의 정신적 상태에 대한 주관적 보고에만 의존하고 있기 때문에 너무 '정신주의적mentalistic'이다. ③'능동적이고 적극적인 수용자'라고 하는 가정은 이 모형의 다른 가정, 즉 "수용자들의 미디어 이용 동기는 그들의 기본적 욕구, 사회적 경험 및 조건에 의해서 결정된다"는 것과 상치한다. ④미디어의 구체적인 내용에 대해서는 주의를 기울이지 않으면서 주로 미디어 내용의 일반적 유형만을 다루고 있다. ⑤기능주의에 대한 비판은 이 접근방법에도 그대로 적용될 수 있다. ⑥이 접근방법은 그 속성이 보수적이며 미디어가 그 수용자들의 욕구만을 충족시켜 주고 있다는 식으로만 봄으로써 매스 커뮤니케이션 연구를 오히려 제한시키고 있다.[14]

조은영·최윤정은 「왜 TV를 시청하며 온라인 대화를 나누는가?: '사회적 시청'의 동기, 행위, 만족에 대한 연구」(2014)라는 제목의 논문에서 "이용과 충족 관점은 미디어의 효과로부터 수용자에게로 연구 관점을 돌렸다는 점에서 큰 의의가 있으나, 여전히 몇 가지 한계들로 비판받고 있다. 그 중의 한 가지는 이용과 충족 접근이 미디어를 소비하는 행위 그 자체로 충족을 얻게 되는 측면에 대한 고려가 약하다는 점이다"라며 다음과 같이 말한다.

"예를 들어 최근의 텔레비전 드라마 수용에 대한 연구들을 보면, 드라마 내용의 품질과 상관없이 드라마 시청 행위 그 자체로 충족을 얻는다는 관점이 제시되고 있다. '막장 드라마'임에도 여성들이 많이 시청하는 이유는 드라마를 시청하는 행위를 통해 수다도 떨며 스트레스를 해소하기 때문이다. 이는 수용자가 드라마의 내용에서 충족을 얻는 것이 아니라 드라마 시청과 관련된 맥락적 환경으로부터 충족을 얻을 수 있다는 가능성을 보여주는 것이며, 동시에 이용과 충족 연구에서 수용자의 충족에 대한 개념이 명확히 연구되지 않은 한계를 드러내는 것이다."[15]

카츠의 기본 가정은 수용자는 능동적이며 목적지향적이고 매체 선택의 주도권은 수용자에게 있고, 매체는 욕구 충족의 중요한 원천이라는 것이다. 이런 가정은 타당한 일면이 있되 매체를 둘러 싼 권력과 자본의 의도를 정당화시켜줄 수 있다는 비판을 받을 소지가 있다 하겠다. 또 각 사회의 매체 이용의 역사와 환경이 다른 만큼 이를 충분히 고려하는 것도 필요하리라.

📚 일독을 권함!

- 조은영·최윤정, 「왜 TV를 시청하며 온라인 대화를 나누는가?: '사회적 시청'의 동기, 행위, 만족에 대한 연구」, 『방송통신연구』, 88권(2014년 10월), 9–46쪽.
- 최배석, 「영화 프로모션 노출이 영화 관람 만족도에 미치는 영향: 봉준호의 〈설국열차, 2013〉에 대한 관람 동기와 관여도를 중심으로」, 『한국콘텐츠학회논문지』, 13권12호(2013년 12월), 92–107쪽.

- 김춘식, 「전통미디어와 대화를 통한 정치정보 습득이 정치 신뢰와 미디어 신뢰에 미치는 영향: 유권자의 인터넷 이용 동기와 인터넷 정치정보노출의 매개역할을 중심으로」, 『한국언론학보』, 56권4호(2012년 8월), 389-413쪽.
- 김유정, 「소셜네트워크서비스에 대한 이용과 충족 연구: 페이스북 이용을 중심으로」, 『미디어, 젠더 & 문화』, 20권(2011년 12월), 71-105쪽.
- 우공선·강재원, 「이동형 SNS(Social Network Service)의 이용 충족, 의존, 그리고 문제적 이용: 트위터(Twitter)를 중심으로」, 『사이버커뮤니케이션학보』, 28권4호(2011년 12월), 89-127쪽.
- 한은경·송석재·임한나, 「소셜 커머스의 이용 동기와 만족, 재구매 의도에 관한 연구: 이용과 충족이론을 중심으로」, 『한국광고홍보학보』, 13권3호(2011년 7월), 298-325쪽.
- 김인경·성동규·박원준, 「모바일 융합매체 이용자의 추구충족과 콘텐츠 이용정도가 콘텐츠 획득충족에 미치는 영향」, 『한국언론학보』, 55권3호(2011년 6월), 5-27쪽.
- 박인곤·신동희, 「스마트폰 이용자들의 이용과 충족, 의존도, 수용자 혁신성이 스마트폰 이용만족에 미치는 영향에 관한 연구」, 『언론과학연구』, 10권4호(2010년 12월), 192-225쪽.
- 허경호, 「대학생의 인터넷 의존도의 이용과 충족 시각적 특성」, 『사이버커뮤니케이션학보』, 26권4호(2009년 12월), 195-233쪽.

미디어의존 이론

미디어 영향력은
어떤 경우엔 강하고 어떤 경우엔 약한가?

미디어의 효과 연구에선 제한효과 모형과 강력효과 모형을 조화시키려는 시도도 이루어졌는데, 이 분야의 대표적인 이론으로는 드플러Melvin L. DeFleur와 볼로키치Sandra J. BallRokeach가 1976년에 제시한 '미디어의존 이론Media Systems Dependency Theory'을 들 수 있다.

미디어의존 이론은 1968년 워싱턴대학교에서 사회학 박사 학위를 받은 볼로키치 자신의 경험에서 비롯되었다. 매스미디어의 영향력이 거의 없거나 약하다는 교육을 받아 온 그녀는 1960년대 말 미국 사회에서 일어난 여러 가지 사건들(예를 들면 베트남전, 케네디 대통령 암살, 아폴로 11호 달 착륙 등)이 매스미디어를 통해 전달되면서 보여 준 영향력을 관찰하면서 매스미디어에 대해 다른 생각을 갖게 되었다.

왜 어떤 조건에서는 매스미디어가 중요한 영향력을 가지고, 어떤 상황에서는 그렇지 않은가? 이 의문은 미디어의 영향력을 판단할 때엔 개인적인 요인뿐 아니라 제도적이고 조직적 단계의 설명 과정이 필요하다는 깨달음으로 이어졌다. 이 깨달음은 '사회체계 이론social system theory'을 수용하는 것으로 나타났는데, '사회체계 이론'에서는 사회 내의 각 구성요소들이 어떤 목적을 달성하기 위해서 상호 의존적 관계를 형성하고 있으며, 전체는 부분의 단순한 합과는 다른 특징을 나타내게 된다. '미디어의존 이론'은 기능주의 이론의 하나로서, 개인이 예측 불가능한 사회 환경적 변화들에 대해 정보를 얻기 위하여 미디어에 의존하게 만들며, 이는 불확실성을 감소시키기 위한 행동으로 가정하고 있다.[16]

드플러와 볼로키치는 "개인들은 교육적·종교적·정치적 시스템과 그밖의 다른 시스템에 연결돼 있을 뿐만 아니라 가족과 친구와 같은 인간관계 네트워크에 연결돼 있다. 이러한 시스템과 네트워크는 그들이 그 어떤 목표를 달성하는 데에 도움을 준다"며 다음과 같이 말한다.

미디어 의존 이론은 개인들이 단체적 결속 없이 고립돼 있기 때문에 미디어의 영향력이 강하다고 하는 '대중사회'의 미디어관을 받아들이지 않는다. 오히려 미디어 의존 이론은 미디어의 영향력을 개인들이 그들의 개인적인 목표를 달성하는 데에 필요한 어떤 정보 자원들에 대한 통제에 있는 것으로 간주한다. 더욱이, 사회가 복잡해질수록 미디어 정보 자원에의 접근을 필요로 하는 개인적인 목표들의 범

위는 더욱 넓어질 것이다.[17]

이처럼 개인의 역량을 높게 평가하는 이 이론의 중심적 명제는 '미디어·수용자·사회'의 3자의 관계 속에서 현대의 도시산업 사회에서 보다 높아져가는 사람들의 매스미디어 의존이 매스미디어 효과를 규정하는 주요 변수라는 점이다. 볼로키치와 드플러는 "사람들이 이해하고 행동하고 나아가서는 도피하는 데 필요한 적절한 준거의 틀을 제공해 줄 사회적 실체를 가지지 못할 때, 그리고 수용자들이 이러한 방법을 통하여 수용된 미디어 정보에 의존할 때만이 그러한 메시지들이 다양한 수정효과alteration effects를 가질 수도 있다"고 말한다. 즉 미디어 메시지가 개인들이 미디어 정보에 의존하는 만큼만 사람들에게 영향을 미친다는 것이다.[18] 그들은 이 이론의 기본적 명제를 다음과 같이 제시한다.

> 미디어의 메시지가 광범한 인지적, 감정적, 행동적 효과를 낳게 하는 잠재력은 미디어시스템이 매우 독특하고, 중심적인 정보송출 서비스를 제공할 때, 증대할 것이다. 그 잠재력은 더욱이 대립이나 변동에 의한 사회의 구조적 불안정성이 높아질 때 증대한다.[19]

여기서 인지적cognitive 차원에서의 효과는 모호성의 야기와 해소·태도 형성·의제설정·신념체계의 확장·가치의 명료화 등이며, 정서적affective 차원에서의 효과는 불안감과 공포감의 유발, 사기morale와 소외감의 신장 또는 감퇴 등이며, 행동적bahavioral 차원에서의 효과는 행위의 활성화 또는 감퇴, 이슈 형성 및 해결, 행동을 위한 전략 제시(예: 정치 시위), 이타주의적 행동 유발(예: 자선단체에의 기부) 등을 말한다.[20]

의존 이론은 실증적 근거들이 약하고 내세운 가정과는 달리 미디어 효과를 수용자 개인들에 관한 것에 국한시키고 사회와 미디어 시스템에 미치고 있는 효과는 언급하지 않는다는 비판을 받았다.[21] 또 이 이론은 "미디어 조직이 사회체계로부터 독립되어 있다는 것을 과장하고 있어 미디어 체계가 어떤 요구를 해결해줄 수 있는 중립적이고 비정치적인 정보원인 것처럼 간주되고 있는 점이 문제"라는 지적도 받고 있다.[22]

미디어의존 이론은 이용과 충족 이론과 무엇이 다른가? 드플러와 볼로키치는 '이용과 충족' 이론은, 수용자들이 그들의 정보적 욕구를 충족시키기 위해서 미디어를 어떻게 이용하느냐 하는 문제에만 관심을 두어 수용자에 그 초점을 맞추고 있을 뿐, 수용자-미디어-사회간의 상호관계는 다루지 않고 있는 반면, 미디어의존 이론은 수용자-미디어-사회간의 상호관계에 초점을 두고 있다고 주장한다. 하지만 그게 그거 아니냐고 반문하는 학자들이 많다. 차배근은 다음과 같이 말한다.

실제적으로는 이 의존 이론도 미디어에 대한 수용자들의 의존에만 초점을 맞추어, 그 의존도가 수용자들의 인지 · 정보 · 행동에 어떠한 영향을 미치는가를 다룸으로써, 결과적으로는 이용과 충족 이론과 비슷하다고 보겠다. 또한 이 의존 이론은 왜 수용자들이 미디어에 의존하게 되는가 하는 문제에 대한 충분한 설명이 없이, 그저 현대사회의 속성만을 들어서 그것을 설명하고 있는 바, 이것도 이 이론이 지니고 있는 커다란 약점의 하나라고 하겠다.[23]

미디어의존 이론과 이용과 충족 이론의 차이에 대한 의문이 자꾸 제기되자 볼로키치는 이용과 충족 이론은 개인적 단계에서의 욕구를 다루고 있지만 '미디어의존 이론'은 거시적·중시적·미시적 단계를 모두 포함한다며, 두 이론의 차이점을 다음과 같이 세 가지로 정리했다.

첫째, '미디어의존 이론'은 테스트하기에 적합한 보다 일관된 이론적 개념 체계를 제공한다. 둘째, '이용과 충족 이론'에서는 능동적 수용자라는 개념을 제시하고 있지만, 능동적 수용자의 미디어에 대한 반응을 본래적 의존이라는 개념으로 설명해버림으로써 능동적 수용자의 설명력을 상당히 약화시키고 있다. 셋째, '이용과 충족 이론'은 오로지 개인적 미디어 관계에 대한 설명이 가능한 데 비해 '미디어의존 이론'은 다양한 차원에서의 의존관계에 적용할 수 있다.[24]

미디어의존 이론이 중시하는 '미디어·수용자·사회'의 3자 관계에서 언론매체의 효과는 수용자가 언론매체를 신뢰하여 의존의 정도가 높을 때 크다는 것은 뻔한 상식인 것 같으면서도 오늘날 신뢰도가 바닥에 떨어진 한국 언론에 시사하는 바가 크다 하겠다. 그런 관점에서 보자면 한국 뉴스 시장의 주요 문제 중 하나인 '어뷰징(같은 기사를 조금씩 바꿔 계속 올리거나, 실시간 검색어를 관련 없는 기사에 집어넣는 등의 행위)'은 언론이 제 살을 깎아먹는 소탐대실의 극치라 할 수 있겠다.

📚 일독을 권함!

- 김용찬·신인영, 「'스마트폰 의존'이 전통적 미디어 이용과 전통적 커뮤니케이션 방식에 미치는 영향: 미디어체계의존이론을 중심으로」, 『한국방송학보』, 27권2호 (2013년 3월), 115~156쪽.
- 우공선·강재원, 「이동형 SNS(Social Network Service)의 이용 충족, 의존, 그리고 문제적 이용: 트위터(Twitter)를 중심으로」, 『사이버커뮤니케이션학보』, 28권4호 (2011년 12월), 89~127쪽.
- 김진영, 「미디어 의존 이론 연구: 미국 유학생들의 인터넷 이용, 민족 정체성, 미디어 의존, 그리고 인지적, 행동적 변화와의 관계를 중심으로」, 『언론과학연구』, 3권2호(2003년 8월), 119~154쪽.
- 김세은, 「신문 독자의 능동성: 개념의 구성요인과 영향 분석을 중심으로」, 『한국언론학보』, 48권1호(2004년 2월), 284~309쪽.

다원적 무지 이론

임금님은 벌거벗은 채로 거리행진을 했을까?

옛날 어느 나라에 허영심 많은 임금이 있었다. 하루는 거짓말쟁이 재봉사와 그의 친구가 임금을 찾아와 세상에서 가장 멋지고 특별한 옷을 만들어 주겠다고 제안한다. 입을 자격이 없고 어리석은 사람에게는 보이지 않는 특별한 것이라는 말에 귀가 솔깃해진 임금은 기뻐하며 작업실을 내주고, 신하들에게 두 사람이 작업하는 것을 살피라고 명령한다. 아무리 보아도 신하들의 눈에는 아무것도 보이지 않았지만, 자신들의 어리석음이 탄로날까 두려웠던 신하들은 모두 멋진 옷이 만들어지고 있다고 거짓말을 했다.

시간이 지나 재봉사는 임금에게 옷이 완성되었다며 입어볼 것을 권했다. 옷이 전혀 보이지 않았지만 임금 역시 어리석음을 숨기기 위해 옷이 보이는 척 한다. 임금은 새 옷을 입고 거리행진에 나섰다. 거리의 사람들 역시 속으로만 이상하다고 생각할 뿐

행여 자신의 어리석음이 들통날까봐 잠자코 구경만 하고 있었다. 그러다가 한 아이가 "임금님이 벌거벗었다!"라고 소리치자, 그제서야 모두 속은 것을 알아차리게 된다.

덴마크 동화 작가 한스 안데르센이 1837년에 발표한 『아이들을 위한 동화』에 나오는 이 '벌거벗은 임금님' 이야기는 권력 앞에서 진실을 이야기하지 못하는 어른들의 어리석은 모습을 꼬집어 표현한 것으로 널리 알려져 있다. 원래 전해져 내려오던 이야기였으나, 아이의 외침은 안데르센이 만들어낸 것이다. 어린 시절 어머니와 함께 덴마크 왕 프레드릭 6세의 거리행진을 구경하다가 "어, 그냥 인간이네!"라는 말을 내뱉었다가 어머니로부터 "너 미쳤니?"라는 꾸중을 들은 게 생각나서 집어넣은 것이라고 한다.[25]

동화는 동화일 뿐이니, 그저 재미있게 읽고 끝내면 그만이겠지만, 그 상징적 의미를 진지하게 검토해본다면 다른 결론이 나올 수 있다. 어른들은 단지 어리석었기 때문에 보이지 않는 옷이 보이는 척 한 걸까? 그들의 심리 상태를 파고들면 그렇게 단정하기는 어렵다. '벌거벗은 임금님' 이야기의 심리학적 핵심은 "누구도 믿지 않지만 모두 다 남들은 믿을 거라고 믿는" 착각이다.

즉 나는 그렇게 생각하지 않지만, 남들은 다 그렇게 생각할 것이라는 믿음, 이 믿음은 우리로 하여금 어떤 일이나 사건에 대해 침묵하게 만들거나 남들의 생각에 동조하게 만드는 힘을 발휘할 수 있다. 우리의 실제 생활에서 자주 벌어지는 일이다.

1920년대에 플로이드 알포트Floyd Allport 등의 사회심리학자들은 다수 집단의 갑작스런 보수화 경향을 설명하기 위해 '다원적 무지pluralistic ignorance'라는 개념을 만들어냈다. '다원적 무지'는 어떤 사건 또는 어떤 이슈에 대한 소수의 의견을 다수의 의견이라고 잘못 인식하거나 또는 그 반대로 다수의 의견을 소수의 의견으로 잘못 인식하는 것을 말한다. '대중 착각 현상' 또는 '집단적 오해'로 번역해 쓰는 것이 이해에 도움이 된다는 제안이 있긴 하지만,[26] 이미 '다원적 무지'로 번역해 쓴 세월이 워낙 길어 지금 바꿔 쓰기엔 이미 늦은 게 아닌가 하는 생각이 든다.

'다원적 무지'는 다수의 입장을 지지하는 사람들은 자신들의 입장을 지지하는 다수를 신뢰하는 경향이 있을 것이며, 다수 입장을 선호하는 사람들은 미래의 추세가 더욱 자신을 지지할 것이라고 믿는 경향이 있을 것이라는 두 가지 가설에 입각하고 있다.[27]

예컨대, 대학에 음주를 즐기는 분위기가 팽배해 있을 때, 실제로는 본인처럼 음주를 별로 즐기지 않는 학생들이 많은데도 실제보다 더 많은 다른 학생들이 음주를 즐긴다고 생각하는 학생들이 많았다. 이와 유사하게, 미국의 금주법 시대(1920~1933)에 금주법에 찬성하는 사람을 과대평가한 것, 1960년대에 흑백분리정책에 찬성하는 백인의 비율을 실제보다 과대 추정한 경향도 다원적 무지가 작용한 것이었다.[28]

다원적 무지의 한 가지 극단적인 예로 구소련의 공산주의를 드는 이들도 있다. 구소련의 공산주의가 지속될 수 있었던 것은 부분적으로 사람들이 공산주의 체제를 경멸하는 인구가 얼마나 많았는지 몰랐기 때문이라는 것이다.[29] 하긴 그런 무지를 지속시키기 위해 지배층이 표현의 자유를 억압했던 건지도 모르겠다.

'다원적 무지'는 소집단에서도 나타날 수 있는데, 이는 '집단사고group think'와 긴밀히 연결돼 있다. 예컨대, 교수가 학생들에게 매우 어려운 논문을 읽게 하면서 그들에게 논문을 이해하기 힘들면 자신에게 도움을 청하라고 이야기한 상황을 가정해보자. 이 실험에선 아무도 도움을 청하지 않았는데, 모두들 자기 말고 다른 사람들은 큰 어려움이 없기 때문에 도움을 청하지 않는다고 생각했다. 그러나 이들이 남들도 이해를 못하고 있음을 알게 되면 도움을 청하기를 주저하지 않은 것으로 나타났다.[30]

박선희·한혜경은 사회적·집단적 차원에서 다원적 무지가 발생하는 이유는 개인적 차원에서 거울반사인식looking-glass perception과 문화적 편파인식cultural bias이라는 두 가지 경향이 존재하기 때문이라고 보았다. 거울반사인식은 실제 여론분포와 관계없이 다른 사람들도 나와 같은 생각을 가지고 있을 거라고 인식하는 경향으로 이전에 생각해보지 않았던 이슈에, 특히 논란이 되는 쟁점에서 가장 많이 나타난다. 문화적 편파인식은 문화적 규범이나 가치에 근거하여 다른 사람의 의견을 보수적이거나 진보적이라고 인식하는 경향으로 자신의 의견이 다른 사람들보다 그 사회의 지배적 규범이나 가치에 더 가깝다고 인지하는 것이다. 예컨대 미국에서 백인들은 인종문제에 관해 다른 백인들이 자신보다 인종차별을 더 지지할 것이라고 잘못 추정했는데, 이는 인종문제에 대한 자신의 견해를 다른 사람의 견해에 귀인시킴으

로써 나타나는 경향이다.[31]

박정순은 1989년 한 연구에서 '다원적 무지'를 지역감정 연구에 도입했다. 박정순은 대구·광주의 일반인들을 대상으로 한 조사에서 상대 지역민에 대한 응답자의 개인적 호감을 묻고 '같은 지역민들은 상대 지역민을 어떻게 생각한다고 보는지'를 물었고, 아울러 '상대 지역민들은 자기 지역민을 어떻게 생각한다고 보는지'를 물었다. 두 지역 주민들은 자기 지역 주민들이 갖고 있는 상대 지역민에 대한 배타적 감정이 실상보다 더 강하고 보편적인 것으로 생각하고 있음이 나타났다.

대구의 경우 호남인들에 대해 부정적인 태도를 갖고 있는 사람들은 실제로는 43.6%임에 비해 84.1%의 자기 지역민들이 호남인들을 싫어한다고 생각하고 있으며, 이같은 현상은 격차가 약간 적게 나타나고 있으나 광주 사람들에게서도 마찬가지로 나타났다.(34.9% 대 72.9%) 이 같은 과잉 지각은 상대 지역민들이 내 지역민들을 어떻게 생각하느냐 하는 문제에서도 나타났다. 실제로는 광주 응답자들 중 34.9%가 대구 지역민을 부정적으로 보고 있는 데 비해 대구 응답자들은 광주 사람들의 86.1%가 대구 사람들을 나쁘게 생각한다고 믿고 있으며, 실상은 대구 응답자의 43.6%가 광주 사람들을 부정적으로 보고 있지만 광주 응답자들은 대구 사람들의 83.5%가 광주 사람들을 나쁘게 본다고 생각한 것이다.[32]

예민한 정치사회적 주제에 대해 자기 자신을 드러내는 걸 꺼려하는 한국인들은 설문조사 시 당위적인 답을 하는 경향이 매우 강하긴 하지만, 이는 매우 중요한 의미를 갖는 탁월한 연구임에 틀림없다. 다원적 무지에 의해 지역감정이 실제 이상으로 증폭될 가능성은 엄존하고 있기에, 상호 소통의 기회를 확대하는 것이 매우 중요하다고 할 수 있겠다.

2013년 12월 '안녕들하십니까' 대자보 확산 현상이 일었던 것과 관련, 고려대 사회학과 교수 윤인진은 "우리사회에선 지난 수년 동안 정권과 기존 체제에 비판적 의견을 내놓는데 많은 제약이 있었다"며 이렇게 말했다. "신상털기, 종북몰이 등 이런 방식으로 자유로운 의사표현이 막히다보니, 자기검열이 우리를 움츠리게 만들었다. 일종의 다원적 무지상태에 빠졌다. 많은 사람들이 같은 처지와 같은 생각을 가지고 있는데도, 자기가 다른 사람과 다를 것이다라는 생각 때문에 문제제기를 못하는 상황이다. 이럴 때 어느 한 사람이 이것은 문제가 있다라고 제기하면서 보다 자유롭게 생각을 분출하게 된게 이번 대자보 현상이다."[33]

2016년 1월 건국대 교수 손석춘은 "미디어가 만든 '다원적 무지'로 이 땅의 미래는 어둡다"고 주장했다. "미디어가 넘쳐나는 대한민국에서 권력의 거짓말이 기승을 부린다. 신문과 방송이 권력의 거짓말을 되레 '세탁'해주면서 거짓을 참으로 아는 '국민'이 무장 늘고 있다. 언론학에서 '다원적 무지'로 부르는 집단착각이다. 신문이나 방송에 나오는 의견을 다수의 생각으로 받아들이며 자신도 젖어가는 경향이다. 물론, 모든 사람이 미디어를 맹신하진 않는다. 하지만 많은 이들이 그대로 믿는다. 비판적인 사람도 노상 노출되면 영향을 받는다."[34]

임금님이 벌거벗은 채로 거리행진을 하면 "임금님이 벌거벗었다!"라고 소리치는 사람들이 많아야 할 텐데, 민주화된 오늘날에도 그런 사람을 찾기가 어려운 게 현실이다. 권위에 대한 맹목적 복종 의식도 작용한 탓일까? 이는 제9장에서 자세히 살펴보기로 하자.

📚 일독을 권함!

- 전형준·안지현, 「건강에 대한 우려와 관련된 다원적 무지 현상: 수돗물에 대한 파일럿 연구」, 『의료커뮤니케이션』, 7권1호(2012년), 28~33쪽.
- 구교태, 「외국인에 대한 한국인의 다원적 무지(pluralistic ignorance) 현상에 대한 연구」, 『언론과학연구』, 11권2호(2011년 6월), 5~27쪽.
- 박종민·박현정, 「금주 쟁점에 대한 공중의 단일합의, 다원적 무지, 비동의 합의와 침묵의 나선 현상 연구」, 『한국언론학보』, 54권6호(2010년 12월), 368~395쪽.
- 박선희·한혜경, 「지역과 세대 간 여론양극화와 그 영향요인에 관한 연구: 부산과 광주 지역을 대상으로」, 『한국언론정보학보』, 39권(2007년 8월), 178~223쪽.
- 정일권·이미선·장주영·김민규, 「개인의견, 정보원 의존, 심리적 속성이 여론지각의 정확성에 미치는 영향: 다원적 무지 논의를 중심으로」, 『언론과 사회』, 15권2호(2007년 5월), 175~208쪽.
- 오미영, 「정치적 이슈에 대한 여론 지각에 있어서 대인커뮤니케이션, 매스 미디어 그리고 인터넷의 역할에 관한 연구: 다원적 무지가설(Pluralistic Ignorance)을 중심으로」, 『언론과학연구』, 5권1호(2005년 4월), 195~230쪽.
- 박종민·신명희, 「다원적 무지, 침묵의 나선, 제3자 효과, 그리고 상호 지향성 모델의 개념적 비교」, 『한국언론학회 심포지움 및 세미나』, 2004년 9월, 1~21쪽.

허위합의 효과

왜 우리는 "길을 막고 지나가는 사람에게 물어보자"고 하는가?

우리는 사적인 자리에서 말다툼이나 논쟁을 하다가 자기 주장의 정당성을 확신할 때 "길을 막고 지나가는 사람에게 물어보자. 누가 옳다고 하는지…"라는 말을 하곤 한다.[35] 물론 요즘 젊은이들이야 이 말을 별로 쓰지 않겠지만, 나이를 좀 먹은 사람들에겐 '길을 막고 물어본다'는 표현이 매우 익숙하다. 그런데 정말 길을 막고 지나가는 사람에게 물어보면, 그 제안을 한 사람의 주장이 옳다고 손을 들어줄까?

혹 "내 의견에 찬성하는 사람들이 많을 것이다"라고 착각하는 것은 아닐까? 그럴 수도 있고 아닐 수도 있겠지만, 남들도 내 생각과 같을 것이라고 믿어 의심치 않는다면, 이런 착각을 가리켜 무엇이라고 불러야 할까? 심리학자들은 'false-consensus effect'라는 것을 내놓았다. 국내에선 '허위합의 효과' '합의착각 효과' '거짓합치 효과' '잘못된 합의 효과' '거짓 동의 효과' '허구적 일치성 효과' 등 다양하게 번역되고 있는데, 일단 여기선 '허위합의 효과'로 부르기로 하자.

허위합의 효과는 실제보다 더 많은 사람들이 자기 의견에 동의할 것으로 오해하는 것을 말한다. 심리학자 리 로스Lee Ross는 1977년 학생들에게 "샌드위치는 조스에서!"라고 쓰인 큼직한 간판을 샌드위치맨처럼 앞뒤에 걸치고 30분간 교정을 돌아다닐 수 있는지 묻는 '샌드위치 광고판 실험'을 했다. 조스 식당에서 파는 음식의 품질에 대한 정보는 전혀 없었으니, 그것을 메고 다니는 학생들이 우습게 비칠 수 있는 상황이었다.

본인의 수락 여부에 관계없이 얼마나 많은 다른 사람들이 수락할 것인지 예측하도록 요청한 결과, 광고판을 걸고 돌아다닐 수 있다고 답한 학생들은 다른 사람들도 약 60%가 수락할 것이라고 답한 반면, 안 하겠다고 답한 학생들은 다른 사람들의 평균 27%만 수락할 것이라고 답변했다. 어떤 이유로 실험을 수락하고 거부했건, 학생들은 다른 사람들도 자기와 비슷한 생각을 할 것이라고 여겼던 것이다.[36]

이 실험에선 자신과 의견이 같지 않은 사람들을 "아주 비정상적이다"라는 식으로 낙인찍게 만드는 경향이 있다는 것도 밝혀졌다. 즉 광고판을 걸치고 돌아다닐 용의가 있던 학생들은 그렇게 하기를 거부했던 학생들을 가리켜 '유머 감각이 없는 경직된 사람들'이라고 묘사했다. 반면 거부했던 학생들은 반대편 학생들을 '바보천치들' '언제나 자신들을 중심에 세워야 직성이 풀리는 사람들'이라고 평가했다.[37]

1972년 미국에서 리처드 닉슨이 대통령에 당선됐을 때 『뉴요커』 잡지의 영화평론가인 폴린 케일Pauline Kael은 이렇게 불평했다. "믿을 수 없어. 내 주위에는 그 사람을 찍은 사람이 아무도 없어." 케일처럼 선거가 끝나고 나서 쉽게 패배를 수긍하지 못하는 사람들도 허위합의 효과에 빠진 것으로 볼 수 있다.[38]

앞서 살펴본 '다원적 무지'와는 대조적인 이 효과는 정치적 급진주의자나 근본주의자들에게 많이 일어나는 현상이다. 그래서 남들이 보면 실패할 게 뻔한 데도 자신들의 모든 것을 걸고 어떤 이념이나 주장에 매달린다. 그렇게 믿어야 자긍심이나 자존감을 높일 수 있기 때문일 수도 있다.[39]

나은영의 「SNS 중이용자와 경이용자의 현실인식 차이」라는 논문에 따르면, 허위합의 효과는 자기가 원하는 사람과 연결하여 자기가 원하는 정보를 취하는 구조인 SNS 상황에서 많이 나타난다. SNS는 그런 '선택적 노출'이 극단적으로 나타나는 환경인데다 거의 항상 사람 개개인의 옆에 존재하여 실시간으로 메시지 확인이 가능한 상황이기 때문에 자기가 연결해 놓은 사람들이 보내는 메시지들의 현저성과 주목도가 높을 수밖에 없다. 게다가 트위터에서 팔로잉하거나 페이스북에서 친구가 되는 초기 단계부터 '유사성'에 기반을 둔 선택이 일어나기 때문에 허위합의 가능성이 더 커진다고 볼 수 있다. 본인과 의견이 유사한 사람들은 내집단으로 간주되어 동화효과를 일으키고, 본인과 의견이 다른 사람들은 외집단으로 간주되어 대조효과를 일으킴으로써, 결과적으로 내외집단간 차별을 극대화시켜 인지적 균형을 유지하

려는 심리가 작동하게 된다는 것이다.[40]

강미은은 허위합의 효과를 "사람들이 자신의 의견을 일반적으로 통용되는 사회가치로 간주하고, 남들도 내 의견과 같을 것이라고 추측하는 오류"로 정의하면서 이렇게 말한다. "자신의 행동을 보편화함으로써 자신의 이미지를 더 긍정적으로 받아들이게 되고 사회적 인정을 받으려는 의도가 포함된다. 이와 비슷한 '투사projection' 현상도 있다. 투사는 자신의 의견이나 성향을 다른 사람에게 비추는 경향이다. 비슷한 사람들끼리 서로의 의견을 '투사'하고 '잘못된 합의 효과'를 일으키면서 '집단사고'로 나아갈 때 위험은 크다. 특히 그런 방식의 의사결정이 중요한 자리에 있는 엘리트 집단에서 일어난다면 그 위험은 더 크다."[41]

한국에선 2009년 이후 국적포기로 병역이 면제되는 사람이 해마다 3000명이 넘는다. 2012년 10월 병무청이 국정감사에 제출한 통계에 의하면 고위공직자 자녀가 병역기피를 목적으로 국적을 포기한 자가 33명이었다. 국적을 포기한 이들 가운데 아버지가 정부기관의 장이나 국립대학 학장, 지자체의 장이거나 청와대 비서관도 있었으며, 고위공직자 본인이 국적포기로 병역을 기피한 자도 2명이나 있었다. 이에 대해 제갈태일은 다음과 같이 말했다.

아직도 버젓이 자리를 지키니 정작 본인들은 '내가 뭘 잘못했느냐'며 시치미를 떼고 뻔뻔스럽게 생각하는지도 모른다. 객관적 검증 없이 자기생각이 옳고 보편적 상식일 것이라고 믿는다. (…) 이런 사례는 얼마든지 있다. 대선후보들을 비롯해 요즘 정치인의 화두는 반값 등록금이다. 그럼 나머지 등록금은 누가 대신 내는 것인가? 어떤 정치인도 자기 사재를 털어 대납하겠다는 말을 듣지 못했다. 결국, 등록금의 반은 국민세금으로 충당하겠다는 것인데 유권자들이 언제 동의한 것인지 궁금해진다. 자기 생각이 국민의사와 같을 것이라는 오지랖 넓은 생각도 바로 '허구적 일치성 효과'다.[42]

한경동은 명품의 모조품인 '짝퉁'을 팔거나 사는 것은 모두 불법인데도, 짝퉁이 시장에서 사라지지 않는 이유 중의 하나를 허위합의 효과로 설명했다. "남도 나처럼 짝퉁을 살 거야(혹은 만들 거야)"라며 자신의 행동을 합리화한다는 것이다.[43]

허연은 "요즈음 어느 자리에서나 와인 이야기로 너스레를 떠는 사람이 많아졌다. 그들이 와인 이야기를 가지고 몇 시간을 떠드는 이유는 예의가 없어서라기보다는 다른 사람들도 자신처럼 와인에 관심이 있을 것이라고 믿는 허위합의 효과 때문이다"고 주장했다.[44]

영화 〈파파로티〉(2012)에선 음악 교사 상진(한석규 분)이 낮엔 성악 공부를 하고 밤엔 깡패 노릇을 하는 '성악 천재' 제자인 장호(이제훈 분)에게 깡패 짓을 그만 둘 것을 강하게 요구하는 장면이 나온다. 한석규는 사람들이 깡패가 더러워서 피하지 무서워서 피하냐며 "길을 막고 물어봐!"라고 외친다. 이 경우의 "길을 막고 물어봐"를 허위합의 효과로 보긴 어렵지만, 부부싸움 등과 같은 인간관계 커뮤니케이션에서 외쳐지는 "길을 막고 물어봐"

는 허위합의 효과일 가능성이 높다.

📚 일독을 권함!

● 장윤남·김영석·백영민, 「트위터 공간에서의 허위합의지각: 네트워크 동질성과 이념강도를 중심으로」, 『한국언론학보』, 57권5호(2013년 10월), 271–296쪽.

● 나은영, 「SNS 중이용자와 경이용자의 현실인식 차이: 배양효과와 합의착각효과」, 『한국심리학회지: 사회 및 성격』, 26권3호(2012년 8월), 63–84쪽.

● 박종민·박현정, 「금주 쟁점에 대한 공중의 단일합의, 다원적 무지, 비동의 합의와 침묵의 나선 현상 연구」, 『한국언론학보』, 54권6호(2010년 12월), 368–395쪽.

● 이미나, 「댓글의 논조, 숫자, 사전 태도가 이슈의 합의추정에 미치는 영향」, 『사이버커뮤니케이션학보』, 27권3호(2010년 9월), 47–87쪽.

● 박선희·한혜경, 「지역과 세대 간 여론양극화와 그 영향요인에 관한 연구: 부산과 광주 지역을 대상으로」, 『한국언론정보학보』, 39권(2007년 8월), 178–223쪽.

허위합의 효과

왜 "나는 괜찮지만 다른 사람은 영향을 받는다"고 생각하나?

'다원적 무지'와 유사한 이론으로 '제3자 효과the third-person effect' 이론이 있다. 이는 미디어 영역에서 발생하는 다원적 무지 현상의 하나로, 어떤 메시지에 접한 사람은 그 메시지의 효과가 자신이나 2인칭의 '너'에게보다는 전혀 다른 '제3자'에게 강하게 작용할 것이라고 보는 경향이 있다는 걸 의미한다. 즉, '그들'이 받는 영향은 과대평가하고, '우리'가 받는 영향은 과소평가하는 것이다.[45]

1945년 2월 미국 해병대는 부대 역사상 가장 값비싼 희생을 치른 전투 후 도쿄에서 750마일 떨어진 이오지마의 작은 화산섬을 점령했다. 이 전투는 오늘날에도 산 정상에 성조기를 꽂아 세우는 해병들의 동상으로 유명하다. 당시 일본군은 이오지마에 주둔하고 있던 흑인 사병과 백인 장교로 편성된 부대에 삐라를 살포했는데, 흑인 사병들에게 투항하라는 내용이었다.

그런데 실제로 그 삐라의 내용에 영향을 받은 것은 흑인 사병들이 아니라 오히려 백인 장교들로서 이들은 그 삐라의 내용에 영향을 받은 흑인 사병들의 탈주가 우려되어 이튿날로 부대를 철수케 했다. 1949년과 1950년 사이에 프린스턴대학의 사회학자 필립스 데이비슨W. Phillips Davison은 제2차 세계대전에 관한 기록을 검토하면서 이 사건에 주목하게 되었는데, 이게 바로 커뮤니케이션의 제3자 효과 이론이 나오게 된 배경이다.[46]

이 이론은 오늘날 프로파간다나 정치 영역뿐만 아니라 다양한 분야에 적용되고 있는데, 그간의 연구에 따르면 제3자 효과는 특히 전문적 지식을 갖춘 엘리트나 정책결정권자들에게 나타날 가능성이 높다.[47] 정치 지도자나 종교 지도자가 다른 의견에 대해 검열 또는 박해를 가하는 것도 제3자 효과를 두려워하기 때문이다.[48]

데이비슨이 1983년에 발표한 논문에 따르면, 서독에서 기자들에게 신문 편집자들의 생각이 어느 정도로 독자들에게 영향을 미치리라고 생각하는가를 묻는 질문에 대해 그들은 "신문 논설은 나와 당신과 같은 사람에게는 별로 영향을 미치지 않겠지만, 일반 독자(나와 당신이 아닌)들은 상당히 영향을 받을 것이다"라고 답했다고 한다.[49]

미국에서 1998년에 이루어진 조사에 따르면, 빌 클린턴 대통령의 섹스 스캔들에 대해 7%의 응답자만이 매우 흥미 있다고 응답한 반면, 50%는 별로 관심 없다고 응답했다. 반면 다른 사람들이 어떤 반응을 보이는지 판단해달라는 질문에 대해서는 '매우 관심이 있을 것' 21%, '꽤 관심을 가질 것' 49%, '다른 사람들도 관심없을 것' 18%로 나타났다.[50]

한국에서 제16대 대통령선거 직전 노무현-이회창 후보의 TV 토론이 '나에게, 다른 대학생들에게, 그리고 일반인에게' 각각 어느 정도 영향을 주었는지 (주었을 것이라고 생각하는지) 물었을 때, 본인이 가장 적은 영향을 받았고 일반인이 가장 큰 영향을 받았을 것이라고 응답하면서, 다른 대학생은 일반인보다는 적지만 본인보다는 더 큰 영향을 받았을 것이라고 응답한 것으로 나타났다.[51]

그간의 여러 실험 결과에 따르면, 미디어의 메시지가 자신에게 이익이 되느냐 아니냐가 제3자 효과의 유무를 결정하는 관건이 된다. 즉 자신에게 부정적인 결과를 초래하는 메시지에 대해서는 자신보다 다른 사람들이 더 많은 영향을 받을 것이라고 예상하겠지만, 긍정적 효과를 가지는 메시지에 대해서는 그것이 자신들에게 미친 효과와 비슷하게 다른 사람들에게도 영향을 미칠 것이라고 본다는 것이다.[52]

포르노 규제, 미디어의 폭력 묘사 규제, 술·담배 광고규제 등 부정적인 것으로 간주되는 것에 대한 규제가 이루어질 수 있는 심리적 배경엔 바로 그런 제3자 효과가 자리잡고 있다. 증권시세의 급격한 상승에 관한 보도나 시장이나 백화점의 상품이 품절되었다는 보도가 더욱 극심한 상승작용을 일으키는 것도 제3자 효과가 작용한 것으로 볼 수 있다.[53]

리처드 펄로프Richard M. Perloff는 제3자 효과가 발생하는 이유를 9가지나 제시했는데, 두 개의 이유만으로도 충분히 설명이 될 것 같다. 첫째는 남보다 자신을 더 좋게 보는 인간 본성 때문이다. "미디어로부터 영향을 받았다고 인정하는 것은 잘 속는다는 것을 인정하는 것 또는 자신이 사회적으로 바람직하지 않은 속성을 가졌다는 것을 인정하는 것과 마찬가지일 수 있다. 자신은 미디어 효과로부터 나약하지 않고 다른 사람들은 미디어 효과에 약하다고 가정함으로써 사람들은 자아를 긍정적으로 유지하면서 다른 사람들보다 우월하다는 신념을 재확인하게 된다."

둘째는 예측하기 어려운 사건을 통제하려는 욕구 때문이다. "만약 미디어에서 제공하는 모든 프로그램이 우리에게 강력한 영향력을 발휘한다고 믿는다면 이는 과민반응일 수 있다. 우리는 우리 자신이 매스미디어로부터 영향을 받지 않는다는 가정하에, 미디어가 점령한 이 세상에 적응하면서 미디어를 이용하고 만족을 얻으며 우리 삶에 미디어를 통합할 수 있다는 것이다."[54]

제3자 효과는 행동적 요소로 나타날 가능성이 항상 존재한다. 예컨대 한 연구 결과에 따르면, 2002년 대통령 선거에서 노무현 후보를 지지한 수용자들은 정몽준 후보가 노무현 후보에 대한 지지 철회 소식을 접한 후 다른 사람들이 더욱 영향을 받을 것이라는 판단하에(제3자 효과 발생) 노무현 후보에 대한 투표에 대거 참여한 것으로 나타났다.[55]

응답자와 비교집단의 사회적 거리가 증가할수록 제3자 효과의 크기가 증대되는 경향이 있는데, 이를 가리켜 '사회적 거리 추론social distance corollary'이라고 한다. 사회적 거리는 사회학자 에모리 보가두스Emory S. Bogardus가 1925년에 제시한 개념으로, 사람들이 상대에 대해 갖는 이해나 느끼는 감정의 정도를 가리키는 말이다.[56]

사회적 거리는 '평균 이상 효과better-than-average effect'라고 일컬어지는 현상과도 관계가 있다. 이것은 사람들이 일반 동료들과 자신을 비교하는 상황에서 자신을 더 호의적으로 평가하려는 경향을 말한다.[57] 사실 대다수 사람들이 자신을 평균 이상이라 생각한다. 미국에서 이루어진 조사에 따르면, 모든 운전자들 가운데 자신의 운전 실력이 평균 이상이라고 생각하는 사람은 90%, 대학 교수들 가운데 자신이 평균적인 교수들보다 낫다고 믿는 교수는 94%에 이르는 것으로 나타났다.[58]

바로 이런 '평균 이상 효과' 때문에 어떤 메시지에 대해 "나는 아무런 영향을 받지 않지만, 평균에 속하거나 그 이하일 다른 사람들에겐 큰 영향을 미칠 것이다"라고 생각하게 되지 않겠는가? 우리는 대중이 어떻다는 말을 즐겨 하면서도 막상 자신은 대중에 속하지 않는 것처럼 여기는 경향이 있다. 자신을 엘리트로 여기지 않는 보통사람들도 그런 정도의 엘리트주의는 갖고 있는 셈이다.

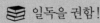 일독을 권함!

● 권혁남, 「선거여론조사 보도에 대한 제3자 지각이 투표와 선거운동참여에 미치는

効과」, 『사회과학연구』(충남대학교 사회과학연구소), 27권4호(2016년 10월), 67–91쪽.

- 허유진·정성은, 「미디어 메시지 효과 지각의 정확성 검증: 여론조사결과 보도로 인한 실제 태도변화와 지각된 태도변화의 비교」, 『한국언론학보』, 60권2호(2016년 4월), 238–265쪽.

- 정다은·정성은, 「설득 캠페인 효과 지각에서의 편향: 캠페인의 실제 효과와 지각된 효과 간 차이에 관한 연구」, 『한국언론학보』, 59권6호(2015년 12월), 187–220쪽.

- 박신영, 「다문화 관련 TV프로그램 시청과 다문화 인식, 태도 및 제3자 효과: 〈러브 인 아시아〉와 〈다문화 휴먼다큐 가족〉을 중심으로」, 『한국방송학보』, 28권6호(2014년 11월), 79–119쪽.

- 정성은·노희윤·변상호, 「미디어 영향력 지각이 행동에 미치는 영향: '제삼자 효과 가설'과 '추정된 영향의 영향 가설'에 대한 비판과 대안 모형의 제시」, 『한국방송학보』, 28권4호(2014년 7월), 198–239쪽.

- 정성은, 「제삼자 효과는 과연 존재하는가?: 제삼자 효과 행동 가설의 논리와 검증 방법 비판」, 『커뮤니케이션 이론』, 10권2호(2014년 6월), 160–196쪽.

- 정성은·박애진·문신일, 「지지후보 우세 여부에 따른 선거 여론조사 보도의 영향력 지각 변화: 2012년 한국 대통령선거 상황을 이용한 실험 연구」, 『한국언론학보』, 58권2호(2014년 4월), 365–395쪽.

- 김인숙, 「인터넷 게임에 대한 낙관적 편견, 제 3자 효과, 게임 중독법에 대한 태도의 관계에 대한 연구」, 『언론과학연구』, 14권1호(2014년 3월), 5–36쪽.

- 김현정, 「선거 여론조사 보도의 제삼자 효과와 사회 정체성」, 『언론과학연구』, 13권1호(2013년 3월), 67–91쪽.

- 민정식, 「여론조사결과의 제 3자 효과 지각이 방어적 투표성향에 미치는 영향」, 『언론과학연구』, 13권1호(2013년 3월), 125–152쪽.

- 정성은·이원지, 「제삼자 지각 가설의 재구성: 메시지 강도, 관련 지식 보유 정도, 기존 태도를 중심으로」, 『한국언론학보』, 56권5호(2012년 10월), 322–349쪽.

- 김인숙, 「원자력에 대한 위험인식과 지각된 지식, 커뮤니케이션 채널의 이용, 제 3자 효과가 낙관적 편견에 미치는 영향: 일본 후쿠시마 원전사고를 중심으로」, 『언론과학연구』, 12권3호(2012년 9월), 79–106쪽.

- 박경숙·이관열, 「'편향적' 여론 환경의 인지와 의견표명에 대한 연구: 미국 소고기 수입 이슈를 중심으로」, 『한국방송학보』, 26권3호(2012년 5월), 458–494쪽.

- 김재범·이정기, 「환경보도와 제3자 효과: 경험된 이슈와 인식된 이슈를 중심으로」, 『한국언론학보』, 56권1호(2012년 2월), 314-339쪽.

- 박신영, 「서바이벌 오디션 프로그램에 대한 인식과 제3자 효과: 대학생 시청 집단을 중심으로」, 『한국방송학보』, 25권6호(2011년 11월), 290-331쪽.

- 유홍식, 「인터넷게임에 대한 제3자 편향적 지각과 규제 태도에 미치는 영향에 관한 연구」, 『언론과학연구』, 11권2호(2011년 6월), 333-364쪽.

- 김인숙, 「연예인 자살보도와 제 3자 효과: 언론의 연예인 자살보도에 대한 태도, 미디어 이용, 미디어 규제와의 관계를 중심으로」, 『언론과학연구』, 9권3호(2009년 9월), 5-36쪽.

- 김성태·라스 윌나트·데이비드 위버, 「여론조사보도에 대한 제3자효과 검증: 온라인 여론조사를 주목하며」, 『한국언론정보학보』, 32권(2006년 2월), 49-73쪽.

- 박종민·신명희, 「다원적 무지, 침묵의 나선, 제3자 효과, 그리고 상호 지향성 모델의 개념적 비교」, 『한국언론학회 심포지움 및 세미나』, 2004년 9월, 1-21쪽.

- 윤태일, 「대중매체의 육체이미지에 대한 제3자 효과: 사회비교 이론의 관점에서 본 자아방어 기제」, 『방송문화연구』, 16권1호(2004년 6월), 233-256쪽.

- 정성욱, 「제3자 효과: 인간 이성의 한계와 매스 커뮤니케이션」, 『스피치와 커뮤니케이션』, 1권(2002년), 47-79쪽.

- 양승찬, 「제3자 효과 가설과 침묵의 나선 이론의 연계성: 여론조사 보도에 대한 제3자 효과 지각과 공개적 의견표명과의 관계를 중심으로」, 『한국언론학보』, 43권 2호(1998년 12월), 109-141쪽.

단순노출 효과

왜 좋아하는 사람 곁에 자주 얼씬거리면 데이트 가능성이 높아지나?

"한 번 보고 두 번 보고 자꾸만 보고 싶네." 이 노래 가사는 어떤 사람이나 사물을 보면 볼수록 호감을 느끼게 되는 '단순노출 효과mere exposure effect'의 핵심을 잘 말해주고 있다. 폴란드 출신 미국 사회심리학자인 로버트 자이온스Robert Zajonc가 1960년대에 실시한 연구에서 보여주었듯이, 우리가 특정한 사물이나 아이디어에 대해 처음부터 호감이나 중립적인 감정을 가지고 있었다는 전제하에서 그것이 많이 노출될수록 호감은 점점 커진다. 그래서 '친숙성 원리familiarity principle'라고도 한다.

단순노출 효과를 '에펠탑 효과Eiffel Tower Effect'라고도 하는데, 여기엔 사연이 있다. 1889년 3월 31일 프랑스대혁명 100주년을 기념해서 파리에서 개최된 만국박람회 조직위원회의 요청으로 완성된 알렉상드르 귀스타브 에펠Alexandre Gustave Eiffel의 에펠탑은 320.75m의 높이로 강철 대들보에 의한 건물이라는 건축의 신시대를 선언하는 동시에 강철의 무한한 잠재력을 과시했다. 오늘날 에펠탑은 프랑스와 파리의 대표적 상징물로 전세계의 관광객을 끌어들이는 '효자' 노릇을 톡톡히 하고 있지만, 처음부터 프랑스인들의 사랑을 받은 건 아니다.

당시 파리는 5, 6층짜리 고풍스러운 고딕 양식 건물로 이루어진 도시였는데, 파리 시민들과 예술가들은 300m에 이르는 흉측한 철탑은 도시와 어울리지 않는다는 이유에서 에펠탑의 건립을 거세게 반대했다. 1887년 2월 14일 파리의 작가·화가·조각가·건축가들은 '예술가의 항의'라는 글을 발표했으며, 작가 기 드 모파상Guy de Maupassant은 에펠탑이 완공되면 파리를 떠나겠다는 글을 쓰기도 했다. 우여곡절 끝에 프랑스 정부는 '20년 후 철거'라는 타협 카드를 내밀고서야 건설을 추진할 수 있었다. 그러나 에펠탑이 완공된 후 시민들이 매일 보게 되면서 생각도 점점 달라져 나중엔 호감으로 바뀌었으며, '20년 후 철거'를 할 필요도 없었다.[59]

자이온스는 1968년의 한 연구에서 중국어를 해독하지 못하는 사람들에게 한자를 한 번에서 25번까지 보여주고, 무슨 뜻인지 짐작해보라고 했다. 이 실험에서 문자는 더 자주 노출될수록 '말[馬]' '병[病]' 등의 실제 의미보다 '행복'처럼 더 긍정적인 뜻으로 짐작된다는 사실이 드러났다. 이런 단순노출 효과는 우리 삶속의 여러 현상을 설명해준다. 예컨대 어릴 때 먹었던 간식을 엄마처럼 만들어주는 사람을 찾기가 그토록 어려운 것도 단순노출 효과 때문이다.[60]

"내가 왜 좋지?" "그냥!" 단순노출을 통한 선호의 형성은 대상에 대해 인지적으로 숙고한 결과이기보다 감정적으로 친숙하다거나 좋다는 반응에 해당하기 때문에 왜 그 대상을 좋아하는지에 대해 고민하지 않으며, 따라서 그 이유를 논리적으로 답하기도 어렵다.[61]

특정 대상을 단순하게 보는 것뿐 아니라, 대상이나 사건에 대해서 단순히 생각해 보는 것만으로도 단순노출 효과와 유사한 효과가 발생할 수 있는데, 이를 가리켜 '단순생각 효과mere thought effect'라고 한다. 예컨대, "당신은 이 문제(서비스나 제품)를 어떻게 생각하시나요?"라는 질문을 광고·홍보요원을 통해서 반복적으로 들으면 해당 문제(서비스나 제품)가 더 중요하게 생각돼 더 극적으로 반응하게 된다는 것이다. 그러나 후속 연구에 따르면 대상에 대해 생각할 시간이 너무 많이 주어지면, 오히려 태도에 대한 근거와 자신감이 감소하면서 단순생각 효과가 희석되는 결과가 발생한다.[62]

많은 사람들이 사진 속 자기 얼굴이 이상하다고 느끼는 경우가 있는데, 거울에서 매일 보던 자신과 다르기 때문이다. 얼굴의 좌우가 정확히 대칭인 사람은 많지 않은데, 거울은 얼굴을 반대로 보여 준다. 이 점에 착안한 심리학자들은 실험 참가자의 사진을 두 종류로 준비해 반응을 살폈다. 하나는 실험 참가자를 제외한 세상 모든 사람이 보는 실제 얼굴, 다른 하나는 실험 참가자 자신이 거울을 통해 보는 얼굴이었다. 실험 참가자들은 좌우가 뒤바뀐 거울 속의 얼굴을, 친구나 가족들은 좌우가 뒤바뀌지 않

은 실제 얼굴을 더 선호했다. 물론 이 또한 단순노출 효과라 할 수 있다.[63]

광고는 많은 경우 단순노출 효과에 크게 의존한다. 이명천·김요한은 "화장지나 비누 같은 일용품이나 간단한 식료품 같은 저관여low involvement 제품은 구매의 중요성이 그리 크지 않고, 잘못 구매해도 리스크가 적은 편이다. 따라서 구매 전에 소비자가 특정 브랜드의 특징을 경쟁 브랜드와 꼼꼼히 비교한 후 구매의사를 결정하는 경우가 많지 않다. 그냥 제품의 구매시점에서 평소에 자주 보고 익숙한 브랜드이기 때문에 별 생각 없이 구매한다"며 다음과 같이 말한다.

예를 들어 치통 때문에 약국에 간 소비자는 어떤 약을 원하느냐는 약사의 물음에 모든 브랜드의 특징을 생각해 본 뒤에 한 브랜드를 택하지 않는다. 평소에 TV에서 자주 보던 '두통, 치통, 생리통엔 ××'라는 광고 메시지 때문에 익숙한 브랜드를 말한다. 다시 말해 가격이 상대적으로 저렴하고 구매결정이 자신과 관련이 적고 중요하지 않은 저관여 제품은 자세한 제품 특징을 광고에서 알리는 것은 그리 효과적인 전략이 아니다. 오히려 자주 반복을 통해 친근함을 형성하게 하는 것이 더 효과적이다. (…) TV 광고나 라디오 광고에서 익숙한 음악을 배경음악으로 사용하는 것도 단순노출 효과를 이용하는 사례라 할 수 있다.[64]

정치 프로파간다가 끊임없는 반복을 그 생명으로 삼는 것도 바로 단순노출 효과를 겨냥한 것임은 두말할 나위가 없다. 아돌프 히틀러의 선전 기본 원칙 가운데 하나도 "충분히 자주 반복하면 조만간 믿게 된다는 사실을 알 것"이었다.[65] 올더스 헉슬리 Aldous Huxley의 『멋진 신세계Brave New World』(1932)에서 청년들을 지배하는 구호 중 가장 중요한 것은 "오늘 즐길 수 있는 것을 절대로 내일로 미루지 말라"인데, 이 구호는 '14세 때부터 16세 반이 될 때까지 매주 2번씩 그리고 매번 200번씩 반복하여' 그들에게 철저하게 주입된다.[66]

스탠퍼드 경영대학원 교수 제프리 페퍼Jeffrey Pfeffer는 『권력의 기술Power』(2010)에서 "간단히 말해 '기억된다'는 말과 '선택된다'는 말은 동의어다"며 "생각도 나지 않는 사람을 선택할 수는 없는 노릇이다"고 말한다.[67] 선택의 가능성을 높이기 위해선 자꾸 얼굴을 보여야만 한다. 영업사원이 매번 거절당하면서도 계속해서 고객을 찾아 인사하는 것이나, 사랑의 열병에 빠진 남자가 짝사랑하는 여자의 근처에 계속 얼씬거리는 것도 단순노출 효과를 겨냥한 것이다. 우리가 오래된 업무 방식에 익숙해져 호감을 느낌으로써 새롭고 혁신적인 업무 방식을 거부하거나, 많은 투자자들이 자신이 애용하는 제품이나 용역을 생산하는 기업의 주식에 관심을 갖는다면, 이 또한 단순노출 효과라고 할 수 있다. 이런 경우, '단순친숙 효과mere familiarity effect'라는 말도 쓰인다.[68]

그러나 상대방에게 부담을 준다면, 이는 단순노출로 보기 어렵다. 계속 고객을 찾는 영업사원이 단순노출의 수준을 넘어 고객을 설득하려고 시도한다면 이는 역효과를 내기 십상이다. 학생들에게 어떤 주제를 설득시키는 실험을 한 존 카시오프John Cacioppo의 연구에 따르면, 가장 설득 효과가 높았던 것은 세번째의 시도였으며, 이후의 시도는 역효과를 내는 것으로 나타났다. 지나친 반복은 오히려 설득효과를 떨어뜨린다는 것이다.[69]

일용품이나 간단한 식료품 같은 저관여low involvement 제품이 아니라 사람들의 몰입의 대상이 되는 '고관여 상황high involvement situation'이 벌어질수록 똑같은 내용이 반복되면 이른바 '마모 효과wear-out effect'가 생겨 오히려 부작용을 유발한다. 그래서 광고에선 기본적 메시지는 동일하게 유지하면서 광고의 형식만 바꾸는 '장식 변형cosmetic variation'을 쓰는데, 맥도날드가 같은 텔레비전 광고를 1주일 이상 보여주지 않는 것도 바로 그런 이유 때문이다.[70]

관여도와 관계없이 소비자에게 경계심vigilance을 높여주어도 무의식적인 친숙성 효과는 상당히 완화된다. 조절초점 이론regulatory focus theory에 따르면, 예방초점prevention focus을 가진 소비자는 향상초점promotion focus을 가진 소비자에 비해 경계심 수준이 높아 친숙성이 주는 호감 효과를 더욱 경계하여 친숙성의 역효과가 나타날 수도 있다.(예방초점은 예방의 목표와 같은 것으로, 안전·당위·책임·의무와 같이 고통으로 상징되는 나쁜 결과를 회피하는 데 조절의 초점을 두는 것이다. 향상초점이란, 향상의 목표와 유사한 개념으로, 이상이나 희망과 같이 개인이 얻을 수 있는 긍정적 결과에 조절의 초점을 두는 것이다.)[71]

가까이 있을수록 서로 친해지는 현상을 '근접성 효과proximity

effect'라고 하는데, 가까이 있어야 단순노출도 많아질 것이므로 이는 단순노출 효과의 사촌쯤 된다고 할 수 있겠다. 이민규는 자신이 아는 어떤 사람은 근접성 효과를 활용해 연애에 성공했다고 말한다.

"그는 학기 초 한 여학생에게 한눈에 반했다. 그 뒤 그는 강의 때마다 항상 그 여학생 부근에 자리를 잡았다. 단지 부근에 앉아 가끔 눈인사를 나눌 뿐 말을 걸지는 않았다. 그러다가 학기 말쯤 우연히 마주친 자리에서 시간을 내달라고 부탁해 데이트 신청을 했다. 그리고 승낙을 받아냈다. 물론 우연을 가장한 의도적 만남이었다. 학기 초에 만나자마자 데이트를 신청했더라면 십중팔구 실패했으리라는 것이 그의 이야기다."[72]

그러나 이 전략을 쓰려는 사람이 주의해야 할 게 하나 있다. 철저하게 자연스러움을 가장해야지, 의도를 들키면 오히려 역효과를 낼 수 있다는 점이다. 스토커 비슷하게 보일 수도 있다. 그러니 여학생 부근에 앉더라도 좀 거리를 두는 게 좋다. 성급하게 굴다간 오히려 일을 그르친다.

📚 일독을 권함!

● 김경진·김경민, 「친숙하다고 다 받아 들일까?: 친숙성의 역효과에 관한 연구」, 『소비자학연구』, 25권3호(2014년 6월), 117–140쪽.
● 박은아·양윤, 「노출빈도와 선험 브랜드태도에 따른 간접광고(PPL) 효과」, 『한국심리학회지: 소비자·광고』, 14권3호(2013년 8월), 507–531쪽.

- 김광수, 「광고 효과 이론에 관한 통합적 틀」, 『커뮤니케이션 이론』, 1권1호(2005년 6월), 263–295쪽.
- 양윤·김혜영, 「단순노출이 소비자의 태도변화 과정에 미치는 영향: 인지욕구, 제품유형, 노출빈도를 중심으로」, 『한국심리학회지: 소비자·광고』, 2권1호(2001년 6월), 43–68쪽.
- 양윤, 「태도와 소비자·광고: 정교화 가능성 모형, 단순노출 효과, 태도 접근가능성 모형을 중심으로」, 『사회과학연구논총』(이화여자대학교 이화사회과학원), 5권(2000년 12월), 191–216쪽.

수면자 효과

왜 선거 캠페인에서 흑색선전이 효과를
발휘할 수 있을까?

단순노출의 긍정적 효과는 어디까지나 단순노출일 경우에 한
정된다. 일부 연구에 따르면, 우리가 어떤 사람에 대해 더 많은
것을 발견하기 시작하는 순간, 그들이 우리와 다른 점부터 파악
하고, 그 결과 그 사람을 좋아하지 않게 된다. "타인은 지옥이다"
는 장-폴 사르트르의 말, 그리고 "생선과 손님은 3일이면 냄새를
풍기게 된다"는 벤저민 프랭클린의 말이 충분한 근거가 있는 셈
이다.[73]

단순노출 효과와 관련해 또 하나 유념할 점은 효과의 발생 시
기와 관련된 것이다. 에펠탑의 경우는 좀 예외지만, 일반적으로
단순노출 효과는 우리가 특정한 사물이나 아이디어에 대해 처음
부터 호감이나 중립적인 감정을 가지고 있었다는 것을 전제로
한다. 그런데 소비자들이 어떤 제품에 대한 광고를 처음 접했을
때 싫어하더라도 자주 반복해서 보면, 나중에 마트에 가서는 싫

어했던 감정은 잊어버리고 친숙한 인지도만 남아 그 제품을 사는 경우가 있다. 이를 처음에는 잠자고 있던 효과가 나중에는 깨어난다는 의미에서 '수면자 효과sleeper effect' 또는 '잠복 효과'라고 한다. 이에 대해 이명천·김요한은 다음과 같이 말한다.

실제로 TV에서 방영되는 많은 저관여 제품 광고들을 보면, 때론 유치하고 '내가 만들어도 저것보다는 잘 만들 수 있겠다'라는 생각이 드는 것들도 있다. 과연 국내의 대표적인 광고 전문가들이 비싼 비용을 들여가며 그 정도밖에 만들지 못하는 것일까? 아니면 반복하는 동안 기억하기 쉽게 일부러 그렇게 만든 것일까? 단정할 수는 없지만, 때로는 일부러 그렇게 만드는 경우도 있다. 대신 자주 반복하며 소비자의 기억 속에 들어가기 위한 것이다. 그렇게 익숙하고 친근해질수록 호감도 생기며 실제 구매에도 영향을 미치기 때문이다.[74]

수면자 효과에 관해 가장 많이 인용되는 설명은 '해리단서 가설dissociative cue hypothesis'이다. 출처에 대한 신빙성과 같은 설득단서cue가 메시지로부터 해리解離(풀려서 떨어짐)되어지는 경향이 있다는 것이다.[75]

우디 알렌의 영화 〈슬리퍼Sleeper〉(1973)에서 주인공은 아주 오랜 잠에서 깨어나 나빴던 모든 점이 다시 좋아졌음을 발견하게 된다지만,[76] 수면자 효과에서 주인공은 잠을 자고 나면 메시지의 출처는 까먹고 메시지만 기억하게 된다. 즉 수면자 효과는 정보원과 메시지 간의 관계가 시간이 지남에 따라 사라진다는 것을 의미한다.

우리는 어떤 메시지에 대해선 잘 기억하더라도 "어, 누군가로부터 들었는데"라거나 "어, 어디선가 들었는데"라고 말할 때가 많다. 이른바 '출처 기억source memory'이 부실한 것이다. 어떤 말을 누가 했느냐가 중요한 법인데, 그런 정보원과 메시지 간의 연계가 망각되면 사람들은 긍정적인 정보원의 메시지에 대해서는 전보다 덜 수용적으로 되고 부정적인 정보원의 메시지에 대해서는 좀 더 수용적으로 변하는 것이다.[77]

유아기에 강하게 애착을 가졌던 일들이 우연이나 비극적인 사건을 거치면서 잊혀졌다가 수십 년이 지난 뒤 기억이 다시 환하게 되살아나기도 하는데, 이 또한 수면자 효과로 볼 수 있다.[78] 그런가하면 독일 나치 친위부대를 연구한 존 슈타이너John M. Steiner는 폭력을 저지르게 하는 어떤 인격적인 성향, 즉 어떤 한 개인 안에 존재하지만 겉으로 드러나진 않고 어떤 특정하고 적절한 조건들 아래서만 나타나는 성향을 가리키는 말로 '슬리퍼'라는 개념을 썼다.[79]

'수면자 효과'라는 말을 만들고 최초의 실험을 실시한 예일대학의 사회심리학자 칼 호블랜드는 1940년대 후반 미군에 징집된 사람들을 대상으로 육군에서 만든 제2차 세계대전 당시 연합군을 지지하는 내용의 프로파간다 영화를 보여준 다음 5일이 지난 후와 9주가 지난 후 각각 메시지와 관련된 태도를 측정했다. 5일이 지났을 때에는 영화를 본 집단과 안 본 집단과의 태도상 차이를 발견할 수 없었으나 9주가 지난 후에는 영화를 본 집단의 태도가 영화를 안 본 집단보다 호의적으로 나타났다.

이는 정보처리적 관점에서 설명할 수 있다. 메시지는 기억 속에 다른 생각들과 연관되어 저장되기 때문에 비교적 기억하기가 쉬운 반면, 정보 원천은 그렇지 못하기 때문에 시간이 지나면 잊어버릴 가능성이 높다. 즉 노골적인 전쟁 프로파간다 영화라고 하는 인식은 사라지고 그 영화의 내용만 남은 것이다.[80] 심리학자들은 이 이상한 현상에 대해 처음엔 믿지 않았으며, 그래서 수십 년간 논란이 일었지만, 수많은 실험 결과 이젠 그 누구도 이 효과를 무시할 수 없게 되었다.[81]

각종 음모론이 질긴 생명력을 자랑하는 것도 수면자 효과로 설명할 수 있다. 예컨대 달 착륙이 사기라는 주장의 시발점은 누군가가 재미로 만든 패러디 영상이었지만, 세월이 흐르면서 이 출처와 관련된 사실은 잊혀져버리고 '달 착륙이 사기'라는 주장만 남아 일부 사람들에겐 제법 그럴 듯한 이야기로 받아들여지는 것이다.[82]

선거 캠페인에서 흑색선전이 효과를 발휘할 수 있는 이유도 바로 여기에 있다. 이와 관련된 한 연구에서, 신문 기사의 제목을 네 종류로 구분하여 사람들의 반응을 살펴보았다. 'A후보, 마피아단과 연계' 'B후보, 가짜 자선단체와 관련 있나?' 'C후보, 은행 횡령과 무관' 'D후보, 우리 시에 도착'이라는 네 가지 제목 중에서, A가 D보다 부정적으로 평가되는 것은 당연한 결과지만, 가장 흥미로운 점은 B와 C도 A만큼은 아니지만 D보다는 확실히 더 부정적으로 평가되었다는 사실이다.[83] 신문은 명예훼손 등의 면

책을 위해 기사 제목을 의문형 형식으로 달지만, 독자들에겐 그런 의문 자체가 부정적인 영향을 미치는 것이다. 이에 대해 나은영은 다음과 같이 말한다.

'믿거나 말거나' 어떤 후보에 대한 좋지 않은 사실을 누군가 퍼뜨리면, 사람들이 처음에는 그 정보가 신빙성 없는 소스source에서 나왔다고 생각하여 별로 태도변화를 일으키지 않다가, 나중에 처음 정보원의 신빙성 수준을 잊고 내용만 머릿속에 남아 뒤늦게 그 후보에 대해 좋지 않은 쪽으로 태도변화가 일어날 수 있다. (…) 이는 사람의 머릿속에 일단 부정적인 내용이 입력되면 어떤 식으로든 효과가 나타남을 의미한다. 무조건 믿기 전에 먼저 사실 확인을 할 필요가 있음을 일깨워주는 결과라 할 수 있다.[84]

텔레비전 토론에서 상대 후보를 궁지에 몰아놓기 위해 사실과 다른 주장을 하는 것도 넓은 의미의 수면자 효과를 노린 수법으로 볼 수 있다. 1984년 미국 대선에서 로날드 레이건 진영의 홍보 참모였던 피터 틸리는 그 이치를 다음과 같이 설명한 바 있다. "텔레비전 토론에서는 무엇이든 사실여부에 관계없이 말할 수 있다. 8000만 유권자가 지켜보고 있지 않은가? 만약 신문기자가 거짓말을 한 후보의 오류를 지적한 기사를 나중에 쓴다 하더라도 그걸 읽은 사람이 얼마나 되겠는가? 200명? 2000명? 2만명?"[85]

선거에서 흑색선전이 감소하는 게 아니라 오히려 늘고 있는 현상은 흑색선전을 하는 측이 그런 효과의 유혹을 받기 때문이다. 한국 검찰이 2002년부터 치러진 세 차례 지방선거에서 선거범죄로 당선무효 처분을 받은 당선자 250명을 분석한 결과 금품선거 사범이 162명(64.8%)으로 가장 많았고, SNS 등을 이용한흑색선전 사범이 55명(22%)으로 뒤를 이은 것으로 나타났다. 검찰은 돈에 의존한 표 매수보다는 말을 이용한 상대후보 비방 등의 불법 선거가 증가하고 있다고 분석했다.[86]

롤프 도벨리Rolf Dobelli는 정보조작에 놀아날 수 있는 수면자 효과에 맞서기 위한 세 가지 방법을 제시한다. 첫째, 비록 좋은 의도로 주어진 조언들이라고 해도 당신이 요구한 것이 아니면 받아들이지 마라. 둘째, 광고로 심각하게 오염된 정보들에서 가능하면 멀리 떨어져 있어라. 셋째, 자주 접하는 주장들이 있다면 그 모든 것들을 출처가 어디인지를 상기하도록 노력하라.[87]

다 좋은 말이긴 하지만, 현실적으로는 하나같이 지키기 어려운 것들이다. 무엇보다도 피하기 어려운 생활환경이 돼버린 인터넷과 SNS는 메시지의 무한 전파를 가능케 함으로써 메시지 출처의 가치를 현저히 떨어트려 흑색선전의 수면자 효과를 높이는 결정적 요인이 되고 있기 때문이다. 특히 SNS에서의 흑색선전은 공정 선거를 위협하는 최대의 적으로 떠오르고 있어, 이에 대한 논의가 활발하게 이루어지고 있는 중이다. 최근 논란이 되고 있는 '가짜 뉴스fake news'의 영향력도 그런 관점에서 살펴볼 필요가 있겠다.

📚 일독을 권함!

- 권만우·전용우·임하진, 「가짜뉴스(Fake News) 현황분석을 통해 본 디지털매체 시대의 쟁점과 뉴스콘텐츠 제작 가이드라인」, 『멀티미디어학회논문지』 18권11호(2015년 11월), 1419–1426쪽.
- 서창원·이지혜, 「오기억과 실제」, 『사회과학연구』(충남대학교 사회과학연구소), 19권(2008년 10월), 49–63쪽.
- 박종철, 「부정문 메시지가 소비자태도 형성에 미치는 영향: 메시지 중요도의 조절적 역할을 중심으로」, 『마케팅연구』, 23권2호(2008년 6월), 21–37쪽.
- 이유재·전호성, 「비교광고 맥락에서 소비자 태도 형성 과정에 관한 연구: 수면 효과(Sleeper Effect)를 중심으로」, 『광고학연구』, 14권4호(2003년), 149–170쪽.

제3장

미디어효과 이론(2)

침묵의 나선 이론

한국 정치를 '바람의 정치'라고 하는가?

인간은 사회적 동물이다. 우리는 사회적 존재로서 주위 환경으로부터 고립되는 것을 두려워한다. 그래서 사회로부터 격리되지 않고 존경과 인기를 잃지 않기 위하여 우리는 끊임없이 자신의 주변을 관찰한다. 또 그래서 우리는 어떤 의견과 행동양식이 우세한가를 판단해 그에 따라 의견을 갖고 행동하려는 경향이 있다. 따라서 여론은 '획일화의 압력'의 산물이다.

이는 독일의 여론조사기관인 알렌스바흐 연구소 설립자이자 소장이었던 노엘레-노이만이 1971년에 가설을 설정하고 1974년에 공식적으로 제시한 '침묵의 나선 이론the spiral of silence theory'의 핵심적 주장이다. 노엘레-노이만은 이와 같은 침묵의 나선 과정이 나타나는 이유는 앞서 소개한 매스미디어의 세 가지 특성에서 비롯된다고 주장한다. (편재성ubiquity, 누적성cumulation, 조화성 또는 협화성consonance)

노엘레-노이만은 "가장 나쁜 병은 나병도 결핵도 아니다. 아무도 존경하지 않고 아무도 사랑해주지 않고, 배척받고 있다는 느낌이 가장 나쁜 것이다"는 테레사 수녀의 말을 인용해가면서 '왕따'를 당하지 않고 '주류'에 끼고 싶어하는 우리의 욕망이 얼마나 강한 것인가를 역설한다.[1]

그런 취지라면 노엘레-노이만이 미국 심리학자 윌리엄 제임스의 말을 인용했더라면 더 좋았을 것 같다. 제임스는 『심리학의 원리The Principles of Psychology』(1890)에서 한 사회에서 밀려나 모든 구성원으로부터 완전히 무시를 당하는 사람은 "울화와 무력한 절망감을 견디지 못해 차라리 잔인한 고문을 당하는 쪽이 낫다는 생각이 들 것이다"고 했다.[2]

그런 비극적 상황을 피하기 위해선 일단 어느 집단에건 소속이 되어야만 한다. 몬트세라트 귀베르나우Montserrat Guibernau는 『소속된다는 것: 현대사회의 유대와 분열』(2013)에서 "소속감은 소외와 고독에 대한 가장 강한 해독제를 만들어낸다. 소속은 개인에게 기준점을 제공하며, 이제 개인은 동료 성원들과 공통된 이해관계와 목표, 특징을 지님으로써 자신의 제한된 존재를 넘어설 수 있다"며 다음과 같이 말한다.

"소속은 개인의 고립감을 깨뜨리며 심리적 지원을 제공한다. 이런 심리적 지원은 나날의 생활에서 경험하는 불확실성 및 정치적 소외와 연결된 불안감을 극복하는 데 결정적 역할을 한다. 소속의 힘은 주어진 공동체 성원들 사이에서 정체성과 충성을 공유한다는 의식을 촉진할 수 있는 감정적 애착을 만들어내는 능력에서 나오는데, 이런 애착은 대체로 성원들 사이에 유대의 결속이 생겨나는 결과로 이어진다."[3]

우리는 대부분 어디엔가 소속이 돼 있기 때문에 평소 잘 느끼지 못하고 살지만, 그렇지 못하거나 더욱 강한 소속감을 원하는 사람들이 느끼는 소속 욕망은 상상을 초월할 정도로 강하다. 그래서 많은 사람들이 "소속되고 싶다는 충동 때문에 중독, 지도자에 대한 복종, 강박적 순응 등 새로운 형태의 의존에 빠져든다."[4]

어떻게 그런 일이 벌어지는 걸까? 노엘레-노이만은 우리 인간에겐 눈(시각), 귀(소리), 혀(맛), 코(냄새), 피부(접촉) 이외에 '제6의 감각기관'이 있다고 주장한다. 그건 사회가 일반적으로 생각하고 느끼는 것에 대해 믿을 만한 정보를 제공하는 감각이다. 그것은 마치 사람들이 사회적 분위기의 모든 이동을 감지하는 안테나를 갖고 있는 것과 같다는 것이다. 그의 주장인즉슨 "환경을 관찰하는 데 소모되는 노력은 확실히 누구로부터 배척받거나 혼자 남게 되는 것에 비하면 아무 것도 아닌 것이다."[5] 노엘레-노이만은 다음과 같이 말한다.

"사람들은 소외당하는 것을 영원히 두려워하며 산다. 그리고 어떤 의견이 커지고 어떤 의견이 줄어드는지를 알기 위해 환경을 주의깊게 관찰한다. 만약 자기의 생각이 지배적인 의견이라는 것을 알게 되면 공개적으로 자유롭게 의견을 표출하고, 자신의 견해가 지지기반을 잃고 있다고 판단되면 의견을 감추고 조용해지게 된다. 한 집단은 자신있게 의견을 표출하는 반면 다른 집단은 입을 다물기 때문에 전자는 공적으로 강하게 나타나고 후자는 숫자보다 약해지게 된다. 이것은 다른 사람에게 스스로를 표현하게 하거나 침묵하게 만들며, 나선형의 과정이 나타나게 된다."

그러니까 노엘레-노이만은 사람들이 갖고 있는 '고립의 두려움' 때문에 '침묵의 소용돌이'가 발생할 수 있다고 주장하는 것이다. '침묵의 소용돌이' 또는 '침묵의 나선'은 사람들이 소수에 속한다고 생각할 때 그들의 의견을 감추어야 한다고 느끼는 점차적인 압력을 뜻한다고 볼 수 있는 것이다. 즉 "자기의 의견이 확산되고 다른 사람에 의해 받아들여지고 있다고 느끼는 사람들은 공개적으로 자신있게 그 의견을 말할 것이다. 반면에 자신의 의견이 터전을 잃고 있다고 느끼는 개인들은 더 유보적인 태도를 취하고자 할 것이다."[6]

사람들이 소외당하지 않기 위해서라기보다 승자에 속하고 싶은 생각에서 순응할 가능성도 있다. 이는 선거가 끝나고 나면 실제보다 많은 사람들이 선거에 이긴 후보를 투표했다고 말하는 경우를 보아도 알 수 있다. 이는 사회적 낙인을 피하기 위한 방어전략인 셈이다. 그러나 이 또한 크게 보자면 '고립의 두려움'과 전혀 무관한 건 아니다.

정인숙은 침묵의 나선 이론의 장점으로 ①거시적이면서도 미시적인 설명력을 가졌다 ②이론이 매우 역동적이다 ③여론의 움직임, 특히 선거 기간 동안 여론의 동향을 설명해준다 ④뉴스 매체의 역할과 책임에 대해 중요한 문제 제기를 해준다 등으로, 단점으론 ①전반적으로 미디어의 영향력과 보통 사람들에 대해 회의적 관점을 가진다는 점이다 ②침묵의 이유를 지나치게 단순화시키고 있다 ③침묵 효과에서 나타날 수 있는 인구학적·문화적차이를 간과하고 있다 ④침묵 효과에 대항할 수 있는 공동체의힘을 평가절하하고 있다 등으로 정리했다.[7]

'고립의 두려움'은 한국처럼 문화적 동질성이 강하고 커뮤니케이션 구조가 중앙집권적인 나라에서 강하게 나타난다. 한국의정체성 또는 본질이라는 게 있다면, 그건 아마도 '쏠림'일 것이다.어느 한쪽으로 과도하게 쏠리는 현상 말이다. 그건 한국사회에저주인 동시에 축복이었다. 한국사회를 비판하는 사람과 예찬하는 사람은 각자 '동전 양면'의 다른 쪽을 보는 것일 뿐 본질적으론 같은 현상에 대응하는 것이다.

이른바 '서울공화국' '서울대의 나라' '삼성의 나라' 등으로 대변되는 1극체제와 그에 따른 부작용이 쏠림의 저주라면, 세계에서 가장 빠른 경제발전과 민주화는 쏠림의 축복일 것이다. 한국인은 새것이라면 환장하고 유행이라면 사족을 못 쓰는 줏대 없는 민족이라고 비판할 수도 있겠지만, 그건 달리 보면 한국인이구습 타파에 능하고 새로운 도전을 사랑하는 진취적인 민족이라고 긍정 평가할 수도 있는 것이다.

쏠림은 인종학적·지리학적·지정학적·역사적 구조와 관행의산물이다. 이젠 한국인의 유전자에 각인돼 있다고 해도 좋을 정도다. 한국인은 태어나자마자 쏠림에 맞는 사고와 행동을 하도록 키워지며 쏠림의 환경 속에서 자연스럽게 쏠림의 법칙을 터득하기 때문이다.

사실 한국 정치는 '바람의 정치'라는 말을 들을 정도로 쏠림 현상이 자주 나타난다. 예컨대 2002년 대선에서 민주당 노무현 후보의 지지율은 '지옥'(14%)과 '천당'(60%)을 오갈 정도로 요동쳤으며, 2003년 말 정당지지도는 세 당의 지지율 합산이 50%에도 미치지 못했지만(한나라당 18%, 열린우리당 16%, 민주당 13%), 3개월 만에 불어 닥친 탄핵 역풍으로 열린우리당의 지지율은 55%대까지 급상승했다. 성균관대 교수 김정탁은 이런 현상을 '침묵의 나선 이론'으로 설명했다. "탄핵에 반대하는 열린우리당 지지자들은 더욱 큰 목소리를 냄으로써 여론의 상승작용을 일으키고 있는 반면 탄핵 찬성의 소수측은 침묵함으로써 여론 주도에 소수가 됐다."[8]

2017년 2월에도 여전히 한국정치의 현장엔 '침묵의 나선 이론'이 등장한다. 대통령 탄핵사태를 둘러싼 여론투쟁과 관련, 중앙일보 논설위원 고대훈은 이렇게 말한다. "이제는 반격의 모드다. 핵심은 음모론과 선전전이다. 박근혜 대통령은 '누군가의 기획' '거짓말의 거대한 산'이라고 역공을 폈다. (…) 침묵의 나선螺線, the spiral of silence을 깨는 선전전도 한창이다. 다수 의견(촛불민심)에 밀려난 소수 의견의 사람들(박 대통령 지지세력)이 고립에 대한 공포로 침묵의 소용돌이 속에 갇혀 있다는 게 박 대통령의 상황 인식인 듯하다."[9]

역사적 시련을 많이 겪은 한국인의 경우 적어도 사회적 분위기를 파악하는 눈치와 그에 따라 쏠림 현상을 보이는 것만큼은 세계 최고 수준이라는 점에서 한국의 실정에 더 잘 맞는 이론은 아닐까? '침묵의 나선' 이론에 어느 정도 동의할 수 있다면 우리는 여론이란 것이 허깨비일 수도 있다는 것에 대해 크게 놀라지는 않게 될 것이다. 어떤 사회적 이슈에 대한 우리의 견해 표명이란 것이 늘 주변을 살피는 가운데 나오는 것이라면 여론이 어느 날 갑자기 크게 달라지는 '티핑 포인트Tipping Point'가 작동하는 것도 얼마든지 가능하지 않을까?

📚 일독을 권함!

● 변상호, 「'침묵의 나선 이론'에서 다수의 영향력 지각에 대한 비판적 고찰: 삼자 의사표현 위축 추정과 일자 의사표현 위축 간 영향 비교를 중심으로」, 『한국방송학보』, 29권5호(2015년 9월), 139~176쪽.

● 이현지·박종민, 「한국형 SNS 사용자 당파적 정치 행동이론의 제안: 계획된 행동 이론과 침묵의 나선이론의 비판적 적용」, 『한국언론학보』, 59권3호(2015년 6월), 423~451쪽.

● 박영득·이정희, 「비정치적 온라인 커뮤니티에서의 정치적 의견표현」, 『사이버커뮤니케이션학보』, 30권2호(2013년 6월), 73~109쪽.

● 양승찬·서희정, 「대통령선거 후보 지지도 조사 결과에 대한 여론분위기 지각과 감정 반응이 유권자 정치참여에 미치는 효과 연구」, 『언론과학연구』, 13권2호(2013년 6월), 227~260쪽.

● 주민욱, 「중국인의 의견표명 행위와 체면관」, 『한국언론정보학보』, 62권(2013년 5월), 74~94쪽.

● 정효명, 「동질적인 대인커뮤니케이션과 침묵의 나선: 2007년 대통령선거를 중심으로」, 『한국언론학보』, 56권3호(2012년 6월), 85~109쪽.

● 박경숙·이관열, 「'편향적' 여론 환경의 인지와 의견표명에 대한 연구: 미국 소고기 수입 이슈를 중심으로」, 『한국방송학보』, 26권3호(2012년 5월), 458~494쪽.

● 김현정, 「CMC(Computer Mediated Communications) 상황의 여론화 과정에 관

한 탐색적 연구」, 『한국광고홍보학보』, 13권2호(2011년 4월), 94~133쪽.

● 박종민·박현정, 「금주 쟁점에 대한 공중의 단일합의, 다원적 무지, 비동의 합의와 침묵의 나선 현상 연구」, 『한국언론학보』, 54권6호(2010년 12월), 368~395쪽.

● 박종민·신명희, 「다원적 무지, 침묵의 나선, 제3자 효과, 그리고 상호 지향성 모델의 개념적 비교」, 『한국언론학회 심포지움 및 세미나』, 2004년 9월, 1~21쪽.

● 박승관·김예리, 「'침묵의 나선'과 '정보의 나선': 다수의 의견표명과 소수의 정보 추구」, 『언론정보연구』, 40권(2003년 12월), 81~99쪽.

● 양기석, 「시끄러운 소수와 조용한 다수: 침묵의 나선 가설의 검증」, 『언론학연구』, 4권(2000년 12월), 41~66쪽.

● 양승찬, 「제3자 효과 가설과 침묵의 나선 이론의 연계성: 여론조사 보도에 대한 제3자 효과 지각과 공개적 의견표명과의 관계를 중심으로」, 『한국언론학보』, 43권 2호(1998년 12월), 109~141쪽.

● 양승찬, 「사회시스템 성격을 고려한 침묵의 나선이론 연구: 의견분위기 지각과 공개적인 의견표명과의 연계성을 중심으로」, 『언론과 사회』, 20권(1998년 7월), 72~116쪽.

왜

어떤 기업들은
절대 시장조사를 하지 않을까?

1982년 미국 캘리포니아 주지사 선거에서 민주당의 흑인 후보였던 토머스 브래들리Thomas Bradley는 공화당의 백인 후보인 조지 듀크미지언George Deukmejian과 경쟁했다. 1973년부터 로스앤젤레스 시장으로 일해온 브래들리는 선거 전의 각종 여론조사에서 더 높은 지지율을 얻은 것은 물론, 선거날의 출구조사에서도 듀크미지언에 앞섰다. 그러나 개표한 결과, 브래들리는 1.2%의 근소한 차이로 듀크미지언에게 패배했다.

이는 일부 백인 유권자들이 여론조사 때는 자신의 인종적 편견을 숨기기 위하여 흑인인 브래들리를 지지한다고 거짓으로 응답했고, 지지하는 후보를 아직 결정하지 못했다고 응답한 백인 유권자들 가운데 상당수가 백인인 듀크미지언을 선택한 결과로 분석되었다. 또 출구조사에서도 조사원의 인종에 따라 자신이 지지하는 후보를 사실대로 밝히기 곤란해하는 점도 작용하는 것으로 분석되었다. 백인 유권자가 흑인 조사원에게 백인을 지지한다고 밝히면 자신이 인종적 편견을 가진 사람으로 받아들여질 것이라고 꺼려하여 실제 투표행위와 상반된 응답을 했다는 것이다. 이를 가리켜 '브래들리 효과Bradley effect'라고 한다.

1983년의 시카고 시장 선거와 1989년의 뉴욕 시장 선거 등 이른바 '흑백黑白 대결'이 펼쳐진 여러 선거에서 이 같은 브래들리 효과가 나타났다. 1989년 버지니아 주지사 선거에서도 민주당의 흑인 후보 더글러스 와일더Douglas Wilder는 당일 출구조사에서 경쟁자인 공화당의 마셜 콜먼Marshall Coleman을 10%나 앞섰으나, 개표 결과 불과 0.3% 차이로 아슬아슬하게 승리했다. 이를 계기로 브래들리 효과를 '와일더 효과Wilder effect'라고도 부른다.[10]

미국 역사상 흑인 최초로 합참의장과 국무장관을 지낸 콜린 파월Colin Powell은 1996년 대선의 유력 대통령 후보로 거론되는 건 물론 여론조사에 의해 당선 가능성이 높은 후보로 지지를 받았지만, 주변 사람들은 '브래들리 효과'를 들어 파월의 대선 출마를 만류했으며, 파월은 결국 이 조언에 따라 출마하지 않았다.[11]

'브래들리 효과'가 발생하는 이유는 여론조사나 설문조사에서 응답자들이 다른 사람들에 의해 좋게 보이거나 좋은 인상을 줄 수 있는 답을 하려는 경향이 있다는 이른바 '사회적 선망 편향 social desirability bias' 때문에 일어난다. 일종의 '인상 관리impression management'를 하는 것이다.[12]

2016년 미국 대선에서 '최악의 패자는 여론조사'라는 말이 나온 것도 바로 그런 이유 때문이었다. 주요 여론조사 기관 11곳 중

9곳이 틀리자, 미국 여론조사 연합회는 "이번에는 완전히 틀렸다"면서 "여론조사의 위기를 우려하는 목소리가 나온다"고 말했다. 왜 그런 일이 벌어졌을까? 일부 유권자들은 여론조사원과의 직접 면담에서 도널드 트럼프 지지 사실을 인정하길 부끄러워했다는 것이 밝혀졌다. 미국 언론은 이들을 가리켜 '부끄러워하는 트럼프 투표자shy trump voter'로 부르면서, "'스텔스 투표stealth vote'를 했다"고 표현했다. 그래서 여론조사와는 판이한 선거 결과가 나온 것이다.[13]

소비자 조사도 마찬가지다. 소비자들은 자신의 동기를 잘 알면서도 진짜 동기를 말하지 않으려는 경향이 있다. '다원적 무지'에 의해 타인의 동기가 자기 것보다 고상하다고 믿기 때문이다. 그럼에도 많은 소비자 조사가 "왜?"를 묻기보다는 무엇을 사는가를 묻는 데 그침으로서 마케팅 실패를 자초하는 경향이 있다.[14]

"왜?"를 묻더라도 심층을 파고 들어야 한다. 엄마들이 왜 특정한 종류의 쿠키를 자녀에게 사주는지 그 이유를 알아내려는 조사에서, 거의 모든 엄마들이 쿠키의 영양학적 가치가 구매결정에 있어서 대단히 중요하다고 대답했다. 그러나 어느 용감한 엄마는 다음과 같이 '진실'을 밝혔다고 한다. "쿠키는 아이들에게 주는 일종의 뇌물이에요. 아이가 쿠키를 좋아하면 할수록, 더욱더 효과적인 뇌물이 되는 거지요. 어차피 아이한테는 몸에 좋은 음식만 먹이니까, 쿠키가 그다지 좋은 음식이 아닐지라도 몇 개 준다고 해서 크게 해가 된다고 생각하진 않아요. 그러니까 쿠키를 고를 때 영양학적 가치 따위에 대해선 난 조금도 상관 안 해요!"

이에 대해 로버트 세틀Robert B. Settle과 파멜라 알렉Pamela L. Alreck은『소비의 심리학』에서 이렇게 말한다. "수많은 마케터들이 저지르는 가장 큰 실수는 소비자들의 선택의 이유를 알아내기 위해 그들의 시장에 있는 소비자들을 대상으로 설문조사를 실시하는 것이다. 직접 설문에 의해서 진짜 쓸 만한 구매 동기를 발견하는 경우는 거의 없다. 그렇다고 해서 소비자의 구매 동기를 알아내는 것을 포기하라는 뜻은 아니다. 다만 간접적으로 알아내야 한다는 뜻이다."[15]

미국의 성공적인 소매기업 어번 아웃피터스Urban Outfitters는 시장 조사를 하지 않는 걸로 유명하다. 시장 조사는 낡은 방식으로 실효성이 없다고 보기 때문이다. 그대신 가게 내에서 고객이 보이는 태도와 행동을 비디오테이프나 스냅사진으로 촬영해서 그것을 토대로 고객의 특성을 분석한다. 고객의 마음을 끄는 것이 무엇인지에 대한 감感을 얻기 위해서다. 이 기업의 철칙은 이것이다. "우리는 사람들의 말을 믿지 않고 사람들의 행동을 믿는다. 당신의 고객이 말하는 것을 무시하시오. 단지 그들이 무엇을 하는지를 유심히 관찰하시오."[16]

다른 이유에서지만, 애플의 스티브 잡스는 "고객에게 그들이 원하는 것을 줘야 한다"는 원칙에 반대했다. 고객이 항상 옳은 것은 아니라고 생각한 그는 이렇게 말했다. "우리의 일은 고객이 욕구를 느끼기 전에 그들이 무엇을 원할 것인가를 파악하는 것이다. (…) 사람들은 직접 보여 주기 전까지는 자신이 무엇을 원하는지 모른다. 그것이 내가 절대 시장조사에 의존하지 않는 이유이다. 아직 적히지 않은 것을 읽어내는 게 우리의 일이다."[17]

이 말은 "소비자는 스마트하다"는 잡스의 다른 말과 충돌하는 건 아니다.[18] 이런 오해를 염두에 둔 듯, 잡스는 이런 말도 했다. "그레이엄 벨이 전화를 발명했을 때 시장조사를 했을 것 같은가? 했을 리가 없지 않은가? (⋯) 그래픽 기반의 컴퓨터가 무엇인지도 모르는 사람한테 그래픽 기반 컴퓨터는 어떤 모습이어야 할지 물어보는 것은 아무런 의미가 없다. 본 적이 없기 때문이다."[19]

TV 시청자를 대상으로 한 조사나 TV 비평도 '사회적 선망 편향'으로부터 자유롭지 않다. 전문가들은 방송사-시청자 간 다양하고 쌍방적인 커뮤니케이션 채널을 확대하는 게 중요하다고 역설하지만, 사실 '쌍방적인 커뮤니케이션 채널'이라는 말에 함정이 있다. 예컨대 각 프로그램 사이트에 의견을 밝히는 시청자들은 대부분 시청률 추세와는 무관한 예외적인 '도덕적' 시청자들이기 때문이다. MBC 예능 PD 권석은 다음과 같이 증언한다.

시청자들의 꾸짖음에 상처받고 모처럼 착한 프로그램을 만든다 치자. 예상대로 칭찬이 폭포수같이 쏟아진다. 가족이 보면서 다 같이 울었단다. 보는 내내 소름이 돋았다고도 한다. 이런 프로그램이 왜 이제야 나왔느냐고 개탄하는 시청자도 있다. 하지만 다음날 시청률을 받아보면 그래프가 X축을 따라 바닥에 납작 붙어 기어간다. 칭찬만 하고 아무도 보지 않은 것이다. 겉 다르고 속 다른 시청자들의 배신에 또 한 번 깊은 상처를 받는다.[20]

시청자들이 겉 다르고 속 다른 점도 있겠지만, 의견을 밝히는 시청자와 의견을 밝히지 않는 시청자의 차이 때문일 수도 있다. 절대 다수는 자기 의견을 밝히지 않는다. 그럴 시간도 없고 정성도 없다. 그냥 시청하거나 말거나 하는 양자택일 방식으로만 말할 뿐이다. 선거에서의 일반적인 유권자들의 행태, 즉 단지 투표 행위만으로 모든 참여를 대신하는 것과 비슷하다. 바로 이런 환경이 사회적 선망 편향을 낳는 온상이 되고 있는 건 아닐까?

📚 일독을 권함!

- 강준만, 「왜 "미국 대선에서 최악의 패자는 여론조사"가 되었나?: 사회적 선망 편향」, 225권(2017년 1월), 67-74쪽.
- 김승현, 「사회조사의 응답편향과 대체문항의 타당성: 사회적 신뢰와 공익추구」, 『한국정책과학학회보』, 17권4호(2013년 12월), 1-22쪽.
- 이택수, 「선거 여론조사의 문제점과 대응방안」, 『관훈저널』, 126권(2012년 9월), 170-176쪽.
- 백영민·김은미·이준웅, 「자기응답방식에서 나타나는 인터넷이용시간 과도응답과 그 원인: 인터넷 연구의 가설검증시 함의를 중심으로」, 『한국언론학보』, 56권2호(2012년 4월), 121-142쪽.
- 김승현, 「가족주의와 공공성: 전통적 가치와 현대적 가치의 측정에서 사회적 소망성 편향」, 『한국정치학회보』, 44권3호(2010년 9월), 53-74쪽.
- 김용석, 「사회적 바람직성 척도의 개발」, 『한국사회복지행정학』, 12권3호(2010년 9월), 1-39쪽.

점화 효과

왜 창피한 행동을 떠올리면 손을 씻고 싶어지는가?

엄마가 집에 도착하면 엄마와의 포옹을 예상하는 아이는 그런 기대에 차서 엄마를 보기도 전에 이미 팔을 움직이기까지 한다. 이를 심리학적 용어로 '점화priming'라고 한다. 점화는 뇌가 특정한 방식으로 반응하도록 준비되는 과정을 말한다. 즉 점화는 기억에 저장된 생각을 무의식적으로 활성화시키는 것이다.[21] 'priming'의 사전적 의미는 지하수를 끌어 올리는 수도 펌프에 넣는 마중물이라는 뜻인데, 이를 우리의 뇌와 기억에 은유적으로 적용한 개념으로 이해하면 되겠다.

이런 실험을 해보자. 사람들에게 'table'이라는 단어를 먼저 보여주고 난 다음 'tab'를 보여주고 그다음을 채우게 하면 'table'이라고 대답할 확률이 미리 제시하지 않은 경우보다 높아진다. 이처럼 시간적으로 먼저 제시된 자극이 나중에 제시된 자극의 처리에 영향을 주는 현상을 '점화 효과priming effect'라고 한다. 점화 효과는 어떤 판단이나 이해에 도움을 주는 촉진 효과와 그 반대의 역할을 하는 억제 효과를 낼 수 있다.[22]

토론토대학 교수 첸보 중Chen-Bo Zhong과 노스웨스턴대 교수 케이티 릴리언퀴스트Katie Lijenquist는 'w_ _h' 'sh_ _er' 's_ _p'라는 모호한 단어 조각들과 관련된 흥미로운 실험을 했다. 최근 겪었던 창피한 행동을 떠올리라는 부탁을 받은 사람들은 이 조각 단어들을 'wash(씻다)'와 'shower(샤워)'와 'soap(비누)'로 완성할 가능성이 높은 반면, 'wish(바라다)'와 'shaker(셰이커)'와 'soup(수프)'로 볼 가능성은 낮은 것으로 나타났다. 아울러 동료 몰래 그의 험담을 하는 자신을 생각만 했는데도 마트에서 배터리나 주스, 아이스크림보다는 비누나 소독약, 세제를 구매하는 경향을 보였다.

이들은 2006년 9월 『사이언스Science』에 발표한 「죄를 씻기: 위협받은 도덕성과 물리적 세척Washing Away Your Sins: Threatened Morality and Physical Cleansing」이라는 제목의 논문에서 이런 점화 효과에 '맥베스 부인 효과Lady Macbeth effect'라는 이름을 붙였다. 자신의 영혼이 더럽혀졌다는 느낌은 자신의 몸을 씻고 싶다는 욕구를 유발한다는 의미에서 붙인 이름이다.[23]

'맥베스 부인 효과'는 윌리엄 셰익스피어의 『맥베스』에서 맥베스 부인이 남편과 공모하여 국왕을 살해한 뒤 손을 씻으며 "사라져라. 저주받은 핏자국이여"라고 중얼거린 데서 유래된 작명이다. 그녀의 손에는 피가 묻어 있지 않았지만 손을 씻으면 죄의식도 씻겨 내려간다고 여겼으리라. '맥베스 부인 효과'는 '맥베스

효과'라고도 하는데, 마음이 윤리와 같은 추상적 개념을 이해할 때 몸의 도움을 받는 증거, 즉 "몸으로 생각한다"는 '신체화된 인지embodied cognition'의 증거로 여겨지고 있다.[24]

어떤 거래에 대해 협상할 때 부드럽고 푹신한 의자보다는 딱딱하고 튼튼한 의자에 앉는 게 낫다거나, 상거래를 할 때 상대에게 차가운 음료보다 뜨거운 커피를 마시게 하면 따뜻한 느낌을 갖게 되어 계약을 성사시킬 확률이 높아진다거나, 입사 면접시 무거운 물건을 들고 있는 지원자가 더 신뢰할 만한 인물로 보이기 때문에 무게감 있고 단단한 손가방에 이력서를 넣어 가는 게 좋다거나, 이성과 데이트를 할 때에 촉감이 거친 물건을 치우고 식탁을 부드럽게 꾸며야 성공 확률이 높아진다는 것 등은 모두 신체화된 인지 이론을 활용하는 사례들이다.[25]

종교 혹은 신은 인간의 필요에 의해 만들어졌다고 주장하는 인류학자 라이오넬 타이거Lionel Tiger와 생의학자 마이클 맥과이어Michael McGuire는 부모들이 아이가 올바른 행동을 하도록 가르치기 위해 신의 존재를 들먹이는 것은 '맥베스 효과'를 유발한다고 주장한다.

그래서 자신의 도덕적 순결에 위협을 느끼거나 도덕성을 떨어뜨리는 행동을 하게 되면, 사람들은 육체적으로 몸을 깨끗이 하려 하고 (손을 자주 씻는 행위 등) 몸을 씻음으로써 자신을 정신적, 육체적으로 치료한다. 알 수 없는 것에 대한 걱정과 공포가 어린 시절의 가르침과 결합되면, 사람은 쉽게 빠져나올 수 없는 믿음과 의심에 사로잡

히게 된다.[26]

심리학자 캐슬린 보Kathleen Vohs는 점화 현상을 광범위하게 연구한 결과, 사람들에게 돈에 관한 글을 읽게 하거나 자리에 앉아 여러 종류의 통화가 그려진 포스터를 보게 하는 등 돈과 관련된 이미지를 제시하는 것이 그들이 이기적으로 행동할 확률을 높인다는 사실을 밝혀냈다. 닐 매크래Neil Macrae 등의 실험에선 F1자동차 경주의 세계 챔피언인 마이클 슈마허Michael Schumacher에 대한 생각을 떠올린 실험참여자들의 말하는 속도가 더 빨라지는 것으로 나타났다.[27]

심리학자 마거릿 쉬Margaret Shih, 토드 피틴스키Todd Pittinksky, 날리니 암바디Nalini Ambady 등은 동양인 여학생들을 대상으로 수학 시험을 치르게 하면서 한 집단은 '동양인'이라는 정체성으로, 다른 집단은 '여성'이라는 정체성으로 사전 자극했다. 이 실험에서 전자의 점수는 매우 높게 나온 반면 후자의 점수는 낮게 나왔다. 동양인에 대한 고정관념은 수학을 잘한다는 것이고, 여성에 대한 고정관념은 수학을 잘 못한다는 것인바, 이 고정관념이 사전 자극되어 시험에까지 영향을 미친 것이다.[28]

'죄수의 딜레마' 게임 실험에서도 실험 참가자들에게 게임의 이름을 '커뮤니티 게임'이라고 했을 때와 '월스트리트 게임'이라고 했을 때 게임 결과는 확연히 다른 차이를 보였다. '커뮤니티 게임'이라는 말을 듣고 게임에 임한 사람들은 '월스트리트 게임'에 참여한 학생들보다 게임 상대방에게 훨씬 협조적인 모습을 나타냈고 최종적으로 얻는 보상의 크기도 컸다. 이는 '커뮤니티 게임'이라는 말이 협동을 필요로 하는 공동체를 떠올리게 한 반면, '월스트리트 게임'이란 말은 처절한 경쟁을 기반으로 하는 약육강식을 떠올리게 했기 때문에 나타난 결과로 이해할 수 있다.[29]

미디어 연구에서의 점화 효과는 미디어에 대한 노출이 수용자의, 메시지와 관련된 후속적 행동이나 판단에 미치는 단기적 효과를 말한다. 미디어 이미지가 수용자로 하여금 관련된 생각을 하도록 자극한다는 것이다. 점화 효과를 넓게 볼 경우 모든 미디어 효과는 미디어 점화작용의 결과로 간주될 수 있기 때문에, 시간의 제약을 전제로 하여 단기적 효과에 국한시킨다. 주로 미디어 폭력 연구, 정치 뉴스 보도 연구, 고정관념 연구에서 많이 거론된다.

정치적 점화 효과 연구는 대통령의 업무를 평가하는 데 활용되는 기준을 형성하는 TV 뉴스의 효과를 검토하면서 1980년대 후반에 처음 소개되었다. 미디어가 특정 이슈를 현저하게 보도함으로써 대통령의 직무수행을 평가하는 기준을 바꾸는 데 큰 영향력을 행사한다는 것으로, 이는 1986년 미국에서 이란-콘트라 스캔들 보도 분석을 통해 입증되었다.

이란-콘트라 사건 이전에는 로날드 레이건 대통령에 대한 종합적 직무수행 평가에서 국내 이슈가 외교문제 이슈보다 더 중요하게 작용했지만, 사건 이후에는 반대 결과가 나타났다. 즉 유권자들이 대통령의 전반적인 업무평가를 할 때 국방문제와 관련된 기사에 의해 점화되었을 경우 과도하게 국방문제에 대한 대통령의 성과를 반영하게 되더라는 것이다. 최근 연구들은 보다 단순하거나 익숙한 주제가 복잡한 이슈보다 대통령에 대한 평가를 점화시킬 가능성이 높으며, 영화·범죄·심야 토크쇼 등이 정치적 점화체로 기능할 수 있다는 사실을 입증했다.

미디어 폭력이 공격적 행위에 대한 생각을 점화시켜 결과적으로 현실에서의 공격적 행위 가능성을 증대시킬 수 있다는 점화가설도 미디어 폭력 연구에서 폭넓은 지지를 받았다. 광고 분야에선 미디어 맥락이 수용자의 관련 관심을 점화시키는 것을 입증한 연구들이 나왔다. 예컨대 광고가 감각적으로 나이 든 여성에 관한 프로그램에 삽입되었다면 나이 든 여성 광고모델에 의해 유도되는 연상은 세련미와 경험일 수 있다는 것이다.[30]

코카콜라의 '뉴스 후 광고 금지' 정책은 점화 효과를 염두에 둔 것이다. 뉴스는 보통 사회적으로 심각하거나 부정적이고 좋지 않은 일들을 보도하는데, 그 직후에 광고를 내보내면 시청자들이 부정적으로 받아들일 가능성이 높기 때문에 그걸 피해야 한다는 것이다.[31]

점화 효과를 이용한 창의성 자극 실험도 있다. 독일 브레멘 국제대학의 심리학자 옌스 푀르스터Jens Förster는 실험 참가자들을 둘로 나누어 한쪽에는 자유와 일탈의 상징인 펑크족을 떠올리게 하고 다른 한쪽에는 보수적이고 논리적인 엔지니어의 이미지를 제시했다. 이후 두 집단을 대상으로 창의력 테스트를 실시한 결과, 펑크족 이미지를 떠올렸던 사람들이 엔지니어를 떠올렸던 사람들보다 훨씬 높은 창의력을 보인 것으로 나타났다.[32]

점화 효과는 무의식중에 갖게 된 생각들을 우리가 알지 못하는 새에 자극하면서 일어나는 것이다. 그런데 점화를 받은 사람들은 이를 전혀 알지 못하거니와 이에 대해 물어보아도 완강히 부인하는 경향이 있다. 코넬대 마케팅 교수 브라이언 완싱크Brian Wansink는 "진짜 위험은 우리 모두 환경적인 암시에 영향을 받기에는 자신이 너무 똑똑하다고 생각한다는 점이다"고 말한다.[33]

이치가 이렇다면 점화 효과는 인간관계에도 적용될 수 있지 않을까? 독일 심리학자 폴커 키츠Volker Kitz와 마누엘 투쉬Manuel Tusch는 점화 효과를 이용해 평소 보기만 해도 짜증이 나는 직장 동료와의 관계를 개선시킬 수 있다고 주장한다.

출근하기 전 '편안하다, 유쾌하다, 재미있다, 예의바르다…' 등의 단어들을 되뇌인 다음 직장 동료를 만나는 것이다. 그러면 그를 대할 때의 태도가 조금은 긍정적으로 바뀐 자신을 경험하게 될 것이다. 만약에 회사의 대표와 중요한 면담을 앞두고 있고 그 사람이 여자라면 미인을 상대한다고 생각하라. 그리고 될 수 있는 한 긍정적 단어들을 많이 말하며 점화를 시켜라. 그러면 그녀가 긍정적으로 상대해줄 것이다.[34]

뭐 썩 와 닿진 않지만, 실패한다 해도 손해 볼 일은 없으니 일단 시도를 해보는 것도 좋겠다. 우리의 무궁무진한 잠재기억에서 점화되어 좋은 것들만 골라내 우리의 삶을 유쾌하고 풍요롭게 할 수만 있다면 무엇을 망설이랴. 태교를 하는 임산부의 심정처럼 가급적 좋은 생각만 하면서 사는 것을 일상화한다면 더할 나위 없이 좋지 않을까?

📚 일독을 권함!

- 조선아·이승조, 「폭력적 영상의 시청이 동·정적으로 유형화된 인접 광고의 기억, 광고 태도, 구매 의도에 미치는 영향」, 『한국방송학보』, 30권3호(2016년 5월), 113~142쪽.
- 신인영, 「17대 대선기간동안의 BBK스캔들 보도가 후보자 선택에 미치는 영향: 미디어 점화효과의 검증을 중심으로」, 『언론과학연구』, 12권1호(2012년 3월), 68~97쪽.
- 전우영·장경호·황영선·한재순, 「유명인 점화가 도움에 미치는 영향」, 『한국심리학회지: 사회 및 성격』, 26권1호(2012년 2월), 37~46쪽.
- 금희조, 「영화 〈화려한 휴가〉 관람이 정치태도의 변화에 미치는 영향: O_1-S-O_2-R 모델을 중심으로」, 『한국언론학보』, 52권2호(2008년 4월), 70~95쪽.
- 송현주, 「대통령에 대한 감정과 정책 이슈의 유인가적 유사성이 뉴스매체의 점화효과에 미치는 영향: 접근가능성과 적용성 모형의 경험적 검증을 중심으로」, 『한국언론학보』, 50권3호(2006년 6월), 308~336쪽.
- 이효성, 「미디어 이용이 정당 지지에 미치는 효과: 미디어 이용의 역동성 모델과 점화효과 이론을 중심으로」, 『한국언론학보』, 50권1호(2006년 2월), 285~307쪽.
- 반현·최원석·신성혜, 「유권자의 투표 선택과 뉴스 미디어의 점화효과: 17대 총선의 선거 이슈를 중심으로」, 『한국방송학보』, 18권4호(2004년 12월), 398~443쪽.
- 이효성·허경호, 「미디어 이용이 정치 지도자 평가와 정당지지에 미치는 효과」, 『한국방송학보』, 18권4호(2004년 12월), 191~226쪽.

배양효과 이론

왜 폭력의 공포에 떠는 사람들은 정치적으로 보수화되는가?

미디어와 폭력의 관계는 미디어가 생겨난 이래로 끊임없는 논란의 대상이었다. 그간 심리학자를 포함한 많은 사회과학자들이 이 주제를 끈질기게 물고 늘어졌지만, 아직 시원한 답은 나오지 않고 있다. 1970년대 미국 사회에선 'TV에서 묘사되는 폭력'(이하 'TV폭력')이 심각한 사회적 문제로 대두됨에 따라 커뮤니케이션 학자인 조지 거브너George Gerbner의 '배양효과 이론cultivation effect theory'에 대한 관심이 크게 높아졌고, 이 이론을 둘러싼 논란은 지금까지 계속되고 있다.

배양효과 이론은 일부 국내 관련 서적에선 '계발효과 이론'으로 소개되고 있다. 그러나 이 이론에서 TV가 cultivation을 하는 것을 긍정적으로 보기는 어려우므로 '계발'보다는 '배양'이라는 단어가 cultivation에 대한 더욱 정확한 번역이 아닌가 싶다.

배양효과 이론은 한마디로 TV속의 상징적 세계가 시청자들의 실제 세계에 대한 생각을 배양한다는 것이다. 거브너에 따르면, 문화배양은 기본적으로 시청자들이 미디어에 의해 수동적으로 조종되는 것이 아니라, 미디어와 계속적으로 상호 작용을 하는 것으로 상정한다. 그럼에도 불구하고 시청자와 미디어는 닮아가는 점이 있으며, 그 과정에서 개인의 지각된 현실은 점차 TV 세계에 근접해 간다는 것이 배양효과 이론의 핵심이다.[35]

1956년 일리노이대학University of Illinois-Urbana의 연구 조교수로 채용된 거브너는 이 대학에서 본격적으로 TV의 영향력에 관한 연구를 하기 시작했다. 그는 1958년에 발표한 「매스 커뮤니케이션의 내용분석과 비판적 연구에 대해On Content Analysis and Critical Research in Mass Communication」라는 제목의 논문에서 미국의 매스 커뮤니케이션 연구가 상품을 팔기 위한 광고나 후보자를 팔기 위한 선거 캠페인 연구처럼 수용자에 대한 설득·예측·통제·변화에 치중하고 있다면서 '문화적 탐구cultural inquiry'로 전환해야 할 필요성을 역설했다. '배양효과cultivation effect'라는 딱지가 붙긴 했지만, 그가 굳이 '배양cultivation'이란 은유적 표현을 쓴 것도 '효과effect' 대신 '영향influence'에 대해 말하기 위한 것이었다.[36]

거브너의 배양효과 이론은 TV폭력에 관한 연구에 집중돼 있다. 물론 미국의 TV엔 폭력이 철철 흘러넘친다. 거브너에 따르면, 미국 TV 드라마 10편 중 8편이 폭력 장면을 담고 있으며, 이들 드라마의 주인공 10명 중 5명이 폭력을 행사하고, 6명은 폭력을 당하는 장면이 방영됐는데, 전체 폭력 희생자는 주당 400건에 이르렀다.[37]

폭력은 TV 드라마의 갈등과 그에 따른 흥미성을 제공하는 데 있어서 가장 싸고 쉬운 방법이지만, 시청자들이 거기에 노출되다 보면 폭력에 대한 공포감을 갖게 된다는 게 거브너의 주장이다.

거브너는 시청자를 '중시청자heavy users'와 '경시청자light users'로 구분해 이 두 종류의 시청자들이 세상을 보는 눈에 큰 차이가 있다는 것을 지적한다. 거브너의 연구는 경시청의 상한선을 매일 2시간으로 규정했으며, 중시청자는 4시간 이상을 시청하는 사람들로 보았다. 중시청자가 경시청자보다는 많지만 두 집단은 각각 전체 인구의 4분의 1씩을 차지하고 있다.

경시청자는 그들의 속성과 환경에 따라 다양한 견해를 갖지만, 중시청자의 경우 그런 차이는 감소되거나 아예 없어져 TV가 배양하는 경향이 있는 '세상을 보는 눈'이 같아지게 된다. 거브너는 이 과정을 '주류화mainstreaming'라고 불렀으며, 이것이 경계의 흐림blurring, 혼합blending, 왜곡bending 등 3B 과정을 통해 일어난다고 보았다. 또 사람들이 TV에서 본 것이 그들의 일상적 현실(또는 지각된 현실)과 일치할 때 이른바 '공명resonance'이 일어나 배양 효과가 증폭된다고 했다.[38]

중시청자들은 스스로를 중도주의자라고 부르지만, 거브너는 사회문제에 대한 중시청자들의 입장은 보수적이라고 말한다. 중시청자들은 낮은 세금과 더 많은 정치적 보호 그리고 강력한 국방을 찬성하며, 자유언론·낙태·국제결혼 그리고 흑인과 백인의 동시 버스통학 등에 반대한다는 것이다. 거브너는 중시청자들이 세상에 대해 한층 더 두려움을 갖게 되는 걸 '공명'의 과정으로 설명했다.

누구나 적어도 한번쯤은 직접적인 물리적 폭력의 경험을 갖고 있지만, 실제 경험한 폭력은 그렇게 나쁜 것이 아닐 수도 있다. 그러나 TV 화면에서 반복되는 상징적인 묘사가 시청자들의 마음에서 실제 경험을 되풀이하도록 할 수 있을 것이다. 그럴 경우, 물리적 폭력을 경험한 중시청자는 TV를 시청함으로써 그것을 두 번 경험하게 되는 셈이 된다. 그래서 거브너는 상징적인 폭력의 일상적인 섭취가 사람들로 하여금 자기가 겪었던 경험을 확대하도록 함으로써 생활환경을 보다 무섭게 인식하도록 만들었을지도 모른다고 설명한다.[39]

거브너의 연구 결과에 따르면, '중시청자'는 '경시청자'에 비해 개인적 위험에 대한 의식이 강하고 세상에 대한 의심의 정도가 크다. 특히 TV폭력의 주요 희생자로 묘사되는 노인, 여성, 유색인종, 빈민들에게서 범죄에 대한 공포가 더욱 심하다는 것이 발견됐다. 이들은 세상을 실제보다 더 위험하고 사악한 곳으로 인식하게 되는 이른바 '사악한 세계 신드롬mean world syndrome'의 포로가 될 가능성이 높으며, 이는 정치적으로 중요한 의미를 갖는다.

거브너는 공포가 역사적으로 사회통제의 도구였다는 점에 주목한다. 공포감을 느끼는 사람들은 권위에 더욱 의존적이고 더욱 쉽게 조작당하고 통제당한다. 사람들간의 관계도 멀어진다. 그들은 그들의 불안한 심리를 완화시켜줄 수 있는 방안이 제시되면 설사 그 방안이 매우 억압적인 것이라도 그것을 기꺼이 수용하고자 한다. 결국 사회가 보수화된다는 뜻이다.[40] 거브너는 다음과 같이 말한다.

우리의 연구는 TV를 많이 시청하는 것이 실제 생활에서 위험을 느끼는 의식을 배양한다는 것을 보여주고 있다. 공포는 더 많은 공포와 억압을 불러일으키는 공격성을 초래한다. 그래서 TV에 묘사되는 폭력의 유형은 그것이 사회통제구조를 위협하는 것처럼 보일지라도 실제로는 사회통제구조를 강화할 수 있다. (…) TV는 노소를 막론한 모든 사람들의 보편적인 교육과정이며, 우리를 둘러 싼 공동의 상징적 환경이다.[41]

공포는 인간의 생각을 편협하게 만든다. 인간의 의식을 가장 본질적인 사실, 곧 가장 기본적인 본능에 묶어두기 때문이다. 예컨대 사나운 불길이 뒤쫓아올 때 인간은 오로지 불길을 피해 도망쳐야 한다는 생각밖에 하지 못한다. 이런 현상을 가리켜 '지각 협착perceptual narrowing'이라고 하는데,[42] 공포에 의한 보수성은 바로 그런 '지각 협착'의 산물이라고 할 수 있겠다.

'점화 효과' 연구자들은 인간에게 죽음을 상기시킬 경우 권위주의적인 생각에 대한 관심이 높아진다는 것을 발견했는데, 여기서 한 걸음 더 나아간 것이 배양효과라고 볼 수 있겠다. 배양효과는 특히 노인층에서 많이 나타나고 있는데, 사회학자 배리 글래스너Barry Glassner는 "미국의 많은 노인들은 텔레비전에서 본 살인과 폭력에 너무나 겁을 먹은 나머지 집 밖으로 좀처럼 나가려

하지 않는다"고 말한다.[43]

물론 거브너의 모든 주장을 그대로 믿을 필요는 없다. 실제로 반론도 많다.[44] 그러나 그가 미디어에 관한 올바른 문제 제기를 한 것만큼은 분명하다. 실제로 위험과 불안정에 고양된 느낌, 즉 '도덕적 공황moral panic'이 제도권 권위에 대한 맹종과 의존을 증대시킨다는 건 많은 이데올로기 연구에서도 나타나고 있다.[45]

특히 미국의 9·11 테러 이후 나타난 사회적 여파는 미디어의 과도한 폭력 묘사 또는 보도로 인한 '도덕적 공황'이 제도적 권위에 대한 의존과 맹종을 증대시킬 가능성이 높으며 그 가능성이 사회적 약자에 대한 부당한 억압으로 귀결될 수 있다는 우려를 현실화시켜준 대표적 사례로 볼 수 있다.

인터넷과 SNS의 시대엔 '사악한 세계 신드롬'보다는 '친근한 세상 신드롬friendly world syndrome'이 더 큰 문제라는 지적도 있다. 이와 관련, 미국의 온라인 정치시민단체 '무브온'의 이사장인 엘리 패리저Eli Pariser는 2011년에 출간한 『생각 조종자들The Filter Bubble』에서 "페이스북이 '중요해요' 대신에 '좋아요'를 선택한 것은 의미심장한 결정이다. 페이스북에서 가장 관심을 끄는 이야기는 가장 많은 '좋아요'를 얻은 이야기이다. 그리고 그 이야기는 가장 좋아할 만한 것이기도 하다. 페이스북은 멸균된 친근한 세상을 지향하는 유일한 필터링 서비스는 아니다"며 다음과 같이 말한다.

"친근한 세상 신드롬의 효과 중 아주 곤란한 것 중의 하나는 중요한 공공적 문제가 사라져버린다는 것이다. 일반적으로 무미

건조하고 복잡하고 천천히 진행되는 문제들은 아주 중요한 안건들인데도 별로 눈길을 끌지 못한다. 홈리스에 대한 정보를 찾는 사람은 거의 없고, 공유하지도 않는다. 지금까지는 뉴스를 편집하는 사람들의 손에 의해 이런 문제들이 조명되었지만, 이제 편집인들의 영향력은 줄어들고 있다."⁴⁶

사람과디지털연구소장 구본권은 「'좋아요'만 허용한 페이스북의 잔인함」이란 제목의 글에서 모든 감정적 표현과 반응을 '좋아요' 단추로만 표현토록 하는 페이스북의 기본 구조는 잔인하다고 말한다. "'싫어요'나 '슬퍼요' 단추가 없어, 사용자들은 친구가 부모상을 당하거나 비탄에 빠졌다는 글을 올려도 '좋아요'를 눌러대고, 알고리즘은 가장 많이 '좋아요'를 받고 공유된 콘텐츠를 골라내 '가장 행복한 모습'으로 발행한다"며 다음과 같이 말한다.

"구글과 페이스북 등 거대 인터넷 기업들은 정교한 알고리즘 기술을 통해 디지털 세상을 운영하고 있으며, 스마트폰과 일체화된 우리들의 삶은 갈수록 이러한 알고리즘의 지배와 영향 아래 놓이게 된다. 로봇과 알고리즘의 커져가는 힘을 사용자가 인식하고 좀더 인간적 기준을 제시해나가지 않으면, 기계에 우리를 맞추는 위험한 경우가 점점 늘어날 수밖에 없다."⁴⁷

사악하건 친근하건 우리의 현실 인식을 방해하는 건 피하는 게 좋겠지만, 문제는 우리가 미디어의 세계에 갇혀 옴짝달싹 할 수가 없게 돼 있다는 점이다. '미디어 독재 체제' 하에 살고 있다고 해도 과언이 아니다. 매스미디어의 시대엔 자신의 의식이 그 무엇에 의해 지배당하거나 조종당할 수도 있다는 걸 어렴풋하게

나마 의식할 수도 있었지만, 인터넷과 SNS의 시대엔 개인의 자율성과 자기주도성에 대한 착각이 극대화되면서 그마저 쉽지 않은 일이 돼버리고 말았다.

📚 일독을 권함!

● 이정기·김영수·박경우·금현수, 「방송뉴스의 '군(軍) 폭력' 관련 보도가 시청자들의 인식, 행동의도에 미치는 영향: 문화계발이론과 한국적 상황에서 공명효과의 차별적 발현(發現) 현상의 검증」, 『사회과학연구』(경성대학교 사회과학연구소), 32권3호(2016년 8월), 61~90쪽.

● 최윤정·이종혁, 「사회적 시청이 이야기 몰입과 현실감에 미치는 영향: 드라마 시청을 중심으로」, 『미디어 경제와 문화』, 14권2호(2016년 5월), 178~218쪽.

● 허윤철·임영호, 「범죄 뉴스 노출과 다문화수용성: 위험지각의 매개효과를 중심으로」, 『한국언론정보학보』, 76권(2016년 4월), 92~123쪽.

● 이숙정·육은희·최태훈·박수진, 「전송 이론에 근거한 문화 계발 효과의 인과 모형 분석: 오디션 프로그램이 청소년의 수직적 개인주의에 미치는 영향을 중심으로」, 『한국언론학보』, 60권1호(2016년 2월), 319~341쪽.

● 오미영, 「TV 드라마 시청자의 비서직 인식에 대한 연구: 배양효과와 성역할 고정관념을 중심으로」, 『비서학논총』, 23권1호(2014년 4월), 49~69쪽.

● 이현정·안재웅·이상우, 「다문화 콘텐츠가 다문화 수용성에 미치는 영향에 관한 실증연구」, 『한국언론학보』, 57권3호(2013년 6월), 34~57쪽.

● 배상률·이재연, 「미디어가 청소년에게 미치는 문화배양효과 연구」, 『한국청소년정책연구원 연구보고서』, 2012년 12월, 1~82쪽.

● 이주현·김은미, 「텔레비전 시청이 연애에서의 소비 및 소비 수준에 대한 인식에 미치는 영향」, 『한국언론학보』, 56권6호(2012년 12월), 196~221쪽.

● 나은영, 「SNS 중이용자와 경이용자의 현실인식 차이: 배양효과와 합의착각효과」, 『한국심리학회지: 사회 및 성격』, 26권3호(2012년 8월), 63~84쪽.

● 손현정·이종혁, 「성범죄 보도가 여성 수용자의 사회적 현실인식에 미치는 영

향: 2단계 문화계발 모델의 매개효과 검증」, 『한국언론학보』, 56권2호(2012년 4월), 357–378쪽.

● 나은경·김도연, 「리얼리티 표방 TV 프로그램 장르의 문화계발 효과: 현실유사성 인식의 매개와 숙명적 태도에 미치는 영향을 중심으로」, 『한국언론정보학보』, 57권 (2012년 2월), 181–201쪽.

● 심미선, 「미디어환경 변화와 성폭력행위간의 관계에 관한 연구」, 『미디어와 교육』, 1권1호(2011년 12월), 83–114쪽.

● 백상기·이양환·장병희·류희림, 「LA 지역 재외동포들의 한국 뉴스미디어 노출 및 주목이 모국에 대한 인식과 평가에 미치는 영향: 문화계발효과 검증」, 『한국방송학보』, 25권6호(2011년 11월), 332–374쪽.

● 웬티트엉·최정길·리홍빈, 「문화계발이론과 계획행동이론을 통한 한류 문화콘텐츠와 베트남인의 한국방문에 관한 연구」, 『관광연구』, 26권3호(2011년 8월), 245–268쪽.

● 최영택, 「WBC 경기에 대한 미디어 노출과 일본 대표팀 인식 그리고 일본제품 구입에 대한 의도」, 『한국방송학보』, 24권4호(2010년 7월), 293–333쪽.

● 전종우, 「미디어 형식에 따른 광고의 배양효과와 소비자의 광고 회피: 대출, 보험, 상조회 광고를 중심으로」, 『정치정보연구』, 12권2호(2009년 12월), 169–188쪽.

● 우형진, 「텔레비전 시청자의 다이어트 행위의지에 영향을 미치는 요인들 간의 구조적 관계 연구: TV 프로그램 장르별 시청량, 신체이미지, 건강염려인식 및 계획행동이론 관련 변인들을 중심으로」, 『한국방송학보』, 22권6호(2008년 11월), 290–326쪽.

● 이준웅·장현미, 「인터넷 이용이 현실 위험인식에 미치는 영향: 인터넷 문화계발효과에 대한 탐색적 연구」, 『한국언론학보』, 51권2호(2007년 4월), 363–391쪽.

● 최진봉, 「텔레비전 프로그램이 사회적 이슈에 대한 시청자들의 인식에 미치는 영향: 동성애에 대한 시청자들의 인식에 미치는 영향을 중심으로」, 『동서언론』, 10권 (2006년 12월), 291–309쪽.

● 우형진, 「문화계발이론의 '공명효과'(resonance effect)에 대한 재고찰: 위험인식에 대한 텔레비전 뉴스효과를 중심으로」, 『한국언론학보』, 50권6호(2006년 12월), 254–276쪽.

● 이민규·우형진, 「탈북자들의 텔레비전 드라마 시청에 따른 남한사회 현실 인식에 관한 연구: 문화 계발 효과와 문화 동화 이론을 중심으로」, 『한국언론학보』, 48권6

호(2004년 12월), 248–273쪽.

- 김용호, 「TV 폭력시청의 계발효과검증을 위한 패널조사연구: 계발연구에 있어 시청자 인지체계에 관한 간접경험누적론은 필수적인가?」, 『한국언론학보』, 43권1호 (1998년 9월), 115–148쪽.

- 김용호, 「드라마 폭력의 피해위험률과 사회취약성 계발과정」, 『언론과 사회』, 2권 (1993년 12월), 110–135쪽.

- 하종원, 「텔레비전의 문화계발효과연구에 대한 평가적 고찰」, 『언론정보연구』, 30권(1993년 12월), 151–186쪽.

- 장익진, 「문화계발 효과 이론에 있어서 수용자관: 의미론, 상징적 상호작용주의, 스키마이론과의 비교 고찰」, 『한국언론학회보』, 27권(1992), 487–508쪽.

- 장익진, 「텔레비전 視聽樣態分析: 文化啓發效果硏究에의 그 應用」, 『언론정보연구』, 25권(1988년 12월), 33–59쪽.

- 오두범, 「TV의 계발효과에 관한 연구」, 『한국언론학보』, 14권(1981년 1월), 35–69쪽.

왜

도덕적 공황

오늘날에도
'마녀사냥'이 일어나곤 하는가?

유럽에서 마녀사냥witch-hunt은 15세기 초에서 18세기 말까지 400여 년간 지속됐는데, 마녀사냥이 절정에 달한 시기는 1585년~1635년이었다. 당시 처형된 희생자 수에 대해선 최소 50만 명에서 최대 900만 명으로 역사가들마다 견해가 다양하다.

마녀사냥의 총지휘자는 교황이었다. 가톨릭은 개신교도까지 이단이나 마녀로 몰아 처형했는데, 흥미롭고도 놀라운 건 개신교 역시 내부의 이단에 대해 가톨릭 못지않은 마녀사냥을 자행했다는 점이다. 종교개혁이 대대적으로 벌어진 지역일수록 더 잔인한 마녀사냥이 저질러졌다. 종교개혁이 진행되지 않거나 약했던 곳에서는 마녀사냥도 비교적 약했거나 거의 일어나지 않았다.

영국의 청교도 혁명기에 맹활약한 마녀 사냥꾼의 주요 마녀 감별법은 용의자를 물에 던지는 것이었다. 마녀 용의자의 팔다리를 묶고 담요에 말아 연못이나 강에 던져 가라앉으면 가족에

게 무죄라고 위로하면 그만이었고 물에 뜨면 마녀라는 증거이므로 화형에 처했다.[48]

그렇게 집단적으로 미쳐 돌아가는 상황에서 이단을 고발하는 첩자들이 없을 리 없었다. 유럽 전역은 단독으로 활동하는 사악한 첩자들로 들끓었으며, 이들은 교회를 비난했다거나 어떤 교의에 의문을 표했다는 사람들을 고발하는 일로 먹고 살았다. 헨드릭 빌렘 반 룬Hendrik Wilem van Loon은 "주변에 이단이 없으면 만들어내는 것이 앞잡이 공작원의 일이었다"며 다음과 같이 말한다.

"아무리 죄 없는 사람이라도 고문이 죄를 자백하게 만들 터이므로, 그들은 조금도 걱정할 필요 없이 끝없이 그 일을 계속할 수 있었다. 영적인 결함이 의심되는 사람을 익명으로 고발할 수 있는 제도로 말미암아 많은 나라에 그야말로 공포 시대가 열렸다. 드디어는 가장 가깝고 친한 친구조차 믿지 못하게 되었다. 한 집안 사람들마저 서로를 경계하지 않을 수 없었다."[49]

학자들은 그런 어이없는 폭력과 인권유린이 광범하게 오랫동안 저질러질 수 있었던 이유 중 하나로 당시 사람들이 빠져 있던 '도덕적 공황'을 지적한다. 오늘날에도 '마녀 사냥'은 비유적으로 많이 쓰이는데, 그런 용법 역시 '도덕적 공황'을 기반으로 한 여론몰이와 그에 따른 폭력과 인권유린을 지적하기 위한 것이다.

『옥스퍼드 영어소사전』은 'panic'을 "갑작스럽고 엄청난 놀람 또는 공포의 느낌으로, 보통사람들의 육체에 영향을 미치고, 안전을 확보하고자 하는 지나치거나 무분별한 노력을 이끈다"고 정의한다.[50] 도덕적 공황은 특정 집단이나 행동 유형이 사회적 및 도덕적 불안의 징후로 여겨질 때 나타나는 사회의 과잉반응을 가리키는 말로, 1830년부터 쓰이기 시작한 말이다.

도덕적 공황은 기술 격변으로 사회 전체가 두려움에 휩싸이면서 나타나기도 한다. 전기가 처음 나왔을 때, 전깃불이 여성과 아이들이 집에 있다는 사실을 범법자들에게 알려줄 것이라는 우려가 있었으며, 백열전구가 사회적 대혼란을 몰고 오리라는 주장도 있었다. 철도가 놓이기 시작할 무렵, 기차가 시속 80*km*로 속도를 높이면 여성의 자궁이 몸에서 이탈해버릴 수 있다고 믿는 사람들도 있었다.[51]

오늘날 사회학자들은 '사회 통제 메커니즘'으로서의 도덕적 공황과 미디어가 그런 메커니즘의 중심에 놓여 있다는 점에 주목한다. 앤서니 기든스Anthony Giddens와 필립 서튼Philip W. Sutton은 "도덕적 공황은 전형적 패턴을 따른다"며 다음과 같이 말한다.

"이는 무언가 또는 어떤 집단이 공통의 도덕적 가치에 대한 위협으로 여겨지면서부터 시작된다. 이러한 위협은 매스미디어를 통해 과장되고 단순화되어, 대중으로 하여금 그러한 이슈에 대해 예민하게 반응하고 우려하도록 만든다. 결국 이는 '모종의 조치'에 대한 요구로 이어지고, 정부 당국이 이를 행동에 옮기도록 하는(통상적으로 새로운 입법을 통해) 압력 또한 증대한다. 경우에 따라서는 공황 상태가 미디어의 관심 주기가 끝날 때까지 지속되기도 한다."[52]

이런 관점에서 이뤄진 최초 연구는 영국의 사회학자 스탠리 코언Stanley Cohen이 1972년에 출간한 『악마와 도덕적 공황Folk

Devils and Moral Panic』이다. 미디어가 하위문화 집단이 벌인 '작은' 사건들을 보도하면서 공포감을 조성해 그들에게 일탈의 낙인을 찍는 과정을 분석한 작품이다. 1978년 스튜어트 홀Stuart Hall과 그의 동료들은 『위기 관리하기Policing the Crisis』를 통해 지배권력이 범죄를 사회적 통제를 위한 도구로 이용하고, 그 와중에 미디어의 증폭 과정을 거치면서 생성된 도덕적 공황이 이데올로기 기능을 수행하는 것을 분석했다.[53]

도덕적 공황은 사회 특정 집단을 희생양 삼아 발생하는 경우가 많은데, 그 대상은 매우 다양하다. 예컨대, 텍사스A&M 대학 심리학과 교수 크리스토퍼 퍼거슨Christopher J. Ferguson은 게임과 폭력 사건을 연관 짓는 움직임을 도덕적 공황으로 설명한다. 그는 "총기 난사 사건 후 게임에 대한 부정적 여론이 확산되며 이를 바탕으로 게임과 폭력성을 연결짓는 이후 연구가 늘어나고 이러한 연구가 부정적 여론을 더욱 확대하며 정책에도 영향을 미치는 과정은 도덕적 공황의 예"라고 주장했다.[54]

한국에선 2011년 12월 이후 중고생들의 연이은 자살과 함께 학교폭력이 언론으로부터 집중조명을 받았는데, 그 과정에서 각종 학생폭력조직의 실태는 물론 학교폭력이 조직폭력배와 연결되어 있다는 등 놀라운 사실들이 보도됐다. 교육전문가들은 다양한 해결책을 쏟아냈고, 정부도 이에 호응해 2012년 2월 초 '학교폭력근절 종합대책'을 내놓는 등 강력한 대응의지를 표명했다.

이런 일련의 움직임과 관련, 숙명여대 미디어학부 교수 심재웅은 "학교폭력을 다루는 언론보도에서 '도덕적 공황moral panic'으

로 흐르는 경향"이 나타났다고 지적했다. 그는 "언론보도에 나타
난 도덕적 공황은 전형적인 특성을 보인다. 먼저 언론은 선정적
이며 자극적인 방식으로 이슈를 부각하며, 문제의 심각성을 알
린다. 정부 관료나 오피니언 리더들은 정보원으로 등장해 보도
된 내용이 사실임을 강조한다. 보도를 접한 기성세대들은 상황
이 매우 심각하며, 이를 위해 특단의 조치가 필요하다는 공감대
를 형성한다"며 다음과 같이 말했다.

지금까지 언론보도는 학교폭력을 우리 사회에서 가장 반사회적인
행위 중 하나로 규정했다. 폭력을 저지르는 청소년은 사회적 격리와
처벌의 대상임을 분명히 했다. 문제는 언론을 통한 도덕적 공황이
학교폭력을 극적으로 묘사함으로써 오히려 합리적 판단이나 해결책
을 모색하기 어렵게 만든다는 것이다. 아이러니가 아닐 수 없다. 최
근 청소년폭력예방재단의 조사에 따르면, 학교폭력에 대한 언론의
무수한 보도와 폭력을 막겠다며 내놓은 정부의 대책에도 불구하고
학교폭력은 오히려 증가하고 있다. 학교폭력에 대한 언론의 진단과
정부의 정책이 실질적인 효과가 없다는 뜻이다. 학교폭력 이슈에 대
한 언론의 침착한 접근을 주문하고 싶다.[55]

계명대 광고홍보학과 교수 양정혜는 「뉴스 미디어가 재현하는
범죄현실: 아동대상 성폭력 범죄의 프레이밍」이라는 제목의 논
문에서 성폭력 범죄의 프레이밍에서 두드러지는 경향 중의 하나
로 법과 질서의 옹호와 더불어 범죄자들의 일탈성을 극도로 강

조하는 모럴패닉화가 동시에 일어난다는 점이라고 말한다. 그는 "'나영이 사건' 범인이나 '부산 여중생 사건' 범인 모두 자연스럽게 연쇄살인범 강호순, 유영철 등과 같은 부류의 사이코패스로 묘사되는데 아동을 대상으로 잔인한 범죄를 저질렀기 때문이라는 것이 그 이유가 된다"며 다음과 같이 말한다.

범인들의 전과 기록이 반복적으로 언급되며 일반 시민의 행동이라면 크게 일탈스러운 것으로 간주하지 않을 행동들도 이들이 하게 되면 뻔뻔하고 잔인하며 잔머리가 비상한 범죄자들의 전형으로 간주된다. 이 같은 프레이밍은 성범죄에 대해 다수 공중들이 이미 형성해 있는 선입견, 즉 성폭력범은 모르는 사람, 사이코패스, 정신질환이 있는 사람으로 강하게 인식시킨다. 범죄자는 '우리'와는 다른 낯선 '그들'이며 치안이 부실한 곳에서 아이들을 노리고 있는 존재라는 것을 재확인시키게 되는 것이다. 일종의 집단 의식ritual이라고도 할 수 있는 범인들에 대한 대대적인 타자화 과정을 통해 실제로 아동들을 성적으로 학대하는 가족과 친족들은 비가시적인 존재로 수면 아래 남아 있을 수 있는 것이다.[56]

일부 서양 학자들은 도덕적 공황이 더 이상 단발적 현상이 아니라 근대사회 일상의 만성적 특성이 됐다고 주장하지만,[57] 한국에선 도덕적 공황이 오래전부터 만성적 현상이었다. 한국 특유의 '미디어 1극 구조' 때문이다. 도시국가를 제외하곤, 지구상에 한국처럼 미디어가 한 거대 도시에 집중된 나라는 찾기 어렵다.

다양성은 실종된 가운데 모든 미디어가 특정 이슈에 경쟁적으로 '올인'하는 경향이 일상화돼 있다. 그 어떤 주제건 사람들을 놀라게 만들 만한 이슈라면 도덕적 공황을 만들어내고야 만다.

한 도시에 집중적으로 몰려 있는 미디어는 어떤 이슈가 떠오르면 살인적인 경쟁을 벌이면서 무작정 쓰고 보자는 식으로 최소한의 사실관계조차 확인하지 않은 채 선정적으로 치닫는 경우가 많다. 그래서 '하이에나 저널리즘'이란 말까지 나왔다.[58] 하지만 그걸 언론 윤리의 문제만으론 보기 어렵다. '미디어 1극 구조'라는 환경과 조건이 훨씬 더 큰 이유다. 그 구조를 그대로 두는 한 자주 발생하는 도덕적 공황은 우리의 숙명일 수 있다.

📖 일독을 권함!

● 김성언, 「성폭력 강성 정책에 대한 비판적 고찰: 범죄의 두려움, 도덕적 공황, 그리고 신자유주의 범죄 정책」, 『피해자학연구』, 22권1호(2014년 4월), 5-40쪽.
● 이웅혁·강욱, 「모럴 패닉 모델을 통한 성폭력범죄 대책에 대한 연구 미국과의 비교연구를 중심으로」, 『한국경찰학회보』, 41권(2013년 8월), 123-151쪽.
● 고비환, 「선정적 범죄보도가 중형주의에 미치는 영향과 그 완화책으로서 사회적 관용의 필요성」, 『법학논총』(전남대학교 법학연구소), 32권2호(2012년 8월), 399-423쪽.
● 양정혜, 「뉴스 미디어가 재현하는 범죄현실: 아동대상 성폭력 범죄의 프레이밍」, 『언론과학연구』, 10권2호(2010년 6월), 343-379쪽.
● 심재웅·배정근, 「인터넷 포르노그래피 이용과 청소년 보호」, 『언론과법』, 7권2호(2008년 12월), 93-127쪽.

공포관리 이론

일부 사람들은 '세월호 참사'에 냉담한 반응을 보였을까?

인간은 언젠간 죽게 돼 있다. 누구나 다 아는 사실이다. 그러나 평소 삶에서 죽음을 얼마나 의식하고 사는가 하는 것은 별개의 문제다. 죽음을 많이 의식할수록 우리 인간은 평소 소중히 여기던 것들, 예컨대 관습 등과 같은 공동체 문화에 대한 집착이나 준수 의식에서 자유로워질까? 얼른 생각하면 그럴 것 같다. 영원하지 않은 삶이라는 걸 절감하는 상황에서 삶의 규칙이나 질서 따위가 무어 그리 중요하단 말인가. 그런데 심리학자들의 실험 결과는 전혀 다른 이야기를 들려준다.

미국 애리조나주 투손Tucson의 지방법원 판사 22명을 대상으로 진행된 실험에서 절반은 사전에 '언젠가 자신도 죽는다는 사실'에 대한 느낌을 묻는 설문에 응답한 후, 그리고 나머지 절반은 그런 설문 조사 없이, 매춘으로 기소된 피고에 대해 보석 허가를 내주면서 보석금을 책정하도록 했다. 결과는 놀라웠다. 설문조사에 응답함으로써 사전에 죽음을 연상한 절반은 그렇지 않은 판사들보다 평균 9배나 높은 보석금(455달러 대 50달러)을 책정했다.[59]

왜 그랬을까? 이걸 설명하는 이론을 가리켜 '공포관리 이론 terror management theory'이라고 한다. 연구자들은 줄여서 TMT라고 즐겨 쓴다. 공포관리 이론의 기본적인 명제는 사람들은 자신의 유한성mortality을 떠올릴수록 공유하는 세계관에 매달림으로써 죽음의 위협을 피하려 든다는 것이다. 죽음을 앞둔 사람에게 남겨진 자식들이 큰 위안이 되듯이, 자신이 구성원이었던 공동체가 영속하리라는 것이 위안이 되며, 따라서 공동체의 영속을 위해 매춘과 같은 공동체 저해 행위는 강하게 응징해야 한다는 생각에 도달하게 된다는 이야기다.[60]

공포관리 이론은 1986년 심리학자 제프 그린버그Jeff Greenberg, 셸던 솔로몬Sheldon Solomon, 토머스 피슈친스키Thomas A. Pyszczynski에 의해 처음 제시되었다. 이들은 1989년 위 투손 실험의 결과를 발표한 논문에서 다음과 같이 말한다.

인간의 취약성과 필연적인 죽음을 인식하게 해주는 고도로 발달한 지적 능력이 자기 보존 성향과 결합되면 끔찍한 공포를 불러 올수 있다. 문화적 세계관의 가장 중요한 기능 중 하나가 바로 죽음에 대한 이런 인식에서 오는 공포를 관리하는 일이다. 이는 주로 자기 존중의 문화적 메커니즘을 통해 성취되는데, 자기 존중은 내가 의미 있는 우주에 소중한 이바지를 한다는 믿음에서 나온다.[61]

공포관리 이론의 사상적 원조는 1973년 미국 문화인류학자 어니스트 베커Ernest Becker가 출간한 『죽음의 부정The Denial of Death』이다. 지그문트 프로이트Sigmund Freud의 영향을 많이 받은 베커는 프로이트가 인간행동의 주요 동기로 집착했던 '성sexuality'을 '죽음에 대한 공포fear of death'로 대체했다는 평가를 받았다.[62]

베커의 그런 관점을 이어 받은 공포관리 이론은 종교, 예술, 지적 창조 활동, 정치적 헌신 등은 인간의 필연적인 죽음과 관련된 불안에서 비롯되었다고 본다. 이런 활동은 우리가 육체적 죽음을 초월하여 살 수 있다는 가능성을 심어주기 때문이다.[63] 또 공포관리 이론은 자아존중감 또는 자존감self-esteem의 본질은 죽음의 불안에 대처하기 위한 완충재buffer 역할을 한다고 본다.[64]

우리 인간이 죽음에 대한 공포를 제어하는 또 한 가지 수단은 인간의 동물적 특성을 부인하는 것이다. 즉 우리가 동물임을 인정하게 되면 모든 동물은 죽는다는 사실에 직면해야 하지만, 만물 가운데서 인간 존재는 여타 동물의 존재보다 더 많은 의미를 지니고 있다고 확신하는 것으로 그 엄연한 사실을 피해보려고 한다.[65]

피슈친스키는 그렇듯 '건전하게 자만하는 뇌'에 대해 이렇게 말한다. "우리 인간이 무의미한 세상에서 살아남기 위해 발버둥치는 덧없는 동물에 불과하여 결국 죽어서 썩고 말 운명이라는 무시무시한 가능성을 인식하는 데서 오는 공포 위기감을 조절하도록 설계된 방패이다."[66]

사랑 역시 그런 방패 역할을 한다. 사랑은 섹스를 동물적인 행위에서 상징적인 인간의 경험으로 바꿔놓기 때문이다. 이와 관련해 캐서린 메이어Catherine Mayer는 『어모털리티: 나이가 사라진 시대의 등장Amortality: The Pleasures and Perils of Living Agelessly』(2011)에서 "섹스가 사랑을 만나면서 공포심을 관리하기 위한 '문화적 세계관'에서 중요한 의미를 지닌 것이 되었다"며 다음과 같이 말한다. "사랑 말고도 섹스를 동물적인 행위를 넘어선 추상적인 의미를 지닌 것으로 바꾸어놓는 것이 몇 가지 더 있다. 예를 들어 어떤 사람에게 성적인 능력은 자존감의 원천으로 작용하며, 또 다른 어떤 사람에게는 성적인 기쁨이 영적 깨달음을 얻을 수 있는 통로로 활용되기도 한다. 또한 어떤 사람은 섹스를 유발하는 것이 하이힐이나 미니스커트와 같은 생명이 없는 대상이라는 점이 섹스가 덜 동물적인 것으로 느껴지도록 만든다고 주장하기도 한다."[67]

'죽음의 현저성mortality salience'은 개인의 환경에서 죽음에 관한 임시에 노출될 때의 심리 상태를 설명한다. 수백 편의 연구 결과에 따르면, 사전에 죽음의 현저성 단서에 노출된 참가자들이 대체로 더 보수적이 되고, 자기 문화에 애착을 더 강하게 느끼며, 다른 문화를 배척하는 태도를 보인다. 일부 연구자들은 9·11 테러 사건이 죽음의 현저성 단서가 되어 성조기 판매량을 미국 역사상 최고로 끌어 올리는 등 애국주의 광풍을 불러일으켰으며, 조지 W. 부시 대통령이 재선에 성공하는 결과까지 낳았다고 주장한다.[68]

공포관리 이론은 이렇듯 국가적 위기가 닥쳤을 때 지도자의 지지도가 치솟는 현상은 물론 '홉스의 함정Hobbesian trap', 즉 두 집단 사이의 긴장이 고조되는 동안 공포로 인해 둘 중 하나가 먼저 공격해서 충돌이 발생할 가능성이 높아지는 현상도 설명해줄 수 있다. 1962년 10월 전세계를 미-소전쟁의 공포로 몰아갔던 쿠바 미사일 위기 사건의 해결은 '홉스의 함정'을 잘 피해간 사례로 거론되곤 한다.[69]

70여명의 대학생이 참여한 실험에서 자신과 정치적 견해가 다른 사람에게 매운 소스를 얼마나 할당할지 정하도록 했는데, 사전에 자신의 죽음을 연상하는 과정을 거친 절반의 피험자는 그렇지 않은 사람에 비해 훨씬 많은 양의 매운 소스를 타인에게 할당한 것으로 나타났다. 이와 관련, 손동영은 다음과 같이 말한다.

공포관리 이론에 따르면 죽음의 불가피함에 대한 자각은 실존적 공포를 불러일으키게 되는데, 이를 부정하는 방편으로 국가나 종교와 같이 초월적인 것에 집착하거나 자신과 유사하고 가까운 사람에 집중하며 외부인에겐 더 공격적이게 만든다고 한다. 요컨대 죽음에 대한 공포는 사람들의 마음이 안으로 회귀하도록 만들어 타인에 대한 관용이 줄어드는 결과를 낳는다는 것이다. 죽음에 대한 실존적 공포가 타인에 대한 증오를 불러일으킨다는 설명은 복잡하게 얽힌 한국 사회를 이해하는 하나의 중요한 실마리를 제공한다.

미디어는 죽음과 그에 수반되는 공포를 증폭하는 역할을 한다. 사람들은 매일 미디어에서 쏟아져나오는 각종 사건 · 사고 · 재난에 대한 보도를 접하면서 늘 죽음을 떠올리며 살아간다. 언제 어디에서 죽음을 맞이할지 모르는 것처럼 느껴지는 공포가 일상화된 세상에서 삶의 모든 순간은 생존의 문제, 즉 '먹고사는' 문제로 탈바꿈한다. 공부를 해도, 장사를 해도, 직장을 다녀도 모든 게 사느냐 죽느냐의 경쟁일 뿐 그 외엔 아무것도 없는 세상에서 타인에 대한 관용은 사치일 뿐이다. 그렇게 나와 내 가족 혹은 가까운 사람들만을 아끼고 외부인은 철저히 배격하는 사회적 분위기가 형성되면 역설적이게도 우리는 더 막다른 골목에 몰리게 된다. 갈수록 심해지는 정치적 대립, 빈익빈부익부 현상, 교육현장에서의 폭력과 왕따, 높아만 가는 자살률과 증오범죄율은 우리가 골목의 끝을 향하고 있음을 알리는 징후일지도 모를 일이다.

세월호 침몰로 수백 명의 어린 생명을 잃은 이웃의 비극에 많은 사람이 그토록 냉담했던 것도, 우리 정치가 이토록 왜곡되고 뒤틀린 이유도, 사람들이 온라인에서 서로를 저주하며 다투는 것도 어쩌면 사회에 만연한 공포와 불안에 대한 정서적 반응이 아닐까. 지금이라도 사회 전반에 걸쳐 공포와 불안을 줄이는 방법을 깊이 모색해야만 한다. 공포에 반응하는 사람들은 상생을 모색할 여유를 가질 수 없고 공존 없이는 미래도 없기 때문이다.[70]

탁월한 분석이다. 이른바 '도덕적 공황'이 폭력과 인권유린을 정당화하면서 전 사회를 보수화시키듯이,[71] 공포에 대한 과민은 세상을 더욱 공포스러운 곳으로 몰아갈 수 있는 것이다. 미국 정치학자 C. 더글러스 러미스C. Douglas Lummis가 『경제성장이 안되면 우리는 풍요롭지 못할 것인가』(2000)에서 경쟁사회를 떠받치고 있는 기본적인 정서는 '공포'라고 말한 것도 그런 맥락에서 이해할 수 있겠다. 열심히 일하지 않으면 가난뱅이로 전락할지 모른다는 두려움, 지금 돈을 많이 벌어놓지 않으면 노후가 비참할 것이란 두려움, 저축을 해놓지 않으면 언젠가 아플 때 치료를 받지 못할 것이란 두려움 등이 경쟁사회의 원동력이라는 것이다.[72]

피슈친스키 등은 그간 500여 차례의 실험을 통해 공포관리 이론을 검증해왔지만, 이에 대한 반론도 만만찮다. 여러 비판이 있지만, 한 가지만 소개하자면, 인간의 유한성을 부각시키는 자극은 '의식의 경계'에서 제시될 경우에만 효과가 있을 뿐, 전적으로 의식적인 주의를 기울이는 상태에서는 효과가 없다는 사실이다. 즉 사람들에게 죽음에 대해 좀 더 심도 있고 명료하게, 혹은 좀 더 긴 시간에 걸쳐 숙고하게 하면 죽음 관련 질문의 효과는 현저히 감소한다는 것이다.[73]

그렇다면 문제는 심사숙고할 수 있는 시간일 텐데, '빨리빨리'를 생활 이데올로기로 삼은 디지털 시대의 대중에게 그걸 기대하긴 어려운 노릇이 아닌가. 사실 '빨리빨리'도 따지고 보면 뒤처지는 것에 대한 공포에서 비롯된 것일진대, '공포로부터의 해방'은 영원히 기대하기 어려운 우리 인간의 이상향인지도 모르겠다.

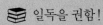 일독을 권함!

- 문현공, 「죽음 현저성(Mortality Salience)의 교육적 함의: 죽음에 대한 마음챙김(死

念)과 관련하여」, 『종교교육학연구』, 51권(2016년 7월), 153-176쪽.

● 김영욱·이현승, 「죽음 현저성, 흡연의도, 그리고 세계관 방어: 금연광고 효과에 대한 공포관리이론의 적용」, 『커뮤니케이션 이론』, 11권1호(2015년 3월), 94-143쪽.

● 우형진, 「해커의 심리변인이 해킹행위에 미치는 영향에 관한 연구」, 『한국언론학보』, 48권3호(2004년 6월), 90-115쪽.

● 하상복, 「9.11 폭력과 위기 관리의 정치: 머레이 에델만의 정치 이론 연구」, 『사회 이론』, 24권(2003년 가을/겨울), 271-303쪽.

● 박지선·최인철, 「죽음에 대한 생각이 우리를 훌륭한 시민으로 만드는가?」, 『한국 심리학회지: 사회 및 성격』, 16권1호(2002년), 75-89쪽.

베르테르 효과

왜 자살사건이 크게 보도되면 자동차 사고가 급증하나?

미국 캘리포니아대 사회학자 데이비드 필립스David P. Phillips는 1970년 「사회적 행위로서의 죽음Dying as a Form of Social Behavior」이라는 제목의 박사학위 논문을 출판하면서 자신의 전 생애를 죽음이란 연구 주제에 바치기로 했다.[74]

1974년 필립스는 1947~1968년 미국에서 발생한 자살 통계를 면밀히 분석한 결과, 자살이 신문의 전면기사로 다루어진 후 2달 이내에 평균 58명의 자살사건이 다른 때보다 증가돼 나타나는 현상을 관찰했다. 이러한 자살 건수의 증가는 특히 미디어의 취급이 요란했던 지역에 국한되어 나타났다. 미디어의 취급 이전에 비해서 이후에 각종 사고(비행기사고, 자동차사고 등)가 급증했으며, 이러한 사고에서 인명 치사율은 평소의 3~4배에 이르렀다. 필립스는 이 가운데 상당수를 사고를 가장한 자살로 추정했다.

필립스는 이러한 모방자살copycat suicide 현상을 독일의 문호 괴테가 1774년에 펴낸 『젊은 베르테르의 슬픔』에서 주인공 베르테르가 연인 로테에게 실연당한 뒤 권총으로 자살하는 내용을 모방한 자살이 전 유럽으로 확산된 것에 비유해 '베르테르 효과 Werther effect'라고 이름지었다.

당시 자살자들은 소설 속의 베르테르처럼 정장을 하고, 부츠·파란 코트·노란 조끼를 착용한 뒤 책상 앞에 앉아 권총 자살을 하는 등 베르테르의 모든 걸 흉내냈다. 괴테는 독자들에게 제발 베르테르를 따르지 말라고 호소하기도 했지만 별 효과가 없어 이 책은 한동안 이탈리아·독일·덴마크 등에선 금서가 되었다.

이 '베르테르 효과'는 주인공의 특성을 닮은 사람들에게서 주로 나타난다. 청년의 자살을 크게 보도하면 청년들의 자살과 차량사고 사망률이 높아지고, 노인인 경우엔 노인의 자살과 사망률이 높아지는 식이다. 베르테르 효과는 똑같이 고민에 빠진 다른 사람의 행동을 근거로 자신의 행동을 결정하는 경우로, 사회적 증거의 원칙을 부정적인 방향으로 적용한 사례로 볼 수 있다.[75]

심리학자 로버트 치알디니Robert Cialdini는 '베르테르 효과'가 나타나는 이유를 사람들이 처해있는 상황에서 적절한 행위가 무엇인지를 판단하기 위해 자기와 유사한 처지에 있는 비슷한 사람들이 어떻게 행동하는가를 관찰하고 단서를 삼기 때문이라고 설명했다. 그는 자살사건이 크게 보도되면 항공기, 고속버스 여행을 삼가라고 조언했다. 이는 자신의 이야기이기도 하다.

치알디니는 "그들은 여러 가지 이유에서(자신의 명성을 지키기 위해, 가족들에게 수치심과 상처를 주지 않기 위해, 부양가족이 보험을 타게 하기 위해) 자살한 것처럼 보이고 싶어하지 않으며, 따라서 의도적으로 자동차 사고나 비행기 사고를 몰래 일으킨다. 민간 비행기 조종사들은 비행기를 추락시키고, 자동차 운전사들은 갑자기 가로수를 들이받는다"며 다음과 같이 말한다.

> 정말 끔찍한 것은 함께 목숨을 잃는 무고한 사람들의 숫자이다. (…) 나는 이러한 통계자료를 보고 영향을 받아 신문 1면에 자살 기사가 나올 때마다 기록을 해두고, 사건이 난 이후에는 행동을 조심했다. 나는 특히 자동차 바퀴 뒤쪽을 조심했다. 그리고 비행기를 오래 타야 하는 장기 출장은 꺼렸다. 만일 그 기간 동안 비행기를 타야 할 일이 생기면 평소보다 많은 금액의 비행 보험에 들었다.[76]

이에 대해 다른 심리학자 로렌 슬레이터Lauren Slater는 "하지만 나는 도저히 믿을 수 없다"며 이런 의문을 제기한다. "모방 자살은 납득할 수 있어도 베르테르 효과나 사회적 신호가 너무 강하여, 가령 커트 코베인이 죽었다고 해서 민간 비행기 추돌 사고를 일으킬 수 있다니 이게 가당키나 한 말인가? 자살 충동을 느꼈어도 그것을 단 한 번도 실행에 옮기지 못했던 기차나 비행기 조종사가 1면에 난 자살 기사에 이끌려 다른 생명들까지 앗아갈 정도로 충동적이 될 수 있다고?"[77]

이 논쟁은 두 심리학자에게 맡겨두고, 우리는 모방자살을 인정하는 선에서 베르테르 효과를 이해하면 되겠다. 한국은 어떤가? 일부 전문가들은 2003년 8월 현대아산 이사회 회장 정몽헌의 자살 이후 부산시장 안상영, 대우건설 사장 남상국, 전남지사 박태영 등 유명 인사들의 자살이 잇따른 걸 '베르테르 효과'로 추정했다.

2005년 2월 22일 영화배우 이은주의 자살도 '베르테르 효과'를 낳은 것으로 분석되었다. 서울중앙지검은 2005년 2월 22일부터 3월 17일까지 관할지역인 서울시내 7개구에서 발생한 변사사건을 분석한 결과 하루 평균 자살자는 2.13명으로 그 전의 0.84명에 비해 2.5배 늘었으며, 이은주의 자살을 기점으로 이전 53일 동안 45명이 자살을 한 데 반해 이후에는 23일간 49명이 자살했다고 밝혔다. 또 20대 자살자 숫자가 이은주의 자살 이후 15명(30.6%)으로 그전의 7명(15.5%)에 비해 급증했으며, 과거에는 의사(목을 매 죽음) 비율이 절반을 조금 넘는 53.3%였지만, 이후에는 79.6%로 집계돼 10명중 8명꼴로 이은주와 비슷한 방식으로 목숨을 끊었다는 것이다.[78]

2014년 3월 서울아산병원 융합의학과 김남국 교수팀은 유명인 자살에 대한 언론의 기사 수와 모방자살 증가 수를 조사한 결과 유명인 자살에 대한 언론보도와 모방자살의 상관관계가 통계적으로 유의미하다고 밝혔다. 연구팀은 1990년부터 2010년 사이 자살한 유명인 중 언론에 많이 보도된 15명에 대한 신문과 TV 기사량, 통계청 모방자살자 수를 정량적으로 모델링해 분석한 결과, 상관계수가 0.74로 유의미한 값이 나왔다. 상관계수는 1에 가까울수록 두 변수 간 연관성이 높다. 특히 2008년 자살로 숨진 탤런트 최진실의 상관계수가 가장 높았다. 자살에 대한 일별 신문 보도량과 일별 모방자살의 상관계수가 0.71, TV보도량과 모방자살의 상관계수는 0.76으로 나타났다.[79]

자신이 좋아하는 스타를 따라 죽는 팬의 자살은 일반적인 모방자살과는 좀 다르다. 팬은 스타의 죽음을 가족을 잃은 듯한 충격으로 받아들인다. 팬은 스타에 대해 '친근의 환상illusion of intimacy'을 갖기 때문이다. 즉 일상적으로 얼굴을 마주보는 커뮤니케이션 상황에서 좋아하는 사람들에게 친밀감을 느끼듯이 미디어 속 등장인물과 특별한 관계를 맺는다고 느끼며 강한 정서적 반응을 보이는 것이다.

이를 가리켜 'parasocial interaction'이라고 하는데, 국내에선 '의사사회적 상호작용' 또는 '준사회적 사회작용'으로 번역해 쓰고 있다. 도널드 호튼Donald Horton과 R. 리처드 월R. Richard Wohl이 1956년 『정신의학Psychiatry』지에 발표한 논문에서 처음 이 개념을 썼을 땐 비정상적이거나 일탈적인 경우를 가리키는 것이었지만, 이후 다른 연구들에서 '의사사회적 사회작용'은 정도의 차이만 있을 뿐 보통사람들에게도 나타나는 자연스러운 현상으로 간주되었다.[80]

세계보건기구와 국제자살방지협회는 자살보도와 관련한 연구, 전문가 의견을 종합해 2001년 '자살보도에 관한 미디어 지침'을 마련하고 2008년 이를 개정했다. 또 국내에서도 한국기자협회와 한국자살예방협회가 공동으로 2004년 '자살보도 권고기준'을 제정했으며, 이어 2013년 9월 보건복지부는 '자살보도 권고기준 2.0'을 발표했다.

'자살 보도 권고기준 2.0'의 주요 내용은 △자살 보도 최소화 △자살 단어 사용 자제 및 선정적 표현 피하기 △자살 관련 상세 내용 최소화 △유가족 등 주변 사람 배려하기 △자살과 자살자에 대한 미화나 합리화 피하기 △사회적 문제 제기 수단으로 자살 보도 이용 않기 △자살로 인한 부정적 결과 알리기 △자살 예방에 관한 다양하고 정확한 정보 제공 등이다.[81]

2013년 12월 자살예방행동포럼 창립대회에서 '자살과 언론미디어의 사회적 역할'에 대해 발표한 서강대 신문방송학과 교수 유현재는 자살을 시도하는 사람에게 카메라부터 들이대는 미디어의 자세와 자살보도권고기준에 반하는 보도에 대해 지적했다. 그는 "'수면제 45알을 한 번에 먹었다' 등 방법을 자세하게 적거나 '빚을 갚지 못해 자살을 선택했다' 등 자살이 해결책인 듯 제시하는 언론보도가 잘못됐다"며 "보도를 어떻게 하느냐에 따라 자살률에 큰 차이가 있어 각 미디어는 '파파게노 효과'를 적극 활용해야 한다"고 주장했다.[82]

파파게노 효과Papageno effect는 자살에 대한 언론보도를 자제하면 자살충동을 예방할 수 있다는 긍정적 효과를 뜻한다. '파파게노'는 모차르트 오페라 〈마술피리〉에 나오는 캐릭터인데, 연인과의 이루지 못한 사랑을 비관해 자살하려 할 때 요정의 도움으로 이를 극복하고 연인과 재회한다는 일화에서 유래된 말이다.[83]

하루 평균 40명이 자살하는 한국은 '자살 공화국'이요, 자살은 '국민병'이 되었다는 말까지 나오고 있다. 경제협력개발기구OECD 34개 회원국 중 10년째 자살률 1위 자리를 지키고 있으니 그럴

만도 하다. 언론은 자살에 대해 앞 다투어 "이대론 안 된다"를 외치고 있지만, 베르테르 효과에 충분한 주의를 기울이지 않는 언론도 문제의 공범일 수 있다는 데에 눈을 돌려야 할 것 같다.

📚 일독을 권함!

- 김대욱·최명일, 「의미연결망분석을 이용한 2005~2014년 자살보도 분석: 〈조선일보〉와 〈한겨레〉를 중심으로」, 『한국언론학보』, 60권2호(2016년 4월), 178–208쪽.
- 김은이·송민호·김용준, 「신문의 자살보도가 자살 관련 인식에 미치는 영향: 자살보도 내용과 웹 검색 활동의 동적 관계를 중심으로」, 『한국언론학보』, 59권3호(2015년 6월), 94–122쪽.
- 오지희, 「미디어의 자살보도가 청소년의 자살생각에 미치는 영향: 사회학습이론을 중심으로」, 『한국엔터테인먼트산업학회논문지』, 8권4호(2014년 12월), 167–178쪽.
- 이정기·최믿음, 「자살 보도량과 심리적 변인이 대학생의 자살 의도에 미치는 영향에 관한 연구: 공인 및 대학생 자살 보도 이용량, 스트레스, 충동성, 자존감, 계획행동이론 변인을 중심으로」, 『방송과 커뮤니케이션』, 12권4호(2011년 12월), 147–187쪽.
- 남재일, 「한국 신문의 자살보도의 담론적 성격: 동아일보와 한겨레신문을 중심으로」, 『언론과학연구』, 10권3호(2010년 9월), 191–224쪽.
- 배준성·허태균, 「자살보도에 대한 지각과 인식: 사회학습효과의 검증」, 『한국심리학회지: 문화 및 사회문제』, 16권2호(2010년 5월), 179–195쪽.
- 김병철, 「자살에 영향을 미치는 사회적 예측 변인 연구: 자살에 관한 언론 보도 내용 분석을 중심으로」, 『한국언론학보』, 54권2호(2010년 4월), 346–362쪽.
- 박형민·이민아, 「강력사건 및 자살에 대한 언론보도의 실태와 문제점」, 『형사정책연구원 연구총서』, 2009년 12월, 13–137쪽.
- 김인숙, 「연예인 자살보도와 제 3자 효과: 언론의 연예인 자살보도에 대한 태도, 미디어 이용, 미디어 규제와의 관계를 중심으로」, 『언론과학연구』, 9권3호(2009년 9월), 5–36쪽.

사회적 증거

좋은 뜻으로 한 사회고발이
역효과를 낳을 수 있는가?

어느 심리학자는 남자 한 명을 길모퉁이에 세워놓고 텅 빈 하늘을 60초 동안 쳐다보게 하는 실험을 실시했다. 대부분의 행인들은 그냥 지나쳤다. 다음번엔 다섯 명이 똑같은 행동을 하도록 했다. 길을 가다 멈춰 서서 빈 하늘을 응시한 행인은 이전보다 4배 많아졌다. 15명이 서 있을 땐 길 가던 사람 가운데 45%가 멈춰 섰으며, 하늘을 응시하는 사람들의 수가 늘어나자 무려 80%가 고개를 올려 하늘을 쳐다보았다.

1968년 미국 심리학자 스탠리 밀그램Stanley Milgram이 실시한 실험이다. 이 실험에서 나타난 게 이른바 '사회적 증거social proof'의 원리다. 많은 사람들이 하는 행동이나 믿음은 진실일 것이라고 생각하는 경향이 있다는 것이다. 사회적 증거는 이른바 '동조 conformity' 현상과는 다르다. 사람들은 동료의 압력이나 징계가 두려워 하늘을 보는 것이 아니기 때문이다. 정말 볼 것이 없다면

많은 사람들이 쓸데없이 하늘을 응시하겠느냐고 생각하기 때문에 따라서 하는 것이다.[84]

일부 나이트클럽들은 입장 공간이 충분한데도 일부러 손님들을 문 밖에 길게 줄서게 함으로써 가장 인기 좋은 나이트클럽이라는 사회적 증거를 조작하기도 한다. 영업교육 강사인 카베트 로버트Cavett Robert는 이 원칙의 핵심을 이렇게 말한다. "주도자는 5%뿐이고, 나머지 95%는 '따라쟁이'들이다. 다른 사람의 행동은 영업사원이 제시하는 어떤 증거보다 더 설득력이 높다."[85]

이 원리에 따라 바의 바텐더는 하루의 일과를 시작할 때 팁을 받는 항아리에 일부러 동전이나 지폐를 넣어둔다. 빈 항아리를 보면 고객들은 "아무도 팁을 주지 않았으니 나도 팁을 낼 필요가 없겠다"고 생각하는 반면, 항아리에 돈이 들어 있으면 "다들 팁을 내는구나, 나도 일어나기 전에 팁을 넣어야겠군"이라고 생각할 가능성이 높아지기 때문이다.[86]

미국의 홈쇼핑 구성작가 콜린 스조트Colleen Szot는 흔하디흔한 카피를 사회적 증거의 법칙에 따라 바꿈으로써 대박을 터뜨렸다. 구매를 유도하는 너무나도 익숙한 문구 "상담원이 기다리고 있습니다. 바로 전화해주세요"를 "상담원이 지금 굉장히 바쁘네요. 다시 전화해주세요"로 바꾼 것이다.

호텔에서 투숙객들에게 수건 재사용 권유를 하는 방법론도 사회적 증거의 법칙을 따를 때 성공할 수 있다. 미국 애리조나대 심리학자 로버트 치알디니 연구팀은 세 종류의 카드를 만든 다음, 호텔 지배인의 도움을 받아 객실에 카드를 비치했다. 하나는 환경보호와 관련된 것으로, "수건 재사용 프로그램에 참여해서 환경을 보호하는 데 힘을 보태고 자연보전에 대한 의지를 보여 달라"는 내용이었다. 다른 하나는 사회적 증거의 법칙에 따른 것으로, "호텔을 이용하는 손님들 대다수가 숙박기간 동안 적어도 한번 이상 수건을 재사용한다"는 단순한 사실만 적었다. 손님들의 참여율은 두번째 카드가 첫번째 카드에 비해 26% 더 높은 것으로 나타났다.[87]

세번째 카드는 "자신과 같은 방에 묵었던 대다수가 수건을 다시 사용한다"는 내용이었다. 어떻게 달라졌을까? 세번째 카드를 받아 본 손님들은 호텔 투숙객 전체의 행동에 대한 정보를 얻은 두번째 카드 손님에 비해 참여율이 더 높았으며, 환경보호 메시지만으로 실험한 경우와 비교하면 참여율이 33% 증가한 것으로 나타났다. 왜 그런 걸까? 우리는 자신과 같은 처지나 상황에 있는 사람들의 행동 규범을 따르기 때문이다.[88]

케네스 크레이그Kenneth Craig 연구팀은 사회적 증거의 원칙이 사람이 경험하는 고통의 강도에도 영향을 미친다는 걸 밝혀냈다. 피험자에게 전기 충격을 가할 때 다른 사람이 똑같은 전기충격을 받으면서도 별로 고통스러워하지 않는 모습을 보여주자, 피험자가 고통을 덜 느꼈다고 밝혔을 뿐만 아니라 감각 민감도 같은 심리 반응, 심박수와 피부전도율 같은 신체반응 등에서도 피험자가 느끼는 고통이 줄어들었다는 것이다.[89]

앨버트 반두라Albert Bandura 연구팀은 그런 사회적 증거의 원칙을 이용해 바람직하지 못한 행동을 교정하는 방법을 발견했다.

사람들의 극심한 공포증을 치료할 수 있는 간단한 방법을 찾아낸 것이다. 이들의 연구에 따르면, 개를 두려워하는 유치원생들을 모아놓고, 한 남자 아이가 개를 데리고 재미있게 노는 모습을 하루에 20분씩 보여주었는데, 단지 나흘 만에 놀라운 변화가 일어났다고 한다. 무려 67%의 아이들이 개를 데리고 놀이기구에 올라가는 등 개와 재미있게 놀았다는 것이다.[90]

기업들은 수십억 명이 먹는다는 것을 강조하는 맥도날드 광고처럼 인기를 증명하는 자료를 함께 제시한다. 제품이나 서비스에 만족한 고객들의 사용후기에서부터 자체 광고에 이르기까지 사회적 증거의 설파에 여념이 없다. 국내 한 신용카드 회사의 TV 광고는 "천만 명이나 쓰는 카드가 있대요. 괜히 천만이겠어요"라거나 "대한민국 성인 남녀 넷 중 하나는 ○○카드를 갖고 계십니다. 자그마치 천만이나 쓴다는 얘기죠"라고 외침으로써,[91] 확실한 사회적 증거에 동참하라고 선동한다.

앞서 살핀 '범주화된 지각의 오류'와 마찬가지로, 사회적 증거의 법칙은 좋은 뜻으로 한 사회고발이 역효과를 낳을 수 있는 이유를 설명해준다. 아무리 좋지 않은 일이라도 다른 사람들 대부분이 그 일을 한다는 정보에 접하게 되면, 그런 대세에 따르려는 심리를 갖게 되기 때문이다. 이와 관련, 수잔 와인생크Susan M. Weinschenk는 『마음을 움직이는 심리학』(2013)에서 다음과 같이 말한다.

일전에 나는 대학 신입생과 학부모들을 위한 오리엔테이션에 참석한 적이 있다. 한 대학 행정관이 말하기를 최근 3년 사이에 교내 기숙사에서 음주 규정을 위반한 사례가 200건이 넘었다고 했다. 그는 캠퍼스 내에 음주 문제가 심각하다고 지적하면서 이 문제를 해결하기 위해 학교 측에서 시도한 갖가지 방법들에 대해 얘기했다. 그러나 그의 메시지는 이미 돌이킬 수 없는 피해를 입힌 상태였다. 행정관은 그 자리에 모인 300명의 신입생들에게 다른 많은 학생들이 교내에서 술을 마신다는 말을 한 것이다. 이 말은 음주 문제를 줄이기는커녕 더 증가시킬 확률이 높다.[92]

미국 애리조나의 '화석의 숲' 국립공원은 관광객들이 화석화된 나무를 가져가는 바람에 골머리를 앓고 있었다. 국립공원 관리자들은 이런 표지판을 세웠다. "나무 조각을 훔쳐가는 사람들 때문에 매일 우리의 유산이 파괴되고 있습니다. 여러분이 작은 조각 하나씩만 가져가도 매년 14톤가량의 석화된 나무가 유실됩니다." 그러나 이 표지판은 오히려 상황을 악화시켰다. 이 표지판을 본 어느 여성은 남자친구에게 "우리도 하나씩 챙겨야겠는데"라고 말했다는데, 이런 식으로 표지판이 나무 조각을 가져갈 마음이 없는 사람까지 동하게 만드는 역효과를 낳은 것이다.

치알디니와 애리조나대 연구팀은 "이곳을 다녀간 많은 사람들이 공원에서 석화된 나무를 가져갔기 때문에 숲이 훼손되고 있습니다"라는 문구의 표지판, 그리고 "공원에서 석화된 나무를 가져가지 마십시오"라는 문구의 표지판을 세운 뒤 두 표지판의 효과를 비교하는 연구를 했다. 세번째 경우는 아무 표지판도 세우지 않아 실험군과 비교할 수 있도록 했다.

놀라운 결과가 나타났다. 표지판을 세우지 않은 실험에서는 전체 나무조각의 2.92%가 도난당한 반면, 부정적인 사회적 증거 메시지를 전달한 첫번째 표지판의 경우엔 7.92%가 도난당했다. 이와는 대조적으로 "나무조각을 훔쳐가지 말라"는 메시지만 전달한 경우엔 1.67%가 도난당한 것으로 나타났다.[93]

언론이 좋은 뜻으로 한 사회고발이 역효과를 낳을 수 있는 것도 바로 이런 부정적 사회적 증거의 법칙 때문이다. 그렇다고 사회고발을 하지 않을 수도 없으니, 이 일을 어찌할 것인가? '아' 다르고 '어' 다르다는 원리에 따라, 부정적인 사회적 증거의 역효과를 염두에 두고 사회고발을 신중하게 하는 지혜를 발휘할 필요가 있겠다. 반대로 사회적 증거를 긍정적 효과를 위해 이용할 수도 있다. 금연율이 높다는 뉴스는 더 많은 금연을 유발할 수 있으며, 세법 이행율이 높다는 정보가 주어지면 탈세율은 낮아진다.[94] 이런 설득기법을 가리켜 '넛지Nudge'라고 하는데, 이는 제12장에서 살펴보기로 하자.

📚 **일독을 권함!**

- 강준만, 「'넛지 커뮤니케이션'의 방법론적 유형 분류: 공익적 설득을 위한 넛지의 활용방안」, 『한국언론학보』, 60권6호(2016년 12월), 7-35쪽.
- 오훈성·이덕순, 「축제 방문객의 혼잡지각이 만족에 미치는 영향과 사회적 증거의 매개효과: 전주 비빔밥축제를 중심으로」, 『관광레저연구』, 28권6호(2016년 6월),

235–254쪽.

● 황용철, 「휴리스틱 유형과 영향요인, 행동의도와의 관계 연구: 와인제품 구매행동 중심으로」, 『인터넷전자상거래연구』, 16권1호(2016년 2월), 285–309쪽.

● 이정헌, 「TV홈쇼핑 쇼호스트의 구매설득커뮤니케이션 전략」, 『한국콘텐츠학회논문지』, 11권8호(2011년 8월), 311–320쪽.

제4장

저널리즘 이론

게이트키핑

왜

이른바 '8학군 기자'의 증가는
우려할 일인가?

여성이 직장에서 좀 더 자율권을 쥐어야 하는 것처럼, 남성은 가정에서 좀 더 자율권을 행사해야 한다. 나는 여성이 무심결에 남편을 지나치게 좌지우지하려고 들거나 잔소리를 해서 사기를 꺾는 장면을 많이 봐왔다. 사회과학자들은 '맙소사, 이렇게 하면 안돼요! 저리 비켜요. 내가 할게요!'라는 여성의 말을 한마디로 정리해서 '어머니의 문지기 역할maternal gatekeeping'이라는 그럴듯한 이름을 붙였다.

페이스북 최고운영책임자인 셰릴 샌드버그Sheryl Sandberg의 『린인』에 나오는 말이다. 게이트키핑gatekeeping은 유통의 관문에서 걸러내는 일을 말한다. 포털의 주요 기능은 뉴스 생산이 아니라 다른 언론사가 만든 뉴스를 선택해서 올리는 것인데, 바로 이런 선택과 관련된 일을 게이트키핑이라고 한다. 게이트키핑의 주체라 할 게이트키퍼gatekeeper의 개념은 1947년 심리학자 쿠르트 레빈이 회로이론channel theory을 설명하기 위해 제시한 것이다.

레빈은 식품이 그 생산지를 출발해서 가정의 식탁에 오르는 경로를 예로 들면서 하나의 식품이 유통회로를 따라 차츰차츰 식탁을 향해 움직여 나가는 것은 그 회로상의 여러 게이트를 지배하는 게이트키퍼의 결정 때문이지 그 식품 자체의 원동력impetus에 의한 것은 아니라고 주장하면서, 이러한 현상은 한 집단 내에서의 커뮤니케이션 회로를 통하여 흐르는 뉴스에서도 똑같이 적용된다고 했다. 식품을 구매하거나 가족들의 식성을 변화시킬 수 있는 힘을 가정주부가 가지고 있는 것처럼, 언론인이 게이트키퍼로서 정보유통의 운명을 좌우할 수 있다는 것이다.[2]

언론인만 게이트키퍼 역할을 하는 건 아니다. 대학은 젊은이들의 성공과 출세를 좌우하는 강력한 게이트키퍼다. 로버트 프랭크Robert H. Frank와 필립 쿡Philip J. Cook은 『이긴 자가 전부 가지는 사회』(1995)에서 다음과 같이 말한다.

이 나라의 엘리트 교육기관들은 사실상 우리 사회에서 사람들이 가장 선망하는 직업들을 얻는데 필요한 게이트키퍼로 되어 버렸다. 그들이 지키는 문을 통과하지 못하는 사람들은 종종 다시는 기회를 갖지 못한다.[3]

어떤 한 시점에서의 공중의 상황 인식은 대체로 미디어 게이트키핑의 산물로 여겨지고 있다.[4] 미디어 분야에서의 게이트키퍼의 초기 연구로는 1937년 레오 로스텐Leo Rosten의 『워싱턴 특파원The Washington Correspondents』을 들 수 있다. 로스텐은 이 책에서 저널리즘의 절대적 객관성은 불가능하기 때문에 기자의 출신 배경, 전문적 훈련, 개인적 기질, 기자의 경제적 지위 등이 큰 중요성을 갖는다고 지적하고 이에 대해 연구해야 할 필요성을 제기했다.[5]

아닌 게 아니라 초기의 게이트키퍼 연구는 언론인 탐구에 집중되었다. 게이트키퍼의 사회적 배경 등과 같은 것이 그들의 뉴스 선택과 뉴스 내용에 큰 영향을 미친다고 보았기 때문이다. 초기 연구들은 게이트키퍼를 언론사에서 일하는 언론인 개개인으로 보고 이들이 뉴스를 선택하는 과정에 관심을 두었으나, 1960년대 후반부터는 언론사의 뉴스 선택 및 처리 과정을 언론사 전체의 조직 단위 차원에서 탐구하게 되었으며, 최근에는 더 나아가 전체 사회 차원에서 보려는 시도가 이루어지고 있다.

물론 언론인 자체를 탐구하는 건 여전히 중요한 의미를 갖는다. 그들이 어떤 사람들이며, 그들이 어떤 가치를 갖고 있는가 하는 건 앞으로도 끊임없이 다루어질 주제이다. 예컨대 미국의 사회학자 허버트 갠스Herbert J. Gans는 미국 기자들이 갖고 있는 내재적 가치Enduring Values in the News로 자민족 중심주의 ethnocentrism, 이타적 민주주의altruistic democracy, 책임 있는 자본주의responsible capitalism, 소도시 전원주의small-town pastoralism, 개인주의individualism, 중용주의moderatism 등을 지적한 바 있다.[6]

물론 이데올로기적 게이트키핑도 있을 수 있다. 이에 대해 허버트 쉴러는 "미국은 세계에서 기술적으로 가장 발전되고 복잡하고 비싸고 적응력이 뛰어난 커뮤니케이션 설비 및 프로세스를 보유하고 있음으로 하여 그 지도자들로부터 영원한 축복을 받고 있다. 하지만 이는 묘한 패러독스 가운데 하나이다"며 다음과 같이 말했다. "미국사람들은 국제적 영역에서의 최근의 감정과 변화에 대해 가장 무지한 사람들 가운데 하나가 될지도 모르기 때문이다.(…) 미국인들은 외부(심지어는 내부)의 견해로부터 놀라우리만치 멀리 떨어져 있다. 이는 미국의 사적 정보통제자들의 지나치게 조심스러운 '게이트키핑' 때문이다. 그것은 또한 지극히 광범한 중산층과, 비록 그와 중복되는 부분이 많겠지만 숙련 및 전문직 종사자들의 물질적 지위로부터 비롯되기도 한다. 두 계층 공히, 이른바 '못 가진 자'의 세계를 인식하는 데에는 지극히 무능하기 때문이다."[7]

비교적 공식적이고 일반적인 게이트키핑 기준은 '뉴스 가치news value'라고 하는 것이다. 무엇이 뉴스가 되는가? 왜 어떤 건 크게 보도되고 어떤 건 작게 보도되는가? 그걸 결정하는 걸 가리켜 '뉴스 가치'라고 한다. 뉴스 가치 결정의 5대 요인으로는 ① 시의성timeliness ②저명성prominence, ③근접성proximity ④중요성consequence ⑤인간흥미성human interest을 들 수 있다.

이 중에서도 인간흥미성을 높이는 데 가장 유리한 방법으로 언론보도의 의인화personification와 개인화personalization가 발생한다. 뉴스의 의인화와 개인화란 한마디로 사람 중심으로 보도를 하는 것을 의미한다. '의인화'(또는 인격화)는 생명이 없는 사물 또는 추상적 관념에 인간적 성질 또는 특성을 부여하는 것이다.

'개인화'는, 스튜어트 홀Stuart Hall의 정의를 빌리자면, "사람을 그의 사회적·제도적 맥락으로부터 고립시키거나 한 개인 주체를 유일한 역사의 원동력으로 구성하는 것"을 의미한다.[8]

한국에선 이른바 '8학군 기자'의 증가를 우려하는 목소리가 높은데, 이 역시 기자의 출신 배경이 게이트키핑에 미치는 영향 때문이다. 2004년 서울대가 1970년~2003년까지 서울대 사회과학대 입학생 1만2500명의 가정환경을 분석한 보고서에 따르면, 33년간 고소득 자녀 입학은 17배 늘었고, 농어촌 학생 비율은 5분의 1 이하로 쪼그라들었다. 2016년 서울대 신입생 절반 이상은 특목·자사고와 강남 지역 학생들로 채워졌다.[9] 문제는 이런 고소득 가정 출신이면서 우수한 학생의 언론계 진출 비율이 높다는 점이다. 이미 2003년 전국언론노조 위원장 신학림은 당시 5년차 이하의 기자들을 '8학군 기자'라고 부르는 경우가 있다고 말했다. 이는 말 그대로 강남 8학군의 '배경' 좋은 집 출신으로 서울대나 연·고대 같은 명문대를 나온 기자들을 뜻하는데 이들은 자신이 속한 기득권의 이익에 따라 대부분의 사건을 보고 취재한다는 것이다. 신학림은 갈수록 '8학군 기자'들이 늘어나면서 사회를 바라보는 다양한 시각이 사라지고 있다고 우려했다.[10]

인터넷의 등장 이후 미디어 분야의 게이트키핑에 지각변동이 일어나고 있다는 것도 주목할 만한 연구 주제다. 특히 포털 뉴스가 언론이냐 아니냐 하는 초기 논쟁에서 권헌영은 포털 뉴스서비스의 언론성 인정론은 크게 보아 4가지 논거를 제시하고 있다고 정리했다. 흥미로운 건 논거의 대부분이 게이트키핑과 관련이 있다는 점이다.

첫째, 언론사로부터 제공받은 기사의 제목을 포털이 변경함으로써 기사의 진정성이 훼손되고, 또한 결과적으로 의제설정까지 달라질 수 있다는 점이다. 둘째, 인터넷 이용에서 특히 포털 이용의 규모라든지 정보전파에서의 사회적 영향력으로 인해 의제설정 주도권이 포털을 중심으로 재편되고 있다는 점이다. 셋째, 포털사이트에서의 뉴스 소비는 포털의 뉴스에디터에 의해 가장 크게 좌우되고, 또한 게이트키핑의 결과물로서 포털이 제공하는 '뉴스박스'가 네티즌의 1차 의제설정에 중요한 영향을 미치거나 사회적 주요의제를 확산시키는 기능을 수행하고 있다는 점이다. 넷째, 포털은 비록 제한적인 취재기능을 갖고 있지만 기존 언론이 만든 뉴스의 재매개 활동 자체가 뉴스의 핵심기능 중의 하나인 게이트키핑을 구성한다는 점이다.[11]

게이트키핑 이론은 모든 종류의 커뮤니케이션 연구에 다 적용할 수 있다. 예컨대, 학생들의 인간 커뮤니케이션에선 교사가 전형적인 게이트키퍼 역할을 한다.[12] 게이트키핑 과정은 겉으로 보기엔 간단한 것 같으면서도 안으로 깊이 들어가면 매우 복잡하다. 그래서 게이트키핑이 "지나치게 단순화되어 있고 거의 쓸모없는 것"이라고 비판하는 이들도 있지만,[13] 게이트키핑 연구를 하면서 조직커뮤니케이션과 인간커뮤니케이션 연구를 병행한다고 생각하면 오히려 더 큰 성과를 거둘 수도 있을 것이다. 즉 게이트키핑 과정을 실증주의를 내세워 기계적으로만 다루려 하지 말고 조직과 인간의 질적 분석도 병행할 필요가 있다는 뜻이다.

📚 일독을 권함!

- 김경희, 「저널리즘 관점에서 본 모바일 기반 포털 뉴스의 게이트키핑과 이용자의 뉴스 이용」, 『한국언론학보』, 60권3호(2016년 6월), 117–144쪽.

- 허예슬·김지연·김재범, 「예능 프로그램 PD의 게이트키퍼로써의 역할」, 『문화산업연구』, 16권1호(2016년 3월), 55–65쪽.

- 박인규, 「공론장의 회복 가능성: 한국방송공사(KBS)를 중심으로」, 『현상과인식』, 39권3호(2015년 9월), 171–195쪽.

- 주재원, 「다문화 뉴스 제작 관행과 게이트키핑의 문화정치학」, 『한국콘텐츠학회논문지』, 14권10호(2014년 10월), 472–485쪽.

- 방은주·김성태, 「소셜미디어 등장 이후 뉴스 제작 과정 변화에 대한 국내 언론사 기자들의 인식 연구」, 『언론과학연구』, 14권2호(2014년 6월), 113–156쪽.

- 김상균·한희정, 「천안함 침몰 사건과 미디어 통제: 탐사보도 프로그램 생산자 연구」, 『한국언론정보학보』, 66권(2014년 5월), 242–272쪽.

- 유봉석·정일권, 「포털 뉴스와 인터넷신문 편집자의 전문가 역할 인식과 게이트키핑 차이 분석」, 『사이버커뮤니케이션학보』, 29권4호(2012년 12월), 267–303쪽.

- 홍정민, 「한국의 뉴스 번역 참여자 간 권력 관계를 반영한 게이트키핑 수정 모델: 슈메이커의 모델을 중심으로」, 『번역학연구』, 13권4호(2012년 9월), 269–301쪽.

- 김경모, 「새로운 저널리즘 환경과 온라인 뉴스 생산: 전통과 변화의 경계」, 『언론정보연구』, 49권1호(2012년 2월), 7–37쪽.

- 조철래, 「지역신문의 선거보도와 게이트키핑 과정에 관한 연구: 갠즈(Gans)의 다원주의적 접근을 중심으로」, 『한국언론학보』, 50권4호(2006년 8월), 381–410쪽.

- 박재영, 「보도사진 게이트키핑 – 관행화된 틀에 대한 사진기자의 인식을 중심으로」, 『언론과 사회』, 14권1호(2006년 2월), 79–107쪽.

- 이종혁, 「가판근무 게이트 키핑(gatekeeping)유형과 이에 대한 언론홍보 실무자들의 평가」, 『한국언론학보』, 46권6호(2002년 12월), 191–224쪽.

의제설정

지방 주민들이
서울의 문제들을 걱정하는가?

미국에서 언론의 위력은 대단한 것이다. 그것은 공중 토론의 의제를 제공하며, 이 대단한 정치적 힘은 어떤 법률에 의해서도 방해받지 않는다. 언론은 사람들이 무엇을 이야기하고 생각할 것인가를 결정한다. 그것은 다른 나라에서는 독재자, 성직자, 정당, 정당 총재에게나 부여될 수 있는 권한이다.[14]

미국의 대선 캠페인을 분석한 저서를 여러 권 낸 바 있는 정치 전문 저널리스트인 시어도어 화이트Theodore white의 말이다. 언론의 그런 위력 또는 기능은 그렇게 저널리즘의 차원에서는 적잖이 거론되어 왔다. 이처럼 미디어가 특정 이슈들을 강조, 부각시킴으로써 수용자들로 하여금 그러한 이슈들을 중요하게 인식하도록 만드는 효과 또는 기능을 가리켜 '의제설정議題設定, agenda-setting 기능이라고 한다.

'의제설정' 기능의 뿌리를 거슬러 올라가자면 1922년에 출판된 월터 리프먼의 『여론』에 기술된 "밖의 세계와 우리들 머릿속의 상像"이라는 개념이 '의제 설정'의 기본 아이디어를 담고 있다고 보아야 할 것이다.[15] 미국 정치학자 버나드 코헨Bernard C. Cohen은 "언론은 사람들에게 무엇을 생각하라고 말하는 데엔 별 영향을 미치지 못할지 모르지만, 무엇에 대해 생각하게끔 하는 데엔 놀라울 정도로 성공적이다"고 했다.[16] 미국 커뮤니케이션 학자 도널드 쇼Donald Shaw와 맥스웰 맥콤Maxwell McCombs은 1972년 그간 주로 선거 캠페인 등과 관련해 산발적으로 논의되어온 미디어의 의제설정 기능에 대한 종합적인 연구 결과를 내놓았다. 그들은 이 기능에 대해 다음과 같이 말한다.

편집자들과 방송자들이 뉴스를 선택하고 방송하는 일상적인 임무를 수행하는 과정에서 우리의 사회현실을 형상화하는 데 하나의 중요한 역할을 담당한다는 사실에 대한 상당한 증거가 준비되어 있다. 매스미디어에 대한 영향, 즉 개인들 사이에서 인식 변화에 영향을 미치고 그들의 사고를 구조화하는 능력이 매스 커뮤니케이션의 의제설정 기능이라고 일컬어진다. 여기에서 매스 커뮤니케이션의 가장 중요한 효과, 즉 우리들의 세계를 정신적으로 변형하고 조립할 능력을 찾을 수 있다. 결국, 매스미디어는 사고하는 것을 우리에게 말하는 데 있어서 성공적이다.[17]

이 이론의 연구는 '미디어 의제media agenda'와 '공중 의제public

agenda'를 각각 조사하여 상관관계의 정도를 통해 의제결정의 효과를 분석하는 식으로 이루어지는데, 그간 미디어 의제가 공중 의제에 그리고 공중 의제가 또 정책 의제에 영향을 미친다는 결과가 발표돼왔다.[18] 그러나 이 이론은 '미디어 의제'와 '공중 의제'간의 인과관계를 입증해 주지 못하고 있다는 비판을 받고 있다. 이는 어떤 게 더 먼저인지 알기 어렵다는 말이기도 하다.[19] 의제설정 이론의 다른 제한점으로는 다음과 같은 3가지가 지적되었다.

1)초기의 이론은 정치선거전 동안의 이슈 부각의 문제만을 다루었다. 나중에는 그 영역을 후보자 이미지와 비정치적인 주제로 확대했지만 이 가설은 기본적으로 유권자의 관심사를 설명하는 데에만 적합하다. 2)의제설정 가설은 정치적인 지도를 바라는 사람들에게 미디어가 어떤 효과가 있는지 다루고 있을 뿐이다. '지향 욕구'가 낮은 사람과 이미 특정 후보자에게 매인 사람, 미디어를 순전히 오락용으로만 이용하는 사람들은 미디어 의제에 의해 태도를 변화시키지 않을 것이다. 3)독자나 시청자가 잘 아는 지방 문제에 대해서는 미디어의 효과가 적다. 의제설정 기능은 외교문제, 도시 폭력(수용자가 빈민가에 살지 않을 때), 그리고 기타 미디어의 2차적 현실이 유일한 정보원인 지역에서 가장 효과적인 것 같다. 실업, 인플레이션, 세금과 같은 재원 문제는 미디어의 영향을 덜 받는다.[20]

또한 의제설정 이론은 어떤 이슈가 여론의 주목을 받는지 설명할 뿐, 여론 변화의 방향에 대해서는 어떠한 예측도 제시하지 않는다. 이에 대해 맥콤은 "언론이란 여론을 낳은 어버이이다. 언론은 공중이 중요하다고 평가하는 이슈를 낳는다. 하지만 어버이가 자식의 앞날을 완전히 결정할 수 없듯이, 언론은 그 이슈가 발전해서 어떤 방향으로 전개될지 결정할 수 없다"고 했다.[21]

2005년 5월 한국언론학회 봄철 학술대회 기조연설을 위해 한국을 방문한 도널드 쇼는 "다매체시대에도 신문의 '의제설정 기능'은 여전히 유효하다"며 신문의 '의제 차별화'의 중요성을 역설했다. 그는 "미국 내에서 발행부수가 줄어들고 있는 것은 전국지이지 지역지가 아니다"며 "전국단위 신문사에서 지국을 설치하고 지역의 이해관계와 관심을 대변하려고 노력했으나 성공하지 못했다. 그런 면에서 지역지가 경쟁력 있다"고 말했다. 그는 "한국신문의 위기는 '신문' 매체의 위기라기보다는 '콘텐츠'의 위기"라며 "내가 전통적인 신문사를 운영한다면 매일 한 가지 이슈에서만큼은 타신문과 구별되는 '차별화' 전략을 시도하겠다. 첫날 '커뮤니티'를 가지고 특집을 한다면 다음날은 '블로그' 기획을 하는 식"이라고 대안을 제시하기도 했다.[22]

언론의 의제설정 파워를 비판적으로 보는 시각도 있다. UPI 기자로 47년간 백악관을 출입한 헬렌 토마스Helen Thomas는 『민주주의의 감시견?: 맥 빠진 워싱턴 기자단, 어떻게 국민의 기대를 저버렸는가Watchdogs of Democracy?: The Waning Washington Press Corps and How It Has Failed the Public』(2006)라는 책에서 "민주언론의 목표는 어젠다보다 진실 추구여야 한다"고 주장했다. 이와 관련, 장행훈은 다음과 같이 말한다.

어젠다 설정은 다른 말로 표현하면 '여론몰이'이다. 신문이 진실을 보도함으로써 결과적으로 사회의 어젠다를 설정하게 되는 것이 정상이다. 물론 언론이 자체 판단으로 의제를 설정할 수도 있다. 그러나 언론이 의제설정의 위력을 의식하고 처음부터 어떤 정치적 목적을 위해 의제를 설정하게 되면 정상적인 여론형성을 왜곡시키고 언론이 사회를 '조종'하게 되는 위험한 결과를 초래할 수 있다. 언론의 자의적으로 의제를 설정해서 여론을 조장하게 되면 언론이 권력화되고 민주주의가 왜곡될 위험이 있다.[23]

의제설정의 문제는 매체들 사이에서도 발생한다. 가장 대표적인 예가 방송이 신문의 의제설정을 따르는 것이다. 미국의 방송 저널리스트 버나드 골드버그Bernard Goldberg는 "문제는 『뉴욕타임즈』나 『워싱턴포스트』가 어떤 이슈에 관해서 논점을 밝힐 때까지 수많은 TV 저널리스트들은 그 이슈에 어떤 식으로 접근해야 할지를 모른다는 것이다. 즉 여론을 주도하는 신문이 논조를 설정하고 나면 공중파 TV뉴스 종사자들은 신문이 정해놓은 논조를 따라간다"고 주장했다.[24]

의제설정 이론의 한계에도 불구하고 미디어가 수용자들에게 '어떻게 생각하도록what to think' 하기보다는 '어떤 것에 대해 생각하도록what to think about' 이끈다는 걸 부인하긴 어려울 것이다.[25] 이는 특히 사회적 약자에게 치명적인 결과를 초래한다. 미국의 광고전문가 토니 슈워츠의 실감나는 해설을 들어보자.

자신들 스스로의 미디어를 갖지 못한 지역에 사는 사람들은 TV에서 삶의 정체성正體性의 결핍을 발견한다. (…) 이것이 묘한 현상을 나타내게 했다. 시골에 사는 사람들이 네트워크 방송국이 있는 대도시 사람들의 문제를 그들의 문제로 인식한다는 것이다. 전국의 대도시에서 폭동이 일어났을 때, 도시 사람들이 대처하고 있는 문제들이 지방과 전국방송에 보도되자 대도시에 살지 않는 사람들도 똑같은 문제에 대해 걱정한다는 것이 조사에 의해 밝혀졌다. 유타 같은 주에서도 사람들은 실제 그들과 상관없는 대도시의 문제를 놓고 씨름한다. 그들은 그들 삶의 실제보다 미디어를 통해 부딪친 문제들을 해결하려 노력했다. 더욱이 그 문제들에 대한 그들의 고민의 깊이는 미디어 보도의 양과 동일한 비율이었고 도시 거주자들의 고민과 비슷했다.[26]

한국의 지방 문제도 바로 이런 의제설정의 함정에 빠져 있다. 지방을 포함한 전 국민의 눈과 귀를 서울 매체들이 장악한 상황에서 지방의 독자적인 의제설정을 해나가는 게 매우 어렵다. 우리와 같은 '지방' 개념이 존재하지 않는 미국에서조차 소도시 사람들은 대도시 매체가 설정한 의제들을 따라가고 있는데, 한국과 같은 초일국집중 국가에선 그런 문제가 훨씬 더 증폭된 형태로 나타나기 마련이다. 지방은 이른바 '내부 식민지internal colony'라고 해도 좋을 정도이다.[27]

논쟁이 끊이지 않고 있긴 하지만, 사회적 의제를 주도하는 가장 강력한 주체가 언론이라는 건 분명하다. 물론 특별 사안을 주요 의제로 만들 수 있는 능력이라고 하는 점에서 보자면 대통령과 정부가 훨씬 더 강력하지만, 상시적인 의제 설정은 주로 언론의 몫이라는 것이다.

의제 설정의 중요성에 동의하지 않을 사람은 없을 것이다. 그럼에도 '의제설정 이론'이 언론 탐구에만 머무르고 있으니, 이는 참으로 안타까운 일이 아닐 수 없다. 인문사회과학자들의 연구 의제는 어떻게 결정되는가? 이건 매우 중요한 문제지만 거의 탐구되지 않고 있다. 사회적 개혁·진보를 열망하는 사람들의 의제는 어떠한가? 이는 탐구되지 않는 정도가 아니라 아예 '성역'이다. 물론 무엇을 개혁의 대상으로 삼을 것인가 하는 건 왕성한 논의의 대상이 되고 있지만, 그런 논의가 내부를 향하진 않는다는 것이다. 즉 성찰의 문화가 없는 것이다. 성찰은 먼 훗날 후일담 수준의 회고로만 이루어질 뿐이다. 성찰의 의제설정도 필요하다 하겠다.

 일독을 권함!

- 이나연, 「정치인에 대한 사전태도가 속성 의제설정효과에 미치는 영향에 대한 연구: 제18대 대통령선거에서 대학생 유권자를 중심으로」, 『한국언론학보』, 60권5호 (2016년 10월), 63~90쪽.
- 강준만, 「지방의 '내부식민지화'를 고착시키는 일상적 기제: '대학-매체-예산'의 트라이앵글」, 『사회과학연구』(강원대 사회과학연구원), 54집 2호(2015년 12월), 113~147쪽.
- 안정윤·이종혁, 「'네트워크 의제설정'의 출현: 뉴스 매체와 온라인 게시판 간 이슈

속성 네트워크의 유사성 분석」, 『한국언론학보』, 59권3호(2015년 6월), 365-394쪽.

● 홍유정·황주성, 「정책의제설정에서 소셜미디어와 매스미디어의 역할에 관한 비교연구: 광주 인화학교사건(도가니)을 사례로」, 『방송과 커뮤니케이션』, 16권1호(2015년 3월), 115-151쪽.

● 이승희·송진, 「재난보도에 나타난 소셜 미디어와 방송 뉴스의 매체 간 의제설정: 세월호 관련 보도를 중심으로」, 『한국언론학보』, 58권6호(2014년 12월), 7-39쪽.

● 이승희·임소혜, 「트위터의 매체 간 의제설정: TV 토론 방송과 트위터의 여론 형성 과정에 관한 연구」, 『한국콘텐츠학회논문지』, 14권1호(2014년 1월), 139-149쪽.

● 정수영·남상현, 「지상파TV 3사 종합뉴스프로그램의 무보도와 단독보도 뉴스에 관한 연구: 뉴스 주제와 뉴스 가치를 중심으로」, 『한국방송학보』, 26권4호(2012년 7월), 265-309쪽.

● 박덕춘, 「텔레비전 뉴스의 영상의제설정 효과: 환경뉴스를 중심으로」, 『한국콘텐츠학회논문지』, 11권1호(2011년 1월), 72-82쪽.

● 임종섭, 「매체간 의제설정의 관계성 고찰: 유력 뉴스 사이트들을 중심으로」, 『언론과학연구』, 10권4호(2010년 12월), 498-532쪽.

● 김선남·최용준·이영원, 「지역신문 문화 관련 보도의 심층성에 관한 연구: 전라남·북도 지역신문을 중심으로」, 『언론과학연구』, 10권1호(2010년 3월), 50-76쪽.

● 신윤경·김민하, 「기자 블로그의 의제설정 기능과 객관주의에 관한 연구: 『중앙일보』와 『오마이뉴스』를 중심으로」, 『한국언론학보』, 54권1호(2010년 2월), 128-152쪽.

● 박성호, 「여론형성공간으로서 인터넷 자유 게시판의 저널리즘적 특성과 사회적 영향에 관한 연구」, 『언론과학연구』, 5권3호(2005년 12월), 191-226쪽.

프레임 이론

왜 우리는 '생존율 90%'와 '사망율 10%'에 다르게 반응하나?

'아' 다르고 '어' 다르다는 말이 있다. 우리는 똑같은 내용의 말에 대해서도 그것이 어떻게 묘사되느냐에 따라 다르게 반응한다. 예컨대, '99% 무지방 고기'와 '1% 지방 포함 고기'는 같은 것임에도, 사람들은 선호도 질문을 받으면 첫번째 고기가 더 좋을 것이라고 대답한다. 심지어 '98% 무지방'과 '1% 지방 포함' 중에서도 전자를 택한다.[28]

수술 성공률도 마찬가지다. 의사가 환자나 보호자에게 "수술 한 달 후 생존율은 90%입니다"라고 말하는 것과 "수술 후 한달 내 사망률은 10%입니다"라고 말하는 것은 같은 내용이지만, 환자나 보호자는 전혀 다르게 받아들인다. 수술을 받은 600명 중 200명이 살아남은 수술에 대해 200명이 살았다고 말하는 것과 400명이 죽었다고 말한 것을 비교했더니, 전자의 경우 72%가 수술을 선택했지만, 후자는 22%만이 수술을 선택했다.[29]

미국의 어느 백화점은 '고객불만처리팀'을 '품질보증팀'으로 이름을 바꾼 후 직원들의 업무 실적이나 사기가 눈에 띄게 달라지는 성과를 거두었다. 이런 변화를 추진한 간부는 그 이유에 대해 이렇게 말한다. "그전에는 문제 해결이 자기 업무라고 생각해 스트레스를 받았다면, 이제는 최고 수준을 유지시키는 업무라는 자부심을 느끼게 된 거지요. 팀으로 들어오는 모든 제언은 우리 제품과 서비스의 질을 높여주는 기회가 됩니다. 우리 업무가 회사의 명성에 기여한다는 느낌이 사기를 높이고 있습니다."[30]

이처럼 큰 차이를 낼 수 있는, 어떤 일에 대한 묘사 방식을 가리켜 '프레임frame'이라고 한다. 'frame'은 '틀', 'framing'은 '틀에 넣는다'는 뜻인데, 사진을 찍을 때 자신이 선택하는 프레임을 떠올리면 되겠다. 똑같은 풍경이지만 사진을 찍는 사람이 어떤 프레임으로 접근하느냐에 따라 사진이 갖는 의미는 각기 달라질 수 있는 것처럼, 똑같은 내용이라도 어떻게 말하느냐에 따라 전혀 다른 반응을 유발할 수 있다는 것이다.

프레임을 분석하는 연구는 언론학·사회학·심리학·정치학 등 다양한 분야에서 이루어져 왔는데, 이 연구가 가장 활발한 분야가 언론학이다. 언론매체의 뉴스엔 그 어떤 정해진 '틀'이 있다는 생각을 어렴풋하게나마 해본 사람들이 많을 것이다. 그게 무어라고 딱 꼬집어 설명할 수는 없다 해도 말이다. 어떤 학자들은 그걸 딱 꼬집어 이야기할 수 있게끔 하는 연구에 주력한다. 그런 연구와 관련된 이론을 가리켜 프레임frame 이론이라고 한다.

미국 사회학자 어빙 고프먼Erving Goffman은 1974년에 출간한

『프레임 분석Frame Analysi』에서 인간 상호작용의 프레임을 상세하게 설명했다. 미국의 미디어 연구자인 토드 기틀린은 고프먼의 '프레임frame' 개념을 원용하여 매스미디어의 보도가 '프레임'에 갇혀 있으며 바로 그러한 '프레임' 자체가 이데올로기적 효과를 갖는다는 것을 역설한다. 물론 이 '프레임'이라는 것은 전통적인 공정성 개념으론 간파해낼 수 없는 것이다. 기틀린은 '프레임'을 "상징 조작자가 상례적으로 언어적 또는 영상적 담화를 조직하는 근거로 삼는 인식, 해석, 제시, 선별, 강조, 배제 등의 지속적인 유형"이라고 정의한다.[31]

기틀린은 1960년대 미국의 신좌파운동이 초기엔 매스미디어의 보도로 큰 도움을 받았지만 종국엔 매스미디어의 보도 프레임에 의해 몰락했다고 주장한다. 그는 당시 미디어의 보도 프레임으로 ①운동권의 언어·복장·나이·스타일·목표를 경시하는 사소화trivialization 프레임 ②반전운동을 극우 및 신나치그룹들과 같은 극렬주의자로 똑같이 취급하는 극화polarization 프레임 ③운동권의 내부 갈등을 강조하는 프레임 ④일탈적이거나 대표성이 없는 시위자들의 모습을 부각시키는 한계화marginalization 프레임 등을 들었다.[32]

프레임 이론은 자주 의제설정 이론과 혼동되곤 하는데, 지난 10여 년간의 많은 연구들은 프레이밍 효과는 지각된 이슈의 중요성 효과 이후에 발생하는 2차적 수준의 의제설정으로 보고 있다.[33] 즉 의제설정이 이루어진 이후에 프레이밍이 작동한다는 이야기인데, 프레이밍을 넓게 해석하면 의제설정까지 포함하는 것으로도 볼 수 있다.

수용자는 언론에 의해 주어진 프레임에 저항하기도 한다. 장하용·제방훈의 「수용자의 인지정교화 가능성 수준이 프레이밍 효과에 미치는 영향에 관한 연구」라는 논문에 따르면, 수용자의 이슈에 대한 관여도involvement가 높을수록 뉴스 프레임에 대한 동조화 정도가 높은 반면, 수용자가 비평으로 사고하는 성향이 강할수록 뉴스 프레임에 대한 동조화는 적거나 역방향으로 나타난다. 비평적 사고를 즐기는 성향이 높은 수용자들은 이슈에 대한 자신의 태도를 고수하거나, 메시지에 대해 비판적으로 사고하여 동조화되지 않는 경향이 높은 반면, 비평적 사고 성향이 낮을수록 주변경로를 통해 메시지를 처리하는 비율이 높게 나타났다는 것이다.[34]

인지정교화 가능성elaboration likelihood은 어떤 개인이 특정 사안과 관련된 정보에 대해 얼마나 주의 깊게 생각하느냐에 대한 정도를 가리키는 개념이다. 정교화 가능성 모델elaboration likelihood model에서는 메시지가 중심 경로central route와 주변 경로peripheral route라는 두 가지 경로를 통해 처리된다고 가정하는데, 이때 제시된 메시지가 어떤 경로로 처리되는지의 문제는 메시지의 질이나 관여도와 같은 요소에 의해 결정된다. 만약 제시된 설득 메시지가 수용자에게 중요한 문제인 경우, 즉 메시지에 대한 관여도가 높을 때나 제시된 메시지의 질이 높은 경우에는 중심 경로를 이용한 메시지 처리가 발생하게 되는 반면, 제시된 메시지가 수용자에게 중요하지 않은 문제일 경우, 즉 메시지에 대한 관여도

가 낮은 상황에서는 주변 경로를 통해 메시지가 처리된다.[35]

주변 경로를 이용하는 사람들은 광범위한 인지적 노력을 하는 대신, 재빠른 결정에 도달할 수 있도록 해주는 다양한 단서나 신호에 의존하는데, 이는 대부분 설득자의 지위와 관련된 것이다. 로버트 치알디니는 '재빨리 결정해버리는 기계화된 반응'을 촉발시키는 6개의 단서로 ①호혜성(나한테 빚졌다) ②일관성(우리는 항상 이렇게 해왔어) ③사회적 증명(다른 사람도 다 하고 있어) ④호감(날 사랑한다면, 내 생각도 좋아해줘) ⑤권위(단지 내가 그렇게 말하니까) ⑥희귀성(모든 것이 사라지기 전에 빨리) 등을 제시했다.[36]

그간 학자들은 사람이 메시지 내용에 대해 적극적으로 생각하지 않는 상황에서의 설득에 대해서는 설명을 제대로 하지 않았는데, 정교화 가능성 모델은 바로 그런 결함을 고치기 위해 등장한 것이다.[37] 이 모델의 핵심이라고 할 수 있는 '관여도'는 수많은 태도 형성 및 변화이론의 핵심개념이 되었는데, 특히 수용자의 높은 관여도를 바라는 광고인들에게 가장 큰 주목을 받고 있다.[38] 국내 광고연구에서도 가장 많이 이용된 이론이 바로 이 정교화 가능성 모델이라는 건 당연한 일이라 하겠다.[39]

다시 프레임 이론으로 돌아가자. 그간 프레임은 주로 학계에서만, 그리고 뉴스와 관련해서만 사용됐으나, 2006년 4월 미국 언어학자 조지 레이코프George Lakoff의 저서 『코끼리는 생각하지 마: 미국 진보세력은 왜 선거에서 패배하는가』가 국내에 번역·출간돼 국회의원들이 가장 많이 읽은 책이 되는 등 세간의 주목

을 받으면서 저널리즘과 더불어 정치마케팅에서도 널리 쓰이게
되었다. 레이코프는 "어떤 사람에게 '코끼리를 생각하지 말라'고
말하면 그 사람은 코끼리를 떠올릴 것이다"며 "상대편의 프레임
을 단순히 부정하는 것은 단지 그 프레임을 강화할 뿐이다"고 주
장한다.[40]

레이코프의 정의에 따르면, "프레임이란 우리가 세상을 바라
보는 방식을 형성하는 정신적 구조물이다. 프레임은 우리가 추
구하는 목적, 우리가 짜는 계획, 우리가 행동하는 방식, 그리고 우
리 행동이 좋고 나쁜 결과를 결정한다. 정치에서 프레임은 사회
정책과 그 정책을 수행하고자 수립하는 제도를 형성한다. 프레
임을 바꾸는 것은 이 모두를 바꾸는 것이다. 그러므로 프레임을
재구성하는 것이 바로 사회적 변화이다. 우리는 프레임을 직접
보거나 만질 수 없다. 프레임은 인지과학자들이 '인지적 무의식
congnitive unconscious'이라고 부르는 것의 일부이다."[41]

레이코프가 제시한 구체적 사례를 감상해보자.

조지 W. 부시가 백악관에 입성한 바로 그날부터 백악관에서는 '세
금 구제tax relief'라는 용어가 흘러나오기 시작했습니다. 그리고 아직
까지도 그렇습니다. 이 말은 그해 국정연설에서 여러 번 등장했고, 4
년 뒤 선거 유세에서는 더욱 자주 등장하게 됩니다. (…) '세금'이라
는 말이 '구제' 앞에 붙게 되면, 그 결과로 다음과 같은 은유가 탄생
합니다. 세금은 고통이다. 그리고 그것을 없애 주는 사람은 영웅이
고, 그를 방해하는 자는 나쁜 놈이다. 이것이 바로 프레임입니다.[42]

부시는 "우리가 미국을 방어하고자 하는데 부모 동의서를 받아 올 필요는 없습니다"라고 말했다. 레이코프는 부시가 그냥 "동의를 구하지 않을 것입니다"라고 말하는 대신 '부모 동의서'라는 표현을 씀으로써 '프레임 효과'를 노렸다고 보았다. "여러분이 몇 살 때 마지막으로 부모 동의서를 받아 와야 했는지 한번 더듬어 보세요. 그리고 부모 동의서를 요구하는 사람이 누구인지, 요구받는 사람이 누구인지, 그리고 그 둘 사이가 어떤 관계인지 생각해 보세요. 이것은 여러분이 현대의 정치 담론을 이해하고자 한다면 필히 던져야 할 질문들입니다."[43]

레이코프는 유권자들의 표심을 가르는 것은 진실이니 훌륭한 대안 정책 상세 목록들이 아니라 가치와 인간적 유대, 진정성, 신뢰, 정체성이라고 말한다.

'진실이 너희를 자유롭게 하리라'는 것은 진보주의자들이 믿는 흔한 속설이다. 만약 바깥 세계에서 벌어지는 사실들 모두를 대중의 눈앞에 보여준다면, 합리적인 사람들은 모두 올바른 결론에 도달할 것이다. 그러나 이는 헛된 희망이다. 인간의 두뇌는 그런 식으로 작동하지 않는다. 중요한 것은 프레임이다. 한번 자리 잡은 프레임은 웬만해서는 내쫓기 힘들다.[44]

우리는 세상사를 다 이해하고 있다고 믿겠지만, 실은 우리 모두 사고 프레임에 갇혀 있는 포로들이다. 진정 자유롭고자 한다면, 자신이 빠져 있는 프레임이 무엇인지 끊임없이 의심해야 한다. 그러나 세상을 그렇게 피곤하게 살고 싶어 할 사람이 얼마나 되겠는가? 그냥 속 편하게 살고자 한다면, 자신이 진실을 안다는 오만은 버려야한다. 그게 공정하지 않겠는가?

하지만 '프레임 만능주의'에 빠져드는 건 곤란하다. 레이코프도 자유주의적 열정이 넘친 나머지 편향된 방식으로 보수주의자들을 특징짓는 경향이 있는데,[45] 이건 곤란하다. 사실 한국의 진보세력도 그간 프레임론을 오·남용해왔다. 불리한 정치적 상황이 전개되면 자신들의 문제에 대해 성찰을 하는 걸 피하고 모든 걸 보수 프레임 탓으로 돌리는 경향이 있다. 이 점에서 보자면 프레임 이론은 한국의 진보 진영에 악영향을 미쳤다고 볼 수 있다. 뭐든지 과유불급過猶不及이다.

 일독을 권함!

- 전찬영·김춘식, 「정치뉴스 프레임과 수용자의 해석적 프레임이 과학기술 의견형성에 미치는 영향: 세월호참사 속 '다이빙벨' 투입에 관한 내러티브 해석모형의 경험적 검증을 중심으로」, 『한국언론학보』, 60권2호(2016년 4월), 61~94쪽.
- 송현주, 「정파성의 강도와 정책 이슈에 대한 뉴스 프레임이 정파적 양극화에 미치는 영향」, 『한국언론학보』, 59권6호(2015년 12월), 221~245쪽.
- 유영돈·마정미, 「'세종시 갈등'에 대한 뉴스 프레임 연구: 7개 전국 일간지 기사 분석을 중심으로」, 『한국언론학보』, 59권3호(2015년 6월), 29~59쪽.
- 정수영·황경호, 「한·일 주요 일간지의 한류 관련 뉴스 프레임과 국가 이미지: 기사 헤드라인에 대한 의미연결망 분석을 중심으로」, 『한국언론학보』, 59권3호(2015년 6월), 300~331쪽.
- 권혁남, 「정치의 미디어화와 선거보도 특성 변화에 관한 연구」, 『방송문화연구』,

26권2호(2014년 12월), 7–32쪽.

- 이상률·이준웅, 「프레임 경쟁에 따른 언론의 보도 전략: 언론의 기사근거 제공과 익명 정보원 사용」, 『한국언론학보』, 58권3호(2014년 6월), 378–407쪽.

- 박태우·이상식, 「지역 갈등 이슈의 뉴스 프레임 구성에 대한 연구: 동남권 신공항 보도를 중심으로」, 『언론과학연구』, 13권3호(2013년 9월), 251–297쪽.

- 임종섭, 「소셜 미디어 특성을 다룬 신문기사와 공중파 TV뉴스의 프레임 비교분석: 핵심 프레임과 세부 프레임을 중심으로」, 『언론과학연구』, 13권3호(2013년 9월), 527–555쪽.

- 방성현·이건호, 「일간지 기사와 보도자료 프레임 비교를 통한 비구성적 현실 탐색: 4대강 사업 사례분석」, 『한국언론학보』, 57권1호(2013년 2월), 163–186쪽.

- 이수범·강연곤, 「국내 일간지의 트위터 이슈에 관한 보도 프레임 분석: 정치적 소통과 여론 형성이라는 관점을 중심으로」, 『한국언론학보』, 57권1호(2013년 2월), 28–53쪽.

- 정재선·이동훈, 「정교화 가능성 관점의 프레임 효과연구: 암 관련 보도기사를 중심으로」, 『한국언론학보』, 56권6호(2012년 12월), 278–309쪽.

- 안종묵, 「인터넷 미디어의 유형과 뉴스 속성에 따른 뉴스 프레임 분석: 지역 이슈인 '동남권 신공항'과 '광주 인화학교' 사례」, 『언론과학연구』, 12권3호(2012년 9월), 201–230쪽.

- 양정애·김은미·임영호, 「온라인 환경에서의 뉴스프레임 형성: 뉴스 토픽과 작성자에 따른 차이」, 『한국언론학보』, 56권1호(2012년 2월), 264–288쪽.

- 박기수, 「4대강 사업 뉴스에 대한 보도 프레임 연구: 경향신문·동아일보·한국일보 등 3개 종합일간지를 중심으로」, 『한국언론학보』, 55권4호(2011년 8월), 5–26쪽.

- 김성애·이종혁, 「뉴스 프레임과 수용자 스키마 일치가 프레이밍 효과에 미치는 영향: 남북한 대학생 비교분석」, 『한국언론학보』, 55권2호(2011년 4월), 103–127쪽.

- 김혜미·이준웅, 「인터넷 뉴스와 댓글의 뉴스 프레임 융합 효과 연구: 해석의 복잡성 및 태도의 극단성 분석을 중심으로」, 『한국언론학보』, 55권2호(2011년 4월), 32–55쪽.

- 장하용·제방훈, 「수용자의 인지정교화 가능성 수준이 프레이밍 효과에 미치는 영향에 관한 연구」, 『한국언론정보학보』, 46권(2009년 5월), 75–107쪽.

- 이준웅, 「갈등적 사안에 대한 여론 변화를 설명하기 위한 프레이밍 모형 검증 연구: 정부의 통일 정책에 대한 뉴스 프레임의 형성과 해석적 프레임의 구성을 중심

으로」, 『한국언론학보』, 49권1호(2005년 2월), 133–162쪽.

● 나미수, 「핵폐기장 유치에 대한 텔레비전 뉴스 프레임 분석: KBS, MBC의 전국 및 지역(전북지역) 뉴스를 중심으로」, 『한국언론정보학보』, 26권(2004년 8월), 157–208쪽.

● 이준웅, 「갈등적 이슈에 대한 뉴스 프레임 구성방식이 의견형성에 미치는 영향: 내러티브 해석모형의 경험적 검증을 중심으로」, 『한국언론학보』, 46권1호(2001년 12월), 441–482쪽.

오리엔탈리즘

왜 한국소설의 주인공들은 구원을 얻기 위해 인도로 가는가?

"우리 소설의 주인공들은 늘 구원을 얻기 위해 '갑자기' 인도로 간다."

인도 전문가 이옥순이 2002년에 출간한 『우리 안의 오리엔탈리즘: '인도'라는 이름의 거울』에서 한 말이다. 그녀는 그간 한국에서 출간된 인도 관련 소설과 여행기, 신문과 잡지에 실린 글 등을 분석한 결과, 한국의 필자들이 인도의 요가·고행·명상·정신주의를 예찬하고 심지어 가난까지 예찬하는 이면에 숨어 있는 오리엔탈리즘을 발견했다.

이옥순은 19세기 제국주의자 영국에게 감염된 한국인의 '인도 보기'를 '복제 오리엔탈리즘' 또는 '이중의 동양화'라고 불렀다. 왜 한국인은 오늘날 인도를 영국 지배자의 오만한 시선으로 바라보는가? 이 질문을 던진 이옥순은 다음과 같이 답한다.

"어쩌면 우리에게 인도는 부정해야 할 '동양'이거나 지우고픈

아픈 기억의 다른 이름인지도 모른다. 그래서 우리는 서양이 구성한 인도, 인도에 대한 영국의 식민담론을 비판 없이 차용하고 복제하여 우리보다 발전하지 못한 인도를 우리의 '동양'과 타자로 바라보면서 한때 막강한 힘을 가졌던 대영제국의 공범이 되어 심리적 보상을 얻는 것이다."[46]

'오리엔탈리즘Orientalism'이란 무엇인가? 오리엔탈리즘은 서양이 동양에 대해 갖고 있는 이미지와 상상을 의미한다. '서양'과 '동양'이 만난 15세기 이후 400~500년간에 걸친 제국주의 역사를 통해 만들어진 것이다. 그 이미지와 상상은 동양이 보기에 매우 불쾌한 것이다. 이옥순의 표현에 따르면, "오리엔탈리즘은 말 없이 누운 채 서양의 시선에 몸을 맡기는 수동적 동양을 가정한다."[47]

서양의 동양에 대한 이미지와 상상은 편견과 무지로 가득 차 있었다. 서양은 합리·과학·이성·문화·진보로 간주된 반면, 동양은 비합리·비과학·신비·야만·퇴영을 상징하는 이분법 구도에 갇혀 있었다. 의도적인 면도 있었다. 예컨대, 19세기 영국은 인도를 비롯한 세계의 식민지에서 영국인 관료를 55세의 나이에 은퇴시켜 강인한 백인의 남성성을 과시하고자 했다.[48]

편견·무지·의도의 결합으로 탄생된 오리엔탈리즘의 결과, 서양인은 우월감을 느꼈고 동양인은 열등감을 느꼈다. 누군가를 지배하고자 할 때엔 그 사람의 자존심과 자신감을 없애는 게 꼭 필요하다. 그래서 오리엔탈리즘은 서양의 제국주의 지배를 정당화하고 효율화하는 데 크게 기여했다. 이 같은 인식을 널리 퍼뜨리는 데 기여한 인물로 1977년부터 미국 컬럼비아대학의 영어 및 비교문학 교수로 일했던 에드워드 사이드Edward W. Said가 1978년에 출간한『오리엔탈리즘Orientalism』을 빼놓을 수 없다.[49]

이 책은 서구가 이슬람 세계를 보는 방법을 탐구한 것이다. 오리엔탈리즘은 서구 학자들이 동양을 본질적으로 적대적이고 스테레오타입화된 방식으로 인식하는 경향을 말한다. 이 책을 내고 나서 20여 년 후 사이드는 한 인터뷰에서 이 책에 대해 다음과 같이 말했다.

『오리엔탈리즘』이라는 책에서 내가 주장하고 싶었던 것은 서구인들의 오만과 편견이었다. 서구인들은 서구문명이 보편적이고 선구적인 문명이고, 그외는 모두 야만적이고 열등하다고 생각하는 경향이 강하다. 그래서 그들은 자신들의 입장에서 동양을 보지, 동양인의 입장에서 이해하려고 하지 않는다. 그러다보니 우월한 서양이 열등한 동양을 가르치고, 나아가 지배한다는 것이 당연시되는 것이다. 그 같은 인식에서 나온 것이 제국주의가 아니겠는가. 이같은 서구인들의 편견과 그에 따른 동양에 대한 편견을 나는 오리엔탈리즘이라고 불렀다.[50]

사이드의 이후 저작들은 거의 대부분 이 책의 연장선상에 놓여 있다. 1979년에 출간한『팔레스타인 문제The Question of Palestine』와 1981년에 출간한『이슬람 보도하기Covering Islam』도 바로 그런 책들이다.『이슬람 보도하기』는 미국의 언론·할리우드 영화·학계 지식인들이 이슬람을 왜곡되게 다루는 걸 고발한 것으로, 언론학적으론 '프레임 이론'의 적용으로 볼 수 있다.

오리엔탈리즘의 반대로 옥시덴탈리즘Occidentalism도 있다. 옥시덴탈리즘은 동양이 서양에 대해 갖고 있는 이미지와 상상을 의미하는 것으로 여기에도 왜곡이 작용한다. 옥시덴탈리즘은 동양 국가들의 우익 민족주의 세력에 의해 국내의 정치적 목적으로 자주 활용된다. 중국과 일본이 그 대표적인 나라들이다. 일본의 우익은 서양의 이기적인 개인주의, 물질주의, 퇴폐와 오만, 인종적 혼재 등을 서양의 '전형'으로 간주하여 비판하면서 그와 비교되는 일본의 장점을 역설하며, 이는 중국의 경우에도 마찬가지다.

샤오메이 천Xiaomei Chen은 마오쩌둥은 미국과 유럽 국가들이 제3세계 국가들을 예외없이 착취하고 억압했다고 주장함으로써 내부에서의 위치를 확고히 하는 효과를 거두어 제3세계의 '위대한 지도자'로 부상했다고 말한다. 또 그는 북한은 제국주의 미국에 반대하는 담론을 관변 이데올로기로 활용해 내부 안정을 꾀했다고 주장한다.[51]

김봉진은 "문화적, 이데올로기적으로 폐쇄된 공간에서 자기가 아닌 '타자'를 멀리함과 동시에 고유 문화를 복권시켜 예찬하는 작업은 오리엔탈리즘이라는 근대의 문화와 그 담론의 지배(=문화제국주의)로부터 탈출하는 하나의 실험에 불과하다"고 말한다. 그는 이러한 실험은 오리엔탈리즘을 뒤집은 '옥시덴탈리즘'의 오류에 빠질 수도 있다고 주장한다.[52]

한국에선 서구문화를 숭배하는 동시에 '양키' 또는 '양놈'이라는 표현으로 서구의 부정적인 전형을 만들어냄으로써 그 어떤 자기만족적 위안을 찾으려는 경향이 없지 않다. 그런가 하면 정반대 유형의 옥시덴탈리즘도 있다. 이정우는 옥시덴탈리즘의 한 요소로 전통보다 발전을 중시하는 태도, 다시 말해 미래지향적인 태도를 드는 시각에 대해 다음과 같이 말한다.

그러나 '서양'의 한 전형인 프랑스의 리옹을 가보면 전통에 대한 애착과 보존은 정말이지 감탄이 나올 정도다. 그에 비해 '동양'의 한 전형인 한국의 서울, 또는 다른 도시들은 어떤가? 거기에 도대체 무슨 '동양의 신비' '정신문화'가 있는가? 천민자본주의의 물결만이 휩쓸고 다니지 않는가? 거의 대부분의 경우 오리엔탈리즘의 이미지, 옥시덴탈리즘의 이미지는 인식주체가 제멋대로 만들어낸 허구적 이미지일 뿐이다.[53]

오리엔탈리즘과 옥시덴탈리즘은 사람들이 세상을 단순화시켜 쉽게 이해하려는 '경제적인' 이유 때문에 발생하는 것일 수도 있다. 당연히 그 과정에서 그 어떤 고정관념과 편견이 생겨난다. 고정관념을 극복하긴 어렵지만, 고정관념이 발전돼 나타나는 편견은 별개의 문제다. 예컨대, 어떤 인종에 대해 어떤 고정관념을 갖고 있다 하더라도 피부 색깔로 사람을 차별해선 안된다는 자신의 신념으로 자신의 고정관념을 밖으로 드러내지 않거나 그것을 유연하게 만드는 정도의 통제는 얼마든지 가능하다는 것이다.

그런 점에서 오리엔탈리즘과 옥시덴탈리즘은 세상을 이해하고 그 이해를 드러내는 방식과 관련된 문제일 것이다.

📚 일독을 권함!

- 서의석, 「할리우드 영화에서 표현된 동아시아 오리엔탈리즘의 변화 그리고 탈식민주의: 영화 〈그랜 토리노〉를 중심으로」, 『영화연구』, 62권(2014년 12월), 133–177쪽.

- 박윤주, 「미디어 모노컬처와 오리엔탈리즘 : 한국 언론의 라틴아메리카 보도 행태 연구」, 『중남미연구』, 32권2호(2013년 6월), 139–162쪽.

- 유진환·이창현, 「일제하 『조선미술전람회』 관련 신문보도에 나타난 일본의 오리엔탈리즘」, 『한국언론정보학보』, 54권(2011년 5월), 5–31쪽.

- 이지연, 「안나 메이 웡(Anna May Wong): 할리우드 스크린에서의 오리엔탈리즘과 인종적 정체성의 구성」, 『영화연구』, 34권(2007년 12월), 261–292쪽.

- 문소영, 「한국영화에 나타난 오리엔탈리즘 연구: 영화 〈파이란〉을 중심으로」, 『여성학연구』, 16권1호(2006년 12월), 269–277쪽.

- 황인성, 「텔레비전의 미·이라크 전쟁 보도와 미국식 오리엔탈리즘: KBS 텔레비전 뉴스 사례를 중심으로」, 『한국언론학보』, 48권3호(2004년 6월), 144–167쪽.

- 임영호, 「텔레비전 오락물에 나타난 내부 오리엔탈리즘과 지역 정체성 구성: 〈서세원의 좋은 세상 만들기〉의 텍스트 분석」, 『한국언론학보』, 46권2호(2002년 4월), 576–605쪽.

왜 의사사건

미디어 이벤트는
언론의 딜레마인가?

'정보폭발'이 가속화될수록 '의사사건pseudo-event'이라는 개념의 가치가 돋보이고 있다. 1961년에 이 개념을 제시한 미국의 역사학자 다니엘 부어스틴Daniel Boorstin은 보수적인 이데올로기와 정치관을 갖고 있었음에도 불구하고 오늘날 이데올로기의 좌우를 막론한 많은 학자들에 의해 인용되고 있다. 부어스틴의 '의사사건' 개념은 칼럼니스트 월터 리프먼이 그의 1922년 저서 『여론』에서 밝힌 '의사환경pseudo-environment'이라는 개념을 발전시킨 것으로 보아도 무방하다.

부어스틴은 리프먼이 『여론』이란 책을 쓴 1920년대는 전자미디어가 힘을 발휘하기 전이라는 점을 상기시키면서 오늘날엔 리프먼이 상상할 수 없을 정도로 '의사사건'들이 난무하고 있다고 말한다. 그의 견해에 따르면 특히 텔레비전은 전적으로 '의사사건'에 의존하는 '의사사건'의 미디어이다.[54] 그렇다면 '의사사건'

이란 도대체 무엇인가? 부어스틴은 한 가지 재미있는 PR사례를 소개한다.

한 호텔 경영자가 어느 PR전문가를 찾아갔다. 호텔이 오래돼 장사가 잘 안되는데 어떻게 하면 좋겠느냐는 상담을 하기 위해서였다. PR전문가는 호텔 개관 30주년 행사를 거창하게 벌리라고 조언을 해준다. 그 조언에 따라 각 계의 지역 유지들을 참여시킨 축하위원회가 구성된다. 축하 행사장엔 기자들이 초청되고 여기저기서 카메라 플래쉬가 번쩍인다. 유명인사들이 참가한다는 이유 하나만으로 그 축하 행사는 뉴스가 되고 새삼스럽게 그 호텔이 지역사회에 기여한 공로가 예찬된다.[55]

부어스틴에 따르면 바로 그런 축하 행사가 '의사사건'이다. 그건 매스미디어에 의해 보도되기 위해 꾸며진 '사건'이지만 그렇다고 완전히 '가짜'는 아니다. 아마도 '의사擬似(실제와 비슷함)'라는 표현이 적합할 것이다. 그리스어에서 비롯된 접두어 'pseudo' 도 그런 의미에 가깝다. 부어스틴은 그런 예를 제시한 뒤 '의사사건'의 특성으로 다음과 같은 4가지를 들고 있다.

1)의사사건은 우연한 것이 아니라 계획적인 것이다. 기차 사고나 지진은 의사사건이 아니지만 인터뷰는 의사사건이다. 2)의사사건은 보도되거나 재생산되기 위한 즉각적인 목적을 위해 계획된 것이다. 그러므로 의사사건의 발생은 미디어에 의해 보도되거나 재생산되기에 편리하게끔 계획된다. 그 성공은 얼마나 크게 그리고 널리 보도되었는가에 따라 측정된다. 3)의사사건이 실제 현실과 맺는 관계는 애매하다. 바로 그런 애매함 때문에 의사

사건은 사람들의 관심을 끌게 된다. 4)의사사건은 '자기충족적 예언'이 이루어지게끔 하는 의도를 갖고 있다. 앞서 예로 든 호텔 개관 30주년 행사는 그 호텔이 아주 좋은 호텔이라는 것을 선전하기 위해 계획된 것인데, 그 의사사건은 그러한 의도를 실현시키는 효과를 갖는다.[56]

오늘날 언론은 '의사사건'에 절대적으로 의존한다. 언론에 보도되기 위한 PR 활동이 극심해질수록 언론의 '의사사건'에 대한 의존도는 더욱 커진다. 특히 선거 캠페인은 절대적으로 의사사건에 의존하며, 선거 캠페인 보도는 그걸 반영할 수밖에 없다.[57] 모든 사회운동도 '의사사건'에 의존하지 않고선 언론에 보도될 수 없다. 특히 여권운동의 성장은 '의사사건'의 연출에 크게 의존했다.[58] 무엇보다도 의사사건은 '예측성'의 장점이 있어서 더욱 뉴스가 될 가능성이 높다. 또한 의사사건은 복잡한 것을 단순하고 재미있는 이미지로 보여주기 때문에 대중에게 어필한다.[59] 바로 이런 이유 때문에 미디어를 의식한 모든 이벤트는 언론인들에게 딜레마적 상황을 야기하고 있다.

언론인들은 자신이 '의사사건'에 지배되고 있다는 걸 뻔히 알면서도 마감시간의 압박 등과 같이 자신이 처해 있는 여러 제약조건 때문에 '의사사건'을 선호하는 경향이 있다. 문제는 '의사사건'의 연출이 물적 조건이 유리하고 어느 정도 PR의 노하우가 축적돼 있는 취재원들에게 더욱 용이하다는 데 있다. 언론이 늘 이용당하는 것만은 아니다. 인터뷰는 언론이 스스로 개발해낸 대표적인 '의사사건'이다. 누구를 인터뷰해서 뉴스를 만들어낼 것인가? 그건 전적으로 언론이 결정한다. 인터뷰는 언론의 상업성 추구에 도움이 될 뿐만 아니라 언론의 권위를 높이는 데도 큰 기여를 했다.

부어스틴은 유명인사를 '인간 의사사건'으로 간주한다. 그는 오늘날 영웅은 유명인사에 의해 압도되고 있음을 개탄한다. 유명인사는 인간의 위대함에 대한 우리의 부풀려진 기대를 만족시키기 위한 목적으로 만들어진 것에 지나지 않는다는 것이다. 그는 전기적 기사를 많이 싣는 『새터데이 이브닝 포스트』지와 『콜리어즈』지를 1901~1914년 중 5개의 표본 연도를 뽑아 전기적 기사에 관한 분석을 했더니 전체의 74%가 정치인·기업인·전문직업인 등이었으나, 1922년 이후엔 반 이상이 연예인이나 운동선수와 같은 유명인사였다는 조사 결과를 인용하면서, 유명인사가 영웅을 대체했다고 주장한다.[60]

부어스틴의 주장에 따르면, 영웅은 자신을 스스로 만들지만 유명인사는 미디어에 의해 창조된다. 영웅은 큰 인물이지만 유명인사는 큰 이름일 뿐이다. 유명인사 가운데에서도 스타야말로 터무니없는 '의사사건'인데, 미국인들의 성공에 대한 집착과 실패에 대한 불관용이 스타를 더욱 예찬하게 만들고 있다는 것이다.[61] 그는 스타 현상이 도처에 널려 있다고 말한다. 이른바 '베스트셀러리즘'은 출판계의 스타 시스템인 셈이다. 그는 '베스트셀러'가 1897년 『북맨』이라는 월간지가 최초로 '가장 잘 팔리는 책들'을 소개한 이후부터 시작되었다고 말한다. 원래 영어에서 '셀러seller'는 '책을 파는 사람'만을 의미했으나, 1900년경에 이르러

선 '많이 팔리는 책'까지 의미하게 되었다는 것이다.[62]

부어스틴의 생각에 따르면, 베스트셀러는 단지 잘 팔리기 때문에 잘 팔리는 책에 지나지 않는다. 유명인도 단지 유명하기 때문에 유명한 사람에 지나지 않는다. 그런 의미에서 유명인이나 베스트셀러는 순전히 '동어반복tautology'인 셈이다.[63] 부어스틴은 '의사사건'이 '사실의 세계'에 관한 것이라면, 이미지는 '가치의 세계'에 관한 것이라고 말한다. 그런 의미에서 이미지는 '의사 이상pseudo-ideal'이다. 부어스틴은 이미지가 이상理想을 대체하고 있다고 말한다. 그래픽 혁명 이전의 사고방식은 '이상 사고ideal-thinking'였는데, 그래픽 혁명 이후의 사고방식은 '이미지 사고image-thinking'라는 것이다.[64]

미국의 건설 자체가 광고의 역사였다고 단언하는 부어스틴은 광고야말로 대표적인 '민주주의의 수사학rhetoric of democaracy'이라고 말한다. 그는 플라톤과 그밖의 철학자들이 경고한 민주주의의 한 가지 위험은 '수사학rhetoric'이 '인식론epistemology'을 대체하거나 압도하는 것이었음을 상기시킨다. 즉, 설득의 문제가 지식의 문제를 압도하게끔 허용하는 건 위험하다는 것이다. 그런데 민주사회는 무엇이 진실인가 하는 것보다는 사람들이 무엇을 믿느냐에 더욱 관심을 갖는 경향이 있다는 것이다.[65]

부어스틴은 '의사사건'의 범람으로 인해 사람들은 날이 갈수록 '자연스러운 현실'로부터 멀어져가고 있다고 말한다. 미국인들이 범죄 뉴스와 스포츠를 몹시 좋아하는 이유도 '의사사건'이 아닌, '자연스러운 현실'을 열망하는 반작용 때문이라는 것이다. 물론 스포츠도 의사사건이지만 어느 정도 이벤트로서의 오염되지 않은 '진실성'을 갖고 있다. 스포츠 사기나 승부 조작에 대한 미국인들의 분노는 단지 도덕성 때문만은 아니다. 그건 '조작되지 않은 현실'에 대한 접촉의 그 빈약한 기회마저 박탈되었다는 데 대한 분노라는 것이다. 부어스틴은 대중이 남의 사생활·가십·공인의 스캔들에 집착하는 것도 바로 '자연스러움'에 대한 갈증 때문인 것으로 해석한다.[66]

다니엘 다얀Daniel Dayan과 엘리후 카츠는 『미디어 이벤트: 역사를 생중계하다Media Events: The Live Broadcasting of History』(1992)에서 '의사사건'에 갖고 있는 폄하의 의미를 걷어내고 미디어 이벤트에 긍정적인 의미를 부여하지만,[67] 적어도 언론의 입장에선 미디어 이벤트가 축복이자 저주일 수밖에 없다. 좋은 뉴스거리가 생긴다는 점에선 축복이지만, 보도의 주도권을 이벤트의 연출자에게 넘긴다는 점에선 저주인 셈이다.

날이 갈수록 미디어에 의한 '정보폭발'이 가속화되는 상황에서 부어스틴이 경고하는 '의사사건'의 위험성은 우리에게도 많은 것을 시사해준다. 부어스틴이 지적한 바와 같이, 우리에게 필요한 것은 인스턴트 정보의 큰 덩어리가 아니라 소량일망정 진정한 지식일 것이다. 커뮤니케이션 기술의 발달과 매스미디어의 상업성 추구는 '의사사건'의 가치를 더욱 증대시키고 있다. 매스미디어의 '의사사건' 의존도를 낮추는 방법은 없는 것인지, 아니면 수용자들은 '의사사건'의 범람에 어떻게 대응해야 하는 것인지, 그런 의문을 놓고 진지하게 고민할 필요가 있지 않을까.

📚 일독을 권함!

- 이현선, 「홍보대사를 통한 비영리조직의 커뮤니케이션 효과에 관한 연구: 홍보대사의 유형과 커뮤니케이션 유형을 중심으로」, 『사회과학연구』(충남대학교 사회과학연구소), 25권3호(2014년 7월), 297–318쪽.
- 황낙건, 「문화마케팅 유형이 기업이미지에 미치는 영향에 관한 연구」, 『예술경영연구』, 27권(2013년 8월), 5–25쪽.
- 문성준·채기태, 「다양한 매체를 이용한 홍보 활동의 사례연구: 인천대교 홍보 방안」, 『한국방송학보』, 26권5호(2012년 9월), 114–149쪽.
- 김영욱, 「담론 경쟁으로서 PR커뮤니케이션: 새로운 패러다임과 이론의 방향성 설정」, 『커뮤니케이션 이론』, 8권1호(2012년 4월), 352–386쪽.
- 이완수·강철용·김동률, 「미디어 이벤트 유형 연구: 벤쿠버 올림픽 김연아 보도를 중심으로」, 『한국방송학보』, 24권4호(2010년 7월), 163–212쪽.
- 이종혁·이철한, 「PR 활동의 포토 이벤트 활용에 대한 탐색적 연구: 실무자들의 뉴스가치 제고전략과 윤리의식을 중심으로」, 『한국광고홍보학보』, 11권3호(2009년 7월), 94–125쪽.

왜

적대적 미디어 효과

미국의 CNN은
폭스뉴스 · MSNBC와 달리 고전하는가?

"3개의 적대적인 신문이 1000명의 군대보다 더 무섭다." 나폴레옹 보나파르트의 말이다. 적대적인 미디어의 무서운 힘을 어찌 부정할 수 있으랴. 이는 나폴레옹의 시대나 오늘이나 다를 게 전혀 없다.

그런데 어떤 미디어가 적대적이냐 아니냐 하는 건 주관적인 판단이기에 미디어의 적대성을 둘러싸고 논란이 벌어지곤 한다. 우리는 자기에게 의미 있는 정보만을 선택적으로 받아들이는 선택적 지각selective perception의 포로가 되곤 하기 때문에 더욱 그렇다.

이를 잘 보여주는 것이 바로 '적대적 미디어 효과hostile media effect'다. 특정 이슈에 상반된 입장인 두 집단이 미디어의 중립적 보도를 두고 서로 자기 집단에 적대적이라고 왜곡하여 지각하는 것을 말한다. 같은 정보를 각자 입장에 따라 선택적 지각, 즉 주관적으로 왜곡하되 부정적으로 처리하기 때문에 일어나는 현상이다.

이 현상은 초기의 '제3자 효과the third-person effect 이론', 즉 어떤 메시지에 접한 사람은 그 메시지의 효과가 자신이나 2인칭의 '너'에게보다는 전혀 다른 '제3자'에게 강하게 작용할 것이라고 보는 경향이 있다는 연구 결과를 재분석하면서 도출해낸 개념이다.[68]

적대적 미디어 효과는 1982년 스탠퍼드대학의 로버트 발론Robert Vallone, 리 로스Lee Ross, 마크 레퍼Mark R. Lepper 등의 연구 실험으로 세상에 알려졌다. 이들은 실험 참가자를 친親이스라엘파와 친親팔레스타인파로 나누고 당시 일어난 팔레스타인 관련 텔레비전 뉴스를 똑같이 보게 했는데, 전자는 이스라엘에 적대적인 내용이 더 많이 나왔다고 평가했고 후자는 팔레스타인에 적대적인 내용이 더 많이 나왔다고 평가했다. 이후 여러 연구에서도 갈등 관련 뉴스를 본 사람들은 한결같이 자신이 어떤 쪽을 지지하느냐에 따라 자기 쪽이 미디어에 의해 적대적으로 다뤄졌다고 평가하는 것으로 나타났다.[69]

이 실험은 객관적으로 중립에 가까운 뉴스를 가지고 한 실험이었다. 중립적인 학생들의 반응이 이를 보여준다. 이와 관련, 대니얼 J. 레비틴Daniel J. Levitin은 이렇게 말한다. "당파주의자가 자신의 신념에 맞게 왜곡된 뉴스를 볼 때는 오히려 그것을 중립적이라 판단하리라고 쉽게 생각할 수 있다. 이는 앤 콜터Ann Coulter, 레이철 매도Rachel Maddow 등이 진행하는 소위 이데올로기적으로 편향된 뉴스 해설이 두각을 나타내는 이유다."[70]

'상대적인 적대적 매체 지각relative hostile media perception'이란 것
도 있는데, 이는 어떤 갈등적 이슈에 찬성 또는 반대하는 사람들
이 어느 한쪽으로 확실하게 편향된 이슈관련 기사를 읽고 똑같
이 편파적 기사임을 인정하면서도 그 기사가 자신의 입장에 더
불리하게 쓰여졌다고 인식하는 것을 말한다.[71]

언론학자들은 이 현상이 한국에서 두드러지게 나타난다고 말
한다. 오택섭과 박성희는 2005년에 발표한 「적대적 매체지각: 메
시지인가 메신저인가」라는 제목의 논문에서 "현재 우리 사회 언
론을 향한 논쟁과 비판에는 다른 나라에서 찾아보기 힘든 특이
한 양상이 존재한다"며 다음과 같이 말한다.

즉 보도의 내용인 '메시지'를 비판의 대상으로 삼기보다는 보도의
주체인 특정 언론사, 즉 '메신저'를 겨냥하는 경향을 종종 띤다는 점
이 그것이다. 최근 일고 있는 언론 개혁 논의가 언론인의 전문성이
나 직업윤리, 언론자유 등 모든 언론을 관통하는 공통분모에서 이루
어지지 않고 특정 언론사의 역사적 정당성이나 메이저 대 마이너의
시장 지분, 혹은 친정부 대 반정부, 진보와 수구 등 언론사간 양자대
립 구조로 일관하는 것은 이러한 한국의 독특한 매체환경에서 비롯
된 특성이다.[72]

홍인기와 이상우도 2015년에 발표한 「트위터의 뉴스 재매개가
이용자의 뉴스 지각에 미치는 영향」이라는 제목의 논문에서 "다
수의 미디어 효과 중에서도 적대적 미디어 지각에 주목하는 이

유는, 이것이 현재 한국 사회에서 극명하게 나타나는 현상으로 판단되기 때문이다"고 말한다.[73] 학자들은 이런 문제의식하에 그간 적대적 미디어 효과를 주로 뉴스 이용 행태와 정치참여 등과 관련해 연구해왔다.

적대적 미디어 효과는 당파적 언론의 번성과 수용자의 태도 극화attitude polarization의 원인이 되기 때문에 언론사와 언론인에겐 이럴 수도 저럴 수도 없는 골칫거리다. 미국에서 우편향 폭스뉴스와 좌편향 MSNBC가 성공을 거둔 반면 비교적 중립적인 CNN이 고전하는 것이 좋은 예인데, 이 점에서 보자면 CNN이 적대적 미디어 효과의 가장 큰 피해자라고 할 수 있겠다.[74]

적대적 미디어 효과는 언론과 공적 기관들에 대한 불신, 사회 정치적 소외, 당파적 사회운동 참여의 원인이 되며, 더 나아가 민주적 절차와 의사결정에 대한 신뢰를 해친다. 적대적 미디어 효과는 숙의민주주의deliberative democracy에 참여하는 동기를 부여하는 순기능도 있을 수 있지만, 이는 아직 가능성으로 머무르고 있다.[75]

적대적 미디어 효과 연구를 'oppositional media hostility'라고 부르는 사람도 있는데,[76] 이는 자신이 좋아하지 않는 언론사에서 나온 뉴스를 불신하는 걸 말한다. 한국의 진보가 조중동이나 종편 뉴스를 음모론적인 시각으로 보면서 이들이 늘 '진보 죽이기'를 절대적 사명으로 삼고 있다는 식의 발상을 하는 게 좋은 예라 하겠다.

그러나 보수언론이 그렇게 해서 장사를 할 수 있을까? 보수언론에겐 이념과 노선도 중요하지만 그것보다 더 중요한 것은 '상업적 생존과 성장'이기 때문에 상당 부분 민심을 반영하지 않을 수 없다. 그런데 그런 기사마저 음모론적인 시각으로 보면 진보가 오히려 민심과 멀어지는 결과를 초래할 수 있다.

앞서 지적했듯이, 진보주의자들은 보수언론이 진보에 불리한 '프레임'을 구사하고 있다고 주장한다. 하지만 프레임은 보수 언론은 물론 진보언론에도 존재한다. 문제는 힘의 격차다. 진보는 늘 보수의 프레임이 어떻다는 식의 말을 하지만, 보수는 그런 말을 하지 않는다. 강자는 약자의 프레임에 시비를 걸지 않는 법이다. 진보가 보수의 프레임을 잘 살펴보면서 휘말려들지 않기 위해 조심하는 건 꼭 필요한 일이다. 그런데 진보는 그 필요성을 오·남용해 왔다. 야권분열의 문제를 자신들의 문제로 알고 답을 안에서 찾으려는 게 아니라 모든 걸 보수 프레임 탓으로 돌리는 경향이 있다는 것이다.

그러나 프레임 못지않게 중요한 것은 '뉴스 가치'의 문제다. 시장에서 어떤 뉴스가 더 잘 팔릴까? 싸움이 벌어졌는데 그걸 키우는 게 장사가 잘 될까, 아니면 싸우는 양쪽 모두에게 손해니 싸우지 말라고 말리는 게 장사가 잘 될까? 사실 2016년 상반기 야권분열과 관련해 적대적 미디어 효과가 가장 두드러지게 나타난 곳은 『한겨레』의 인터넷 댓글 공간이었다. 야권 분열과 관련, 중립적인 기사인데도 자신이 지지하는 쪽의 관점에서만 바라보면서 편파적이라고 비난하는 건 물론 『한겨레』에 온갖 욕설을 퍼붓는 댓글들이 무수히 많았다. 적대적 미디어 효과는 우리가 원하는 민주주의의 실천에 적대적이라고 할 수 있겠다.

📚 **일독을 권함!**

- 김경모·이승수·김상정, 「정파적 수용자의 적대적 매체 지각과 뉴스 미디어 리터러시: 자기범주화와 정교화가능성의 이론적 접점」, 『커뮤니케이션 이론』, 12권3호 (2016년 9월), 4–48쪽.

- 김현정, 「적대적 매체 지각이 행동의향에 미치는 영향: 정치적 정체성의 현저성과 정서, 이슈 관여도의 역할을 중심으로」, 『한국언론학보』, 60권3호(2016년 6월), 66–90쪽.

- 정지은·진보래·박남기, 「트위터에서의 적대적 지각과 메시지 신뢰도: 동성결혼 합법화 및 고소득층 증세 이슈를 중심으로」, 『사이버커뮤니케이션학보』, 32권4호 (2015년 12월), 81–121쪽.

- 김남두·황용석, 「적대적 미디어 지각과 이슈 관여가 대통령을 향한 책임귀인 및 회고적 투표의향에 미친 영향에 관한 연구: 2014년 지방선거의 세월호 이슈 사례를 중심으로」, 『한국언론학보』, 59권5호(2015년 10월), 32–63쪽.

- 김미희·정다은, 「트윗 글에 대한 편향성 인식이 트위터 사용자의 여론 지각에 미치는 영향」, 『한국언론학보』, 59권3호(2015년 6월), 235–262쪽.

- 홍인기·이상우, 「트위터의 뉴스 재매개가 이용자의 뉴스 지각에 미치는 영향」, 『방송통신연구』, 통권90호(2015년 4월), 74–105쪽.

- 이종혁, 「언론 보도에 대한 편향적 인식이 공정성 평가에 미치는 영향: 우호적, 중도적, 적대적 매체에 대한 비교 검증」, 『한국언론학보』, 59권1호(2015년 2월), 7–36쪽.

- 송인덕, 「언론사의 정파성 인식과 수용자의 정치성향에 따른 편향적 매체지각: 신문사설을 중심으로」, 『커뮤니케이션 이론』, 10권3호(2014년 9월), 222–257쪽.

- 목은영·이준웅, 「정보원 다양성, 이해당사자 견해반영, 관점 균형성이 뉴스 공정성 평가에 미치는 영향」, 『한국언론학보』, 58권4호(2014년 8월), 428–456쪽.

- 김영지·하승태, 「TV 뉴스에 대한 적대적 매체지각과 인터넷 뉴스의 대안적 이용 가능성」, 『언론학연구』(부산울산경남언론학회), 18권2호(2014년 5월), 57–87쪽.

- 이유민·정세훈·민영, 「적대적 매체 지각과 제삼자 지각이 정치 참여에 미치는 효과: 대선 투표 참여에 대한 상호작용 효과를 중심으로」, 『한국언론학보』, 57권5호 (2013년 10월), 346–367쪽.

- 김소영·양정애·양승목, 「한국 미디어에 대한 중국인 유학생들의 적대적 지각이 한국(인)에 대한 태도에 미치는 영향: 미디어 이용 및 대인커뮤니케이션을 예측변인으로」, 『미디어, 젠더 & 문화』, 27권(2013년 9월), 33–75쪽.

- 민영식, 「이주 소수자의 미디어 이용, 대인 커뮤니케이션, 그리고 적대적 지각: 북한이탈주민의 심리적 적응에 대한 탐색」, 『한국언론학보』, 56권4호(2012년 8월), 414–438쪽.

- 이은주, 「지각된 편향인가 편향된 지각인가? 댓글의 내용, 여론에 대한 인식과 이슈 관여도에 따른 기사의 논조 지각」, 『한국언론학보』, 55권3호(2011년 6월), 179–198쪽.

- 오택섭·박선희, 「텔레비전 후보자 토론회와 적대적 매체 지각: 제17대 대통령 후보 토론회를 중심으로」, 『한국방송학보』, 22권4호(2008년 7월), 127–164쪽.

- 황치성, 「갈등 이슈에 대한 개인 의견과 특정 신문에 대한 태도가 기사 편향지각에 미치는 영향: 적대적 매체지각 이론을 중심으로」, 『한국언론학보』, 51권3호(2007년 6월), 308–327쪽.

- 오택섭·박성희, 「적대적 매체지각: 메시지인가 메신저인가」, 『한국언론학보』, 49권2호(2005년 4월), 135–166쪽.

제5장

저널리즘 현실

객관주의

인터넷이 '언론의 객관성'에 치명타를 가했는가?

미국 역사학자 하워드 진Howard Zinn은 미국인들의 세상 인식 방법과 관련해 '객관성'과 '중립성'에 관한 신화를 지적했다. 이 신화에 빠지게 되면 세상을 제대로 보는 게 매우 어려워진다. 아니 '함정'이라고 불러도 좋겠다. '객관성'과 '중립성'을 내세우는 미국 언론매체들이 제공하는 세계에 대한 지식과 정보만을 소비하는 미국인들이 제대로 된 세계적 안목을 갖는다는 건 기대하기 어렵기 때문이다. 진은 "왜 우리는 '객관성'을 그토록 소중히 여겨야 하는가? 의견이란 것이 마치 순수한 것인 양, 그 어떤 이해관계와도 관계가 없는 것인 양 말이다. 설령 우리의 생각을 혼란스럽게 만들지 모를 정보라 해도 숨기지 않는 것, 사실을 사실대로 우리가 보는 대로 말하는 것, 이런 의미의 객관성이라면 우리는 진정 객관적이길 원한다"며 다음과 같이 주장한다.

그렇지만 그 어떤 의견이 우리 시대의 사회적인 투쟁과 아무런 관련이 없다든가, 투쟁의 어느 편에도 가담해 있지 않은 듯 행세하는 것이 객관이라면, 우리는 전혀 객관적이고 싶지 않다. 실제로 중립을 지킨다는 것은 불가능한 일이다. 이미 부와 권력이 특정한 방법으로 분배되고 특정한 방향으로 움직이고 있는 세계 속에서 중립을 지킨다는 것은 현 상태를 있는 그대로 받아들인다는 것을 뜻한다. 전쟁 대 평화, 국수주의 대 국제주의, 평등 대 탐욕, 민주주의 대 엘리트주의 등 여러 이해관계들이 끊임없이 충돌하고 있는 오늘날의 세계에서 중립을 유지한다는 것은 불가능할 뿐만 아니라 바람직하지도 못하다고 나는 생각한다.[1]

우리는 언론보도와 관련하여 객관성을 강조하곤 하지만, 하워드 진의 주장처럼 과연 무엇이 객관성인지, 객관성이 가능한 목표인지, 객관성이 바람직한 것인지 등을 둘러싼 논쟁이 치열하다. 그럼에도 가능한 한 선의의 객관성을 추구해야 한다는 데엔 별 이견이 없는 것 같다.

객관성과 객관주의는 어떻게 다른가? '객관성'은 "객관적 실재를 적합하게 반영하는 진술이나 이론 등을 형성하는 것을 지향하는 과학적 탐구의 특징 및 원리"인 반면 '객관주의'는 "과학적 탐구는 (탐구대상에 대한) 그 어떤 비판적 평가나 계급적인 평가 또는 당파적인 판정을 내려서는 안 된다는 세계관적 방법론적 사고 방식"이다. 따라서 "객관 보도가 지향해야 할 방향은 객관성이지 객관주의가 아니라는" 주장도 있다.[2] 그러나 대체적으로 두 개념은 혼용되는 게 현실이다.

역사적으로 언론보도의 객관주의objectivity는 1830년대 미국 저널리즘의 혁명기에 주요 독자가 상인과 정치 엘리트에서 일반 대중으로 전환되는 과정에서 '사설에 대한 뉴스의 승리', '의견에 대한 사실의 승리'로 나타났다. 그 이면에 숨은 정치경제적 이유로는 ①시장 확대(모든 사람을 만족시키거나 적어도 강한 반발은 피할 수 있다) ②비용절감(심층 취재를 할 필요가 없으므로 취재 인력과 시간을 절감할 수 있다) ③조직의 안전(심층 분석과 판단으로 인한 논란의 부담과 명예훼손의 위험 부담에서 벗어날 수 있다) 등이 지적되고 있다. 객관주의의 사실에 대한 강조는 이슈보다는 이벤트 중심의 뉴스, 또는 이슈를 다루더라도 구조적인 이슈보다는 사건성 이슈 중심의 뉴스를 양산해내고 있어 지배이데올로기의 재생산에 기여하고 있다는 주장도 제기되고 있다.[3] 객관적 보도의 지침들이 미국 대학 저널리즘 과목에 정착된 건 1890년이었는데, 객관적 보도가 미국에서 산업화가 가장 빨리 이루어졌던 시기에 언론의 숭배 대상이 된 건 결코 우연이 아니라고 보는 시각도 있다.[4]

그 역사적 배경이야 어찌됐건, 오늘날 객관주의는 일반적으로 보도에 있어서 의견과 사실의 분리, 그리고 사실을 편견 없이 전한다는 보도태도이고, 불편부당주의는 어느 한쪽의 견해나 주장에 치우침이 없이 중립적인 입장에서 보도하거나 논평한다는 원칙이지만 그 구분이 명확한 건 아니다. 공정성에 대한 정의도 각 사회마다 학자마다 달라 적잖은 혼선을 빚고 있다.

스웨덴 정치학자 웨스터슈탈Jörgen Westerstahl은 1983년 객관성을 확대된 의미로 규정해, 뉴스 객관성의 구성 요소를 '사실성factualness'과 '불편부당성impartiality'으로 나누어 고찰하면서, 사실성=진실성truth+적합성relevance, 불편부당성=균형성balance+중립성neutrality으로 정의했다. '진실성'은 보도가 사건과 관련된 신뢰할만한 정보를 제시하고 있느냐의 여부, '적합성'은 보도에 있어서관련된 사안들의 중요성에 대한 선정이 일관되고 정직하게 이루어졌는지의 여부, '균형성'은 각 당파에 똑같은 양의 시간이나 지면을 할애하느냐, 특정사건에 대해 일정한 입장이 있느냐 없느냐, 각 당파에 대해 긍정적이냐 부정적이냐의 여부, '중립성'은 기자가 사건으로부터 일정 거리를 유지하는 걸 의미한다.[5]

객관성과 공정성은 상호 교환적으로 사용되어 왔으나 객관성이 인식론과 관련하여 복잡한 문제를 야기한다는 측면에서 공정성을 객관성과 구분하여 사용하기도 한다. 이민웅이 제시한 공정성의 새 종합 모델은 다음과 같은 5개 측면에서 공정성을 고찰하고 있다.

1)진실성: ①정확성 ②완전성(부분적인 사실의 정확성도 중요하지만 전모를 밝혀주는 종합정보의 제공)

2)적절성: 기사의 선택(뉴스가치와 의제설정의 문제)과 처리 과정(내용상으로 중요한 것들을 빠트리지 않고)에서 적절한가?

3)균형성: 논쟁적인 쟁점 또는 상대가 있는 갈등적인 기사를 취급할 때 적용되는 기준으로 두가지로 나눌 수 있다. ①양적 균형(지면의 크기나 시간의 배분) ②질적 균형(이슈에 관련된 당사

자들의 대표적인 모습과 입장이 균형 있게 정리되어 전달됐느냐의 여부)

4)다양성: ①사회적으로 중요한 이슈에 대해 다양한 견해와 정보를 제공해야 한다. ②이슈 자체가 다양한 국민적 관심사를 반영해야 한다.(게이트키퍼의 계급적 편향성 문제가 있다)

5)중립성: 균형성의 내용 평가 측면으로 볼 수 있다. 선택된 사실을 평가함에 있어 어느 한쪽을 편들지 않는 불편부당한 평가. 양시양비론의 문제. 불편부당성의 진정한 의미는 중립적인 자세로 문제에 접근하되, 진실에 직면하고서도 중립성을 내세워 가치판단을 유보해서는 안 된다.[6]

강명구는 「탈사실의 시대에 있어 뉴스공정성의 개념 구성」이라는 논문에서 '뉴스 공정성의 평가 모형'을 제시했는데, 그는 뉴스 공정성을 ①사실성 검증(정확성, 균형성) ②윤리성 검증(합법성, 윤리성) ③이데올로기 검증(전체성, 역사성) 등으로 나누었다. 여기서 가장 주목할 만한 건 강명구가 뉴스의 이데올로기적 정당성을 전체성과 역사성으로 나누어 고찰했다는 점이다. 그는 다음과 같이 말한다.

전체성이란 하나의 사건을 사회과정에 위치지어 인식함을 의미한다. 늘상 반복되는 것이지만 노사갈등에 관한 보도는 파업이 시작되거나 경찰이 투입되어야만 비로소 보도가 시작된다. 그리고 노동현장의 갈등을 바라보는 뉴스프레임 역시 대단히 고정되어 있다. 특히 노사대결이 많은 경우 노동과 공권력의 대결이라는 틀에서 해석되고 규정된다. 이러한 현실 규정의 틀을 가리켜 현실의 단편화된 인식이라 할 수 있고 동시에 사건의 전체성에 대한 인식의 결여를 의미한다고 할 수 있다. 역사성이란 사건의 전체적 인식과 동전의 양면을 이룬다고 할 수 있다. 전체성이 사건을 구조적 조건과 관련지워 인식하는 것이라면, 역사성은 사건을 시간적 지속 안에서 파악하는 것이다. 의회정치 보도에서 자주 나타나듯이 여야의 극한대결이라고 규정되는 의회정치의 저발전 상태는 한국의회 정치에 대한 역사적 인식을 결여할 때 자칫 반의회주의적 정서와 정치적 냉소주의로 귀결될 수 있다.[7]

그간 한국언론에서 객관주의는 어떻게 이용돼 왔을까? 남재일은 "한국 신문의 객관주의 관행은 형성 과정의 역사적 조건에서 정치적 비판을 통제하기 위해 현상보다는 사건, 해석보다는 사실 기술을 우월한 보도형식으로 간주하는 '탈정치적 사건중심보도' 관행을 정착시켜왔다고 할 수 있다"며 다음과 같이 말한다.

'탈정치적 사건중심 보도' 관행은 객관성의 하위 개념 중 기사가 현실을 얼마나 잘 반영했는가의 문제인 유관성relevance보다 전달된 사실의 정확성 여부만을 강조하는 진실truth의 개념을 특권화한다. 이 관행이 내면화된 기자들은 정치적 비판이 자유로운 현재의 상황에서 사건중심보도의 편집관행에 내포된 정치적 의미를 간파하기 쉽지 않기 때문에 사건중심보도에 관한 성찰 또한 사실성을 보완하는 기능적 차원에서 상상하기 쉽다. 그래서 정치적 통제가 사라진 이후 정치적 비판이 자유로운 최근에도 (…) 사건중심보도 관행의 경향은 여전히 강하게 남아 있다. 이는 여전히 탈정치적 사건 중심 보도 관행을 객관성을 담보하는 절차로 수용하고 있다는 것이 아닐까?[8]

미국의 사정도 크게 다르지 않다. 미첼 스티븐스Mitchell Stephens 는 "전통 저널리즘(객관주의 저널리즘)은 저널리스트들이 말할 수 있는 것뿐 아니라 그들이 제시하는 세계관까지 걸러낸다"고 불만을 토로한다. "때때로 정치적인 분쟁을 실제보다 훨씬 더 균형 잡힌 것처럼 보이게 만들기도 한다. 때론 복잡한 정책 토론을 하는 정당들 간의 교착생태로 축소키기도 하며, 또 때론 정책 토론을 사소한 '찾았어' 게임으로 전락시키기도 한다. 저널리즘에서 객관주의, 공정성, 불편부당 그리고 균형은 저널리즘을 통해 세상을 알게 되는 우리 능력을 제한할 수도 있다."[9]

인터넷 대중화는 객관성의 의미를 어떻게 바꿀까? 미국 인디애나대 저널리즘스쿨 학장 브래들리 햄은 '언론의 객관성'에 대해 인터넷을 이유로 들어 사망 선고를 내렸다. 그는 "어느 쪽에도 치우치지 않은 언론을 더 많은 사람이 볼 가능성이 많고, 광고주는 이런 매체를 선호했다. 윌리엄 허스트와 조지프 퓰리처가 캠페인성·선정성 기사로 경쟁한 것처럼 언론들이 광고를 위해 '객관성'을 강조하고 추구한 것이다. 또 사회에 매체가 적고, 그 매체의 영향력이 큰 상황에서는 객관성과 공정성을 필요로 하기도 했다"며 그러나 이젠 모든 게 달라졌다고 주장한다.

"이제는 수용자들이 어떤 매체에 대해서도 어떤 사안에 대해서도 객관성이나 공정성을 요구하지 않는다고 본다. 사람들이 자신들의 관심 있는 분야나 시각의 매체를 선택하고 또는 스스로 매체를 만들기도 한다. 그런 점에서 오히려 19~20세기 거대 언론사에 의해 지배된 민주주의를 개인 민주주의로 되돌린다고 볼 수 있다."[10]

그런 흐름이 있는 건 분명하지만, 객관성과 공정성은 여전히 언론보도의 중요한 덕목으로 간주되고 있는 게 현실이다. 역사학 분야에서 객관성 문제에 비교적 균형된 입장을 취하고자 했던 E. H. 카는 "산을 다른 시각에서 보면 다른 모습처럼 보인다고 해서 그 형체가 객관적으로 아예 없거나 또는 무수하게 많은 것은 아니다"고 했다.[11] 언론 역시 다를 게 없다. 미국 언론학자 니콜라스 레만Nicholas Lemann의 다음과 같은 말이 우리가 취해야 할 자세를 잘 말해주는 게 아닐까? "나는 객관주의가 정말로 중요하며, 성취하기 위해 노력해야 할 목표라고 생각한다. 그리고 그것을 성취하지 못한다고 해서 그 목표를 버려야만 한다는 의미는 아니다."[12]

 일독을 권함!

● 이종혁, 「언론 보도에 대한 편향적 인식이 공정성 평가에 미치는 영향: 우호적, 중도적, 적대적 매체에 대한 비교 검증」, 『한국언론학보』, 59권1호(2015년 2월), 7~36

쪽.

● 김경모·신의경, 「저널리즘의 환경 변화와 전문직주의 현실: 반성적 시론」, 『언론과학연구』, 13권2호(2013년 6월), 41-84쪽.

● 정동우·황용석, 「공정성 개념에 대한 신문기자들의 인식 차이 연구: 객관주의적·탈객관주의적 관점의 통합모형을 중심으로」, 『언론과 사회』, 20권3호(2012년 8월), 120-158쪽.

● 김경모, 「새로운 저널리즘 환경과 온라인 뉴스 생산: 전통과 변화의 경계」, 『언론정보연구』, 49권1호(2012년 2월), 7-37쪽.

● 김연식, 「방송저널리스트의 PD저널리즘 인식 연구」, 『언론과학연구』, 11권2호(2011년 6월), 69-96쪽.

● 신윤경·김민하, 「기자 블로그의 의제설정 기능과 객관주의에 관한 연구: 『중앙일보』와 『오마이뉴스』를 중심으로」, 『한국언론학보』, 54권1호(2010년 2월), 128-152쪽.

● 남재일, 「한국 객관주의 관행의 문화적 특수성: 경찰기자 취재관행의 구조적 성격」, 『언론과학연구』, 8권3호(2008년 9월), 233-270쪽.

● 김수정, 「뉴스 객관성의 영상화: 한국과 미국의 환경뉴스 사례의 비교연구」, 『한국언론학보』, 제47권5호(2003년 10월), 363-384쪽.

● 유선영, 「객관주의 100년의 형식화 과정」, 『언론과 사회』, 10권(1995년 12월), 86-128쪽.

왜 기자를 '실패한 전문직'이라고 하는가?

전문직주의

전문직주의 또는 전문가주의professionalism는 전문직의 실력과 권위를 인정하고 존중하는 걸 의미하는 동시에 그 권위가 부당하게 권력화하는 걸 비판하는 의미로도 쓰인다. 이 후자의 용법과 관련, 조지 버나드 쇼는 "모든 전문직은 평범한 사람들에 대한 음모"라고 주장했다.

권위를 권력화하지 않더라도 전문직주의의 불가피한 분업으로 인한 폐해도 만만찮다. A. N. 화이트헤드Alfred North White-head는 일정한 전공분야를 좁고 깊게 탐구하고 인접 분야에 대해 전혀 무지한 상태는 상당한 위험성을 내포한다며 다음과 같이 주장했다.

왜냐하면 이러한 전문화는 일정한 틀에 박힌 정신을 낳게 할 뿐이기 때문이다. 정신적으로 틀에 박힌다는 것은 자유분방한 창조적 상상력을 그만큼 약화시킨다. (…) 세부적으로 편중된 진보는 통합하는 작용을 약화시키기 때문에 그만큼 위험성이 증대된다. 무엇보다도 전체적으로 통합된 비전을 구현할 건전한 지혜는 균형을 유지하는 발달에서만 생겨난다.[13]

이 전문직주의는 지식인들에게도 심각한 문제로 대두되고 있다. 에드워드 사이드는 지식인의 타락이 부분적으론 전문주의라고 하는 '프로화'에서 비롯된 것이라고 보기 때문에 지식인은 '아마추어'가 돼야 한다고 역설한다.[14] 이와 관련, 조흡은 "사이드는 소위 학원 프로정신을 비판하고 있는데, 그가 생각하는 미국 대학 내에서의 프로정신이란 시대에 순응해 현재 통용되고 있는 말하는 방법을 읽히는 것일 뿐이라고 얘기한다"며 다음과 같이 말한다.

그러나 바로 이런 정형화된 형식논리 때문에 지적 생명이 커나가지 못하고 위축되고 있으며, 학생들이 공부나 일을 좋아서 또는 호기심으로 아마추어적 열정을 가지고 접근하기보다는 해야 되기 때문에 하게 되는 프로정신을 낳게 되었다고 개탄하고 있다. (…) 지식인이란 아마추어적 열정을 가지고 어떤 압력에도 굽히지 않고 반드시 해야 할 이야기는 하는 저술가를 의미하며, 이들은 오로지 일반 시민들의 이익을 위해 본인의 철학을 바탕으로 그들을 계도할 수 있는 여론을 환기시킬 책임이 있다고 주장한다. 그러기 위해서는 자신이 소속되어 있는 기관의 이데올로기와 타협할 것이 아니라 독립적인

목소리를 낼 수 있는 용기를 가져야 한다고 말하고 있다.[15]

그러나 현실적으로 전문직주의의 위험성은 쉽사리 간파되지 않는다. 전문가들의 언어가 대중의 사고의 틀마저 규정해버리기 때문이다. 이는 마치 여론조사를 아무리 많이 한다 해도 설문이 어떻게 구성돼 있느냐에 따라 영원히 알아낼 수 없는 대중의 생각이 있는 것과 같은 이치이다. 홍성민이 피에르 부르디외Pierre Bourdieu와 관련하여 남긴 다음과 같은 말에 주목할 필요가 있겠다.

부르디외의 예를 따르면, 오늘날 정치에 대해서 말을 한다는 것은 사회적으로 이미 존재하고 있는 언어를 얼마나 많이 습득하고 있는가에 달려 있다. 즉 정치적 능력이란 언어에 대한 독점과 관련되어 있다는 뜻이다. 더욱이 정치적 언어에 대한 독점은 소위 '전문가professional'들에게 위임되는 경우가 일반적이고 보면, 정치적으로 중요한 문제가 무엇인가를 결정하기 위해 여론조사를 한다는 절차 자체가 이미 전문가들이 만들어 놓은 언어게임의 놀이에서 벗어나지 못하고 마는 것이다. 왜냐하면 정치적 문외한은 자신의 개인적인 판단과는 상관없이 전문가들이 만들어 놓은 언어를 통해서만 정치에 대하여 의견을 말할 수 있기 때문이다.[16]

이정우도 "현대 사회의 거의 모든 문제는 복합적이며, 각종 담론들의 종합을 통해서만 제대로 접근할 수 있다. 그러나 많은 경우 학자들의 논의는 결국 자신의 전공을 강조하는 행위로 빗나 간다. 현대사회에 있어 '전공'이라는 개념 자체가 커다란 사회 문 제이다"라고 주장했다.[17]

기술연구는 전문직주의가 당연시되는 분야이지만, 여기에도 함정은 있다. 이상욱은 현대 기술연구에 필수적인 '전문성'을 기 술 연구자만이 가지고 있지 않으며, 현대 기술연구의 특징을 고 려할 때 사회적 합의는 선택이 아니라 필수라고 지적하면서, 기 술연구 과정에는 기술 자체에 대한 지식만이 아니라 그 기술을 사용할 사람들이 어떤 생각을 가지고 그 기술에 반응할 것인지 에 대한 사회문화적인 고려와 잠재적인 부작용에 대한 명시적 고려가 필요하다고 주장했다.[18]

많은 사람들이 언론인의 전문직주의를 예찬하는 경향이 있으 나, 언론인이 과연 전문가 또는 전문직인가에 대해선 회의를 표 하는 이들도 많다. 의사나 변호사의 경우와는 달리 기자가 되는 데엔 특별한 자격요건이 필요하지 않고 자율성이 약하다는 이유 때문이다. 아더 카울Arther J. Kaul은 기자를 뉴스공장에 고용된 '프 롤레타리아 전문직proletarian professional'이라고 불렀으며, 게이 터 크만Gaye Tuchman은 기자를 '실패한 전문직unsuccessful professional'이 라고 불렀다.[19]

언론인의 전문직화에 대해 비판적 시각을 갖고 있는 사람들은 전문직주의를 작업의 본질적 특성을 향상시키기 위한 과정이 아 니라 작업에 대한 보다 큰 통제를 갖기 위한 정치적 과정으로 파 악한다.[20] 언론인들에게 전문직주의는 ①보다 높은 사회적 지위를 누리기 위한 방편 ②객관주의를 근간으로 하여 공정하다고 하는 신뢰를 얻기 위한 후광 효과의 전술 ③'동료집단통제'와 '동료집단평가'를 앞세운 조직적 필요의 산물 ④언론인들의 조직에 대한 종속을 은폐하고 자율성을 과시하기 위한 수단 등의 성격을 갖고 있는 것으로 지적되고 있다.[21]

언론의 전문직주의는 언론의 권위를 높이는데 기여했지만, 동시에 언론이 '독립'을 넘어서 '고립'으로 전락하는 데에 일조했다. 한 가지 단적인 예를 들자면, 기자와 일반인의 관심 분야가 다르다. 기자들은 특종을 중요하게 여기는 이른바 전문가의 함정에 빠져 있다. 그러나 과연 특종이 일반인에게도 그렇게 중요한 의미를 갖는 것인가?

미국의 경우, 1997년의 한 조사에 따르면 신문기자의 3분의 2가 그들이 성장한 지역이 아닌 다른 곳에서 취재하고 있었다. 빌 코바치와 톰 로젠스틸은 "언론인들은 뜨내기 노동자, 저널리즘의 사회에서만 거주하는 사람, '뉴스의 배두인족News Bedouins'이 되고 있다"고 꼬집었다.[22] 이는 언론인이라는 직업이 전문직업화한 탓이다.

더욱이 오늘날의 전문직업은 관료조직을 배격하는 것이 아니라 오히려 선호하는 경향이 있다. 조직적 연계가 없는 전문직업인들은 완벽한 자율성을 누린다고 뽐낼 수는 있겠지만 그건 '권력 없는 자율성'에 지나지 않는다.[23] 언론인들이 내세우는 전문직주의의 가장 큰 함정이 바로 여기에 있다고 볼 수도 있다.

그렇다고 해서 전문직주의가 필요 없다거나 사라져야 한다는 건 아니다. 전문직주의에 대한 비판은 전문직주의가 '특권'이나 '면죄부'의 도구로 이용되고 있는 현실에 대한 경고일 뿐이다. '열린 전문직주의'나 '봉사하는 전문직주의'로 좀더 낮은 곳에 임하면서 사회적 소통에 충실해야 한다는 주문으로 여기는 게 옳으리라.

📚 일독을 권함!

● 민영, 「신뢰의 조건: 저널리즘 전문성과 정파적 편향성이 언론 신뢰와 정치 신뢰에 미치는 영향」, 『한국언론학보』, 60권6호(2016년 12월), 127~156쪽.

● 박진우, 「한국 언론의 전문직주의와 전문직 프로젝트의 특수성: 언론–정치 병행관계의 한국적 맥락」, 『한국언론정보학보』, 74권(2015년 12월), 177~196쪽.

● 김연식, 「방송 저널리스트의 전문직주의 인식에 관한 탐색적 연구」, 『언론과학연구』, 14권2호(2014년 6월), 5~30쪽.

● 차재영, 「1950년대 미국무성의 한국 언론인 교육교류 사업 연구: 한국의 언론 전문직주의 형성에 미친 영향을 중심으로」, 『한국언론학보』, 58권2호(2014년 4월), 219~245쪽.

● 김경모·신의경, 「저널리즘의 환경 변화와 전문직주의 현실: 반성적 시론」, 『언론과학연구』, 13권2호(2013년 6월), 41~84쪽.

● 김동윤·김성해, 「열악한 인프라와 차별성 없는 뉴스: 지역신문의 뉴스 콘텐츠 전문성과 공정성 평가」, 『언론과학연구』, 13권2호(2013년 6월), 85~122쪽.

● 김연식, 「전문직주의 관점에서 본 지역방송 보도의 과제」, 『사회과학연구』(충남대학교 사회과학연구소), 24권2호(2013년 4월), 89~111쪽.

● 백미숙, 「1970년대 KBS 텔레비전 교양 피디의 직무와 직업 정체성: 방송 전문성 형성과 신기술, 그리고 '제작 정신'」, 『한국언론정보학보』, 60권(2012년 11월), 125~149쪽.

● 박진우·송현주, 「저널리스트 전문직에 대한 인식의 변화: 전문직 노동과 직업 전망에 대한 위기의식」, 『한국언론정보학보』, 57권(2012년 2월), 49~68쪽.

- 김병희·윤태일, 「한국 광고회사 형성기의 전문성 제고 구술사 연구 방법에 의한 기억의 재구성」, 『한국광고홍보학보』, 12권3호(2010년 7월), 221–254쪽.
- 정태철, 「언론 전문직업인주의(professionalism)의 필요성: 1987년 민주화 이후 한국언론의 문제와 개혁에 대한 논의」, 『언론과학연구』, 제5권2호(2005년 8월), 417–454쪽.

왜 발표 저널리즘

신문 1면과 사회면
머릿기사의 80%가 '관급기사'인가?

'발표 저널리즘'이란 1970년대 말 일본에서 처음 사용되기 시작한 것으로 언론이 기자단을 중심으로 정부 발표에 따라 기사를 만드는 관행을 말한다. 이는 신문 획일화의 주범인 동시에 언론이 정부에 놀아나는 결과를 초래하고 있다. 또한 그로 인해 일본의 전체적인 '의제설정' 과정이 취재원과 언론사 사이의 관계로 변질돼버렸다는 지적도 나오고 있다.[24]

한국의 '발표 저널리즘'은 어떤가? 우리나라 신문의 1면과 사회면 머릿기사 가운데 80%가 이른바 '관급기사'로 나타나 '발표 저널리즘'에 편중된 정도가 극심하다는 비판의 목소리가 높다. 공보처는 '정부기관의 효율적인 정책수립과 국정홍보에 활용키 위해'『경향신문』『국민일보』『동아일보』『서울신문』『세계일보』『조선일보』『중앙일보』『한겨레』『한국일보』등 9개 신문이 1995년 1년간 게재한 43개 정부기관 관련기사 건수를 조사해 통계를 냈다. 집계결과 1면과 사회면의 톱기사 6026건 중 정부관련 기사가 80%(4803건)에 달했으며, 중톱 기사는 5951건 중 67%(3971건)나 차지했다. 톱기사는 청와대(대통령) 기사가 25%(1204건)로 가장 많았고 다음이 국무총리(12%), 재경원(6%), 교육부(5%), 경찰청(4%) 순이었다.[25]

'발표 저널리즘'의 문제를 극복하기 위해 언론사 스스로 이슈를 포착하거나 개발해내는 '이슈 저널리즘'이 주창되었다. 이를 실천하기 위한 방안에 대해『기자협회보』1996년 8월 16일자는 "스트레이트와 해설로 나누는 패턴화가 아니라 뉴스와 비뉴스를 분리, 사건·속보를 신속하게 보도한 공간과 전문가 시각에서 심도 있게 분석하는 공간으로 이원화시켜야 한다는 것이다. 편제도 정치·경제·사회·국제 등 뉴스 파트와 이들 부문 및 문화·생활 흐름 중심의 기획 파트로 나눠야 한다는 제안이다. 면의 장벽, 부의 장벽이 파괴되어야 한다는 것이다. 과도기적인 1단계로 '정치 지상주의'를 깨기 위해 정치도 고정면을 만들어야 한다는 주장도 제기된다"며 다음과 같이 말했다.

중앙일보는 최근 많은 변화를 시도하고 있다. 가시적인 '성과'의 하나가 바로 정치기사를 1면 머릿기사로 올리는 빈도가 굉장히 낮아졌다는 것이다. 1면 편집을 책임지고 있는 박두원 편집부장은 '정치기사가 1면 머릿기사로 등장하는 비율은 한달에 한두번 정도'라며 '기사화되지 않은 기획물을 각 부서별로 준비토록 해 총 100건 정도는 예비하고 있으며, 3개 부서 이상이 1면 머릿기사「꺼리」를 내놓고

「세일」을 한다'고 최근 달라진 편집회의 풍속도를 소개한다. 중앙일보는 또 월요일자 머릿기사는 보도자료에 의존하지 않는다는 내용 등을 담은 '취재 및 기사 작성 원칙'을 확정, 기자들에게 배포했다.

『중앙일보』가 새로운 '취재 및 기사 작성 원칙'을 얼마나 실천에 옮겼는가 하는 데엔 의문의 여지가 있지만, 오늘날에도 이 원칙을 모든 신문들이 주목할 가치는 있을 것이다. 다음과 같은 내용이다.

1)출입처 개념 타파: ①현재의 출입처는 취재분야의 배정으로 이해한다. ②정부기관이나 기타 출입처의 단순한 업무계획 발표는 연합통신으로 대체하고 본사 기자는 발표의 배후를 취재해서 한번 더 가공한 기사를 쓰는 것을 원칙으로 한다. 중대 발표는 다루되 기사의 배경, 외국과의 비교, 관련상황 비교 등 관련 자료를 최대한 활용하여 부가가치가 증폭된 기사를 쓰도록 한다. ③모든 기자는 자신의 기획취재 '꺼리'를 확보하여 계속 취재한다. 필요할 경우 특별취재팀을 구성하거나 사회부 중심으로 별도의 기동취재를 하고, 출입처의 부담을 벗어나 당분간 따로 기획취재를 할 경우에는 국장단 소속으로 기획취재를 하도록 한다.

2)현장추적·기획기사: ①매주 월요일 각 부 및 팀별로 소속 부원의 취재계획을 받고 이를 리스트-업list-up해서 담당국장에게 제출한다. ②담당 국장은 담당 섹션의 부별·팀별 취재계획 중 중요한 것을 발췌해서 매주 화요일 편집국장에게 제출하고 이 취재계획을 보완해서 전체적인 취재지시를 내린다. ③매주 월요

일자는 월요기획·현장추적기사를 머릿기사로 하는 것을 원칙으로 하고 월요기획기사는 금요일까지 완성해서 편집국장이 점검·선택할 수 있도록 한다. ④기자에 대한 평가는 기획 및 현장추적 기사의 양과 질을 우선적인 기준으로 한다. ⑤매달 1일엔 그달의 취재계획을 편집국장에게 제출하고 국장단은 연말에 다음해의 연간 취재계획 일정을 수립한다.

3)기사 스타일의 혁신: ①정부기관이나 정당, 업체 등 발표 주체를 주어로 하는 지금까지의 기사 스타일을 전면적으로 바꾼다. ②발로 현장을 확인한 구체성 있는 기사만 다루는 것을 원칙으로 하고 이것이 기사의 머리에서부터 나타나도록 구체성 있는 리드를 쓰는 방안을 강구한다. 특히 각 데스크는 구체성 없는 기사는 모두 버린다는 생각으로 기사를 다루고 편집부 또한 현장감 없는 기사를 받거나 출고하지 않도록 한다. 각 부에 배부되는 『인터내셔널 헤럴드』트리뷴의 기사체를 참고하고 모든 기사가 그와 같은 스타일을 활용할 수 있도록 한다. ③기자 개인마다 자신의 문장 스타일을 가진다는 생각으로 기사를 쓰도록 한다.[26]

정치보도의 경우 기존 출입처 시스템은 기자의 당파성을 강화하는 문제점도 안고 있다. 1998년『한겨레』부국장 김효순은 '정치개혁과 언론'이란 주제의 토론회에서 발표한 발제문에서 "여당 출입기자는 여당편을 들고 야당 출입기자는 야당 주장을 앵무새처럼 대변하는 현상이 끊이지 않고 있다. 특히 선거 때가 되면 이같은 현상이 정치부내에서 큰 갈등요인이 되는 사례도 적지 않다"고 비판했다. 그는 "정당팀의 주력부대들이 여야 중앙당에 자리잡고 상호 대립이나 갈등을 전하는 것에 주력하는 것이 정치보도의 관행"이라며 "정치부 내의 정당팀 편제를 여야 중심이 아니라 의정활동 중심으로 바꿔야 한다"고 주장했다. 그는 출입처 중심의 취재시스템이 갖고 있는 고질병, 특히 '큰 그림'을 보지 못하고 출입처의 일방적인 발표만을 수용하는 문제를 이같이 지적했던 것이다.[27]

2001년 이화여대 교수 이재경의 한·미 신문의 취재원 이용 관행 비교 분석에 의하면 미국신문들은 1개 기사당 평균 10.06개의 취재원을 이용하는 데 반해 한국 신문기사들은 1.75개에 그치고 있으며, 기사작성 시 사용하는 단어 수도 4분의 1 정도에 그치고 있는 것으로 나타났다. 물론 이는 단순 비교할 수 없는 한·미 신문간 차이를 감안하면서 평가해야겠지만 발표 저널리즘의 문제가 심각하다는 통설을 뒷받침해주는 걸로 보는 데엔 무리가 없다. 발표 저널리즘이 학자들의 지속적인 관심 대상이 되는 이유도 바로 여기에 있다.[28]

2015년 2월 『미디어오늘』은 발표 저널리즘의 온상으로 '출입처'를 지목했다. "기자들은 출입처의 보도 자료에 의존해 쉽게 취재하고 기사를 쓴다. 출입처가 제공하는 정보와 논리에 순응하며 '출입처 편의주의'에 매몰되면 '발표 저널리즘'이 등장하게 된다. 출입처에 안주하며 취재원과 결탁하는 관행으로 똑같은 기사가 수십 개씩 쏟아진다. 출입처가 만든 프레임을 베낀 결과다. (…) '디지털퍼스트'를 외치기 전에 낡은 취재관행을 고민하고 돌아볼 시점이다."[29]

그러나 그런 '낡은 취재관행'의 이면엔 취재원가의 문제가 자리잡고 있어 바꾸기가 어려운 게 현실이다. 출입처의 보도자료에 의존하는 기사는 제작원가가 매우 싸게 먹히는 반면, 기자들이 직접 발로 뛰어 발굴하는 기사는 제작원가가 매우 높다. 또한 출입처에 의존하면 사건의 발생과 보도가 예측 가능해 뉴스를 원활하게 생산할 수 있는 반면 탐사취재는 그렇지 못하다. 바로 이런 경제적인 이유와 뉴스 생산의 상례화 필요성 때문에 많은 문제가 있음에도 언론은 출입처의 보도자료에 의존하는 발표 저널리즘을 포기하지 않는 것이다.

📚 일독을 권함!

- 송상근, 「취재원 사용의 원칙과 현실: 세월호 보도를 중심으로」, 『한국언론학보』, 60권5호(2016년 10월), 34~62쪽.
- 최진호·곽은아·한동섭, 「전국언론과 지역언론의 취재원 활용 관행 비교 연구: '원전 마피아 사건' 보도 분석을 중심으로」, 『언론과학연구』, 16권2호(2016년 6월), 214~241쪽.
- 박대민·박진우, 「양적완화 정책에 대한 국내 언론 보도의 정보원 및 인용문 분석: 경제 저널리즘의 신자유주의적 경향에 대한 비판적 고찰」, 『한국언론학보』, 59권1호(2015년 2월), 37~61쪽.
- 이효성·신영준·이성준, 「지역언론의 취재원 활용양상과 시민저널리즘 실천에 대한 고찰: 청주·청원 행정구역통합 보도를 중심으로」, 『언론과학연구』, 14권2호(2014년 6월), 322~355쪽.
- 김세은·이승선, 「사회 갈등과 미디어: 제주해군기지 건설 관련 방송 뉴스의 취재원 특성 분석」, 『한국방송학보』, 26권5호(2012년 9월), 7~43쪽.
- 이건호·정완규, 「한국과 미국 신문의 1면 기사 비교: 취재 영역 및 보도 형태별 취

재원 출현에 따른 심층성 분석」, 『한국언론학보』, 52권4호(2008년 8월), 25-49쪽.

● 송의호·이상식, 「참여정부의 출입처 제도의 변화가 취재 관행에 미친 영향에 관한 연구」, 『한국언론정보학보』, 40권(2007년 11월), 114-149쪽.

● 김관규·송의호, 「국내 주요 출입처 기자실 유형에 관한 탐색적 연구」, 『한국방송학보』, 18권1호(2004년 3월), 38-75쪽.

맹목적 인용 저널리즘

왜 미국 언론은
도널드 트럼프의 인질이 되었는가?

2015년 9월 16일 밤 캘리포니아주 로널드 레이건 기념도서관에서 CNN방송 주최로 열린 공화당 대선후보 2차 TV토론에서 도널드 트럼프는 과거 한 직원의 아기가 백신을 맞고 고열에 시달리다 자폐증 환자가 됐다는 사연을 공개하며 "이제 자폐증이 전염병처럼 돼버렸다"고 말해 논란을 빚었다. 그는 2차 토론 직후 날씨가 아주 춥다며 지구온난화를 조롱하는 글을 트위터에 올렸다. 그는 그간 여러 차례 백신과 자폐증의 상관관계를 주장했었으며, 지구온난화론을 비난했었다.[30]

이같은 반反과학주의를 갖고 있는 사람이 대통령에 당선되었다? 이른바 '트럼프 현상'과 '백신 현상' 모두 '언론 현상'이라는 점이 흥미롭다. 미국엔 이른바 '백신접종 반대 이데올로기anti-vaxxer ideology'를 갖고 있는 사람들이 공격적으로 밀어 붙이는 백신접종 반대 운동이 만만찮은 규모를 형성하고 있는데, 이 운동의 지도자들 가운데 한 명이 여배우 제니 매카시Jenny McCarthy다.

2007년 자신의 아들이 홍역·볼거리·풍진을 예방하는 MMR 백신을 맞은 뒤 자폐증에 걸렸다고 공개한 매카시는 『엄마 전사 Mother Warriors』(2008) 등의 책을 출간하고 활발한 인터뷰와 방송 출연 등을 통해 예방접종 반대 운동의 투사가 됐다. 이 책은 국내에서도 2011년 『예방접종이 자폐를 부른다』는 제목의 책으로 번역 출간됐다.[31]

백신이 자폐증을 일으킬 수 있다는 주장은 거짓임에도 왜 그렇게 광범위하게 퍼진 걸까? 펜실베니아대 와튼스쿨 마케팅학 교수인 조나 버거Jonah Berger는 『컨테이저스: 전략적 입소문 Contagious: Why Things Catch On』(2013)에서 그 이유를 실용적 가치와 인간의 이타심에서 찾는다.

사람들은 거짓 소문을 퍼뜨리는 줄도 모르고 유용하다고 생각했기 때문에 지인들에게 빨리 알렸다. 그들의 자녀가 해를 입을까봐 걱정이 앞섰던 것이다. (…) 사람들이 이런 정보를 공유하는 이유를 명심해야 한다. 이는 타인을 도와주려는 인간의 기본 심리에서 비롯된다. 다른 이들이 시행착오를 줄이고 더 나은 결정을 내릴 수만 있다면 잠시 내 할 일을 미뤄두고서라도 조언과 도움을 주게 된다.[32]

매카시의 맹렬한 활동은 미국 저널리즘의 스캔들로까지 비화되었다. 의학 등 전문지식이 필요한 분야에서 판단을 내리는 대신, 양쪽의 견해를 소개하는 미국 언론의 '기계적 객관주의'와 이에 따른 이른바 '맹목적 인용 보도 저널리즘he said/she said journalism'이 도마 위에 오른 것이다.[33] 다트머스대 교수 브랜던 나이헌Brendan Nyhan은『컬럼비아 저널리즘 리뷰』기고문에서 "저명 언론사조차 허무맹랑한 매카시의 믿음을 '세상에는 이런 사람도 있고, 저런 사람도 있다'는 식으로 안이하게 대처하고 있다"고 꼬집었다. 이와 관련, 서수민은 다음과 같이 말한다.

예방접종을 둘러싼 미국 언론의 관망적인 보도 양태는 현재까지도 이어지고 있다. 과학자들이 예방접종 관련 '논란'은 존재하지 않는다고 거듭 밝히는 상황에서도 '백신 논란, 정치 논란으로 불거져'라는 식의 보도가 여전히 계속되고 있다고 미디어 전문 라디오 프로그램 '온더미디어'가 최근 보도했다. (…) 미접종 영유아들의 발병이 잇따르고 있다는 점에서 '잘못된 언론 보도는 호환마마보다 더 무섭다'는 것이 이번 사태의 교훈이다.[34]

하지만 바뀔 것 같진 않다. 언론에게 '논란'은 밥과 다름없으니 말이다. 논란이 있어야 장사가 된다. 그래서 결코 논란으로 볼 수 없거니와 논란으로 봐선 안 될 일도 논란이라며 크게, 지속적으로 보도하는 경향이 있다. '트럼프 현상'도 마찬가지다.『워싱턴 포스트』정치전문기자 데이나 밀뱅크Dana Milbank는 폭스뉴스에서 "나는 트럼프에 대해 쓰는 것이 너무 좋다. 그 사람은 썩은 돼지 같은 존재이지만 우리 업계 종사자들에게는 좋은 거다. 죄의식 담긴 즐거움이랄까"라고 말했다.[35]

2016년 3월 21일 『뉴욕타임스』는 '도널드 트럼프와 미디어의 상호 의존'이란 기사를 실었다. 언론을 활용하는 트럼프와 그 해악을 알면서도 그에게 매달리는 언론의 처지를 전했다. NYT에 따르면 CNN은 후보 토론회와 트럼프 보도 덕에 올해 시청률이 전년에 비해 170% 상승했다. 온라인 매체도 트럼프 기사로 클릭 수로 올린다. NYT는 "독자층 발굴·확대라는 욕심으로 언론이 트럼프 거품을 키우고 있다"며 "NYT도 마찬가지"라고 인정했다.[36]

2016년 5월 2일 저널리스트 수전 멀케이Susan Mulcahy는 정치전문지 『폴리티코』에 "고백할 것이 있는데, 부디 나를 (총으로) 쏘지는 말아달라"며 "나도 트럼프 신화를 만드는 데 일조했다. 정말정말 미안하다."고 털어놨다. 1980년대에 미국 뉴욕의 타블로이드 신문 『뉴욕포스트』 기자를 지낸 멀케이는 트럼프를 취재했던 기억을 떠올리며 "그는 병적으로 거짓말을 했고, 그가 내뱉는 말의 팩트(사실)를 일일이 체크하느라 오랜 시간이 걸렸다"며 "그때는 몰랐지만 기사를 쓸 때마다 트럼프를 뉴욕의 아이콘으로 만들고 있었다"고 말했다.[37]

그밖에도 여러 언론사와 기자들이 반성의 목소리를 냈지만, 이미 때는 늦었다. 언론의 속성을 꿰뚫어보면서 그걸 이용해온 트럼프는 기성 언론을 조롱했다. "나는 손해나지 않는 뉴욕타임스를 갖고 있는 것이나 마찬가지다"라고 말할 정도였다. 『뉴욕타임스』뿐이겠는가. 그는 어느 방송사건 '손해나지 않는 방송사'를 갖고 있는 셈이었다. 예컨대 2015년 5~12월 중 폭스뉴스에서 트럼프가 다뤄진 시간의 총량은 23시간에 이르렀는데, 이는 다른 어떤 경쟁자의 총량보다 2배 많은 것이었다. 토론을 주관했던 CBS의 레스 문베스Les Moonves는 트럼프 덕분에 높은 시청률을 기록하자 "미국엔 좋지 않을지 몰라도 CBS엔 엄청나게 좋은 일이다 It may not be good for America, but it is damn good for CBS"라는 명언을 남겼다.

트럼프는 이런 언론을 적극 활용했다. 언론에 자신의 막말을 중계하게 해 홍보 효과를 누린다. 동시에 무시하고 경멸한다. 언론인을 "멍청이" "백치" "인간 쓰레기"라 모욕하고, 명예훼손에 따른 배상을 강화해야 한다고 주장했다.[38] 그럼에도 언론은 미국 언론의 관행이 된 '맹목적 인용 저널리즘'의 원칙에 따라 트럼프의 그런 발언까지 크게 보도하곤 했으니, 이거야말로 언론은 트럼프의 인질로 잡혀 있는 '스톡홀름 신드롬Stockholm syndrome'이라 할 만한 것이었다.[39]

그런데 사실 알고 보면 맹목적 인용 저널리즘 관행은 한국이 미국보다 한 수 위다. 우리 나라의 신문에 따옴표 제목이 많은 것도 그런 실상을 잘 말해준다. 2010년 한양대 이건호 교수의 연구에 따르면, 1면 제목의 인용구 사용률이 미국은 4.3%인 데 반하여 한국은 55.2%로 우리나라 신문이 직접인용 제목을 사용하는 빈도가 미국보다 10배 이상 많은 것으로 나타났다.[40]

강형철 숙명여대 미디어학부 교수가 2015년 6월 24일치『한겨레』수도권판을 임의로 골라 세어보니 총 32면에 실린 기명기사, 칼럼, 사설 89개 가운데 43개(49%)가 제목에 따옴표가 있었다. 소제목을 포함하면 그 비중은 더 높았다. 같은 날 『조선일보』 종합섹션 총 32면을 같은 방식으로 보니 기사 92개 가운데 54개 (59%) 제목에 따옴표가 있었으며, 『조선일보』는 한겨레보다 큰 따옴표 비중이 높았다. 방송뉴스는 더 심했다. 같은 날 한국방송 KBS 〈뉴스 9〉의 리포트 기사 33개 중 26개(79%)가 따옴표 제목 이었다. 반면 같은 날 미국 『뉴욕타임스』 뉴욕판 종합섹션 총 23 면에는 기사 72개가 실렸는데 그 중 단 2개만이 따옴표 제목이 었다.

한국에서 이런 '따옴표 저널리즘'은 자극적 제목으로 수용자의 눈길을 끄려는 상업적 이유뿐만 아니라 사실상 따옴표를 앞세워 언론사의 주장을 하려는 정파적 목적으로도 많이 활용된다. 강 형철은 "언론은 객관을 가장하면서 자신의 주관을 말하려는 전 략으로 큰따옴표를 쓰곤 한다"며 이렇게 말한다. "세상에 대한 해석을 제공하는 것은 언론의 중요한 기능이다. 언론은 주관적 견해를 밝힐 수도 있다. 그러나 객관을 가장한 주관은 프로파간 다다. 기사 제목의 따옴표가 대표적으로 그렇다. 언론사가 자사 의 세계관을 점잖게 펼치면 권위언론이 되지만 이용자를 특정방 향으로 몰아가려고 꾀를 쓰면 정파언론이 된다."[41]

그런 경향은 논란을 만들어 밥그릇을 키우려는 언론의 상업주 의적 탐욕과 더불어 판단과 책임을 회피하려는 보신주의에서 비 롯되기도 한다. 여기에 정파적 목적까지 가세한다. 그렇게 하지 말라는 비판이 언론에게 너무 큰 희생을 요구하는 걸까?

📚 일독을 권함!

● 강준만, 「'미디어혁명'이 파괴한 '위선의 제도화': 커뮤니케이션의 관점에서 본 '트럼프 현상」, 『사회과학 담론과 정책』, 9권2호(2016년 10월), 85–115쪽.

● 김병건, 「신문 보도문 직접 인용의 비판적 담화 분석」, 『인문과학연구』(강원대학교 인문과학연구소), 48권(2016년 3월), 115–139쪽.

● 서수민, 「언론의 불편부당 객관주의가 키운 '홍역 확산'」, 『신문과 방송』, 제531호(2015년 3월), 105–107쪽.

● 고영철, 「한·미 지역일간지 1면 기사의 보도방식 비교: 기사의 길이, 리드 및 인용구 서술방법, 인용구의 수, 제목의 표현방식 등」, 『언론과학연구』, 12권3호(2012년 9월), 37–78쪽.

● 이준웅·양승목·김규찬·송현주, 「기사 제목에 포함된 직접인용부호 사용의 문제점과 원인」, 『한국언론학보』, 51권3호(2007년 6월), 64–90쪽.

● 남궁은정·강태완, 「신문 인용 보도의 텍스트 구조: '강정구 발언'에 대한 『조선일보』와 『한겨레』의 보도」, 『스피치와 커뮤니케이션』, 6권(2006년 12월), 7–44쪽.

● 김은주, 「따옴표 저널리즘이 벌인 한 편의 마녀사냥」, 『월간 말』, 209권(2003년 11월), 128–133쪽.

왜 경마 저널리즘

선거 보도는
경마 중계와 비슷한가?

경마 저널리즘horcerace journalism은 기자가 선거를 마치 경마를 취재하는 스포츠지 기자처럼 오로지 누가 앞서고 누가 뒤지느냐에만 집착하여 보도하는 관행을 뜻한다. 경마 저널리즘의 실상을 가장 잘 묘사하고 있는 '고전'으로 미국의 '언더그라운드 페이퍼'인『롤링 스톤즈』의 기자 티모시 크라우즈Timothy Crouse가 1972년의 대통령선거 취재진에 직접 가담해 쓴『버스를 타고 다니는 녀석들The Boys on the Bus』이 거론된다.[42]

'홀스 레이시스트horce racist'라는 별명이 어울리게끔 미국언론은 선거보도시 움직이지 않는 이슈 또는 배경 이야기보다는 빨리 움직이는 뉴스를 선호한다. 이슈가 아무리 재미있어도 경마의 재미를 따를 수는 없다.『월스트리트저널』의 워싱턴 지국장 알란 헌트는 언론은 '순간의 열정passion of the moment', 전통적인 지식, 그리고 경마에 호의적인 편견 등을 갖고 있다고 주장했다.

'경마에 호의적인 편견'이란 다음과 같은 '보도의 초점'으로 나타난다. 누가 출마할 것인가? 누가 지명될 것인가? 누가 앞서고 있는가? 유권자들은 어떻게 반응할 것인가? 누가 승리할 것인가?

1984년 대통령선거에 출마했던 조지 맥거번George McGovern은 기자들의 질문이 한심하다고 개탄했다. 선거자금은 얼마나 모았느냐? 왜 여론조사에서 지지도가 그렇게 낮으냐? 왜 당신의 아내는 선거운동을 하지 않느냐? 런닝메이트로 여성을 내세울 생각이 있느냐? 1972년 선거에서 참패해놓고 왜 또 출마했느냐? 기자들은 이따위 질문들만을 던진다는 것이다. 맥거번은 이슈와 관련된 중요한 질문은 기자들이 아니라 고교생과 대학생들로부터 받았다고 말했다.

맥거번이 기자들로부터 받은 질문들이 시사하듯이, 경마 저널리즘의 한가지 중요한 특성은 '의인화personification'와 그에 따른 '개인화personalization'이다. 비인간적인 문제들을 인간적인 문제로 바꾸고 집단적인 문제들을 개인적인 문제로 바꾼다는 뜻이다. 뉴스의 의인화와 개인화는 비단 선거보도에만 한정된 건 아니다. 그 역사는 미국에서 신문이 대중의 관심을 끄는 데에 눈을 뜨기 시작한 1830년대로 거슬러 올라간다.

사람들은 '인간흥미human interest' 기사를 선호하기 때문에 언론은 모든 정치·경제·사회·문화적 문제들을 늘 인물 중심으로 보도하게 된다. 기자들은 사회를 사회문화적 시스템을 포함한 제도보다는 인간 퍼스낼리티의 관점에서 분석하는 경향을 갖게 된 것이다. 경마 저널리즘은 언론상품을 팔아먹기 위한 '촉진

수단'인 셈이다. 실제로 경마 저널리즘을 변호하는 기자들은 경마 저널리즘이 제공하는 '당의糖衣, sugar coating'가 없이는 독자들이 이슈를 수용하지 않을 것이라고 말한다. 그러나 문제는 경마 저널리즘이 이슈를 둘러 싼 '당의'의 정도를 넘어 아예 이슈를 축출해버리는 데에 있다.

기자들의 냉소주의에도 책임이 있다. 정치평론가 폴 위버는 "기자들은 선거를 개인적인 출세를 목표로 하는 정치인들의 게임으로 이해한다"고 말한다. 언론이 경마 저널리즘에 집착하는 또 하나의 이유는 '객관적 저널리즘'의 한계에서 비롯되고 있다. 객관적 저널리즘은 전통적으로 객관성이 비교적 잘 보장될 수 있는 '일어난 사건happening' 또는 이벤트들을 취재의 대상으로 삼아 왔다. '경마'는 일어나는 사건임에 틀림없지만 선거이슈는 일어나거나 발생하는 건 아니며 단지 존재하고 있을 뿐이다.

칼럼니스트 데이비드 브로더David S. Broder는 객관적 보도의 한계를 포함한 경마 저널리즘의 문제를 극복하기 위해 '제도적 보도institutional reporting'의 필요성을 강조했다. '이 사람 대 저 사람'의 대결구도가 아니라 제도의 발전과 변화에 보도의 초점을 맞추자는 것이다. 그러나 그렇게 말하는 브로더 자신도 그런 보도는 시도하지 못했다. 경쟁관계에 놓여 있는 모든 언론이 그걸 다 도입해야 하는데 그건 상업언론에겐 기대하기 어렵기 때문이다.

경마 저널리즘은 팩 저널리즘pack journalism과 밀접한 관계를 맺고 있다. 팩 저널리즘은 언론의 선거보도에서 기자들이 한 무리pack가 되어 취재하고 보도하는 행태를 가리키는 것으로 기사 획일화의 주범으로 지목되고 있다. '무리 저널리즘' '패거리 저널리즘' '떼거리 저널리즘' 등으로 불린다. 영어로는 herd journalism이나 fuselage journalism이라는 표현도 쓰인다.

미국 대통령선거에 출마했던 상원의원 유진 매카시Eugene Mc-Carthy는 언론을 전화선 위에 앉은 개똥지빠귀에 비유한 적이 있다. 하나가 날면 다른 새들도 날고 하나가 앉으면 모두 따라서 한 줄로 앉는다는 것이다. 후보자를 따라 비행기에서 버스에 이르기까지 취재기자들은 일단의 패거리를 형성하여 그야말로 개똥지빠귀들처럼 일사불란하게 행동하는 걸 실감나게 묘사한 것으로 볼 수 있겠다.

기자들은 패거리에 속함으로써 낙종의 공포로부터 해방되는 안전의 욕구를 충족시키고 또 육체적·신체적 수고도 덜게 되는 장점이 있다. 그래서 언론사에 소속되어 있지 않은 독립언론인들 조차 그런 패거리의 문화와 압력에서 완전히 자유로울 수 없게 된다. 기자들에게 취재할 것을 지시하는 데스크의 압력도 무시할 수 없다. 취재현장에서 멀리 떨어져 있는 데스크는 다른 언론매체와의 비교를 통해 기자의 업무수행능력을 평가하는 경향이 있다. 그래서 데스크는 AP나 UPI통신 또는 다른 신문들에 보도된 기사가 자사 기자로부터 송고되지 않을 경우엔 기자가 묵고 있는 호텔로 전화를 걸어 "넌 왜 그 기사 안 보냈어?"라고 윽박지르곤 한다.

패거리에 속하면 그런 심리적 부담에서 해방될 수 있다. 사실 언론은 의외로 소심하다. 설사 기자가 독자적인 취재를 해 데스크에 송고한다 하더라도 데스크는 다른 신문 또는 텔레비전이 그 기사를 확인해주기 전까지는 보도를 하지 않으려는 경향이 있다. 행여 오보를 저지르는 실수를 할까봐 염려하기 때문이다. 처음엔 취재편의를 위해 형성된 패거리가 시간이 지남에 따라 기자들에게 '그룹사고group thinking'를 낳게 하고, 모든 언론매체의 선거보도를 비슷하게 만드는 결과를 초래하는 것이다.

팩 저널리즘은 유명 정치인을 중심으로 기자들이 벌떼처럼 몰려드는 결과를 초래해 선거 보도의 획일화를 낳을 뿐만 아니라 '스타 중심의 보도'를 하게 만드는 주범으로 지목되고 있다. 획일적인 기사라 하더라도 사람마다 기사를 다르게 읽을 수는 있지만, 팩 저널리즘이 다르게 읽을 수 있는 범위마저 결정할 수 있다는 건 분명하다. 무엇보다도 선거 보도 의제 자체가 극히 제한적인데다 유명 정치인 중심으로 이뤄지기 때문에, '스포츠 저널리즘'이나 '연예 저널리즘'의 보도 프레임이 선거 보도를 지배하게 된다.[43]

그로 인해 나타나는 가장 큰 문제는 대통령 선출권을 사실상 유권자가 아닌 언론이 갖게 된다는 점이다. 언론전문지인 『아메리칸 저널리즘 리뷰』의 선임 부사장 렘 리더는 2008년 미국 대선 보도와 관련 「그들이 게임을 하게 내버려 두라」는 제목의 칼럼에서 "이것은 단순히 경마 저널리즘의 문제가 아니다"면서 "언론이 출발 총소리가 나기도 전에 승자를 고르고 있다"고 비판했다.[44]

학자들은 팩 저널리즘에 문제가 많다고 열심히 비판하지만, 언론 수용자가 '의미'보다는 '흥미'에 치중하며, 그걸 극단으로 끌고 가려는 언론의 상업주의적 속성이 바뀔 수는 없기 때문에 변화를 기대하기 어려운 게 현실이다. 그럼에도 부분적인 변화의 가능성이 전혀 없는 건 아니다. 모든 언론의 선거 보도 내용이 비슷하기 때문에, 과감한 혁신을 시도하는 언론사의 차별화 전략이 먹혀들 수도 있다. 문제는 위험부담을 감수할 수 있는 혁신 의지다.

경마 저널리즘은 미국에 비해 선거유세기간이 짧고 선거유세 구역이 좁고 또 예비선거제도가 없는 한국의 실정에 꼭 들어맞는 건 아니지만, 한국 언론의 선거 보도에서도 경마 저널리즘적인 요소를 꽤 발견할 수 있다. 특히 여론조사가 경마 저널리즘의 도구로 이용되고 있다.

양승찬은 제17대 총선 보도와 관련, "표집오차 등을 고려할 때 단순히 비교하기 힘든 타 기관의 조사 결과를 종합하여 '약진' '역전' '급락' 등의 용어를 사용하며 차이를 강조하는 기사는 '경마식 보도'의 문제이다. 게다가 친절히 그래프까지 제공하여 제시할 때 이 문제는 더욱 심각해진다."고 지적했다.[45] 인터넷언론도 경마 저널리즘을 답습하고 있어 문제를 더 키우고 있다.[46] 권혁남의 연구에 따르면, 경마식 보도가 15대 대선에서는 66.0%로 텔레비전의 15대 대선 보도의 약 3분의 2를 차지했지만, 16대 대선에서는 98.4%로 무려 32.4% 포인트가 증가한 것으로 나타났다.[47]

'경마 저널리즘'은 '상업 언론'의 속성이지만, 여기에 선거에서 인간 드라마를 보고 싶어 하는 유권자들의 속성이 가세하면 사실상 언론의 숙명이라고 볼 수 있는 면이 없지 않다. 한동안이나마 전세계인들을 감동시킨 미국의 '오바마' 현상과 '경마 저널리즘'이 추구하는 인간 드라마 사이의 거리는 그리 멀지 않다. 어쩌겠는가. 우리 인간이 드라마에 약한 것을.

📚 일독을 권함!

- 권혁남, 「정치의 미디어화와 선거보도 특성 변화에 관한 연구」, 『방송문화연구』, 26권2호(2014년 12월), 7–32쪽.
- 이효성, 「언론의 19대 국회의원 선거 캠페인 보도 분석」, 『언론학연구』, 16권2호 (2012년 8월), 89–113쪽.
- 권혁남, 「텔레비전의 15대, 16대 대통령선거 보도 비교 분석」, 『정치커뮤니케이션 연구』, 12권(2009년), 45~91쪽.
- 김재홍, 「한국 정치과정에서 언론의 역할에 관한 사례연구: 정치평론과 선거보도를 중심으로」, 『한국사회정책』, 9권1호(2002년 12월), 77–113쪽.

왜

가차 저널리즘

언론은 "너 딱 걸렸어" 사건에 집중하는가?

'Gotcha'는 'I got you'의 줄임말로 우리말의 "너 딱 걸렸어"에 해당되는데, '가차 저널리즘Gotcha Journalism'은 언론이 바로 그런 자세로 정치인의 실수나 해프닝을 꼬투리 삼아 집중적으로 반복, 보도하는 보도행태를 말한다. 언론이 주로 수익 증대를 위해 갈등과 스캔들에 초점을 맞춰 보도하려는 경향에서 비롯되었다.[48]

언론의 객관주의에 회의적인 미첼 스티븐스는 "너 딱 걸렸어"를 "보물처럼 간주하는 객관성을 유지하는 동안은 기자들이 내뱉을 수 있는 가장 공격적인 소리"로 간주한다. 이런 현상은 의견을 강하게 드러내는 저널리즘에서 자주 볼 수 있지만, 객관주의 원칙 때문에 장려되는 점도 있다는 것이다.[49]

객관주의 관행과도 무관하지 않은 가차 저널리즘은 언론의 과도한 당파성과 더불어 정치를 이전투구泥田鬪狗의 장으로 몰아감으로써 정치는 물론 민주주의의 정상적 과정을 위협한다는 비판의 목소리가 높다. 미국 정치평론가 제리 랍딜Jerry Lobdill은 '가차 저널리즘'을 '암과 같은 존재'라고 비난했는데, 그럴 정도로 미국에선 기승을 부리고 있다.[50]

빌 코바치와 톰 로젠스틸은 '가차 저널리즘'이 나타나게 된 배경으로 베트남전쟁과 워터게이트 사건을 겪은 후 24시간 케이블 뉴스의 출현으로 저널리즘이 더욱 현저하게 주관적이고 판단적인 경향을 띠게 된 점에 주목했다.

『뉴욕타임스』와 『워싱턴포스트』의 1면에 관한 조사에서는 '스트레이트 뉴스'가 줄어든 반면, 해설 기사와 분석 기사는 늘어난 것으로 밝혀졌다. 이러한 분석적 기사들은 흔히 '분석'으로 구분되거나 명시되지 못했다. '스핀 닥터spin doctor(정치인을 위해 국민의 호응을 얻기 힘든 결정이나 정책 등을 호의적인 방향으로 알리는 것을 주업무로 하는 홍보 전문가)' '포토 오프photo op(정치가나 다른 공인의 보도할 가치가 있는 사진, 특히 유리하게 선전하기 위해 교묘히 연출한 사진을 찍는 것)'와 같은 용어를 포함해 공공생활의 장막을 열어젖히기 위해 만들어낸 새로운 전문 용어가 언론에 나타나기 시작했다. 이것은 뒤이어 '피딩 프랜지feeding frenzy(무자비하고 광적인 특종 경쟁)' '가차 저널리즘' 등 기자들의 유쾌하지 않은 행동에 대한 새로운 언론계 용어가 태어나게 했다. 어느 의미에서 더욱 해설적인 스타일은 그 어떤 것보다도 공적인 인물을 창조하려는 기자들의 욕구를 충족시키기 위한 것이다. (…) 일부 기자들은 너무 많은 동료가 일정한

선을 넘어 회의에서 냉소로 심지어 아무것도 믿지 않는 저널리즘 특유의 허무주의에 빠져들었다고 우려하게 되었다.[51]

가차 저널리즘은 당파성 요소와 더불어 바로 그런 허무주의가 낳은 산물이다. 박주현은 "가차 저널리즘은 독자나 시청자들의 흥미와 관심을 모으기 위해 집중 반복해 보도한다는 점에서 어떤 목적을 위해 특정 정치인을 공격하는 공격저널리즘attack journalism과는 차이가 있다"고 했다.[52] 그런데 한국의 '가차 저널리즘'은 자주 '공격 저널리즘'과 결합한다는 데에 그 특성이 있다. 이른바 '이해찬 골프사건'과 '이명박 테니스사건'을 중심으로 '가차 저널리즘'의 뉴스담론 구성에 관한 탐색적 연구를 한 박주현은 다음과 같은 결론을 내렸다.

첫째, 정치인들에 대한 부정적인 보도경쟁이 가차 저널리즘적인 보도행위를 조장하는 것으로 분석됐다.(…) 둘째, 신문사의 이념적 또는 정치적 성향과 가차 저널리즘과 무관치 않다 하겠다. 보수적 성향을 지닌 『조선일보』와 『동아일보』는 (이해찬 관련) 기사의 절반 이상을 여당인 이해찬 전 국무총리에 대한 부정적 성격의 기사를 반복적으로 내보낸 반면 진보적 색채를 띤 『한겨레』와 『경향신문』은 반대로 이명박 서울시장과 관련된 기사에서 절반 이상을 부정적인 태도를 보인 데서 알 수 있다. (…) 셋째, 가차 저널리즘적인 보도행위는 사건의 본질과는 다르게 특정 정치인의 약점이나 실수를 꼬투리 잡아 반복적으로 보도함으로써 개인의 이미지를 중요시하는 정

치인에게 치명적인 상처를 안겨주는 결과를 낳는다고 할 수 있다.[53]

박주현은 2006년 5월 한 언론학술대회에서 가차 저널리즘을 주제로 논문을 발표했을 때에 생뚱맞은 질문에 당황한 적이 있었다며 다음과 같이 말했다. "한 노老교수는 발제가 끝나자마자 내게 살며시 다가오더니 툭 내던진다. '그거 가차 저널리즘이 아니라 꼴통 저널리즘이라고 하면 오히려 이해가 더 빠르지 않을까?' 하면서 잔뜩 긴장한 내게 조언을 아끼지 않았다. 굳이 어려운 용어 붙이지 말고 쉽게 풀이하자는 취지로 들렸다. (…)그런데 그 노 교수는 가차 저널리즘을 왜 꼴통 저널리즘으로 해석했을까, 의식에서 비롯되는 소통에 현격한 차이를 보이고 있기 때문이었을까?"[54]

최영재는 2008년 2월 숭례문 화재 보도에서도 '가차 저널리즘'이 나타났으며, 이는 신문들의 정파적 편향성에 의해 증폭됐다고 보았다. 그는 "동아일보는 2월 12일자 2면 기사에서 이명박 대통령 당선인이 숭례문 화재 현장을 방문한 사진을 크게 실으면서 '숭례문 화재현장 찾은 이 당선인, 중건은 문제없을 텐데 국민들 가슴이 아플 것'이라는 큰 제목을 달았다"며 다음과 같이 말했다. "5공, 6공 때 대통령 동정 보도를 연상하게 만드는 것은 왜일까. 동아일보는 대통령의 국민성금 발언도 이렇다 할 비판 없이 두둔하는 기사와 칼럼을 썼다. 반면에 한겨레신문은 이 당선인의 발언을 비난과 힐난조의 사설로 대응했다. 이것은 노무현 대통령에 대한 조중동의 공격 보도를 연상시킨다."

최영재가 문제 삼은 『한겨레』 2월 13일자 사설은 "특히 이 당선인의 '국민모금 방식' 복원 제안은 차라리 '허무 개그'이길 바란다. (…) 국민은 청소부가 아니다. 정부와 재벌의 안전 불감증이 빚은 태안 앞바다 기름유출 재앙의 뒤처리도 국민이 도맡았다. 도대체 무슨 염치로 그런 제안을 하는가"라고 주장했다.

이어 최영재는 "숭례문 화재는 방화사건 뉴스로 시작했지만 종국은 문화재 정책 기사로 마무리해야 하는 사건이다. 언론보도는 이 사건을 마치 범죄사건 다루듯이 이런저런 의혹들을 우왕좌왕 보도하면서 때로는 엉뚱한 희생양을 거론하며 공격적인 보도를 하고 있다"며 다음과 같이 결론 내렸다.

숭례문 화재 이후 언론의 공격적 보도는 한국 언론의 고질적인 문제인 정파성과 결합하면서 문제를 혼란스럽게 하고 있다. 이 결과 문화재 문제는 숭례문처럼 방치되고 정치적 이해관계와 갈등, 분열만이 전면에 부각되는 본말전도를 경험하고 있다. 보라, 숭례문 화재 보도가 얼마나 오래가는가를. 숭례문 화재 이후 문화재 보호 정책이 어떻게 바뀌었는지를. 언론이 얼마나 중요하게 보도하는가를.[55]

'가차 저널리즘'이란 용어는 미국에서 수입되었지만, 그 실천에 가장 능한 나라는 한국이 아닐까? 한국 언론은 권위 의식이 강해 이념·정치적 차원을 떠나 일상적으로 "나(우리)를 어떻게 보고!" 의식이 강하며, 이에 근거한 보복을 자주 저지른다. 앞서 어느 노 교수는 '꼴통 저널리즘'이라고 부르는 게 어떻겠느냐고 제안했다지만, 그것보다는 '보복 저널리즘'이라고 부르는 게 훨씬 더 나을 것 같다.

📚 일독을 권함!

● 서상현·이연경·김경모, 「가차 저널리즘의 뉴스결정 과정에 대한 탐색: 정치부 기자의 심층 인터뷰 분석」, 『언론과학연구』, 15권2호(2015년 6월), 245–284쪽.
● 최영재, 「희생양 찾아 공격 치중 함께 타 버린 객관보도: 숭례문 화재 보도 점검」, 『신문과 방송』, 제447호(2008년 3월), 114–118쪽.
● 박주현, 「가차 저널리즘(Gotcha Journalism)의 뉴스담론 구성에 관한 탐색적 연구: '이해찬 골프사건'과 '이명박 테니스사건'을 중심으로」, 『한국언론과학연구』, 7권1호(2007), 108–143쪽.
● 김동률, 「가차 저널리즘(gotcha journalism), 탐색적 연구: 노무현정부 출범 이후 정치보도를 중심으로」, 『한국언론정보학보』, 29권(2005년 5월), 43–71쪽.

공공 저널리즘

왜 언론이 관찰자의 입장에만 머물면 안 되는가?

미국 언론이 안고 있는 모든 문제는 아닐망정 일부 문제에 대한 대안으로 공공 저널리즘public journalism, civic journalism, public service journalism이 거론돼왔다. 『컬럼비아 저널리즘 리뷰』 1992년 7/8월호가 처음 주목한 이후 1995년 170여 개 언론사에 의해 실천되었던 공공 저널리즘은 나이트-리더 신문체인의 최고 경영책임자였던 제임스 배튼James K. Batten, 오하이오주의 케터링재단 (민주주의 증진 목적), 선오일컴퍼니의 상속자들이 설립한 퓨 자선기금이 지원한 퓨 공공저널리즘센터(1993년 설립) 등의 지원을 받았다.

공공 저널리즘은 언론은 시민의 교육자이며 민주주의의 수호자라는 자유언론의 이상적 견해는 신화로 전락했다는 문제의식에서 비롯되었다. 공공 저널리즘은 공동체 보도에 소홀한 기존의 시장 논리 저널리즘에 대한 반발이기도 하다. 언론은 수용자를 민주시민이 아닌 소비자로만 보고 있으며 갈등지향적 보도의 상업성만을 높이 산 나머지 정치혐오 유발의 주범이 되고 있다. 언론은 문제를 해결하기보다는 논쟁을 계속하는 데에 이해관계를 갖고 있으며, 언론의 방관·자만·냉소는 역겨울 정도다. 그리고 기자가 군림하는 계급인가? 기자의 특권계급화에 대한 의문도 앞서 제기한 문제들과 더불어 공공 저널리즘을 부르짖게 만든 배경이 되었다.

공공 저널리즘은 언론이 보도 이상의 그 무엇을 해야 한다고 주장한다. 정치사회적 이슈에 '관찰자'가 아닌 '해결사'가 되어야 하며, 그렇게 하기 위해 주민들의 여론을 조사, 지면에 반영할 뿐만 아니라 지역사회의 이슈를 해결하기 위해 주민들이 참여하고 토론할 수 있는 무대를 만들어줘야 한다는 것이다. 언론매체를 지역사회의 조직자로 활용하는 건 무리한 것일까? 예컨대 시민모임 주선에 언론사가 나서면 안되는 걸까? 이를 위해 언론은 전통적인 객관주의나 중립성도 기꺼이 포기해야 하는 건 아닐까? 수용자에게 객석이 아닌 무대를 제공해야 하는 건 아닐까? 공공 저널리즘은 바로 이런 의문에 답하기 위해 제시된 새로운 저널리즘 패러다임인 것이다.

물론 공공 저널리즘에 대한 반론도 만만치 않다. 가장 강력한 반론은 언론이 사회변화를 조직하고 이끌려고 하면 객관성, 불편부당성의 자세를 잃을 우려가 있다는 것이다. 예컨대, 미국에서 환경문제는 공화당보다는 민주당 후보에 유리한 이슈라 언론이 환경문제에 적극 나설 경우 정치적 편향성을 갖기 마련이라는 것이다.

또 뉴스에 개입하는 게 원론적으론 타당하다 할지라도, 문제는 언론의 힘이 너무 커졌다는 것이며 또 늘 좋은 방향으로만 개입이 이루어지리라는 보장이 없다는 것도 문제로 지적되고 있다. 공공 저널리즘은 오래된 전통적 저널리즘일 뿐이며 새로운 것은 아무 것도 없으며, 영악한 경영자들에 의해 수용자의 환심을 사려는 도구로 이용될 수 있다는 비판도 제기되고 있다. 또 종교적 열광이 엿보여 위험하다거나 현실적으로 돈과 노력이 많이 들어 경제적 압박을 가져올 수 있다는 반론도 제기되고 있다.[56]

김동률은 "비판자들은 퍼블릭 저널리즘에 차가운 눈길을 보내고 있다. 한마디로 독자(시청자)에게 아부하지 말라는 것이다. 신문이, 크게는 언론이 언론 본연의 고전적인 사명을 게을리 한 채 주머니속의 돈뭉치나 헤아리면서 거리의 여인들처럼 저급하게 독자에게 아부하고 있다고 맹공하고 있다. 비판론자는 이미 독자에게 아부하는 경향으로 빠져들고 있는 현재의 언론들이 더욱 그러한 흐름에 휩쓸리고 있다고 경고했다"며 이렇게 말했다.

강력한 퍼블릭 저널리즘의 실현이란 곧 편집인에게 의제설정 기능을 포기하라는 요구와 같다며 이는 곧 지나친 소비자 중심의 저널리즘User-driven Journalism의 발호를 의미한다고 또다른 비판론자들은 목청을 높인다. 이들 신문들은 별볼일 없는 지역사회의 사소한 사건이라도 가능한 한 크게 키운다. 이럴 경우 연방정부의 중요한 대외정책보다는 그 지방의 고교생 살인사건이나 지역연고 스포츠팀의 우승 여부가 톱 뉴스로 장식되는 경우가 곧잘 등장하게 된다. 하다 못해 누가 언제 결혼하며 이혼했다는 시시콜콜한 기사까지 등장하는 게 현실이다. 로컬페이퍼를 어느 정도 감안하더라도 지나치다는 것이 이들의 비판이다. 큰 것은 잃고 작은 것에만 집착한다는 것이다. 지역광고 유치, 부수증가(시청률 확보) 등에 따른 손익계산서를 염두에 둔 경제적인 동기임에 분명하다고 비판가들은 냉소를 보내고 있다.[57]

아무래도 비판이 장점을 압도했던 것 같다. 빌 코바치와 톰 로젠스틸은 2001년에 출간한 『저널리즘의 기본요소』에서 공공 저널리즘은 '훌륭한 생각'을 담고 있었지만 "이 운동은 여론조사가 보도 범위를 지시하거나 시민 저널리즘의 기치를 마케팅에 편법으로 이용하는 것과 같은 잘못도 내포하고 있었다"며 "전국 규모의 우수한 언론기관 사이에서 공공 저널리즘은 대체로 비웃음을 받았으며, 크게 영향을 미치지 못했다"고 평가했다.[58]

예컨대 미국 위스콘신주에서 발행되는 『위스콘신스테이트저널』의 경우, 신문 1면 기사를 이용자들이 웹 사이트 투표를 통해 결정하는 방식을 취했다. 웹사이트에 5개의 기사 아이템을 소개하고 이용자들이 가장 좋아하는 것을 선택토록 한 뒤 이를 신문지면 제작에 반영하는 형식이다.[59] 과연 이런 방식이 바람직한 것인지 논란의 소지가 있겠다.

그러나 그 어떤 문제에도 불구하고 미국 저널리즘의 기존 모델을 그대로 방치할 수 없다는 데엔 이론의 여지가 없는 것으

로 보인다. 김민남은『공공저널리즘과 한국언론』에서 '공공 저널
리즘의 한국적 수용을 위한 제언'으로 다음과 같은 것들을 제시
했다.

사회의 시민커뮤니케이션 네크워크를 보다 강화해야 한다. (…)
지역사회 구성원들의 공동체 의식을 강화해야 한다. (…) 지역언론
의 사회적 기반이 강화되어야 한다. (…) 지역 미디어들의 사회적 위
상을 강화해야 한다. (…) 지역 미디어들의 자체 자원 부족을 해결해
야 한다. (…) 언론인들의 인식이 변화해야 한다.[60]

양성희는 "초기 공공 저널리즘이 '시민을 찾아가는 언론'이었
다면 인터넷으로 상징되는 기술 발달은 아예 시민이 저널리즘의
주체가 되는 시대를 가능하게 만들었다. 이름하여 '1인 미디어'
'시민 저널리즘' 혹은 거리의 기자를 뜻하는 '스트리트 저널리즘'
의 탄생이다"며 다음과 같이 말했다. "최근 광우병 정국 역시 스
트리트 저널리즘의 경연장이라 할 만하다. 무선인터넷과 노트북
을 이용해 현장을 생중계하는 거리의 기자들이 넘쳐난다. 웹 2.0
시대, 뉴스의 수용자였던 시민들이 스스로 보도와 유통을 주도하
는 '생비자(생산적 소비자)'로 전환하고 있는 것이다. 물론 스트리
트 저널리즘에는 객관성 부족, 아마추어리즘, 과過일반화와 지나
친 감성주의 등 한계가 없는 것은 아니다. 그러나 오늘 우리 사
회가 또 한번 미디어 교과서의 한 장을 쓰게 된 것은 분명해 보
인다. 동시에 촛불정국의 스트리트 저널리즘은, 권력은 미디어에

서 나온다는, '미디어가 권력'이라는 명제도 새삼 확인시켜 준다. 이제 진짜 필요한 것은 이처럼 변화하는 미디어 환경 속에서 미디어 간 진검승부일지도 모른다."[61]

시민참여 저널리즘은 무한한 가능성과 더불어 현실적으로 오보의 책임 문제, 기사의 저작권 관련 문제, 기사를 가장한 홍보 등과 같은 윤리 문제에 직면해 있다.[62] 기존 언론은 시민기자를 법률적 문제가 잠복한 '시한폭탄'으로 보기도 한다.[63] 이봉렬은 시민참여 저널리즘의 새로운 도약을 위해선 여성참여 유도, 특종과 속보에 대한 강박 탈피, 기사형식에 대한 파괴, 시민기자에 대한 언론계 전체의 지원, 시민기자간 연대 등을 제안했다.[64]

시민참여 저널리즘을 한 축으로 삼는 공공 저널리즘은 어차피 '전국 규모의 우수한 언론기관'용으로 제시된 것은 아니다. 이는 '시민 없는 민주주의'에 대한 성찰에서 비롯된 것이므로 한국에선 지역언론 차원에서 시도해볼 만한 가치가 있다. 그 부작용을 염려하기엔 한국의 지역언론이 너무 비참한 상황에 있다는 걸 감안할 필요가 있겠다.

📚 일독을 권함!

- 이효성·최영준·이성준, 「지역언론의 취재원 활용양상과 시민저널리즘 실천에 대한 고찰: 청주·청원 행정구역통합 보도를 중심으로」, 『언론과학연구』, 14권2호 (2014년 6월), 322~355쪽.
- 반현, 「경인지역 일간 신문의 지역성과 공공저널리즘 실천에 관한 연구: 〈경인

일보〉〈인천일보〉〈경기일보〉를 중심으로」, 『언론학연구』, 16권1호(2012년 2월), 33~71쪽.

● 김민하, 「한국 언론의 탐사보도와 시민공동체 형성의 전망: 한국기자협회 〈이달의 기자상〉 수상작의 공공저널리즘적 기능과 한계」, 『한국언론학보』, 52권4호(2008년 8월), 105~128쪽.

● 조숙희, 「비디오저널리스트의 공공저널리즘 수행을 위한 제언」, 『한국멀티미디어 학회지』, 6권3호(2002년 9월), 25~35쪽.

● 윤태진·강내원, 「온라인신문에 나타난 공공저널리즘적 특성에 관한 연구: '조인 스탓컴', '인터넷한겨레', '오마이뉴스'의 기획기사 분석을 중심으로」, 『한국언론학 보』, 46권1호(2001년 12월), 306~343쪽.

● 반현, 「가상공간에서의 공공 저널리즘: 다른 전자 민주주의 가능성」, 『사이버커뮤 니케이션학보』, 5권(2000년 1월), 59~74쪽.

왜

의제유지

손석희는 늘
'한 걸음 더 들어가는 뉴스'를 강조하나?

2016년 9월 시사주간지 『시사저널』이 매년 실시하는 '가장 영향력 있는 언론인' 조사에서 손석희가 75.8%의 압도적인 지목률로 2005년 이후 12년 연속 1위 자리를 지켰다. '가장 신뢰하는 언론매체' 조사에선 JTBC가 KBS를 누르고 사상 첫 1위를 기록했다. JTBC(34.4%), KBS(26.6%), 한겨레(24%), 경향신문(18.8%), 조선일보(14.1%), MBC(10.3%), 네이버(9.5%), YTN(8.6%), SBS(8.3%), 중앙일보(7.8%) 순이었다.[65]

2016년 10월 24일 JTBC는 최순실이 박근혜의 연설문을 미리 받아보고 첨삭했다는 사실을 밝힌 '최순실 태블릿PC' 특종 보도를 함으로써 이후 전개될 '박근혜·최순실 게이트'의 서막을 올렸다. 태블릿 PC 특종 이후 "차라리 수신료를 모아서 JTBC에게 넘겨주자"라는 댓글들이 여기저기서 나타났으며,[66] 11월 12일 박근혜 대통령 하야 촉구 100만 촛불집회에서 시민들은 JTBC 차량이 지나갈 때마다 박수와 환호를 보내며 열광했다.[67] 11월 22일 배명복은 다음과 같이 주장했다.

"지금 JTBC 기자들은 '한국 언론의 영웅'으로 대접받고 있다. JTBC 기자에게는 요금을 받지 않는 택시 운전기사들이 있는가 하면, JTBC 기자에게 음료와 음식을 무료로 제공한다고 밝힌 카페와 식당들이 우후죽순처럼 늘고 있다. 간만에 언론이 제 역할을 하고 있다고 느낀 시민들의 격려와 응원이 JTBC에 쇄도하고 있는 것이다."[68]

JTBC와 손석희가 그런 인기를 누리는 데엔 여러 이유가 있겠지만, 손석희가 JTBC 뉴스 부문 사장이자 앵커로서 실천해온 그만의 저널리즘 철학도 적잖이 작용한 것 같다. 그걸 살펴보는 게 한국 저널리즘의 현실을 이해하는 데도 도움이 될 것 같다.

손석희는 성신여대 문화정보학부 교수 시절이던 2012년 12월 10일 방송기자회와 가진 인터뷰에서 자신의 방송뉴스 철학에 대해 비교적 상세한 주장을 펼쳤다. 손석희는 텔레비전 뉴스의 변화 필요성과 관련, "흔히 얘기하는 것처럼 스토리story만 있고 히스토리history가 없고 텍스트text는 있는데 콘텍스트context는 없고. 그게 가장 뼈아픈 게 아닐까요. 그러니까 계속 쫓아가면서 현상에 대해 보도는 하지만 그에 대해서 콘텍스트(맥락)를 시청자들이 모르고 히스토리를 알 수가 없다면 시청자가 그 뉴스에 대해 깊이 알기도 어렵고 평가도 할 수 없어요"라면서 다음과 같이 말했다.

그런데 텔레비전 뉴스는 여전히 백화점식 보도, 1분 30초짜리 보도거든요. 거기에 무슨 히스토리가 있고 컨텍스트가 살아남겠어요? 스토리와 텍스트만 살아남는 것이지. 현재 텔레비전 뉴스는 낮에 다 본 걸 화면과 기자 목소리로만 전달하는 것뿐이잖아요. 볼 필요가 없어진단 이야기지요. 더군다나 젊은 세대들이 TV에서 멀어지는 이유는 자기가 선택한 뉴스도 아니고, 자기는 디지털 기기에 익숙하기 때문에 콘텍스트나 히스토리에 대해서도 인터넷뿐만 아니라 SNS를 통해서도 다 알고 있기 때문이죠. 그럼 그냥 1분 30초 동안 보도해주는 것에 대해서 무슨 매력을 느끼겠어요. 안 느끼지. 그럼 안 보는 겁니다. 그런 데서 오는 약점 아닐까요?[69]

2015년 5월 30일 손석희는 이젠 JTBC 뉴스 부문 사장이자 앵커의 자격으로 성공회대에서 열린 언론정보학회 정기학술대회 기조연설에서 '아젠다 키핑(의제유지)'의 중요성을 역설했다. '아젠다 세팅(의제설정)'만큼 그 의제를 지키는 게 중요하다는 이야기다. 손석희는 "보통은 하나의 이슈가 있으면 짧게는 2~3일, 길게는 1달이 지나면 소멸된다. JTBC는 200일 동안 세월호 참사를 메인뉴스에서 다뤘다. 4대강 역시 반년 가까이 다뤘다. 의제를 설정하는 것 못지않게 지키는 게 중요하다고 판단했기 때문"이라고 말했다.[70]

손석희는 2015년 9월 21일 서울 동대문 플라자에서 열린 중앙 미디어네트워크 창립 50주년을 기념하는 '중앙 미디어 콘퍼런스'에서 행한 '뉴스룸의 변화The Changes in Newsroon'를 주제로 한 연설에서도 '아젠다 키핑'의 중요성을 강조했다. 그는 모든 정보가 빠르게 소비되는 미디어 시장에서 언론사가 해야 할 일은 많은 정보 가운데서 중요한 정보를 고르고 이에 대해 꾸준히 문제제기를 하는 것이라고 주장했다.

손석희는 아젠다 키핑이 중요한 또 다른 이유로 '소비자'를 꼽았다. 초기에 뉴스 소비자들은 단순히 '뉴스를 보는 존재Viewer였다면 지금은 오히려 정보를 제공하는 존재Sender로 탈바꿈했다는 것이다. 그는 "미디어가 지속적으로 화두를 던지면 시청자(독자)들은 이를 서로 주고받으면서 네트워킹을 하게 된다"며 "이것이 JTBC뉴스룸이 지향하는 것"이라고 말했다. 그는 "때로는 지루하다는 인식도 있어서 반성하고 있다. 물론 손해보는 상황도 발생한다. 시장에서 손해는 시청률이 떨어진다는 것"이라면서도 "그럼에도 디지털 시대에 필요한 것은 아젠다 키핑이라고 생각한다. 모든 것이 빨리 바뀐다고 해도 저널리즘이 미래적 가치로 지켜야 할 것이 아젠다 키핑"이라고 말했다.[71] 손석희가 이젠 그의 트레이드마크가 된 '한 걸음 더 들어가는 뉴스'를 강조한 것은 아젠다 키핑의 당연한 귀결이라 하겠다.

손석희의 '아젠다 키핑'은 자크 엘륄이 말한 '시사적 인간current events man'에 대한 도전이기도 하다. 그 인간은 오늘 일어난 일만을 쫓아다니기 때문에 매우 불안정하다. 이러한 인간은 '시사'에 푹 빠져 있기 때문에 프로파간다의 주요 대상이 된다. 시사적인 사건과 진실 사이에는 대결이 존재하지 않는다. 또 시사적인 사건과 그 사람 사이에는 아무런 관계도 존재하지 않는다.

이것이 바로 프로파간다의 효과를 높여주는 조건이라고 엘륄은 말한다.[72]

엘륄에 따르면, 현대사회에서 정보는 순간적으로 존재한다. 뉴스는 지구 곳곳에서 흘러 들어와 금방 증발해버린다. 그걸 다 담아둔다는 건 인간능력으로 감당하기 불가능한 기억력을 필요로 한다. 정치에 있어서 기억은 결정적으로 중요하다. 과거에 대한 이해가 없고 연속성이 없고 과오에 대한 분석 그리고 그 분석을 통해 연속선상에서 현재를 이해할 능력이 없는 한 진정한 의미의 정치는 존재할 수 없다.

뉴스는 철저하게 일관성이 결여되어 있다. 한 뉴스가 다른 뉴스를 연속선상에서 밀어내기 보다는 디지털방식으로 갑자기 발작적으로 새로운 뉴스가 분출한다. 엘륄은 다음과 같이 말한다. "오늘 터키에 대해 쏟은 나의 관심은 내일 뉴욕에서의 재정 위기에 의해 모레에는 수마트라의 공수부대들에 의해 흡수될 것이다. (…) 만약 우리가 정보의 게시판들을 주의깊게 지켜본다면 우리는 주제들이 매일 80% 가량 변한다는 것을 알게 될 것이다."

엘륄은 그렇게 해서 나타나는 '역사의 가속화acceleration of history'는 기존 체제에 유리하다고 보았다. 집권 정치세력은 강력한 관료제를 이용하여 정보를 독점함으로써 기술적 서베이에 더 능하고 행동을 빨리 취할 수 있기 때문이다.[73]

그런 상황에서 여론이라고 하는 것은 변덕 또는 유행 그 이상의 것은 아니다. 여론을 형성한다는 미디어는 중앙집권화된 구조 그 자체로서 정보의 채널이 아니라 사회적 순응과 복종을 강요하는 주범에 다름 아니다. 여론의 형성은 복잡한 이슈들을 찬반의 양자택일 구조로 나타낸다. 여론은 테크니컬한 문제에만 몰두함으로써 인간의 자유를 파괴하는 힘을 미화시킨다.[74]

'시사적 인간'은 현대적 인간상이지만, '빨리빨리 문화'를 갖고 있는 한국에서 특히 심하게 나타나는 것 같다. 그런 의미에서 '아젠다 키핑'은 한국의 '빨리빨리 문화'에 대한 도전이기도 하다. 어떤 사회적 문제를 직접 해결하려하기보다는 '빨리빨리' 이뤄지는 변화를 통해 그 문제를 건너뛰거나 비교적 사소하게 만드는 방식을 선호하는 한국인들의 문화 말이다.

'빨리빨리 문화'는 두 얼굴을 갖고 있다. '역동성'과 '조급성'이라는 두 얼굴이다. 역동성의 장점도 있지만, 조급성은 책임 규명에 소홀한 풍토를 낳았고, 이는 저널리즘에도 그대로 반영되었다. 세월호 참사에서부터 '박근혜·최순실 게이트'에 이르기까지, 손석희는 '아젠다 키핑'을 통해 그런 흐름에 정면 도전했음을 우리는 잘 알고 있지 않은가. 보도 의제의 전환 사이클이 너무 빨라 '냄비 저널리즘'이란 비판을 받는 한국 언론계에 '아젠다 키핑'이 확산될 수 있을지 주목해보기로 하자.

📚 일독을 권함!

● 강준만, 「손석희 현상: 44개월간의 기록, 2013년 5월~2016년 12월」, 『인물과 사상』, 226권(2017년 2월), 41~81쪽.
● 김영욱·장유진, 「냄비성향 척도 개발과 타당성 검증」, 『커뮤니케이션 이론』, 11권4

호(2015년 12월), 171–205쪽.

● 김철민·최충익, 「대형 재난사고 이슈의 생존주기 분석」, 『서울도시연구』, 16권4호 (2015년 12월), 147–162쪽.

● 손석희·박성호, 「[인터뷰_종편의 실험] "선택과 집중으로 한 걸음 더"」, 『방송기 자』, 15(2013년 11월), 22–25쪽.

● 이종혁·신동호·강성민, 「이슈 보도 주기로 관찰된 '냄비저널리즘' 현상: 운형함수 방법론 적용」, 『한국방송학보』, 27권4호(2013년 7월), 206–250쪽.

● 손석희·박성호, 「[손석희, 뉴스를 말하다] 스토리story만 있고 히스토리history는 없고 텍스트text는 있는데 컨텍스트contex가 없다」, 『방송기자』, 10(2012년 12월), 22–29쪽.

제6장

정보와 지식

개혁확산 이론

외국기업들은 한국시장을 테스트 마켓으로 이용하나?

제2차 세계대전 이후 세계질서를 평정한 미국은 제3세계에 매스미디어를 수출해 미국의 사상과 생활방식을 전파하고 미국이 바람직하다고 생각하는 방식의 경제 발전을 추구하도록 했다. 매스미디어와 그 콘텐츠 수출을 통해 제3세계의 발전을 도모하겠다는 이른바 '발전커뮤니케이션 학자'들 중의 대표적 인물인 MIT대학 교수 이델 드 솔라 풀Ithiel de Sola Poo은 위대한 문화는 항상 세계성cosmopolitan을 띤다는 것을 강조하며 제3세계가 미국 매스미디어의 하드웨어는 물론 소프트웨어까지 수입해 생활화하는 것은 당연하거니와 바람직하다고 주장했다.[1]

발전커뮤니케이션 학자들의 주장에 근거한 미국의 주도적 노력으로 제3세계에서 매스미디어는 '산업화'와 '근대화'의 도구로 예찬받았다. 발전커뮤니케이션 학자들은 매스미디어가 제3세계 국민의 의식을 개혁시킬 수 있다는 점에 큰 관심을 기울였다. 이들이 발전을 이해하고 발전의 정도를 측정하는 방법 중 하나인 '확산론diffusion approach'은 발전의 동인인 외부영향력을 확산시키는 데에 매스미디어가 기여할 수 있다고 하는 접근방법이다.[2]

에버렛 로저스Everett M. Rogers는 1962년『개혁의 확산Diffusion of Innovations』에서 '개혁확산 이론Diffusion of Innovation Theory'을 제시했는데, 이는 혁신이나 개혁이 사회 전체에 확산되는 공식을 처음 기술한 책이었다. 그가 이 주제에 관심을 갖게 된 건 그의 농촌 거주 경험 덕분이었다.

> 나는 아이오와주 캐롤Carroll 근처 내가 살던 마을에 거주하던 농부들을 관찰하면서, 농업개혁의 확산에 관심을 갖게 되었다. 그 농부들은 자신들에게 이익이 될 수 있는 새로운 아이디어를 채택하는 데 다른 농부들보다 3~4년 정도 늦었는데, 그들의 이런 모습은 나에게는 이상하고도 당혹스러운 것이었다. 왜 농부들은 일찍 개혁을 채택하지 않았을까? 경제적 이유 이외의 어떤 요인들이 작용하고 있음이 분명했다.[3]

이후 확산 연구는 새로운 개혁이 사회 체계 내에서 어떻게 알려지고 퍼져 나가는지 그 사회적 과정을 탐구하는 '개혁확산' 연구로 발전했다. 로저스는『개혁의 확산』(1983)에서 개혁이란 '개인 혹은 개혁을 채택하는 주체에 의해 새로운 것으로 지각되는 사고, 실천, 혹은 대상'이라고 정의했다.[4]

로저스는 개혁의 채택 속도에 따라 다음과 같이 집단을 5개로 구분했다.

1)혁신자Innovators: 모험을 좋아하고, 새로운 아이디어를 시도하려 하며, 동료들보다 더 폭넓은 인간관계를 가진다.

2)조기 채택자Early Adopters: 존경받는 지역 인사들로서 사회적 지위가 높은 여론 지도자다.

3)조기 다수자Early Majority: 신중하고 동료들과 상호작용이 많지만 지도자 위치에는 있지 않은 사람들이다.

4)후기 다수자Late Majority: 의심이 많고 경제적 요구나 압력 때문에 어쩔 수 없이 개혁을 채택하는 사람들이다.

5)지체자Laggard: 보수적이고 거의 고립화된 사람이며, 준거 시점이 대개 과거에 있는 사람이다.

로저스에 의하면, 전체 구성원 2.5%가 먼저 새로운 개혁을 채택하는 혁신자 그룹에 속하고, 다음 13.5%가 조기 채택자, 그리고 34%가 조기 다수 수용자, 이어서 34%가 후기 다수 수용자, 그리고 나머지 16%가 지체자 그룹에 속한다.[5]

로저스는 이후의 연구에서 이 이론을 뉴미디어의 확산과 수용에도 적용할 수 있음을 입증했다. 로저스의 이론은 과거엔 다분히 서구 위주의 문화제국주의적 성향을 띤 것이었지만,[6] 오늘날엔 그런 국가간의 문제를 떠나 뉴미디어 혁신기술의 전파와 수용에 관한 이론으로 각광을 받고 있다. 미국에서만도 지난 40년간 매년 120편가량의 논문이 발표되었을 정도다.[7]

1990년대에 제프리 무어Geoffrey Moore는『캐즘 마케팅Crossing the Chasm』에서 로저스의 개념과 원칙을 확대해 첨단제품 마케팅에 적용했는데, 이 책은 최첨단산업 부문에 종사하는 마케터들에게 필독서가 되었다. 무어는 신제품의 성공에 가장 중요한 단계를 얼리어댑터들에서 얼리머조리티의 이동으로 파악했는데, 제품 수용 주기에서 이 부분을 '캐즘', 즉 간극이라고 정의했다. 이 간극을 메우기 위해 무어가 제시한 핵심 전략은 실용주의자들에게 '온전한 제품'을 제공해줌으로써 그들이 활동하는 틈새시장을 공략하자는 것이었다. 한 가지 틈새시장의 니즈를 충족시키는 데 성공한 것이 입증되면, 계속해서 또 다른 틈새시장들의 공략에 나서며 도미노효과를 창출할 수 있게 된다는 것이다.(얼리어댑터들은 '온전한 제품'을 필요로 하지 않는다. 그들은 단지 그들 나름의 해결책을 찾을 수 있게 해주는 핵심 기능만을 가진 제품을 원할 뿐이다.)[8]

개혁확산 이론은 다양한 분야에 적용할 수 있다. 예컨대, 새로운 의약품이 나왔거나 익숙하지 않은 건강 행동을 일반인에게 도입할 때는 어떻게 해야 할까? 백혜진은 『소셜마케팅』(2013)에서 소수 개혁자가 누구인지 먼저 찾고, 그 개혁자에게 먼저 소구한 뒤, 그들로 하여금 초기 수용자 및 다른 사회구성원에게 그 제품이나 행동을 전파하도록 해야 한다고 말한다. "이는 개혁 채택 정도와 무관하며, 다수 수용자를 무차별 공략하는 것보다 효율적이다. 또한, 개혁자나 초기 수용자에게 어떠한 행동이나 의약품의 획기적인 특성과 새로움을 소구한다면, 나머지 수용자에게는 개혁이 이미 대중화되었음을 소구하거나 개혁 채택이 사회적 규범이 되고 있음을 강조하는 등 개혁 채택 단계에 따라 수용자에게 각각 다른 메시지를 사용해야 할 것이다."[9]

개혁확산 이론은 문화사회학적 연구 주제이기도 하다. 조엘 베스트Joel Best는 『댓츠 어 패드That's a fad!: 개인과 조직이 일시적 유행에 현혹되지 않는 5가지 방법』(2006)에서 '확산에 대한 환상 illusion of diffusion'이라는 개념을 제시한다. 이는 어떤 혁신이 지속될 거라고 예상했다가 그 인기가 급락하면 놀라움을 금치 못하는 현상인데, 대부분의 유행fad에는 이러한 환상에 사로잡힌 열성 지지자들이 있다는 것이다.[10] 그는 "혁신의 조기 수용자들은 매력적인 속물 효과로부터 이익을 얻는 반면, 시류에 편승하려는 후기 수용자들의 광경은 '군중효과'를 연상시킨다"며 다음과 같이 말한다.

이것은 비교적 보편적인 형태의 '상징 인플레이션symbolic inflation' 프로세스, 즉 어떤 사회적 상징이 광범위하게 확산될수록, 예를 들면 모종의 교육개혁을 채택한 학교들이 많아질수록 그 상징의 가치가 떨어지는 현상의 일례라고 할 수 있다. 이 경우, 후기 수용자들은 결국 혁신을 채택했다고 해도 혁신적인 사람으로 간주되지 않는다. 최신 고안물을 채택하는 극소수 집단에 포함됨으로써 얻게 되는 이점들은 그것을 채택하는 사람들의 수가 증가하고 시류에 편승하는 사람들이 많아질수록 점차 감소한다. 이런 점을 감안할 때, 혁신이 널리 유포될수록 혁신을 채택하는 데 따르는 보상은 점차 감소하게 마련이다.[11]

'속물 효과'가 강한 탓인지는 몰라도 새것을 좋아하는 한국인의 '새것 숭배 신드롬'은 이른바 '코얼리어댑터'라는 말을 낳게 했다. 2003년 8월 제일기획은 '한국의 얼리어댑터'라는 의미로 '코얼리어댑터'라는 용어를 처음으로 사용했는데, 코얼리어댑터는 세상의 변화에 민감하고 호기심이 많으며, 관심 분야에서 남보다 앞서서 더 많은 정보를 얻는 것에서 기쁨을 느끼는 성향을 갖고 있다는 것이다.[12]

한국은 정보통신IT 제품 보급 속도가 세계 최고를 자랑하는 등 얼리어댑터층이 유난히 두꺼워 디지털 제품을 한국에서 먼저 시험하는 초국적기업들이 많다.[13] 한국시장을 테스트 마켓test market으로 이용하는 외국기업들은 한국은 소비자들의 호기심이 많고, 인터넷이 발달해 정보의 유통속도도 빨라 제품에 대한 반응을 빠르고 정확하게 파악할 수 있다는 것을 주요 이유로 들었다. 처음엔 명품업체와 정보기술업체에서 시작해 이젠 다른 여러 분야들로 확산돼가고 있다.[14]

2015년 10월 23일 아이폰6s 시리즈가 국내에서 공식 출시되자, 이날 이동통신 3사의 아이폰 출시 행사장에는 밤을 새운 소비자들이 장사진을 이뤘는데, 심지어 '1호 개통자'가 되기 위해 2박3일 노숙까지 한 사람들도 있었다.[15] 이 같은 열정은 화제의 신제품이 출시될 때마다 나타나곤 하는 현상인데, 어느 나라에서건 마찬가지라곤 하지만 한국인의 강한 얼리어댑터 기질이 세계 최고 수준이라는 건 분명한 사실이다.

📚 일독을 권함!

● 윤승욱, 「소셜TV 채택에 대한 통합 모델 연구: 지속사용 의도에 대한 혁신확산이론, 기술수용모델, 혁신저항모델의 통합적 접근」, 『언론과학연구』, 16권2호(2016년 6월), 145–183쪽.

● 정우성, 「혁신도입의 지속성에 영향을 미치는 요인에 관한 연구: 미국 지방정부의 시지배인의 제도적 압력과 탐색기술에 대한 인식을 중심으로」, 『한국지방자치학회보』, 25권4호(2013년 12월), 79–106쪽.

● 남수태·김도관·진찬용, 「혁신확산이론에 따른 스마트폰 지속사용의도에 관한 연구: 아이폰 사용자와 안드로이드 사용자의 충성도 비교를 고려하여」, 『한국정보통신학회논문지』, 17권5호(2013년 5월), 1219–1226쪽.

● 이호규·이선희·장병희, 「3DTV 수용 저항에 영향을 미치는 요인: 혁신확산이론과 혁신저항모형의 결합」, 『방송통신연구』, 80권(2012년 10월), 78–111쪽.

● 박종구, 「소셜네트워크서비스 채택요인에 대한 척도개발과 타당화: 대학생 집단을 중심으로」, 『커뮤니케이션 이론』, 7권2호(2011년 12월), 22–74쪽.

● 황유선·이연경, 「전통 미디어와 소셜 미디어의 관계에 대한 탐구: 공진화(co-evolution)와 혁신 확산(diffusion of innovation) 이론의 관점에서」, 『방송문화연구』, 23권2호(2011년 12월), 171–206쪽.

● 김광재·박종구, 「저자동시인용 분석방법을 이용한 혁신확산 연구의 지적구조: 커뮤니케이션학 영역을 중심으로」, 『한국방송학보』, 25권6호(2011년 11월), 52–87쪽.

● 박종구, 「뉴미디어 채택에 관한 통합모델 IAM–NM (Integrative Adoption Model of New Media)」, 『한국언론학보』, 55권5호(2011년 10월), 448–479쪽.

● 김혜진·김도연, 「스마트폰 채택단계별 스마트폰 인식과 이용」, 『한국언론학보』, 55권4호(2011년 8월), 382–405쪽.

● 장용호·박종구, 「스마트폰 확산의 장애요인에 관한 탐색적 연구: 채택보류집단의 혁신저항 결정요인을 중심으로」, 『방송문화연구』, 22권2호(2010년 12월), 37–62쪽.

● 김광재, 「혁신의 확산 연구에 대한 메타분석: 언론학 분야를 중심으로」, 『한국언론학보』, 54권2호(2010년 4월), 31–56쪽.

● 정의철·이선영, 「에이즈 예방 커뮤니케이션 분석 연구: 개혁확산이론과 문화적 감수성 접근을 중심으로」, 『한국언론학보』, 52권6호(2008년 12월), 323–340쪽.

● 반현 · 민인철, 「동영상 UCC 제작자, 단순이용자 그리고 비이용자의 특성에 관한 탐색적 연구: 개혁 확산이론을 중심으로」, 『한국언론학보』, 51권4호(2007년 8월), 407–436쪽.
● 최용준 · 정명화, 「디지털TV 채택에 영향을 미치는 요인에 관한 연구: 개혁확산 과정의 단계별 특성을 중심으로」, 『방송문화연구』, 17권2호(2005년 12월), 209–237쪽.

왜 지식격차 이론

미디어가
빈부격차를 심화시키는가?

지식격차 이론knowledge-gap theory은 1970년 미국 미네소타대학의 커뮤니케이션 학자 필립 티치너Philip J. Tichenor, 조지 도노휴 George A. Donohue, 클라리스 올리엔Clarice N. Olien 등이 제시한 것으로, 그들은 다음과 같이 주장했다.

사회체계에 주입된 매스미디어 정보가 증가하면, 높은 사회경제적 지위를 가진 집단은 이러한 정보를 낮은 사회 경제적 지위에 있는 집단보다 빠른 비율로 습득하는 경향이 있다. 따라서, 이러한 집단간의 지식격차는 감소한다기 보다는 증가하는 경향을 보이는 것이다. "[16]

이 가설은 '미디어 이용→지식 격차→빈부격차'의 가능성을 시사하고 있다는 점에서 매우 중요한 의미를 갖는다 하겠다. 물론 이 '지식격차 가설'은 "하층 사람들은 완전히 무식한 상태에 머문다(또는 지식이 없으면 없을수록 절대적인 의미로 가난해진다)"라는 것이 아니라 "상층 사람들의 지식 증가가 상대적으로 더 크다는 것"을 의미하는 것이지만,[17] 상대적 관점에서 보자면 그러한 의미는 사회적으로 매우 중요한 것이다. 티치너 등은 다음과 같은 5가지 이유를 들어 지식격차 가설의 정당성을 주장했다.

1)사회경제적 지위가 높고 낮음에 따라 커뮤니케이션 기술의 차이가 존재한다. 왜냐하면 교육이란 읽고, 이해하고 기억하는 기초적인 정보처리 능력에 영향을 주기 때문이다.

2)저장되어 있는 정보량, 즉 이미 습득된 지식의 양에는 차이가 있다. 높은 사회 경제적 지위에 있는 사람들은 교육을 통해서, 혹은 미디어에 노출되어서 이미 토픽을 알고 있을 것이다.

3)높은 사회 경제적 지위에 있는 사람들은 그 주제와 관련된 사회적 접촉을 많이 할 것이다. 즉 그들은 공공의 사건이나 과학 뉴스 등에 노출되어 있는 사람들과 연결되고 그러한 주제에 관해 토의할 것이다.

4)선택적 노출·수용·보유의 메커니즘이 작용할 것이다. 낮은 사회 경제적 지위에 있는 사람들은 그들의 태도와 가치에 부합되는 공공사건이나 과학에 관한 정보를 추구하지 않을지도 모르며, 그러한 정보에 관심을 갖지 않을지도 모른다.

5)매스미디어 체계 자체의 본질은 그것이 사회 경제적으로 높은 지위에 있는 사람들에게 맞추어졌다는 점이다. 공적인 사건들과 과학에 관한 뉴스의 많은 부분은 인쇄 미디어에 나타나는

데 인쇄 미디어는 높은 지위에 있는 사람들의 흥미와 취향에 의해 만들어지고 있다.[18]

지식격차 가설은 뉴미디어가 왕성하게 도입되는 정보화 사회에서, 그리고 국제관계에서 더욱 큰 의미를 갖는다. 낙관론자들은 '정보의 불평등' 현상은 일시적일 수는 있어도 새로운 테크놀로지의 발전과 확산이 그런 문제를 해결해줄 거라고 말하지만, 이들의 주장을 그대로 믿기는 어렵다.[19] 또한 이들의 경우 사적인 이해관계로부터 자유롭지 못한 경우가 많아 더욱 신뢰하기 어렵다.

인터넷 시대에 이르러 가장 문제가 되고 있는 '디지털 격차' 또는 '디지털 디바이드digital divide'는 바로 이 지식격차 이론에서 출발한 것이다. '디지털 디바이드'는 90년대 중반 미국 클린턴 행정부의 상무차관보이자 기술보좌관이었던 래리 어빙Larry Irving이 만들어낸 용어인데,[20] 경제적·지역적·신체적 또는 사회적 여건으로 인해 정보통신망을 통한 정보통신 서비스에 접근하거나 이용할 수 있는 기회에 있어서의 차이를 말한다. 과거 남아프리카공화국의 인종차별·격리정책인 아파르트헤이트apartheid에 빗대속칭 '정보 아파르트헤이트'라고도 한다.[21]

'디지털 디바이드'에 이어, 앞으론 로봇 활용도에 따라 빈부 격차가 나뉜다는 '로보틱스 디바이드robotics divide(로봇공학 격차)'란 신조어도 등장했다. 미 조지메이슨대 경제학자 타일러 코웬Tyler Cowen은 "로봇공학의 발달로 미국의 소득 계층은 상위 10%와 하위 90%로 양분될 것"이라며 "로봇의 발전을 주도할 수 있는 상위 10%는 고임금을 누리지만, 하위 90%는 로봇에 일자리를 빼앗겨 저임금 일자리로 내몰릴 것"이라고 말했다.[22] 이런 흐름에 제동을 걸기 위해 세계적인 로봇 권위자인 영국 브리스틀대학 교수 앨런 윈필드Alan Winfield는 '자동화세Automation Tax' 도입을 제안했다.[23]

지금 당장 발등에 떨어진 불은 '디지털 디바이드'인데, 2002년 로빈 만셀Robin Mansell은 사람들에게 이른바 '디지털 격차'를 넘어 정보에 대한 권리를 보장함으로써 그들의 주체성을 강조하는 취지에서 '디지털 권한digital entitlements' 개념을 역설했다.[24]

디지털 격차는 교육 분야 등에서 이른바 '참여 격차participation gap'로 이어져 정치사회적으로 심각한 문제를 낳을 수 있다.[25] 디지털 문화의 내용에 따른 국제적 격차도 존재할 수 있는데, 이를 잘 보여주는 것이 한국의 사례다. 한국은 인터넷 선진국이지만, 한국의 인터넷은 정보 추구형이 아닌 오락 중심형이라는 문제를 안고 있다.

'디지털 격차'를 뛰어 넘으려는 욕망은 오히려 빈부격차를 심화시키는 결과를 초래할 수 있는데, 가장 대표적인 사례가 바로 한국의 휴대전화다. 한국은행 조사에서 한국 가계의 목적별 소비지출(2005년 명목금액 기준)에서 인터넷, 휴대전화 등 통신비의 비중은 5.4%로 미국의 1.6%에 비해 3배 이상 높았으며 일본의 3.1%에 비해서도 높은 수준이었다.[26]

2013년 4월 미국 시장조사기관인 스트래티지 애널리스틱스는 "한국인들은 세계에서 휴대전화를 가장 자주 바꾸는 국민"이라며, 연간 제품 교체율이 67.8%에 이르고, 2017년까지 60%대를 유지할 것이라는 내용의 보고서를 발표했다.[27]

2013년 6월 스트래티지 애널리스틱스는 2012년 기준으로 한국의 스마트폰 보급률이 67.6%로 세계에서 가장 높다고 밝혔다. 한국의 스마트폰 보급률은 세계 평균인 14.8%보다 4.6배 높으며 2위인 노르웨이(55%)보다도 앞섰다. 일본(39.9%)과 미국(39.8%)은 40%가 못됐고, 중국은 세계 평균보다 조금 높은 19.3%로 한국보다 낮았다.[28]

2013년 7월 스트래티지 애널리스틱스는 2012년 기준 한국의 휴대전화 단말기 평균 판매가격이 415달러(46만 원)로 세계에서 가장 높았다고 지적했다. 이는 세계 평균 판매가격 166달러(18만 원)의 갑절을 훌쩍 뛰어넘는 수치다. 일본이 390달러(43만 원)로 둘째였고, 캐나다 350달러(39만 원), 미국 323달러(36만 원), 노르웨이 281달러(31만 원), 덴마크·독일 278달러(31만 원) 등이 뒤를 이었다.[29]

이 세 가지 세계 최고 기록이 과연 좋기만 한 걸까? 2인 이상 가구의 월평균 통신비는 2008년 1분기 13만4086원에서 2013년 1분기에 15만7579원으로 5년 만에 17.5% 늘었다. 이에 대해 이주홍 녹색소비자연대 정책국장은 "2G나 3G 폰을 쓰고 싶은 수요가 있는데도 정부나 통신사의 정책은 고가 스마트폰에 맞춰져 있다"면서 "이런 것들이 최신 스마트폰이 필요하지 않은 소비자들의 지갑까지도 억지로 열고 있다"고 말했다.[30]

미국 서던캘리포니아대 교수 엘리자베스 데일리Elizabeth Daley

는 그간 글에만 한정된 리터러시literacy의 개념을 음향적·시각적 요소까지 확장해야 한다며 이렇게 말한다. "나의 관점에서 보면, 가장 중요한 디지털 격차는 디지털 기기에 대한 접근의 격차가 아니다. 디지털 격차는 디지털 기기가 작동하는 데 배경이 되는 언어를 알아야만 가질 수 있는 능력의 격차다. 달리 말하면, 단지 극소수의 사람들만 이런 언어를 쓸 줄 알고, 그들을 제외한 우리 모두는 단지 읽기만 하는 존재로 전락했다."[31]

동국대 신문방송학과 교수 이호규는 "정보격차의 해소는 단순히 컴퓨터 등의 하드웨어의 균등한 분배를 의미하지 않고, 사람들이 자신들이 가치 있다고 판단하는 정보를 이용함으로써 자신들이 원하는 삶을 향유할 수 있도록 하는 것이어야 한다"고 주장한다.[32]

같은 맥락에서 사람들이 어떤 미디어를 주로 이용하며 그 미디어로 무엇을 하느냐가 중요하다고 볼 수 있다. 미국에선 빈곤층의 텔레비전 시청 시간이 압도적으로 많다. 영국도 마찬가지다. 에드 메이요Ed Mayo와 애그니스 네언Agnes Nairn은 2009년에 출간한 『컨슈머 키즈Consumer Kids』에서 빈곤 가정의 아이들이 더 형편이 나은 아이들에 비해 컴퓨터 앞에서 밥을 먹을 확률이 9배, 잠들기 전까지 컴퓨터를 하고 있을 확률이 5배 더 높다고 밝혔다.[33] 빈곤층과 빈곤 가정의 아이들이 텔레비전과 컴퓨터에서 취하는 건 주로 엔터테인먼트이며, 격차를 우려해야 할 정보와 지식은 아니라는 데에 문제의 심각성이 있다.

📚 일독을 권함!

- 이숙정·육은희, 「디지털 활용 격차와 결과 격차: 디지털 활용 능력과 정보적 지지를 중심으로」, 『한국언론학보』, 58권5호(2014년 10월), 206–232쪽.

- 송효진, 「질적 정보격차와 인터넷 정보이용의 영향요인 고찰: 이용자의 디지털 리터러시, 인식, 자기효능감을 중심으로」, 『한국정책과학학회보』, 18권2호(2014년 6월), 85–116쪽.

- 박창희·장석준, 「노년층 스마트 미디어와 디지털 복지: 스마트 기기 접근 및 이용 격차를 중심으로」, 『언론학연구』, 17권4호(2013년 11월), 79–105쪽.

- 양정애·이현우, 「크로스플랫폼 뉴스소비 유형에 따른 커뮤니케이션 효과 격차: 정치지식, 정치효능감, 정치대화를 중심으로」, 『한국방송학보』, 27권5호(2013년 9월), 162–203쪽.

- 황용석·박남수·이현주·이원태, 「디지털 미디어 환경과 커뮤니케이션 능력 격차 연구: 세대 요인을 중심으로」, 『한국언론학보』, 56권2호(2012년 4월), 198–225쪽.

- 고삼석·노창희·성동규, 「디지털 전환에 따른 방송에서의 정보격차에 대한 연구: 접근격차, 이용격차, 성과격차를 중심으로」, 『한국방송학보』, 25권3호(2011년 5월), 46–91쪽.

- 금희조·조재호, 「스마트폰, 커뮤니케이션 격차, 그리고 정치 참여: 소셜 미디어 효과에 대한 스마트폰 이용의 조절 역할을 중심으로」, 『한국언론학보』, 54권5호(2010년 10월), 348–371쪽.

- 이호규, 「정보격차 논의에 대한 비판적 고찰: 집단수준의 논의에서 개인수준의 논의로」, 『한국언론학보』, 제53권6호(2009년 12월), 5–25쪽.

- 문상현, 「글로벌 디지털 디바이드의 담론적 구성과 그 함의」, 『한국언론학보』, 49권6호(2005년 12월), 257–285쪽.

- 심재철 외, 「미디어 이미지와 정보처리전략에 따른 지식 습득: 지방자치제와 환경이슈 지식격차에 대한 4개 도시 비교 연구」, 『언론과 사회』, 20권(1998년 7월), 44–71쪽.

- 윤석민·송종현, 「지식격차효과의 이론적 토대」, 『언론과 사회』, 20권(1998년 7월), 7–43쪽.

암묵지

왜 장관들은 물러날 때 쯤에서야 업무를 파악하게 되는가?

요즘 텔레비전에 흘러넘치는 음식 관련 프로그램마다 꼭 빠지지 않고 등장하는 게 하나 있다. 맛있는 음식의 요리 비결이 뭐냐는 질문에 요리사가 '절대 비밀'을 고집하는 장면이다. 그 비밀을 말이나 글로 표현할 수도 있겠지만 그것만으론 어림도 없다는 게 요리사들의 한결같은 주장이기도 하다. '손맛'이라는 게 있기 때문에 오랜 기간 옆에서 시중을 들면서 지켜봐야만 그 비법을 제대로 전수받을 수 있다는 것이다.

그런 유형의 지식을 가리켜 '암묵지暗默知'라고 한다. '암묵'이란 눈에 보이지 않고 귀에 들리지 않는다는 뜻이다. 암묵지는 말이나 글로 설명하기 어려운 지식이다. '손맛'이나 '솜씨'를 구체적으로 명문화하기는 매우 어렵다. 또 우리는 누군가의 얼굴을 보면 다음에 그 사람을 알아볼 수 있지만, 그걸 다른 사람에게 말로 설명하기는 매우 어렵다. 다른 사람에게 쉽게 설명할 수 있는 문법만으론 습득할 수 없다는 점에서 언어 역시 마찬가지다. 따라서 암묵지는 개인이 체험이나 학습을 통해 습득했지만 언어나 문자로 나타내기 어려우며 겉으로 드러나지 않는 지식으로 정의할 수 있다. 이런 암묵지는 도처에 널려 있다. 우리는 하루 종일 암묵지의 바다에서 헤엄치고 있다고 해도 과언이 아니다.

헝가리 출신으로 영국에서 활동한 화학자이자 철학자인 마이클 폴라니Michael Polanyi는 『개인적 지식Personal Knowledge』(1958)에서 지식을 겉으로 분명하게 표현된 걸 이해할 수 있는 '표출적 지식explicit knowledge'과 표현하기가 매우 어려운 '암묵적 지식tacit knowledge'으로 나누었다. 표출적 지식은 '명제적 지식propositional knowledge' '형식지' '명시지' '공식지'라고 부르기도 하며, 암묵적 지식은 줄여서 '암묵지'라고 부른다. 암묵지를 '신체지' 또는 '경험지experiential knowledge'라고도 한다.

암묵지는 쉽게 공유되기 어려운 노하우know-how로서 know-what(facts), know-why(science), know-who(networking) 등과 대비된다. 폴라니는 "우리는 우리가 말할 수 있는 것 이상으로 알고 있다we can know more than we can tell"며 기존의 철학적 인식론이 형식지만을 특권화하고 있음을 비판했다. 그는 암묵지에 무게를 두면서 일본 기업이 성공할 수 있었던 것은 암묵지에 기반한 지식화에 성공했기 때문이라고 주장했다.[34]

지식 경영의 대가이며 '일본의 피터 드러커'로 통하는 노나카 이쿠지로野中郁次郎는 암묵지와 형식지는 따로 존재한다고 보는 것보다 연속체로 보는 것이 합당하다며, 지식창조의 원천은 암묵지와 형식지 간의 상호작용 루틴routine이라고 말한다. 즉 형식지와 암묵지의 융합이 필요하다는 것이다.[35] 그는 암묵지를 형식화하는 것이 '매뉴얼화'라며 다음과 같이 말한다.

일본과 해외 공장이 같은 생산성을 유지하는 데에는 현장의 지혜를 최대한 매뉴얼로 집대성해 전파하는 것이 열쇠다. 하지만 암묵지를 모두 확산하는 것은 한계가 있다. 매뉴얼화할 수 없는 높은 질의 암묵지는 그 자체로 전승하고 전파하는 작업이 필요하다. 현장의 공동 체험과 끝없는 실천을 매개로 사람과 사람을 통해 지식을 확산하는 방법, 즉 '사람 만들기'밖에 없다.[36]

폴라니는 "자전거를 타는 법을 말로 설명하기는 매우 어렵지만 일단 자전거를 탈 줄 알게 되면 평생 잊어버리지 않는다"며 '암묵지'를 자전거 타는 법으로 비유했다. 트위터 사용법도 비슷하다. 닐슨의 시장 조사에 따르면, 독일인의 70%는 트위터 계정을 만든 후 다시는 트위터를 찾지 않았으며, 이 중 15%는 세번째 방문에서 트위터 사용을 포기해버렸는데, 이는 트위터의 사용법이 상당 부분 암묵지라는 데에서 비롯된다.[37]

저널리스트 칸다 토시아키神田敏晶는 "트위터를 사용하는 법을 말로 설명하기는 매우 힘들지만, 자전거 타는 법처럼 일단 트위터 사용법을 익히면 그 때부터는 그다지 어렵지 않다. 오히려 자꾸 설명을 들을수록 트위터가 더 헷갈릴 뿐이다"고 말한다.[38]

암묵지의 반대인 명시지, 형식지 또는 공식지가 우리가 일반적으로 말하는 지식이다. 학교나 책에서 배울 수 있는 지식의 전형이다. 이런 명시지에 관한 한 한국은 세계적인 지식 강국이다. 불타는 향학열은 세계 최고를 자랑한다. 기부 문화가 미성숙함에도 불구하고 거액의 기부가 이뤄졌다 하면 대부분 학교로 몰린다. 배움에 대한 한恨을 갖고 있으며 여전히 그 한을 키우고 있는 한국인의 뜨거운 지식 사랑은 다른 나라의 추종을 불허한다.

반면 암묵지는 어떤가? 그 중요성에도 불구하고, 암묵지에 대해선 너무 무관심하다. 국정운영의 방법은 명시지가 아니라 암묵지다. 그 방법을 다룬 책이 있을 리 없다. 그건 인터넷에도 없다. 국정운영을 담당했던 이들로부터 직접 전수받아야 할 지식이다. 적어도 시행착오를 줄이기 위해서라도 그건 꼭 필요하다.

그러나 한국의 정권들은 이전 정권과의 차별화를 시도하기에만 바쁘다. 민주화의 과정에서 불가피한 점도 있었을 것이나, 민주화가 된 이후에도 마찬가지다. 앞선 정권의 경험조차 제대로 탐구되지 않는다. 과거와의 '단절'을 내세우면서 자신을 새 시대의 원조元祖로 부각시키고 싶은 욕심을 앞세우는 탓이다. 과거의 모든 걸 부정하고 완전히 새로 태어났다는 걸 강조하기 위해 새로운 실험에만 몰두하느라 엄청난 사회비용과 기회비용을 유발하곤 한다. 그 비용에 대해선 '과도기적 진통'이라는 편리한 변명이 늘 준비돼 있다.

행정부처 장관에서부터 공기업 사장에 이르기까지 '리더십 암묵지'는 어떠한가? 아예 없다. 그런 자리는 벼슬자리로 통하기 때문에 나눠주고 즐기는 데만 의미를 둘 뿐이다. 그간 수많은 장관과 사장들이 배출되었지만 그들 가운데 어느 누구도 암묵지의 공유를 위한 책 한권 낸 적이 없다. 자서전이라고 해서 나온 걸 보면 거의 모두 자기 자랑 일색일 뿐이다. 그래서 장관들이 물러날 때쯤에서야 업무를 파악하게 되는 악순환이 반복되곤 한다.

기업은 어떤가? 한국에서 1990년대부터 사용돼온 '지식경영'의 현실적인 문제는 기업경영에 핵심이 되는 대부분의 지식을 기업이 아닌 직원이 소유하고 있으며, 직원이 자신의 안전과 성장을 위해 그걸 공유하려 하지 않는다는 점이다. 이걸 잘 하는 게 성패의 관건이라는 주장도 나오고 있다. 기업에게 정말 필요한 지식은 대개 명문화가 어려운 '암묵지'이기 때문이다.

박기찬·이윤철·이동현은 "한국의 기업 구성원들은 자신이 알고 있는 지식과 경험을 체계화하는 것을 꺼려 한다. 그래서 정말 핵심적인 지식은 대부분 개인들이 소유하고 있고, 그런 이유로 생산성이 하락한 것이다."고 주장한다.[39] 서울공대 교수들이 쓴 『축적의 시간: 서울공대 26명의 석학이 던지는 한국산업의 미래를 위한 제언』(2015)에도 암묵지의 중요성이 수시로 강조된다.[40] 장하준은 자본이 필요에 따라 노동자들을 자유롭게 고용하고 해고할 수 있는 '노동시장 유연성(수량적 유연성)'은 암묵지를 가진 숙련 노동자를 키울 수 없는 결과를 초래한다며 다음과 같이 주장한다. "이론적으로만 본다면 우리나라에서 왜 벤츠 같은 자동차를 못 만들겠어요? 다 기계로 하는 건데…. 그 이유가 바로 벤츠를 만드는 기계에 체화될 수 없는 종업원들의 '암묵적 지식' 때문이란 말입니다. (…) 이런 암묵적 지식을 가진 숙련 노동자들이 제일 무서운 경쟁의 무기라는 겁니다."[41]

김병도는 암묵지의 공유를 유도하기 위해서는 직원들 간 비공식적인 대화를 촉진할 수 있는 분위기를 조성해야 한다고 주장한다. 예컨대, 직원들 간의 대화가 보다 자연스럽게 유도되도록 사무실 레이아웃을 원형이나 개방형으로 디자인하거나 마케팅 부서와 생산 부서의 모임을 정례화하고 서로의 지식을 공유할 기회를 갖게끔 해야 한다는 것이다.[42]

홍성욱은 지식경제에 깊숙이 편입된 회사일수록 지식을 잘 운영하는 것이 중요하기 때문에 '지식에 친근한' 회사 분위기를 만들어야 한다고 주장한다. 무엇보다도 경직된 위계질서는 창조적인 지식생산에 장애요소이기 때문에 나이·직급·학력보다 경험·전문성·혁신에의 의지가 높게 평가받고 대접받는 수평적인 분위기를 만드는 것이 중요하다는 것이다.[43]

암묵지는 고상하지 않다. 지적 욕구나 허영심을 충족시켜주기엔 역부족이다. 서양 지식의 세례를 듬뿍 받고 자란 한국인들에게 암묵지를 지식으로 간주하는 것 자체가 어색할지도 모르겠다. 그러나 삶은 누추한데, 지식은 고상한 것만 추구하겠다면 어쩌자는 건가? 삶과 지식의 괴리는 결코 바람직하지 않다.

글로 쓰여진 암묵지엔 한계가 있지만 없는 것보다는 백번 낫다. 자꾸 연구하면 암묵지의 기록을 위한 좋은 방법이 나올 수도 있다. 사회적 차원의 지원이 절실하다. 각종 공·민영지원사업과 학술진흥사업 등이 암묵지 개발·확산에 관심을 기울여야 한다. 암묵지 제공자에 대한 충분한 보상도 필요하다. 그렇게 해서 끊임없이 반복되는 시행착오 비용을 줄여나가고 기존의 암묵지를 더욱 발전시켜나가야 한다. 적어도 이런 수준의 '암묵지 혁명'이 일어나야 한국사회가 진정한 지식강국, 지식기반경제로 나아갈 수 있을 것이다. 언론을 비롯한 미디어 업계의 암묵지 전수는 어떤 식으로 이루어지는지 연구자들의 관심이 필요하다 하겠다.

📚 일독을 권함!

- 김구식, 「공공조직에서 암묵지식 이전을 위한 스토리텔링의 활용 가능성에 관한 경험적 연구의 준비」, 『한국정책과학학회보』, 17권1호(2013년 3월), 1–26쪽.
- 김구식, 「감성지능과 암묵지식 이전의 관계에 관한 탐색적 논의」, 『한국조직학회보』, 9권3호(2012년 12월), 1–27쪽.
- 송충근, 「지방정부에서 업무인계인수와 지식이전 영향요인 연구」, 『한국지역정보화학회지』, 15권1호(2012년 3월), 91–120쪽.
- 김종길, 「온라인 지식검색의 확산과 업무지식 활용 행태 변화: 우리나라 직장인들의 온라인 지식검색서비스 이용 양태를 중심으로」, 『문화경제연구』, 13권2호(2010년 12월), 275–305쪽.
- 김동규, 「광고 카피라이팅 지식의 이전에 관한 연구: 현업 카피라이터 간 사회적 상호작용을 중심으로」, 『한국광고홍보학보』, 12권4호(2010년 10월), 438–482쪽.
- 박희제, 「대학원생들의 실험실 경험과 과학자 되기: 암묵지와 과학자사회 규범의 전수」, 『담론201』, 13권2호(2010년), 65–91쪽.
- 강주희·전수환, 「문화예술 활성화를 위한 지식공유 네트워크 운영 방안: 전국문예회관연합회 사례」, 『예술경영연구』, 14권(2009년 5월), 185–205쪽.
- 심상민, 「문화콘텐츠산업 트렌드 변화 분석」, 『인문콘텐츠』, 9권(2007년 6월), 187–204쪽.
- 신범석, 「기업교육분야 암묵지 관련개념 분석」, 『HRD연구(구 인력개발연구)』, 4권2호(2002년), 26–51쪽.

왜

지식의 저주

전문가들은 자주
어이없는 실수를 저지를까?

　미국 스탠퍼드대의 엘리자베스 뉴턴Elizabeth Newton은 1990년 박사논문을 준비하면서 '두드리는 자와 듣는 자Tapper and Listener' 란 실험을 했다. 한 사람이 이어폰으로 크리스마스 캐럴과 같이 누구나 아는 120곡 정도의 노래를 탁자를 두드리는 방식으로 들려줬다. 얼마나 맞췄을까. 탁자를 두드리는 사람은 듣는 사람이 연주한 노래의 50% 이상은 맞힐 것이라고 예상했지만 실제로 듣는 사람은 2.5%가량의 곡만 알아맞혔다. 듣는 사람은 그저 박자만 듣게 되지만 두드리는 사람은 마음속에 생각한 리듬을 근거로 상대방이 알 수 있을 것이라고 착각한 것이다.

　이런 문제는 특히 교육 현장에서 많이 일어난다. 어떤 주제에 대해 많이 알고 있는 사람은 아예 모르거나 적게 알고 있는 사람의 처지를 헤아리는 데 무능하기 때문에 그런 착각이 쉽게 일어날 수 있기 때문이다. 이를 가리켜 '지식의 저주the curse of knowledge'라고 한다.[44] '전문가의 저주'라고도 할 수 있겠다. 다음과 같은 불평을 들어보자.

최근에 저는 저명 학자가 하는 강의를 들었습니다. 저는 이 분이 자기 분야에서 아주 기본적인 개념조차 제대로 설명하지 못하는 데에 놀라움과 함께 실망감을 금치 못했습니다. 어떻게 이분처럼 유명한 학자가 자기 생각을 제대로 설명하지 못할 수가 있을까요? 학계에서 요구하는 것이 바로 이런 것입니까?[45]

이 또한 '지식의 저주' 때문에 일어난 일이다. 세계적인 학자가 주로 상대하는 사람들은 보통사람들이 아니라 관련 분야의 학자나 연구자들이다. 굳이 설명을 해야 할 필요가 없는 수준의 사람들이다. 어느 순간 아무것도 모르는 사람이 초보적인 질문을 해오면 전혀 해보지 않았던 일이라 당황하기 마련이다. 이는 보통사람들도 겪을 수 있는 일이다. 굳이 설명할 필요조차 없이 잘아는 단어일지라도 어린 아이가 설명을 요구하면 그게 의외로 쉽지 않은 일이다.

세계 3대 SNS로 떠오른 '핀터레스트pinterest.com' 창업자 벤 실버만Ben Silbermann의 이야기가 '지식의 저주'를 실감나게 설명해준다. 그는 사용자들의 피드백을 받기 위해 탈퇴자들을 만나 그들의 이야기를 경청한다고 한다. "왜 탈퇴했는지, 무엇에 불만족을 느꼈는지 알아야 하거든요. 그들을 찾아내 점심을 사주거나, 어떤 방법을 써서라도 꼭 만나서 의견을 듣습니다. 우린 전 직원이 다 나가요. 디자인 부문뿐만 아니라, 커뮤니케이션, 엔지니어들도 전부 나가게 합니다. 제가 가장 놀란 건 그렇게 쉽게 만들었는데도 '시작하는 게 쉽지 않다'고 말하는 사람들이 있다는 겁니다. 아직도 복잡하다는 거고 단순함이 더 필요하다는 이야기죠."[46]

이렇듯 지식의 저주는 일단 무언가를 알게 되면 자신이 과거에 그걸 몰랐을 때를 생각하지 못해 지식의 원활한 소통을 가로막는 현상이다. 이와 관련, 이방실은 "사람들은 일단 무언가를 알고 나면 알지 못한다는 게 어떤 느낌인지 상상하지 못하고 듣는 사람의 심정도 잘 헤아리지 못한다. 당연히 자신의 지식을 타인에게 제대로 전달하지 못한다. 즉 머릿속에 있는 정보가 원활한 커뮤니케이션을 막는 '저주'를 내려 아직 그 지식을 모르는 사람들을 무시하는 태도를 갖게 한다"며 다음과 같이 말한다.

의사소통에 문제가 생기는 이유는 여러 가지가 있을 수 있다. 상대방이 집중을 하지 않아서일 수도 있고, 애초에 토론할 마음이 없어서일 수도 있으며, 정말 모자라고 멍청해서일 수도 있다. 하지만 그 누구도 아닌, 바로 나 자신에게 문제가 있을 수 있다는 점도 명심해야 한다. 커뮤니케이션이 제대로 이뤄지지 않고 있다고 생각된다면 자신이 지식의 저주에 사로잡혀 '뭐 이런 것도 모르나'라며 상대방을 무시하고 있는 건 아닌지 돌아볼 필요가 있다. 사람들을 바보로 만드는 건 바로 나 자신일지도 모른다는 성찰의 자세가 필요하다.[47]

전문가가 자신의 관점에서 벗어나 자기보다 지식이나 기술이 뒤떨어지는 사람의 입장에서 생각하는 일은 결코 쉽지 않다. 스탠퍼드대 경영학 교수 파멜라 힌즈Pamela J. Hinds의 연구에 따르면, 전문가들은 초심자의 성과를 예측할 때 자주 실수를 저지른다. 예컨대, 전문가는 초심자가 휴대전화 기술을 습득하는 데 15분도 채 걸리지 않을 거라고 예측하지만, 실제로는 약 30분 정도가 걸리는 식이다. 이는 전문가들의 지식 습득이 '절차 기억procedural memory'의 형태로 머릿속에 각인되어 있기 때문이다. 절차 기억은 암시적이고 무의식적인 기억이라, 초심자의 성과를 예측하는 데에 고려되지 않는 것이다.[48]

리더들은 변화를 추진할 때 변화에 관한 이야기를 충분히 전달하지 않는 실수를 자주 저지르곤 하는데, 이 또한 '지식의 저주'로 볼 수 있다. 무언가를 알고 나면 그것을 모른다고 상상하기란 대단히 어려운데,[49] 이걸 잘 표현해주는 게 "개구리 올챙이 시절 생각 못한다"는 속담이다.

김인수는 "회사 생활을 하다 보면 이런 속담에 꼭 들어맞는 보스를 만날 때가 있다. 자신은 사원이나 대리 시절에 허둥대며 실수를 거듭했는데도, 그런 적이 없다는 듯 행동하는 보스다. 부하 직원이 조금만 실수를 해도 답답해하며 '왜 그렇게 밖에 못하냐'며 답답해한다. '왜 요즘 어린 직원들은 이해력이 떨어질까. 일을 가르치는데, 잘 이해를 못해'라고 얘기한다. 왜 이처럼 보스들은 올챙이 시절의 기억을 잃는 것일까?"라면서 다음과 같이 말한다.

"대개 보스는 이미 오랫동안 직장생활을 한 사람이다. 오랜 경험을 통해 이미 상당한 지식을 쌓고 있다. 반면 신입 직원들은 보스에 비해 경험과 지식이 일천하다. 보스는 지식이 많은 만큼, 신입 직원을 가르치기가 쉬울 것 같지만, 이는 오해다. 지식의 저주 때문이다. 아는 게 부족한 신입 직원이 어떤 문제를 겪는지 이해하지 못한다. 보스가 오랫동안 쌓은 지식이 오히려 신입 직원의 마음을 이해하고 가르치는데 장애가 되는 것이다."[50]

박민은 '지식의 저주'로 인한 착각은 우리 사회 곳곳에서 발견되지만 특히 메시지를 전달하려는 리더가 소통에 나설 때 빈번하게 나타난다고 말한다. "대통령이 각종 연설이나 '국민과의 대화'를 통해 국정운영에 대해 설명하려 하지만 국민들은 '대통령의 마음속에서 연주되는 리듬'까지 들을 수는 없다. (…) 이런 현상은 대통령에 비해 매스미디어 등을 통한 대중 접근도가 낮은 지방자치단체장의 경우 더욱 심해질 수밖에 없다. 자치단체장들이 '지식의 저주'에서 벗어나기 위해서는 '자신만의 리듬'에 따라 메시지를 전달하려는 유혹에서 벗어나 '민심의 리듬'을 읽어야 한다."[51]

정치인이 민심과 동떨어진 언행을 자주 저지르는 이유도 '지식의 저주'로 설명할 수 있지 않을까? 정치인은 정치를 전문지식화함으로써 정치의 원래 목적으로부터 점점 멀어지는 경향이 있다. 미국 독설가 앰브로스 비어스Ambrose Bierce는 "정치는 정책의 가면을 쓴 이권다툼"이라고 했는데,[52] 사실 이 원리에 충실하지 않고선 선거에서 승리하기 어렵다. 정치인이 정치에 대한 이런 현실적(그러나 사실상 전도된) 지식으로 무장해 그걸 생활화하다 보면 정치인은 멸사봉공滅私奉公해야 한다는 교과서적 원칙으로부터 멀어질 것이고, 그 과정에서 민심과 동떨어진 언행을 자주 저지르게 된다고 볼 수 있겠다.

📚 일독을 권함!

- 이봉현, 「뉴미디어 환경과 언론인 직업 규범의 변화: 리영희 언론정신을 통한 탐색연구」, 『한국언론정보학보』, 59권(2012년 8월), 31–49쪽.
- 이상기·강민영, 「웹 2.0 시대 언론 전문직 요건에 대한 재고찰: '전문성'과 '지식'에 대한 저널리스트들의 인식을 중심으로」, 『언론과학연구』, 12권2호(2012년 6월), 415–450쪽.
- 이형권, 「회계의사결정에서 악마의 변호는 지식의 저주에 영향을 미치는가?」, 『회계연구』, 8권1호(2003년 6월), 19–50쪽.

왜

정보의 폭포 현상

선거일 6일 전부터 여론조사 공표 및
인용보도를 금지하나?

1989년 11월 9일 역사적인 베를린장벽의 붕괴는 불과 2개월
전인 1989년 9월 4일 동독 라이프치히의 니콜라이 교회에서 재
개된 월요 평화기도회로부터 시작되었다. 니콜라이 교회 월요기
도회의 시작은 1982년으로까지 거슬러 올라가지만, 1989년 들
어 월요기도회를 둘러싼 교회와 국가기관의 대립이 커졌다. 5월
부터는 교회로 향하는 길목에서 경찰 검문이 시작됐고 월요기도
회 시간에 맞춰서는 아예 길이 차단됐다. 그러나 니콜라이 교회
는 여름 휴지기가 끝난 뒤 기도회를 강행했고 그 첫 집회에 교회
내 2000개 좌석을 가득 채우고도 남는 인원이 참가했다. 분위기
가 전과는 확연히 달라진 것이다. 예전에 들렸던 '동독을 떠나고
싶다'는 구호 대신 '동독에 남겠다'는 새 구호가 등장했다.[53]

이후 라이프치히에선 월요일마다 시위가 일어났으며 그때마
다 시위참가자는 늘어났다. 9월 25일에 5000명이던 시위대는 10

월 2일에는 2만 명으로 늘었다. 10월 16일 시위대는 11만 명으로 늘어났으며, 시위는 전국적으로 확대되기 시작했다. 당시 라이프 치히 인구는 50만 명이었는데, 10월 23일 라이프치히에서만 시위대는 32만 명까지 불어났다. 이날 전국적으론 67만5000여 동독인들이 시위에 참여했으며, 10월 30일에는 100만 명을 넘어섰다. 11월 4일 베를린에서 가장 큰 규모의 시위가 벌어졌는데, 이 시위엔 100만 명 가까이 참석해 '혁명적 쇄신'을 요구했다. 동독의 텔레비전 방송은 이 시위를 처음부터 끝까지 다 방영했다. 11월 9일 동독공산당 정치국이 여행자유화 조치를 승인했지만, 서베를린을 자유롭게 왕래할 수 있도록 허용하는 더 대범한 결정이 있을 것이라는 소문이 퍼지면서 국경수비대는 장벽에서 물려드는 군중에게 굴복하고 말았다.[54]

5000명이던 시위대가 어떻게 불과 몇 주 만에 100만 명을 넘어설 수 있었을까? 이를 설명할 수 있는 개념이 바로 'information cascade'다. 'informational cascade'라고도 하며, 우리말로는 '정보의 폭포 현상' 또는 '정보연쇄 파급효과'라고 한다. 이는 정보가 폭포처럼 쏟아져 나오면서 원하는 정보를 찾기가 점점 어려워짐에 따라 개인들이 다른 사람들의 결정을 참고해 자신의 의사를 결정하는 현상을 말한다. 예를 들어 인터넷에서 물건을 구매할 때 다른 고객들이 어떤 제품을 주로 구매했는지를 참고해서 '따라하기'식의 구매를 하거나, 주식투자나 외환거래 등 금융거래시 리스크를 줄이기 위해 다른 사람의 동향에 관심을 갖는 등의 행동이 이에 해당한다.[55]

정보의 폭포 현상은 '인식의 공유shared awareness'로 인해 일어나는데, 여기엔 세 단계가 있다. 1단계는 모두가 무엇인가를 아는 단계, 2단계는 모두가 알고 있음을 모두가 아는 단계, 3단계는 모두가 알고 있음을 모두가 알고 있다는 사실을 모두가 아는 단계다. 클레이 서키Clay Shirky는 『끌리고 쏠리고 들끓다: 새로운 사회와 대중의 탄생Here Comes Everybody: How Change Happens When People Come Together』(2008)에서 베를린장벽의 붕괴를 이 3단계 과정으로 설명한다.

많은 동독인들은 정부가 부패했고, 그런 정부 아래에서의 삶이 고단하다는 사실을 알게 되었다. 이는 '모두가 아는' 단계다. 시간이 흐르면서 그들 중 상당수는 자기들 친구, 이웃, 동료들 대부분도 그 사실을 알고 있음을 알게 되었다. '모두가 알고 있음을 모두가 아는' 단계다. 그러나 이 단계에서 집단행동이 촉발되지는 않는다. 감정은 널리 확산되어 있지만, 모두가 무엇을 알고 있는지 발설하는 사람이 없기 때문이다. 그러나 마침내 라이프치히 시민들이 동독이 부패한 나라라는 사실을 알고 행동에 나서고 있는 다른 사람들 모습을 보게 되었다. 바로 '모두가 알고 있음을 모두가 알고 있다는 사실을 모두가 아는' 단계가 된 것이다.[56]

정보의 폭포 현상이 사회적 차원에서 일어나면 베를린장벽의 붕괴처럼 혁명으로까지 비화될 수 있다. 던컨 와츠Duncan J. Watts는 『Small World: 여섯 다리만 건너면 누구와도 연결된다』

(2003)에서 정보의 폭포 현상이 일어나면 집단 내의 개인들은 개인행동을 중단하고 응집된 전체처럼 행동하기 시작한다며 다음과 같이 말한다.

"정보 캐스케이드는 때로는 급하게 일어나고(베를린장벽을 붕괴시킨 라이프치히 시위대의 규모는 몇 주 만에 폭발적인 증가를 경험했다), 때로는 서서히 일어난다.(인종간 무차별, 여성의 참정권, 동성애자에 대한 관용 같은 새로운 사회 규범은 보편성을 확보하기까지 몇 세대가 걸릴 수도 있다.) 하지만 모든 정보 캐스케이드는 일단 시작되면 자기영속성을 갖는다. 다시 말해서 앞선 사람들을 끌어들인 그 힘에 의해 새로운 추종자를 끌어들이는 식이다. 그러므로 처음의 충격은 그것이 아무리 작더라도 대단히 큰 시스템의 구석구석까지 전파될 수 있다."[57]

정보의 폭포 현상은 주식시장에서 잘 나타난다. 존 캐서디John Cassidy는 『시장의 배반How Markets Fail: The Logic of Economic Calamities』(2009)에서 "자신의 정보를 전적으로 신뢰하지 못할 때, 합리적인 결정을 내리는 사람은 다른 사람의 행동을 고려하게 되고 아울러 그들이 더 나은 정보를 갖고 있을 가능성이 높다고 판단한다. 따라서 모든 사람들은 결국 같은 식으로 행동할 것이다"며 다음과 같이 말한다.

현실에서 폭포의 형성 여부는 주로 공적, 사적 정보를 얼마나 정확하게 인식하느냐에 좌우된다. 자동차 시장 등 대부분 산업에서 사적 정보는 매우 유익하다. 차를 사기 전에 구매자는 차를 직접 시운

전해본다. 다른 사람이 특정 차량을 타고 다니는 모습을 보고 자극을 받기도 하지만 그 이상은 아니다. 이런 유형의 시장에서는 폭포가 만들어질 가능성이 적다. 그러나 투기 시장은 사정이 다르다. 주식이나 상품의 가치를 평가할 때 일반 투자자는 너무 많은 정보 폭포의 세례를 받는다. 기술주나 에너지 주식이 오르는 것을 보면, 다른 투자가들이 자신보다 더 많은 사실을 알고 있을 것이라 추측하는 것이 당연하다.[58]

정보의 폭포 현상은 선거에서도 자주 나타난다. 대통령 예비 선거를 치르는 미국처럼 선거를 순차적으로 치르는 국가나 일부 지역의 투표가 다른 지역보다 먼저 끝나는 지역에서는, 특정 후보가 이미 경쟁 후보를 따돌렸다는 정보가 나돌면 다른 후보에게 투표하려던 유권자까지도 우세한 후보를 지지할 수 있다. 미국의 경우 민주·공화 양당의 경선은 아이오와에서 시작해 뉴햄프셔로 이어지고 50개 주로 퍼져 나가는데, 아이오와에서 첫 승리를 거머쥔 후보는 언론의 집중 조명을 받으며 초반 주도권을 쥔다. 아이오와의 대통령 선거인단은 여섯 명으로 전체 538명의 1%밖에 안 되는데도 첫 경선이라는 이유만으로 지나친 주목을 받아 과대평가된다는 비판도 있다. 선거운동 기간에 발표하는 여론조사도 비슷한 영향을 줄 수 있기 때문에 일부 국가들은 선거 며칠 전부터 일체의 여론조사 결과를 발표하지 못하도록 막는다.[59] 한국의 공직선거법은 선거일 6일 전부터 여론조사 공표 및 인용보도를 금지한다.

정보의 폭포 현상은 사람들이 불완전한 정보를 보완하기 위해 다른 사람들이 하는 행동을 살펴보기 때문에 일어나는 현상이다. 이것의 근본적인 문제점은 특정 시점 이후에는 사람들이 자기 자신만의 지식에 관심을 기울이지 않으면서 그런 태도를 스스로 합리화한다는 것이다. 그리고 타인의 행동을 보면서 모방하기 시작한다. 개개인이 자기가 갖고 있는 지식을 활용하지 않게 되면 연쇄 파급효과가 부정적으로 작용하기 시작한다.[60]

특히 루머는 정보의 폭포 현상을 통해 전파되는 경우가 많으며, 거짓 루머도 폭포 현상을 일으키는 경우가 많다. 캐스 선스타인Cass R. Sunstein은 『루머On Rumours』(2009)에서 그렇게 되면 두 가지의 큰 사회적 문제가 야기된다고 말한다.

"첫째로 가장 중요한 문제는 사람들이 거짓 사실, 어쩌면 아주 치명적인 허위 사실을 진실인 것처럼 믿게 된다는 것이다. 그런 폭포 현상은 인간관계를 망치고 비즈니스를 망치고, 대상이 되는 사람의 일생을 망가뜨릴 수 있다. 두번째 문제는 일단 폭포 현상에 휩쓸리고 나면 사람들이 자기 맘속에 갖고 있는 의문을 잘 드러내지 않는다는 것이다. (그래서) 그런 루머를 먼저 퍼뜨린 자들이 이끄는 대로 뒤를 따라가게 된다."[61]

이어 선스타인은 "폭포 효과로 확산된 루머들이 확고한 믿음으로 자리잡게 되면 그 파급효과는 엄청난 위력을 발휘하게 된다"고 말한다. "유사한 믿음을 공유한 사람들끼리는 특정 루머를 받아들이고, 다른 루머는 배척하는 경향이 강하다는 점을 상기해보자. 어떤 그룹은 루머를 퍼뜨리는 정보 폭포 효과에 취약한 반면 다른 그룹은 그렇지 않다고 가정해보자. 그럴 경우에 서로 다른 '세상'에 사는 사람들은 강렬한 기초적 믿음을 키워나가고, 이후에 듣게 되는 모든 정보에 대해서는 그 기초적인 믿음을 토대로 접근한다. 그렇기 때문에 이들이 갖고 있는 생각을 바로잡기란 대단히 어렵다."[62]

존 캐서디는 "정보 폭포 이론은 개인의 입장에서 목적이 뚜렷하고 신중하게 선택한 행위가 어떻게 집단적인 비합리적 결과로 이어질 수 있는지를 보여주는 또 하나의 좋은 예이다"라고 했지만,[63] 이는 감정의 문제이기도 하다. 던컨 와츠는 "우리가 남들과 같은 행동을 하고 싶어 하는 이유는, 그러는 편이 더 낫다고 생각해서가 아니라—그렇게 생각할 수도 있지만—함께한다는 사실 자체가 중요하기 때문이다"며 다음과 같이 말한다.

"누구나 집단에 속하고 집단의 구성원들과 동질감을 느끼고 싶어한다. 그러기 위한 한가지 방법은 문화적으로 공통된 참조 대상과 취향을 공유하는 것이다. 같은 노래와 영화·스포츠·책을 좋아하면 이야깃거리가 생길 뿐 아니라, 나보다 더 큰 무언가의 일부가 된 느낌을 받는다."[64]

세상 모든 일이 그렇듯이, 정보의 폭포 현상엔 명암明暗이 있다. 베를린 장벽의 붕괴처럼 폭력의 위협을 넘어서는 대대적인 시위의 동력이 될 수도 있지만, 그 어떤 긍정적 가치도 찾을 수 없는 집단적 광기狂氣를 불러일으킬 수도 있다. 둘 사이의 경계가 늘 명확한 건 아니라는 데에 우리 인간 세계의 복잡함과 어려움이 있는 건지도 모르겠다.

📚 일독을 권함!

● 이혜규·김미경, 「루머의 혐오감에 따른 루머 확산 및 행동 변화: "정보로서의 정서 각성" 모델 기반 연구」, 『한국광고홍보학보』, 18권2호(2016년 4월), 213-236쪽.

● 박휘락, 「사드(THAAD) 배치를 둘러싼 논란에서의 루머와 확증편향」, 『전략연구』, 23권1호, (2016년 3월), 5-36쪽.

● 차유리, "'내 그럴 줄 알았지'": 인터넷루머 장르, 매체·대상 선호도에 따른 수용자 믿음 및 전파의도」, 『한국방송학보』, 29권6호(2015년 11월), 330-373쪽.

● 차유리·나은영, 「좋은 루머, 나쁜 루머, 양가적 루머?: 인터넷 루머 전파기대 척도의 타당화」, 『언론정보연구』, 52권2호(2015년 8월), 103-166쪽.

● 차유리, 「신(新) '카더라통신'의 동기적 요인효과: 경향적 인터넷 루머 전파의도에 대한 문제해결상황이론과 계획행동이론의 통합모형」, 『한국언론학보』, 59권2호(2015년 4월), 157-195쪽.

● 차유리·나은영, 「국내 인터넷 루머커뮤니케이션 유력자 현황에 대한 탐색: 동기적 접근을 중심으로」, 『한국언론학보』, 58권4호(2014년 8월), 312-349쪽.

● 홍주현·윤해진, 「트위터를 통한 루머의 확산 과정 연구: 한미 FTA 관련 루머의 자극성에 따른 의견 확산 추이와 이용자의 상호작용성을 중심으로」, 『한국언론정보학보』, 66권(2014년 5월), 59-86쪽.

● 장혜지·조수영, 「악성루머에 대한 사회적 동조, 대응방법, 루머이력이 기업평가 및 루머신뢰에 미치는 영향」, 『한국언론학보』, 57권4호(2013년 8월), 96-123쪽.

● 이원준·이헌석, 「소비자의 부정적 브랜드 루머의 수용과 확산」, 『ASIA MAR-KETING JOURNAL』, 14권2호(2012년 7월), 65-96쪽.

● 안지수·이원지, 「사회적 동조와 개인의 정보처리 성향이 루머 메시지의 신뢰에 미치는 영향」, 『언론과학연구』, 11권4호(2011년 12월), 296-320쪽.

● 조수영·정민희, 「기업의 부정적 루머에 대한 사실 인식에 미치는 댓글의 영향력」, 『한국언론학보』, 55권5호(2011년 10월), 312-339쪽.

● 김성배·이은정, 「정보의 연쇄파급현상이 주민의 집단적 선호변화에 미친 영향: 방폐장 부지선정 사례의 경우」, 『사회과학논총』(숭실대학교 사회과학연구소), 12권(2010년 2월), 59-90쪽.

왜

선택의 역설

내가 볼 뉴스마저
남이 골라주기를 원하는가?

미래학자 앨빈 토플러가 1970년에 출간한 『미래의 충격Future Shock』은 세계 50개국에서 700만 부 이상 팔리면서 그를 하루아침에 세계적 명사로 만들었다. '미래의 충격'이란 테크놀로지 발전 등 급격한 변화에 따른 개인의 부적응 현상을 가리킨다. 이 책에서 '변화의 방향'보다는 '변화의 속도'를 강조한 토플러는 미래의 딜레마가 '선택의 과잉overchoice'이라고 말했다.

그로부터 30여 년 후인 2004년 미국 스워스모 대학Swathmore College의 심리학자 배리 슈워츠Barry Schwartz는 『선택의 역설The Paradox of Choice』에서 선택사항이 너무 많으면 오히려 선택을 하지 못하는 '선택의 역설'을 제시했다. 이 책이 베스트셀러가 되면서 '선택 피로choice fatigue'라는 신조어까지 생겨났다.[65]

슈워츠는 토플러와는 달리 심리학자답게 생활 주변에서 출발한다. 그는 오늘날 수퍼마켓에서 파는 쿠키는 175종류, 크래커

상표는 85가지가 되어 소비자를 무력하게 만든다고 말한다. 가게에서 잼을 고르거나 대학 수업의 에세이 주제를 고를 때, 대안이 더 많을수록 선택을 할 가능성은 적어진다는 것이다. "선택은 더 이상 우리를 자유롭게 하지 못하고 쇠약하게 한다. 학대한다고 말할 수도 있을 것이다."[66]

미국 컬럼비아대 경영학과 교수 쉬나 아이엔가Sheena Iyengar의 실험에 따르면, 마트에서 6종류의 잼이 진열된 시식코너를 거친 손님들 중 30%가 잼을 구입했지만, 24종류가 진열된 시식코너에선 겨우 3%만이 잼을 구입한 것으로 나타났다. 아이엔가는 이와 유사한 여러 실험을 통해 선택지가 많을수록 소비자의 구매욕구와 만족도가 떨어진다는 것을 입증했다. 왜 그럴까? 아이엔가는 선택지가 많으면 우리의 기억활동과 심리가 혹사당하며, 선택할 수 있는 대안이 많을수록, 우리가 버릴 수밖에 없고 또 아쉬워하게 될 대안, 즉 '기회비용'이 발생하기 때문이라고 설명한다. 또한 선택기회가 많을수록 잘못된 결정을 한다고 말한다.[67]

슈워츠는 최고만을 추구하는 '극대화자maximizer'는 결코 만족할 수 없는 비참의 나락으로 떨어질 수 있다며, 그 대안으로 '만족자satisfier' 모델을 제시한다. 만족자는 나름대로 기준과 표준을 갖고 있기에 그걸 충족시킬 때까지만 탐색을 하며, 그 시점이 되면 탐색을 중단한다. 예컨대 만족자는 자신이 갖고 있는 기준의 크기 · 품질 그리고 가격에 맞는 스웨터를 발견하면, 더 이상 가게를 둘러보지 않고 그것을 구매한다는 것이다.[68] 그러나 쇼핑을 사랑하는 사람들에게 슈워츠의 '만족자 모델'은 '택도 없는 소리'

라고 면박을 당할 게 분명하다.

슈워츠의 주장에 대해 『와이어드』의 공동 창간자인 케빈 켈리 Kevin Kelly는 너무 많은 선택지가 낙담을 불러일으키는 것은 사실이지만, '선택의 여지가 없음'은 훨씬 더 나쁜 대안이라고 반박한다. 문명은 '선택의 여지가 전혀 없음'으로부터 꾸준히 멀어져왔다는 것이다. 그는 선택의 압도적인 다양성을 비롯해 기술이 야기하는 문제들의 해결책은 더 나은 기술이라며, 다양성은 검색엔진·추천 시스템·태깅·소셜미디어 등과 같은 다양성을 다루는 도구를 낳을 것이라고 전망한다.[69]

누가 옳든 디지털 시대가 선택의 역설을 심화시킨 건 분명하다. 디지털 영역은 모든 것을 '예'나 '아니오'라는 별개의 기호적 언어로 표현하게끔 강요하면서 선택의 문제로 내모는 편향성을 띠기 때문이다.[70] 또한 디지털 기술이 양산해내는 정보 과잉은 관심의 빈곤을 가져온다. 눈이 어지러울 정도로 정보가 흘러넘치는데 관심을 어디에 둬야 할지 헷갈리지 않겠는가. 조지프 나이 Joseph Nye는 이를 가리켜 '과잉의 역설paradox of plenty'이라 부르면서 그 의미에 대해 다음과 같이 말한다.

이쯤 되면 부족한 것은 정보가 아니라 관심이 되는 셈이다. 이제 값진 시그널과 단순한 소음을 분명하게 구별할 줄 아는 사람이 파워를 갖게 된다. 그에 따라 선별하고 편집하는 사람이나 큐 사인을 내리는 사람들의 수요가 늘어나게 된다. 사람들에게 관심을 집중시킬 대상을 알려주는 사람에게는 이런 작업이 파워의 원천이 된다.[71]

그걸 상업화하겠다고 나선 사람들이 있다. 정보 홍수에 컴퓨터업계는 협력적 필터링collaborative filtering 기술 개발로 대처해왔다. 컴퓨터 이용자의 모든 사용 및 소비 기록을 입력시켜 그걸 근거로 불필요한 정보를 필터링해주겠다는 것이다. 이는 사람들이 유사한 취향을 가진 사람들의 추천을 잘 받아들인다는 점에 착안한 것이다.[72]

1990년 협력적 필터링 프로그램인 태피스트리Tapestry가 개발됐을 때만 해도 사람들은 별 관심을 보이지 않았지만, 1995년 온라인 서점 아마존이 출범하면서 모든 것이 변했다. 아마존은 처음부터 "이 책을 주문하셨네요. 비슷한 책을 한 권 더 사실래요?"라고 즉석에서 책을 추천하는 협력적 필터링을 이용했다.[73]

이후 협력적 필터링은 광범위하게 이용됨으로써 '나보다 나를 더 잘 아는 컴퓨터'라거나 '자아 추출extraction of self'이라는 말까지 등장했다. 이에 대해 심슨 가핀켈Simson Garfinkel은 이렇게 말한다. "자아 추출은 컴퓨터가 개인 사생활과 인간의 정체성에 행사하는 가장 큰 위협 중 하나이다. 프로파일에는 여러분이 읽은 문서, 알고 있는 사람, 가본 적이 있는 곳, 여러분이 말한 단어가 모두 포함되어 있다. 당신의 정체성은 당신 안에만 존재하는 것이 아니라 자아추출 모델 안에도 존재하게 된다."[74]

협력적 필터링이 켈리가 말한 '다양성을 다루는 도구'의 이상인지는 모르겠지만, 실리콘밸리가 '다양성을 다루는 도구'의 개발에 심혈을 기울이고 있는 건 분명하다. 그러나 '다양성을 다루는 도구'가 아무리 많이 나와도, 아니 많이 나오면 나올수록 '선택의 역설'은 계속될 수밖에 없게 돼 있다. 어떤 도구를 선택해야 할지 고민해야 하지 않겠는가. 그래서 급기야 사람들은 '선택하지 않기를 선택하는 것choosing not to choose'의 유혹을 받기도 한다. 관광에서 발생하는 수많은 선택의 고민을 여행사에게 떠넘기는 패키지관광 상품이 인기를 끄는 것도 그런 이유 때문이다.[75]

미디어 분야에선 이른바 '콘텐츠 큐레이션contents curation' 또는 '뉴스 큐레이션news curation'이 각광을 받고 있다. 디지털 혁명으로 인해 폭발하는 정보와 이슈 가운데서 옥석을 가리기 어려워지면서, 언론사 편집국이 담당하던 게이트키핑 기능이 개별 소셜미디어 이용자 계정 및 페이스북 페이지, 혹은 어플리케이션 서비스 제공자들에게 자연스럽게 이관되면서 나타난 현상이다. 특히 미국의 온라인 매체 〈버즈피드Buzzfeed〉의 성공은 모바일 시대 뉴스 콘텐츠 큐레이션의 새로운 장을 열었다는 평가마저 낳게 했다. 이와 관련, 트리움 이사 이종대는 "큐레이션은 뉴스를, 그리고 뉴스를 제공하는 미디어를 구원할 수 있을까?"라고 물으면서 다음과 같이 말한다.

현재 서비스 중인 콘텐츠 큐레이션 서비스에 담긴 철학은 '구심력의 극대화'다. 비슷한 정보로 자극해 클릭 반응을 유발한다는 파블로프적 관점으로 뉴스 수용자들을 길들이려는 접근은, 더 큰 자극으로의 악순환 고리의 시작점을 열 뿐이다. 연성화의 끝에는 뉴스가치의 황폐화, 그리고 모든 언론의 황색언론화가 있을 뿐이다. 이미 뉴스피드나 허핑턴포스트, 인사이트, 위키트리 등 큐레이션을 제공한다는 국내외 매체들은 이런 비판에서 자유롭지 못한 상태다. 여기에 가미되어야 할 지점은 '구심력만큼의 원심력'이다. 수용자 선호도에 대한 데이터 분석을 뛰어넘어, 아젠다를 제시하는 언론인의 깊이 있는 분석, 날카로운 펜끝에서 원심력이 나온다. 수용자들에게 이끌리기도 하지만, 수용자들의 인식틀과 시대정신을 견인할 수 있는 강한 필력이 균형을 이뤄야 한다.[76]

선택이 어렵거나 고통스러운 건 "나는 무엇을 원하는가?"라는 답에 시원하게 답할 수 없기 때문이기도 하다. 그래서 미국에는 심지어 '원톨로지스트wantologist'라는 신종 직업마저 생겨났다. 원톨로지스트는 고객이 마음속으로 절실히 원하는 게 무엇인지 알아보고 결정해주는 사람이다. 사회학자 앨리 러셀 혹실드Arlie Russell Hochschild는 원톨로지스트의 업무를 자세히 소개한 뒤 이렇게 탄식한다. "이제 전문가의 지도 없이는 우리가 일상에서 가장 필요로 하고 원하는 게 무엇인지조차 제대로 분간할 수 없는 시대가 됐다는 말일까?"[77]

혹 계급 또는 계층간의 경계는 엄연한데도 대중문화에 의해 그 경계가 흐려진 것처럼 보이는 효과 때문에 그런 일이 벌어지는 게 아닐까? 경제학자 로버트 프랭크는 1985년에 출간한 『옳은 연못 선택하기Choosing the Right Pond: 인간행동과 지위추구』에서 사회생활이 우리가 사는 연못에서 큰 고기가 되고 싶어 하는 우리의 열망에 의해 좌우된다는 것을 보여준 바 있다. 슈워츠는 지위 경쟁에서 성공해 행복해지는 법은 옳은 연못을 선택해 그곳

에 머무르는 것이라고 주장한다.[78]

흥미롭지 않은가? 행복이 어떤 연못을 선택하느냐에 따라 달라질 수 있다는 것이 말이다. 늘 '최고'나 '최상'만을 추구하는 사람은 무조건 가장 큰 연못을 선택할 것이다. 다른 큰 고기들과 경쟁하며 몸집을 키워나가려고 애쓰는 것도 좋은 일이겠지만, 행복으로부터는 멀어질 가능성이 높다고 보아야 하지 않을까?

📚 일독을 권함!

- 이재원·박동숙, 「소셜 네트워크 저널리즘 시대의 뉴스 리터러시 재개념화: 뉴스 큐레이션 능력을 중심으로」, 『사회과학연구논총』(이화여자대학교 이화사회과학원), 32권2호(2016년 10월), 171-206쪽.
- 박아란, 「뉴미디어 시대 언론 개념의 특성 및 한계」, 『언론과법』, 14권3호(2015년 12월), 49-79쪽.
- 이광석, 「디지털 시대 문화 권리의 제고: 복제문화와 콘텐츠 큐레이션의 쟁점」, 『한국언론정보학보』, 74권(2015년 12월), 197-224쪽.
- 이미아·이유재, 「온라인 쇼핑상황에서 웹페이지 상품구성이 소비자선택에 미치는 영향: 맥락효과를 중심으로」, 『마케팅연구』, 29권4호(2014년 8월), 1-26쪽.
- 류가연·손용석, 「선택대안의 수가 선택연기에 미치는 영향: 모바일 영화예매 시 선택전략 유형과 조절모드의 조절효과를 중심으로」, 『마케팅연구』, 28권6호(2013년 12월), 69-92쪽.
- 정보람·김휘정, 「소비의도와 동기성향이 문화예술소비에 미치는 영향: 기회비용 인지를 중심으로」, 『예술경영연구』, 25권(2013년 2월), 103-128쪽.
- 박상혁·임가영·손영우, 「기회비용의 고려가 제품의 구매의사에 미치는 영향: 쾌락재 구매에 대한 죄책감의 매개효과를 중심으로」, 『한국심리학회지: 소비자·광고』, 14권1호(2013년 2월), 1-23쪽.

제7장

기술과 미디어

왜

'미디어 = 메시지' 이론

우리는 '옷이 날개'라고 말하는가?

캐나다의 커뮤니케이션 학자 마셜 맥루한Marshall McLuhan은 1964년에 출간한 『미디어의 이해Understanding Media』에서 미디어를 '인간의 연장extension of man'으로 이해했다. 이 아이디어는 "지구상의 모든 도구와 엔진들은 인간의 수족과 감각의 연장일 뿐이다"고 말했던 시인 랄프 왈도 에머슨Ralph Waldo Emerson에게서 빌려 온 것이다.

이 아이디어에 따르면 책·자동차·전구·텔레비전·옷 등 무엇이든 인간의 신체와 밀접한 관련을 맺고 있는 것들은 다 '미디어'라고 할 수 있다. 예컨대, 자동차는 다리의 연장이고 옷은 피부의 연장인 셈이다. 언어는 '인간 테크놀로지human technology'로서 인간의 생각을 외면화하여 연장시키는 미디어인 셈이다.[1]

맥루한은 "미디어는 메시지"라고 주장했다. 이 말은 아주 쉽게 말해서 "옷이 날개"요 "옷이 곧 그 사람의 얼굴"이라는 세속적 상식으로 이해해도 큰 무리는 없다. 사람들은 알맹이보다는 외양에 더 관심이 많다. 메시지의 내용이 무엇인가를 따지기보다는 그 메시지를 담고 있는 그릇, 즉 미디어로부터 더 영향을 받는다는 것이다. 맥루한은 한마디로 "미디어의 '내용'이란 도둑이 마음의 개를 혼란시키기 위해 던져주는 고기 덩어리와 같다"고 단언한다.[2]

그런 의미에서 "미디어는 마사지massage"이기도 하다. 맥루한은 이렇게 말한다. "모든 미디어는 우리를 압도하고 있다. 미디어의 영향력은 개인적·정치적·경제적·심미적·심리적·도덕적·윤리적·사회적으로 워낙 강력해 우리의 어떤 부분도 그 영향력으로부터 자유롭지 못하다. 미디어는 마사지이다. 사회적·문화적 변화에 관한 어떤 이해도 미디어가 환경으로 작동하는 방식에 대한 지식이 없으면 불가능하다."[3]

맥루한의 '트레이드 마크'가 된 "미디어가 곧 메시지"라고 하는 명제는 미디어의 내용이란 그것을 전달하는 미디어의 기술과 분리하여 생각할 수 없다는 전제에 근거하고 있다. 보다 쉽게 설명해보자. 어느 정치인의 연설이 라디오와 텔레비전에 의해 동시 중계된다고 생각해보자. 그 정치인의 연설을 라디오로 듣거나 텔레비전으로 보고 듣거나 메시지는 동일하다. 아니 동일해야만 한다. 그러나 라디오로 그 연설을 들은 사람과 텔레비전으로 그 연설을 보고 들은 사람 사이에는 그 메시지를 이해하고 해석하는 데 있어서 큰 차이가 존재한다. 또 하나의 예를 들어보자. 똑같은 영화를 영화관에서 보는 것과 비디오로 보는 것을 비교해보자. 그 영화의 메시지는 분명히 같아야만 할 것이다.그러나 그 영화를 영화관에서 보는 것과 비디오로 보는 것 사이에는 큰 차이가 존재한다.

이 두 가지 경우에 있어서 메시지 못지않게 중요한 것은 그 메시지를 전달해주는 미디어라는 것을 알 수 있다. 라디오와 텔레비전의 차이, 그리고 영화와 비디오의 차이는 메시지에 영향을 미친다. 맥루한은 그 영향을 강조하기 위해 '미디어는 메시지'라고 하는 과장법을 사용한 것이다.

1960년 미국 대통령 선거사상 최초로 시도된 텔레비전 토론을 사례로 삼아 더 설명을 해보자. 공화당 후보 리처드 닉슨과 민주당 후보 존 F. 케네디가 대결한 이 토론은 사실상 케네디의 승리로 끝나 그의 대통령 당선에 결정적인 기여를 했다. 부통령을 지낸 거물 정치인인 닉슨에 비해 정치 경력도 떨어지는데다 가톨릭이었던 케네디가 여러모로 불리한 선거였지만 케네디에겐 텔리제닉telegenic(외모가 텔레비전에 잘 맞는)하다는 강점이 있었다. 맥루한을 포함한 많은 전문가들이 바로 이 토론 때문에 닉슨이 선거에서 패배했다고 주장했으며, 케네디도 선거 후 가진 첫 기자회견에서 텔레비전 토론이 없었더라면 자신이 이길 수 없었을 것이라고 말했다.[4]

그런데 한 가지 매우 흥미로운 사실은 텔레비전이 아닌 라디오로 토론을 들은 청취자들 가운데에는 닉슨이 토론에서 이겼다고 생각한 사람들이 더 많았다는 점이다. 왜 그런 차이가 생긴걸까? 케네디는 유권자들에게 보다 생생하게 보이기 위해 미리 하루 종일 잠을 푹 자 두었으나 닉슨은 전염병으로 두 주 동안이나 병원에 입원해 있다가 퇴원해 지친 상태에서 전국목수협회에서 연설을 했고 차에서 내리다가 무릎까지 다쳐 선거 참모들로부터 조금이라도 분장을 하라고 권고를 받을 정도였다.

그런 컨디션 문제 때문에 닉슨은 토론 도중 이마와 윗입술 사이로 땀을 뻘뻘 흘렸고 자주 땀을 닦는 모습이 화면에 나타났다. 사실은 전혀 그렇지 않았는데도, 시청자들로서는 닉슨이 케네디와의 논쟁에서 수세에 몰려 진땀을 흘리는 것으로 생각할 수밖에 없었다. 그러한 장면을 연출하도록 한 장본인은 바로 케네디의 참모였다. 케네디의 참모와 닉슨의 참모는 화면을 결정하는 담당 프로듀서인 CBS-TV의 돈 휴이트Don Hewitt를 사이에 두고 앉았는데 당시의 상황을 케네디의 참모는 이렇게 말했다.

"닉슨을 보면 나는 그가 땀을 흘리기 시작하는 것을 본다. 또 조명으로 인해 턱수염이 강하게 부각된다. 사실 그는 말끔히 면도를 한 상태지만 조명에 신경을 쓰지 않은 탓으로 수염의 그림자가 생기고 마치 4시나 5시가 된 것처럼 우중충하게 느껴지는 것이다. 그가 땀을 흘리면 나는 즉시 '휴이트, 닉슨 얼굴 잡아. 우리쪽 얼굴이 세 번이나 더 나왔어. 이제 닉슨 차례야.'라고 외쳤다. 이러한 주문에 휴이트는 미칠 지경이었다."

이른바 '5시 수염five o'clock shadow'의 문제였다. 아침에 깎은 수염이 저녁에 거뭇거뭇 자라 있는 모습을 나타내는 영어 표현이다. 미국인들의 일상이 대개 오후 5시면 끝나기 때문에 이 말이 생겼다. 그런데 닉슨은 하루 종일 이런 모습으로 있었던 것으로 유명하다. 닉슨은 분장을 하라는 참모들의 제의를 묵살하고 피곤하고 텁수룩한 모습으로 그냥 나가, 이 말은 닉슨의 별명이 되었다.[5]

즉, 미디어라고 하는 기술은 그 기술에 담기는 메시지가 무엇이든 일정 부분 그 메시지에 영향을 미친다는 것이다. 라디오에 출연해서 노래를 하든 TV에 출연해서 노래를 하든 그 노래라고 하는 메시지엔 아무런 차이가 없지만, 그 노래를 받아 들이는 수용자의 입장에선 라디오에서 듣는 노래와 TV에서 보고 듣는 노래가 같을 수는 없으며 심지어 정반대의 느낌을 가져다줄 수도 있다. 그 차이는 라디오라고 하는 기술과 TV라고 하는 기술의 차이에서 비롯되는 것이다.

라디오 스타가 텔레비전에서도 스타가 되는 경우도 많고 그 반대도 성립되지만, 어떤 라디오 스타는 텔레비전에 전혀 어울리지 않거나 반대로 어떤 텔레비전 스타는 라디오에선 전혀 어울리지 않는 경우도 많다. 이 또한 '미디어=메시지' 이론을 뒷받침해주는 사례로 볼 수 있다.

그렇다면 소셜미디어는 어떤가? 페이스북은 이제 스마트폰·노트북·데스크톱 컴퓨터·태블릿컴퓨터에서뿐만 아니라 대형 텔레비전에서도 이용할 수 있다. 이와 관련, A. K. 프라딥A. K. Pradeep은 소셜미디어는 더는 전달 체계를 가지고 정의할 수 없으며, 따라서 미디어는 '맥락'이기 때문에, 미디어는 더 이상 메시지가 아니라고 주장한다.[6] 그러나 맥루한이 살아 있다면, 그런 '맥락'마저 미디어라고 했을 것 같다.

그밖에도 맥루한의 주장에 대한 반론은 많지만, 그것이 50년 전에 나온 것임을 감안할 필요가 있다. 그의 주장이 안고 있는 그 어떤 한계에도 불구하고 맥루한이 올바른 문제 제기를 했다는 것만큼은 분명하다. 미디어의 내용이란 그것을 전달하는 미디어 기술과 분리하여 생각할 수 없다고 하는 그의 주장은 그 정도가 문제일 뿐 기본적으론 유효하다는 것을 부인하기 어렵다.

📚 일독을 권함!

- 김상호, 「미디어 존재론: 시몽동의 '개체화'를 통해 본 매클루언의 미디어론」, 『언론과 사회』, 24권2호(2016년 5월), 143~190쪽.
- 서정윤·유영만, 「McLuhan의 매체론에서 본 사이버대학 학습자의 지식창조과정 모형 개발」, 『학습과학연구』, 9권1호(2015년 4월), 47~62쪽.
- 김상호, 「미디어가 메시지다: 메를로-퐁티의 현상학을 통해 살펴본 매클루언의 미디어론」, 『커뮤니케이션 이론』, 9권3호(2013년 9월), 58~98쪽.
- 김병선, 「진화론의 관점에서 본 미디어 변이에 관한 연구: 매클루언의 미디어 이론과의 연관성을 중심으로」, 『커뮤니케이션 이론』, 8권1호(2012년 4월), 61~100쪽.
- 오창호, 「전자매체의 시·공간 특성에 대한 연구: 매클루언과 들뢰즈·가타리의 이론을 중심으로」, 『언론과 사회』, 20권1호(2012년 2월), 82~131쪽.
- 이완수, 「매체 융합시대 저널리즘의 변동성 연구: 마셜 맥루한의 '미디어 이해'에 대한 새로운 이해」, 『커뮤니케이션 이론』, 7권2호(2011년 12월), 144~175쪽.
- 김상호, 「한국 텔레비전 테크놀로지의 사회적 수용: 매클루언의 접근방식을 중심으로」, 『방송문화연구』, 23권1호(2011년 6월), 73~107쪽.
- 김상호, 「아우라와 재매개: 벤야민과 매클루언의 맞물림」, 『언론과학연구』, 10권2호(2010년 6월), 105~138쪽.
- 강준만, 「자동차의 미디어 기능에 관한 연구: 자동차는 한국인의 국가·사회 정체성 형성에 어떤 영향을 미쳤는가?」, 『언론과학연구』, 제9권2호(2009년 6월), 5~46

쪽.

● 김상호, 「확장된 몸, 스며든 기술: 맥루한 명제에 관한 현상학적 해석」, 『언론과학
연구』, 9권2호(2009년 6월), 167–206쪽.

● 송태현, 「맥루언과 보드리야르: '미디어는 메시지다'에 대한 보드리야르의 해석」,
『외국문학연구』, 26권(2007년 5월), 209–228쪽.

● 심광현, 「유비쿼터스-디지털 미디어 시대의 탈근대 문화정치: 맑스-벤야민-맥루
한의 성좌적 배치와 새로운 주체성의 생산」, 『문화과학』, 48권(2006년 12월), 90–
116쪽.

● 김상호, 「엔텔레키를 중심으로 해석한 맥루한의 미디어 개념」, 『언론과 사회』, 12
권4호(2004년 11월), 79–116쪽.

● 김성민, 「매체에 대한 철학적 분석 – 맥루한의 매체론과 포스터의 정보양식론」,
『인문콘텐츠』, 3권(2004년 6월), 83–99쪽.

● 오창호, 「맥루한(M. McLuhan)과 벤야민(W. Benjamin): 탈근대적 커뮤니케이션
양식에 대한 탐구」, 『한국언론학보』, 48권3호(2004년 6월), 410–435쪽.

● 오창호, 「맥루한의 매체철학에 대한 비판적 소고: J. 데리다와의 비교를 중심으
로」, 『한국언론학보』, 47권5호(2003년 10월), 311–337쪽.

● 임상원·이윤진, 「마샬 맥루한의 미디어론: 이론과 사상 – 〈구텐베르크 은하계〉를
중심으로」, 『한국언론학보』, 46권4호(2002년 9월), 277–313쪽.

왜

핫-쿨 미디어 이론

야구엔 폭력적인
훌리건이 없을까?

축구는 매우 전투적인 경기다. 기본 구조가 사냥과 비슷하다. 이는 언론보도에서도 잘 나타난다. 한 조사에 의하면 1998년 프랑스 월드컵 보도에서 사용된 전투적 표현은 103가지나 되었는데, 대표적인 예로는 붉은 군단·대포·용병술·주무기·사령탑·복병·고지·주포·사단·군단·전차군단·병기·신호탄·별들의 전쟁·핵폭탄·시한폭탄·특급저격수·탱크 등이었다.[7] 축구는 그라운드 밖에서도 훌리건hooligan들이 전투를 벌인다. 39명이 죽고 454명이 부상을 입은 1985년 헤이셀 참극, 265명의 사상자를 낸 1989년 힐스버러 참극은 모두 영국의 악명 높은 훌리건들에 의해 촉발된 것이다.[8] 328명의 사망자를 낸 1964년 페루-아르헨티나전 폭동, 2000~3000명의 사망자를 낸 엘살바도르-온두라스 전쟁으로 비화된 1969년 월드컵 예선경기 등도 축구의 본질적인 전투성을 말해주는 사건들이다.[9]

축구의 구조가 어떻기에 그런 일이 벌어지는 것인가? 마셜 맥루한은 '미디어=메시지' 이론의 연장선상에서 미디어를 '핫 미디어hot media'와 '쿨 미디어cool media'로 분류했다. 핫 미디어를 '뜨거운 매체' 쿨 미디어를 '차가운 매체'로 번역할 수도 있겠지만, 이는 오해의 소지가 있다. 우리말에서 '뜨거운' '차가운'은 온도와 관계된 수식어인 반면, 영어의 '핫' '쿨'의 의미는 보다 포괄적이기 때문이다.[10]

맥루한의 분류법에 따르자면, 축구는 '쿨 미디어'다. 아니 축구가 '쿨'하다고? 그런 뜻이 아니다. 오히려 뒤집어 생각해야 한다. 쿨 미디어의 특성은 '저정밀성low definition'과 '고참여성high participation', 핫 미디어의 특성은 '고정밀성high definition'과 '저참여성low participation'이다. 생각해보자. 축구는 야구와 비교해볼 때에 정밀한 운동이 아니다. 선수들마다 포지션이 있기는 하지만 넓은 그라운드를 비교적 마음대로 뛰어다닐 수 있는 운동이다. 손만 빼놓곤 온몸을 쓸 수 있으며, 온몸의 기를 통째로 발산해야만 하는 운동이다. 그렇기 때문에 축구는 관중의 적극적 참여를 유도한다. 관중은 단 한시도 눈을 돌릴 수 없다. 축구는 관중의 적극적 참여로 완결될 수 있기에 관중의 피를 끓게 만들 수 있다. 반면 야구는 그렇지 않기 때문에 훌리건이 없는 것이다.

'정밀성'이란 어떤 메시지의 정보가 분명한 정도 또는 실질적인 밀도를 의미하며, '참여성'은 어떤 메시지를 받아들이는 사람이 그 뜻을 재구성하는 데 필요한 노력 투입의 정도를 의미한다. 수용자는 어떤 메시지의 부족한 '정밀성'을 자신의 '참여성'으로 채우려 들기 때문에 둘 사이의 관계는 반비례한다. 맥루한이 "핫 미디어는 사용자를 배제하고 쿨 미디어는 사용자를 포함한다"고 말한 건 바로 이런 의미에서다. 이 분류법에 따르자면, 강의는 '핫', 토론은 '쿨'하고, 적극적 판매는 '핫', 온건한 판매는 '쿨'이다.[11]

영화는 '핫 미디어'인 반면 텔레비전은 '쿨 미디어'이다. 영화가 모자이크 형태의 이미지를 갖고 있는 텔레비전에 비해 '정밀성'이 높은 반면 수용자의 '참여성'은 텔레비전 쪽이 높다는 것이다. 영화가 TV에 비해 화질이 훨씬 더 정밀하다는 건 쉽게 이해할 수 있는 것이지만, '참여성'은 다소 헷갈리게 생각되는 점이 없지 않다.

아무래도 수용 상황을 살펴 볼 필요가 있을 것 같다. TV는 매우 친근한 거리에서 시청하지만 영화는 넓은 공간에서 먼 거리를 두고 관람하게 된다. 아무래도 참여도는 TV 쪽이 더 높을 수밖에 없지 않을까? 맥루한의 해설이다.

텔레비전 배우는 말소리를 높이거나 큰 동작을 할 필요가 없다. 마찬가지로 텔레비전 연기는 극도로 친밀감을 갖는다. 왜냐하면 시청자가 독특한 방법으로 참가하여 텔레비전 영상을 완성하거나 혹은 끝내버리기 때문이다. 그 때문에 영화에는 맞지 않으며, 또 무대에서는 잃어버린 고도의 자연적인 일상성을 텔레비전 배우는 갖추어야 한다.[12]

또 '참여성' 문제는 '영화와 TV'라고 하는 두 매체를 고립된 상태에서 비교할 게 아니라 현실 세계에서의 전반적이고 실질적인 영향력 중심으로 생각하면 납득이 될 것이다. '정밀성'과 '참여성'이라고 하는 기준으로 따져 보건대, 라디오는 '핫 미디어'이고 전화는 '쿨 미디어'다. 초상화나 사진은 '핫 미디어'이고 만화는 '쿨 미디어'다. 한글은 '핫 미디어'이고 상형문자는 '쿨 미디어'다. 왈츠는 '핫 미디어'이고 트위스트는 '쿨 미디어'다. 왈츠와 트위스트를 비교한 맥루한의 말을 들어보자.

"핫과 쿨이라는, 미디어 특유의 말로서 표현한다면, 후진국은 쿨이고 선진국은 핫이다. 한편 도시인은 핫이고 시골 사람은 쿨이다. 그러나 전기시대가 되어 행동의 양식과 여러 가지 가치가 역전되었다는 관점에서 말한다면, 과거의 기계시대는 핫이고, 우리의 텔레비전 시대는 쿨이다. 왈츠는 공업시대의 화려한 기분과 환경에 어울리는 빠르고 기계적인 무용으로서, 핫이다. 이에 비하여 트위스트는 즉흥적인 몸짓으로 온 몸과 마음으로 추는 화려한 형태의 춤으로서 쿨이다."[13]

텔레비전은 '쿨'한 미디어로서 '정밀성'이 낮기 때문에 수용자의 보다 큰 참여를 필요로 한다. 텔레비전은 '핫'한 이슈를 다루기엔 적합한 미디어가 되지 못한다. 수용자의 참여가 지나치게 높아지기 때문에 역효과가 날 수 있다. 어느 저자가 만약 콩고의 루뭄바가 텔레비전을 대중 선동에 사용했더라면 콩고엔 더욱 큰 사회적 혼란과 유혈사태가 벌어졌을 것이라는 견해를 제시하자 맥루한은 그건 매우 잘못된 생각이라고 반박했다. 텔레비전은

뜨거운 선동엔 전혀 적합치 않다는 것이다.[14]

맥루한은 라디오는 광란을 위한 미디어로서 아프리카·인도·중국 등에서 종족의 피를 끓어 오르게 만든 주요 수단으로 활용되었지만, 텔레비전은 미국이나 쿠바의 경우처럼 그 나라를 차분하게 만들었다고 주장한다. 텔레비전 연예인이 자신을 '저압력의 스타일low-pressure style of presentation' 제시를 해야 성공할 수 있는 것도 바로 그런 이유 때문이라는 것이다.[15]

맥루한의 주장들을 물론 그대로 다 믿을 건 아니다. 반론을 제시할 수 있는 주장도 많다. 그런데 반론의 상당 부분은 '핫 미디어'와 '쿨 미디어'는 시간에 따라 변할 수밖에 없는 상대적인 개념으로 이해하면 풀린다. 즉 한때는 '핫 미디어'이던 것이 나중에 테크놀로지의 발달로 '쿨 미디어'로 간주될 수 있는 것이다.

그 어떤 문제가 있건 맥루한의 주장은, 축구엔 훌리건이 있지만, 야구엔 훌리건이 없는 이유를 비롯하여 여러 문화적 현상을 설명하는 데엔 제법 그럴 듯하다. 그는 사회과학적 엄밀성이 결여돼 있으며 대중문화를 너무 포용한 나머지 연예인처럼 행세했다는 이유로 학계에서 냉대를 받았지만, 오늘날에 이르러 학계의 호의적 재평가가 왕성하게 이루어지고 있다.

📚 일독을 권함!

- 이완수, 「매체 융합시대 저널리즘의 변동성 연구: 마셜 맥루한의 '미디어 이해'에 대한 새로운 이해」, 『커뮤니케이션 이론』 7권2호(2011년 12월), 144–175쪽.

- 김상호, 「한국 텔레비전 테크놀로지의 사회적 수용: 매클루언의 접근방식을 중심으로」, 『방송문화연구』, 23권1호(2011년 6월), 73–107쪽.
- 박일호, 「매체의 전환, 미적경험의 확장」, 『현대미술학 논문집』, 12권(2008년 12월), 259–294쪽.
- 김상호, 「맥루한 매체이론에서 인간의 위치: '기술 우선성'에 대한 논의를 중심으로」, 『언론과학연구』, 8권2호(2008년 6월), 84–121쪽.

기술결정론

왜

기술은 단순한
도구일 수 없는가?

모든 삶의 영역에 디지털 기술이 침투해 지배력을 키워가면서 기술결정론에 대한 논의가 활발해지게 되었다. 아니 그래야만 할 필요성이 커진 것이다. 기업이 주도하는 디지털 기술의 진보에 이끌려 갈 것인지, 아니면 최소한의 공공적 개입을 할 것인지 결정해야 하기 때문이다. 기술결정론technological determinism이란 아주 간단히 말하자면 사회변동의 중심적인 원인이 기술적 진보라고 보는 것이다. 얼른 보면 전혀 문제될 게 없는 시각이지만, 좀 더 깊이 따져보면 그렇지만은 않다.

미국의 미디어 학자 데이비드 크로토David Croteau와 윌리엄 호인스William Hoynes는 기술결정론적 시각에 의하면 인간은 오직 기술에 의하여 합리적으로 작업하는 고용인에 불과하다고 했다. 장기판에서 장기를 두듯이 기술이 요구하는 대로 움직일 뿐이라는 것이다. 달리 말하자면, 이러한 관점에서는 어떤 사회 구조적인 제한도 없고 인간의 의식적인 행위도 없으며, 사회는 인간이 아닌 오로지 기술에 의해서 변화된다는 것이다.[16]

실제로 기술결정론자라 할 수 있는 문화학자 레슬리 화이트 Leslie A. White는 "사회체계는 기술체계의 작용이다. 그것은 기술체계에 의하여 결정된다. 즉 기술체계는 독립변수이고 사회체계는 종속변수이다. (…) 관념이나 철학은 또한 기술의 작용이다"라고 단언했다.[17]

정보사회학자 홍성태는 이런 견해가 문화를 정신의 고상한 산물로 여기는 정신과학적 문화관에 대해서는 강력한 비판력을 발휘할 수 있다는 점은 인정하면서도 "이렇게 강력한 기술결정론적 입장을 기술을 말 그대로 '독립변수'로 다룬다는 점에서, 그것에 함축되어 있는 사회적 이해관계를 폄하하는 잘못을 저지르게 된다"고 비판했다.[18]

요컨대 기술결정론은 주종主從 관계의 문제이기도 하다. 정녕 기술이 주主인가? 좀 단순화시켜 말하자면, 그렇게 보는 시각이 바로 기술결정론이다. 권기헌·박승관·윤영민은 기술결정론의 문제점으로 3가지를 지적한다.

첫째는 기술적 자율성technological autonomy이라는 가정이 품고 있는 문제이다. 기술결정론은 테크놀로지를 사회적 생산물이거나 사회로부터 분리할 수 없는 어떤 것으로 보지 않고, 독립적이며 자체통제적·자체결정적·자체발생적·자체추진적·자체영속적·자체확장적인 힘으로 제시하는데, 여기서 테크놀로지는 그 자신의 의지를 갖고 있는 것으로 인식된다. 그러나 이러한 주장은 기술을 신비화神秘化하는 경향이 있으며, 그 결과 대중들을 정치적으로 무력화시키고, 비전문가들이 기술발전에 개입할 수 있는 여지를 없애버린다는 문제점을 안고 있다. 전문가의 의견은 중립적이라고 간주되며, 대중들은 전문가들의 판단을 신뢰하도록 요구받는 가운데 대중들이 취할 수 있는 것이라고는 새로운 테크놀로지를 현실로 받아들이고 그에 신속하게 적응하는 일뿐이라는 걸 암시하는 것이다.[19]

둘째는 흔히 기술적 자율성과 관련되지만 기술적 필연성tech-nological imperative이라는 가정이 안고 있는 문제다. 기술결정론에 따르면 기술발전은 일단 시작되면 중단될 수 없는 것이다. 즉, 기술적 진보는 "필연적이며 불가피하고 불가역적"인 것으로 간주된다. 기술적 필연성의 가정은 대중들로 하여금 테크놀로지의 발전에 대한 윤리적 판단을 유보하고 맹목적인 추종을 요구한다. 또 어느 시점에서 기술발전이 사회적 요구를 충족시키지 못하고 심지어 갈등을 가져올 수도 있지만, 그것은 기술발전이 아직 채 완성되지 못했기 때문이라고 해석되며, 사회적 갈등은 궁극적으로 기술적 해결책을 필요로 하는 기술적 문제에 불과하다고 주장된다. 기술적 필연성에 관한 이러한 주장은 대중들을 탈이념화·탈정치화시켜 수동적인 피지배자로 길들이는 논리로 이용될 가능성이 있다는 것이다.[20]

셋째는 보편주의universalism의 문제다. 기술결정론적 시각은 전자매체와 같은 특정한 테크놀로지는 보편적으로 동일한 기본적인 사회유형을 창출한다고 본다. 특정한 사회문화적·역사적 맥락을 무시하는 보편주의는 서구에서 발생한 기술결정론이 다른 사회에 수용될 때 가장 심각한 문제가 되는 가정이다. 사회마다 조건이 크게 다르기 때문이다.[21]

기술결정론에 극단적으로 상반되는 입장은 사회문화결정론 socio-cultural determinism인데, 이는 테크놀로지의 발전이 특정한 사회정치적·역사적·문화적 맥락에 의해 결정된다는 주장이다. 이 시각은 대자본의 이해가 정보기술의 발명·도입·활용에 관철되고 있으며, 정보기술은 결국 자본주의체제를 유지하는 데 기여할 것이라고 주장한다. 즉 주요한 정보기술의 발전과 확산이 자본의 이윤획득·시장장악·노동통제를 위해 이루어진다는 것이다.

권기헌·박승관·윤영민은 어떤 기술도 특정한 목적과 용도를 위해 탄생되며, 그 목적은 그 기술이 어떻게 활용되는가에 영향을 미치게 된다는 사회문화결정론의 주장은 설득력이 있지만, 발명된 정보기술이 출현할 당시의 이해관계로부터 영원히 분리될 수 없다는 입장으로까지 나아가게 되면 설득력을 잃게 된다는 평가를 내렸다.[22]

이들은 양극단을 모두 배격하면서 대안적 전망으로 사회적 구성주의social constructivism를 제시했다. 이 입장은 테크놀로지는 하나의 사회적 맥락에서 이루어지는 사회적 구성social constructions으로 이해되어야 한다는 것이다. 이는 양극단의 중간적 입장으로 기술결정론의 주요 전제들을 거부하지만 동시에 인간이 테크놀로지를 자신의 손안에 묶어둘 수 있다는 생각에도 동의하지 않는다. 인간이 테크놀로지의 영향으로부터 벗어나는 건 불가능하다는 현실적인 입장을 취하면서 테크놀로지의 설계의 수준에 개입하는 걸 대안으로 생각하는 것이다. 즉 테크놀로지의 영향을 부정하지 않으면서도 테크놀로지의 발전에 사회적으로 개입할 수 있는 가능성을 열어준다는 점에서 정보기술을 창조적으로 수용할 수 있는 시각이라는 것이다.[23]

이렇듯 기술결정론은 이념적 함의를 갖고 있기 때문에 누군가를 기술결정론자라고 말하는 것은 폄하의 의미를 담고 있기 마련이다. 기술결정론은 현상 유지의 이데올로기로 간주되기 때문에 이에 대한 비판은 주로 진보좌파 진영에서 이루어진다. 앞서 살펴본 맥루한은 기술결정론자로 간주되곤 하는데, 사실 그에 대한 비판은 대부분 기술결정론과 관련이 있다.

예컨대 레이먼드 윌리엄스Raymond Williams는 맥루한의 주장을 '우스꽝스럽다ludicrous'고 일축하면서 "만약 미디어가―활자매체든 텔레비전이든―원인이라고 한다면, 모든 다른 원인들, 사람들이 통상 역사라고 보는 모든 것들은 곧 효과로 환원되고 말 것이다"고 반박한다. 그는 더 나아가 "만약 누가 미디어를 통제하거나 사용하든, 또 삽입시키고자 하는 내용이 무엇이든간에 미디어의 효과가 같다면 우리는 평상적인 정치적·문화적 논쟁을 잊을 수 있고 테크놀로지가 모든 걸 알아서 하라고 할 수 있을 것이다"라고 말한다.[24]

진보적 미디어 학자 토드 기틀린도 그런 비판에 가담했다. 그는 "미디어 자체는 메시지가 아니다. 즉 세계에 대한 설명이 아니다. 미디어가 메시지라는 마셜 맥루한의 그럴듯한 공식은 아무런 설명력도 가지지 않은 것으로 드러났다. 이는 부분적으로는 맥루한이 미디어라는 개념을 너무 넓게 잡았기 때문이다. 미디어는 텔레비전 수상기인가? 상업방송인가? 시트콤인가? 맥루한은 메시지라는 단어를 사용함에 있어서도 정확하지 않았다"며 다음과 같이 말한다.

"미디어는 단순히 정보를 전달하는 것은 아니다. 하나의 이미지나 사운드트랙은 단순히 어느 곳엔가 존재하는 현실을 재현하거나 지시하거나 묘사하는 추상적인 기호의 집합은 아니다. 그것들은 지시할 뿐만 아니라 그들 자체가 현실이다. 그것들은 우리 삶의 대부분을 둘러싸고 있는 존재이다. 맥루한이 나중에 그의 책에 '미디어는 마사지다'라고 농담조의 제목을 붙였을 때 그게 진실에 더 가깝다."[25]

하지만 위와 같은 비판들은 좀 답답한 느낌을 준다. 비판을 위해 맥루한의 주장을 극단으로 끌고 가서 쉽게 격파해버리려는 의도마저 느껴진다. 뭘 그렇게 어렵게 생각할까? 맥루한이 기술의 영향력을 드라마틱하게 강조한 것으로 이해하면 안되는 걸까? 예컨대 니콜라스 카Nicholas Carr가 『생각하지 않는 사람들: 인터넷이 우리의 뇌 구조를 바꾸고 있다』(2010)에서 지적한 다음과 같은 착각 또는 오류가 바로 맥루한이 깨고자 했던 신화였다고 생각하면 안 되겠느냐는 것이다.

우리는 콘텐츠에만 집중하도록 만들어진 프로그램에 너무나 익숙해 정작 우리 머릿속에 일어나는 일들을 인식하지 못하고 있다. 그

러다 결국 기술 자체는 중요하지 않다고 판단하기에 이르렀다. 우리
는 오로지 중요한 것은 어떻게 그 기술을 사용하느냐라고 스스로에
게 말한다. 이는 자만심에 빠져 이미 일종의 통제를 받고 있음을 보
여준다. 기술은 단순한 도구로서 우리가 선택하기 전까지는 아무 활
동성을 지니지 못하며, 우리가 버려두면 또다시 활동을 멈춘다고 생
각하게 된다.[26]

그런 생각이 잘못됐다는 게 맥루한의 주장이다. 맥루한을 비
판하려면 오히려 "이미 그걸 깨달은 사람들이 적지 않았는데 무
슨 대단한 발견이라도 되는 양 호들갑을 떠느냐?"라고 꼬집어야
했던 게 아닐까? 카를 마르크스는 "풍차는 사회에 봉건영주를 안
겨주었고 증기 풍차는 자본주의를 안겨주었다"고 했다. 독일 작
곡가 하인리히 쾨젤리츠Heinrich Köselitz와 철학자 프리드리히 빌헬
름 니체Friedrich Wilhelm Nietzsche 사이에 오간 다음과 같은 대화도
맥루한의 주장을 어렴풋하게나마 간파했던 것으로 보아야 하지
않을까?

쾨젤리츠가 가까운 친구인 니체에게 "음악과 언어에 대한 나
의 생각들은 펜과 종이의 질에 의해 종종 좌우되지"라고 쓴 편지
를 보내자, 당시 글쓰기용 도구로 등장한 타자기에 흠뻑 빠져 그
걸로 글을 쓰면서 활력을 찾았던 니체는 이렇게 답했다고 한다.
"자네의 말이 옳아. 우리의 글쓰기용 도구는 우리의 사고를 형성
하는 데 한몫하지."[27]

사실 기술결정론을 둘러싼 논쟁은 원래 상당 부분 수사학적일

수밖에 없는 것이다. 우리가 보통 '결정'이란 말을 쓸 때에 그 누구도 '100% 결정'을 말하는 건 아니다. '90% 결정'도 있을 수 있고 '80% 결정'도 있을 수 있다. 즉, 결정은 이것이냐 저것이냐를 따지는 디지털식 개념이라기보다는 정도를 말하는 아날로그식 개념인지라, 바로 여기서 적잖은 혼란이 발생한다는 것이다.

기술결정론을 거부하면서 맥루한의 주장을 수용하는 건 불가능한 일은 아니다. 맥루한의 수사법을 사회과학적인 방식으로 이해하는 것이 문제일 뿐 그의 말에서 필요한 메시지만 뽑아서 쓰는 지혜가 필요하다. 그런 아량과 타협의 정신을 갖는다면 텔레비전이라고 하는 미디어가 메시지에 미치는 '영향' 또는 '결정'을 '범위의 설정과 압력의 행사'로 이해하면 그만이다.

📚 일독을 권함!

- 김광수, 「SNS(소셜 네트워크 서비스)의 미디어적 이해」, 『기독교교육정보』, 38권 (2013년 9월), 177–206쪽.
- 김지연, 「인터넷 검색엔진: 사용자의 관심을 흡수하여 전문성을 강화하는 기술」, 『과학기술학연구』, 13권1호(2013년 6월), 181–216쪽.
- 손화철, 「맥루언과 기술철학」, 『사회와 철학』, 25권(2013년 4월), 305–328쪽.
- 류영달·신창운·정현민, 「정보사회의 자유해방적 차원」, 『사회와이론』, 21권(2012년 11월), 535–567쪽.
- 윤명희, 「사이버상호작용의 사회문화적 구성과 대안적 기획」, 『사이버커뮤니케이션학보』, 29권3호(2012년 9월), 83–119쪽.
- 조인호·장석준, 「SNS의 존재론적 논의와 기술적 행위를 통한 사회구조의 변화 가능성: 비판적 사실주의를 중심으로」, 『커뮤니케이션 이론』, 8권2호(2012년 8월),

99–153쪽.

● 김상호, 「맥루한 매체이론에서 인간의 위치: '기술 우선성'에 대한 논의를 중심으로」, 『언론과학연구』, 8권2호(2008년 6월), 84–121쪽.

● 조흡, 「디지털 텔레비전과 기술결정론」, 『인물과사상』, 30권(2000년 10월), 194–206쪽.

미디어 생태학

미디어는 우리 삶의 환경이 되었는가?

기술결정론 논쟁의 수사적 성격을 감안하는 맥락에서 보자면 커뮤니케이션 미디어를 일종의 생태적 환경으로 주목하는 미디어 생태학Media Ecology을 기술결정론적 접근법으로 보는 건 온당치 않은 것 같다. 이동후는 "미디어 생태학자들은 미디어가 사용자의 목적에 따라 작동하는 중립적인 도구라기보다는, 미디어 테크놀로지의 물질적 형태와 상징적 구조에 따라 특정한 내적 논리를 가지고 있고, 이러한 내적 논리는 사회문화적 변화를 이루는 중요한 기반이 된다고 본다"며 다음과 같이 말한다.

따라서 이들은 미디어가 사회적으로 내면화되면서 갖게 되는 인간과 커뮤니케이션 미디어의 상호작용에 대해, 그리고 미디어와 인지적 혹은 문화적 변화의 상관관계에 대해 관심을 가진다. 이들의 시각에서 새로운 커뮤니케이션 미디어의 도입은 기존 미디어 환경

에 새로운 미디어가 더해지는 것이 아니라, 새로운 커뮤니케이션 환경이 만들어지는 것이다.[28]

미디어 생태학의 지적 전통에 기여한 인물은 에릭 헤블록Eric Havelock, 수잔 랭어Susanne Langer, 자크 엘륄Jacques Ellul, 해럴드 이니스Harold Innis, 닐 포스트먼Neil Postman, 마셜 맥루한Marshall McLuhan, 월터 옹Walter Ong, 루이스 멈퍼드Lewis Mumford, 엘리자베스 에이젠시타인Elizabeth Eisenstein, 에드먼드 카펜터Edmund Capenter, 벤저민 리 워프Benjamin Lee Whorf, 노버트 위너Nobert Wiener, 제임스 캐리James Carey 등이다. 이들에 대해 이동후는 다음과 같이 말한다.

이들은 인간의 경험을 새롭게 재구성하고 특정한 문화 양식을 선호하는 미디어 환경(혹은 언어 환경이나 정보 환경)에 관심을 가졌다. 이들은 미디어가 단순히 중립적인 도구가 아니라 미디어의 물질적 형태와 상징적 구조에 따라 특유의 구조적 특성 혹은 '편향성'을 갖는다고 보았다. 그리고 이들은 이러한 미디어의 '편향성'을 살피는 데서 그치는 것이 아니라, 이것이 인간의 감각·사고·느낌·인식·사회 문화적 경험 등을 어떻게 조건 짓고, 어떠한 사회 문화적 변화 과정을 돕는지를 살피고 있다.[29]

이건 얼마든지 동의할 수 있으며, 동의해야 마땅한 접근법이 아닐까? 맥루한은 미디어 생태학의 주요 이론가 중 한명인 동시에 기술결정론자로 많은 비판을 받았으며 지금도 받고 있는 인물이기에, 맥루한의 기술결정론 논쟁에 대한 개입을 통해 미디어 생태학의 기술결정론 혐의에 대해 생각해보기로 하자.

맥루한의 제자를 자처하는 광고 전문가 토니 슈워츠는 "진실은 활자매체의 윤리이지 전자커뮤니케이션에 있어서 윤리적 행위의 기준은 아니다"라고 주장한다. 그는 텔레비전이 설득을 위해 공명resonance에 의존한다는 점을 강조하면서 전자 미디어가 사람들의 환경의 일부이기 때문에 사람들이 전자 미디어를 정보의 흐름에 있어서 매개 요소로 의식하지 않는 경향이 있다고 말한다.[30]

슈워츠의 관찰엔 일리가 있다. 사람들은 미디어 테크놀로지에 의해 지배를 당하면서도 자신들이 미디어를 지배하고 있다는 환상을 버리지 않는다. 여기서 지배와 종속의 관계는 다시금 지배의 범위를 설정하는 문제이다. 예컨대 텔레비전 시청은 브라운관 그 자체가 '핍 쇼peep show'의 확대된 구멍이며, 그 구멍을 응시하는 텔레비전 시청행위는 기본적으로 관음증의 느낌을 준다. 관음을 추구코자 하는 사람들에게 도덕적인 설교는 무력하다. '핍 쇼'의 무대 자체를 장악하려는 노력이 필요하다.

어린 아이들이 텔레비전에 대해 느끼는 최초의 매력은 그들의 지배욕구와 밀접한 관련이 있다. 그들이 손가락 하나로 텔레비전을 마음대로 켰다 끌 수 있고 채널도 바꿀 수 있다는 걸 발견하게 되는 순간 그들은 텔레비전이 자신의 지배하에 놓여 있다고 믿게 된다. 성인들도 크게 다르지 않다. 그들은 그들의 자율적 의지에 따라 미디어를 소비하는 것이지 미디어에 의해 강요당하는 건 아니다. 그러나 미디어가 그들의 일상적 삶에 얼마나 편재해 있으며 또 그들의 완전한 지배하에 놓인 많은 것들을 얼마나 많이 대체해 버렸는지에 대해서 그들은 생각하지 않는다.

그런 문제의식으로 보면 맥루한을 달리 평가할 수도 있다. 예컨대, 김경용은 "매클루언의 주제는 한마디로, 모든 미디어가 인간과 사회에 강력한 영향을 미친다는 것이다. 그의 글에 미디어가 인간과 사회의 형태를 결정한다는 것이 암시되어 있지만, 본인이 결정론자가 아니라고 한 만큼, 기술결정론이라기보다는 기술원인론이 그의 의도라고 보는 것이 좋겠다"고 말한다.[31]

여기서 한 걸음 더 나아가 김균과 정연교는 『맥루언을 읽는다: 마셜 맥루언의 생애와 사상』(2006)에서 "결정론적 경향에 대해 맥루언 비판가들이 보이는 편집증적 거부반응은 크게 세 가지 오해에 근거하고 있다"고 말한다.

첫째, 맥루언 방법론에 대한 오해이다. 맥루언의 모자이크적 역사 기술방법은 오히려 단선적이고 기계적인 인과관계를 피하기 위해서 채택된 것이다. 이는 마치 레이먼드 윌리엄스가 기존의 논증방식을 최대한 피하고 대중적 글쓰기 방식을 채택하려고 한 것과 유사하다는 평가를 받기도 한다....두번째는 인과적 관계를 파악하는 방식에 대한 오해이다. (…) 어떤 이론이 인과적 관계를 말한다고 해서 그것을 결정론이라고 부르지는 않는다. 맥루언이 우리에게 하고 싶은 말은 각각의 매체환경이 특정 경험양식과 사고패턴을 '장려'하는 가운데 어떤 것들은 '억제'한다는 것이다. (…) 이렇게 보자면 결정론을 둘러싼 비판은 맥루언이 견지하고 있는 매체생태학적 또는 기술생태학적 입장을 제대로 이해하지 못한 데에서 비롯되는 측면이 많다. 이것이 맥루언을 기술결정론자로 치부하고 그의 주장 모두를 쓸모없는 것이라고 단정하는 이들에게서 발견되는 세번째 오해이다.[32]

정희진의 경험론적 옹호론은 가슴에 와 닿는다. 그는 "유선전화, 휴대전화, 문자, 전자우편, 손편지 등 매체에 따라 전달 내용이 제한되거나 달라진다. 현대인의 고독을 이야기할 때 미디어를 빠뜨릴 수 없는 이유는 외로움이 몸의 확장과 관련이 있기 때문이다. 미디어가 발달할수록, 즉 몸이 확장될수록 불특정 다수와 '친밀'해지는 대신 나는 누구인지 모르게 된다"며 다음과 같이 말한다.

트위터는 '유명인사 되기 질병', 일명 셀프 메이드 '셀럽celebrity'들로 넘쳐났다. 컴맹의 뒤늦은 개탄이겠지만, 특히 두 가지가 놀라웠다. 개인 간에나 오고 갈 내용을 게시, 유명인과 친한 사이임을 선전하거나 경쟁자를 향한 지나친 어휘들. 셀럽이 되기 위해 수단을 가리지 않을 때 공동체는 붕괴한다. 윤리, 아니 체면을 벗은 외설성을 어떻게 표현해야 할까. (…) 공론장? 매체가 많아질수록 간편해질수록 사용자가 많을수록 중독될수록, 소통은 불가능에 가까워진다. 애인에게 보낼 문자를 배우자에게 보내는 실수는 고유한 개인이 얼마든지 대체 가능한 물체가 되고 있음을 보여준다. 이것이 단지 아이티IT 강국의 부작용일까. 몸의 확장으로 지구는 더욱 좁아졌다.[33]

맥루한의 '기술결정론'에 대한 비판은 상당 부분 타당하지만 동시에 과도한 면이 없지 않은데, 이는 맥루한의 이데올로기에 대한 진보주의자들의 반감과 관련이 있는 것으로 보인다. 맥루한은 정치에 대해 거의 이야기를 하지 않았지만, 영국 유학 시절에 매료된 영국 작가 G. K. 체스터턴G. K. Chesterton과 비슷한 입장을 취했다.

체스터턴은 경구를 좋아하고 말장난을 즐긴 인물이었다. 둘 다 30대에 가톨릭으로 개종했고, 젊은 시절부터 이미 고루한 사람이라는 느낌을 풍겼다. 맥루한의 정치적 보수주의와 회의주의를 잘 표현해주는 체스터턴의 경구는 진보주의자들을 화나게 만들 만한 것이었다. "현대 세계는 보수주의자들과 진보주의자들로 나뉜다. 진보주의자들이 하는 일은 계속 실수를 하는 것이고, 보수주의자들이 하는 일은 그 실수를 고치지 못하게 하는 것이다."[34]

맥루한이 자본주의의 꽃이라 할 광고를 "인류역사상 가장 위대한 예술형식"이라고까지 말한 건 그의 이념을 말해주는 증거로 간주되었다.[35] 맥루한이 당시 지식인들이 경멸하거나 수상쩍게 바라보던 전자매체를 공공문제의 중심으로 간주하면서 미디어의 힘이 보다 나은 세계를 가져 올 것이라는 믿음을 피력한 것도 마찬가지였다.[36]

맥루한의 '기술결정론'에 대한 비판이 그의 이데올로기에 대한 진보주의자들의 반감과 관련이 있다는 건 루이스 멈포드Lewis Mumford의 비난에서 잘 드러난다. 멈포드는 맥루한을 '지배계급의 지배를 용인시켜 주는 앞잡이'라고 비난했는데,[37] 이런 비난이 과연 '기술결정론'과 관련된 것인지는 의문이다. 멈포드는 시계를 인간 자신의 사유방식과 세계에 대한 인식을 변화시키는 힘을 갖는 이른바 '규정 기술defining technology'로 간주하면서 "시계는 우리 문화에서 가장 중요한 기계다. 시계는 인간의 일상적 활동에서 행동과 조정을 빠르게 함으로써 현대적 진보와 효율을 가능하게 만들었다"고 주장한 인물이었으니 말이다.[38]

많은 지식인들이 자신의 이념적 색깔에 따라 맥루한에 대한 평가를 내렸듯이, 비슷한 이유로 광고인과 방송인은 맥루한에게 열광했다. 그런 세속적 열광에 대한 대가로 맥루한이 비판을 받는 건 당연하다고 볼 수 있겠지만, 이제 세월이 많이 흐른 만큼 이 문제에 대해 '이것 아니면 저것'이라는 2진법 논리를 거부하면서 퍼지식 사고fuzzy thinking를 하는 열린 자세를 취하는 게 어떨까 싶다. 그런 열린 자세가 널리 공유될 때에 비로소 미디어 생태학 연구도 꽃을 피울 것이다.

 일독을 권함!

- 이동후, 「'뉴'미디어의 이해: 미디어 생태학의 지적 실천과 함의」, 『한국방송학보』, 29권5호(2015년 9월), 32~66쪽.
- 이동후, 「포스트만의 미디어 생태학적 시각에 관한 고찰」, 『인간·환경·미래』, 13권(2014년 10월), 125~158쪽.
- 이호규, 「커뮤니케이션 편향과 진리: 해롤드 이니스와 존 스튜어트 밀의 논의를

중심으로」, 『한국언론학보』, 58권5호(2014년 10월), 311–332쪽.

● 김효일, 「미디어생태학으로 본 경험과 감각기관의 확장 연구」, 『디지털디자인학연구』, 13권2호(2013년 4월), 325–334쪽.

● 하성보 · 강승묵, 「스마트폰의 이용형태와 이용환경이 갖는 사회문화적 함의 고찰: 미디어생태학적 관점을 중심으로」, 『한국콘텐츠학회논문지』, 11권7호(2011년 7월), 89–99쪽.

● 김선희, 「미디어 생태학과 포스트휴먼 인문학」, 『인간연구』, 17권(2009년 7월), 131–151쪽.

● 이동후, 「휴대전화 인터페이스에 관한 미디어 생태학적 고찰」, 『인간 · 환경 · 미래』, 2권(2009년 4월), 113–137쪽.

● 오창호, 「맥루한(Marshall McLuhan)과 포스트만(Neil Postman): 생태주의 매체철학」, 『한국언론학보』, 52권2호(2008년 4월), 199–225쪽.

● 이동후, 「인터넷의 공간과 시간: 미디어 생태학적 접근을 중심으로」, 『커뮤니케이션 이론』, 2권1호(2006년 6월), 1–34쪽.

● 김상호 · 이호규, 「해롤드 이니스의 커뮤니케이션 사상: 편향(Bias)을 중심으로」, 『언론과 사회』, 11권3 · 4호(2003년 11월), 78–107쪽.

왜

롱테일 법칙

꼬리가 머리 못지않게
중요해졌을까?

미국의 디지털 주크박스업체 이캐스트e-Cast는 자사가 보유한 1만 종의 앨범 중 분기당 한 곡이라도 팔린 앨범이 98%에 달한다는 걸 알아냈다. 2004년 1월 이 사실을 전해들은 크리스 앤더슨Chris Anderson은 이전에 무시되었던 비주류 상품들이 기대 이상의 효과를 창출해내고 있으리라는 사실을 직관적으로 간파했다. 그는 2004년 10월 『와이어드』에 기고한 글에서 처음으로 '롱테일long tail' 개념을 제시했는데, 이는 다품종 소량 생산된 비주류 상품이 대중적인 주류 상품을 밀어내고 시장점유율을 높여 가는 현상을 말한다.[39]

키 10m 이상에 가로로 1km 이상 가는 롱테일(긴 꼬리)을 가진 공룡을 고객으로 간주해보자. 그간 기업들은 '공룡의 머리fat head'에서 수익을 내어 롱테일의 손실을 보전하는 사업 모델을 써 왔다. 그런데 이캐스트 외에도 2004년 가을 미국의 인터넷 서점 아마존이 이런 구조를 근본적으로 변화시킴으로써 꼬리가 더 중요한 '롱테일 법칙'을 실현했다는 주장이 나왔다. 그게 어떻게 가능했을까?

서점을 포함한 유통업체의 가장 큰 고민은 늘 상품의 진열과 공간이다. 진열할 수 있는 품목엔 한계가 있다. 잘 나가는 걸 고객의 눈에 잘 띄는 곳에 진열한다. 나머지는 구석 아니면 창고에 머물러야 한다. 좋은 곳에 진열만 되면 잘 나갈 수 있는 상품도 초기의 선택에서 배제되면 영영 고객을 만날 길이 없다. 그래서 자사 제품을 좋은 자리에 진열하고자 하는 영업 사원들은 유통업체를 상대로 사투를 벌여야 한다. 이 과정에서 비리가 자주 발생하곤 한다. 이게 바로 오프라인 매장의 전형적인 모습이었다.

그런데 온라인에선 그럴 필요가 없어졌다. 물론 온라인에서도 좋은 자리는 있기 마련이지만, 오프라인에서처럼 생사生死를 결정지을 정도로 절대적인 건 아니다. 책의 경우 도서목록에 올리는 데에 추가 비용이 들지 않는다. 거의 제로에 가깝다. 아마존이 다루는 230만 종이 넘는 서적엔 차별이 없다. 검색 기능에 의해 공급자의 '진열'이 아니라 수요자의 '필요'가 지배하는 공정 경쟁이 가능해진다. 머리와 꼬리의 차이는 순식간에 사라진다.

'롱테일 법칙'은 다수의 소액구매자의 매출이 상위 20%의 매출을 능가할 수도 있다는 것을 의미하기 때문에 '역 파레토의 법칙'이라고도 한다.(파레토의 법칙은 상위 20%가 매출액의 80%를 점한다는 법칙임) 이런 롱테일 법칙의 실현을 기술적으로 가능케 하는 구조와 서비스를 개발하자는 게 바로 '웹 2.0'의 정신이다.[40]

정치인이 온라인을 통해 소액다수 기부를 받는 것도 롱테일 전략이다. 2004년 대선에서 인터넷 선거운동으로 초반 돌풍을 일으켰던 전 버몬트 주지사 하워드 딘Howard Dean의 선거참모였던 조 트리피Joe Trippi는 "만약 631명의 부자들이 조지 부시를 선출하기 위해 1억 달러 이상을 모을 수 있다면, 200만 명의 미국인들이 각자 100달러 이하씩만 모으면 그를 패배시킬 수 있다"고 주장했다.[41]

아담 페넨버그Adam L. Penenberg는 버락 오바마가 2008년 대선에서 승리를 거둘 수 있었던 이유 중의 하나는 바로 그런 롱테일 전략이었다고 주장한다. "만약 오바마가 선거를 바로 몇 주 앞두고 1억 달러의 모금 요청을 했다면 이는 성사되지 못했을 것이다. 대신 그는 사람들에게 단돈 몇 달러라도 좋으니 할 수 있는 만큼 기부해달라고 부탁했고, 그 다음에 그들에게 반복해서 후원 요청을 했다. 즉, 티끌 모아 태산이 된 것이다."[42] 같은 맥락에서 아리아나 허핑턴Arianna Huffington은 "인터넷이 없었다면 버락 오바마는 대통령이 아니라 민주당 대선 후보도 되지 못했을 것"이라고 주장한다.[43]

롱테일 이론은 블로그 공간에서는 중소형 블로그들의 결집된 힘을 나타내는 데 적용되기도 한다. 블로그 공간에서 중심의제로 자리잡기 위해서는 파워블로그뿐 아니라 하루 방문자 100명 남짓한 중소형 블로그들이 움직여야 한다는 논리로 이어지기도 하는 것이다.[44]

롱테일 전략은 온라인에서만 사용할 수 있는 건 아니다. 오프라인 점포나 일반 영업 활동에서도 업무를 자동화함으로써 롱테일 효과를 볼 수 있는데, 그 대표적 사례가 무선통신을 이용해 칩이 파악하는 정보를 통신하는 기술을 이용하는 RFID 마케팅Radio Frequency Identification Marketing(무선 주파수 인식 마케팅)이다. 쇼핑 카트에 'RFID 전자태그'를 부착해 고객이 어떻게 돌아다니고 어디에 얼마나 머물렀는지 손금 보듯 알아내 상품 진열과 재고관리 등에 활용함으로써 롱테일 효과를 기대할 수 있다.[45]

롱테일 법칙에 대한 반론도 있다. 펜실베이니아대 경영대학원 교수 카틱 호사나가Kartik Hosanagar는 2007년 아마존 등 온라인 소매업체들이, 특히 '추천' 시스템을 통해 실제로 미디어 시장의 블록버스터 논리를 강화하는 경향이 있다고 지적했다. 무엇보다도 판매량과 소비자 평가에 기초해 제품을 추천하는 시스템은 "인기 상품과 비인기 상품에 대한 부익부 빈익빈 현상"을 유발한다는 것이다.[46]

일부 IT 기업에선 롱테일 현상이 나타나기도 하지만, 전반적으로 '머리'와 '꼬리' 사이의 소득격차가 날로 벌어지고 있는 이른바 '슈퍼스타 경제학economics of superstars'이 대세가 되고 있다.[47] 이와 관련, 하버드대 경영대학원 교수 애니타 엘버스Anita Elberse는 2008년『하버드 비즈니스 리뷰』에 실린「롱테일에 투자해야 하는가?Should we invest in longtail?」라는 글에서 롱테일 법칙에 직격탄을 날렸다. 엘버스는『조선일보』(2013년 7월 13일) 인터뷰에서 다음과 같이 말했다.

"엔터테인먼트 업계의 롱테일은 꼬리가 길지만 납작해요. 수익이 안 나는 거죠. 2006년 미국 3200만개 음원 재생 횟수 가운데 상위 10% 음원이 전체 재생 횟수의 78%를 차지했습니다. DVD 렌털 시장에서도 상위 10% DVD가 전체 대여된 DVD의 48%를 차지했습니다. 애플의 음원 390만개 가운데 음원 하나가 전체 판매량의 24%를 차지했고, 나머지 360만개는 각각 100개도 못 팔았고요. 롱테일 시장은 없어요. 승자의 시장만 존재할 뿐이죠. 앤더슨은 인터넷이 확산하면서 소비자들이 히트 상품에서 멀어지고 틈새 상품을 찾는다고 주장하죠. 하지만 유튜브를 보세요. 싸이의 '강남스타일'은 17억 뷰를 기록하고 '젠틀맨'은 4억 뷰를 넘었죠. 또 제로(0) 뷰를 기록한 수천 개가 넘는 비디오는 어떻게 설명해야 하나요?"

엘버스는 "롱테일이란 없다는 건가요?"라는 반문엔 이렇게 답한다. "아뇨, 롱테일은 존재합니다. (그는 종이에 롱테일 그래프를 그리기 시작했다) 문제는 꼬리가 길어질수록 납작해진다는 겁니다. 기본적으로 롱테일 논의에 잘못된 게 있어요. 사람들이 틈새 시장 상품을 사용하면 그것만 사용한다는 생각이죠. 그런데 10번 중 9번을 흑백영화만 골라보는 마니아들도 〈캐리비언의 해적〉 같은 대중 영화를 대단히 좋아해요. 꼬리도 좋아하지만, 머리도 좋아한다는 겁니다. 물론 진짜 대중적인 콘텐츠를 싫어하는 마니아도 있지만, 소수에 불과해요."[48]

롱테일 효과가 다소 과장되었다는 선에서 엘버스의 반론을 받아들이면 무난할 것 같다. 앤더슨 역시 "사람들은 롱테일 이론에 대해 블록버스터의 종말이나, 독과점의 종말이라는 식으로 이해하기도 합니다. 당연히 어떤 산업이나 블록버스터는 계속 유효하지요. 중요한 것은 그들이 더 이상 시장을 독점할 수 없다는 겁니다"라고 말하고 있으니 말이다.[49] 롱테일 효과는 가능성인데, 그 가능성을 실현시켜 큰 성공을 거둔 사례를 일반화하긴 어려울 것이다. 하지만 가능성이라도 존재한다는 것은 사람들을 열광시킬 수 있다. 우리 인간은 꿈을 먹고사는 동물이기 때문이다.

📚 일독을 권함!

- 정윤경, 「웹 드라마의 선택 요인과 소비 집중에 관한 연구」, 『방송문화연구』, 28권 1호(2016년 6월), 53~85쪽.
- 박현정·신경식, 「지식 공유의 파레토 비율 및 불평등 정도와 가상 지식 협업: 위키피디아 행위 데이터 분석」, 『한국지능정보시스템학회논문지』, 20권3호(2014년), 19~43쪽.
- 전성민, 「소셜 커머스 시장의 롱테일 현상에 대한 실증 연구」, 『한국전자거래학회지』, 19권1호(2014년), 119~129쪽.
- 주창범, 「정책과정 시민참여 유형, 인지적 정당성(Cognitive Legitimacy) 그리고 롱테일 정치(Long Tail Politics)」, 『한국지방자치학회보』, 22권4호(2010년 12월), 363~379쪽.
- 조희정·강장묵, 「네트워크 정치와 온라인 사회운동: 2008년 '미국산 쇠고기 수입 반대 촛불집회' 사례를 중심으로」, 『한국정치학회보』, 42권3호(2008년 9월), 311~332쪽.
- 조동환, 「웹2.0과 기업의 비즈니스 모델 활용방안」, 『한국콘텐츠학회논문지』, 8권 4호(2008년 4월), 108~116쪽.
- 임정수, 「초기 UCC 생산과 소비의 탈집중 현상: 판도라TV를 중심으로」, 『한국방송학보』, 21권1호(2007년 1월), 211~242쪽.

왜

네트워크 효과

혁신은 대도시에서
일어나는가?

빌 게이츠가 세운 마이크로소프트의 초기 슬로건은 "우리가 표준을 만든다We set standard"였다. 게이츠는 표준 설정을 위한 시도에 '복음 전도evangelization'라는 이름을 붙였다. 마이크로소프트가 하는 일은 신도들을 개종시키는 것과 같은 작업이라는 뜻이다.[50]

1980년대 초 게이츠가 MS-DOS를 무료로 시장에 뿌린 것도 표준 설정을 위한 전략이었다. 소비자들이 일단 도스의 맛에 길들여지게 만든 후에 그들로부터 돈을 뽑아내겠다는 것이었고, 이런 표준 설정 전략은 큰 성공을 거두었다. 표준을 위해선 선점이 필요했고, 선점을 위해선 예술적 깊이를 추구할 필요가 없었을 뿐 아니라 조잡하고 설익은 제품이라 하더라도 시장에 빨리 내놓는 게 더 중요했다.[51]

게이츠는 불법 소프트웨어의 유통도 표준 설정을 위해선 도움이 된다고 보았기 때문에 불법 복제를 근절시키기보다는 적정 수준에서 관리하는 방식을 취했다. 1998년 게이츠는 워싱턴 대학에서 학생들에게 다음과 같이 말했다.

매년 중국에서 300만 대의 컴퓨터가 판매되고 있음에도 불구하고, 사람들은 소프트웨어를 이용하는 대가를 지불하지 않고 있습니다. 하지만 언젠가 그들은 소프트웨어를 이용하는 대가를 지불하게 될 것입니다. 그들이 소프트웨어를 훔쳐야 한다면 우리 것을 훔치길 바랍니다. 그러면 그들은 우리 소프트웨어에 중독될 것이고, 향후 10년 내에 우리는 소프트웨어 이용료를 징수하는 방법을 찾아내게 될 것입니다.[52]

이처럼 어떤 상품에 대한 수요가 형성되면 이것이 다른 사람들의 수요에 영향을 미치는 것, 즉 사용자들이 몰리면 몰릴수록 사용자가 계속 늘어나는 것을 가리켜 '네트워크 효과network effect'라고 한다. 미국 경제학자 하비 라이벤스타인Harvey Leibenstein이 제시한 개념이다.

생산자는 네트워크 효과로 인해 생산규모가 커질수록 비용이 줄어드는 효과를 누릴 수 있다. 왜냐하면 많은 사람들이 사용할수록 규모의 경제에 의해 생산비는 낮아지는 반면, 네트워크 효과에 의해 사용자 수는 더 크게 증가하기 때문이다. 네트워크 효과는 사실상 네트워크 외부효과network externalities인 셈이다.[53]

네트워크 효과의 전형적인 예는 바로 전화다. 많은 사람들이 전화를 사용하지 않는다면 무슨 소용이 있겠는가. 핸드폰도 마찬가지다. 이동통신사들이 공짜 핸드폰을 나눠주는 이유는 고객이 예뻐서가 아니다. 보다 많은 사람들이 핸드폰을 사용해 핸드폰 없인 살 수 없게끔 만들어놓고 나서 더 많은 돈을 더 쉽게 챙겨가기 위해서다. 이런 네트워크 효과가 기존의 '규모의 경제economies of scale'와 무엇이 다른가? '규모의 경제'가 생산 측면의 개념이라면, '네트워크 효과'는 수요 측면의 개념이라고 할 수 있다.[54]

세계 최대의 전자상거래업체 이베이eBay도 '네트워크 효과'의 대표적인 성공 사례로 꼽힌다. 이베이에선 좋은 평판이 쌓일수록 거래에 유리하기 때문에 한번 발을 들인 사람은 떠나지 않는다. 네트워크가 커질수록 고객들이 계속 머무를 가능성은 더욱 높아지는 것이다.[55]

어떤 상대집단의 크기가 클수록 보다 높은 이익이나 효용을 얻는 효과를 '간접 네트워크 효과indirect network effect'라고 한다. 예컨대 애플 앱스토어를 보자. 애플의 경우에는 아이폰과 아이 팟의 성공으로 이미 상당한 소비자 집단이 형성되어 있기 때문에, 자신이 만든 앱(애플리케이션·응용 프로그램)을 최대한 많은 사람에게 노출해 판매하려는 앱 개발자 입장에서는 높은 수수료를 지불하고서라도 꼭 들어가고 싶은 꿈의 궁전과 같다. 즉 애플 앱스토어는 간접 네트워크 효과가 큰 것이다.[56]

케빈 켈리Kevin Kelly는 『인에비터블The Inevitable』(2016)에서 "인공지능AI의 미래는 두세개의 커다란 범용 클라우드 기반 상업지능의 과두 체제에 지배될 가능성이 높다"고 말한다. 물론 네트워크 효과 때문이다. "망이 더 클수록 새로운 사용자에게 더 매력적으로 보이며, 그 사용자에 힘입어서 망은 더욱 커지고, 따라서 매력도 더 커지는 효과가 계속 이어진다. AI를 제공하는 클라우드도 같은 법칙에 따를 것이다. 사람들이 어떤 AI를 더 많이 쓸수록, 그 AI는 더 영리해진다. 더 영리해질수록 그것을 쓰는 사람은 더 늘어난다. 쓰는 사람이 늘어날수록 그것은 더 영리해진다. 그렇게 계속된다. 일단 어떤 기업이 이 선순환에 진입하면 너무나 빨리 대단히 커져서 다른 모든 신생 경쟁자를 압도하는 경향이 있다."[57]

과거엔 "도시는 선이다"는 슬로건이 유행했지만, 오늘날엔 "도시는 네트워크다"는 슬로건이 그걸 대체했다. 당연히 도시 역시 네트워크 효과의 제공자인 동시에 수혜자다. 도시학자 제인 제이콥스Jane Jacobs는 『미국 대도시의 죽음과 삶』(1961)에서 도시의 다양성이 더 많은 다양성을 낳는다고 했다. 도시가 크면 클수록 그 도시가 만들어내는 것은 더 다양해지고, 소규모 생산업체들의 수와 비중도 커진다는 것이다.[58]

리처드 플로리다Richard Florida는 오늘날 세계 최대의 거대도시 40곳이 세계 인구의 18%가 사는 곳이자 세계경제 산출량의 3분의 2를 생산하고 새로 특허를 받는 혁신 사례의 거의 90%가 산출되는 곳이라며, 도시를 '창조성의 원천'이라고 했으며, 스튜어트 브랜드Stewart Brand도 "늘 그래왔듯이, 도시는 부유한 창조자다"고 주장한다.[59]

영국 출신의 하버드대 역사학과 교수 니얼 퍼거슨Niall Ferguson
은『위대한 퇴보The Great Degeneration』(2012)에서 도시가 클수록 임
금이 더 높고, 교육기관과 문화행사의 수와 등록되는 특허의 수
도 더 많고, 더 창의적이고, 일자리 종류도 훨씬 다양하고, 심지어
사람들이 작은 도시의 사람들보다 훨씬 빨리 걷는 것 등도 모두
'네트워크 효과'로 설명할 수 있다고 주장한다.[60]

하버드대 경제학과 교수 에드워드 글레이저Edward Glaeser는 혁
신과 학습을 조장하는 데 있어 도시가 가진 우위의 대표적 사례
로 한국이 이룬 성공을 들었다. 서울은 수십 년 동안 전국 각지
에서 많은 인재들을 끌어오며 번영한 도시로서 위상을 높였는바,
서울의 크기와 범위는 서울을 위대한 혁신의 집합소로 만들었다
는 것이다. 그는 다음과 같이 말한다.

　　상경한 근로자들은 농촌 공동체에서 고립된 생활을 접고 세계 경
　　제의 일부가 될 수 있었다. 서울은 한국인들만을 서로 연결해 주는
　　것은 아니다. 서울은 오랫동안 한국과 세계국가들 사이의 연결고리
　　역할을 해왔다. 서울은 한국과 아시아 국가들, 그리고 유럽과 미국을
　　연결하는 관문이다. 서울의 교통 인프라는 사람들뿐 아니라 그들의
　　머릿속에 담긴 아이디어가 한국의 안팎으로 흐를 수 있게 해 준다.[61]

사실 서울이라고 하는 초일극 중앙집중화의 터전 위에 선 '아
파트 공화국'이야말로 네트워크를 깔기에 가장 적합한 체제였다.
한국은 국민의 반 이상이 아파트에 거주할 뿐만 아니라 전화국

반경 $4km$ 내에 거주하는 인구가 93%라 인터넷 서비스 공급에도 매우 유리한 위치를 확보해 하드웨어에선 세계적인 인터넷 강국이 되었다.[62]

그러나 대도시가 제공하는 네트워크 효과엔 그만한 비용과 희생이 따르기 마련이다. 네트워크 효과로 성장한 거대 기업들이 독과점의 횡포를 저지르듯, 네트워크 효과는 그 효과에서 배제된 사람들에게 부당한 희생을 강요한다. 또한 네트워크 효과를 낳게 하는 이른바 '연결과잉overconnectivity'은 통제 불능 등과 같은 수많은 부작용을 낳으면서 사회 전체를 파멸의 위기에 빠뜨릴 수도 있다.[63] 대도시의 네트워크 효과도 마찬가지다.

대도시의 인구 과밀過密은 '도시형 노이로제'와 '공간축소 증후군'을 유발하는 등 사회적·육체적 병리현상을 크게 증가시킨다.[64] 또한 그 어떤 혁신에도 불구하고 지방을 식민지화하고 있는 서울의 크기와 범위는 무조건 무한대 팽창할수록 좋다고 말할 수는 없을 것이다. 그 어떤 혁신이라도 "과연 누구를 위한 혁신인가?"라는 물음을 피해갈 순 없기 때문이다. 네트워크 효과가 아무리 유익하고 아름다워도 그 네트워크에서 배제된 사람들에겐 흉악과 추악의 대명사일 수 있다.

📚 일독을 권함!

● 전익진·안재현·김도훈, 「플랫폼 비즈니스에서의 승자독식 현상에 영향을 미치는 서비스 특성」, 『경영과학』, 33권4호(2016년 12월), 33~49쪽.

- 박수황·김태중·남윤성, 「네트워크효과를 위한 현지화 전략의 실패: 카카오톡의 일본시장 진출 사례를 중심으로」, 『국제경영리뷰』, 20권2호(2016년 6월), 151–180쪽.
- 이정호, 「작은도서관 협력 네트워크의 효과에 관한 연구: 네트워크의 구조적 특성과 조직효과성의 관계를 중심으로」, 『사회과학연구』(충남대학교 사회과학연구소), 25권2호(2014년 4월), 609–632쪽.
- 홍지훈·박도형, 「네트워크 효과에 따른 모바일 컨텐츠 플랫폼의 경쟁 전략에 관한 연구」, 『e–비즈니스연구』, 14권5호(2013년 12월), 113–130쪽.
- 김재휘·강윤희·부수현, 「소셜 네트워크의 확산적 광고효과와 사회적 영향력에 관한 연구」, 『마케팅연구』, 28권2호(2013년 4월), 173–196쪽.
- 김해룡·김지영·윤승재·이문규, 「카카오톡 네트워크 외부성 효과: 지각된 상호작용성과 지각된 위험의 매개효과를 중심으로」, 『마케팅연구』, 28권2호(2013년 4월), 17–38쪽.
- 강준만, 「아파트의 문화정치학: 아파트가 공공커뮤니케이션에 미친 영향에 관한 연구」, 『사회과학연구(충남대학교 사회과학연구소)』, 21권1호(2010), 1–25쪽.

제8장

편가르기와 적대(1)

확증편향

왜 지식인 논객들은
편가르기 구도의 졸이 되었을까?

"보는 순간 뇌에서 '싫다'는 기분이 든다면 사람은 창의적으로 변한다. 이미 내린 결론을 합리화하려고 갖가지 증거를 찾아 나서게 된다."(나진경 서강대 심리학과 교수) "사람들은 믿고 싶어 하는 내용이 진실이라고 확인하고 싶어 한다. 이를 확증편향이라고 한다. 이 확증편향의 행태로 뉴스를 소비하기 때문에 벌어지는 현상이다."(안도경 서울대 정치학과 교수)[1]

일부 대통령탄핵반대집회 참가자들이 사실을 한사코 외면하는 이유에 대한 전문가들의 견해다. 촛불 정국에 대한 반감과 걱정이 대통령의 무능이나 최순실의 국정 농단에 대한 우려를 이긴다는 분석인데, 이런 심리를 가리켜 '확증편향confirmation bias'이라고 한다.

확증편향은 자신의 신념과 일치하는 정보는 받아들이고 신념과 일치하지 않는 정보는 무시하는 경향으로, confirmatory bias 또는

myside bias라고도 한다. 앞서 살펴본 인지부조화 이론이 내적 일관성에 관한 것이라면, 확증편향은 외적 일관성에 관한 것이다.

영국 심리학자 피터 웨이슨Peter Wason이 1960년에 제시한 확증편향은 현실세계에서의 정보와 증거가 복잡하고 불분명한 가운데 자기 신념에 맞는 정보를 찾는 건 쉬운 일이라는 전제에서 출발한다. 가설에 따른 증거를 찾으려는 성향은 설문조사에서 잘 나타난다. 설문조사는 어떻게 묻느냐에 따라 답이 달라지는 게임이라고 해도 과언이 아니다. 예컨대, 사람들에게 "행복하냐"고 묻는 게 "불행하냐"고 묻는 것보다 훨씬 더 높은 만족도를 보인다.[2]

확증편향과 관련, 작가 올더스 헉슬리는 "기존의 사실들을 무시한다고 해서 그것들의 존재가 사라지는 것은 아니다"고 했고, 워런 버핏Warren Buffet은 "사람들이 가장 잘하는 것은 기존의 견해들이 온전하게 유지되도록 새로운 정보를 걸러내는 일이다"고 했다.[3] 또 터프츠대 심리학자 레이몬드 니커슨Raymond S. Nickerson은 이렇게 말한다. "확증편향은 상당히 강력하고 침투력이 좋기 때문에 사람들은 이 편향이 개인, 집단 또는 국가 차원에서 발생하는 온갖 마찰과 논쟁과 오해의 중요한 부분을 형성한다는 사실을 간과하고 있다."[4]

확증편향은 논리학에선 '불완전 증거의 오류the fallacy of incomplete evidence' 또는 '체리피킹cherry picking'이라고 한다. 자신의 주장을 뒷받침할 증거나 자료만 선택적으로 제시하는 걸 가리킨다. 마케팅 분야에서 자신의 실속만 차리는 소비자를 가리켜 체리피커cherry picker라고 부르는 것과 통하는 말이다. 논지를 전개하는 사람이나 소비자 모두 접시에 담긴 신포도와 체리 가운데 달콤한 체리만 쏙쏙 집어먹거나(pick) 체리가 올려져 있는 케이크 위에서 비싼 체리만 골라먹는 걸 빗댄 말이다.[5]

확증편향은 새로운 문제를 사실을 토대로 이해하기보다는 과거의 문제와 유사한 쪽으로 이해하려고 할 때에도 나타난다. 그 대표적 사례로 거론되는 게 1998년 미국은 물론 전세계를 떠들썩하게 만든 빌 클린턴 미국 대통령이 백악관 인턴 모니카 르윈스키와 벌인 '섹스 스캔들'이다. 클린턴이 믿기지 않을 정도로 무모한 섹스 행각을 벌인 심리적 배경엔 "예전에 괜찮았으니 이번에도 괜찮겠지" 하는 식의 확증편향이 자리잡고 있었다.[6]

보통사람들보다는 전문가들이 확증편향의 포로가 되기 쉽다. 일을 성공적으로 끝내야 하는 직업적 압박이 있기 때문이다. "어떻게 이런 일이 일어날 수 있단 말인가!"라는 탄식을 자아내는 대형 사고의 이면엔 관리자들의 확증편향이 작용한 경우가 많다. 위험하다는 경고가 있어도 관리자들은 안전을 뒷받침해주는 자료나 증거에만 눈을 돌리기 때문에 경고를 무시하는 경향이 있다는 것이다. 비즈니스 분야의 가장 큰 문제점도 확증편향이다. 경험이 많은 사람들조차 활발히 정보를 모으면서도 자신의 확증편향에 사로잡혀 정보를 조작하고 있다는 사실을 전혀 깨닫지 못하기 때문이다.[7]

미국 펜실베이니아대학교 와튼경영대학 교수 제임스 엠쇼프James Emshoff와 이언 미트로프Ian Mitroff는 미국에서 가장 큰 기업들의 전략 수립 과정을 연구하면서 한가지 놀라운 사실을 발견했다. 많은 대기업들의 경영자들이 자신들이 이미 수립한 전략을 지지해주는 자료를 만들어내기 위해 최신 정보시스템을 사용하고 있으며, 바로 이런 이유로 그런 전략들의 대부분이 대실패로 끝났다는 것이다.[8]

학자들도 다르지 않다. 학자들이 자신의 가설을 반증하는 증거를 찾는다면 더 많은 것을 알 수 있겠지만, 그들이 더 많은 것을 알기 위해 연구를 하는 건 아니다. 우선 당장 논문 실적을 올리기 위해서라도 자신의 가설을 확증해줄 정보만을 찾기에 바쁘다. 보통사람들을 향해선 확증편향을 버려야 한다고 훈계를 해대면서도 자신의 확증편향은 넘어서기 어려운 것이다.[9]

법관들도 확증편향으로부터 자유롭지 못하다. 한국에서 50여 명의 법관을 대상으로 한 설문조사 결과, 판사들의 확증편향이 일반인보다 크게 나타났다고 한다. 즉 "열린 마음으로 다양한 가능성을 인정하지 않은 채 당사자의 주장을 경청하지 않고 선입관을 갖는 한 판사들이 재판과정에서 쉽게 확증편향에 빠질 수 있다"는 것이다.[10]

이런 연구 결과에 따라 서울 동부지법은 2013년 5월 20일 동료법관이 진행중인 재판에 예고 없이 들어가 재판을 방청하는 '암행법관' 프로그램을 진행하고 이에 대한 의견을 나누는 세미나를 열었다. 판사들은 사건 당사자의 진술을 끊거나 그들에게 발언 기회를 주지 않는 동료 재판관들의 행동 등을 좋지 않은 '법정 커뮤니케이션 사례'로 지적했으며, △재판관이 부드러운 표정을 할 필요가 있다 △사건 당사자들에게 지나치게 조정을 강요하는 것은 오해를 살 수 있다 △주어진 시간에 비해 처리할 사건이 양이 많으면 법정에서 당사자들의 이야기를 듣기 어렵다 등의 의견을 개진했다.[11]

확증편향은 정치적 논쟁이나 토론의 가치에 대해 근본적인 의문을 제기하게 만든다. 미국 정치에서 각각 좌우左右를 대변하는 대표 논객인 아리아나 허핑턴Arianna Huffington과 러시 림보Rush Limbaugh에 대해 잠시 생각해보자. 데이비드 맥레이니David McRaney는『착각의 심리학』에서 "사람들은 새로운 이야기를 불편해 한다"며 이들에 대해 다음과 같이 말한다.

> 이들은 기존의 세계관에 맞춰 세상을 한 번 걸러낸다. 그들의 필터가 당신의 필터와 같다면 당신은 그들을 좋아할 것이다. 만약 그렇지 않다면, 그들을 싫어할 것이다. 당신은 그들을 통해 정보를 얻으려는 게 아니라 자신의 믿음을 확인받으려는 것이다.[12]

날카로운 지적이다. 이념과 정치를 다루는 지식인 논객들이 편가르기 구도의 리더라기보다는 졸卒로 보아야 할 이유가 바로 여기에 있다. 리더라면 그저 흥을 돋우는 치어리더일 뿐이다. 특정 논객과 지지자들의 관계를 '멘토-멘티'의 관계로 본다면, 세간의 상식과는 달리 멘티들이 멘토의 머리 꼭대기에 올라타 있다고 보는 것이 진실에 가깝다.

물론 멘토들은 멘티들에게 진한 감동과 더불어 행동을 하게끔 자극을 주기도 한다. 그러나 그마저 멘토가 프레젠테이션을 잘했다는 것을 의미할 뿐, 멘티들은 이미 듣고 싶은 메시지를 자신이 갖고 있었다는 걸 잊어선 안 된다. 멘티들은 멘토들에게 존경과 사랑을 보내다가도 멘토가 자신이 애초에 갖고 있었던 구도나 틀을 넘어서는 발언을 하게 되면 하루아침에 무시무시한 적으로 돌변해 돌을 던질 수 있다. 멘티들이 원한 건 '확증'이지 새로운 사고·관점·해석은 아니라는 것이다.[13]

한국 정치를 비판하는 사람들은 주로 정치인들만 욕할 뿐 대중은 늘 피해자라는 식으로 말하지만, 정치인들은 대중의 확증편향에 영합할 뿐이라고 보는 게 진실에 더 가깝다. 이 세상에 숱한 음모론이 성황을 누리는 것도 바로 확증편향 때문이다. 어떤 정치적 이슈나 사안에 대해 편을 갈라 치열하게 싸우더라도 그 싸움이 '확증편향' 간의 싸움이라는 것만큼은 인정하는 게 좋지 않을까? 물론 그마저도 결코 그렇게 생각하지 않을 게 뻔하긴 하지만 말이다.

📚 일독을 권함!

- 「사드(THAAD) 배치를 둘러싼 논란에서의 루머와 확증편향」, 박휘락(『전략연구』, 23권1호, (2016년 3월), 5~36쪽.
- 「태도 양가성과 이슈 관여도가 뉴스기사 노출 및 태도 변화에 미치는 영향: 논쟁적 이슈에 대한 입장 미정자 대 온건 지지자의 차이를 중심으로」, 양정애·이종혁·정일권·최윤정(『한국언론학보』, 59권3호(2015년 6월), 395~422쪽.

- 「확증편향 극복을 위한 비판적 사고 중심 교육의 원리 탐구」, 이예경(『교육과학연구』, 43권3호(2012년 12월), 1–31쪽.
- 「후판단 편파의 감소: 반대사실적 사고와 확증편파의 매개효과」, 이형권(『한국심리학회지: 산업 및 조직』, 20권4호(2007년 11월), 335–373쪽.
- 「회계의사결정에서의 반대사실적 사고를 이용한 확증편파의 감소」, 이형권·유승억(『회계연구』, 9권2호(2004년 12월), 153–179쪽.
- 「집단의사결정과정에서의 확증편파와 이의 감소」, 이형권(『한국심리학회지: 산업 및 조직』, 17권1호(2004년 4월), 43–74쪽.

집단사고

왜 최고의 엘리트 집단이
최악의 어리석은 결정을 내릴까?

우리는 똑똑한 한 사람이 내린 판단보다는 똑똑한 여러 사람이 모여 내린 판단이 훨씬 더 옳고 현명할 것이라고 믿는 경향이 있다. 그러나 그간 여러 학자들이 밝혀낸 바에 따르면, 그게 꼭 그렇지는 않다는 게 충분히 입증되었다. 왜 그럴까?

미국 예일대학의 심리학자인 어빙 재니스Irving Janis는 1972년에 출간한 『집단사고의 희생자들Victims of Groupthink』에서 어떻게 자타가 인정하는 우수한 두뇌집단이 잘못된 결정을 내릴 수 있는가에 관한 문제를 연구하면서 '집단사고groupthink'라는 개념을 제시했다.[14]

재니스는 '집단사고'를 "응집력이 강한 집단의 성원들이 어떤 현실적인 판단을 내릴 때 만장일치를 이루려고 하는 사고의 경향"이라고 정의했다. 쉽게 말하자면, 낙관론에 집단적으로 눈이 멀어버리는 현상이다. "정책 결정, 집단 내부의 구성원들 사이에 호감과 단결심이 크면 클수록, 독립적인 비판적 사고가 집단사고에 의해 대체될 위험성도 그만큼 커지게 된다. 그리고 이러한 집단사고는 집단 외부를 향한 비합리적이고 비인간적인 행동을 취하게 만든다."[15]

미국에서 '집단사고'의 대표적인 예로는 케네디 행정부의 피그만 침공사건, 존슨 행정부의 베트남 정책, 닉슨 행정부의 워터게이트사건 등이 지적되고 있다. 이 모든 사건들이 그랬듯이, '집단사고'는 집단 구성원으로부터 '왕따'를 당할 가능성에 대한 우려, 혹은 보상에 대한 기대로 인해, 의심을 억누름으로써 나타난다.

쿠바 피그만 침공사건이 실패로 돌아간 직후 존 F. 케네디 대통령은 "내가 어떻게 그렇게 바보 같을 수가 있었지?"라고 탄식했다지만, 바보짓을 한 건 그 혼자만이 아니었다. 케네디 행정부에 고문으로 참여했던 역사학자 아서 슐레진저Arthur Schlesinger, Jr.는 훗날 이렇게 말했다. "내가 할 수 있는 유일한 변명은 당시의 토론 분위기 때문에 소극적인 질문 몇 가지를 제기하는 것 이상으로 그 터무니없는 계획에 대한 반대의견을 개진하지 못했다는 것이다."[16]

슐레진저의 그런 소극적인 질문마저 가로막고 나서는 이가 있었으니, 그는 바로 케네디 대통령의 동생이자 법무부장관인 로버트 케네디였다. 로버트 케네디는 슐레진저를 따로 불러 이렇게 말했다고 한다. "당신 생각이 맞을 수도 있고 틀릴 수도 있지만, 대통령은 이미 결심을 했습니다. 그러니 더 이상 왈가왈부하지 마세요. 지금은 대통령을 돕기 위해 모든 사람들이 각자 할 수 있는 최선을 다해야 할 때입니다."[17]

어느 조직에서건 조직의 우두머리에겐 신체를 보호하는 보디가드뿐만 아니라 심기를 보호하는 마인드가드mindguard가 있기 마련인데, 로버트 케네디가 한 역할이 바로 그런 마인드가드에 해당된다. 재니스는 바로 이런 마인드가드가 지도자로 하여금 잘못된 결정을 내리고 그걸 밀어붙이게 만드는 주요 이유가 된다고 지적했다.[18] 모든 리더는 자신의 마인드가드를 경계해야 한다. 충성이 독약이 될 수 있기 때문이다. 이런 문제와 관련, 전 미국 대통령 로널드 레이건은 자서전에 다음과 같이 썼다.

어떤 자리든 정상에 서면 고립될 위험이 있다. 사람들은 내가 듣고 싶어 하는 말만 해주고 어떤 사람에 대한 이야기는 하기를 꺼린다. 그 사람이 자기 깜냥에 맞지 않는 일을 하거나 나의 통치에 해가 되는 일을 하려는 게 아닌데도 말이다. 나에게 다가와 "당신이 틀렸습니다"라고 기꺼이 말해주는 사람은 별로 없다.[19]

집단사고가 나쁜 것만은 아니다. 상례적이며 사소한 결정의 경우 시간절약 효과를 가져다줄 수 있다. 문제는 중요한 결정을 내리는 일에서조차 그룹 내의 화합적 분위기를 깨지 않으려는 강한 욕망이다. 이게 집단사고를 낳는 주범이기 때문이다.[20] 슐레진저는 "우리는 회의를 하면서 합의를 가장하는 이상한 분위기로 몰고 간다"고 말했다. 이와 관련, 제임스 서로위키James Surowiecki는 다음과 같이 말한다.

"설사 처음에는 실제 합의가 이루어지지 않은 채 '무늬만' 합의를 이루었다고 해도 집단이 응집력을 발휘하게 되면 '무늬'는 실재가 된다. 그 과정에서 구성원들이 품고 있을 수도 있는 의심이나 회의는 모두 사라져버린다. 이 과정은 집단 구성원들이 이미 공통된 사고체계를 공유하고 있는 상황이라면 훨씬 더 강력하게, 그리고 분명히 작용한다. 통념에 도전하는 정보는 배제되거나 오류로 합리화되기 때문에 사람들은 토론을 하지 않고 자신들이 옳다는 신념을 공고히 하게 된다. 집단사고가 행해지는 곳에서 토의는 사람들의 생각을 여는 효과를 낳는 게 아니라 닫아버리는 부작용을 낳는다."[21]

1972년 출간 당시 재니스의 『집단사고의 희생자들』은 모든 정부관리들의 필독서가 된 것은 물론 의식 있는 시민들의 필독서로 격찬되었지만, 그렇다고 이후 집단사고가 사라진 것은 아니다. 집단사고는 좀처럼 피하기 어려운 함정인 셈이다. 그렇다면, 집단사고는 결코 피할 수 없는 것인가? 꼭 그렇진 않다. 문제는 커뮤니케이션 방식이다. 재니스는 집단사고를 방지하기 위해 집단 구성원들에게 집단사고란 무엇인지 그 원인과 결과에 대하여 알리고, 한 명 이상을 반대를 전담하는 악역에 배당하는 등의 방법을 제시했다.[22]

과도한 성공은 늘 왕성한 이의 제기에 부딪히기 마련이다. 집단사고 역시 예외는 아니다. 많은 심리학자들이 집단사고에 대한 연구가 지나치게 주목을 받아왔다며, 그 한계를 지적했다. 캐스 선스타인과 리드 헤이스티Reid Hastie는 "재니스의 이론은 결국

집단이 어떻게 잘못되는지에 대한 정확한 설명이나 집단의 성공을 위한 유용한 지침이라기보다는 문제의식을 환기시키는 문학작품에 더 가까워 보인다"는 독설도 서슴지 않는다.[23]

전문적인 논쟁은 심리학자들에게 맡기기로 하고, 문학작품일망정 집단사고 이론이 문제의식을 환기시키는 데에 큰 기여를 해왔다는 건 분명하다.

최근 유행하는 집단지성collective intelligence과 집단사고의 거리는 그리 멀지 않다. 집단지성을 추구하다가 집단사고에 빠지기 쉽다는 것이다. 직장인들의 70%가 회의 때문에 스트레스를 받고 경영자들이 하루의 절반을 회의에 소모한다고 푸념하는 게 현실인 상황에서 "회의會議가 많으면 회의懷疑에 빠지게 된다"는 말은 우스갯소리 이상의 의미를 갖는다.[24]

회의를 많이 하느라 심신이 지치다 보면 흔히 하는 말로 '배짱 맞는 것'을 선호하게 되는데, 이게 바로 집단사고로 빠지는 지름길이다. 집단 내의 이질적 다양성을 수용해야 집단사고를 막을 수 있는 데, 이는 매우 번거롭고 피곤한 일이다. 일사불란하게 움직이는 신속을 택할 것인가, 아니면 시간이 좀 걸리더라도 집단사고의 함정을 피해 갈 것인가? 세상에 공짜는 없는 법이다.

📚 일독을 권함!

● 김윤호, 「의사결정에 있어 두 종류의 합의의 위험성(Crises of Agreement): 챌린저 우주왕복선 폭발사고 사례를 중심으로(영어논문)」, 『한국인사행정학회보』, 15권1

호(2016년), 257–282쪽.

● 박휘락, 「미국 사드의 한국 배치 논란에서 드러난 오인식(misperception)과 집단사고(groupthink) 분석」, 『국가정책연구』, 29권3호(2015년 9월), 25–48쪽.

● 焦佩·이창신, 「중국 대약진운동의 정책결정과정에 대한 연구: 집단사고(groupthink) 모형을 중심으로」, 『한국정치학회보』, 47권3호(2013년 6월), 211–233쪽.

● 박종화, 「지역혁신체계에서 사회적 자본의 역기능성」, 『국토연구』, 69권(2011년 6월), 63–82쪽.

● 오현철, 「촛불집회와 집합지성: 토의민주주의적 해석」, 『민주주의와 인권』, 10권1호(2010년 4월), 167–196쪽.

● 김흥회, 「IMF 외환위기에 이르는 과정에서의 정부고위정책관료의 의사결정과정 연구: Janis의 집단사고(groupthink)를 분석의 틀로」, 『한국행정학보』, 34권4호(2001년 2월), 41–58쪽.

● 김흥회, 「집단사고 이론의 비판적 고찰」, 『한국행정논집』, 12권3호(2000년 9월), 455–467쪽.

집단극화

왜 개인보다 집단이
더 과격한 결정을 내리는가?

프랑스 사상가 귀스타프 르 봉Gustave Le Bon은 1896년에 펴낸 저서 『군중』에서 군중의 속성에 대한 비판적 견해를 유감없이 드러냈다. "군중은 충동의 노예다." "군중의 증언은 믿을 것이 못 된다." "군중의 기질은 과장적이기 때문에 과격한 감정에만 쉽게 끌린다." "군중은 편협하고 독재적이며 보수적이다." "군중은 도덕적 기질을 갖기 어렵다." "군중은 마치 범죄자처럼 쉽게 용감해진다."[25]

인터넷 시대에 군중의 그런 용감성은 새로운 차원을 맞이하게 되었다. 다니엘 솔로브Daniel J. Solove는 "집단이 하나의 이슈에 집중하면 의견이 대립하는 경향을 띠며 결국은 극단으로 치닫게 된다"며 "네티즌은 마치 독벌떼처럼 민첩하게 움직인다. 때로 그들은 폭도 같은 모습을 보이기도 한다"고 했다.[26]

이 문제를 오랫동안 연구해온 시카고대 법학 교수 캐스 선스타인은 『왜 반대파가 필요한가Why Societies Need Dissent』에서 이런 현상이 과거에 생각했던 것보다 훨씬 광범위하게 퍼져 있으며 사회적으로 영향력이 막강하다는 것을 밝혀냈다. 일반적으로 토론을 통해 양측은 본래 입장보다 오히려 더 극단적인 주장을 펴게 된다는 것이다.[27]

2005년 여름 선스타인을 비롯한 연구집단이 동성결혼, 차별철폐 조치, 지구 온난화라는 세가지 논쟁적인 문제를 토론하기 위해서 콜로라도 시민 63명을 모아 실험을 했다. 이 실험은 사람들이 같은 견해를 가진 다른 사람들과 대화를 나누거나 정보를 공유하면 할수록, 그들의 견해는 더욱 더 극단화된다는 걸 보여주었다.[28] 이런 현상을 가리켜 '집단극화group polarization'라고 한다. '집단편향성'으로 번역하기도 한다. 집단극화는 어떤 문제에 관한 집단 토의에 참가한 후 구성원들이 토의 전보다 더 모험적인 의사결정을 지지하는 경향을 말한다. 이른바 '모험성 이행risky shift'이 일어나는 것이다. 이미 1960년대에 이루어진 이러한 발견은 집단들이 의사결정시 비교적 보수적이고 지지부진하다는 보통의 생각들과 모순되는 것 같기 때문에, 상당한 관심을 불러일으켰다.[29] 원래 보수적인 성향이었던 집단은 토론 후 더 보수적인 결정을 내린다는 후속 연구들이 나왔는데, '집단극화'라는 용어는 양 방향의 의견 이행을 모두 포함한다.[30]

이러한 집단극화가 일어나는 이유는 사람들이 집단토의 속에서 주장들을 들으면서 새로운 정보를 획득하기 때문이다. 이러한 주장들이 구성원들의 애초 입장들을 지지하는 경향이 있기 때문에, 사람들은 대개 자기 자신의 입장에 반대하는 이유들보다도 찬성하는 이유들을 더 많이 듣게 된다. 집단토의는 적극적으로 스스로 개입하도록 고무시키며, 사람들에게 자기들의 당초 견해가 옳다는 것을 납득시키고 따라서 보다 더 극단적 의견들이 나오게 된다.[31]

선스타인은 인터넷처럼 정보를 임의로 취사선택할 수 있는 공간에서 집단극화 현상이 쉽게 일어난다고 말한다. "비슷한 사고를 가진 사람끼리 토의를 하고 반대의견을 들을 기회가 없기 때문이다. 과격한 의견을 반복적으로 접하고, 다수의 사람들이 똑같은 의견을 지지한다고 듣게 되면 동조하는 사람이 생기기 마련이다."[32]

니콜라스 카Nicholas Carr는 인터넷상에서 같은 성향을 가진 사람들, 그리고 자기 마음에 드는 생각들을 찾는 것이 얼마나 쉬운지를 고려해보고, 동질 집단을 형성하려는 우리의 타고난 성향을 가정한다면, 우리는 '이데올로기적 확대'가 온라인에서 쉽게 확산되리라는 것을 알 수 있다고 한다. 그는 더 나아가 상황이 더 뒤틀리고 왜곡된다면, 인터넷에서 이용할 수 있는 매우 풍부한 정보가 과격주의를 완화시키는 데 기여하는 것이 아니라 오히려 그것을 더욱 더 확대하는 데 기여할지도 모른다며 이렇게 지적한다.

콜로라도 연구가 보여준 바처럼, 사람들은 자신들의 현재 견해를 지지하는 부가적인 정보를 발견할 때면 언제나 그 견해가 옳고, 자신과 다른 견해를 가진 사람들이 틀렸다고 한층 더 확신하게 된다. 정보를 확증해주는 단편적 지식들 각각은 사람들이 자신들의 견해가 정확하다는 믿음을 더 강화한다. 그리고 그런 믿음이 강해지면서 사람들의 견해도 더욱 더 극단화되는 경향을 보인다. 사람들의 생각이 똑같아지게 된다. 다시 말해, 인터넷은 다른 견해를 가진 사람들을 분리하는 경향이 있을 뿐만 아니라 양 집단 간의 차이를 확대하는 경향이 있을 것이다.[33]

인터넷의 집단극화는 정치의 집단극화에 큰 영향을 미친다. 이런 '집단극화'로 인해 경쟁하는 집단들간의 극단적 싸움은 미디어의 좋은 '뉴스거리'가 되는바, 여기에 미디어의 과장보도가 더해지면서 전반적인 여론의 형성에도 큰 영향을 미쳐, 여론을 양극화시키는 효과를 낳는다.[34]

여기에 '편향동화biased assimilation'가 가세해 대화와 토론은 무의미한 것이 되고 만다. 편향동화는 자신의 생각과 다른 글은 어리석고 터무니없는 주장으로 치부하고, 자신의 생각과 같은 주장은 현명하고 논리적인 것으로 받아들여 결국 자신의 기존 입장을 더 강화시키는 현상을 말한다. 이와 관련, 선스타인은 다음과 같이 말한다.

"사람들은 자신의 입장과 반대되는 의견은 그것을 뒷받침하는 강력한 증거들이 있어도 무시해버린다. 그리고 자신의 입장과 어긋나는 정보들이 수두룩함에도 불구하고 극단적인 움직임을 보이는 것이다. 그런 정보들을 단순한 선전물로 간주해버린다. 중대한 문제일수록 기존에 갖고 있는 애착· 두려움· 판단· 선호는 고정되어 있기 때문에, 그것과 배치되는 정보가 아무리 많아도 기존 입장에 대한 확신은 그대로 유지된다. 특히 극단주의자들은 확고한 신념을 갖고 있어서, 그 신념에 반대되는 증거나 정보를 접하더라도 기존 신념이 줄어들기는커녕 더 커지는 경우가 많다."[35]

자기편 집단의 결속력이 강하면 이른바 '집단애착in-group love'이 생겨난다. 이런 경우 집단이 구성원들끼리 상호작용이 활발해지는 '반향실反響室, echo chamber' 역할을 해서 자기들이 가진 우려나 신념을 키워 결국 다른 사람들에 대한 증오심으로 발전시키는 경향을 보인다.[36]

미국에서 이루어진 한 연구에 따르면, 1976년부터 2008년 사이에 미국 선거에서 어느 한쪽에 압도적으로 승리한 대통령 후보에게 60% 이상의 몰표를 준 카운티의 비율은 거의 두 배로 늘어났다. 이와 비슷한 현상은 도처에서 발견되는데, 이는 오늘날 마음에 맞는 사람들 사이에서 자발적 격리 현상이 심해지고 있다는 것을 말해준다.[37]

바로 그런 때문에 '집단극화'는 기존 민주주의의 한계를 보완하기 위한 대안으로 제시된 '숙의熟議민주주의'의 한계로도 거론되고 있다. 특정 이해관계를 가진 집단들이 숙의과정을 극단으로 몰아감으로써 오히려 소통을 죽이는 결과를 초래할 위험이 있다는 것이다.[38] 국내에서 이념적· 정치적으로 뜨거운 쟁점에 대해 일부 신문들의 보도와 논평이 극단으로 치닫는 데엔 여러 이

유가 있겠지만, 그 가운데 하나는 바로 이와 같은 '집단극화'가
일어나기 때문이다.

📚 일독을 권함!

- 강준만, 「사울 알린스키의 커뮤니케이션 전략: 한국정치의 소통을 위한 적용」, 『정치·정보연구』, 19권1호(2016년 2월 28일), 351~387쪽.
- 오현철, 「트위터와 민주주의 발전: 토의민주주의적 해석」, 『민주주의와 인권』, 12권3호(2012년 12월), 43~74쪽.
- 노정규, 「정치 정보에 대한 선택적 노출이 태도 극화에 미치는 효과: 비정치적 온라인 커뮤니티 이용자들을 대상으로」, 『한국언론학보』, 56권2호(2012년 4월), 226-248쪽.
- 나은영·차유리, 「인터넷 집단극화를 결정하는 요인들: 공론장 익명성과 네트워크 군중성 및 개인적, 문화적 요인을 중심으로」, 『한국심리학회지: 사회 및 성격』, 26권1호(2012년 2월), 103~121쪽.
- 오미영, 「인터넷 여론과 소통의 집단 극화(極化)」, 『현상과인식』, 35권3호(2011년 9월), 39~58쪽.
- 김상호·김병선, 「방송 뉴스 분석을 통해 살펴본 양극화의 사회적 구성」, 『언론과학연구』, 6권3호(2006년 9월), 99~140쪽.
- 나은영, 「인터넷 커뮤니케이션: 익명성, 상호작용성 및 집단극화(極化)를 중심으로」, 『커뮤니케이션 이론』, 2권1호(2006년 6월), 93~127쪽.

왜 사이버발칸화

인터넷이
사회통합을 저해하는가?

balkanize라는 영어 단어가 있다. "(발칸반도의 나라들처럼 국가나 영토를) 서로 적대시하는 약소국가들로 분열시키다"는 뜻이다. balkan은 터키어로 산mountain이란 뜻이다. 발칸반도의 이름은 불가리아와 세르비아에 걸친 발칸산맥에서 유래한 것으로, 이지역에선 산맥이 인종적 경계를 나누는 데 큰 역할을 하고 있다.

발칸반도는 유럽의 남동부에 있는 반도인데, 보통 그리스· 알바니아· 불가리아· 루마니아· 터키의 유럽 부분, 그리고 구 유고연방의 일부였던 나라들이 발칸 반도에 포함된다. 발칸 반도는제1차 세계대전 이래 '유럽의 화약고'라는 별칭을 가지게 되었고,보다 최근에는 유고슬라비아의 분열로 발칸이라는 이름이 발칸화balkanization라는 부정적 의미의 용어를 낳았다.[39]

오늘날 발칸화는 비유적으로 극심한 분열을 가리키는 의미로쓰인다. 2013년 10월 예산안 처리를 둘러싼 여야 갈등으로 인한 미국 연방정부의 폐쇄Shutdown와 관련, 세계적 투자전문지인 『인스티튜셔널인베스터스(기관투자가)』는 공화당이 적대적이거나 비협조적인 파벌로 사분오열돼 있는 게 문제라며 "파국의 우려가 서서히 커지고 있는 가장 큰 원인은 발칸화된 공화당"이라고 말했다. 공화당은 티파티와 네오콘 등 5개 파벌로 구성돼 있어 여야 협상이 어렵다는 것이다.[40]

사이버발칸화cyber-balkanization는 미국 MIT의 에릭 브리뇰프슨Eric Bryjolfsson과 보스턴대학교의 마셜 반 알스타인Maschall Van Alstyne이 처음 사용한 말로, 사이버세계의 발칸화를 일컫는 말이다. 사이버발칸화와 유사한 개념인 splinternet은 기술·경제·정치·내셔널리즘·종교·이해관계 등의 이유로 인터넷이 분열로 치닫는 현상을 뜻하는 말이다.[41] 브리뇰프슨과 알스타인은 1996년 『경영과학』에 발표한 「전자 커뮤니티: 지구촌 혹은 사이버 발칸?Electronic Communities: Global Village or Cyberbalkans?」이라는 논문에서 필터링과 개인화 기술들의 효과를 지적하면서 다음과 같은 결론을 내렸다.

자신들의 현재 선호에 적합하지 않은 자료를 가려내는 능력을 가진 개인들은 가상 파벌을 형성하고, 반대 견해들과는 스스로 절연하고, 자신들의 편견을 강화할지도 모른다. 이러한 선호에 빠짐으로써 이전부터 가져온 편견들을 더욱 배가시키고 강화시키는 왜곡의 효과를 초래할 수도 있다. 그 효과는 구성원들이 집단의 일반적인 사고에 순응하는 경향뿐만 아니라, 이 일반적인 사고가 극단으로 치달는 급진화이다. (…) 발칸화와 더불어, 서로 공유하는 경험 및 가치관의 상실이 민주주의 사회 구조에 위협이 될 것이다.[42]

이처럼 세상이 갈가리 찢긴 채로 각자 극단으로 치닫는 '사이버발칸화'를 입증하는 연구 결과는 계속 나오고 있다. 캐스 선스타인은 2001년에 출간한 『Republic.com』에서 사이버발칸화가 상호 소통을 어렵게 만들어 민주주의를 위협한다고 우려했다. "인터넷으로 인해 수많은 사람들이 다른 사람들과의 예상치 않은, 선택하지 않은 대화 기회를 많이 잃고 있다." 그는 많은 사람들이 대부분 자기 목소리의 메아리만을 더 많이 듣고 있다는 증거가 나타나고 있으며, 이러한 분열은 더욱 극단적이고 양극화된 견해를 갖는 파편적인 집단을 양산해내고 있다고 말한다.[43]

2005년 8월 영국 조셉론트리재단의 한 연구보고서는 "인터넷이 지역과 계층간 차이를 확대시키고 사회통합을 저해하고 있다"는 결론을 내렸다. 이 재단은 "인터넷의 발달로 보다 많은 사람들이 더 쉽게 지역과 개인에 대한 정보를 얻고 있다"면서 "이 같은 정보들은 같은 계층끼리 모이고 다른 계층들을 배제시키는 데 이용되는 경향이 높다"고 분석했다. 이는 과거보다 훨씬 더 쉽게 자신이 원하는 주거지와 교류집단을 선정할 수 있게 되었기 때문이다. 이미 미국 등에선 특정지역의 소득수준, 주민들의 인종분포, 교육기관 수준 등에 대한 정보를 상업 사이트 등을 통해 쉽게 구할 수 있다. 연구팀을 이끈 요크대학 교수 로저 버로는 "인터넷의 발달에 따른 정보접근의 용이성으로 이제 부자들이

이전보다 더 쉽게 덜 다양하고 더 획일적인 지역을 만들 수 있게 됐다"고 말했다.[44]

2005년 가을 백지운은 사이버발칸화에 대해 이렇게 말했다. "글로벌한 정보인프라의 출현을 통해 지리적 경계를 뛰어넘은 '지구촌'이 형성되는 듯하지만, 사실상 사이버공간을 통해 사람들은 자신과 정치적·문화적·경제적 관점과 입장이 비슷한 사람과 공동체를 형성한다. 따라서 결과적으로 인터넷은 자기와 다른 문화에 대한 이해를 키우기보다 상대를 적대하는 소국들로 분열되는 '발칸화'의 위험을 더 많이 낳는다."[45]

뉴미디어는 아예 그런 '발칸화'를 알고리즘algorithm의 수준으로까지 올려놓는다. 미국 온라인 진보운동단체인 무브온의 이사장인 엘리 패리저Eli Pariser는 『생각 조종자들』(2011)에서 구글과 페이스북 등이 개인의 취향과 관심사는 물론 정치성향까지 꼼꼼히 분석해 '맞춤형 정보'를 제공함에 따라 개인의 생각이 제한되는 현상을 가리켜 '필터 버블filter bubble'이라고 했다. 필터 버블에 의해 사람들은 점점 편협한 정보의 울타리에 갇히게 된다는 것이다.[46]

패리저는 "나는 정치적으로 왼쪽이지만 보수적인 사람들이 어떻게 생각하는지 듣고 싶다. 그래서 그들과 친분을 맺고 몇몇은 페이스북에 친구로 등록했다. 나는 그들이 어떤 글을 읽고 보는지, 의견은 무엇인지 그들의 생각을 알고 싶었다"며 이렇게 말한다.

그러나 그들의 링크는 나의 뉴스피드News Feed(특정한 뉴스를 다른 서버로 송고하는 것)에 올라오지 않았다. 그 이유는 페이스북이 산수를 하고 있기 때문이다. 페이스북은 내가 여전히 진보적인 친구들을 더 자주 클릭하고 있다는 사실을 계산하고서 그들의 링크를 올려주는 반면, 보수적 친구들의 글이나 레이디 가가의 최신 비디오 파일과 같은 내용은 나에게 링크해주지 않는다. 나는 페이스북이 무엇을 보여주고 무엇을 감추는지 알아내기 위해 몇 가지를 조사해보았다. (…) 나는 개별화가 우리에게 얼마나 가까이 있는지를 알고는 다시 한번 경악했다. 구글과 페이스북뿐 아니라 거의 대부분의 웹 사이트가 개별화를 하고 있었다.[47]

개별화에 의해 촉진되는 사이버발칸화는 사이버세계만의 문제로 끝나지 않는다. 총합으로서의 온라인 미디어가 전통적인 오프라인 미디어의 패권에 균열을 내거나 오히려 그들을 압도함으로써 오프라인 미디어는 시장 규모 유지 또는 확장의 한계를 스스로 절감 또는 예감해 백수십여 년 전의 '정파 저널리즘' 모델로 복귀하는 경향을 보이고 있다. 기존 시장구조에 '폭탄'이 떨어진 상황에서 연명 수준에서나마 정파성이 오히려 '이익이 되는 장사'라는 것이 분명해졌기 때문이다. 이 또한 다시 '집단극화'를 강화시킬 것은 두말할 나위가 없다.

대부분의 정치 관련 사이트와 SNS에서 양극화를 선도하는 주동자들polarization entrepreneurs이 대표논객으로 활동하는 건 결코 우연이 아니다.[48] 이들은 자신들의 '마당' 또는 '놀이터'에서 '알아주는 맛', 즉 인정투쟁에서의 유리한 고지를 차지하기 위해 '과격 발언'의 강도를 계속 높여 나간다.

바로 이런 인정투쟁 메커니즘으로 인해 오프라인 세계에선 더할 나위 없이 착한 사람도 온라인 세계에선 무자비한 야수로 돌변할 수 있다. 이런 가능성을 잘 보여준 게 스탠리 밀그램과 필립 짐바르도Philip Zimbardo의 실험이다. 이들의 실험 결과는 가학적 성격 타입이 아닌 사람들도 상황이 바뀌면서 쉽게 가학적 행태를 보일 수 있다는 사실을 보여주었다.

사이버발칸화는 이미 존재하는 오프라인 세계의 분열과 갈등을 극단으로 몰고 간다. 한신대 교수 윤평중이 『경향신문』 '신년대담'에서 잘 지적했듯이, "지난 1년간 국정운영은 배제의 정치로 일관했다. 사분오열을 넘어 7분8열로 쪼개졌다. 보수진영도 양분을 넘어 3분, 4분되고 있다. 그래서 보수에서도 '종북從北'이 문제가 아니라 '종박從朴'이 더 문제라고 할 정도다."[49]

양극화 주동자들의 과격 발언은 상업적 뉴스가치가 높기 때문에 오프라인 미디어마저 이들의 발언을 적극 활용하는 경향이 있다. 통합적 담론은 시장가치가 낮아 외면되는 상황에서 벌어지고 있는 '사이버발칸화 상업주의'라고 할 수 있겠다.

📚 일독을 권함!

● 한규섭·박주용·이덕재·이혜림, 「트위터 팔로잉 관계에 대한 대표성과 양극화에 대한 논의 검증: 한국과 미국의 의회구성원들의 트위터 팔로워들 네트워크 비교

연구」, 『사이버커뮤니케이션학보』, 30권1호(2013년 3월), 295–336쪽.

● 나은영·차유리, 「인터넷 집단극화를 결정하는 요인들: 공론장 익명성과 네트워크 군중성 및 개인적, 문화적 요인을 중심으로」, 『한국심리학회지: 사회 및 성격』, 26권1호(2012년 2월), 103–121쪽.

● 오미영, 「인터넷 여론과 소통의 집단 극화(極化)」, 『현상과인식』, 35권3호(2011년 9월), 39–58쪽.

● 나은영, 「인터넷 커뮤니케이션: 익명성, 상호작용성 및 집단극화(極化)를 중심으로」, 『커뮤니케이션 이론』, 2권1호(2006년 6월), 93–127쪽.

● 박성희·박정윤, 「온라인 팬덤 커뮤니케이션 특성 연구: 디시인사이드 스타크래프트 갤러리의 임요환 관련 게시물을 중심으로」, 『사회과학연구논총』(이화여자대학교 이화사회과학원), 15권(2006년 6월), 45–62쪽.

최소집단 패러다임

왜 정치인과 기업은 집단정체성을 선전 수단으로 이용할까?

우리 인간은 자기가 속한 집단이 여러 방면에서 더 우월하다고 볼 뿐만 아니라, 보상도 자기집단에 더 많이 배분하는 경향을 보인다. 이를 가리켜 '내內집단편애in-group favoritism'라고 하며, in-group-out-group bias, in-group bias, 또는 intergroup bias라고도 한다. 이런 현상에 대한 연구의 기원은 미국 사회학자 윌리엄 그래엄 섬너William Graham Sumner가 1906년에 출간한 『습속Folkways』으로 거슬러 올라가며, 더 큰 집단 차원에서 거론되는 유사 개념으론 '자문화중심주의ethnocentrism'가 있다.[50]

내집단편애는 이른바 '최소집단 패러다임minimum group paradigm, minimal group paradigm'을 사용하여 광범위하게 연구되었다. 사람들을 아주 사소하거나 무의미한 기준에 따라 집단으로 나눠도 각 집단에 속한 사람들이 자기 집단에 편애를 보인다는 것을 입증하는 연구다. 이렇게 최소한의 조건만 있어도 집단 사이에 차별이 일어나는 현상을 '최소집단 효과minimal group effect'라고 한다.[51]

사회심리학자 헨리 타펠Henri Tajfel은 구성원들이 자랑스러워하지만 의미 없는 인간관계를 나타내는 '그랜팰룬granfalloon'을 만들었다. 그랜팰룬은 미국 작가 커트 보네것Kurt Vonnegut의 『캣스 크레이들Cat's Cradle』(1963)이란 소설 속 용어로, 서로 존재하지 않는 어떤 관계가 있다고 믿는 사람들의 집단을 가리키는 말이다.[52]

타펠의 연구에 따르면, 동전 던지기로 사람들을 임의로 분류해도 사람은 결국 자기가 속한 집단을 좋아하고 나아가 다른 집단과 크게 다르다고 믿고 자기 집단이 객관적으로 우월하다고 생각하는 것으로 드러났다.[53] 또 한 방에 모여 있는 사람들에게 아무런 기준 없이 숫자표를 나누어주고 짝수팀, 홀수팀으로 구분하기만 해도, 팀에 주어지는 보상을 나누게 할 때 본인이 속한 팀에 더 많이 할당하는 경향을 보이며, 상대집단과의 '차이'가 더 크기를 바란다는 것이 밝혀졌다.[54]

이 '최소집단 패러다임'은 차별주의의 원인을 설명하려는 사람들이 가장 많이 인용하는 이론이다.[55] 정치와 정치 저널리즘 영역에서 '우리 대 그들Us Against Them'이라고 하는 구도가 모든 의식과 행동양식을 지배하는 경향이 있는데,[56] 타펠의 실험은 그런 사고방식이 인간의 선천적 경향이라는 것도 입증해준 셈이다.[57]

그런데 도대체 왜 그러는 걸까? 진화심리학자들은 이런 사고는 인간이 초기 발달단계에 아주 작은 무리를 이루고 살기 시작하면서부터 적용되었다고 주장한다. 이와 관련, 엘리어트 애런슨 Elliot Aronson은 "내가 속하는 무리의 구성원들과 외부자 간의 차이에 대해 항상 경계심을 가지는 것은 대단히 중요한 것이었다"며 다음과 같이 말한다. "왜냐하면 외집단은 결국은 경쟁자나 공격자가 되기 때문이다. 이와 똑같이 우리 자신이 속하는 무리에 대한 응집력이 필요했다. 왜냐하면 이 내집단 구성원들끼리는 의식주와 관련되는 것을 나누었을 뿐만 아니라 서로 보호했기 때문이다. 그 결과 이 같은 종류의 우리와 그들이란 무리 중심 사고가 아주 용이하게 발휘될 수 있도록 사람들의 하드웨어에 내장되어 왔다. 이런 경향성이 민족적, 인종적 편견의 근간이 되기도 한다."[58]

타펠은 우리 인간의 '자존감'에서 그 이유를 찾았다. 우리는 자신을 좋게 생각하기 위해서 우리가 속한 집단을 좋게 생각하며, 잠시 존재했다가 사라질 임시집단일 때도 그렇다는 것이다. 그러니 인종이나 민족으로 경계가 이루어진 집단이나 학연, 지연, 혈연 등과 같은 연고집단일 경우 그 편애성과 충성도가 어떠할지는 미루어 짐작하기 어렵지 않다. 클로드 스틸Claude M. Steele은 『고정관념은 세상을 어떻게 위협하는가: 정체성 비상사태』(2010)에서 타펠의 실험은 우리에게 쉽게 인식되지 않는 놀라운 사실 몇가지를 밝혔다며 다음과 같이 적고 있다.

자존감에 대한 욕구는 사소한 그룹 정체성에까지 관심을 기울이게 할 만큼 강렬하고, 우리는 그 그룹이 아무리 사소해도 같은 그룹에 속하지 않았다는 사실 외에는 아무것도 모르는 다른 사람을 차별 대우할 수 있으며, 이 모든 현상이 지구상 거의 모든 사람에게 적용된다는 사실이 바로 그것이다. (…) 인간의 편향에 불을 붙이기란 얼마나 쉬운 일인지, 가해자에게도 피해자에게도 특별히 필요한 요소는 아무것도 없었다. 그저 평범한 인간의 기능, 즉 자존감을 지키는 것만으로도 편향을 일으키기에 충분했다.[59]

정치인과 기업들은 선전과 광고의 수단으로 '그랜팰룬'을 이용하려고 든다. 사실상 허구적이거나 무의미한 집단정체성을 내세우면서 사람들로 하여금 같은 집단에 소속된 것처럼 믿게 만들어 지지를 유도하려는 것이다. 이는 오랜 역사를 자랑하는 선전선동술의 하나이다. 안토니 프랫카니스Anthony R. Pratkanis와 엘리엇 아론슨Elliot Aronson은 『프로파간다 시대의 설득 전략Age of Propaganda』(2001)에서 그랜팰룬 전술의 희생양이 되지 않기 위해선 다음 다섯 가지를 명심하라고 권한다.

첫째, 아주 작은 그룹들을 만든 다음, 당신을 어떤 범주에 속하는 멤버로 규정지으려는 사람을 조심하라. 어떤 사람의 정체성을 규정하고, 라벨을 붙이는 데는 많은 방법이 있다. 당신 스스로에게 물어봐라. "왜 굳이 이런 라벨을 붙였을까?"

둘째, "항상 목표를 염두에 두어라"라는 오래된 시민권리에 관한 금언을 따르도록 해라. 자아 이미지를 유지하려 하기보다는 당신의 자부심을 하나의 목표(합리적 가격으로 좋은 것을 구매하거나 사회적으로 좋은 일을 하는 등)의 성취와 연결지으려 노력해라.

셋째, 당신 자부심의 모든 달걀들을 한 바구니, 즉 한 그랜팰룬에 담지 마라. 자칫하면 광신으로 이끌릴 우려가 있다.

넷째, 그룹으로 구분짓는 행위의 의미를 반감시킬 수 있도록, 공통영역 즉 그룹 안과 밖의 사람들이 모두 수용할 수 있는 목적으로 모색하라.

다섯째, 그룹 밖의 사람들을 이전에 생각한 것보다 훨씬 더 많은 것을 당신과 공유할 수 있는 개인으로 생각하도록 노력하라.[60]

모두 다 지당하거니와 아름다운 말씀들이지만, 사람들이 "누구를 위해서, 무엇을 위해서?"라고 묻는다면 어떻게 답해야 할까? 어떤 사람이 자신의 그랜펠룬을 사랑한다고 해서 그걸 '그랜펠룬 전술의 희생양'이 되었다고 말할 수 있는 걸까? 특히 한국에서 특정 패거리 집단에 소속된 사람들은 어느 정도의 본능과 더불어 다 그만한 이익이 있다고 보는 현실적 계산 때문에 내집단편애 성향을 보이는 것일 텐데 말이다. 패거리주의가 도무지 바뀌지 않을 것 같아 답답해서 하는 말일 뿐, 그럼에도 위와 같은 5계명이 우리가 가급적 지키려고 애써야 할 당위임을 어찌 부정할 수 있으랴.

사실 중요한 것은 '승자 독식'이다. 이긴 편이 모든 걸 다 갖는다면, 그 누구건 목숨 걸고 싸우기 마련이다. 승자독식주의를 깨는 것만이 패거리 싸움을 없애거나 완화시킬 수 있다. 그럴 때에 비로소 집단정체성을 정치적 선전 수단으로 이용하는 일도 사라지거나 줄어들 것이다.

📚 일독을 권함!

● 설선혜·이민우·김학진, 「이타적 강화학습 과제를 이용한 이타성의 측정」, 『한국

심리학회지: 일반』, 33권2호(2014년 6월), 467–492쪽.

● 방정배·김재철, 「디지털 시대 공영방송의 공적 가치와 역할에 관한 인식 연구: 전문가 집단을 중심으로」, 『한국방송학보』, 20권1호(2006년 3월), 96–138쪽.

● 김미희·김기범·차영란, 「현실 및 가상공간에서의 집단범주화 방식과 상호작용 여부에 따른 집단성 지각 및 내집단 편애」, 『한국심리학회지: 사회 및 성격』, 19권3호(2005년 8월), 37–54쪽.

● 김기범·김미희, 「인터넷상에서의 집단 범주화에 따른 집단성 지각과 내집단 편애 차이 분석」, 『미디어 경제와 문화』, 1권2호(2003년 5월), 40–71쪽.

● 홍기원, 「최소집단과 경쟁집단에서의 성과편파」, 『한국심리학회지: 사회 및 성격』, 8권2호(1994년 11월), 142–155쪽.

● 이종숙, 「최소 집단 상황에서의 집단구분과 집단간 차별이 자아존중감에 미치는 효과」, 『한국심리학회지: 사회 및 성격』, 6권1호(1991년 5월), 47–57쪽.

사회정체성 이론

왜 명문대는 물론 명문고 학생들까지 '과잠'을 맞춰 입는가?

자기가 속한 집단이 여러 방면에서 더 우월하다고 볼 뿐만 아니라, 보상도 자기 집단에 더 많이 배분하는 경향인 '내_內집단편 애'에 대한 이론적 접근방법엔 내집단편애를 제한된 자원을 놓고 경쟁하기 때문에 생기는 집단간 갈등이라고 보는 '현실갈등 이론realistic conflict theory'과 집단 소속의 자부심과 자존감을 추구하기 위한 노력으로 보는 '사회정체성 이론social identity theory'이 있다. 헨리 타펠은 내집단편애를 처음엔 현실갈등 이론으로 설명했지만, 나중에 존 터너John Charles Turner와 같이 만든 사회정체성 이론에 더 큰 무게를 두었다.[61]

우리 인간의 사회적 행동은 개인 대 개인으로 만나는 개인간 행동interpersonal behavior과 자신이 소속된 집단과 다른 집단이 만나는 집단간 행동intergroup behavior으로 나눌 수 있지만, 그건 이론적으로만 그럴 뿐 둘의 경계는 분명치 않다. 예컨대 당신이 어느 대학의 학생으로서 다른 대학의 학생을 만나는 건 분명히 개인 간 행동이지만, 그 만남에선 알게 모르게 두 사람의 소속 대학이 두 사람의 정체성에 적잖은 영향을 미치기 마련이다. 개인간 행 동과 집단간 행동이 하나의 연속선상에 있는 걸로 간주하는 사 회정체성 이론에 의하면, 자기정체성은 소속의 확인뿐만 아니라 다른 집단과의 비교까지도 포함한다. 따라서 자기정체성은 사회 적으로 구분되고 싶은 욕구이기도 하다. '우리'와 '그들' 간의 차 이는 매우 중요하며, 실제로 이 상상 속의 차이는 실제의 차이보 다 더 과장되기도 한다.[62]

사회정체성 이론의 핵심적인 가정은 개인들이 긍정적인 독특 성positive distinctiveness, 즉 긍정적인 자아개념positive self-concept을 갖기 위해 노력한다는 것이다. 개인들은 동시에 자신이 속한 집 단의 사회정체성에 의해서 평가되는바, 바로 여기서 '내집단편 애'가 일어난다. 즉 사회정체성 이론은 내집단편애의 원인을 긍 정적 독특성을 위한 심리적 욕구에 돌리고, 내집단편애가 일어날 수 있는 상황들을 서술하는 이론이다. 이와 관련 박상희는 "개인 들이 자신의 사회정체성을 의식할 때, 즉 자신이 어느 집단에 속 해 있는지를 의식할 때, 그들의 지각·경향성·행동이 극적으로 바뀔 수 있다"며 다음과 같이 말한다.

"첫째, 사람들은 자기 집단의 전형적인 신념과 가치관을 수용 할 경향이 강해진다. 둘째, 사람들은 다른 집단에 속한 사람들이 그 집단의 전형적인 특성들을 나타내고 있다고 지각하는 경향이 강해진다. 예를 들어 한 집단 사람들이 알뜰하다고 생각하면 그 집단 구성원의 행동을 인심이 후하다기보다는 인색한 쪽으로 해석하게 된다. 한 사람이 개인정체성보다 사회정체성을 취할 가능성에 영향을 주는 요인들은 많다. 구체적으로 내집단 구성원들끼리의 유사성이 강조될 때나 다른 집단과의 경쟁이 강조될 때 사회정체성을 더 의식하게 된다. 직장 상황의 예를 들면, 유니폼이나 팀 업무 수행에 의해 결정되는 보너스 등은 사회정체성을 끌어낸다."[63]

언론의 정치보도, 특히 선거보도는 계파 간 이해득실을 중심으로 다루는 경향이 농후하다. 이와 관련, 건국대 미디어커뮤니케이션학과 교수 황용석은 "(그런) 보도는 결과적으로 국민들에게 정치 참여의 효능감을 떨어뜨리고, 국민을 선거의 구경꾼으로 내몰고 있다. 그뿐만 아니라 사회심리학적으로는 정치적 정체성을 강요하는 결과를 낳기도 한다"며 이렇게 지적한다.

사회정체성 이론에 따르면, 인간은 사회적 이슈를 이해할 때 개인이 아닌 집단의 성원으로, 즉 집단정체성에 기반을 둬서 해석하는 경향이 있다. 언론에서 집단 간의 이해충돌을 다루게 되면 수용자들은 자신이 어느 집단에 속해 있는가를 스스로 범주화한다. 언론보도가 수용자들에게 사회적으로 범주화하도록 만드는 것이다. 집단 내에 다양한 이슈와 의견이 존재할 수 있지만, 그것은 중요하지 않다. 자신이 어떤 계파나 집단과 정체성을 공유하느냐가 세상을 바라보는 틀이 된다. 일단 집단의견에 동조하게 되면 수용자들은 그 의견을 검증하기보다 의견을 확신하고 방어하기 위해 뉴스를 습득하고 토론하는 경향이 있다. 자신이 선택한 집단규범을 내면화하고 그 집단의 이익을 받아들여 세상을 바라보는 것이다. 실제 그 집단과 자신이 정치·사회·경제적으로 불일치하더라도 상관이 없다.[64]

재난을 당했을 때 군중이 제멋대로 행동하지 않고 강력한 연대감을 구축하는 심리 과정도 사회정체성 이론으로 설명된다. 예컨대, 개인들이 "우리 모두는 붉은악마"라고 말할 때처럼 특정집단의 정체성을 공유했다고 느끼게 되면 서로를 신뢰하며 힘을 합친다. 군중 안에서 정체성을 확인한 사람들은 판단 능력을 상실하지 않고 개인의 이익보다 집단의 공통 이해를 위해 결정을 내리기 때문에 군중은 단순한 오합지졸에서 벗어나 정신적 공동체가 될 수 있다는 것이다.[65]

그런데 문제는, 앞서 지적한 바와 같이 '우리'와 '그들' 간의 차이는 매우 중요하며, 실제로 이 상상 속의 차이는 실제의 차이보다 더 과장되기도 한다는 점이다. 김선기는 「'청년세대' 구성의 문화정치학: 2010년 이후 청년세대담론에 관한 비판적 분석」이란 논문에서 "한국사회의 청년세대담론이 세대주의적으로 형성되는 경향은 청년세대와 기성세대 간의 상상적인 거리를 고착화시키고, 두 세대 간의 강고한 구분선의 주술적인 실재감을 확산시키고 있다"며 다음과 같이 말한다.

"사회정체성 이론의 연구결과에 따르면, 집단 간에 실질적인 차이가 거의 존재하지 않더라도 혹은 집단 내의 타자와의 차이가 사실상 집단 밖의 타자와의 차이보다 더 클 경우에라도 사람들은 일단 구분된 집단의 구분선에 따라서 판단의 편향을 보인다. 세대라는 기준이 개인의 특성을 규정하고 개인들 간의 차이를 설명하는 절대적인 변수가 될수록 사회 내의 갈등은 극심해지게 된다. 세대 차이에 대한 보도가 많아질수록 세대 갈등이 오히려 증폭될 수 있으며, (…) 또한 세대 차이가 강조되고 동시에 다양한 수준의 청년세대담론이 지속해서 생산되는 현상은 청년세대를 기성세대와의 관계 속에서 수동적 세대passive generation의 위치에 언제나 놓이도록 만들고 있다."[66]

소속 집단의 단계로 내려오면 '우리'와 '그들' 간의 차이는 극대화되는 경향이 있다. 곽기영·옥정봉은 "사람들은 자신들의 정체성과 일치하는 활동을 하는 경향이 있으며, 자신의 정체성을 구체화 할 수 있는 조직을 지원한다. 또한 개인이 지각하고 있는 특정 집단이나 조직에 대한 소속감이 강할수록 조직의 성공을 자신의 성공으로 여길 수 있기 때문에 그 조직의 발전과 성공을 위해 협력하려고 노력하게 된다"며 다음과 같이 말한다.

"사회정체성이 표출될 때 개인은 개인으로서의 자신보다 그룹 내의 일부분으로 자신을 보게 된다. 이러한 집단정체성이 우세할 경우 개인은 내집단과 구성원들 간의 유사성을 강조하고, 반면에 외집단 구성원들 간의 차이를 크게 지각하게 된다. 즉, 사회정체성 이론에 따르면 내집단에 호의적인 정서, 평가, 행동의도 및 행동은 자신의 긍정적 특성을 추구하기 위한 활동의 결과로서 나타나는 현상이라고 할 수 있으며, 개인은 이러한 과정을 통하여 집단 내에서 독특한 개성을 가지기보다는 스스로를 객관화시키거나, 그룹 내의 일원으로 보는 경향이 있다. (어느) 연구결과 대학 졸업생들의 정체성이 현저할수록 모교에 대한 재정적인 기부를 많이 하며, 가족이나 타인에게 모교 입학을 권유하고 모교의 다양한 활동에 참여하거나 홍보하는 정도가 높았다."[67]

자신이 비교적 우월한 조직에 속해 있다고 생각하는 사람들은 어떤 식으로건 '우리'와 '그들' 간의 차이를 부각시키려고 애를 쓰기 마련이다. 이를 잘 보여주는 게 한국에서 2000년대 중반부터 대학생들이 단체로 맞추는 것이 유행이 된 '과잠' 또는 '야구잠바'다. 사회학자 오찬호는 『우리는 차별에 찬성합니다: 괴물이 된 이십대의 자화상』(2013)에서 "이십대 대학생들은 야구잠바를 '패션의 영역'에서가 아니라, 어떤 신분증의 개념으로 이해한다"며 "내가 연구대상으로 만난 대학생의 65%가 학교가 아닌 곳에서 학교 야구잠바를 볼 때 '일부러' 학교 이름을 확인한다고 답했다. 학교 야구잠바가 신분 과시용 소품이라는 방증이다. 실제로 야구잠바를 입는 비율도 이에 따라 차이가 나서, 이름이 알려진 대학일수록 착용비율이 높았다. 낮은 서열의 대학 학생들이 학교 야구잠바를 입고 다니면 비웃음을 사기 십상이라 신촌으로 놀러오는 그쪽 대학생들은 자신의 야구잠바를 벗어서 가방에 넣기 바쁘단다. 심지어 편입생의 경우엔 '지가 저거 입고 다닌다고 여기 수능으로 들어온 줄 아나?'라는 비아냥을 듣기도 한다. 이처럼 학교 야구잠바는 대학서열에 따라 누구는 입고, 누구는 안 입으며, 누구는 못 입는다"[68]라고 말한다.

인터넷에는 이런 글들이 있다. "내가 열심히 공부해 들어간 학교에 소속감 좀 느끼고 싶고… 자랑하고 싶기도 하고… 이게 뭐 별난 일이라고….” “과잠은 나의 ‘가격표’였다. ‘OO대를 다니는 학생이니 수능 성적은 대충 3% 안에 들었다. 그러나 썩 공부를 잘했던 것은 아니었다’라는 것을 과잠 하나로 나타낼 수 있었던 것이었다.” “학교 가기 위해 난 지하철 7호선을 탄다. 7호선이 지나는 역은 XX대역, △△대역 등 다양하다. ◆◆대생들은 XX대역에서 내려 버스를 타고 등교한다. 지하철에 ◆◆대생이 과잠을 입고 나타나면 XX대와 △△대생들은 입었던 과잠을 슬그머니 벗는다.” “난 항상 과잠을 입고 다닌다. 안 그러면 XX대생인 줄 알 것 아닌가.”[69]

문유석은 『개인주의자 선언』에서 그런 서열 가리기 풍토에 대해 이렇게 개탄한다. “개인이 아니라 소속 학교, 학과, 학번 등의 집단에 필요 이상의 의미를 부여하고 그에 따른 위계질서에 개인이 복종할 것을 강요하는 문화가 젊은 세대에까지 재생산되고 있다는 건 절망적인 일이다.”[70]

그러나 과잠을 사랑하는 이들은 자신들이 과잠에 필요 이상의 의미를 부여하는 게 아니라고 반론을 펼 것 같다. 그래서 중고 과잠 매매가 성행하는 게 아닐까? “Y대를 꿈꾸는 학생분들, 꿈을 확고히 하는 계기를 만들어 보세요!” 최근 인터넷 중고거래 사이트에 심심찮게 올라오는 중고품 판매 광고글이다. 물건은 Y대 학생들이 즐겨 입는다는 과잠이다. 특정 대학교 학생들이 입는 ‘과잠’ 중고품 거래가 고3 수험생과 재수생 사이에서 유행하고 있다. 한 수험생은 “목표로 하는 대학 선배의 기氣를 받으려 중고

를 많이 구한다"며 "일종의 부적인 셈"이라고 했다.[71]

이런 '과잠' 문화는 급기야 외국어고와 자사고, 국제고 등으로까지 퍼지고 있다. 학교에 대한 자부심을 키우고 동문간 결속력을 높인다는 취지다. 대학 입학 뒤에도 출신고교 이름이 새겨진 과잠을 입는 학생들도 있다. 2015년 연세대에 입학한 부산국제고 출신 10여 명은 고교 이름이 새겨진 겨자색 점퍼를 함께 맞춰 입었고, 현대고 출신 20여 명은 영어로 '연세대+현대고 동창회'라고 적힌 회색 점퍼를 맞춰 입었다.

이에 대해 최은순 '참교육을 위한 전국 학부모회' 회장은 "치열한 경쟁을 뚫고 획득한 지위를 과시하려는 보상심리가 반영된 결과로 보인다. 고등학교 때부터 집단적 우월감에 빠질까 염려된다"고 했는데,[72] 문제는 그런 집단적 우월감의 확인과 과시가 세상살이에 도움이 된다는 점일 게다. 세상이 미쳐 돌아가는 걸까, 아니면 지나치게 솔직해지는 걸까? 그런 세상을 만든 기성세대가 책임을 통감하고 바로잡아야 마땅하겠건만, 오히려 그런 과시 경쟁을 부추기고 있으니 참으로 딱한 일이 아닐 수 없다.

📚 일독을 권함!

- 강준만, 「왜 부모를 잘 둔 것도 능력이 되었나?: '능력주의 커뮤니케이션'의 심리적 기제」, 『사회과학연구』(강원대 사회과학연구소), 55권2호(2016년 12월), 319-355쪽.
- 석승혜·조성남, 「SNS 이용자들의 유명인 이용 동기와 사회정체성 형성」, 『사회과

학연구논총』(이화여자대학교 이화사회과학원), 32권1호(2016년 4월), 119-158쪽.

- 노혜경, 「반사된 영광누리기 효과를 통한 집단 간 협조의 증대」, 『다문화사회연구』, 8권2호(2015년 8월), 5-38쪽.

- 김현정·이수범, 「정치적 정체성과 제삼자 인식이 투표 의향에 미치는 영향」, 『한국방송학보』, 27권6호(2013년 11월), 115-145쪽.

- 정일권·이나연, 「작성자의 공신력과 독자와의 유사성이 댓글의 품질평가에 미치는 영향」, 『사이버커뮤니케이션학보』, 26권2호(2009년 6월), 199-236쪽.

- 박군석·한덕웅, 「영호남인의 사회구조 요인 지각과 사회정체성이 상대박탈과 집합전략에 미치는 영향」, 『한국심리학회지: 사회 및 성격』, 17권2호(2003년 7월), 59-72쪽.

제9장

편가르기와 적대(2)

왜 사일로 효과
페이스북은
'사일로 소탕 작전'에 매달리는가?

고대 그리스어 '시로스siros'에서 파생해 '옥수수 보관용 구덩이 corn pit'를 뜻하는 단어가 있다. 오늘날엔 "농장에서 곡물을 저장하는 높은 탑이나 구덩이"를 뜻하지만, 주로 "큰 탑 모양의 곡식저장고, 가축 사료silage 지하저장고, 핵무기 등 위험물질의 지하저장고"를 가리킨다. 바로 '사일로silo'다. 이 단어는 비유적인 의미로 쓰이기 시작하더니, 경영컨설팅 분야로 넘어가선 "다른 곳과 고립된 채로 운영되는 집단·과정·부서" 등을 묘사하는 개념으로 사용되었다. 예컨대 사일로 조직silo organization은 곡식을 저장하는 굴뚝 모양 창고인 사일로처럼 CEO를 정점으로 해서 굴뚝 모양으로 늘어선 부서들이 다른 부서와 담을 쌓고 내부 이익만 추구하는 조직을 일컫는 말이다. 줄여서 그냥 silo라고도 한다.[1]

이제 '사일로'는 명사뿐만 아니라 동사[to silo]와 형용사[siloized]로도 활용되며, 부서 등과 같은 물리적 구조나 집단만을 가리키지 않고 심리상태를 뜻하기도 한다. 즉, 사일로는 실질적인 구조 안에도 존재하고 우리의 마음과 사회집단 안에도 존재하는 것이 되었으며, 파벌주의나 패거리주의, 이른바 '터널 비전tunnel vision'과 밀접히 관련된 개념이 되었다. 그런 사일로로 인해 나타나는 결과를 가리켜 '사일로 효과silo effect'라고 한다.[2]

사일로는 분업과 전문화의 결과로 나타난 것이기에 불가피하며 좋은 점도 있지만, 그에 못지않은 위험을 낳기도 한다. 예컨대, 2008년에 금융위기가 발생한 것은 금융시스템이 지나치게 세분화되고 거대 금융기업은 무수히 많은 부서나 사일로로 분화되어 시장과 금융계의 리스크 발생 가능성을 통합적으로 분석하지 못한 탓이 크다. 2010년 브리티시 페트롤륨이 멕시코만에서 석유시추 장치 하나가 폭발해 끔찍한 환경오염이 발생했을 때 제대로 대처하지 못한 것도 이 회사에 관료주의적 사일로가 만연해 있었기 때문이다. 사고 발생 후 새로 임명된 브리티시 페트롤륨 CEO 메리 바라Mary Barra는 책임을 모면하기 힘든 보고서가 발표되자 직원들에게 "우리는 이 사일로를 무너뜨릴 방법을 찾아야 합니다"라고 외쳤다.[3]

왜 사일로가 그런 끔찍한 결과들을 낳는 걸까? 마크 고울스톤 Mark Goulston은 『뱀의 뇌에게 말을 걸지 마라: 이제껏 밝혀지지 않았던 설득의 논리』(2009)에서 "팀원들이 사일로 안에 머물러 있는 한, 일이 잘될 턱이 없다"며 "결국 정보를 공유하지 못해 실수를 저지르거나 누군가가 공든 탑을 무너뜨리기 십상이다. 전문지식을 나누길 거부하고 서로의 일을 더 어렵게 만든다. 일이 꼬이면 서로 비난하거나 노골적으로 방해하는 지경에까지 이를 수도 있다. 따라서 당신이 처음 해야 할 일은 이 사일로를 허무는 일이다. 그러기 위해서는 모든 사일로가 공유하고 있는 것을 건드려야 한다. 즉 하늘(비전)과 땅(가치) 말이다"라고 말한다.

잭 웰치Jack Welch는 『잭 웰치의 마지막 강의』(2015)에서 "사일로는 악취를 풍긴다. 나는 사일로를 증오한다. 자신의 회사가 번창하고 상장하기를 원하는 조직원이라면 당연히 사일로를 증오해야 한다"며 이렇게 열변을 토한다.

"배타성은 비즈니스에서 독약이다. 당연히 마케팅에서도 배타성은 독약이다. 이 말은 과거에도 진리였지만, 지금처럼 테크놀로지 역할이 커지고 모든 것을 신속하게 처리해야 하는 디지털 마케팅 시대에는 더더욱 거역할 수 없는 진리다. 사일로는 속도를 죽인다. 사일로는 아이디어를 죽인다. 사일로는 강력한 효과를 죽인다. (…) 당신만의 사일로에서 벗어나려는 용기와 자제력이 필요하다. 대화의 형식을 띠든 질문의 형식을 띠든 조직 내의 모든 부서를 당신 부서에 초대할 수 있어야 한다. 요즘에는 마케팅이 모두의 비즈니스이기 때문이다."5

'사일로의 저주'로 인해 몰락한 대표적인 기업으로 일본의 소니를 빼놓을 수 없다. '소니 구하기'라는 특명을 띠고 새로운 소니 CEO로 임명된 하워드 스트링거Howard Stringer는 "사일로를 무너뜨려야 합니다"라고 외치면서 사일로 소탕령을 내렸지만, 그는 사원들의 뿌리깊은 저항에 부딪혔다. 이에 대해 질리언 테트Gillian Tett는 『사일로 이펙트: 무엇이 우리를 눈멀게 하는가』 (2015)에서 이렇게 적고 있다.

사일로의 저주를 분석하는 것과 그 해결책을 찾아내는 것은 전혀 다른 차원의 문제였다. 스트링거는 이렇게 생각했다. 기업이 사일로의 위험을 줄일 수 있는 문화를 만들어내는 게 가능할까? 사일로가 일단 발생하고 나면 해체하는 게 가능할까? 혹은 기업의 규모가 커질수록 사일로 때문에 기업이 쇠약해지는 것은 불가피한 현상일까? 시간이 흘러가면서 그 사일로들은 언제나 더 견고해졌을까? 스트링거는 해답을 알지 못했다.[6]

질리언 테트는 그 해답을 제시하겠다는 듯, 페이스북에서 비교적 성공적으로 이루어진 '사일로 소탕 작전'을 소개한다. 크게 보아 네 가지다. 첫째, 신입사원 훈련프로그램 때 상호 친밀감과 유대감을 갖게 만든다. 둘째, 효과적인 인사이동 프로그램으로 부서간 이해와 친밀감을 높인다. 셋째, 회사의 사무실 배치 구조에 신경을 써 사원들이 자주 만날 수 있게 한다. 넷째, 직원들간 의사소통을 촉진하고 친밀감과 유대감을 높이기 위해 페이스북을 활용한다.[7]

한국에선 '사일로 효과'를 가리켜 '칸막이 현상'이라고 부르는데, 이는 사회 전분야에 걸쳐 나타나고 있다. 특히 관료집단의 칸막이 현상이 심각하다는 비판의 목소리가 높다. 각 부처간, 또는 한 부처 내의 부서간 영역 다툼을 하거나 책임을 떠넘기는 일이

잦아 그로 인한 피해가 고스란히 국민에게 돌아가곤 한다. 예컨대, 『조선일보』는 2017년 2월 「한국 해운 산업 몰락 '최순실'보다 더 큰 죄」라는 제목의 사설에서 다음과 같이 주장했다.

"해운업의 몰락은 막을 수 없었던 것이 아니다. 일차적 책임은 경영 실패다. 하지만 정부는 한진해운의 유동성 위기를 넉 달이나 방치했다. 그 사이에 양대 해운사를 합쳐서 구조를 개혁하는 등으로 활로를 얼마든지 모색할 수 있었다. 정부가 뒤늦게 대책 마련에 들어간 뒤에도 금융위원회·해양수산부 등 관련 부처는 칸막이를 친 채 서로 떠넘기기에 몰두했다. 컨트롤타워 기능은 아예 없었다. 모든 공직자가 국익 대신 자기 앞만 보았다."[8]

이른바 '4차 산업혁명'에 대한 대처도 마찬가지다. 미국 정부는 "미국인 10명 중 4명은 인공지능AI 때문에 생계의 위협에 처할 것"이라는 보고서를 낸 반면, 한국 정부는 "2030년까지 AI와 같은 지능정보기술 분야에서 80만 개의 일자리가 생길 것"이라는 보고서를 냈다. 미국 정부는 기술 발전의 명과 암을 객관적으로 분석·진단하며 대비책을 세우고 있는 반면, 한국 정부는 낙관 일변도의 전망을 수치 위주로 내놓는 데에 몰두해온 것이다. 이와 관련, 김진형 지능정보기술원AIRI 원장은 "우리나라도 4차 산업혁명을 대비해 각 부처가 대책을 마련중이지만 부처끼리 경쟁한다는 인상이 강하다"며 "부처별 정책 전반을 아우르고 그와 관련한 철학을 제시하는 범정부적 컨트롤타워가 필요하다"고 지적했다.[9]

이런 칸막이 현상은 국민의 일상적 삶의 영역에까지 만연해 있다. 연고 중심의 패거리 만들기를 '칸막이 현상'이라고 부르는 최재현은 "칸막이 현상이 보편화되다 보니 사람들이 제각기 자기 칸을 넓히려고 혈안이 되게 마련이다. 조그만 하나의 칸막이로는 신분이 위태로우니까 동시에 여러가지 칸을 만들어 가려고 애쓴다"며 "그러다 보니까 온갖 종류의 단체, 또 무슨 회들이 생겨나고, 그런 모임을 유지하느라고 비합리적인 지출이 늘어난다. 우리 사회에 요식업이 지나칠 정도로 발달해서 전반적인 근로의욕 감퇴로 연결되는 일도 잦은데 이 또한 칸막이를 구축하고 칸을 키우려는 사회심리와 무관한 것이 아니다. 칸 안에 든 사람끼리 함께 먹고 마시는 일이 잦으니까 요식업도 쓸데없이 팽창하는 것"[10]이라고 말한다.

사일로를 없애겠다고 사무실 공간을 개방형으로 바꾸는 기업들도 있는데, 이게 꼭 좋은 것만은 아니라는 연구 결과가 있다. 컴퓨터 과학자 사울 그린버그Saul Greenberg는 과거 개방된 공간에서 일했던 적이 있는 사람들에게 개별 사무실을 무작위로 배정했을 때 어떤 효과가 나타나는지 살펴봤다. 리처드 왓슨Richard Watson은 『퓨처마인드: 디지털문화와 함께 진화하는 생각의 미래』(2010)에서 그 연구 결과에 대해 다음과 같이 말한다.

사람들은 폐쇄된 사무실에서 일하게 됐다는 것을 자신이 더 높은 지위를 얻게 됐다는 의미로 간주했고, 생산성과 성과는 이런 보상을 정당화할 정도로 늘어나는 경향을 보였다. 또 다른 연구원들은 개방형 사무실은 사람들이 더 천천히 일하게 만들며, 눈에 보이는 범위 내에 있는 다른 사람들의 행동을 잠재적으로 모방하게 한다는 점을 발견했다. 개방형 사무실은 또한 사람들의 스트레스 지수를 높이고, 높은 소음 때문에 사람들 사이에서 갈등과 불안감을 조성하고 혈압을 상승시킨다는 연구 결과도 나왔다. 이런 문제를 해결하기 위한 획기적인 해결책 중 하나는 몇몇 프랑스의 유명한 디자이너들이 설계한 폐쇄형 의자다. 이 의자는 옆면이 둥그렇게 막혀 있어 안장 있는 사람을 소리와 시각적 산만함으로부터 보호해준다.[11]

2015년 스웨덴의 스톡홀름대학교 연구팀이 7개의 서로 다른 디자인 구조로 된 사무실에서 일하는 2000명을 대상으로 관찰한 결과도 놀랍다. 칸막이 없이 사방이 트여 있는 사무실에서 일하는 직장인들은 병가로 쉬는 날이 더 많은 것으로 나타났다. 사방으로 개방된 사무실 구조는 아파도 쉬지 않는 등 상사나 고용주에게 잘 보이려고 하는 무리한 근무행태를 낳기 때문에 결국은 근로자의 건강을 더 해칠 수 있다는 것이다.[12]

사무실 형태를 개방형으로 할 것인가 폐쇄형으로 할 것인가는 업무의 성격을 고려해 결정할 일이지만, 페이스북의 '사일로 소탕 작전' 방식을 벤치마킹해보는 것도 좋을 것 같다. 페이스북의 방식은 사실상 '넛지Nudge'라고 할 수 있다. 끊임없이 칸막이를 만드는 파벌주의 성향은 사실상 인간의 본능에 가까운 것이기에, 그런 우회적이고 간접적인 수단이 더 큰 효과를 발휘할 수 있지 않을까?

📚 일독을 권함!

- 금인숙, 「한국의 지식인과 좌파 이데올로기」, 『아시아연구』, 19권3호(2016년 8월), 147–176쪽.
- 김광기, 「광복(光復) 70주년, 교육의 광복(匡復)을 꿈꾸며」, 『현상과인식』, 39권3호(2015년 9월), 49–75쪽.
- 고경훈·김건위, 「지방자치단체 칸막이 현상의 개선방안에 관한 연구」, 『서울행정학회 학술대회 발표논문집』, 2015년 2월, 73–92쪽.
- 권일권·정태린·김지태, 「우리나라 스포츠 파벌주의에 대한 사회문화적 함의」, 『한국체육과학회지』, 24권1호(2015년 2월), 633–649쪽.
- 김윤권, 「조직 칸막이 형성요인과 극복방안에 관한 연구」, 『한국행정학회 학술발표논문집』, 2014년 12월, 1884–1907쪽.
- 박정신, 「칸막이를 허무는 교회: 역사학에 기댄 한국교회 개혁을 위한 제안」, 『현상과인식』, 37권4호(2013년 12월), 63–83쪽.

왜 적 만들기

정치적 편향성은
'이익이 되는 장사'일까?

1996년 10월 9일 세계적인 미디어 재벌 루퍼트 머독Rupert Murdoch은 미국에서 24시간 케이블 뉴스채널 '폭스뉴스Fox News Channel'를 출범시켰다. 이 채널은 3대 지상파 방송 네트워크와 CNN이 진보적 성향을 갖고 있다고 주장하면서 이들을 상쇄시킨다는 정치적 사명을 천명했으며, 이에 따라 반反민주당, 반反클린턴 노선을 추구함으로써 뜨거운 논란을 불러일으켰다. 그런 노골적인 당파성에도 불구하고 폭스뉴스는 시작한 지 5년 만인 2001년 이익을 냈을 뿐만 아니라 경쟁자인 CNN과 MSNBC를 능가하는 시청률을 기록함으로써 세상을 깜짝 놀라게 만들었다.[13] 이게 어떻게 가능했던 걸까?

'정치화'한politicized 대중은 그들이 두려워하고 혐오하는 사람이나 집단에 대한 반대를 통해 자신의 정체성을 규명하려는 경향이 있다. 이른바 '적敵 만들기enemy-making'가 정치 마케팅의 주요 메뉴가 되는 이유다.[14] 루마니아 태생의 프랑스 사회심리학자 세르주 모스코비치Serge Moscovici는『군중의 시대』(1981)에서 이렇게 쓰고 있다.

공중의 감격, 호의, 관대함을 일으키는 것은 오래가지 않으며 또 그들을 움직이지 못한다. 반대로, 공중의 증오를 불러일으키는 것이 야말로 그들을 흥분시키고 봉기하게 하며 그들에게 행동의 기회를 제공한다. 공중에게 먹이로서 그러한 반발과 스캔들의 대상을 보여주고 던져주는 것은 그들에게 잠재적인 파괴성, 즉 터지기 위해서 사인sign만을 기다리고 있다고 말할 수 있는 공격성을 자유롭게 발휘하도록 해주는 것이다. 결국, 공중을 어떤 적敵에 대해서 반대하게 하는 것은 그들의 선두에 서고 그들의 왕이 되는 가장 확실한 방법이다.[15]

이탈리아 작가 움베르토 에코도『적을 만들다』(2011)에서 "적을 가진다는 것은 우리의 정체성을 규정하기 위해서뿐만 아니라, 우리의 가치 체계를 측정하고 그 가치를 드러내기 위해 그것에 맞서는 장애물을 제공한다는 측면에서도 의미가 있다"며 "따라서 적이 없다면 만들어 낼 필요가 있는 것이다. (…) 적을 만들지 않는다는 것은 불가능하다. 우리는 문명화의 과정을 거치면서도 적의 형상을 지워 버리지 못했다. 평화를 사랑하는 온순한 사람에게도 적의 필요성은 본능적"[16]이라고 했다.

정치와 언론의 영역에서 '적 만들기'를 하지 않는 경우는 거의 없지만, 그걸 어느 정도로 추진하느냐 하는 건 별개의 문제다. 폭스뉴스는 '적 만들기'를 극단으로까지 밀어붙였는데, 이는 증오를 부추겨 장사를 한다는 점에서 '증오 마케팅'의 신기원을 보여주는 것이었다.[17] 이런 증오 마케팅의 작동 방식에 대해 비키 쿤켈Vicki Kunkel은 『본능의 경제학: 본능 속에 숨겨진 인간행동과 경제학의 비밀』에서 다음과 같이 말한다.

"지지자를 얻기 위해서는 적을 만들어야 한다. 그래야 당신을 지지하는 사람들이 열정을 보이며 당신의 적을 향해 더 많은 전투력을 키울 수 있기 때문이다. 끌어당김과 밀침은 단순히 보편적인 물리학의 법칙이 아니다. 이는 지위와 권력, 권위를 성취한 모든 사람들이 보편적으로 이용하는 원리이기도 하다. 비판자나 적이 없다면, 강력한 지지자 역시 얻을 수 없다."[18]

폭스뉴스의 시청자들은 이렇게 생각하지 않았을까? "우리의 마음에 풍파를 일으키지 마라. 그저 우리가 믿고 있는 바들을 더 많이 보여달라. 그러면 우리는 그 견해를 읽으며 계속 해서 만족감을 느낄 수 있으리라. 우리를 결집시킬 내용을 달라. 우리가 환호할 수 있는 사람을 달라!" 쿤켈의 분석이다. 그는 "몇몇 사회학 연구 논문들은 사람들이 심리적 지름길로서 자신이 아는 브랜드로 달려간다고 명확히 결론짓는다"며 이렇게 적었다.

중립적 뉴스 해설을 통해 자신의 입장을 가려내는 데는 너무 많은 심리적 에너지가 필요하다. 때문에 자신과 견해를 같이 하는 방송국에서 해석한 뉴스를 듣는 편이 훨씬 마음이 편하다. 그 내용을 다시 생각할 일 없이 그저 고개를 끄덕이며 동의만 하면 되기 때문이다. (…) 우리는 입으로는 편향적인 보도를 싫어한다고 말하지만 실제 행동은 말과 다르다. 그 증거가 바로 시청률이다. 편향성을 편안하게 받아들이는 우리의 본능적 성향은 많은 블로그와 웹사이트들이 성공한 비결이기도 하다. 비슷한 견해를 지닌 사람들은 비슷한 견해를 가진 다른 사람들이 작성한 글을 보고 싶어 한다. (…) 편향성은 이익이 되는 장사다.[19]

왜 편향성은 이익이 되는 장사일까? 2006년 1월 24일 『뉴욕타임스』는 '사이언스 타임스'란에서 에머리대 드루 웨스틴Drew Westen 교수 연구팀의 연구 결과를 머리기사로 보도하면서 「소름끼치는 일: 당파적 사고는 무의식적이다A Shocker: Partisan Thought Is Unconscious」라는 제목을 붙였다. 이에 대해 인지과학자이자 언어학자인 조지 레이코프는 "인지과학자들에게는 이것이 별로 '소름끼치는 일'은 아니다. (…) 우리를 슬프게 하는 것은 오히려 '사이언스 타임스'가 '당파적 사고가 무의식적'이라는 것을 '소름끼치는 일'로 여겼다는 점이다. 사실 사고의 무의식적 본성은 지난 30년간의 연구에서 흔히 찾아볼 수 있는 결과였다"[20]고 말한다.

편향성은 이익이 되는 장사라는 게 바로 폭스뉴스 사장 로저 에일리스Roger Ailes의 평소 지론이다. 그는 "당신이 공화당 방송을 경영한다는 비판에 화나지 않는가"라는 질문에 "우리를 그렇게 부를수록 더 많은 보수 성향 시청자들이 우리 방송을 볼 것"이라고 응수했다.[21] 이는 당파성의 시장논리에 대한 좋은 증언이라고 할 수 있겠다.

2010년 3월 14일 『워싱턴포스트』는 하월 레인스Howell Raines 전 『뉴욕타임스』 편집국장의 「불공정하고, 불균형하며, 견제받지 않는 폭스뉴스Fox News: unfair, unbalanced, unchecked」라는 제목의 기고 문을 실어 폭스뉴스가 언론의 기본을 벗어났다고 비판했다. 레인스는 특히 이 방송의 논점보다 사실관계 왜곡 및 정치적 목적 등을 지적했다. 그는 폭스뉴스가 "공정성과 객관성이라는 언론의 가치를 파괴하고 있다"며 "저널리즘이라고 볼 수 없다"고 단언했다.[22]

그러나 이런 단언과는 달리, 미국인들은 폭스뉴스를 가장 많이 시청하는 데다 가장 신뢰하는 게 현실이었다. 2010년 2월 미국의 여론조사기관인 PPPPublic Policy Polling가 미국의 주요 뉴스채널에 대한 수용자들의 신뢰도를 조사한 결과에 따르면, 49%의 미국인이 폭스뉴스를 신뢰한다고 응답해 가장 높은 신뢰도를 나타냈다. 폭스뉴스 다음은 CNN으로 39%의 응답자가 신뢰한다고 답했고, NBC 뉴스에 대한 신뢰도는 35%, CBS 뉴스는 32%, ABC 뉴스는 31%로 조사됐다.[23] 미국의 많은 언론 전문가들에 의해 "저널리즘이라고 볼 수 없다"는 지탄을 받은 폭스뉴스가 일반인들을 대상으로 한 조사에서는 가장 높은 신뢰도를 누린 이 기현상을 어떻게 이해해야 할까? 2011년 모든 케이블 채널 가운데 CNN과 MSNBC는 시청률 기준으로 '톱 20위' 안에도 들지 못했지만, 폭스뉴스는 늘 '톱 5'에 들면서 CNN과 MSNBC를 합한 것보다 더 많은 시청자들을 확보한 것은 또 어떻게 이해해야 할까?[24]

2012년 5월 2일 CNN으로서는 치욕스러운 조사결과가 발표됐다. 닐슨 미디어 리서치의 4월 시청률 조사결과 CNN의 평균 시청자가 35만7000명으로 나왔고, 이는 월별로 따졌을 때 최근 10년 동안 CNN 사상 최악의 시청률이었기 때문이다. 프라임타임대 시청률에서 CNN은 MSNBC에 2위 자리까지도 넘겨줬는데, 왜 이렇게 된 걸까? 답은 의외로 간단하다. "편향성은 이익이 되는 장사"라는 게 그 이유다.

오늘날 미국인들은 마음의 평정이나마 얻기 위해 자신의 관점을 강화하는 뉴스만 선별해 보고 있으며, 정치인들도 자신의 색깔과 같은 방송매체에만 출연하는 양극화polarization 현상을 보이고 있다. 중도를 자처하는 미국인들이 다수일지라도, 이들의 목소리가 규합되거나 반영되지 않은 채 미국 정치가 극단적 당파싸움으로 흐르면서 모든 미국인들의 의식과 삶에 지대한 부정적 영향을 미치고 있다.[25]

미국인의 97%가 정치적 양극화를 수긍하고 있다는 조사 결과도 있다.[26] 정치와 정치저널리즘 영역에서 '우리 대 그들Us Against Them'이라고 하는 구도가 모든 의식과 행동양식을 지배하는 상황에선 이성적 사고는 기대하기 어렵다.[27] 적에 대한 반대, 그것이 바로 정치의 핵심이 된다. 이와 관련, 미국의 사회생물학자 레베카 코스타Rebecca Costa의 말을 들어보자.

"네거티브 광고가 효과적인 이유는, 후보자가 우리의 지지를 얻을 필요가 없기 때문이다. 그들이 해야 할 일은 우리가 단 하나뿐인 대안, 즉 그들의 경쟁자로부터 등을 돌리도록 하는 것뿐이다. 어쩌면 자유로운 선택을 하고 있다는 기분이 들지도 모르지만, 실제로 우리가 하는 일은 한 후보자를 반대함으로써 자동적으로 유일한 대안에 지지를 보내는 것에 불과하다. 이것이 바로 미국이 두 세기가 넘도록 양당제에 정체되어 있는 이유이자, 우리가 앞으로도 수 세대에 걸쳐 이 방식을 유지할 가능성이 높은 이유다."[28]

그런 상황에선 언론의 정치보도에 대한 정당한 평가도 기대하기 어렵다는 건 두말할 나위가 없다. 주류 매체의 '진보적 편향성'에 대한 인식도 바로 그런 상황에서 나온 것이지만, 이는 폭스뉴스가 성장할 수 있는 토양이 됐다. 편향성이 '이익이 되는 장사'가 되는 현실은 한국도 다를 바 없기에, 현재 한국 정치가 이전투구泥田鬪狗의 수렁에 빠져 있는 게 아니겠는가. 정치적 편향성이 '이익이 되는 장사'이긴 하지만, 무엇이건 과유불급이다. 지나치면 역효과가 나기 마련이다. 또 누구의 이익인가 하는 점도 살펴봐야 한다. 폭스뉴스의 이익이 과연 공화당의 이익일까? 자신의 이익을 위해 편향성을 극단으로 끌고 가는 열성지지 세력이 오히려 '내부의 적'일 수 있다는 생각을 해봐야 하는 건 아닐까?

📚 일독을 권함!

● 이정훈·이상기, 「민주주의의 위기와 언론의 선정적 정파성의 관계에 대한 시론: 채널A와 TV조선의 정치시사토크쇼를 중심으로」, 「한국언론정보학보」, 77권(2016

년 6월), 9~35쪽.

● 백영민·김희정·한규섭·장슬기·김영석, 「정치적 이념성향에 따른 정파적 신문 노출: 여론지도층으로서의 칼럼기고자와 일반 대중 비교 연구」, 『한국언론학보』, 60권1호(2016년 2월), 99~132쪽.

● 김성연, 「정치적 태도와 인식의 양극화, 당파적 편향, 그리고 민주주의: 2012년 대통령 선거 패널 데이터 분석」, 『민주주의와 인권』, 15권3호(2015년 12월), 459~491쪽.

● 송현주, 「정파성의 강도와 정책 이슈에 대한 뉴스 프레임이 정파적 양극화에 미치는 영향」, 『한국언론학보』, 59권6호(2015년 12월), 221~245쪽.

● 이기형, 「'종편 저널리즘'의 위상과 함의: 과잉된 정파적 저널리즘과 '흥분하는' 시사토론 프로그램의 역할을 중심으로」, 『문화과학』, 78권(2014년 6월), 104~128쪽.

● 장덕진, 「박근혜 정부 지지율의 비밀: 정치적 양극화」, 『황해문화』, 82권(2014년 3월), 32~47쪽.

● 금희조, 「SNS의 활용과 정치적 소통의 양극화: 미국 퓨 리서치 데이터 분석」, 『한국언론학보』, 57권3호(2013년 6월), 272~293쪽.

● 채진원, 「'보수독점의 정당체제 개혁론'의 재검토: 정치적 양극화와 중도수렴 부재의 정당체제론을 중심으로」, 『OUGHTOPIA』, 27권2호(2012년 11월), 199~237쪽.

왜 적대적 공생
극우와 극좌는
서로 돕고 사는 관계일까?

흔히 심각한 갈등을 빚는 사안에 대해 강경파를 가리켜 매파the hawks, 온건파를 가리켜 비둘기파the doves라고 부른다. 비둘기는 그리스 신화에서 사랑과 미美의 여신인 아프로디테의 팔에 앉아 있던 이래로 평화의 상징으로 여겨졌다. 반면 강경론자의 상징으로서의 매의 역사는 그리 오래되지 않는다. 미국 제3대 대통령 토머스 제퍼슨이 1798년에 "war hawk"는 말을 쓴 것이 그 시초로 여겨지고 있다. hawk/dove의 상징적 대립은 1960년대의 쿠바 미사일 사건과 베트남전쟁 기간 중에 많이 사용되었다.[29] 중간파는 dawk(dove+hawk)라고 하지만, 이 말이 널리 쓰이지 않는 건 중간파가 설 자리는 거의 없다는 걸 말해주는 게 아닐까?

미국 정치학자 머레이 에델만Murray Edelman은 냉전시절의 미·소 관계에 대해 미국의 호전적인 매파와 소련의 호전적인 매파는 상호 적대적인 관계라기보다는 서로 돕는 관계라고 지적했다. 소련의 매파가 호전적인 발언을 하면 그건 미국에서 국방비를 쉽게 증액시킬 수 있는 근거가 되었으며, 그래서 매파와 군수업자들은 큰 재미를 보았다. 또 반대로 미국의 매파가 소련에 대해 호전적인 발언을 하면, 그건 소련에서 매파의 입지를 강화시켜주는 효과를 낳았다.[30]

에델만 외에도 여러 학자들이 적대세력간의 공생관계에 대해 말했지만, 이는 이론으로 정식화되진 않았으며 그 어떤 통일된 용어가 있는 것도 아니다. 국내에선 '적대적 공생' '적대적 공존' '적대적 의존' '적대적 상호의존' 등으로 쓰이고 있다.

적대적 공생antagonistic symbiosis은 적대 관계에 있는 쌍방이 사실상 서로 돕는 관계라는 뜻인데, 이는 의도하지 않은 구조적 결과일 뿐 양쪽 모두 그 어떤 의도를 갖고 그러는 건 아니다. 물론 고도의 정략 차원에서 그런 메커니즘을 이용할 순 있겠지만, 의도가 없더라도 성립되는 개념이라는 걸 분명히 할 필요가 있겠다. 왜냐하면 '의도'를 놓고 많은 오해가 빚어지기 때문이다.

예컨대 정성일은 "미국과 소련, 미국과 북한, 미국의 네오콘과 아랍테러집단, 남한의 보수정권과 북한, 전경련과 민주노총 등등. 국가보안법 철폐를 요구하는 집단과 수구보수진영의 관계에도 적대적 공생관계라는 말을 들이대는 이들도 있다"며 "'적대적 공생'이라는 '관계'가 성립되기 위해서는 서로 상대의 존재를 강화시키는 것 자체를 목적으로 하는 의식적 행동이 있어야 한다. 그러나 그런 예는 쉽사리 찾을 수 없다. (…) 공생하는 것처럼 보이는 면이 있을 뿐이지 본질이 아니기 때문이다. (…) 이를 인식하지 못하면 적대적 공생관계란 말은 자칫 현상과 본질을 뒤바꿔 본질을 가려버리는 말로 쓰이게 된다. 적대의 원인과 행위자의 의도를 감춰버려 '얘도 나쁘고 개도 나쁘다'는 식의 양비론만을 유포시키기 때문이다. 특히 적대적 관계, 적대적 체제가 형성되는 데 핵심적인 책임이 있는 '거악巨惡'을 대중들의 눈에서 감추는 데 활용되기 때문에 위험하기도 하다"[31]고 지적한다.

일리 있는 우려이긴 하지만, '적대적 공생'이라는 개념은 '서로 상대의 존재를 강화시키는 것 자체를 목적으로 하는 의식적 행동'을 전제로 하는 게 아니다. 손호철이 잘 지적했듯이, 적대적 공생은 "음모설이나 그런 것이 아니라 사실상 구조적으로 의존하고 있기 때문에 사실 의도하지 않게 서로 도와주고 있는 관계를 지칭하는 것"이다.[32]

적대적 공생은 이전투구 위주와 반감反感의 정치를 심화시킨다. 유권자들은 누가 더 잘 하고 낫느냐가 아니라, 누가 더 싫고 미운가 하는 기준에 따라 표를 던진다. 정책이나 이슈 중심의 세력은 물론 온건파와 중간파는 그런 적대적 공생의 와중에서 설 자리를 만들기 어려워진다. 그런데 왜 사이가 나쁜 두 세력이 서로 돕고 사는 적대적 공생 관계가 가능한 걸까? 그건 증오가 정치의 원동력이기 때문이다. 미국 역사가 헨리 브룩스 애덤스Henry Brooks Adams는 "현실 정치는 무엇을 가장하든, 언제나 체계적인 증오를 조직화하는 데 달려 있다"고 했다.[33] 사실 정치는 '공격성 분출의 제도적 승화'로 탄생된 것인바, 정치의 원동력이 증오라

는 건 매우 자연스러운 일인지도 모른다.[34]

우리는 편견과 증오를 극복해야 할 악덕으로 여기지만, 편견과 증오는 보편적인 인간 현상이다. 새뮤얼 헌팅턴Samuel P. Huntington 이 잘 지적했듯이, "사람은 이성만으로 살지 않는다. 자아를 규정하기 전까지는 자기 이익을 추구하면서 합리적으로 계산하고 행동할 수 없다. 이익 추구 정치는 정체성을 전제로 한다."[35] 바로 이 정체성 형성의 근간이 되는 것이 편견과 증오다. 로버트 파크Robert E. Park는 "친구와 적은 상호 관련되어 있다"며 "친구 없는 세상을 생각할 수 없는 바와 마찬가지로 이러한 세상 속에서 적 없이 산다는 것은 불가능한 일인 것 같다. 왜냐하면 이 둘은 어떤 의미에서 또 어느 정도 상호 관련되어 있으며 따라서 우리가 우리 친구의 자질을 평가하는 바로 그 편견 때문에 우리 적의 미덕을 공정히 판단하는 일이 불가능하지는 않더라도 어렵게 되기 때문"[36]이라고 주장한다.

카를 슈미트Carl Schmitt는 정치성을 '친구와 적'을 구분하게 하는 것이라고 했고, 마이클 딥딘Michael Dibdin의 소설 『죽은 늪』에서 베네치아의 민족주의 선동가는 "진정한 적이 없다면 진정한 친구도 있을 수 없다. 우리가 아닌 것을 증오하지 않는다면 우리 것도 사랑할 수 없다"고 했다.[37] 정치심리학자 제롤드 포스트Jerold Post는 사람들이 적을 소중히 여기고 그들을 키우는 것은 그들이 없다면 자기규정self-definition을 잃어버릴 위험에 처하기 때문이라고 했다.[38]

앞서 미국의 매파와 소련의 매파 사이의 적대적 공생을 지적한 에델만은 바로 그런 이유 때문에 저널리즘은 물론 학문의 세계에서 국가를 주된 분석의 단위로 삼는 것에 대해 근본적인 문제를 제기했다. 국가 내부의 주도권 다툼이나 권력투쟁이 국가적 적대관계를 이용한다고 보았기 때문이다. 과거 미국과 소련처럼 두 나라가 적대관계에 있을 때 어느 한쪽에서 적대감이 높아지면 다른 한쪽도 적대감이 높아지기 마련이다. 이에 따라 적대감이나 증오를 잘 마케팅하는 세력이 자국에서 더 많은 권력을 갖게 된다. 이런 내부 메커니즘을 외면한 채 두 나라가 각기 단일한 이해관계를 갖고 있는 것처럼 묘사하고 분석하는 건 잘못됐다는 것이다.

증오는 정치의 원동력이자 본질인바, 그걸 사라지게 만드는 건 영원히 가능하지 않다. 그건 인간의 본성을 바꾸는 일과 다를 바 없다. 우리가 할 수 있는 일은 증오의 양을 조절하는 것이다. 증오가 정치의 주요 동력과 콘텐츠가 되는 지금과 같은 '증오시대'는 필연이거나 숙명은 아니다. 증오를 가급적 줄이는 방향으로 나아가면서 화합을 모색하는 건 얼마든지 가능한 일이다. 언론의 강한 당파성도 적대적 공생의 관점에서 검토해볼 필요가 있다 하겠다.

 일독을 권함!

● 강준만, 「왜 정치는 '상징조작의 예술'인가?: 머리 에델먼」, 『인물과사상』, 223권 (2016년 11월), 42~71쪽.

- 김창수, 「반복되는 적대적 공생의 메카니즘을 해부하다: 한완상의 『한반도는 아프다: 적대적 공생의 비극』」, 『기독교사상』, 660권(2013년 12월), 110~117쪽.

- 류정민, 「참여정부와 조중동의 '적대적 공존'」, 『인물과사상』, 103권(2006년 11월), 54~65쪽.

- 나종석, 「시장과 민주주의: 적대적 공생관계?」, 『헤겔연구』, 17권(2005년), 289~350쪽.

- 남효윤, 「지방자치제 실시 전·후의 지방정부와 지역신문간의 관계변화」, 『언론과학연구』, 2권2호(2002년 8월), 33~78쪽.

악의 평범성

모범적 시민이
희대의 살인마가 될 수 있는가?

「"썩어빠진 엘리트는 필요없다"」「일상의 아이히만」「자발적 집행인」「한국의 아이히만」「영혼 없는 공무원, 악의 평범성」. '박근혜·최순실 게이트' 또는 국정농단 사태의 와중에서 엘리트·관료·공무원의 순응을 비판적으로 지적한 신문 칼럼들의 제목이다.[39] 이 칼럼들은 한결같이 '악惡의 평범성' 개념을 다루고 있다. 이 개념을 이해하기 위해선 히틀러 치하의 독일로 돌아갈 필요가 있다.

당시 학살된 유대인은 600만 명이었다. 유대인뿐만 아니라 장애인도 학살 대상이었다. 워낙 대규모로 저질러진 학살이라 수십 년이 지난 지금까지도 계속 새로운 사실이 밝혀지고 있다. 2003년 9월에 밝혀진 극비문서에 따르면, 나치 정권은 제2차 세계대전 개전 이듬해인 1940년 1월부터 1941년 8월까지 독일 각 병원에 수용돼 있던 지체·정신장애인 27만5000명을 학살한 것으로 밝혀졌다. 이와 관련해 미국 로스앤젤레스 시몬바이센텔 센터의 R. A. 쿠퍼 소장은 "나치 정권은 장애인 학살을 살인기술을 연마하고 정당화하는 도구로 악용했다"고 비난했다.[40]

인간의 탈을 쓰고 어찌 그런 학살을 저지를 수 있었을까? 이런 의문과 관련하여 자주 논의되는 인물이 바로 아돌프 아이히만 Adolf Eichmann이다. 그는 독일 나치스 친위대 중령으로 제2차 세계대전 중 유대인을 학살한 혐의를 받은 전범이었다. 그는 독일이 패망할 때 독일을 떠나 도망쳐 아르헨티나에 정착했다. 그곳에서 약 15년간 숨어 지내다가 1960년 5월 11일 이스라엘 비밀조직에 체포돼 이스라엘로 압송되었다. 그는 1961년 4월 11일부터 예루살렘 법정에서 재판을 받았으며, 그해 12월 사형 판결을 받고 1962년 5월 교수형에 처해졌다.

미국 정치학자 한나 아렌트는 『뉴요커』라는 잡지의 특파원 자격으로 이 재판과정을 취재한 후 출간한 『예루살렘의 아이히만 Eichmann in Jerusalem』(1963)이라는 책에서 '악의 평범성the banality of evil'이라는 개념을 제시했다.[41] 아이히만이 유대인 말살이라는 반인륜적 범죄를 저지른 것은 그의 타고난 악마적 성격 때문이 아니라 아무런 생각 없이 자신의 직무를 수행하는 '사고력의 결여' 때문이라고 주장한 것이다.

아렌트가 송고한 기사는 곧 미국 전역에 걸쳐 엄청난 논쟁을 불러일으켰다. 악의 화신으로 여겨졌던 인물의 '악마성'을 부정하고 악의 근원이 평범한 곳에 있다는 주장 때문이었다. 아이히만이 평범한 가장이었으며 자신의 직무에 충실한 모범적 시민이었다고 하는 사실이 많은 사람들을 곤혹스럽게 만들었다. 아이히만은 학살을 저지를 당시 법적 효력을 가지고 있었던 히틀러의 명령을 성실히 수행한 사람에 불과했다. 그는 평소엔 매우 '착한' 사람이었으며, 개인적인 인간관계에서도 매우 '도덕적'인 사람이었다. 그는 자신이 저지른 일의 수행 과정에서 어떤 잘못도 느끼지 못했고, 자신이 받은 명령을 수행하지 않았다면 아마 양심의 가책을 느꼈을 것이라고 대답했다.

착한 사람이 저지른 악독한 범죄라고 하는 사실에서 연유되는 곤혹스러움은 인간의 사유thinking란 무엇이고, 그것이 지능과는 어떻게 다르며, 나아가 사유가 어떠한 정치적 함의를 갖는가 하는 문제를 근본적으로 제기하게 만들었다.[42]

나치 친위대 사령관으로 유대인 대학살을 지휘했던 하인리히 히믈러Heinrich Himmler는 최근(2014년 1월) 공개된, 아내에게 보낸 편지에서 "히틀러가 내 어머니를 쏘라고 하면 난 그렇게 할 것이오"라고 말했다.[43] 어머니조차 쏠 수 있다는 이 엽기적인 정신상태는 도대체 어디에서 연유된 것일까?

이삼성은 학살의 집행자 또는 하수인들은 자신들이 잔혹행위에 개입해 있는 그 현실의 어처구니없음absurdity in realities을 어떤 형태로든 어느 정도는 인식하게 마련이지만, 그들은 그것을 부정하고 그 부정된 공백을 환상으로 메우려 하는 과정에서 '위조된 세계counterfeit universe'를 창조한다고 말한다. "여기에는 현실과의 정직한 대면을 부정하기 위한 여러 가지 도구들이 등장한다. 그 중의 하나가 베트남전쟁의 경우 군인들이 애용한 헤로인과 마리화나 등의 마약복용pot-smoking이었다. 독일군들은 유대인수용소에서 술과 고전음악을 즐겼으며 수용된 여성들에 대한 변태적인 성적 학대를 즐겼다. 이런 수단들을 통해서 학살의 하수인들은 스스로 '심리적 불감psychic numbing' 상태를 불러일으키며 정신적 공황을 메우려고 했다."

이삼성은 '심리적 불감'은 학살과 그 과정에서 중요한 역할을 수행하는 자신들의 현실을 비현실화하는 심리적 과정과 연결돼 있으며, 이 과정엔 크고 작은 이데올로기와 도구들이 동원된다고 말한다. 나치스의 경우는 '새로운 독일적 냉혹성new spirit of German coldness'을 영웅시하는 이데올로기도 한몫했으며, 고전음악을 즐기는 것과 같은 심미적 행위도 학살과 죽음이라는 현실과 그 하수인에게 불가피하게 따르는 죄의식을 초월해 보다 효과적이고 냉혹한 학살기계로 자신들을 적응시키는 데 중요한 수단이었다는 것이다." 베트남전쟁에서 미군 병사가 베트콩들의 시체 수를 확인하기 위해 시체마다 귀를 잘라 모으는 짓을 했다거나 하는 이야기는 베트남전쟁에서도 수많은 아이히만들이 존재했다는 걸 말해준다. 노인, 여자, 어린아이 등 민간인 347명을 학살한, 68년 3월 16일 미라이 학살 사건이 그 좋은 예일 것이다.

아이히만과 관련, 에리히 프롬은 '관료주의적 인간'의 문제를 제기했다. 그는 "아이히만은 관료의 극단적인 본보기였다. 아이히만은 수십만의 유대인들을 미워했기 때문에 그들을 죽였던 것이 아니다"며 "그는 누구를 미워하지도 사랑하지도 않았다. 아이히만은 '자신의 임무를 수행한 것이다.' 유대인들을 죽일 때 그는 임무를 충실히 수행했다. 그는 그들을 독일로부터 단지 신속히 이주시키는 책임을 맡았을 때도 똑같이 의무에 충실했을 뿐이다. 그에게 가장 중요한 것은 규칙을 준수하는 것이었다. 그는 규칙을 어겼을 때에만 죄의식을 느꼈다. 그는 단지 두 가지 경우에만, 즉 어릴 때 게으름피웠던 것과 공습 때 대피하라는 명령을 어겼던 것에 대해서만 죄의식을 느꼈다고 진술했다"[45]라고 지적한다.

아이히만의 죄는 '생각하지 않은 죄'였다. 아이히만은 자신에게 주어진 책임, 즉 기술적인 일만 성실히 수행했다. 이게 곧 아이히만의 대답이기도 했다. 닐 포스트먼Neil Postman은 "아이히만의 대답이 하루에 미국에서만도 5000번 이상 나오고 있을 것이다. 즉 내 결정의 인간적인 결과에 대해서는 아무런 책임도 없다는 것이다. 담당자는 관료주의의 효율성을 위해 맡은 역할에 대해서만 책임을 질 뿐이며, 이는 어떠한 희생을 치르더라도 계속되어야 하는 것이다"라고 말한다.[46] 모범적 시민이 희대의 살인마가 될 수 있는 '악의 평범성'의 근거가 된 '권위에 대한 복종'은 이후 미국 심리학자 스탠리 밀그램, 필립 짐바르도 등에 의해서도 입증되었다. 이어 이들의 연구 결과를 살펴보기로 하되, 한 가지는 미리 짚고 넘어갈 필요가 있겠다.

모든 건 상황에 따른 것일 뿐, 악한 인간은 존재할 수 없는가? 그렇진 않다. 아렌트도 일부 가해자들의 가학 성향을 언급하면서 드물게나마 괴물들이 존재한다는 데에 동의했다. 도덕성이 결여된 사이코패스의 악행을 상황 탓만으론 돌릴 수 없다는 것이다.[47] '악의 평범성'은 권위에 대한 복종의식이 우리 모두에게 있으며, 사람에 따라선 그게 지나친 수준으로까지 나아갈 수도 있다는 경각심을 환기시킨 개념으로 이해하면 되겠다. 언론인의 자율성, 양심, 사명도 그런 관점에서 살펴보는 건 어떨까?

📚 일독을 권함!

- 이혜정·송병국, 「한나 아렌트의 "악의 평범성"을 통한 학교폭력의 본질 탐색」, 『교육철학』, 55권(2015년 4월), 99–125쪽.
- 김인순, 「소설에 나타나는 '악의 평범성 연구': 『책 읽어주는 남자』와 『도가니』를 중심으로」, 『헤세연구』, 32권(2014년 12월), 255–280쪽.
- 임의영, 「행정의 윤리적 과제: "악의 평범성"과 책임의 문제」, 『한국행정학보』, 48권3호(2014년 9월), 5–25쪽.
- 송충기, 「홀로코스트에서 반유대주의 지우기: 한나 아렌트의 『예루살렘의 아이히만』을 둘러싼 논쟁 50년」, 『역사비평』, 105권(2013년 11월), 280–300쪽.
- 최치원, 「5·18 민주화운동에 대한 하나의 실존적 해석: '어두운 시대'에 감추어진 '악의 평범성' 문제」, 『민주주의와 인권』, 11권3호(2011년 12월), 1–33쪽.

권위에 대한 복종
왜 우리는 '조폭문화'에
쉽게 빠져 드는가?

2003년 3월 13일 이창동은 문화관광부 장관 취임 2주 만에 한국 관료사회의 권위주의를 '조폭문화'로 규정했다. 2005년 12월 시인 김용택은 노무현 시대도 이전 시대와 다를 게 없다며 그 점을 이렇게 지적했다. "장군이 뜨면, 무슨 장관이 뜨면, 무슨 국장이 뜨면, 국회의원이 뜨면 보아라. 완전히 조폭 두목이 뜬 것과 꼭 같은 풍경이 벌어진다. 어느 정도 민주화가 이루어졌다고, 이만하면 민주화가 이루어졌다고? 코미디 같은 이야기들이다."[48]

2013년 8월 30일 '국정원불법선거개입규탄 전국교수·연구자 네트워크'는 서울 서초구 국정원 앞에서 연 '국정원불법선거개입규탄 교수·연구자 시국대회'에서 "우리 교수·연구자들은 (국정원 사태를 통해 나타난) 조폭정치, 조폭경제 그리고 조폭문화를 종식하여 우리 사회에 민주주의와 헌정질서를 회복하기 위한 운동에 적극적으로 함께 할 것임을 선언한다"고 밝혔다.[49]

포털에 '조폭문화'를 검색해보면, 「조폭 연상시키는 새누리당의 '형님 문화'」[50] 「정우택 "'채동욱 호위무사'…조폭문화에서나 나오는 말"」[51] 「박근혜 정권의 조폭 문화」[52] 등과 같은 기사들이 수없이 많이 뜬다. 정치판에선 여야가 상대편을 가리켜 '조폭문화'라고 비난하지만, 누가 누구를 가리킬 것도 없이 '조폭문화'는 우리 모두가 쉽게 빠져드는, 우리 모두의 것이라고 보는 게 옳을 것 같다.

조폭문화를 좀 점잖게 이야기하자면, '권위에 대한 복종obedience to authority'의 문화다. 사고 기능을 발휘하지 않는 절대적·맹목적 복종이다. '권위에 대한 복종'은 미국 사회심리학 교수 스탠리 밀그램이 1974년에 출간한 책의 제목이기도 하다. 밀그램은 나치 치하의 독일인들이 어떻게 수백만 명의 유대인들을 학살할 수 있었는지 알고 싶어서 1961~1962년 '권위에 대한 복종' 실험을 했다. 그가 하버드대 교수 시절이던 1963년에 발표한 실험 결과는 엄청난 충격과 더불어 뜨거운 논란을 불러일으켰다. 어떤 실험이었던가?

참여자들은 실험의 목적을 알지 못한 채, 선생님 역할을 맡아 참여자들에게 보이지 않는 칸막이 너머에 있는 학생이 문제를 틀릴 때마다 전기충격의 강도를 높이라는 지시를 받는다. 실험의 목적을 알고 있는 학생 역할의 협조자들은 전기충격이 가해질 때마다 고통스러운 연기를 했으며, 이 소리는 참여자들이 모두 들을 수 있게 만들었다.

참여자 대부분은 학생의 괴로운 목소리를 듣고 몇 번 전기

충격을 주고 더 이상 할 수 없다는 의사를 표현했으나, 실험자가 "그 정도의 전기로는 사람이 죽지 않습니다. 결과에 대해서는 제가 모든 책임을 지겠습니다"라고 하자 놀랍게도 참가자의 65%(40명 중 26명)가 "제발 그만!"이라는 비명이 터져 나오는데도 450V에 해당하는 전기충격에 도달할 때까지 버튼을 계속 눌렀다. 상식적으로 450V의 전기라면 거의 모든 사람이 죽을 수밖에 없는데도 책임을 지겠다는 실험자의 권위에 쉽게 굴복한 것이다.[53]

밀그램은 "우리의 실험에서 수백 명의 피험자들이 권위에 복종하는 것을 목격한 이후 나는 아렌트의 '악의 평범성'이라는 개념이 우리가 상상한 것보다 더 사실일 수 있음을 확신하게 되었다. 희생자에게 전기충격을 가한 평범한 사람들은 의무감—피험자로서 의무에 대한 인식—때문이었지, 특별히 공격적인 성향을 가진 사람들이 아니었다"며 "그런데 상당히 흥미로운 점은 많은 피험자들이 희생자에 대한 적대적인 행위의 결과로 그를 무자비하게 평가절하했다는 사실이다. (…) 일단 희생자에게 전기충격을 가하게 되면, 피험자들은 희생자를 무가치한 개인으로 보았으며 성격적·지적 결함을 가진 그를 처벌하지 않을 수 없다고 생각했다"[54]고 말한다.

이 실험 결과가 발표되자 아동심리학자인 다이애나 바움린드 Diana Baumrind는 밀그램의 윤리성을 심하게 비난하는 논문을 대표적인 심리학 학회지에 발표했다. 그가 피실험자들을 속였고, 그것이 어떤 실험인지 알리지 않았으며, 정신적 외상을 낳게 했다는 것이다. 한 동료 교수가 미국 심리학회에 밀고를 하는 바람에 그에 관한 조사가 이루어지는 동안 그의 회원 심사가 1년 동안 보류되기도 했다. 이에 대해 로렌 슬레이터Lauren Slater는 이렇게 전한다.

"밀그램은 조사를 받았다. 그는 동료 심리학자들의 환한 실험실 불빛 아래 억류되어 이상한 사람 취급을 받았다. 그는 몸부림을 치며 괴로워했다. 파티 때 그를 만난 사람들은 그가 누구라는 것을 알고 뒷걸음질을 쳤다. 휴머니즘의 표본이었던 브루노 베텔하임Bruno Bettelheim은 밀그램의 실험이 혐오스럽다고 표현했다. 대학교수로서 종신재직권을 받을 때가 되었을 때 밀그램은 예일대학과 하버드대학에서 거부를 당했다."[55]

아닌 게 아니라 수년 후 밀그램의 실험에 참가한 이들 가운데 일부는 이 실험 참가로 인해 장기적인 심리적 피해를 입었다고 보고했다. "다른 사람에게 전기충격을 가하다니 대체 내가 어떻게 된 걸까?" 등과 같은 심리적 고통을 겪었다는 것이다. 이후 대부분의 국가에서는 심리실험을 진행할 때 참가자들에게 해를 끼쳐서는 안 된다는 지침을 준수하게 됐다. 그러나 이 지침의 준수 이전까지 여러 유사 실험들이 진행되었다.[56]

밀그램은 좌절 속에 심장병을 앓다가 51세에 사망했지만, 그의 연구는 많은 나라에서 반복되었다. 그런데 흥미로운 건 국가마다 정도의 차이가 나타났다는 점이다. 최고 단계까지 충격을 높인 참가자의 비율은 미국에선 65%였지만, 독일에선 85%, 호주에선 40%로 나타났다. 이는 바꿔 말해, 독일은 권위에 대한 복종의식이 강한 나라인 반면, 호주는 그게 낮은 나라라는 걸 말해준다. 이에 대해 캘리포니아대 심리학자 마이클 가자니가Michael Gazzaniga는 이런 논평을 내놓았다. "지금의 호주는 원래 죄수들이 살던 나라였다. 말하자면 불복종 유전자가 모인 곳이라는 점을 고려하면 이 결과는 상당히 흥미롭다."[57]

'불복종 유전자'라는 게 있는지는 좀더 따져볼 문제지만, 조폭이 따로 있는 게 아니라는 점은 분명해 해둘 필요가 있겠다. 사람은 누구든 상황에 따라 조폭이 되거나 조폭문화에 중독될 수 있다. 나의 의리는 아름답지만, 너의 의리는 추하다는 이중기준을 정당화하려는 게 아니라면, 나와 우리의 조직문화를 지속적인 성찰의 대상으로 삼을 필요가 있겠다. 접근의 어려움 때문에 언론사 조직문화에 대한 연구가 거의 없기 때문에 그런 필요성은 절실하다고 볼 수 있다.[58]

📚 일독을 권함!

- 방지원, 「초등 역사교육에서 국가주의와 애국심 교육: 제3차~제5차 교육과정기 〈국사〉, 〈사회〉 교과서를 중심으로」, 『역사교육연구』, 26권(2016년 11월), 47~86쪽.
- 남근우, 「북한의 권력과 복종의 정치에 대한 소고(小考): 북한 주민들은 왜 집단저항을 하지 않는가?」, 『아태연구』, 23권1호(2016년 3월), 61~86쪽.
- 박은영, 「복종과 저항: 우치무라 간조(內村鑑三)의 애국심에 대한 일고찰」, 『일본학보』, 99권(2014년 5월), 405~420쪽.
- 이봉철, 「서구 권위이론에 내재하는 '권위패러독스'와 그 해소 모색」, 『OUGHTOPIA』, 26권2호(2011년 8월), 33~66쪽.

● 윤상연 · 한성열, 「권위주의적인 사람은 항상 권위에 복종적일까?: 권위주의 성격에 따른 권위관계 상황별 복종의 차이」, 『한국심리학회지: 문화 및 사회문제』, 14권 3호(2008년 8월), 41~56쪽.

루시퍼 효과

왜 선량한 네티즌이 '악플 악마'로 변할 수 있는가?

스탠리 밀그램과 같은 동네에 살던 고교 동급생으로 동갑내기인 스탠퍼드대 심리학자 필립 짐바르도도 1971년 비슷한 실험을 했다. 짐바르도의 실험 결과는 밀그램의 실험 못지않게 충격적이었지만, 짐바르도는 밀그램이 먼저 몰매를 맞은 탓인지 큰 논란에서 벗어나 무사했다.

짐바르도의 실험 결과도 가학적 성격 타입이 아닌 사람들도 상황이 바뀌면서 쉽게 가학적 행태를 보일 수 있다는 사실을 보여주었다. 비가학적 성격 타입의 사람들로 하여금 죄수들을 통제하는 임무를 맡겼더니 이들도 잔인성·모욕·비인간화의 행태를 보이며 통제하기 시작했고, 그 정도는 급속도로 상승했다는 것이다. 이 실험은 어떤 식으로 이루어졌던가?

대학의 심리학부 건물 지하에 가짜 감옥을 만들고 지역신문을 통해 실험 지원자를 모집했다. 모두 72명이 지원했는데, 이들 중에서 가장 정상적이고 건전한 사람 21명을 선발했다. 간수 역할을 맡은 사람들은 점점 더 잔인하고 가학적이 되어 갔으며, 한 죄수는 36시간 만에 신경 발작 반응까지 보였다. 이런 문제들로 인해 연구자들은 원래 이 실험을 2주간 계속하려고 했지만 6일 만에 중단하고 말았다.

교도소장을 맡았던 짐바르도 자신도 이미 이성을 상실한 상태였는지라 짐바르도의 연인이자 대학원생이었던 크리스티나 매슬랙Christina Maslach이 강력 개입해 이루어진 중단이었다. 짐바르도마저도 이 실험의 희생자가 된 것이다. 이에 대해 짐바르도는 "우리가 본 것은 너무 무서운 일들이었다"며 다음과 같이 말한다.

실험의 과정에서 실험자나 피험자 모두에게 이 피험자들의 '역할'이 어디에서 시작되고 어디에서 끝나는지 그 한계가 불분명해지기 시작했다. 대부분의 피험자들은 진정한 '죄수'나 '교도관'이 되고 말았으며, 역할 수행role-playing과 자아self를 더 이상 분명히 구분할 수가 없게 되었다. 행동, 사고 그리고 감정의 모든 측면에서 극적인 변화가 있었다. 일주일도 채 안 된 감옥생활이 일생동안 배운 것을 (잠정적이나마) 지워버렸고, 인간의 가치는 정지되었으며, 자아개념은 도전받았고 그리고 인간본성의 가장 추악하고 비열한 병적인 측면이 나타났던 것이다. '죄수'인 학생들은 자기가 살기 위해 그리고 교도관에 대한 끓어오르는 증오심을 이기지 못해 도주만 생각하는 비굴하고 비인간적인 로봇이 된 반면, '교도관'인 학생들은 '죄수' 학생들을 마치 저질의 동물처럼 다루면서 잔인한 짓을 즐기고 있는 듯이 행동하는 것을 보고, 실험자들은 공포에 질렸던 것이다.[59]

정상적인 사람도 교도소라고 하는 특수한 상황에서는 '괴물' 로 변할 수 있다고 하는 가설은 2004년 5월 바그다드의 아부 그라이브Abu Ghraib 감옥에서 벌어진, 미군에 의한 이라크 포로 학대 파문으로 입증되었다. 포로들에 대한 고문과 학대는 미 정부의 비밀작전계획에 따른 것으로 국가 차원에서 저지른 전쟁범죄임 이 밝혀졌지만, 그렇다 하더라도 미군 병사들이 포로들을 짐승처 럼 다룬 건 전세계인들을 경악시켰다. 이 파문으로 인해 가장 유 명해진 미군 일등병 린디 잉글랜드Lynndie England는 21세의 여군 으로 함께 기소된 상병 찰스 그라너Charles Graner의 아이를 임신중 이었다. 그럼에도 불구하고 그녀는 포로들에게 상상하기 어려운 수준의 학대행위를 하면서도 웃는 모습을 보여주었다.

이 사건의 재판에 피고를 변호하는 전문가 증인 자격으로 깊 이 개입했던 짐바르도는 "이라크에서 진행된 일들이 나로서는 전혀 놀랍지 않다"며 "교도소처럼 힘의 불균형이 심한 장소에서 는 교도관들의 엄청난 자기 통제가 없다면 최악의 상황이 조성 될 수 있다"고 말했다.[60] 짐바르도는 2007년 스탠퍼드대 실험 내 용과 아부 그라이브 고문 사건을 담은 『루시퍼 이펙트: 무엇이 선량한 사람을 악하게 만드는가The Lucifer Effect: Understanding How Good People Turn Evil』라는 제목의 책을 출간했다.

루시퍼Lucifer는 '빛을 내는 자' '새벽의 샛별'이라는 뜻으로, 천계에 있을 때는 신으로부터 가장 사랑받던 존재였지만 '오만'으로 인해 신의 분노를 사서 하늘에서 추방당함으로써 '악마, 사탄'이 되었다. 따라서 '루시퍼 이펙트'는 선량한 사람을 악하게 만들수 있는 '악마 효과'라고 할 수 있겠다. 루시퍼는 권위에 복종하지 않아서 악마로 전락했지만, 루시퍼 효과에선 권위에 대한 맹목적 복종이 악마를 만들었다는 차이는 있지만 말이다.

밀그램과 짐바르도의 이론들을 가리켜 '상황주의situationism'라고 한다. 사람의 특성이 아니라 상황이 중요하고, 영혼보다는 맥락이 더 중요하다는 것이다. '악의 상황 이론situational theory of evil'이라고도 하는데, 그 반대는 '악의 기질 이론dispositional theory of evil'이다. 『인간과 상황: 사회심리학의 전망The Person and the Situation: Perspectives of Social Psychology』의 공저자인 리 로스Lee Ross는 "나는 한 개인의 도덕적이거나 비도덕적인 행동이 고정된 성격적 특성 때문이라고 생각하지 않는다. 그것은 그가 언제, 어디서, 누구와 함께 있는가가 훨씬 더 중요하다"고 말한다.[61]

인간의 덕을 강조하는 윤리학자들은 인성교육의 중요성을 강조하지만, 상황주의는 인성교육과 같은 지름길에 속지 말라고 경고한다.[62] 상황주의와 인성교육 중에서 양자택일을 할 필요가 있을까? 둘 다 중요하다고 보면 안 될까? 그러나 강한 개인주의 문화를 갖고 있는 사람들은 그렇게 생각하지 않는다. 짐바르도는 아부 그라이브 고문 사건 재판에서 느낀 좌절감을 다음과 같이 토로한다.

"검사와 판사는 상황의 힘이 개인의 행동에 영향을 줄 수 있다는 점을 전혀 고려하려고 들지 않았다. 그들의 견해는 우리 문화 속의 대부분의 사람들이 공유하고 있는 표준적인 개인주의적 사고방식에 기초하고 있었다. 즉 어떤 잘못은 전적으로 개인의 '기질적' 문제이며 칩 프레더릭 병장의 경우 그와 같은 악행을 저지른 것은 자발적으로 선택한 합리적인 의사결정이라는 것이다."[63]

검사와 판사는 사이버공간에서 선량한 네티즌이 '악플 악마'로 변할 수 있다는 걸 이해하면 생각을 바꿀까? 황상민은 스탠퍼드 실험에서 이루어진 발견의 의미를 사이버공간에 적용시킨다. 사이버공간이 우리의 행동에 영향을 미치는 방식이나 영향력은 바로 가상으로 만든 감옥과 같은 환경이 간수와 죄수로 참가했던 사람들에게 미쳤던 영향력과 같다는 것이다.

그것이 가상의 공간임을 알기 때문에 내가 스스로 나의 행동을 통제할 수 있다고 믿을지 모르지만, 가상의 공간에서 자기 행동을 통제하기는 어렵다. 자신의 행동을 통제할 수 있다는 믿음은 사실이 아니며 대부분의 인간은 만들어진 환경, 즉 사이버공간에서 정해진 특성에 따라, 마치 연극 대본에 따르는 배우처럼 행동하게 된다. 가령 채팅을 하러 사이버공간에 들어갔을 때 우리는 일상생활에서 사용하는 말들과 다른 용어를 사용하여 대화할 뿐 아니라 쉽게 그 상황에서 요구하는 표현이나 행동을 적극적으로 하게 된다. 이는 채팅방이 가지는 분위기가 하나의 환경으로 우리의 행동을 직접 통제하기 때문이다.[64]

오프라인 세계에선 너무 착했기 때문에 그간 억눌린 게 있었을 테고, 그래서 비교적 익명이 보장되는 온라인이라는 새로운 상황에서는 그 억눌림을 터트리고 싶어 하는 걸까? 실제로 검·경찰 수사를 받을 정도로 문제가 된 악플러들의 한결같은 공통점은 전혀 그럴 것 같지 않은 사람들이라는 점이다. 그들의 그럴 수밖에 없는 처지가 가슴 아프긴 하지만, 이는 사이버공간이 한풀이 성격의 배설 공간일 수 있다는 걸 말해준다. 그런 배설행위에 박수를 치는 이들도 정도만 덜할 뿐 비슷한 유형의 사람들로 보아도 무방하다. 실은 이들이 '간수' 역할을 하면서 악플러들의 인정욕망을 자극하는 건지도 모른다. 진짜 문제는 '악플의 세력화'인데,[65] 이에 대해선 아직 그 누구도 이렇다 할 답을 내놓지 못하고 있는 실정이다.

 일독을 권함!

- 김현경, 「아이돌을 둘러싼 젠더화된 샤덴프로이데(Schadenfreude)의 문화정치학: 〈아이유 사태〉를 중심으로」, 『한국언론정보학보』, 80권(2016년 12월), 115–142쪽.
- 주경희·최지은·이성규, 「인터넷 댓글문화에서 플레이밍 행동에 영향을 미치는 요인에 관한 연구」, 『문화산업연구』, 13권2호(2013년 6월), 47–57쪽.
- 서아영, 「가상공동체의 플레이밍(Flaming)에 대한 이론적 탐색과 실증분석」, 『e-비즈니스연구』, 13권1호(2012년 3월), 89–114쪽.
- 나은영·차유리, 「인터넷 집단극화를 결정하는 요인들: 공론장 익명성과 네트워크 군중성 및 개인적, 문화적 요인을 중심으로」, 『한국심리학회지: 사회 및 성격』, 26권1호(2012년 2월), 103–121쪽.

- 노영란, 「상황주의 사회심리학과 덕윤리: 상황주의적 도전과 실천적 지혜를 통한 덕윤리적 대응을 중심으로」, 『철학』, 109권(2011년 11월), 285-312쪽.

- 이항우, 「사이버공간에서의 적대성: 한 온라인 토론그룹에서 벌어지는 "플레이밍(flaming)"에 대한 연구」, 『정보사회와 미디어』, 5권(2003년 12월), 1-28쪽.

- 이철선, 「가상 공동체에서의 플레이밍(Flaming)에 관한 연구」, 『마케팅연구』, 18권 1호(2003년 3월), 3-30쪽.

- 김재휘·김지호, 「인터넷 일탈행동 및 동기에 관한 연구」, 『한국심리학회지: 소비자·광고』, 3권2호(2002년 12월), 91-110쪽.

제10장

비교와 인정

인정투쟁 이론

왜 우리는 'SNS 자기과시'에 중독되는가?

우리 인간은 사회적 동물이다. 따라서 남들이 나를 인정해주는 맛에 세상을 산다. 삶은 남들의 인정을 받기 위한 투쟁, 줄여서 '인정투쟁struggle for recognition'의 연속이라고 해도 과언이 아니다. 미국 철학자이자 심리학자인 윌리엄 제임스William James가 잘 지적했듯이, "인간의 행동을 지배하는 가장 기본적인 원리는, 다른 사람의 인정에 대한 갈구"이다.[1]

이젠 누구나 다 아는 뻔한 상식이지만, 독일 철학자 헤겔은 이걸 좀 어렵게 설명했다. 헤겔의 '인정투쟁' 개념은 미국 철학자이자 심리학자인 조지 허버트 미드George Herbert Mead와 독일 철학자 악셀 호네트Axel Honneth에 의해 더욱 발전되었지만,[2] 이 개념을 이데올로기 차원에서 대중화시킨 주인공은 일본계 미국 학자인 프랜시스 후쿠야마Francis Fukuyama다. 자유민주주의 체제야말로 '인정의 욕구'가 모든 사람에게 충족되는 사회라는 점을 강조하기 위한 후쿠야마의 의도엔 논란이 있을망정, 다음과 같은 진술에 공감하긴 어렵지 않다.

우리가 노동을 하고 돈을 버는 동기는 먹고살기 위함이 아니라, 그러한 활동을 통해서만 우리는 승인받고 인정받을 수 있기 때문이다. 여기서 돈은 물질적인 것이 아니라 사회적인 지위나 인정을 상징하게 된다. (…) 보다 높은 임금을 받으려고 파업하는 노동자는 단순히 탐욕이나 물질적인 혜택 때문에 그러는 것이 아니다. 파업은 자신의 노동을 다른 사람의 노동과 비교해서 정당한 보상을 받으려는 일종의 '경제정의'를 추구하는 활동이다. 다시 말하면 자기 노동의 진정한 가치를 인정하라는 요구인 것이다. 이와 마찬가지로 사업 왕국을 꿈꾸는 기업가는 자신이 벌어들인 수백만 달러를 마음껏 쓰려는 것이 아니라 오히려 새로운 기술과 서비스 창조자로서 인정받고 싶어서 그러는 것이다.[3]

인정투쟁은 그 목표가 권력의 획득이 아니라 인정의 획득이라는 점에서 권력투쟁과는 다르다.[4] 그렇지만 여기서 한가지 의문이 생긴다. 우리의 삶이 권력투쟁과는 다른 인정투쟁이라면, 세상이 살벌한 약육강식의 전쟁터가 되어야 할 이유가 무엇이란 말인가? 인정을 해주고 인정을 받는 일에 꼭 돈이 들어가야 하는 일도 아닐 텐데, 왜 세상은 돈에 미쳐 돌아가는 걸까? 인정의 기준이 다양화되지 못한 가운데 돈 중심으로 획일화되었기 때문일까? 만약 그렇다면, 그 근저엔 무엇이 있을까?

인간에겐 '대등對等욕망'과 '우월優越욕망'이 있는데,[5] 우월욕망
이 왜곡된 형태로 나타나 '지배욕망'으로 변질될 경우, 상호 인정
의 평화공존이 깨지고 만다. 이와 관련, 미국 교육자 로버트 풀러
Robert W. Fuller는 "사람들이 진정으로 원하고 또 필요로 하는 것은
남을 지배하는 것이 아니라 그들에게 인정을 받는 것이다. 인정
은 유한한 자원이 아니라 무한정 만들어낼 수 있는 자원이다. '당
신을 알아가는' 게임은 제로섬게임, 즉 내가 얻는 만큼 너는 잃고
그 반대도 마찬가지인 게임이 아니다. 오히려 수학에서 말하는
비非제로섬게임, 즉 양측 모두 처음보다 더 좋은 결말을 맞이할
수 있는 게임"[6]이라고 말한다.

세상이 그렇게만 된다면 더할 나위 없이 좋겠지만, 풀러의 꿈
은 이루어지기 어려울 것이다. 이른바 '인정의 통속화'가 인정투
쟁을 타락시키고 있기 때문이다. 노명우는 악셀 호네트가 1992
년에 출간한 『인정투쟁』의 부제가 '사회적 갈등의 도덕적 형식'
이었음을 상기시키면서, 오늘날 인정투쟁의 타락상에 대해 "인
정의 통속화가 극한까지 진행되면, 인정은 마음대로 권력을 휘두
를 수 있는 자리를 차지했다는 것과 동의어가 된다. 인정받았음
이 타인의 '눈에 들었다'와 동일하게 느껴지는 한, 사람은 눈도장
을 찍을 수 있는 권력을 지닌 사람과 눈도장을 구걸하는 사람으
로 양분되기 마련"[7]이라고 지적한다.

권력을 지닌 사람은 소수의 권력자에 국한되지 않는다. 권력
의 주체는 나의 주변 사람들이거나 이름 없는 대중일 수도 있다.
그렇게 통속적으로 변질된 '인정' 개념이 적나라하게 펼쳐지는

공간이 바로 SNS다. 과거엔 자기 과시를 위해선 사람들을 직접 만나야 했고, 또 적절한 타이밍을 잡는 노력이 필요했지만, SNS는 그런 번거로움을 일시에 해소시켜준 '혁명'이나 다를 바 없다. '인정 욕구'에 굶주린 사람들이 SNS에 중독되지 않고 어찌 견뎌낼 수 있으랴. 사회학자 던컨 와츠는 페이스북과 같은 SNS의 성공엔 '노출증exhibitionism'과 '관음증voyeurism'이 큰 역할을 했다고 진단한다. 사람들은 자신을 표현하는 걸 좋아하는 동시에 그만큼 남들에 대한 호기심도 강하다는 것이다.[8]

SNS가 젊은층에게 압도적 인기를 누린 이유도 바로 그것이다. 자신의 정체성 만들기에 집중할 때인 젊은층은 크게 달라진 환경에서 이전 세대와는 비교할 수 없을 정도로 자기표현에 적극적인데, 바로 이런 정서가 SNS의 폭발적 성공을 견인했다.[9] 한국의 페이스북 이용에 있어서 '인맥 과시용 친구 숫자 늘리기'가 많이 이루어지고 있는 것도 결코 우연이 아니다. 『조선일보』(2013년 7월 29일)는 "허울뿐인 '먼 친구'가 유행하는 이유는 페이스북 이용자들 사이에서 친구 추가 경쟁이 붙었기 때문이다. 페이스북 친구가 많을수록 인맥이 넓어 보인다는 생각에 친구 요청은 무조건 수락하고, 무작위로 검색된 이용자들을 추가한다. 글로벌 인맥을 과시하려고 외국인에게 다짜고짜 친구 요청을 보내기도 한다"며 이런 진단을 덧붙였다.

그러나 함부로 사생활을 공개할 수는 없기 때문에 이들을 모두 '먼 친구'로 설정하는 것이다. 국내에 교환학생으로 와 있는 미국인

조나단 캠벨(21)씨는 "한두 사람을 먼 친구로 설정할 수는 있어도, 친구 숫자를 늘리려고 일부러 '먼 친구'를 맺는 모습은 한국에서 처음 봤다"고 말했다. 이명진 고려대 사회학과 교수는 '인적人的 자본에 대한 지나친 과시욕이 사이버 커뮤니티로 번져 발생하는 현상'이라고 지적했다.[10]

어디 인맥 과시 뿐이랴. "자신의 페이스북에 꾸준히 맛집 관련 사진을 남기는 조모(35)씨는 페이스북 친구들이 조씨가 알지 못하는 맛집이나 고급 레스토랑에 갔다온 사진을 올리면 괜한 질투심을 느끼곤 한다. 조씨는 '친구의 페이스북에 여기가 어디냐고 댓글을 남겼더니 웬만한 사람은 다 가본 곳인데 왜 모르느냐고 은근히 핀잔을 주더라'며 '유행에 뒤처진 사람처럼 보일까 봐 지금은 억지로라도 사진을 올리려 애쓰고 있다'고 말했다."[11] 최근 인기를 끈 'SNS 백태'라는 게시물도 이렇게 적고 있다. "미니홈피-내가 이렇게 감수성이 많다. 페이스북-내가 이렇게 잘 살고 있다. 블로그-내가 이렇게 전문적이다. 인스타그램(사진공유 SNS)-내가 이렇게 잘 먹고 다닌다. 카카오스토리-내자랑+애자랑+개자랑. 텀블러-내가 이렇게 덕후(오타쿠)다" 등. 영화평론가 최광희는 SNS에 "우리는 모두 자기 인생의 주인공이고 싶다. 그러려면 청중이, 관객이 필요하다. SNS는 많은 사람들에게 서로가 인생의 주인공임을 말하고, 서로의 청중이 되어주는 곳이기도 하다. 그러나 누구도 진짜 주인공이 아니고, 누구도 진짜 청중이 아닌 곳이기도 하다. 그래서 가끔 이 공간이 서글프다"는 글을 올리기도 했다.

이와 관련, 양성희는 「우리는 왜 SNS에 중독되는가? 아마도 온라인 인정투쟁 중」이라는 칼럼에서 이렇게 말한다. "SNS에 만연한 편가르기식 설전에 지쳐 활동을 접는 이들도 있다. 그런데 떠날 때도 조용히 사라지기보다는 '퇴장의 변'을 밝힌다. 막상 완전히 떠나는 건 쉽지 않다. 대부분 금세 돌아온다. 이런 '중독자'들 덕에 페이스북 사용자만 이미 전세계 11억 명이 넘는다. (…) 약간의 차이는 있지만 본질은 '내 자랑' '내 과시'다. SNS가 바로 '온라인 인정투쟁'의 장이란 얘기다."[12]

우리가 좀 심하긴 하지만, SNS가 '온라인 인정투쟁'의 장으로 활용되는 건 전세계적인 현상이다. 2013년 8월 미국 미시간대 연구팀의 조사에 따르면, 페이스북을 오래 사용하는 사람일수록 삶에 대한 만족도가 더 떨어지는 것으로 나타났다. 왜 그럴까? '상대적 박탈감' 때문이다. 대개 페이스북에는 직장에서의 성공담이나 귀여운 아기 사진, 멋진 여행 등 행복한 순간을 올리기 때문에 그런 걸 보면 화가 나거나 외로움을 느껴 결국 행복감도 떨어지게 된다는 것이다.[13]

그래서 SNS를 포기해야 할까? 그렇진 않다. 나도 남들의 부러움을 자극할 만한 것들을 올리면 된다. 물론 그렇게 하기 위해선 SNS에 더욱 중독되어야만 한다. 인정투쟁은 인류 역사의 원동력이라는 데 무얼 망설이랴! 그러나 남을 위해 사는 게 아니라면 '비교'에 대해 다시 생각해보는 게 좋다.

댄 그린버그Dan Greenberg는 『자신을 비참하게 만드는 법How to

Make Yourself Miserable』(1987)에서 비참한 삶의 원인은 '비교'에 있다고 말한다. 미국 신화학자 조지프 캠벨은 "우리가 더 없는 행복을 느끼기 위해서는 다른 사람이 나를 어떻게 생각할까 하는 생각을 내려놓아야 한다"고 말한다.[14] 데이비드 즈와이그David Zweig는『인비저블: 자기홍보의 시대, 과시적 성공문화를 거스르는 조용한 영웅들』(2014)에서 "타인의 인정을 받는다는 것에 대한 평가가 실제 가치보다 훨씬 과장되어 있다"며 '타인의 인정에 연연하지 않는 태도'를 갖자고 말한다.[15]

그러나 그런 일을 혼자 하긴 어렵다. 사회적 차원에서 인정의 기준을 다양화하려는 노력이 필요하다. 인정의 기준이 권력과 금력 중심으로 미쳐 돌아가는 사회에선 정치마저 그런 문법에 따라 움직이기 마련이고, 그래서 정치는 이전투구의 장場으로 전락할 수밖에 없다. 인정투쟁의 문법을 교정하는 일이 정치적 의제로 다뤄지지 않는 현실에 대해 "왜?"라는 의문을 왕성하게 제기해야 하지 않을까?

 일독을 권함!

● 이재승, 「묘지의 정치: 명예회복과 인정투쟁을 둘러싸고」, 『통일인문학』, 68권 (2016년 12월), 257–296쪽.

● 김명혜, 「50대 중년남성의 모바일 소셜미디어 이용과 사회자본에 관한 연구」, 『한국방송학보』, 30권1호(2016년 1월), 36–70쪽.

● 서경현·조성현, 「SNS 중독경향성 관련 요인 탐색: 내현적 자기애, 자기제시 동기

및 소외감을 중심으로」, 『한국심리학회지: 건강』, 18권1호(2013년 3월), 239~250쪽.

● 신효정·송은미·박관성·김명선·송연주, 「청소년의 오토바이 폭주 행동에 대한 질적 연구」, 『교육실천연구』, 11권1호(2012년 2월), 73~96쪽.

● 강준만, 「소통의 정치경제학: 소통의 구조적 장애 요인에 관한 연구」, 『한국언론학회 심포지움 및 세미나』, 2011년 5월, 49~65쪽.

● 강준만, 「죽음의 문화정치학: 한국의 '장례' 커뮤니케이션에 관한 연구」, 『한국언론학보』, 54권5호(2010년 10월), 86~107쪽.

● 장은주, 「상처 입은 삶의 빗나간 인정투쟁: 속물시대의 도래와 한국 근대성의 굴절된 규범적 지평」, 『사회비평』, 39권(2008년 3월), 14~34쪽.

● 김재휘·김지호, 「인터넷 일탈행동 및 동기에 관한 연구」, 『한국심리학회지: 소비자·광고』, 3권2호(2002년 12월), 91~110쪽.

사회비교 이론

왜 광고는 소비자들이
상향 비교를 하게끔 부추기는가?

19세기 영국 철학자 존 스튜어트 밀은 "사람들은 부자가 되기를 바라는 것이 아니라, 다른 사람들보다 부유해지기를 소망할 뿐이다"고 했다.[16] 아일랜드 작가 C. S. 루이스C. S. Lewis는 "자만은 본질상 경쟁적이다. 자만이란 어떤 것을 소유함으로써 기쁨을 얻는 것이 아니라, 옆 사람보다 더 많이 가져야만 기쁨을 느낀다. (…) 자만을 느끼게 하는 것은 바로 비교이다. 다른 사람보다 더 높아지는 데에서 기쁨을 얻기 때문이다. 따라서 경쟁이 사라지면, 자만도 사라진다"고 했다.[17]

이처럼 그 어떤 절대적 기준이 아니라 옆 사람과의 비교를 통해 자신을 평가함으로써 발생하는 효과를 '이웃 효과neighbor effect'라고 하는데, 그 이론적 기반은 '사회비교 이론social comparison theory'이다. 사람들이 자신을 규정하기 위해, 그리고 불확실성을 감소시키면서 자신의 의견이나 능력에 대한 정확한 자기 평가를 위해 남들과 비교하는 성향이 있다는 것으로, 미국 심리학자 레온 페스팅거가 1954년에 최초로 제시한 이론이다. 그는 인간에겐 자신을 타인과 비교하는 본성이 있다며, "자신의 생각, 믿음, 태도가 옳고, 타당하고, 적절하다는 것은 비슷한 생각과 믿음, 태도를 지닌 사람들이 판단할 때 그렇다"라고 말했다.[18]

사회비교 이론은 그간 '동조conformity'나 '집단극화'처럼 집단 내에서 벌어지는 현상을 설명하는 기제로 사용돼왔다.[19] 예컨대, 집단극화가 일어나는 이유 중의 하나는 사람들이 끊임없이 '사회적 비교'에 의존하기 때문이다. 이와 관련, 제임스 서로위키는 이렇게 설명한다. "이 말은 단순히 자신을 타인과 비교하는 차원을 넘어 (물론 항상 비교하며 살지만) 비교를 통해 소속 집단에서 자신이 처한 상대적인 위치를 유지하려고 애쓴다는 의미이다. 달리 말해 처음에 집단의 중간에 서 있던 사람은 집단이 (예를 들어 오른쪽으로) 옮겨가면 중간 위치를 유지하기 위해 그 쪽으로 따라 옮겨간다는 뜻이다. 이렇게 우측으로 옮겨가면 당연히 그 집단의 평균도 동시에 그만큼 우측으로 옮겨가게 된다. 그러니 마치 예언이 맞아 들어가는 것처럼 사실이라고 생각한 것이 결국 사실로 굳어지는 것이다."[20]

우리 인간은 '비교하는 동물'이지만, 무턱대고 자신을 아무하고나 비교하는 건 아니다. 이른바 '유사성에 대한 욕구the need for similarity'에 따라 자신과 유사한 측면을 많이 공유하고 있는 사람들과 자기 자신을 비교하려고 한다. 비교에는 '상향비교upward comparison'와 '하향비교downward comparison'가 있다. 상향비교는 사람들이 스스로를 엘리트 집단이나 혹은 더 우월한 집단의 일원으로 생각하고자 하는 경향성과 더불어 스스로 자신에게 동기부여를 하려는 욕구 때문에 발생하며, 하향비교는 불행하거나 불만스럽거나 불안정할 때, 즉 자긍심이나 자존감이 위협받을 때에 자기만족을 찾기 위해 이루어지는 경향이 있다.[21]

비교의 동기가 그러한 만큼 사람들은 자신이 비교를 한다는 걸 인정하지 않으려고 한다. 하지만 설사 자기 자신이 그렇게 믿는다 해도 비교는 무의식적으로 이루어지기도 하니 너무 그렇게 펄펄 뛸 일은 아니다.[22] 대니얼 J. 레비틴Daniel J. Levitin은 비교를 통해 자신의 생각과 행동을 조절하는 것은 진화의 산물로 우리 뇌에 선천적으로 새겨져 있는 형평성과 공정성의 감각 때문이라고 주장하는데,[23] 이 주장을 믿어보는 것도 좋겠다.

기업들은 광고를 통해 소비자들이 끊임없이 상향비교를 하게끔 부추긴다. 미국 사회학자 리처드 세넷Richard Sennett은 『투게더: 다른 사람들과 함께 살아가기Together: The Rituals, Pleasures and Politics of Cooperation』(2012)에서 그런 부추김을 '차별화하는 비교invidious comparison'라고 부른다. 그는 "일반적인 개념으로서 차별화하는 비교는 곧 불평등의 인격화이다. 소비는 차별화하는 비교를 생활 속에 끌어들인다"며 다음과 같이 말한다.

근사한 신발을 신은 아이는 그런 신발을 갖지 못한 아이들을 깔본다. 제대로 된 옷을 입지 못했으니 너는 보기 싫다는 것이다. 'PR의 아버지'라고 불리는 에드워드 버네이스Edward Bernays가 처음 지적했듯이, 차별화하는 비교는 열등감을 이용한다. 홍보하는 사람은 신랄한 구절로 '아무것도 아닌 누군가를 설득하여 그 자신이 뭔가 특별한 존재라고' 여기게 만들 필요가 있다. 세계적인 광고인 데이비드 오길비David Ogilvy는 이것을 '지위' 광고'status' advertising라고 불렀다. 광고인의 과제는 소비자들에게 대량생산된 물품을 구입함으로써 가치 있는 존재로 인정받는다는 기분을 느끼게 해주는 데 있다.[24]

'차별화하는 비교'에 함정이 있듯이, 우리의 일상적 삶에서도 비교는 행복으로 가는 길에 숨어 있는 함정이 되기도 한다. 우리는 행복에 지속적인 영향을 주지 않더라도 단지 비교에 높은 비중을 둠으로써 잘못된 선택을 내릴 수 있기 때문이다. 비교는 겉으로 드러난 분명한 사실, 즉 쉽게 알 수 있고 합리적으로 평가할 수 있는 대상의 특징에 큰 비중을 두기 마련인데, 우리는 그런 비교가 어려운 잠재적 요인은 소홀히 함으로써 스스로 불행한 결과를 초래할 수 있다는 것이다.[25] 많은 연구 조사가 행복한 사람들은 남들과 비교를 덜 하고, 내적 기준에 따라 만족감을 얻는다는 것을 보여준다는 사실이 바로 그걸 말해주는 게 아닐까?[26] 박진영은 상향비교가 불행을 낳기 쉽다며 "상향비교는 인생을 좀먹기 쉽다"고 주장한다.[27]

우리 인간은 '비교하는 동물'이지만, 한국인은 개인이 아닌 국가 차원에서 끊임없이 비교를 하는 유별난 사람들이다. '비교중독증'을 앓고 있다고 해도 과언이 아닐 만큼 한국을 다른 나라들, 특히 선진국들과 비교하려는 열망이 강하다. 그럴 만한 역사적 배경이 있다. 식민통치와 한국전쟁의 비극을 겪느라 뒤처진 한국인들은 "우리의 1년은 세계의 10년"이라는 구호 아래 문자 그대로 '미친 듯이' 또는 '전쟁하듯이' 일했다. "잘 살아보세"라는 슬로건으로 대변되는 선진국 지향성이 매우 강하다는 이야기다. 그런 선진국 지향성이 한恨으로까지 자리잡은 사정을 잘 이해하지 못하는 외국인들은 한국인들을 딱하게 보는 경향이 있다.

예컨대 전 『이코노미스트』 한국 특파원 다니엘 튜더Daniel Tudor는 "끔찍한 비극인 세월호 사건에 대해 부끄럽다고 얘기하는 한국인이 있다"며 "한국과 외국을 끊임없이 비교하는 한국인들을 보며 서글픔을 느꼈다"고 말한다. "한국인들은 선진국이 되고자 하는 열망으로 남과 비교하는 저주에 빠져버렸다"는 것이 그의 진단이다. 그는 "한국인들은 빠른 해답을 기대하는데 스스로를 믿고 남의 말을 너무 많이 듣지 말라"며 "이른바 선진국 담론을 버릴 수 있을 때 진정한 의미의 선진국이 될 수 있을 것"이라고 말했다.[28]

옳은 말이긴 하지만, 그게 그리 쉽진 않을 것 같다. 한국은 내부적으로도 강력한 중앙집권주의 문화 속에서 모든 걸 서열화하는 비교중독증으로 오늘의 번영을 이루었기 때문이다. 2014년 8월 한국개발연구원KDI 연구위원 김희삼이 전국 성인 남녀 3000명을 대상으로 연구해 내놓은 「비교성향과 행복Status Race and Happiness」이란 제목의 보고서에 따르면 남성보다 여성이, 중장년보다 젊은층이, 자녀가 없는 사람보다 있는 사람이, 소득이 적은 사람보다 많은 사람이 매사 남들과 견줘보는 비교성향이 강했다. 지역별로는 서울 강남3구 거주자가 다른 지역 사람들보다 이 비교성향이 높게 나타났다. 보고서는 "강남 고소득층 젊은 엄마들이 주도하는 열띤 자녀교육 경쟁이 비교성향과 맥을 같이하는 것으로 보인다"고 평가했다.

이 보고서에서 정작 흥미로운 대목은 한국인들의 강한 비교성향을 사회공익을 위해 활용하는 방안에 대한 고민이다. 비교성향이 강한 사람들은 대체로 높은 경제력에 비해 이타적 행동에 소극적인데, 기부와 같은 선행도 남들이 알아볼수록 많이 하는 것으로 나타났다. 선행도 성취의 일부로 간주하는 경향이 있다는 뜻이다. 보고서는 이 점에 주목해 "(그들의) 비교성향을 이용해 공익 기여도를 높일 수 있는 방안을 정책 입안자들이 찾아야 한다"고 말했다. 가령 에어컨 대신 선풍기를 쓰자는 캠페인이 성공하려면 지구환경 보존 등 거창한 명분에 호소할 게 아니라 이웃과 직접 비교해볼 수 있는 전기료 절감 정보를 제공하는 방식이 더 효과적이라는 것이다.[29]

아주 좋은 제안이다. 이미 제2의 천성으로까지 고착된 비교중독증을 교정하는 게 어렵다면, 공익을 위해 그걸 이용할 수 있는 방안을 고민해보는 것도 좋을 것 같다. 그게 바로 '넛지Nudge'다. 예컨대, 전국의 각종 연고조직이 누가 봉사와 기부를 많이 하는가 하는 비교 경쟁으로 명예를 추구하면 안 되는 걸까?

어느 명문대는 미국 스탠퍼드대와 자매결연을 시도하면서 자기 대학을 소개하는 프레젠테이션을 했는데, 그 주요 내용이 "유서 깊은 ○○대는 한국에서 수능 상위 1%의 최우등 학생들이 들

어온다. 역대 국무총리 ○명 배출, 장관은 ○○명, 국회의원도 ○
○○명이나 나왔다. 지난해 사법고시 ○○명 합격, 행정고시 ○
○명 합격, 회계사 ○○명 합격…" 운운이었다.[30]

지방 명문고등학교들의 총동창회 모임에서 하이라이트로 소
개되는 레퍼토리도 한결같이 그런 식이다. 이거 좀 뭔가 이상하
지 않은가? 각 지역의 가장 강력한 엘리트 연고조직이라 할 명문
고 동창회가 지역 내 최고의 봉사·기부 단체가 될 수 있게끔 다
른 동창회와 비교하면서 경쟁을 하면 안 되는 걸까?

📚 일독을 권함!

- 이선영, 「대학생들의 페이스북 이용 거부 의도에 관한 연구: 합리적 행위이론, 상
  향적 사회비교, 이용자의 수동적 팔로잉을 중심으로」, 『사이버커뮤니케이션학보』,
  32권4호(2015년 12월), 5–42쪽.
- 김미희, 「페이스북 이용이 여자 대학생의 부정적 신체이미지에 미치는 영향」, 『한
  국언론학보』, 59권5호(2015년 10월), 272–297쪽.
- 차경진·이은목, 「사회비교이론 관점에서 살펴본 SNS 이용중단 의도」, 『한국전자
  거래학회지』, 20권3호(2015년 8월), 59–77쪽.
- 김선정·김태용, 「SNS 콘텐츠의 감성이 사용자의 감정상태에 미치는 영향: 페
  이스북 뉴스피드를 중심으로」, 『사이버커뮤니케이션학보』, 29권1호(2012년 3월),
  5–47쪽.
- 노혜정·김은이, 「텔레비전 드라마 노출이 남자 청소년의 외모만족과 자아인식에
  미치는 영향: 외모에 대한 사회문화적 태도, 외모만족도, 자아존중감, 자기효능감
  을 중심으로」, 『한국언론학보』, 55권5호(2011년 10월), 340–365쪽.
- 윤태일, 「대중매체의 육체이미지에 대한 제3자 효과: 사회비교 이론의 관점에서
  본 자아방어 기제」, 『방송문화연구』, 16권1호(2004년 6월), 233–256쪽.

왜

이웃 효과

부자 친구를 두면
불행해질까?

행복은 비교에서 나온다. 그간 수많은 사상가들이 이 '비교의 사회학'에 대해 한마디씩 했다. 데이비드 흄은 시기심의 가장 핵심적인 요소는 사회적인 비교이되 '비교 가능한 대상' 끼리의 비교를 강조했다. 그는 "철학자를 시기하는 작가는 거의 없으며, 다른 종류의 글을 쓰는 작가나 다른 국가의 작가, 아니면 다른 시대에 속한 작가를 시기하지는 않는다"고 말했다. 흄과 동시대인인 버나드 맨더빌도 "만일 걸어가야 하는 사람이 여섯 마리의 말이 끄는 마차를 타고 가는 사람을 부러워할 경우, 4두마차를 탄 사람이 6두마차를 타고 가는 사람에게 느끼는 시기심보다는 강도가 약하다"고 말했다.[31]

카를 마르크스는 "집은 클 수도 작을 수도 있다. 주변의 집들이 똑같이 작다면 그것은 거주에 대한 모든 사회적 수요를 충족시킨다. 만약 작은 집 옆에 궁전이 솟아오르면 그 작은 집은 오두막으로 위축된다"고 했다. "부자란 그의 동서(아내의 여동생의 남편)보다 더 많이 버는 사람을 가리킨다"는 헨리 루이스 멘켄H. L. Mencken의 말이 더 가슴이 와 닿는다. 실제로 미국에서 이루어진 조사에 따르면 여동생의 남편이 자기 남편보다 소득이 더 많은 여성은 그렇지 않은 경우에 비해 취업할 확률이 20% 더 높은 것으로 나타났다.

이와 관련, 찰스 킨들버거Charles P. Kindleberger는 "친구가 부자가 되는 모습을 보면 누구나 배가 아파 판단력을 잃게 된다"고 했다. 경제학자 폴 크루그먼의 발언도 흥미롭다. "나는 보수가 매우 좋고 전세계에서 열리는 회의에 많이 초대받는 매우 좋은 일자리를 갖고 있다. 99%의 인류와 비교해도 나는 불만스러운 것이 없다. 그러나 인간이라는 동물은 본래 그런 식으로 생각하지 않는다. 나의 정서적 준거 그룹은 내 세대의 가장 성공적인 경제학자들로 이루어져 있고, 나는 그 소수 안에 들어 있지 않다."[32]

이게 바로 '이웃 효과'다. 그 어떤 절대적 기준이 아니라 이웃과의 비교를 통해 자신을 평가함으로써 발생하는 효과다. 한국인들의 자부심이 낮은 주요 이유다. 인구밀도가 높은 탓인지 한사코 비교대상인 준거집단reference group을 이웃으로 삼기 때문이다. 공부를 잘 하는 학생인데도 옆집에 공부를 더 잘 하는 아이가 있으면 주눅들고 집에서 구박받기 쉬운 이유도 바로 여기에 있다. 이른바 '엄친아(엄마 친구 아들)' 현상인 셈이다. 이웃 효과에 관한 명언을 4개만 더 감상해보자.

"우리는 우리보다 뒤처져 있는 사람들을 보고 행복해하기보다는 우리보다 앞서 있는 사람들을 보고 불행해 한다." -프랑스 사상가 미셸 몽테뉴

"현실보다는 비교가 사람을 행복하거나 비참하게 만든다." -영국의 성직자이자 작가 토머스 풀러

"행복한 것만으론 충분치 않다. 다른 사람들이 행복하지 않는 것도 필요하다." -프랑스 작가 쥘 르나르

"거지는 자신보다 더 많은 수입을 올린 다른 거지들을 시기할망정 백만장자를 시기하진 않는다." -영국 철학자 버트란드 러셀

영어사전엔 '존스네 따라하기Keeping up with the Joneses'란 표현이 등장하는데, 이게 바로 '이웃 효과'를 지적한 것이다. keep up with the Joneses는 "친구나 이웃사람에게 뒤지지 않는 생활을 하다, 이웃사람들에게 지지 않으려고 허세를 부리다"는 뜻이다.[33] 1913년부터 28년간 전국의 많은 신문들에 신디케이트로 연재됐던 만화의 제목으로, 1920년경부터 위와 같은 뜻을 갖게 되었다. keep up with는 "누구에게 뒤떨어지지 않다"는 뜻인데, 존스네라고 하는 가상의 가정을 염두에 두고 그 집에 뒤떨어지지 않으려고 애를 쓰는 건 미국 중산층의 익숙한 풍경이다.[34]

미국 경제 칼럼니스트 윌리엄 번스타인William Bernstein은 인터넷을 비롯한 현대적인 원격 통신이 '이웃 효과'의 국지적 본성을 소멸시키고 있다는 점에 주목했지만,[35] 이는 한가하기 짝이 없는 미국 이야기다. 한국은 인터넷 이전부터 늘 이웃과 부대끼지 않

고선 살아갈 수 없는 나라였기 때문이다. 게다가 그런 고밀도 덕분에 세계적인 인터넷 강국으로 등극했으니 '이웃 효과'는 한국적 삶의 알파요 오메가라 해도 과언이 아니다.

2006년 한국종합사회조사에서 나타난 계층별 체감소득은 우리 사회의 이웃 효과를 극명하게 드러내 보였다. 월소득이 500만 원대인 사람 중 26.6%가 자신이 하위계층이라고 답한 반면, 400만 원대인 소득계층에선 그 비율이 5.1%에 불과했기 때문이다. 100만 원 미만 소득계층에선 61%가 스스로 중산층이라고 평가했고, 36.5%만이 하위계층이라고 인식하는 것으로 나타났다. 즉, 비교대상을 누구로 삼느냐에 따라 자신에 대한 평가도 크게 달라지는 것이다.[36]

행복은 이웃과의 비교에서 나온다. 이웃은 물리적 이웃만을 가리키는 게 아니다. 친척과 친구 등 늘 이웃처럼 소통하는 사람들도 포함한다. 그래서 이웃이 성공하면 "나는 뭔가?" 하는 자괴감에 빠져들기 십상이다. 부자들은 마치 약속이나 한 듯이 똑같은 특성을 갖고 있는데, 그건 못사는 친구를 위해 밥과 술은 살망정 돈을 거저 주진 않는다는 점이다. 그러니 부자 친구 됐다고 크게 덕 볼 일도 없다. 오히려 자신이 불행하다는 생각을 갖기 십상이다.

한국의 학부모들이 오직 자식 사랑 때문에 자식에게 좋은 간판을 요구하는 건 아니다. 이웃에게 기죽지 않으려는 심리도 적잖이 작용한다. 요란한 간판과 플래카드를 내거는 심리도 '기 싸움'과 밀접한 관련이 있다. 한국 정치가 '기의, 기에 의한, 기를 위한' 싸움을 하는 '기 민주주의'라는 것도 우연이 아니다. 한국인들의 지극한 명품 사랑도 일종의 기 싸움이다.

세계적인 명품업체들이 첫 출시를 한국에서 하는 이유에 대해 국내 한 명품 정보사이트의 전문가는 이런 분석을 내놓았다. "똑똑한 소비자와는 거리가 멀죠. 아무리 명품이라도 품질 등 조건을 따지는 유럽 소비자와 달리 브랜드 프리미엄만으로 너도 나도 구매를 하니, 한국만큼 안전하고 매력적인 시장이 어디 있겠습니까. 당연히 몰려올 수밖에 없죠."[37]

아니다. 똑똑한 소비자다. 명품 사랑의 이유가 '주목'이며, 유럽인들에게 주목받으려는 게 아니라 같은 한국인들에게 주목 받으려는 게 아닌가. 한국인은 이웃을 너무도 사랑하는 나머지 이웃의 일거수일투족에 주목하기 때문에 세계에서 가장 이웃 효과에 민감한 국민이라고 해도 과언이 아니다.

📚 일독을 권함!

- 장수명·박혜원, 「중학생들의 생활양식에 드러난 주거지역별 학교역할의 차이」, 『한국청소년연구』, 27권1호(2016년 2월), 205~234쪽.
- 조병섭·이병관, 「골프용품 소비자의 명품가치가 준거집단 영향력 및 명품구매의도에 미치는 영향」, 『관광레저연구』, 27권11호(20115년 11월), 377~391쪽.
- 한보영·강정한, 「한국사회의 고밀도 생활권과 이웃관계가 우울감에 미치는 영향: 한국종합사회조사(KGSS)와 시군구 단위 자료를 결합한 다수준 분석」, 『한국인구학』, 38권3호(2015년 9월), 75~111쪽.
- 임보영·마강래, 「지역 내 준거집단과 비교한 경제적 격차가 삶의 만족감에 미치

는 영향에 대한 연구」, 『국토계획』, 50권3호(2015년 4월), 213-224쪽.

● 강준만, 「한국의 '고밀도 커뮤니케이션'에 관한 연구: 인구 밀도와 사회적 커뮤니케이션을 중심으로」, 『정치정보연구』, 16권1호(2013년 6월), 163-194쪽.

● 강효민, 「브랜드 스포츠용품소비에 따른 청소년의 준거집단과 또래 동조성 및 과시소비행동의 관계」, 『한국체육학회지』, 52권3호(2013년 6월), 285-297쪽.

● 양정승, 「자녀의 교육성과에 가구배경이 미치는 영향: 형제 · 자매 · 남매의 학교 정보를 이용한 분석」, 『노동정책연구』, 13권1호(2013년 3월), 1-32쪽.

● 장동호, 「거주지역의 경제적 특성에 따른 대중의 불평등 인식수준과 빈곤관의 차이 분석」, 『한국지역사회복지학』, 37권(2011년 6월), 259-284쪽.

● 황철상, 「스포츠 상품 소비자의 사회규범의 일치성과 준거집단의 기준이 소비태도에 미치는 영향」, 『한국체육과학회지』, 20권1호(2011년 2월), 651-658쪽.

● 강준만, 「아파트의 문화정치학: 아파트가 공공커뮤니케이션에 미친 영향에 관한 연구」, 『사회과학연구(충남대학교 사회과학연구소)』, 21권1호(2010), 1-25쪽.

● 조흡 · 강준만, 「간판의 문화정치학: 간판은 어떻게 한국 사회를 재현하는가?」, 『한국언론학보』, 53권6호(2009년 12월), 104-126쪽.

● 기정훈 · 황주원 · 박경화 · 유광철 · 이경민, 「대학교 정책간의 공간적 이웃효과에 대한 연구: 서울소재 4년제 대학교 영문학과 졸업기준을 중심으로」, 『한국행정학회 학술발표논문집』, 2008년 12월, 1-10쪽.

왜 신호 이론

기업들은 1초에 1억 원이 넘는 비싼 광고를 할까?

연세대학교 입시 결과별 골품 비교한다. 성골＝정세(정시합격생)·수세(수시합격생)·정재세(재수 정시합격생), 진골＝정삼세(삼수 정시합격생)·정장세(장수 정시합격생)·수재세(재수 수시합격생), 6두품＝교세(교환학생으로 온 외국인 학생)·송세(연세대 국제캠퍼스생)·특세(특별전형), 5두품＝편세(편입생), 군세(군인전형), 농세(농어촌전형), 민세(민주화 유공자 자녀 특별전형)….

몇 년 전 연세대 커뮤니티 '세연넷'의 익명게시판에 올라온 게시글이다. 세연넷에선 입학 형태에 따라 학생들을 계급화한 표현이 '버전'을 달리하며 꾸준히 업데이트되는데, 이런 글(2014년 6월 15일)도 있었다. "원세대(원주캠퍼스) 다니는 친구놈이 나한테 '동문 동문' 거리는데 원세대 놈들 중에 이렇게 신촌을 자기네하고 동급 취급하는 애들 있을까봐 심히 우려된다."[38]

연세대를 홍보하려는 게 결코 아니다. 명문대를 비롯하여 이른바 대학서열이 중상위권에 속하는 대학들엔 다 이런 식의 암묵적 카스트제도가 어떤 형태로건 존재하기 마련이다. 참으로 개탄을 금치 못할 일이지만, 왜 그런 일이 벌어지는지 냉정한 사회과학적인 분석에 임해보자. 마이클 스펜스Michael Spence가 1973년 『경제학저널Quarterly Journal of Economics』에 발표한 「노동 시장의 시그널링Job Market Signaling」이란 제목의 논문이 그런 분석에 도움이 될 것 같다.

스펜스는 이 논문에서 '신호' 개념을 경제학에 도입해 정보격차의 해소 방안으로 이른바 '시장신호 이론market signaling'을 제기했다. 줄여서 '신호 이론'이라고 하거나, '시그널링 이론'이라고도 한다. 시장신호 이론은 정보비대칭성을 중심으로 전개된다는 점에서 애컬로프의 이론과 맥을 같이하지만, 스펜스는 개별 경제주체들이 상호간 정보보유량의 격차가 있는 시장에 참여하면서 그 문제를 조정해가는 과정을 분석했다. 그는 정보량이 풍부한 쪽에서 정보량이 부족한 쪽에 자신의 능력 또는 자신의 상품 가치나 품질을 확신시킬 수 있는 수단이 필요하고 이를 이용함으로써 정보의 격차로 야기되는 시장 왜곡 현상, 즉 '역선택adverse selection'을 피할 수 있게 된다고 주장했다.

스펜스가 논문에서 최초로 제기한 신호 이론의 연구영역은 노동시장이었다. 그에 따르면, 정보보유량의 격차가 존재하는 노동시장에서 그 격차를 해소하기 위한 '신호'로 작용하는 것이 학력이다. 구직자 상호간 학력의 차이를 기준으로 고용주는 구직자

상호간 생산성의 차이를 가늠할 수 있게 된다. 스펜스는 자신의 이론을 설명하기 위해 교육이 생산적인 면에서 쓸모가 없는 세상을 상정하면서, 대학들이 존재하는 까닭은 오직 고용주들이 어떤 사람을 채용할지 파악하기 위해서라고 가정했다. 이런 가정을 입증하듯, 어떤 기업의 CEO는 특정 직책에 대졸자를 채용하는 이유에 대해 이렇게 설명했다. "대학 졸업자가 더 똑똑하다는 뜻은 아닙니다. 하지만 그건 그가 4년 동안 많은 어려움을 견뎌내고 어떻게든 학업을 마무리할 수 있었다는 뜻입니다."

고용주는 구직 당사자에 비해 구직자에 관한 정보가 절대적으로 부족하다. 따라서 일자리를 놓치고 싶지 않은 사람은 어떤 수단을 써서라도 자신의 능력 곧 생산성의 상대 우위를 입증하는 '신호'를 고용주에 전달해야 채용 가능성이 높아진다. 이를테면, 직장에 다니는 고졸 학력자가 야간·방송통신·사이버 대학 과정에 다니는 까닭도 바로 이러한 학력의 신호 효과를 노리는 것으로 풀이할 수 있다. 한국의 뜨거운 '스펙 열풍'도 바로 그런 신호 효과를 겨냥한 몸부림인 셈이다.

기필코 명문대를 들어가겠다는 집념도 자신의 신호 효과를 높이겠다는 열망에 다름 아니다. 이 신호 효과는 취업에도 결정적인 영향을 미치지만 대학생활 4년간에도 긍지와 보람의 원천이 된다. 앞서 보았듯이, 한국에서 2000년대 중반부터 대학생들이 단체로 맞추는 것이 유행이 된 '과잠' 또는 '야구잠바'는 사회 정체성 이론과 더불어 이 신호 효과로도 설명할 수 있다. 명문대 학생들은 자신을 내세울 수 있는 신호 효과에 교란이 발생하는 것에 대해 분노한다. 수능에서 자신보다 훨씬 낮은 점수를 얻은 학생이 대외적으로 자신과 같은 신호를 사용할 수 있다는 것을 용납하기 어려운 것이다. 사회적 논란이 되었던 연세대 '카스트제도' 사건도 그런 맥락에서 이해할 수 있지 않을까?

신호 교란에 대한 반발은 오랜 역사를 자랑한다. 고대 로마에 있었던 사치금지법이 수백 년 동안 거의 모든 유럽국가들로 확산돼 시행된 것이 그걸 잘 말해준다. 사치금지법은 무슨 '근검절약 캠페인'이 아니라 기존 신분제도를 유지하기 위한 방책이었다. 사치는 옷으로 자신의 신분이나 계급을 알리는 신호 체계를 교란하는 것이었기에 낮은 신분의 사람이 사치를 통해 자신의 신분을 한 단계 끌어올리려는 시도를 용납하지 않으려 했던 특권층의 몸부림이었다. 사치금지법이 놀랄 만큼 세부적인 내용까지 까다롭게 정한 것도 바로 그런 이유 때문이었다.[39]

명문대는 사실상 '신호를 팔아먹는 기업'이라고 해도 과언이 아니다. 미국 하버드 경영대학원을 다니려면 수업료와 기타 비용으로 매년 12만 달러가 든다. 일부 사람들은 이 경영대학원의 학위가 아무 의미 없는 '12만 달러짜리 신호'에 불과하다고 폄하하지만, 계속 입학경쟁률이 치열한 걸 보면 취업시장에선 그 비싼 신호효과가 만만치 않은 것 같다. 이처럼 학력이 임금 수준에 미치는 영향을 가리켜 '양가죽 효과sheepskin effect'라고 하는데, 이는 과거 학위증이 양가죽으로 만들어진 데서 유래된 작명이다.

스펜스는 이 신호 개념을 비단 노동시장뿐 아니라 여러 다양한 시장 사례에 적용함으로써, 정보격차로 말미암아 빚어지는 갖가지 현상을 분석하고 이해하는 데 중요한 실마리를 제공했다. 이를테면, 오늘날 상장사들은 회사의 수익을 자본이득으로 처리하여 주식의 가치를 높이는 대신 으레 고액의 세금을 감수하면서까지 주주들에게 높은 배당금을 지불하는 쪽을 택한다. 상장사가 노리는 바는 주식시장에서 투자자를 더 끌어모아 자사 주가를 상승시키는 데 있다. 이때 배당금이야말로 상장사에 비해 정보가 턱없이 부족한 투자자들에게 보내는 신호라는 것이다.

중요한 건 사람들의 신뢰이므로 신호는 상징적인 것일 수도 있다. 레몬 판매자로선 감히 할 수 없는 수준의 상징을 과시함으로써 차별화된 신뢰를 획득하려는 것이다. 자동차 회사가 값비싼 자동차 쇼룸을 구비해놓는 것이나 은행 또는 보험회사들이 늘 으리으리하고 화려한 빌딩을 사용하는 것도 바로 그런 이유 때문이다.[40]

일반적으로 소비자들은 새로운 시장신호를 통해 새로운 정보를 받아들이는 데에는 매우 소극적이다. 그래서 모든 성숙한 자본시장에는 기업과 투자자들이 이용할 수 있는 정보의 비대칭성을 줄이기 위한 공시규정이 있다. 또한 기업 내부자들이 이익을 얻기 위해 특정 주식을 거래할 때 더 좋은 정보를 이용하지 못하도록 하는 내부자 거래 규칙도 있다. 일반적인 소비자보호 규정도 바로 그런 취지에서 마련된 것이다.[41]

신호 이론은 경제뿐만 아니라 정치 분야에서도 적극 활용되고 있다. 대통령선거와 관련, 연세대 경제학부 교수 한순구는 "한국 사회의 문제를 해결할 능력과 정책이 부족한 후보이거나, 일부 국민에게만 호응을 받고 다른 국민에게는 외면당할 수 있는 정책을 생각하고 있는 후보, 또는 가급적 정책 공표시기를 늦추는 것이 유리하다고 판단하는 대선 후보들로서는 자신의 능력과 정책을 당장 알리지 않는 것이 유리하다"며 다음과 같이 말한다.

특히 기존의 정치인들이 국민에게 실망감을 안겨줘, 정치 소비자인 국민에게 이미 기준 미달의 낮은 품질의 상품으로 인식된 상태에서 새로 등장한 정치인으로서는 자신의 능력과 정책을 드러내지 않아도 별로 손해 볼 것이 없다. 오히려 자신을 드러내지 않음으로써 기존 정치인과 다른 상품이라는 기대감을 심어주는 반면, 베일에 가려 있음으로써 능력면에서는 다른 정치인과 비슷하지 않겠느냐는 국민들의 평균적인 추정을 끌어낼 수 있다.[42]

일부 경제학자들은 신호 이론을 정보 내용이 없는 매우 비싼 광고를 설명하는 데에도 사용한다. 늘 광고를 화려하게 만드는 코카콜라 광고가 대표적인 예이며, 1초에 1억5000만 원이나 들어가는 슈퍼볼 광고를 기업들이 앞다투어 하는 이유도 그런 관점에서 이해할 수 있다. 그런 광고가 매우 비쌀 것이라는 사실을 아는 잠재 고객들은 그것을 높은 품질의 제품을 계속 생산할 것이라는 추측으로 연결시키리라고 기대하는 것이다.

게임이론에서 광고를 가리켜 '캐시 버닝 시그널cash burning signal'이라고 하는 것도 바로 그런 이유 때문이다. 돈을 쌓아놓고 불을 지르는 이벤트, 즉 터무니없이 비싼 광고를 해댐으로써 자신들의 역량을 과시해 소비자들의 궁극적인 신뢰를 얻겠다는 것이다. 따라서 수퍼볼 광고의 단기적 효용성을 둘러싼 논란은 부질없는 것인지도 모른다.[43]

공작 수컷의 화려한 꼬리는 살아남는 덴 백해무익이지만 암컷에게 우수한 유전자를 지녔음을 알려주는 신호로 작용한다. 경제학자 소스타인 베블런Thorstein Veblen이 말한 '과시적 소비conspicuous consumption'도 숫컷이 암컷 앞에서 꼬리를 펼쳐 으스대는 행동과 다를 바 없는 것으로 신호는 신호이되 값비싼 신호라고 할 수 있다. 이런 설명을 가리켜 '값비싼 신호 이론costly signaling theory'이라고 한다.[44]

인간의 남녀관계도 다를 바 없다. 이성을 유혹하는 기술은 상대방의 신호를 얼마나 잘 간파해내느냐 하는 기술이라고 해도 과언이 아니다. 미국 진화심리학자 데이비드 버스David Buss는 '머리가 텅 빈 금발미녀bubble-headed blond'라는 고정관념은 잘못된 것인지도 모른다고 말한다. "이들은 실제로 지적으로 모자란 게 아니라 남성들로 하여금 자신에게 접근해 보라는, 심지어 성적인 접근도 좋다는 전략적 신호의 일환으로 그러한 이미지를 연출하는 것일지도 모른다."[45]

그렇다면 '머리가 텅 빈 금발미녀'는 값비싼 신호를 보내는 셈이다. 사실 이성적 판단과는 거리가 먼 남녀관계야말로 값비싼 신호가 흘러넘치는 곳이다. 요즘 젊은이들 사이에서 유행하는 '썸 타기'는 가벼운 수준의 '신호 전쟁'이지만, 일단 불이 붙으면 상대에게 값비싼 신호를 보내는 데에 주저하지 않는 게 바로 우리 인간이다. "내 모든 걸 다 드리겠어요"라거나 "사랑밖엔 아무 것도 몰라요"라는 식으로 절규하는 대중가요가 많은 것도 그걸 말해주는 게 아닐까?

> 📚 일독을 권함!
>
> - 강준만, 「왜 부모를 잘 둔 것도 능력이 되었나?: '능력주의 커뮤니케이션'의 심리적 기제」, 『사회과학연구』(강원대 사회과학연구소), 55권2호(2016년 12월), 319–355쪽.
> - 백한울안·장재윤·Korn Ferry, 「면접속설에 대해 과신하는 대졸 구직자들의 특성 연구」, 『한국심리학회지: 산업 및 조직』, 27권3호(2014년 8월), 519–542쪽.
> - 김승수, 「스타권력의 정치경제학적 분석」, 『한국언론정보학보』, 62권(2013년 5월), 119–139쪽.
> - 최영근, 「국내 코스닥 등록 IT벤처에서 최고경영진의 인적 및 사회적 자본이 대기업과의 제휴와 기업 성과에 미치는 영향」, 『대한경영학회지』, 25권8호(2012년 11월), 3165–3193쪽.
> - 김영철·글렌 라우리, 「고정관념과 불평등: 정체성 선택에 관한 신호이론」, 『한국개발연구』, 34권2호(2012년 5월), 4–15쪽.
> - 최영근, 「최고경영자의 인적 자본 특성이 벤처기업의 IPO 성과에 미치는 영향」, 『대한경영학회지』, 25권2호(2012년 4월), 1197–1217쪽.

후광 효과

한국은 '스펙공화국' '성형공화국'이 되었는가?

해외 어학연수, 봉사활동, 교환학생, 인턴 경험 등이 입사 지원자들의 천편일률적인 스펙이 되다시피하면서 차별화를 위해 '스펙 관리'를 종합적으로 해주는 학원을 찾고 있는 것이다. 한 설문조사 결과 구직자의 37%가 취업 사교육을 받는 것으로 나타났다. (…) 인터넷 지원으로 지원자가 크게 늘어나다 보니 1차 서류전형에서 스펙을 보지 않을 수 없다고 실토하는 인사 담당자들도 있다. 기업의 채용 문화가 달라졌다는 확신을 주지 못하면 '스펙 공화국'에서 벗어나기란 요원하다고 할 것이다.[46]

「'스펙공화국' 면하려면 기업 채용 방식 바꿔야」라는 제목의 『서울신문』 사설 내용이다. 스펙은 부모의 소득수준이 높을수록 화려하다. 2013년 6월 3일 한국직업능력개발원 연구위원 오호영이 발표한 「부모의 소득계층과 자녀의 취업 스펙」 보고서에 따르면, 부모의 소득이 월 200만 원 미만일 경우 자녀의 평균 토익 점수는 676점으로 월 700만 원 이상인 부모의 자녀(804점)와 128점의 차이를 보였다. 또 부모의 소득이 월 200만 원 미만인 경우 어학연수 경험이 있는 대졸자는 10% 수준에 그쳤지만, 월 700만 원 이상은 세 명 중 한 명(32%)이 어학연수를 다녀왔다. 오호영은 "대기업과 공기업들이 돈으로 쌓는 스펙이 아닌 업무 수행 능력에 기반한 평가 시스템을 마련해야 한다"고 말했다.[47]

구직자의 학력과 경력을 뜻하는 '스펙'은 자동차나 기계장치의 세부사항을 가리키는 specifications에서 나온 말이지만, 정작 영미권에서는 쓰지 않는 '콩글리쉬' 표현이다. 현지인들은 기계나 상품의 제원을 가리키는 말로 복수형 'specs'를 쓰지만 학력이나 경력의 의미로 쓰진 않는다. 영미권에서 career build-up 혹은 CVcurriculum vitae buildup(이력서)이라고 부르는 것을 우리는 '스펙'으로 대체해 쓰고 있는 셈이다.[48]

스펙은 '초콜릿의 겉포장지일 뿐'이라는 주장도 있지만,[49] 초콜릿을 맛본 후에 살 순 없는지라 겉포장지의 위력이 만만찮다. 스펙은 구직 시엔 물론이고 구직 후에도 평생을 따라 다닌다. 스펙의 부작용이 커지자 일부 기업이 스펙을 밝히면 불이익을 주겠다는 희한한 방식을 들고 나왔지만, 스펙을 없애는 게 정말 가능한지도 의문이거니와 설사 가능하더라도 그건 오히려 대학 간판이 결정적 역할을 하게 만드는 개악改惡일 뿐이라고 보는 이들이 많다.[50] 하긴 대학 간판이야말로 가장 굵직한 스펙이 아닌가.

왜 한국은 '스펙공화국'이 되었을까? 유난히 '후광後光 효과halo

effect'가 강한 사회이기 때문이다. 이명수는 「후광 효과가 판치는 사회」라는 칼럼에서 이렇게 말한다. "동서끼리 모였을 때 좀 더 출세하고 돈 많은 이의 말발이 자녀교육, 정치성향, 삶의 가치관 등 모든 영역에서 우위에 서는 것처럼 돈과 성공이 일정 규모 이상이면 다른 것은 묻지도 따지지도 않는다. 개별적 인간은 휘발되고 돈과 성공이 모든 것의 잣대가 된다. (…) 스펙이 좋으면 모든 게 끝이다. 한줌의 의심조차 하지 않는다. (…) 후광 효과가 아니라 인간의 개별성을 바탕으로 묻고 따질 수 있어야 한다. 후광 효과에 의존하는 사회는 신기루 사회다. 결국 무너진다."[51]

후광 효과는 어떤 사람에 대해 판단할 때, 그 사람이 가진 하나의 혹은 일부의 긍정적이거나 부정적 특성을 가지고 이와는 아무런 논리적 관계가 없는 그 사람의 다른 부분들 혹은 나머지 전부에 대해 긍정적 또는 부정적으로 일반화시키는 경향 혹은 현상을 뜻한다. 미국 심리학자 에드워드 손다이크Edward Thorndike가 1920년에 발표한 논문 「심리적 평가에서 나타나는 규칙적 오류 The Constant Error in Psychological Ratings」에서 처음 제시한 개념이다.[52]

손다이크는 제1차 세계대전 중 미군에서 상사의 부하 평가방식을 연구하다가 깜짝 놀랄 만한 결과를 얻었다. '탁월한 군인'이라 생각되는 일부 사병들은 모든 면에서 높게 평가된 반면, 평균 이하라 생각되는 사병들은 모든 면에서 낮게 평가된 것이다! 사람이 잘하는 일도 있고 못하는 일도 있는 법이지, 어떻게 모든 걸 잘하거나 모든 걸 못할 수가 있단 말인가. 손다이크는 평가자들이 어떤 군인이 미남이고 품행이 바르면 다른 일도 잘할 거라고 생각하는 경향이 있다는 걸 발견하고, 이걸 '후광 효과'로 불렀다.

후광 효과는 사람들이 심리적으로 일관된 그림을 그려내고 유지해 '인지부조화'를 줄이는 방식인 동시에 직접 평가하기 어려운 것들을 추론하는 데 사용하는 경험법칙이다. 후광 효과를 기업 경영과 연계시켜 연구한 경영학자 필 로젠츠바이크Phil Rosenzweig는 『후광 효과The Halo Effect』(2007)에서 "우리는 적절하고 확실하고 객관적인 듯한 정보를 이해한 다음, 다소 애매한 특성들을 추론하는 경향이 있다. 예를 들면 우리는 신제품의 품질을 잘 모른다. 하지만 그것이 평판이 좋고 널리 알려진 기업의 제품이라면, 우리는 품질이 좋을 것이라 추론한다. 브랜드 구축도 바로 이것 때문이다. 후광 효과를 창출해 고객들이 제품이나 서비스를 우호적으로 생각하게끔 만드는 것이다"[53]라고 말한다.

후광 효과의 대표적 사례로 자주 거론되는 것이 바로 외모다. 면접·세일즈·선거·재판 등에서 외모가 매력적인 사람이 훨씬 유리하다는 것이 수많은 연구결과에 의해 입증되었다. 심지어 사기를 치는 데에도 매력적인 외모가 도움이 되는바, 사기꾼들 중에 매력적인 외모를 가진 자들이 많은 것도 우연이 아니다.[54] 프린스턴대 심리학자 알렉산더 토도로프Alexander Todorov는 2000년, 2002년, 2004년 각 주 상원의원 선거의 당선자와 낙선자의 흑백사진을 학생들에게 보여주고 어느 후보가 경쟁력 있어 보이는지 선택하게 했다. 학생들은 사진을 1초만 보고도 선택을 했는데, 이들의 선택은 실제 선거 결과와 72% 일치한 것으로 나타났다.[55]

구직자들에게 외모는 매우 중요한 스펙이다. 2012년 10월 KTV가 전국 10대 이상 남녀 700명을 대상으로 조사한 결과 응답자의 70%가 '외모가 사회생활에서 경쟁력으로 작용한다'고 답했다. 외모지상주의의 원인에 대해서는 '남의 눈을 의식하는 문화'(38%) 때문이란 대답이 가장 많았다. 한국이 인구 대비 성형수술 비율이 세계 1위를 기록한 건 물론이고, 해마다 수능시험이 끝나면 성형외과 병원들이 수험생 특별할인을 내세우는 마케팅을 펼칠 정도로 한국이 세계가 알아주는 '성형공화국'이 된 것도 바로 그런 이유 때문이다.[56]

후광 효과에 현실적 근거가 전혀 없는 건 아니다. 예컨대 매력적인 사람들은 그들의 자존심이 계속해서 고양돼온 나머지 자신감을 갖게 되었을 것이고 그에 따른 긍정적 특성들을 개발해왔을 것이다. 매력적인 사람들이 더 많은 사교기술을 갖고 있다는 걸 밝힌 연구 결과도 나와 있다.[57] 그러나 대부분의 경우는 근거도 박약하며 매우 해로운 결과를 낳기 십상이다. 한 연구에선 똑같은 내용의 시험 답안지라도 아주 잘 쓴 글씨의 답안지가 악필 답안지에 비해 훨씬 더 높은 점수를 받은 것으로 나타났으며, 똑같은 내용의 글인데도 남자 이름과 여자 이름 두 가지로 해서 평가하게 했을 때 남자 이름으로 제출된 글이 훨씬 더 높은 점수를 받은 것으로 나타났다. 그래서 영국의 일부 대학에선 시험 답안지에 이름을 쓰지 않고 학번만 써서 제출하게 하고 있다.[58]

일부 처세술 책은 사람들은 첫인상만으로 사람을 판단하는 경향이 있다며 "특정 분야에서 당신의 '후광'을 드러내라"고 권한다. 그렇게 하면 다른 사람은 그 후광을 보고 다른 분야에서도 그 사람이 모두 뛰어난 인재라고 생각한다는 것이다. "당신을 비추는 후광이 가진 색이 당신에 대한 평가를 좌우한다. 그러므로 당신의 몸값을 올리고 싶다면 되도록 당신의 후광을 밝게 빛나게 하라."[59]

후광 효과는 주로 긍정적인 측면에 많이 쓰이기 때문에, 부정적인 측면의 경우엔 '부정적 후광 효과negative halo effect' '역후광 효과reverse halo effect' 또는 '악마효과devil effect'라는 말이 쓰이기도 한다. 2011년 5월 3일 영국 신문 『가디언』은 「우고 차베스의 역후광 효과Hugo Chávez's reverse-halo effect」라는 제목의 기사에서 베네수엘라 대통령으로 '중남미 반미 · 좌파 기수'였던 우고 차베스와 관련, "지도자가 악마 비슷하게 묘사되면 균형되게 공과를 평가하는 일이 불가능해진다"고 말했다.[60]

리처드 니스벳Richard Nisbett과 티모시 윌슨Timothy Wilson이 1977년에 발표한 논문은, 우리가 이론적으로는 후광 효과를 잘 이해하고 있을지라도 그것이 현실에서 실제로 일어날 때에는 제대로 파악하지 못한다는 점을 보여주었다.[61] 그래서 효과가 있는 게 아닐까? 뻔히 알고도 속는다는 말이 있는데, 후광 효과가 바로 그런 경우일 게다.

한국인들의 삶을 피폐하게 만들고 있는 주범이라 할 입시전쟁과 그에 따른 사교육비 문제는 사실상 학벌이라는 후광 효과를 얻기 위한 전쟁이라고 해도 과언이 아니다. 앞서 이명수는 후광 효과에 의존하는 사회는 신기루 사회라 결국 무너진다고 했지만,

그럴 것 같진 않다. 차라리 무너진다면 다행이겠지만, 그런 다행스런 일은 일어나지 않을 가능성이 높다. 전국민이 후광 효과를 얻기 위한 전쟁에 임하기 위해 바치는 물적·정신적 투입물은 각 단계별로 후광 효과 기득권 세력을 만들어내는바, 이들이 기존 체제의 유지를 강렬히 원할 것이기 때문이다.

📚 일독을 권함!

- 전승봉, 「마태효과, 그리고 글로벌 지식생산체계에서의 누적 이익: 한국 사회과학 저발전에 대한 함의」, 『사회과학연구』(서강대학교 사회과학연구소), 24권2호(2016년), 74–118쪽.
- 이명천, 「공모전의 PR기능과 현황에 관한 개관적 연구」, 『언론과학연구』, 15권4호(2015년 12월), 179–204쪽.
- 진용주·김광협·박창일·황성분, 「국가 브랜드파워를 활용한 기업커뮤니케이션이 현지국가 소비자에게 미치는 효과: 중국지역에 대한 한국기업의 글로벌 커뮤니케이션을 중심으로」, 『언론과학연구』, 15권2호(2015년 6월), 72–106쪽.
- 윤성준·양뤼·한희은, 「중국내 한류의 유형별 문화 후광효과에 관한 실증적 접근」, 『문화산업연구』, 13권1호(2013년 3월), 23–34쪽.
- 김도경, 「19대 총선에서의 박근혜 영향력에 관한 연구: 사상구 유권자 여론조사를 중심으로」, 『동서연구』, 25권4호(2013년), 155–179쪽.
- 김종현·장덕희·최성범, 「피 평가자의 채용경로에 의한 후광효과가 인사고과 결과에 미친 영향 분석」, 『국가정책연구』, 25권1호(2011년), 27–48쪽.
- 온하연·안기주, 「스타시스템의 후광효과(Halo effect)를 위한 소역활화 연구: SM엔터테인먼트의 매니지먼트 전략을 중심으로」, 『한국엔터테인먼트산업학회 학술대회 논문집』, 2권2호(2008년 11월), 68–78쪽.
- 이제영·최경근, 「국가 이미지와 브랜드에 관한 유형화 연구: Q방법론 적용을 중심으로」, 『한국언론정보학보』, 38권(2007년 5월), 7–39쪽.

왜 "당신은 상위권 엄마의 기쁨을 아느냐"는 말이 나올까?

"자신과 문화·지역이 같은 팀을 응원하는 것은, 자신이 다른 사람보다 '낮다'는 것을 증명하려는 것이다. 자신이 응원하는 팀은 바로 '자신'을 의미한다. 응원하는 팀이 이기면 '자신'도 이긴다."[62]

러시아 출신의 미국 과학작가 아이작 아시모프Issac Asimov의 말이다. 특정 팀을 응원하는 것은 단순한 재미나 엔터테인먼트가 아니라 자신의 사회적 자아를 보호하려는 행위라는 이야기다. 이와 관련, 스페인 발렌시아대와 네덜란드 암스테르담대 공동연구팀은 2010년 남아공 월드컵 결승전을 전후해 흥미로운 연구를 했다.

결승에 오른 스페인과 네덜란드는 치열한 연장승부를 펼쳤는데, 결국 연장후반 11분(종료 4분 전) 안드레스 이니에스타의 결승골로 스페인이 극적으로 우승컵을 가져갔다. 연구팀은 경기

당일 스페인 축구팬들의 테스토스테론과 코르티솔 분비량이 각각 29%, 52% 상승했다고 밝혔다. 테스토스테론은 사회적 지위를 유지하거나 얻으려는 심리적 상황에서 많이 분비되고, 코르티솔은 스트레스를 조절하는 호르몬이다. 즉 "혹시 오늘 지진 않을까. 그래서 나의 사회적 지위도 함께 추락하진 않을까"란 불안감이 생리적 변화를 일으켰다는 것이다.[63]

특정 팀 응원이 그렇게 중요한 의미를 갖는 것이라면, 팀의 승리나 패배에 대해 반응하는 것도 크게 다를 것이다. 로버트 치알디니Robert Cialdini의 연구에 따르면, 승리를 거둔 팀의 팬들은 "우리가 이겼다! 우리가 이겼다!"고 외친다. "선수들이 이겼다! ○○팀이 이겼다!"라고 외치는 경우는 거의 없다. 반면 패배했을 땐 '우리'라는 말을 쓰지 않는다. 자신이 응원했던 팀과 거리두기를 하면서 "그들이 졌다"고 말한다. 선거 역시 마찬가지다. 자신이 지지한 후보나 정당이 승리하면 "우리가 이겼다"고 하지만, 패배하면 "그들이 졌다"라고 말한다.[64]

승리했을 때 나타나는 이런 현상을 가리켜 '후광반사 효과basking in reflected glory'라고 한다. '반사된 영광 누리기' '투영된 영광의 향유'라고도 한다. 영어에선 Basking in reflected glory를 줄여서 BIRGing이라고 부른다. 반면 패배했을 때 나타나는 현상은 '반사된 실패 차단하기CORF, Cutting Off Reflected Failure' 또는 '암광차단효과'라고 부른다.[65] 특정 팀이 승리를 거두면 사람들은 승리의 영광을 나누기 위해 그 팀의 로고가 새겨진 옷을 더 많이 입으며, 팀 홈페이지 방문자 수도 훨씬 늘어난다. 반면 응원하던 팀이 패배하면 나눌 영광이 없어질 뿐만 아니라 수치스럽다는 이유로 그 팀과의 거리두기가 일어난다.

재질이 번쩍거리는 필름이라 '유광有光 점퍼'란 별명이 붙은 LG트윈스의 점퍼는 2013년 LG트윈스가 12년 만에 포스트시즌에 진출하면서 값이 폭등했다. 유광 점퍼의 정가는 선수용 19만 5000원, 일반인용 9만8000원인데, 재고가 바닥나면서 웃돈이 붙어 한때 인터넷 거래에서 20만 원까지 올랐다. 그러나 팬들의 기대와 달리 플레이오프전에서 패하면서 LG의 가을 야구가 4게임 만에 끝나자, 유광 점퍼의 가치도 폭락했다. 중고 장터엔 매물이 헐값으로 쏟아져 나왔다.

LG팬 김모(30)씨는 새 제품을 구할 수 없어 중고 장터를 며칠씩 들락거리다 간신히 20만 원을 주고 산 유광 점퍼를 9800원에 팔아치웠다. 그는 판매 게시글에 "꼴도 보기 싫어 그냥 불사르고 싶은데, 만원에 가져가실 분 찾습니다"라며 "오늘 안 팔리면 불광지구대 태극기에다가 같이 걸어놓을 테니까 가져갈 분은 가져가세요"라고 적었다. 유광 점퍼를 매물로 내놓는 팬들의 게시글은 '반사된 실패 차단하기'의 비정함을 잘 보여준다. "LG팬인 게 쪽팔려서 직거래 안 하고 택배로 보낸다." "한 번 입은 S사이즈, 부르는 대로 가격을 맞춰 드린다." "게임 보고 8등분으로 찢어버렸는데요, 꿰매서 쓰실 분 사세요."[66](그러나 LG가 2016 시즌 가을 야구에 진출하자 유광 점퍼는 다시 불타나게 팔려 나갔다.)[67]

미국엔 자동차에 "우리 아이는 우등생이랍니다My child is an honor student"라는 스티커를 붙이고 다니는 사람들이 많은데, 이 또한 후광반사 효과를 누리기 위한 것으로 볼 수 있다.[68] 한국에서 자녀교육을 위해 지나칠 정도로 극성을 부리는 학부모 역시 자식을 위해서라고 말은 하지만, 실은 후광반사 효과를 누리기 위한 이기심이 우선이라고 보는 게 옳을지도 모른다.

후광반사 효과를 누리기 위한 사람들의 열망은 생일 조작의 수준으로까지 나아갔다. 1년 중 가장 중요하거나 영광스러운 날에 후광반사를 누리기 위해 생일을 속이는 사람들의 의외로 많다. 캘리포니아대 교수 앨버트 해리슨Albert Harrison이 저명인사 9000명 이상을 대상으로 조사한 연구에선 독립기념일(7월 4일), 크리스마스(12월 25일), 새해 첫날(1월 1일)에 태어난 사람들이 그날을 기준으로 3일 전후에 태어난 사람들보다 훨씬 많았다. 이것은 확률상 100분의 1에 해당하는 일임을 감안컨대, 생일을 조작한 경우가 많았다는 걸 시사한다.

예컨대 재즈 음악가 루이 암스트롱Louis Armstrong은 자신이 미국의 독립기념일인 7월 4일에 태어났다고 주장했지만, 실제로는 8월 4일에 태어난 것으로 밝혀졌다. 또 브로드웨이 뮤지컬의 창시자인 조지 코헨George M. Cohan은 7월 3일생이었지만, 당시 차별받던 아일랜드계였던 부모가 자신들의 애국심을 증명하는 데 열정적이었던 나머지 그의 생일을 7월 4일생이라고 말하고 다녔다.

프랑스의 심리학자이자 점성술 학자인 미셸 고클랭Michel Gau-quelin은 1955년 19세기 프랑스 인명사전에 올라 있는 1만6000명의 별자리표를 만들었는데, 그들이 태어날 때 특정 행성(화성)이 지평선 위에 떠 있었던 경우가 많았다는 사실이 확인되었다. 이는 50년간 이른바 '화성효과Mars effect'로 불리며 점성술에 회의적이었던 학자들을 당황스럽게 만들었는데, 2002년 제프리 딘Geoffrey Dean이 그 비밀을 밝혀냈다. 자식의 출세를 너무도 바랐던 귀족 부모들이 자식들의 출생일자를 점성술적인 견지에서 상서로운 날로 바꿔 신고한 것이다![69]

일부 처세술 책들은 후광반사 효과를 적극적으로 누리라고 권한다. "자신을 초라하게 만드는 사람과는 어울리지 마라. (…) 성공을 향해서 매진하는 동안에는 능력이 뛰어난 사람들과 어울려라. 하지만 일단 성공하고 나면 당신을 빛내줄 사람들만 곁에 두어라."[70]

꼭 그렇게까지 하면서 세상을 살아야 하는 걸까? 치알디니는 "'후광반사 효과'를 누리려는 성향은 모든 사람이 어느 정도 갖고 있지만, 이런 성향을 극단적으로 밀고 나가는 사람들에게는 뭔가 특별한 면이 있는 듯하다"며 다음과 같이 말한다.

그 사람들은 단순한 스포츠 광팬이 아니라 성격에 숨겨진 결함이 있는 사람들이다. 바로 자존감 부족이다. 자신의 가치에 대한 확신이 없는 탓에 자신이 직접 뭔가를 달성하는 상황이 아니라 다른 사람이 달성한 일에 자신을 연관짓는 데서 성취감을 느낀다. 우리 문화권에는 이런 종류의 사람이 아주 많다. 끊임없이 저명인사의 이름을 팔고 다니는 사람이 가장 대표적이다. (…) 형태는 달라도 그런 사람들의 행동에는 공통적인 특징이 있다. 슬프게도 자신이 아닌 다른 사람한테서 성취감을 발견하려는 것이다.[71]

그러나 그런 일은 아무리 슬퍼도 남에게 피해를 주는 일은 없거나 드물다. 심각한 문제는 정치적 지지에서 나타난다. 정치적 지지를 자신의 자존감과 성취감의 기회나 도구로 이용하려는 사람들은 광적인 지지 활동을 펴는데, 이게 자주 정치를 극단으로 몰아 양극화시키는 주요 이유가 된다.

입시전쟁도 마찬가지다. "당신은 상위권 엄마의 기쁨을 아느냐"는 어느 학습지 광고 슬로건처럼, 자식의 명문대 진학을 자신의 자존감과 성취감의 기회나 도구로 이용하려는 학부모들이 많다. 그래서 공개적으론 "이대론 안 된다"는 말이 외쳐지지만 내심 "이대로 가야 한다"고 생각하는 이들이 더 많은 게 현실이며, 또 그래서 지금과 같은 입시전쟁은 앞으로도 지속될 가능성이 높다.

 일독을 권함!

● 노혜경, 「반사된 영광누리기 효과를 통한 집단 간 협조의 증대」, 『다문화사회연구』, 8권2호(2015년 8월), 5~38쪽.

● 한진욱·권형일, 「스포츠팀의 위상과 반사된영광누리기의 관계에서 대리성취욕구의 매개효과」, 『한국체육학회지』, 52권6호(2013년 12월), 311~319쪽.

● 정태욱·권형일, 「팀동일시: 대리 성취와 반사된 영광누리기 간의 관계에서 매개역할(영어논문)」, 『한국스포츠산업경영학회지』, 12권2호(2007년), 97~108쪽.

● 홍기원, 「집단소속감, 평가방법 및 정보의 공개가 내외집단원의 수행성과 평가에 미치는 영향」, 『한국심리학회지: 사회 및 성격』, 14권2호(2000년 7월), 167~179쪽.

아비투스

왜 '취존'에도 불구하고 취향은 계급인가?

　프랑스의 사회학자 피에르 부르디외Pierre Bourdieu는 시골 출신으로서 파리에서 대학생활에 적응하는 데에 큰 어려움과 갈등을 겪었다. 남부 사투리를 쓴다고 푸대접도 꽤 받았던 모양이다. 그는 그 갈등이 왜 생기는 것이며 어떻게 풀어야 하는 지에 대해 몰두하기 시작했다.

　대학교육이 요구하는 기준·틀·수준 등은 부르디외가 그동안 가지고 있었던 그것과는 판이하게 다른 것이었다. 대학이라는 '상징적 가치'가 자신의 환경과 경험을 통해 터득하고 지니고 있던 그의 모든 것보다 우월한 것으로 받아들여졌고, 또 그렇기 때문에 그는 자신의 온갖 촌스러움을 내던짐으로써만 대학에서 적응할 수 있었다. 그가 대학에서 사회학에 깊은 관심을 가지게 된 데에는 이런 개인적 경험의 영향이 다분히 작용했다.[72]

　우리는 왜 '자본'이라고 하면 '경제적 자본'만을 생각하는가?

그런 의문을 품은 부르디외는 자본을 네 가지 유형으로 구분했다. 경제적 자본(전통적 의미의 자본), 문화적 자본(가족과 학교에서 얻는 지적·미학적 능력과 자격), 사회적 자본(연고와 사교활동으로 맺는 사회적 관계), 상징적 자본(신용·명예·인정) 등이 바로 그것이다. 왜 이렇게 구분해야 하는 걸까? 우리 주변을 둘러보자. 아무리 우리 사회가 자본주의 사회라곤 하지만 오직 '돈'만이 힘을 쓰는 건 아니다. 기업가·정치인·대학교수·예술가·시민운동가·지역 원로 등등 여러 유형의 사람들을 생각해보자. 기업가를 제외한 나머지 사람들에겐 돈이 없다 하더라도 얼마든지 사회적으로 큰 영향력을 행사할 수 있다.

대중문화 연구의 관점에서 우리가 가장 주목할 만한 것은 문화자본이다. 부르디외는 노동계급의 젊은이가 성공에 이르는 길에 있어서 당면하는 장벽은 물질적 불평등뿐만 아니라 문화적 자본의 결여라고 말한다. 교육적 자본은 문화적 자본의 일부이다. 문화적 자본은 일상적 삶의 휴식과 여가 문화를 통해 전달되는 만큼 집이 가난한 학생들은 집이 부자인 학생들에 비해 아무래도 불리한 입장에 놓일 수밖에 없다.

그래서 부르디외의 이론에서 가족문화는 매우 중요한 의미를 갖는다. 이와 관련해 그가 제시하는 개념이 바로 '아비투스habitus'다. 아비투스는 습관habitude처럼 자신도 의식하지 못한 채 독특한 행위성향으로 드러나는 것이지만, 습관과는 다르다. 습관이 반복적·기계적·자동적인 것으로서 기존 질서를 반복해서 재생산하는 것이라면 아비투스는 기존 질서를 변형시킨 채 재생산하

는 것이기 때문이다.[73] 아비투스는 어려서부터 가족에서 내재화
된다. 그것은 도덕·금기·걱정·행동규칙·취향에 있어서 교훈
의 형태로 가족에 의해 매개된다. 가족은 개인의 아비투스의 형
성 장소이지만, 무의식적 계획들을 의식적으로 전달하는 일은 교
육제도가 맡고 있다. 학교의 기능은 사회의 집단적 유산을 개인
적이며 공통의 무의식으로 전환시키는 것이다.

하층계급의 아비투스는 경제적으로 제한되고 억압적 존재상
황의 어려움을 현실적 쾌락주의와 같은 라이프스타일의 미덕으
로 전환시킨다. 그들은 문화상품의 삶과 관련된 실제적 기능을
강조하고 양을 중시한다. 또 소비대상의 내용을 중시한다. 반면
중상층 문화세계는 실용적이고 기능 지향적인 취향을 거부한다.
그건 하층계급의 라이프스타일이기 때문이다. 그들은 형식을 강
조하고 질을 중시한다. 또 소비의 방법과 매너를 중시한다.[74] 어
느 상류층 인사가 삼겹살을 좋아한다거나 소주를 좋아한다고 그
러면 많은 사람들이 그에게서 '서민적'이라는 인상을 받는다. 재
벌 총수는 자신의 홍보를 위해 '서민적'으로 보이는 것도 좋겠지
만, 상류층이 되고 싶어 하는 중류층은 '서민적'으로 보이는 걸
싫어한다. 아니 하류층 사람이라도 사람이 많이 모인 자리에선
가급적 하류층 '티'를 내지 않으려고 애를 쓸 것이다.

사람들의 그런 노력을 가리켜 부르디외는 '구별짓기distinction'
라고 불렀다. 좀 어렵게 말하자면, '구별짓기'는 행위자들이 사회
적인 구별을 확실히 하고 서로 구분되는 인지認知 양식을 확보하
기 위해 사용하는 전략을 가리킨다. 좀 쉽게 말하자면, 사람들이

명품을 좋아하는 이유가 바로 구별짓기를 위한 것이다.

부르디외는 음악에 관한 이야기를 하는 데에 반감 같은 것을 가지고 있다. 그 이유가 재미있다. 음악에 관한 이야기는 가장 인기 있는 지적知的 과시의 기회 가운데 하나가 되기 때문이라는 것이다. 음악에 관해 말하는 것은 자신의 교양의 폭과 해박성을 표현하는 훌륭한 기회인데, 그는 그것이 못마땅하다는 것이다. 음악에 대한 기호만큼 그 사람의 '계급'을 확인시켜주는 것도 없으며, 또한 그것만큼 확실한 분류 기준도 없다는 게 그의 주장이다.[75]

'취존('취향입니다, 존중해주시죠'의 줄임말)'은 온라인 방언 중에서도 손꼽힐 정도로 자주 사용되지만,[76] 취향이 계급이라면 마냥 존중해주긴 어려울 것 같다. 취향을 빙자해 자신의 계급적 우월성을 드러내면서 상대편을 폄하하는 효과를 낼 수 있으니 말이다.

부르디외는 미적으로 편협하다는 것은 가공할 폭력성을 지니고 있다는 점을 상기시키면서, 기호는 혐오와 분리할 수 없다고 단언한다. 다른 삶의 양식에 대한 혐오는 계급 사이의 가장 두터운 장벽 중의 하나라는 것이다.[77] 가끔 드라마나 소설에서 묘사되듯이, 미혼 시절엔 빈부격차를 뛰어넘어 뜨겁게 연애하던 남녀가 결혼 후 심각한 갈등을 일으키는 것 중의 하나가 그간의 빈부격차로 인해 형성된 미적 감수성 또는 취향이다. 부르디외가 보기에, 우리가 예술작품에 대해 취하는 태도는 미학적 느낌의 자발적 결과가 아니라, 교육과정의 사회적 산물이다. 거기서 미적 판단은 계급과 밀접한 관련이 있다. 이건 매우 중요한 의미를 갖는다. 만약 예술작품에 대한 우리의 감상이 요리나 스포츠에 대한 우리의 태도를 지배하는 논리와 똑같은 논리에 의해 지배된다면 미적 판단의 유효성은 상실될 것이기 때문이다.

우리는 대중문화에 대한 태도에 있어서도 자신의 '문화 자본'을 과시하기 위한 '구별짓기' 현상을 얼마든지 목격할 수 있다. 예컨대, 어떤 영화를 좋아하는 이유를 말할 때에도 특정 스타보다는 감독 때문이라고 말하거나 너무 대중적인 스타보다는 덜 알려진 연기자를 좋아한다고 말하는 게 훨씬 더 지적이고 고급스럽게 보인다. 이와 관련, 폴 맥도널드Paul McDonald는 "어떤 사람들이 유럽의 예술영화에 나오는 잘 알려지지 않은 배우, 예컨대 장피에르 레오Jean-Pierre Léaud를 좋아한다고 말한다면, 그들은 암암리에 자신들을 대중적인 배우를 좋아하는 사람들과 구분하고 있는 것이다. 그들은 '내 취향은 당신의 취향에 비해 고급스러운 것이다'라고 넌지시 말하는 것이다. (…) 실베스터 스탤론이나 아놀드 슈워제네거를 좋아하는 것보다 로버트 드 니로를 좋아하는 것이 훨씬 더 제대로 된 입장이고 문화적으로 더 높은 지위를 가진 것처럼 보여질 것"[78]이라고 말한다.

영화에서 나타나는 이런 '구별짓기'는 다른 대중문화는 물론 우리의 소비생활에서도 그대로 드러나고 있다. 청소년들이 휴대폰, 그것도 가급적이면 최첨단 기능과 성능을 가진 스마트폰에 집착하는 것도 알게 모르게 바로 그런 이유가 작용하는 건 아닐까? 이렇게 아비투스의 연구 주제는 무궁무진하다. 반공주의를 아비투스로 본 김기봉은 "남한 인민대중의 사고와 행위의 규칙을 정하는 문법이 되어버린 반공주의는 남한사회의 아비투스로 자리를 잡음으로써, 탈냉전시대가 도래했음에도 불구하고 여전히 우리를 구속하는 보이지 않는 족쇄가 되었다"고 말하기도 한다.[79]

우리를 구속하는 보이지 않는 족쇄를 열거해보자. 커뮤니케이션과 관련해 생각해보자면, 좁게는 아비투스는 특정 집단의 습속을 말하는 것일 수도 있다. 정치인의 아비투스[80], 공무원의 아비투스, 지식인의 아비투스[81], 신문기자의 아비투스[82], 방송기자의 아비투스, 방송PD의 아비투스, 탤런트의 아비투스, 가수의 아비투스, 출판인의 아비투스 등도 가능하다. 그 어떤 아비투스건 그 근원을 캐보면 개인이 어찌할 수 없는 구조에 따라 생존하면서 갖게 된 습속이라는 걸 알게 될 것이다.

 일독을 권함!

- 이재승, 「묘지의 정치: 명예회복과 인정투쟁을 둘러싸고」, 『통일인문학』, 68권 (2016년 12월), 257-296쪽.
- 정수남, 「'잉여인간'의 아비투스와 복지 장의 후기자본주의적 논리: 노숙인을 중심으로」, 『민주주의와 인권』, 16권2호(2016년 6월), 241-300쪽.
- 이상길, 「탈식민 상황에서 '비판적 문화연구'를 가르치기: 부르디외 이론의 사례」, 『한국방송학보』, 29권5호(2015년 9월), 67-99쪽.
- 박영균, 「'상상된 공동체'의 와해와 조선족들의 아비투스」, 『통일인문학』, 59권 (2014년 9월), 5-30쪽.

- 박혜성, 「한국 사회에서의 피아노의 문화적 의미: 예술적 취향에 내재한 계급성을 중심으로」, 『한국예술연구』, 9권(2014년 6월), 75–98쪽.
- 최선주·한숭희·이병훈·이정희·장성연, 「시험형 인간으로 살아가기: 입시경쟁체제에서 형성된 아비투스가 추동하는 삶」, 『아시아교육연구』, 13권1호(2012년 3월), 73–103쪽.
- 이동연, 「한국인의 일상과 문화 아비투스」, 『문화과학』, 61권(2010년 3월), 169–195쪽.
- 박영균, 「분단의 아비투스에 관한 철학적 성찰」, 『시대와 철학』, 21권3호(2010년), 369–411쪽.
- 심훈, 「'쓰나미'에 대한 한·미 양국 간의 시사 다큐멘터리 담화 분석: 서술자의 등장 유형 및 발화 방식을 중심으로」, 『한국방송학보』, 23권1호(2009년 1월), 208–240쪽.
- 박경숙·김종덕, 「아비투스(Habitus) 관점으로 본 텔레비전 광고와 수용자: 삼성 '센스' 노트북 CF를 중심으로」, 『Archives of Design Research』, 21권4호(2008년 8월), 249–258쪽.
- 김예란·권정민, 「휴대폰 영상행위와 정체성 형성에 관한 문화적 접근」, 『언론과 사회』, 16권2호(2008년 5월), 74–106쪽.
- 정의철·이창호, 「혼혈인에 대한 미디어 보도 분석: 하인스 워드의 성공 전후를 중심으로」, 『한국언론학보』, 51권6호(2007년 10월), 84–110쪽.
- 주형일, 「왜 나는 스파이더맨을 좋아하는가: 자기민속지학 방법의 모색」, 『언론과 사회』, 15권3호(2007년 8월), 2–36쪽.
- 김예란, 「디지털 아비투스: 플랫폼을 넘나드는 콘텐츠 소비문화」, 『방송문화연구』, 17권2호(2005년 12월), 67–109쪽.
- 남재일, 「한국 기자의 사건중심보도 아비투스」, 『한국언론학회 학술대회 발표논문집』, 2005년 10월, 167–174쪽.
- 임종수, 「1960~70년대 텔레비전 붐 현상과 텔레비전 도입의 맥락」, 『한국언론학보』, 48권2호(2004년 4월), 79–107쪽.
- 홍성민, 「한국학문의 정체성과 학자들의 아비투스」, 『진보평론』, 5권(2000년 9월), 136–159쪽.
- 윤선희, 「인터넷 담론 확산과 청소년 문화의 아비투스」, 『한국언론학회 심포지움 및 세미나』, 2000년 2월, 27–59쪽.

제11장

동조와 편승

왜 우리 인간은 '부화뇌동하는 동물'인가?

동조

평범한 부모들이 자식들에게 강조하는 처세술 중의 하나로 "더도 덜도 말고 중간만 가라"는 말이 있다. 중간을 가기 위해선 어떻게 해야 하는가? 늘 남들을 관찰해야 하고, 눈치가 빨라야 한다. 즉 '동조同調, conformity'의 기술을 익혀야 한다. 동조란 '형식form을 공유한다'는 뜻으로, "어떤 특정인이나 집단으로부터 실제적이거나 가상적 압력을 받아서 자기 자신의 행동이나 의견을 바꾸는 것"을 말한다.

미국 사회심리학자 솔로몬 애시Solomon E. Asch는 1952년 4개의 선에 대해 길이를 비교하게끔 하는 유명한 '동조연구conformity research' 실험을 통해 사람들이 인지된 집단 압력에 굴복하여 자신들이 확실하게 믿고 판단하는 것조차도 거부한다고 주장했다.

이런 가정을 해보자. 정답이 C인 매우 쉬운 문제가 있다. 그런데 참가자 5명 중 4명이 모두 오답인 A라고 말한다. 이 상황에서 자신 있게 정답 C를 외칠 수 있는 사람이 얼마나 될까? 애시의 실험에 따르면 실험참가자 중 75%가 적어도 한 번은 다수의 의견을 따라 틀린 답을 말했다. 분명히 C가 정답이라고 생각하면서도 주위 사람들이 모두 A라고 대답하게 되면 어떡하지? 만약 내가 C라고 말하면 이 사람들이 나를 이상하게 생각하지 않을까, 내게 화를 내지 않을까, 아니면 더 나아가 나를 조롱하지 않을까? 이 같은 걱정에 빠진 사람들은 다수의 편에 서기 위해 자신의 판단과는 다른 선택을 하게 된다는 것이다. 이런 동조 욕구에 대해 애시는 "남과 다르다는 것에 대한 두려움 때문에 남들과 똑같이 표현을 하면서 동질감과 소속감을 찾는다"고 말했다.[1]

애시는 왜 이런 실험을 했을까? 폴란드계 유대인으로 제2차 세계대전 이후에 연구활동을 시작한 애시는 어떻게 그 많은 독일인들이 사람을 대량학살한 나치의 이데올로기를 흔쾌히 따를 수 있었는지 알아내기로 결심했다.[2] 우리는 부화뇌동附和雷同에 대해 안 좋게 이야기하지만, 애시의 연구결과는 '인간은 부화뇌동하는 동물'이라는 걸 말해준다. 애시는 미국에서 공산주의자 동조자들을 색출해내는 '매카시즘 히스테리'가 한창이던 상황에서 이 실험 결과에 대해 다음과 같이 썼다.

우리 사회에서 순응하려는 경향이 이렇게 강하다는 것은, 다시 말해 선량하고 지적인 젊은이들이 상황에 따라서는 흑백도 뒤바뀔 수 있다는 생각을 기꺼이 받아들인다는 것은 심상치 않은 문제이다. 우리가 얻은 결과는 현재의 교육방법이나 우리 행동의 지침이 되고 있

는 가치관에 의문을 제기하고 있다.[3]

미국 터프츠대학 심리학자 샘 소머스Sam Sommers는 "애시의 실험에서 참가자들에게 틀린 답을 말하라고 요구한 사람은 없었다. 집단의 의견을 거스른다는 생각 때문에 괜히 스스로 불편해진 것이다. 그리고 우리한테 옷을 어떻게 입고 머리를 어떻게 꾸미라고 대놓고 이야기하는 사람도 거의 없다. 하지만 그럼에도 불구하고 특정한 시대나 지역을 반영하는 어떤 '모습'에 대한 사람들의 의견은 대부분 하나로 모아진다"며 이렇게 말한다.

"그런 의미에서 우리는 스스로 생각하는 것만큼 독립적인 개개인은 아니다. 동조하려는 경향의 가장 흥미로운 측면은 아마 그것이 우리 행동의 아주 미묘한 부분에까지 영향을 끼친다는 점일 것이다. 즉 다른 사람의 직접적인 간청 없이도 우리의 사고와 행동은 급격하게 변할 수 있다. 그것이 바로 우리 행동을 좌우하는 보이지 않는 손이다. 그 보이지 않는 손이 우리 머릿속을 가득 채우고 있다."[4]

애시의 연구는 17개 국가에서 133번이나 재연되었는데, 그 결과들을 종합해보면, 개인의 정체성이 타자와 연결되어 발달하는, 소위 집단주의 문화권에서는 집단에 순응하는 비율이 개인주의 사회에서보다 더 높았다. 서유럽과 북미가 25% 수준을 보인 반면 아프리카·오세아니아(남태평양의 여러 섬들)·아시아·남미는 평균 37%를 나타냈다. 개인적 차이도 있다. 자존감이 높은 사람은 집단의 영향력을 덜 받지만, 권위적 성격의 소유자는 그런 영

향력에 더 많이 휘둘린다.[5]

동조는 미디어의 선택과 활용 과정에서도 나타난다. 특히 SNS
는 그 어떤 다른 미디어보다 더 동조를 촉진하는 경향이 있다.
나은영은 "SNS 활용이 전적으로 동조 때문에 이루어지는 것은
아니지만, 일부 동기는 '동조'에 기반한 것일 수 있다. 특히 '관계'
를 중요시하는 한국에서 10대 후반과 20대 초반의 대학생들은
싸이월드 미니홈피로부터 페이스북에 이르기까지 개개인의 미
디어 전환도 유행처럼 친구들과 함께 따라 하는 경향이 있다"며
다음과 같이 말한다.

SNS를 이용하기 시작할 때도 동조 동기가 작용할 수 있지만, 이용
하는 과정에서도 동조 과정을 무시할 수 없다. 예컨대, '침묵의 나선'
과정이 SNS에서도 발생할 가능성이 있다. SNS에서 다수를 점하는
의견이 실제보다 더 다수로 보이고, 소수를 점하는 의견이 실제보다
더 소수로 보여, 다수는 점점 더 득세하고 소수는 점차 사라지는 현
상이 SNS의 의견 흐름에 나타날 수 있다는 것이다. 이런 과정은 SNS
내에서 증폭되는 동조 과정을 통해 여론 지각에서 착시나 오해가 발
생할 수 있음을 시사한다.[6]

동조와 유사 개념으로 '응종compliance'과 '복종obedience'이 있다.
응종은 동조와 달리 '명시적' 요청이나 부탁이 있을 때 이를 들어
주는 것을 말한다. 의사의 지시를 따른다든지, 친구의 부탁을 들
어준다든지, 외판원의 구매 요청에 응한다든지 하는 것들이 모두

응종에 속하며, '설득'이 효과적으로 되는 경우가 대부분 여기에 해당한다. 복종은 권위를 부여받은 사람의 명시적 명령에 따르는 것을 말한다.[7]

부정적인 일의 경우, 응종이나 복종보다 더 무서운 게 동조다. 아무런 흔적을 남기지 않기 때문이다. 심리학자 노엄 슈팬서Noam Shpancer는 "우리는 언제 동조하고 있는지조차 모를 때가 있다. 그것이 바로 우리의 홈베이스이자 우리의 기본 모드이기 때문이다"고 말한다. 그는 동조를 뇌 속에 새겨져 있는 '디폴트default(초깃값, 초기 설정)'로 간주한다. 우리는 생존과 성공을 위해 동맹이 필요하다는 걸 본능적으로 알고 있다는 것이다.[8]

동조는 나쁘거나 바람직하지 못한 걸까? 우리는 공식적으로는 그렇게 평가하는 경우가 많지만, 비공식적으로는 "혼자 사는 세상이 아니다"는 상식에 더 기우는 경우가 많다. 프랑스 사회심리학자 실뱅 들루베Sylvain Delouvee는 동조에 대해 현실적인 자세를 취한다. "이와 같은 다수의 영향력은 우리 사회에서 종종 부정적인 의미를 내포하고 있어서 순응하는 사람은 남의 영향을 쉽게 받고 자신의 신념을 고수하지 못하는 줏대 없는 사람으로 여겨지기도 한다. 하지만 어떤 사회든, 조직이든, 단체든 대다수의 구성원이 공동규칙을 공유하고 이에 동조해야만 존재하고 기능할 수 있다. 따라서 동조는 한 단체의 존재를 안전하게 유지하기 위해 없어서는 안 되는 부분이기도 하다."[9]

생존 메커니즘으로서의 동조는 우리 사회의 모든 분야와 전국면을 지배하고 있지만, 우리는 "나의 동조는 불가피하지만, 너의 동조는 추하다"는 이중자세를 취하는 데에 매우 익숙해져 있다. 특히 정치를 평가할 때에 더욱 그런 경향을 보인다. 우리 인간이 '부화뇌동하는 동물'인 것이 분명할진대, 부화뇌동하지 않는 사람을 평가할 때엔 '모나다'고만 할 게 아니라 그 점을 고려한 '프리미엄'을 부여하는 게 공정하지 않을까?

📚 일독을 권함!

● 박수경·김영혜, 「중학생의 또래동조성과 SNS 사용정도 및 인식이 집단따돌림 가해경험에 미치는 영향」, 『청소년학연구』, 22권1호(2015년 1월), 1~27쪽.

● 문광수·김슬식·오세진, 「베스트 댓글의 방향성이 일반댓글의 동조효과에 미치는 영향」, 『한국콘텐츠학회논문지』, 13권12호(2013년 12월), 201~211쪽.

● 장혜지·조수영, 「악성루머에 대한 사회적 동조, 대응방법, 루머이력이 기업평가 및 루머신뢰에 미치는 영향」, 『한국언론학보』, 57권4호(2013년 8월), 96~123쪽.

● 안지수·이원지, 「사회적 동조와 개인의 정보처리 성향이 루머 메시지의 신뢰에 미치는 영향」, 『언론과학연구』, 11권4호(2011년 12월), 296~320쪽.

● 곽정래·최준혁·이현우, 「수용자의 성, 정보처리양식, 의사소통능력이 동조에 미치는 영향」, 『스피치와 커뮤니케이션』, 12권(2009년), 170~195쪽.

● 류경희, 「청소년 집단 따돌림에서 동조 행동의 영향 변인」, 『Family and Environment Research』, 44권12호(2006년), 139~154쪽.

왜 편승 효과

우리 인간은
'들쥐떼' 근성을 보이곤 하는가?

서커스 따위 행렬의 선두에 선 악대차를 뜻하는 밴드왜건band-wagon이 선거유세에 등장해 인기를 끈 건 1848년 미국 대선 때부터였다. 휘그당 후보인 재커리 테일러Zachary Taylor의 열성 지지자들 가운데 댄 라이스라는 유명한 서커스단 광대가 있었다. 라이스는 테일러를 악대차에 초대해 같이 선거유세를 하곤 했다.

악대차는 군중이 별 생각없이 덩달아 뒤를 졸졸 따르게 하는데엔 최고의 효과를 발휘했다. 테일러는 대선에 승리해 제12대 대통령이 되었는데, 악대차 효과 덕분이라는 소문이 나면서 이후 정치인들이 앞다퉈 악대차를 동원한 선거유세를 펼치기 시작했다. 말이 끄는 밴드왜건은 1920년대에 사라졌지만, '악대차에 올라탄다jump on the bandwagon'는 말은 계속 살아남아 오늘날 "시류에 영합하다, 편승하다, 승산이 있을 것 같은 후보를 지지하다"는 뜻을 갖게 되었다.

현대적 밴드왜건의 본때를 보여준 대형 이벤트는 1952년 대선에 등장했다. 이른바 '아이젠하워-닉슨 밴드왜건'이다. 공화당은 25톤짜리 트레일러 트럭을 화려한 밴드왜건으로 개조하여 아이젠하워-닉슨의 유세지에 미리 파견해 호의적 분위기를 조성하게끔 했다. 이 밴드왜건은 밤에는 10마일 떨어진 곳에서도 보인다는 대형 서치라이트를 이용해 각종 놀자판 무드를 조성했으며, 32일간 29개 도시에서 활약함으로써 아이젠하워-닉슨 승리에 크게 기여했다.[10]

이후 사회과학자들은 대중이 투표나 여론조사 등에서 뚜렷한 주관 없이 대세를 따르는 걸 가리켜 '밴드왜건 효과bandwagon effect'라는 이름을 붙였는데, 우리말로 '편승 효과'라고 하며, '무리효과herd effect'라는 말도 비슷한 뜻으로 쓰인다. "친구 따라 강남 간다"는 속담이 말해주듯이, 무리에서 혼자 뒤처지거나 동떨어지지 않기 위해 다른 이들을 따라하는 모습을 연상해보면 쉽게 이해가 되겠다. 앞서 살펴본 '사회적 증거'와 '동조'는 '편승 효과'를 낳기 마련이다.

'밴드왜건 효과'는 정치학보다는 경제학의 소비자 연구 분야에서 먼저 쓰였다. 미국 경제학자 하비 레이번스타인Harvey Leibenstein이 1950년 『경제학저널Quarterly Journal of Economics』에 발표한 「소비자 수요 이론에서의 밴드왜건, 스놉, 베블런 효과Bandwagon, Snob and Veblen Effects in the Theory of Consumer Demand」라는 논문이 밴드왜건 효과를 처음 제시한 것으로 알려져 있다.[11]

밴드왜건 효과, 즉 편승 효과는 이른바 '네트워크 외부효과network externalities'로 볼 수도 있다. 서정환은 '네트워크 외부효과'를 "특정 개인의 재화 수요가 다른 개인의 수요에 영향을 주는 현상"으로 정의하면서, "편승효과는 다른 사람들의 재화 수요가 많을수록 그 재화의 내재된 가치가 상승해 다른 특정 개인의 수요가 증가하는 것"이라고 말한다.[12]

대중의 일상적 삶과 관련된 편승 효과에 대한 지식인들의 시선은 싸늘하다. 그래서 '들쥐떼'라는 표현이 자주 사용되곤 한다. 미국 미주리대학의 도시문제 전문가 데니스 저드Dennis Judd는 미국인들이 들쥐떼 같다고 비판한다. "미국인을 개인주의자로 보는 것은 난센스다. 우리는 가축이나 다름없는 국민이다. 범죄에 대해 걱정할 필요가 없으며 우리 재산이 안전하게 지켜질 것이라고 누군가 말해주기만 한다면, 스스로의 많은 권리들을 포기할 체제순응적인 들쥐떼 같은 존재가 우리다. 우리는 공공영역에서라면 결코 참지 않을 각종 제약들을 회사생활에서는 감내한다. 그런데도 많은 사람들이 인식하지 못하고 있는 것은, 특정한 종류의 회사내 생활이 점차 우리 모두의 미래 생활이 될 것이라는 점이다."[13]

미국인만 들쥐떼인가? 그렇진 않다. 다소의 정도 차이는 있을망정 모든 인간의 공통된 속성으로 보는 것이 옳을 것이다. 리처드 탈러Richard H. Thaler와 캐스 선스타인Cass R. Sunstein은 "인간들은 분명 들쥐와는 다르다. 그러나 타인의 말이나 행동에 쉽게 영향을 받는 것도 사실이다"며 "영화에서 사람들이 미소를 짓는 장면이 나오면 (재밌는 영화든 아니든) 당신도 미소를 지을 가능성이

높다"고 말한다.[14]

왜 우리 인간은 '들쥐떼' 근성을 보이곤 하는가? 다수로부터 멀어져선 안 된다는 안전의 욕구 때문이다. 일반대중뿐만 아니라 학자와 전문가들도 편승효과를 탐하곤 한다. 예컨대, 1987년 『뉴잉글랜드 의학저널New England Journal of Medicine』에 실린 한 논문은 '밴드왜건 효과'를 다루고 있는데, 의사들이 "마치 들쥐떼처럼 다른 의사들이 하니까 그때그때 상황에 따라, 분위기에 맹목적으로 휩쓸려 특정 질병과 치료법 연구에 매달린다"고 꼬집고 있다.[15]

미국 델라웨어대 사회학자 조엘 베스트는 「유행에 대한 편승이 개인의 출세에 미치는 영향」이라는 글에서 가상 인물인 앨리스 교수(문학 교수)에 대해 조롱조로 이렇게 말한다. "앨리스 교수는 한 시사지에서 물리학자들이 '카오스 이론'이라는 것을 연구하고 있다는 기사를 본 적이 있다. 꽤 유망해 보이는 이론이다. 앨리스 교수는 고등학교 이후로 물리학을 공부한 적이 없지만, 그녀의 머릿속에는 이미 제목 하나가 떠올랐다. '카오스 속의 왕국들: 셰익스피어의 비극에 나타난 궁정의 물리학'이 바로 그것이다. 이제 앨리스 교수의 종신재직권은 거의 보장된 셈이다."[16]

유행의 본질도 바로 그런 편승효과다. 한국에서 베스트셀러에서부터 유명 맛집에 이르기까지 사람들이 우우 몰려드는 현상은 모두 편승효과의 위력을 말해준다. 거리에서 3초마다 눈에 띌 정도로 흔해졌다는 뜻으로 쓰이는 L브랜드의 '3초백'도 이런 편승효과에서 비롯됐다.[17] 그래서 편승효과를 '레밍 신드롬lemming syndrome'이라고도 한다. 레밍은 나그네쥐로 스칸디나비아 반도에 사는 들쥐의 일종인데, 그 수가 폭발적으로 늘면 떼지어 바닷가 절벽으로 밀려가 뛰어내린 뒤 죽을 때까지 헤엄친다고 한다. 동물학자들은 개체수 과잉 문제를 극단적으로 해결하는 레밍의 행태를 급격히 치열해진 생존경쟁에서 종족 보전을 위해 일시적인 공황상태에 빠지기 때문이라고 설명했다. 동물보호론자들인 레밍에이드(구조대)가 들쥐를 구하기 위해 갖가지 장비를 갖추고 바닷가 절벽을 향해 질주하는 들쥐를 막아보려 안간힘을 다했지만 실패했다.[18]

춘카 무이Chunka Mui와 폴 캐롤Paul B. Carroll은 『똑똑한 기업을 한순간에 무너뜨린 위험한 전략』(2008)에서 레밍 신드롬을 기업들간의 경쟁에 적용시킨다. 이들은 레밍 신드롬이 두 가지 상황에서 나타나기 쉽다며 다음과 같이 말한다.

하나는 다양한 경쟁사가 시장이나 기술과 관련해서 높은 불확실성에 직면해 있을 때다. 이 경우, 레밍은, 아주 많은 인정을 받고 있는 기업이 자기가 모르는 뭔가를 알고 있을까봐 두려운 나머지 뒤처지지 않으려고 빠르게 앞선 경쟁자를 추격한다. 그런데 역할모델로 삼은 기업이 실제로는 파국의 길을 걷고 있을 때 그 뒤를 따르던 기업들은 벼랑 끝에서 떨어지는 끔찍한 경험을 하게 된다. (…) 또 다른 레밍 신드롬은 비교적 수준이 비슷한 경쟁사들끼리 상대방이 차별화된 입지를 구축하는 걸 용인하지 못해 서로 모방할 때 일어난다. 이러한 집단행동은 집단몰락을 초래할 수 있다.[19]

하지만 그 어떤 대세가 형성됐을 때에 그걸 따르지 않는 건 결코 쉬운 일은 아니다. 그런 점에서 보자면 편승 효과의 반대편에 있는 '속물 효과snob effect'를 보이는 사람들은 용감하다고 보아야 할까?

📚 일독을 권함!

- 추승엽·현창민·임성준, 「디지털 음원산업의 흥행요인: 기존 음반산업과 동일한가?」, 『Korea Business Review』, 20권4호(2016년 11월), 231–254쪽.
- 박민경·이건호, 「온라인 오피니언 리더의 담론 유형 탐구: '세종시' 관련 인터넷 토론방 다음 아고라 '선도의견'을 중심으로」, 『언론정보연구』, 48권1호(2011년 2월), 114–149쪽.
- 이지현·양숙희, 「현대 패션에 나타난 과시적 소비 특성」, 『복식문화연구』, 18권1호(2010년 2월), 177–189쪽.
- 엄경희, 「해외패션 명품브랜드의 사회문화현상에 관한 연구」, 『한국디자인문화학회지』, 11권3호(2005년 9월), 80–90쪽.
- 백상용·박경수, 「정보기술 혁신 확산과 편승 효과: 혁신 모호성과 평가의 표준편차」, 『중소기업연구』, 23권1호(2001년 3월), 89–103쪽.
- 김용호·김경모, 「유권자의 선거관련 매체이용이 선거판세 인식과 전략적 투표행위에 미치는 효과에 관한 조사연구」, 『한국언론학보』, 45권1호(2000년 12월), 91–120쪽.
- 강미은, 「선거 여론조사 결과 발표가 투표의향에 미치는 영향에 관한 연구: 개인의 정보처리 동기와 능력을 중심으로」, 『한국언론학보』, 44권2호(2000년 5월), 5–39쪽.

왜 속물 효과
비싼 명품일수록
로고는 더 작아질까?

1920년대의 미국은 물질적으론 풍요로웠지만, 정신은 빈곤했다. 1922년에 간행된 『미합중국의 문명』을 공동집필한 20명의 지식인은 "오늘날 미국의 사회적 삶에서 매우 흥미롭고도 개탄할 사실은 그 정서적·미적 기아상태"라고 진단했다.[20] 이 시대의 대표적인 독설형 저널리스트인 헨리 루이스 멩켄Henry Louis Mencken은 자기만족에 빠진 미국의 청교도적 중산층의 속물근성 snobbery을 겨냥해 "컨트리 클럽에 우글거리는 겉만 번지르르한 야만인들, 저 영국 귀족을 흉내내는 골판지 상자들"이라고 독설을 퍼부었다.[21]

1920년대를 지배한 속물근성은 문학작품에도 반영되었다. 고발의 성격을 띤 반영이었는데, 이 방면의 선두 주자는 미국인의 물질 만능주의와 순응주의를 날카롭게 묘사한 싱클레어 루이스Harry Sinclair Lewis다. 루이스가 1922년에 발표한 『배빗Babbitt』

의 주인공인 배빗은 자신이 속한 골프클럽의 지위가 첫째가 아니고 두번째라는 점에 언짢아하는 사람이었다.[22] 『배빗』은 중산층의 속물근성을 실감나게 표현한 덕에 이후 속물적이면서 거만을 떠는 사람은 누구든지 '배빗'으로 불렸다. 오늘날의 배빗은 어떨까? 조지프 엡스타인Joseph Epstein은 『미국판 속물근성Snobbery: The American Version』(2003)에서 "우월감이란 BMW 740i에 앉아 자신이 가난한 속물들보다는 낫다고 생각하면서...빨간 신호등 앞에 멈췄을 때, 내 차 옆에 선 촌티 나는 캐딜락에 누가 앉아 있는지를 조용히 음미하는 것이다. 또한 내 딸이 하버드에서 미술사를 전공할 때, 방금 인사 받은 여자의 아들이 애리조나 주립대학에서 포토저널리즘을 전공한다는 이야기를 기껍게 들으며 느끼는 조용한 기쁨이다"[23]라고 말한다.

영국의 보건학자 리처드 윌킨슨Richard G. Wilkinson은 『평등해야 건강하다: 불평등은 어떻게 사회를 병들게 하는가?The Impact of Inequality: How to Make Sick Societies Healthier』(2006)에서 "속물근성은 사회적 지위를 과시하거나 높이기 위한 방법 가운데 하나다. 그것은 우리가 사회적으로 열등하다고 생각하는 사람들보다 자기자신이 더 낫다고 주장하기 위해 차별점을 만들어내고 이를 활용하는 전략이다"며 "이전 세대만 해도 계급은 돈을 얼마나 소유하고 있는지에 따라 구분되지 않았다. 사회적 거리는 여타의 문화적 측면들을 통해 만들어지고 유지됐다. 서열 체계에서 살아가는 동물들이 신체적으로 우월하다는 점을 상대방에게 과시하는 것과 마찬가지로, 인간은 자신의 우월성을 드러내기 위해 상징적이고 문화적인 방법들을 고안해왔다"²⁴고 말한다.

자신의 우월성을 드러내기 위한 상징적이고 문화적인 방법들 중의 하나는 "난 남들과 달라"라는 태도로 다른 사람들이 사는 제품은 절대로 사지 않으려는 심리, 즉 "자기만이 소유하는 물건에 특별한 가치를 부여하는 소비행태"이다. 남들이 사용하지 않는 물건, 즉 희소성이 있는 재화를 소비함으로써 더욱 만족하고 그 상품이 대중적으로 유행하기 시작하면 소비를 줄이거나 외면하는 행위인데, 이를 가리켜 '속물 효과snob effect'라고 한다. "까마귀 노는 곳에 백로야 가지마라"는 속담이 그런 심리를 잘 표현해주고 있다 해서 '백로효과'라고도 한다. 한정판이라는 뜻의 '리미티드 에디션limited edition'에 매력을 느끼는 것은 이런 이유 때문이다.²⁵

중류층과 상류층은 숨바꼭질 놀이를 한다. 중류층이 "네가 하면 나도 한다"는 삶의 문법에 따라 상류층을 쫓아가면 상류층은 기분 나쁘다며 다른 곳으로 숨는다. 예컨대, 20세기 초에는 화장품의 가격이 매우 비쌌기 때문에 상류층 여성들만 사용했지만, 제1차 세계대전 말쯤에는 화장품의 값이 저렴해지자 공장에서 일하던 여성 노동자들까지 화장품을 사용할 수 있게 되었다. 그래서 화장품을 많이 사용하면 상류층이 아니라 노동계층이라는 표시가 되었다. 이에 상류층 여성들은 어떻게 대응했던가? 그들은 화장품을 계속 사용하기는 했지만 훨씬 더 절제된 방법으로 사용했으며, 세련되고 비싼 제품을 사용함으로써 중하층 여성들과의 차별성을 유지하고자 했다.²⁶

오늘날 유행의 사이클이 빨라진 것도 그런 숨바꼭질 놀이와 무관하지 않다. 상류층은 중류층이 쫓아오면 숨어 버리고, 중류층이 상류층이 숨은 곳을 찾아내면 얼마 후 또 다시 숨어버리는 일이 반복되고 있는 것이다. 이와 관련, 낸시 에트코프Nancy Etcoff는 "중류층은 패션 추구자들로, 그들 중 가장 보수적인 사람도 특정 스타일을 입도록 이끌리게 된다. 그 이유는 오로지 그 스타일이 너무 유행이라 그것을 입지 않으면 관행에 따르지 않는 사람이 되기 때문이다. 상류층은 그들을 모방하는 중류층으로 오인되는 것을 두려워한다. 이것이 한 패션이 그들에 의해 도입되자마자 그들이 그 패션을 포기하는 이유"[27]라고 말한다.

그런데 소비사회는 물질로 자신을 내세우는 걸 매우 어렵게 만든 점도 있다. '물질의 평등'이 상당한 정도로 이루어졌기 때문이다. 그래서 나온 게 바로 '명품luxury'이라는 것이다. 지난 수십 년 동안 랄프 로렌의 폴로 선수 도안, C자를 맞대어 놓은 샤넬의 도안, 구찌의 G자 도안, 루이비통의 머릿글자 도안 같은 등록상표들은 높은 가격을 뜻하는 신분 상징물 노릇을 해왔다. 그러나 그런 높은 가격을 지불하고라도 그 물건을 사는 사람이 많아지고 의미가 퇴색하게 되자 디자이너들은 가격을 올리고 로고를 작게 만들기 시작했다.[28]

값이 비쌀수록 명품의 로고는 더 작아진다. 명품을 찾는 중류층이 많아진 탓에 생긴 차별화 욕구로 빚어진 결과다. 아무도 알아볼 수 없다면 왜 비싼 돈을 주나? 그러나 안심하시라. 자기들끼리 그리고 그 근처에 가까이 가고 싶어 안달하는 사람들 사이에서만 통하는 그 무엇인가가 있기 때문이다. 게다가 그 무엇인가를 알아내는 능력이 대접받기 때문에 이건 아주 재미있는 수수께끼 놀이가 된다. 그래서 생겨난 게 바로 노노스족이다.

노노스족nonos은 'No Logo, No Design'을 추구하는, 즉 겉으로 드러나지 않는 명품을 즐기는 계층을 일컫는 말이다. 2004년 프랑스 패션회사 넬리로디가 처음 사용한 단어로, '명품의 대중화'에 대한 상류층의 반발이 노노스족을 낳게 했다. 루이뷔통이 'LV'라는 널리 알려진 로고를 2005년 추동 제품부터 거의 쓰지 않기로 한 것도 바로 그런 이유 때문이다.[29] 명품잡지 네이버 VIP 마케팅 팀장 이기훈은 "부자들은 '구별짓기'를 하고 워너비wannabe(추종자)들은 '따라하기'를 한다"며 "여행을 하더라도 부자들은 구별짓기 위해 워너비들도 갈 수 있는 발리보다는 쉽게 가기 어려운 몰디브나 마케도니아를 선호한다"고 말한다. 진짜 부자들은 '10개 한정판매' 등과 같은 특별한 물품, 즉 '명품 중의 명품'을 원하며, 일반적인 명품에 대한 선호도는 오히려 추종자 그룹에 비해 떨어진다는 것이다.[30] 그래서 아예 『부자들의 여행지』같은 책도 나오곤 한다. 이는 패키지 여행을 벗어나 특별한 휴가를 준비하는 사람들에게 몰디브, 피지, 뉴칼레도니아 등 고급 리조트 45군데를 소개한 책이다.[31]

그런데 그런 속물근성이 나쁘기만 한 걸까? 그렇진 않다. 올더스 헉슬리는 "속물근성이 있는 사회는 벼룩이 많이 있는 개와 같다. 즉 그 사회는 활기가 없을 것 같지 않다"며 그 유용성을 인정했다. 예컨대 고상한 음악적 취향을 가장하는 음치音癡 후원자들이 없었다면 예술가들은 생존할 수가 없었고, 진정한 음악애호가들은 오페라와 교향곡 없이 살았을 것인바, 속물근성은 예술과 인문학과 같은 비생산적이고 비실용적인 것을 수행할 수 있도록 지원하는 일에 큰 기여를 한다는 것이다.[32]

우리는 사회생활을 하면서 편승효과를 따르면서도 속물 효과에 대한 열망을 동시에 갖고 있는 건 아닐까? 아무런 물적 기반 없이 속물 효과를 실천할 수는 없는 법이니 말이다. 처음엔 남들과 같아지기 위해 그 어떤 흐름에 편승을 하다가도 자신의 경제적 위치가 상승하면 남들과 다르다는 '구별짓기'를 확실히 하기 위해 속물근성에 투철해지기 마련이다. 이건 바뀌기 어려운 인간의 속성인바, 우리 인간이 원래 그렇다고 체념의 지혜를 발휘하는 게 좋을 것 같다.

 일독을 권함!

- 이왕원·김문조·최율식, 「한국사회의 계층귀속감과 상향이동의식 변화: 연령, 기간 및 코호트 효과를 중심으로」, 『한국사회학』, 50권5호(2016년 10월), 247–284쪽.
- 김수정·이명진·최샛별, 「구별짓기 장(場)으로서의 스포츠 영역에 관한 연구: 스포츠 활동에 대한 선호와 참여, 운동장소를 중심으로」, 『한국인구학』, 37권3호(2014년 9월), 53–77쪽.
- 김송희·양동옥, 「중년 여성들의 오디션 출신 스타에 대한 팬덤 연구: 팬심의 구별짓기를 중심으로」, 『미디어, 젠더 & 문화』, 25권(2013년 3월), 35–71쪽.
- 최샛별·이명진, 「음악장르, 여가활동, TV프로그램 선호분석을 통해 본 한국 사회의 문화 지형도」, 『한국사회학』, 46권2호(2012년 4월), 34–60쪽.
- 이지현·양숙희, 「현대 패션에 나타난 과시적 소비 특성」, 『복식문화연구』, 18권1호

(2010년 2월), 177–189쪽.

● 권기남·임수원, 「상류계급 골프참여자들의 구별짓기와 계급 공고화 전략」, 『한국 체육학회지』, 48권6호(2009년 12월), 87–98쪽.

● 김여진, 「현대의 귀족주의 살롱 음악회: 신(新)상류계층의 상징적 소비와 구별짓 기」, 『한국사회학회 사회학대회 논문집』, 2009년 12월, 1421–1432쪽.

● 손승영, 「한국 가족의 과시적 구별짓기와 사랑의 물신주의」, 『현상과인식』, 31권 1·2호(2007년 5월), 102–126쪽.

● 한신갑·박근영, 「『구별짓기』의 한국적 문법: 여가활동을 통해 본 2005년 한국사 회의 문화지형」, 『한국사회학』, 41권2호(2007년 4월), 211–239쪽.

● 엄경희, 「해외패션 명품브랜드의 사회문화현상에 관한 연구」, 『한국디자인문화학 회지』, 11권3호(2005년 9월), 80–90쪽.

왜 정치인들은 자주 '약자 코스프레'를 하는가?

언더독 효과

"언더독들의 반란!" 화려한 경력의 선수들이 없는 프로야구 넥센 히어로즈가 의외로 좋은 성적을 올리자 나온 말이다. 언더독이란 무엇인가? 영어사전에서 언더독underdog은 "(생존경쟁 따위의) 패배자, 낙오자, (사회적 부정이나 박해 등에 의한) 희생자, 약자"를 뜻하는 말로 풀이돼 있다. 반대말은 overdog(지배계급의 일원), top dog(승자·우세한 쪽)이다.

투견鬪犬에서 밑에 깔린 개, 즉 싸움에 진 개를 언더독이라고 부른 데서 유래된 말이지만, 옛날 벌목산업의 나무 자르기 관행도 이 표현의 유행에 일조했다. 큰 나무의 경우엔 미리 파둔 땅구덩이 위로 나무를 걸쳐둔 뒤 위아래로 톱질을 하는 방식으로 나무를 잘랐는데, 구덩이 속에 들어가 톱질을 하는 건 매우 고역이었다. 구덩이 속에서 톱질하는 사람을 under dog, 나무 위에서 톱질을 하는 사람을 top dog이라 불렀다. 19세기 후반부터

쓰인 말이다.[33]

광고계엔 '언더독 마케팅'이라는 게 있다. 특정 브랜드를 띄우는 데에 '초라한 시작' '희망과 꿈' '역경을 이겨내는 도전정신'을 강조하는 마케팅이다. 이 마케팅은 언더독이 사랑받는 나라에서 잘 먹힌다. 그래서 비교적 초창기부터 많은 것을 갖춘 싱가포르보다는 초라한 시작과 더불어 개척과 고난의 역사를 갖춘 미국에서 환영받는다. 어려운 시절을 보낸 스티브 잡스나 버락 오바마에 대한 일부 미국인들의 열광도 그런 관점에서 이해할 수 있다.[34]

"사실 우리나라에서 제일 많이 팔리는 게 진라면이 아닙니다. 하지만 이렇게 맛있는데 언젠가 일등하지 않겠습니까?"라는 오뚜기 진라면 광고, "현명한 차선의 선택들이 이어진다면 한 번의 최선보다 더 좋은 결과를 얻을 수 있습니다"라는 내레이션과 함께 묵묵히 운동화 끈을 매는 운동선수의 모습을 연출하는 두산의 기업광고 등은 언더독 마케팅 광고로 볼 수 있다.[35]

언더독 마케팅이 기대는 '언더독 효과underdog effect'는 주로 선거에서 많이 쓰이는 말로, 밑에 깔린 개가 싸움에서 이겨주기를 바라는 것처럼 경쟁에서 뒤지는 사람에게 동정표가 몰리는 현상을 말한다. 1948년 미국 대선 때 여론조사에서 뒤지던 해리 트루먼Harry S. Truman이 4.4%포인트 차이로 토머스 두이Thomas E. Dewey 후보를 물리치고 당선되자 언론들이 처음 이 말을 쓰기 시작했다.[36] 선거와 관련해서 '언더독 효과'는 '편승 효과'의 반대라고 볼 수 있지만, 같은 무게는 아니다. 여러 실증적 연구에 따르면, 편승효과는 자주, 광범위하게 발생하지만, 언더독 효과는 비교적 드물고 예외적인 경우로 발생하는 편이다.[37] 쉽게 표현하자면, 편승 효과(대세론)는 "줄을 서시오!", 언더독 효과(동정론)는 "나좀 보시오!"일 텐데,[38] 누군가를 볼 때도 있지만 아무래도 줄을 서는 경우가 더 많다고 보아야 하지 않을까?

그럼에도 한국은 비교적 '언더독 전략'이 잘 먹히는 나라에 속한다. 선거에서건 일상적 삶에서건 한국인들은 '언더독 스토리', 즉 낮은 곳에서 오랜 세월 엄청난 고난과 시련을 겪은 후에 승리하는 스토리를 사랑하기 때문이다. 고난과 시련으로 말하자면, 이 지구상에서 한국을 따라올 나라가 또 있으랴. 언더독 스토리가 늘 한국 선거판의 단골 메뉴로 등장하는 건 당연한 일인지 모른다. 하지만 정당이나 정치인이 너무 속보이는 언더독 전략을 쓰면 '엄살 작전'이라거나 '약자 코스프레'라고 비판을 받기도 한다.

그래서 '언더독 효과'를 부정적으로 보는 시각도 있다. 미국의 보수운동 단체인 티파티Tea Party의 전략가인 마이클 프렐Michael Prell은 『언더도그마Underdogma』(2011)라는 책에서 자신이 만든 '언더도그마'라는 말에 대해 이렇게 정의한다.

언더도그마는 힘이 약한 사람이 힘이 약하다는 이유만으로 선하고 고결하며, 힘이 강한 사람은 힘이 강하다는 이유로 비난받아 마땅하다는 믿음을 가리킨다. 언더도그마는 단순히 약자 편에 서는 것이 아니라 힘이 약하다는 이유 때문에 무조건 약자 편에 서고 그 약자에게 선함과 고결함을 부여하는 것이다. (…) 언더도그마는 평등주의나 힘의 불균형을 바로잡으려는 욕망과는 다르다. 언더도그마는 많이 가진 자에 대한 경멸과 덜 가진 자에 대한 유치한 찬양이라고 할 만하다.[39]

우익적 성향이 농후한 티파티의 전략가다운 주장이라고 일축할 수도 있겠지만, 그럴 듯한 작명이라는 데에 동의하긴 어렵지 않다. 2012년 3월 전승훈은 "권력을 얻으려는 정치권의 언더도그마 전략은 여야를 가리지 않는다. 최고권력자인 이명박 대통령이 TV에 나와 풀빵장사 경험을 이야기하거나 욕쟁이 할머니의 장터국밥을 먹고, 노무현 전 대통령이 임기 말까지 자신이 '거대야당과 언론권력'에 휘둘리는 나약한 존재라고 호소했던 이유도 그 때문이다"며 다음과 같이 말한다.

"이번 총선에서도 부산 지역에서 문재인 후보가 속한 민주통합당이 언더도그였는데, 새누리당은 더 약해 보이는 27세 정치신인 손수조로 맞불을 놓아 '언더도그' 경쟁을 벌인다. 진보정당이 거대여당에 대한 심판을 내세우며 자신들의 스캔들에는 '무오류'를 주장하는 것도 언더도그마로 해석된다. 대중이 약자에게 끌리는 건 자연스러운 심리다. 그러나 이것이 말 그대로 '도그마 dogma'로 변질될 때는 위험하다. '언더도그마'는 분별 있는 이념도, 도덕도 아니다. 사촌이 땅을 사면 배가 아프다는 대중들의 변덕스러운 심리일 뿐이다."[40]

그렇다고 해서 언더도그마를 무작정 부정적으로만 볼 게 아니라, 독일 철학자 프리드리히 빌헬름 니체가 말한 '약자의 원한'이라는 개념과 연결시켜 생각해보는 건 어떨까? 니체는 '약자의 원한'을 혐오했으면서도 그것이 현대적인 방식으로 무수한 얼굴을 가질 것임을 예감했기 때문이다.

> 현대 민주주의 체제는 아마도 약자들의 복수와 원한에 내재하는 합리성 혹은 정당성을 창조적으로 인정한 덕택에 발전했을 것이다. 예를 들어 '사회적 정의'란 무엇인가? 그것을 단순히 도덕적으로만 이해하지 말고, 창조적으로 이해해보자. 그것은 약자들의 원한과 분노가 창조적으로 인정되면서 새로 태어난 권리다.[41]

현재 한국사회에서 사회문제가 되고 있는 갑을관계는 프렐이 우려한 언더도그마와는 차원을 달리할 정도로 심각한 수준이다. 갑이 을에게 저지르는 횡포의 범위가 넓고 그 정도가 심하다는 것이다. 그렇지만 '을의 반란'이 가장 조심해야 할 것은 그것이 언더도그마로 전락하지 않게끔 과유불급의 원리를 지키는 일임은 두말할 나위가 없다.

정치의 경우도 마찬가지다. 한국 유권자들이 '언더독 스토리'에 무한감동을 느끼기엔 '언더독'의 대표 선수였던 정치인들이 입힌 상처가 너무 크다. 그들은 모두 고생을 많이 했고 밑바닥에서 자수성가해 높은 자리에까지 오르는 '코리언 드림'을 이루었지만, 각종 비리를 저지르거나 자신들의 언더독 시절을 잊고 오만하게 구는 등 실망스러운 모습을 너무 많이 보였다.

언더독 스토리에 열광하는 사람들은 자신을 진보라고 착각하는 경향이 있다. 언더독을 사랑하는 게 진보가 아니겠느냐는 단순 논리다. 물론 진실은 그렇지 않다. 이들이 진보적 가치의 실현을 위해 애쓸 때도 있긴 하지만, 이들은 기본적으로 한 인간의 스토리라는 틀에 갇혀 있다. 특정 정치인에 열광하는 이른바 '빠' 현상은 이념이나 당파성 현상이 아니다. 어떤 스토리를 좋아하는가 하는 취향 현상이다.

📚 일독을 권함!

● 구교태, 「여론조사와 선거방송보도 관계에 대한 연구: 제 17, 18대 대통령선거 보도량과 메시지 유형을 중심으로」, 『의정연구』, 19권3호(2013년 12월), 85–107쪽.

● 성정연·정유정·전선규, 「언더독(Underdog)에 대한 감성적 반응이 상표태도와 선호도에 미치는 효과」, 『소비자학연구』, 24권1호(2013년 3월), 363–387쪽.

● 함춘성, 「한국영화의 "루저" 캐릭터와 원형이미지(Archetypal images): 〈왕의 남자〉」, 『아시아영화연구』, 4권2호(2012년 2월), 207–232쪽.

● 김용호·김경모, 「유권자의 선거관련 매체이용이 선거판세 인식과 전략적 투표행위에 미치는 효과에 관한 조사연구」, 『한국언론학보』, 45권1호(2000년 12월), 91–120쪽.

● 강미은, 「선거 여론조사 결과 발표가 투표의향에 미치는 영향에 관한 연구: 개인의 정보처리 동기와 능력을 중심으로」, 『한국언론학보』, 44권2호(2000년 5월), 5–39쪽.

왜

감정전염

'역동성'과 '불안정'은
한국 사회의 숙명인가?

특정한 나이대의 영국인 대다수는 1997년 8월 31일 아침 다이애나 왕세자비가 파리에서 자동차 사고로 사망했다는 뉴스를 접했을 때 자기가 어디에 있었는지 기억한다. (⋯) 켄징턴 가든에 있는 다이애나의 자택 대문 앞에는 조화弔花가 높이 쌓여서 밑바닥에 깔린 꽃은 썩기 시작했다. 그때 나는 켄징턴 근처에 살고 있었다. 마침 일요일이던 다이애나의 사망 당일에 나는 공원을 거닐다가 사람들이 침통한 얼굴을 하고서 문앞에 쌓인 조화들 위에 직접 준비해온 꽃다발을 내려놓는 광경을 지켜보았다. (⋯) 모르는 사람들끼리 서로 위로하고 안아주었다. 텔레비전의 몇몇 아나운서는 금방이라도 눈물을 흘릴 것 같았다. 작가 카먼 칼릴Carmen Callil은 그때의 광경을 뉘른베르크 전당대회에 비유했다. 말하자면 이런 광적인 애도의식에는 단 하나의 감정만 존재한다는 뜻이다.[42]

영국 저널리스트 마이클 본드Michael Bond가 『타인의 영향력: 그들의 생각과 행동은 어떻게 나에게 스며드는가』(2014)에서 'emotional contagion'을 설명하기 위해 한 말이다. 우리말로 '감정전염' '정서전염' '감정전이' 등으로 번역해 쓰는 emotional contagion은 병원의 신생아실에서도 볼 수 있다. 그곳에 있는 아기들은 옆의 아이가 울면 따라서 운다. 우리 인간은 성인이 되어서도 누군가가 아파하면 마음이 찡해지는 등 타인의 희노애락喜怒哀樂에 공감하는 반응을 보이게 된다. 이를 심리학에서는 emotional contagion이라고 한다. 1923년 독일 철학자이자 사회학자인 막스 셸러Max Scheler가 사용한 말로, 미국 심리학자 일레인 햇필드Elaine Hatfield가 1994년 영어로 번역한 'Emotional Contagion'을 책 제목으로 삼은 이후로 널리 사용되었다.[43]

햇필드는 감정전염을 "다른 사람의 얼굴 표정, 말투, 목소리, 자세 등을 자동적이고 무의식적으로 모방하고 자신과 일치시키면서 감정적으로 동화되는 경향"이라고 정의하면서 "희로애락이라는 감정의 전염은 수천분의 1초 안에 일어난다"고 주장했다. 눈 한 번 깜빡이기도 전에 감정의 전이가 일어나기 때문에 전염된 사람들은 미처 알아차리지 못한다는 것이다. 햇필드에 따르면, 감정전염은 특별히 같은 사회 환경에 속해 있고 친한 관계에 놓여 있을 때 빈번히 발생한다. 2002년 한·일 월드컵 때 축구에 대해 아무것도 모르는 사람도 함께 즐거워한 것이나 세월호 참사 때 모든 한국인들이 애도의 기분에 휩싸인 것도 바로 그런 감정전염 때문이다.[44]

우리는 모방을 좋지 않은 것처럼 말하지만, 사실 모방이야말로 사회를 유지시키는 원동력이라고 할 수 있다. 마이클 가자니가는 Michael S. Gazzaniga는 "당신은 당신과 비슷한 사람을 무의식 중에 좋아하게 되고 그와 관계를 맺는다. 누군가 우리를 흉내 내면 우리는 흉내 내지 않는 사람보다 흉내 낸 사람들에게 더 협조적이게 된다"며 "흉내 내기는 확실히 사회적 교류라는 기계에 윤활유처럼 작용하며 긍정적인 사회적 행동을 증가시킨다. 이와 같은 친사회적 행동을 통해 사람들이 연결되면 연대가 더 단단해지고 많은 사람을 속에서 더욱 안전해지는 부수적 효과를 얻을 수 있다"[45]고 말한다.

그러나 의사와 같은 전문직종에 종사하는 사람들은 '감정전염'을 경계해야만 한다. 리처드 레스택Richard M. Restack은 『인간적인, 너무나 인간적인 뇌』(2012)에서 "의사로서 나는 공포와 분노, 좌절과 슬픔 등 다른 사람의 부정적인 감정에 일상적으로 노출되기 때문에 정서전염이 될 위험에 자주 처한다. 많은 의사, 특히 신경학이나 정신의학을 전공한 의사들은 거의 항상 부정적인 감정에 노출된다"며 다음과 같이 말한다.

"자신의 기분이 얼마나 좋은지, 또 삶이 얼마나 잘 풀려 가는지 얘기하러 들어오는 환자는 없다. 환자와 의사 사이에서 주고받는 것들은 문제와 고통, 저조한 기분이다. 이 부정적인 성향의 흐름은 의사에게 특별한 도전거리를 던진다. 만약 의사가 지나치게 공감적이라면, 즉 모든 고통과 저조한 기분을 있는 그대로 개인적으로 경험한다면, 거기에 압도당해서 자신의 환자를 도와

줄 수 없게 될 위험이 있다. 그러나 다른 한편으로, 의사가 자신과 환자 사이에 스스로를 보호하기 위한 감정의 벽을 세운다면, 환자는 의사가 냉담하며 마음이 닫혀 있다고 분명히 느낄 것이다."[46]

의사가 '감정전염'을 경계해야 한다는 것은 '초연한 관심deta-ched concern'을 유지해야 한다는 말이기도 하다. '초연한 관심'은 의사나 간호사와 같은 의료인뿐만 아니라 임상심리사, 사회복지사 등과 같이 보살핌을 제공하는 직업에서 평소의 정서적 반응을 보류하고 고객을 비인간화하는 절차를 가리키는 말이다. 이 경우, 비인간화는 고객에게 더 나은 도움을 주거나 잘 치료하기 위해 불가피한 일로 간주되고 있다.[47]

감정전염과 금융위기는 불가분의 관계다. 증시가 급락하는 와중에 한 푼이라도 더 건지려는 사람들이 너도나도 헐값에 주식을 처분하거나 고객들이 빨리 예금을 인출하지 않으면 돈을 날릴지도 모른다고 생각해 은행으로 몰려드는 '뱅크 런bank run' 등이 대표적 사례다.[48] 하노 벡Hanno Beck은 『경제학자의 생각법』(2009)에서 "모든 예금주들이 은행이 망할 것으로 믿고 행동하면 실제로 은행은 망한다. 뱅크런이나 증시 폭락은 나라 전체의 금융 시스템을 뿌리째 흔들 만큼 무서운 집단행동"이라며 "집단의 선택이 언제나 지혜로운 건 아니다. 대중의 선택에 귀를 기울이지 않는 편이 낫다는 걸 보여주는 이야기는 이외에도 많다. 가족들과 놀이공원에 갈 때는 어지간하면 날씨 좋은 주말은 피하는 게 낫다. 사람 구경만 하고 올 가능성이 크기 때문이다. 겨울 옷은 여름에 사야 가장 싸고, 비행기 표는 비수기에 사야 가장 싸다. 집단과 반대로 움직이는 전략은 여러 면에서 생활을 편하게 해준다"[49]고 말한다.

그러나 모든 경우에 다 그렇게 할 순 없으니 바로 그게 문제다. 특히 SNS 시대에 감정전염은 일상사가 되었다고 해도 과언이 아니다. 2014년 6월 페이스북 코어데이터과학팀은 미국 국립과학원회보PNAS에 발표한 「사회관계망을 통한 대규모 감정전염의 실험적 증거Experimental Evidence of Massive-Scale Emotional Contagion through Social Networks」라는 논문에서 그 점을 입증했다. SNS에서 긍정적인 게시물을 많이 본 사람들은 더 긍정적으로, 부정적인 게시물을 많이 본 사람들은 더 부정적으로 반응하는 것을 확인했고, 사람 간의 직접적인 대면 없이 글만으로 SNS를 통해 감정전염을 이뤄진다는 증거를 68만9000여 명을 대상으로 분석해 발견한 것이다.[50]

이 실험은 페이스북 이용자를 실험실용 쥐 취급을 했다는 비난을 받는 등 엄청난 사회적 논란을 불러일으켰지만, 동시에 감정전염이 과거 그 어느 때보다 더 심각한 사회적 문제가 될 수 있다는 우려도 낳게 했다. 특히 한국처럼 국민 대다수가 감정을 밖으로 발산하는 기질을 갖고 있는데다 '서울공화국'으로 일컬어지는 초1극 중앙집중 체제를 갖고 있는 나라에선 쏠림 현상이 강하게 나타나기 때문에 SNS를 통한 감정전염은 피하기 어렵다. 그로 인해 사회의 역동성은 기대할 수 있겠지만, 불안정은 감내해야 할 숙명인 셈이다.

📚 일독을 권함!

- 김미애·이지연, 「한국판 정서전염 척도 개발 및 타당화」, 『한국심리학회지: 상담 및 심리치료』, 27권2호(2015년 5월), 305–323쪽.

- 김선호·성민규, 「커뮤니케이션 실천으로서 공감: 시론적 고찰」, 『언론과 사회』, 22권1호(2014년 2월), 5–34쪽.

- 안명숙, 「항공사 객실승무원의 감성전염이 조직시민행동과 소진에 미치는 영향」, 『호텔리조트연구』, 13권1호(2014년 2월), 121–137쪽.

- 김선정·김태용, 「SNS 콘텐츠의 감성이 사용자의 감정상태에 미치는 영향: 페이스북 뉴스피드를 중심으로」, 『사이버커뮤니케이션학보』, 29권1호(2012년 3월), 5–47쪽.

- 김상희, 「서비스접점에서 판매원 언어적, 비언어적 커뮤니케이션이 고객감정과 행동의도에 미치는 영향: 정서감염현상을 중심으로」, 『소비자학연구』, 18권 1호(2007년 3월), 97–131쪽.

- 권장원, 「외주 시장에서의 사회적 자본 형성에 따른 비공식적 신뢰 구조 개입에 대한 연구」, 『방송통신연구』, 59권(2004년 12월), 139–166쪽.

몰개성화

멀쩡한 사람도 예비군복을 입으면 태도가 불량해지는가?

　"한국 사회의 현상 가운데 군복에 관한 미스터리가 있다. 멀쩡하던 완소남도 예비군복만 입으면 태도가 불량해진다는 사실이다. 제복의 심리학에 따르면 본래 제복을 입으면 사람이 행동과 말에 절도가 있고 점잖아진다는데 유독 예비군들은 복장을 풀어헤치고, 아무 곳에서 노상방뇨까지 한다. 여기에 표정도 불량하고 내뱉는 욕설을 포함해 대부분 비속어이다."

　문화평론가 김헌식의 말이다. 그는 '익명성 이론', 즉 예비군복을 입은 사람이 많으면 누가 누구인지 모르기 때문에 익명성에 기대어 평소에 억제되어왔던 행동과 말을 표출한다는 일반적인 설명과 더불어 '군대생활에 대한 상처와 트라우마'에서 그 이유를 찾는다. 정결하고 절도 있는 태도를 요구하던 군대의 틀에 저항을 하는 것인데, '다/나/까'의 절도 있는 말보다 비속어를 남발하고 정결한 복장 대신 불량스런 품새를 풍기려 한다는 것이다.

"이것은 자신이 진보적이라는 인식과도 쉽게 결합한다. 불량 복장은 권력과 전쟁에 대한 의식 있는 소견을 가진 하나의 상징기호가 된다. 모범 복장은 오히려 권력과 전쟁을 용인하는 태도로 이해되기도 한다."[51]

전우영은 이런 예비군복 효과가 발생하는 이유에 대한 또 다른 설명을 '프라이밍priming'에서 찾는다. 앞서 '점화 효과'에서 보았듯이, 프라이밍은 기억에 저장된 생각을 무의식적으로 활성화시키는 것을 말한다. 예비군에 대한 최초의 생각이 어떻게 형성됐는지는 알 수 없으나, 예비군복을 입는 순간 예비군과 관련된 지식이 무의식적으로 활성화되고 그 결과, 사람들은 프라이밍된 지식과 일치하는 방식으로 행동하게 될 가능성이 높아진다는 것이다.[52]

김정운은 '제복 페티시uniform fetish'로 설명한다. 제복 페티시란, 학생 교복이나 스튜어디스 복장 등과 같은 제복만 보면 성적으로 흥분하는 현상을 말한다. 그는 "제복 페티시는 왜곡된 권력에의 충동이다. 타인을 완벽하게 제압하거나, 반대로 타인의 통제에 완벽하게 제압될 때 성적으로 흥분한다"며 이렇게 지적한다.

"현실에서 권력 충동이 좌절되고 억압될 때, 제복만 보면 흥분하는 제복 페티시가 나타난다. (…) 술만 먹으면 공격적이 되고, 예비군복만 걸치면 모든 통제로부터 자유로워지려는 한국 사내들의 행동도 제복 페티시의 일종이다. 정치 이야기만 나오면 무조건 편을 나눠 싸우려고 달려드는 한국 중년 사내들의 일사불란한 심리상태도 큰 틀에서 보자면 제복 페티시다. 왜곡되고 좌절된 권력 충동으로 인해 나타나는 현상이기 때문이다."[53]

다 설득력이 있는 주장이지만, 예비군복 효과의 기본은 익명성과 그에 따른 deindividuation(몰개성화, 탈개인화)에 있는 것 같다. 몰개성화는 집단 속에서 또는 익명일 때 개인으로서의 정체감과 책임감을 상실하는 걸 뜻한다. 자신의 정체나 자아를 잃은 개인은 개인이라면 절대 하지 않았을 야만적이고 비도덕적인 행동을 쉽게 저지를 수 있다. 대량학살이나 온라인에서의 일탈행위를 설명하는 데에 적합한 개념이자 이론이다.

동조나 권위에 대한 복종 등에 관한 심리학적 이론들은 모두 이 개념을 기반으로 삼는다. 미국 남부의 인종 편견을 다룬 하퍼리Harper Lee의 소설 『앵무새 죽이기To Kill a Mocking Bird』(1960)엔 몰개성화를 잘 설명해줄 수 있는 대목이 나온다. 밤중에 오빠와 함께 변호사 아빠를 만나러 간 딸 스카우트는 군郡 교도소에 갇힌 흑인을 직접 처벌하려고 몰려든 백인 사내들과 이 흑인을 변호하는 아빠가 교도소 밖에서 대치하는 상황을 목격한다. 스카우트는 여름날 밤에 모자까지 깊숙이 눌러쓴 정체 모를 사내들 속에서 친구 아빠 커닝엄 아저씨를 발견하곤 말을 건넴으로써 그들로 하여금 폭력행위를 포기하고 돌아가게 만든다.[54] 나중에 아빠는 두 남매에게 이렇게 말한다. "그걸 보면 뭔가 알 수 있어, 들짐승 같은 패거리들도 인간이라는 그 이유 하나만으로 멈추게할 수 있다는 걸. 흠, 어쩌면 우리에겐 어린이 경찰대가 필요한지도 몰라. (…) 어젯밤 너희들은 비록 짧은 시간이었지만 월터 커닝햄 아저씨를 아빠의 입장에 서게 만들었던 거야. 그걸로 충분해."[55]

제복을 입으면 사람이 행동과 말에 절도가 있고 점잖아지는 반면 예비군복을 입은 사람들의 태도가 불량해지는 건 상반된 것 같지만, 어느 방향으로건 제복을 입으면 사람이 달라진다는 점에선 같은 현상으로 볼 수 있다. 즉 몰개성화가 이루어진다는 점에선 같다는 것이다.

미국 경제학자 리처드 플로리다는 『창조적 변화를 주도하는 사람들The Rise of the Creative Class. And How It's Transforming Work, Leisure and Everyday Life』(2002)에서 "창조적인 사람들은 절대 유니폼을 입지 않는다"고 했다. 실리콘밸리의 기업들은 이에 따라 조직의 드레스 코드를 캐주얼로 전환했다.[56]

그러다보니 이런 일도 생긴다. 2012년 5월 7일 미국의 페이스북 창업자 마크 주커버그가 뉴욕에서 열린 월스트리트 투자설명회에 후드티에 청바지, 운동화 차림으로 나타나 논란을 빚었다. 웨드부시증권의 애널리스트 마이클 패처는 블룸버그 TV에서 "주커버그가 후드티를 입고 나온 것은 투자자들을 크게 신경쓰지 않고 있다는 점을 보여준 것"이라며 "이는 아직 그가 성숙하지 못했다는 것을 보여주는 것"이라고 주장했다. 또한 "주커버그가 투자를 요청하는 것인 만큼, 투자자들은 존중을 받아야 한다고 생각한다"며 비난했다.

반면, 실리콘밸리는 주커버그를 옹호하는 입장을 보였다. 일간 『샌프란시스코 크로니클San Francisco Chronicle』은 관련 보도에서 '앤젤투자회사 500 스타트업'의 파트너 데이브 맥클러의 예를 들었다. 그는 트위터에 '후드티사랑, 게임혐오'라는 계정을 만들어 월가의 비난에 대해 반박했다. 또한, 실리콘밸리 관계자들은 2011년 10월 사망한 애플의 공동창업자 스티브 잡스가 애플의 신제품발표회 때마다 검정 터틀넥 티셔츠와 청바지, 운동화 복장을 고수한 것으로 유명했던 예를 들어 주커버그를 옹호했다. 관계자들은 "잡스의 티셔츠처럼 주커버그의 후드티도 상징적인 의미가 있다"며, "특히 실리콘밸리에서는 통상적으로 정장 대신 청바지와 티셔츠를 즐겨입는다"고 강조했다.[57]

캐주얼 복장이 창조성을 키우는 데 얼마나 효과가 있는지는 모르겠지만, 제복이 충동과 즉흥성을 강력 억제하는 경향이 있다는 건 분명하다. 충동과 즉흥성은 좋은 평가를 받지 못하지만, 그것 없인 창의성이나 창조성도 없다. "즉흥성은 창조 과정의 일부다. 다른 사람들에게는 아주 엉뚱하고 심지어 어리석어 보이는 일도 마찬가지다."[58]

예비군복은 충동과 즉흥성을 부추기지 않느냐는 반론도 가능하겠지만, 그게 창조성과 관련이 있는 충동과 즉흥성은 아닌 것 같다. 도덕규범을 해치는 일탈로서의 충동과 즉흥성은 몰개성화의 산물로 보아야 하지 않을까? 그런 점에서 노회찬이 이른바 '일베 현상'을 예비군복 효과와 같은 성격의 것으로 보는 게 흥미롭다. 그는 "일베는 극우 중에서도 굉장히 찌들고 병든 부류다. 이것은 병리학적으로 봐야 한다. 좀 병적이다. 나는 이것을 예비군 현상과 같은 것으로 본다. 멀쩡한 사람도 예비군복을 입으면 방종을 넘어 일탈까지 하는 것과 비슷하다. 그 익명의 세계 속에서 자기 분출을 그렇게 하는 것"[59]이라고 말한다.

몰개성화는 개인이 소속된 집단의 크기와 밀접한 관련이 있다. 집단이 크면 클수록 몰개성화가 많이 일어나고, 그에 따라 위험감수risk-taking 성향도 증폭된다. 집단 성원의 몰개성화로 인해 집단이 모험적인 방향으로 나아가는 걸 가리켜 risky shift 라고 하며, 개인이 집단이 되면 그런 이행이 일어난다는 점에서 groupshift라고도 한다.[60]

몰개성화에 대해선 비판적인 사람들도 디지털 세계의 익명성에 대해선 표현의 자유를 들어 옹호하는 경향이 있다. 그러나 미국 정보통신 잡지인 『와이어드』의 총괄편집장 케빈 켈리Kevin Kelly는 "익명은 희토류rare-earth 금속과 같다. 이 원소들은 세포가 계속 살아 있도록 하는 데 필요한 요소이다. 그러나 필요한 양은 측정하기 어려울 만큼의 소량에 불과하다. 그 양이 조금 많으면, 이 중금속들은 지금까지 알려진 것들 중 가장 유독한 물질에 속하게 된다. 이 금속은 인간의 생명에 치명적이다"며 이렇게 주장한다.

익명도 이와 같다. 아주 적은 미량의 원소처럼, 익명은 가끔 내부 고발자나 박해받는 비주류파에게 기회를 주기 때문에 어떤 면에서는 유익하다. 그러나 익명의 양이 많으면, 언젠가 익명은 시스템을 독살하고 말 것이다. 사람들은 익명을 언제나 손쉽게 선택할 수 있어야 하며, 익명을 보장하는 것이 통제 기술에 대한 뛰어난 방어수단이라고 믿는 경향이 있다. 그러나 이것은 위험한 생각이다. 이것은 당신 몸을 더 강하게 하려고 몸속의 중금속량을 늘리는 것과 같다. 모든 독소처럼, 익명은 가능한 한 계속 제로에 가까워야 한다.[61]

그러나 익명성이 진보의 이름으로 긍정되는 현실이 바뀔 것 같지는 않으니 그게 문제다. 신념으로 익명성을 옹호하는 이들도 있지만, 돈벌이 목적으로 익명성을 옹호하고 더 나아가 예찬하는 이들도 많다. 익명성이 불가피하다면 몰개성화도 불가피한 일이다. 세상에 공짜가 어디 있겠는가.

 일독을 권함!

● 이윤재·강명수·이한석, 「온라인 소비자 불매운동의도의 영향요인에 관한 연구: 온라인 익명성을 중심으로」, 『소비자문제연구』, 44권2호(2013년 8월), 27~44쪽.
● 서아영, 「가상공동체의 플레이밍(Flaming)에 대한 이론적 탐색과 실증분석」, 『e-비즈니스연구』, 13권1호(2012년 3월), 89~114쪽.
● 이은주, 「탈개인화 효과에 관한 사회적 자아정체성 모델: 이론적 함의와 향후 연구과제」, 『커뮤니케이션 이론』, 4권1호(2008년 6월), 7~31쪽.
● 이철선, 「가상 공동체에서의 플레이밍(Flaming)에 관한 연구」, 『마케팅연구』, 18권1호(2003년 3월), 3~30쪽.
● 김관규·임현규, 「CMC(Computer-Mediated Communication)를 통해 형성되는 대인인상 특징과 인상형성에 영향을 미치는 요인」, 『한국언론학보』, 46권4호(2002년 9월), 76~106쪽.
● 김혜숙, 「정치에 영향을 미치는 시민의식과 행동: 선거 과정을 중심으로」, 『한국심리학회지: 문화 및 사회문제』, 1권1호(1994년), 54~68쪽.

왜 또래압력
소속감에 대한 열망이 세상을 치유할 수 있는가?

틴에이저teenager는 thirteen에서 nineteen, 즉 13~19세를 가리키는 용어다. 틴에이저라는 말은 소비사회가 본격적으로 정착되고 10대들이 소비대중문화에 미치는 영향력이 커지기 시작한 1940년대에 미국에서 처음으로 만들어진 말이다.[62] 그러나 1920년대에 등장한 말이라는 주장도 있다. 1980년~2000년 사이에 태어난 밀레니얼스Millennials에 관한 『타임』지의 기사를 보자.

틴에이저란 말은 10대라는 생물학적 연령을 뜻하지 않는다. 틴에이저란 개념은 1920년대에 비로소 시작된 사회학적인 개념이다. 왜냐하면 이 개념은 또래peer나 동료가 없다면, 즉 동질성을 형성하는 또래가 없다면 무의미한데 1920년대 이전까지 중학교 이상을 다니는 10대는 극히 적었기 때문이다. 즉, 이전까지의 10대는 실제로 친구가 아닌 가족, 어른들과의 관계만을 맺어왔다. 특히 스마트폰과 컴퓨터의 영향으로 현재의 10대와 20대는 역사상 어떤 세대와도 비교할 수 없을 정도로 압도적으로, 완벽하게 또래의 영향을 받고 또래와의 관계를 중시한다.[63]

또래는 '나이나 수준이 서로 비슷한 무리'인데, peer는 나이 차이가 좀 나더라도 같이 일하거나 어울리는 동료를 가리키기도 하는 단어다.(이후 peer를 번역할 때에 '또래' 또는 '동료'로 혼용해 쓰겠다는 걸 밝혀둔다.) 매우 세속적인 관점에서 또래를 중시하는 경우도 있는데, 그게 바로 경제학에서 말하는 '동료 효과peer effect'라는 개념이다. 명문대에 들어가려고 애쓰는 이유가 무엇일까? 여러 이유가 있겠지만, 가장 중요한 게 바로 '동료 효과'다. 제임스 트위첼James B. Twitchel은 "고등교육 시장을 다른 산업들과 다른 고유한 것으로 만들어 주는 것은 그것의 소비적 가치가 거의 전적으로 누가 그 제품을 소비하는가에 달려있다는 것이다. (…) 목표는 누가 들어오는지 알리는 것이다. 그것이 바로 제품이다. (…) 당신 옆에 누가 앉는가가 가치를 만들어낸다. 어떤 의미에서 볼 때 이것은 광고에서 '유명인 효과celebrity value'라 부르는 것의 연장일 뿐"[64]이라고 말한다.

달리 말하자면, 명문대는 '인맥 장사'를 하는 기업이라고 해도 과언이 아니다. 미국 클린턴 행정부에서 노동부 장관을 지낸 경제학자 로버트 라이시Robert B. Reich는 "진실을 말하자면, 직장을 구하는 데에 있어 대학교육이 갖는 진정한 가치는 대학에서 배운 것보다는 대학에서 만난 사람과 더 큰 관계가 있다"며 "재학

중에 여름방학 아르바이트를 구할 때나 첫 직장을 얻을 때, 그리고 나중에 사업상 고객을 만들 때 친구의 부모는 그 부모의 친구들이 필요한 사람을 소개해줄 것이다. 동창회가 잘 조직된 학교를 다니면 더 앞서나갈 수 있다. 명문대학이라면 인맥의 가치는 더 높을 것이다. 아이비리그 대학의 교육이 다른 곳보다 뛰어난 점이 있다면, 웅장한 도서관이나 교수들의 능력보다는 대학에서 얻게 되는 인맥 쪽일 것"[65]이라고 말한다.

또래 또는 동료의 중요성은 '본성 대 양육nature vs. nurture', 즉 "인간은 태어나는가 만들어지는가"라는 의문을 둘러싼 학계의 오랜 논쟁에서도 중요한 몫을 했다. 주디스 리치 해리스Judith Rich Harris는 1998년에 출간한 『양육가설The Nurture Assumption』에서 '유전이냐 양육이냐'는 질문은 '유전이냐 환경이냐'로 바뀌어야 한다며, 집 안에서의 양육방식보다는 집 밖에서 경험하는 또래집단과의 관계에 의해 더 많이 결정된다고 주장했다.[66]

이와 관련, 매트 리들리Matt Ridley는 『본성과 양육』(2003)에서 "아이들은 아이들 수준에서 잘 살아가려고 노력하는데, 이것은 또래집단 내에서 적절한 지위를 찾는다는 것을 의미한다. 이를 위해 아이들은 순응하면서 차별화하고, 경쟁하면서 협력한다. 아이들은 주로 또래들에게서 언어와 억양을 습득한다"며 이렇게 전한다.

"대부분의 사람들은 또래집단의 압력이 아이들의 순응성을 높여주는 작용을 한다고 생각한다. 중년의 발코니에서 내려다보면 10대들은 획일적인 따라하기에 집착하는 것처럼 보인다. 그것이

헐렁헐렁한 바지건, 주머니가 많이 달린 바지건, 커다란 작업복이건, 배꼽이 훤히 드러나 보이는 티셔츠건, 야구모자를 뒤로 쓰는 것이건 10대들은 비굴하기 짝이 없는 자세로 유행이라는 독재자 앞에 납작 엎드린다. 괴짜는 조롱감이고 독불장군은 추방감이다. 무조건 코드에 복종해야 한다."[67]

아이들만 그러는가? 아니다. 성인들도 크게 다르지 않다. 동료압력peer pressure은 참전 군인들을 움직이는 동력이다. 데이브 그로스먼은 『살인의 심리학On Killing』(2009)에서 "수없이 많은 연구결과에 따르면, 온전한 인간이라면 하고 싶지 않아야 할 일, 즉 전투에서 죽고 죽이는 일을 하도록 군인을 동기화하는 주요 요인은 자기 보존의 힘이 아니라 전장의 동료들에 대해 느끼는 강한 책임감이다"며 이렇게 말한다.

"서로 강력하게 결속되어 있는 병사들 사이에서, 동료들에 대한 염려와 동료들의 눈에 비친 자신의 평판에 대한 깊은 염려는 동료를 배신하느니 차라리 죽음을 선택하게 되는 동료압력으로 작용한다. (⋯) 그윈 다이어는 이를 '섹스나 이상주의와는 아무런 상관이 없는 특별한 유형의 사랑'이라고 지칭하고, 아르당 뒤피크는 '상호 감시'라고 부르며 전장에서 지배적인 영향력을 미치는 심리적 요인으로 생각했다."[68]

동료압력이 발휘될 수 있는 동료집단의 크기는 어느 정도일까? 영국 인류학자 로빈 던바Robin Dunbar는 인류학적인 문헌을 통해 면밀하게 조사한 결과 조직에서 집단을 관리할 때 150명이 최적이며, 그 이상이 되면 두 개로 나누는 것이 더 낫다고 했는데, 이 150이라는 수를 가리켜 '던바의 수Dunbar's number'라고 한다. 사실 대부분의 인간집단이 대략 150명 정도로 구성되었다는 수많은 증거들이 있다. 대부분의 군대도 약 150명의 병사를 기본 단위로 편성한다. 16세기 이후로는 로마 군대가 그랬고 오늘날의 군대도 그렇다. 제2차 세계대전 당시 미국 육군의 전투중대의 규모는 150명에 근접했다.[69] 그런데 왜 하필 150인가? 150명 미만인 집단에서는 다들 서로를 알기 때문에 동료압력만으로도 질서를 유지할 수 있기 때문이다.[70]

동료압력은 질서 유지에 기여할 뿐만 아니라 구성원들의 사고와 행동에도 큰 영향을 미친다. 심리학자 로버트 치알디니는, 어떻게 행동해야 할지 확실하지 않을 때 사람들은 보통 주위의 또래 친구들의 행동을 본다며 "새로운 것이든 유동적인 것이든 변화에 직면했을 때, 사람들은 자기 내면을 보고 해답을 찾으려 하지 않습니다. 애매모호한 상태이기 때문이죠. 그들은 외부로, 합법적으로 선출된 전문가나 또래 친구들에게 눈을 돌립니다. 그것이 문제를 파악할 필요 없이 그 상황에서 무엇을 해야 할지 결정할 수 있는 지름길이니까요"[71]라고 주장했다.

그런 또래집단의 영향 또는 압력은 부정적으로 작용할 수도 있고 긍정적으로 작용할 수도 있다. 우리는 또래집단의 압력이라고 하면 주로 부정적인 것들을 연상하지만, 또래압력은 세상을 치유하는 놀라운 힘을 발휘하기도 한다.

티나 로젠버그는 『또래압력은 어떻게 세상을 치유하는가: 소속감에 대한 열망이 만들어낸 사회 치유의 역사Join the Club: How

Peer Pressure Can Transform the World』(2011)에서 "정말로 놀라운 것은 또래 친구가 주요하다는 사실 자체가 아니다. 이토록 중대한 사실을 우리들 대부분이 활용하지 않는다는 점"을 강조하며 "내가 또래압력에 대한 책을 집필하고 있다고 말하면, 누구도 예외없이 내가 부정적인 행동에 대해 쓰고 있다고 추정할 것이다. 또래압력이라는 용어는 통상 부정적인 의미를 내포한다. 사람들은 또래압력 하면 10대들이 마약을 하는 모습이나, 다 자란 어느 가족이 남들 하는 대로 살려고 하다가 빚더미에 앉은 모습을 연상한다. 하지만 이 책의 목적은 또래압력이 좋은 목적으로 활용되어도 강력한 효과를 발휘할 수 있다는 사실과, 어떻게 그렇게 되는지를 밝히는 데 있다"[72]라고 말한다.

방글라데시의 극빈층 대상 대출기관인 그라민은행Grameen Bank을 만든 무하마드 유누스Muhammad Yunus에 대해선 말이 많지만, 로젠버그는 이 사업의 긍정적인 면을 거론하면서 그 이면에 존재한 또래압력의 힘에 주목한다. 그는 "유누스는 은행과는 다른 눈으로 그들을 바라봤다. 그들은 돈도 없고 담보도 없었지만 다른 종류의 담보를 가지고 있었다. 또래 친구들 사이에서의 평판이었다"며 다음과 같이 말한다.

그라민은행은 그것을 활용해 소액 대출을 적당한 이자율로 제공했다. 그라민 은행의 대출자들은 각각 다섯 명의 여성으로 묶인 그룹을 형성케 했고, 그들끼리 연대책임을 공유하도록 했다. 동료 대출자들이 대출금 상환을 연체하지 않아야 본인이 추가 대출을 받을 수 있었다. 한 명의 연체자로 인해 전체 그룹이 인질로 잡힐 수 있다는 점은 매우 효과적으로 작용했다.

이런 또래압력 덕에 이 제도는 원만히 유지됐다. 작은 마을에서는 이웃과의 관계가 엄청나게 중요하고 여성들은 서로의 생활을 속속들이 알고 있기 때문이다. 그라민은행은 또래압력을 활용한 덕분에 별도의 상환 감시 비용을 쓰지 않았다. 여성으로 이루어진 그룹 자체가 대출금을 상환하지 않는 멤버를 그룹에서 배제시켰고, 매주 만나 서로의 대출금 상환 상황을 확인했기 때문이다. 이 시스템은 전례 없는 대출 상환율을 낳았다.

그라민은행 관계자들은 처음부터 연대책임 규정이 성공의 핵심이 될 거라고 예상했지만, 그것보다 중요한 성공요소가 드러났다. 제때 대출금을 상환하게 만드는 것은 연대책임의 위협이 아니라 자신의 평판을 지키려는 욕구였다. 그런 사실을 깨달은 그라민은행은 2001년에 연대책임제를 전면 폐지했다. 또래 친구들로부터 존중받고 싶어하는 대출자의 욕망이면 충분했다.[73]

이어 로젠버그는 "귀중한 사회적 자본의 하나인 또래압력의 이점은, 그 자체로 하나의 자원"이라고 말한다. 즉 "금전적 자본인 자금과 인적 자본인 능력만 자원이라고 말하는 경우가 많다. 그러나 종종 간과되는 자원이 있다. 바로 사람들과의 유대관계다. (…) 10대들은 강력한 사회적 유대 관계로 맺어진 집단이다. 청소년기는 동료들의 찬성이 물과 공기만큼이나 중요한 시기로, 사회적 치유책이 자라날 수 있는 가장 확실한 환경을 제공한다."[74]

또래압력이 세상을 치유하는 놀라운 힘을 발휘할 수도 있는 가능성에 어느 정도나마 공감한다면, 기성세대가 영 마땅치 않게 보는 10대 팬덤을 그런 관점에서 보는 건 어떨까? 즉, 10대 팬덤에 대해 한번 뒤집어서 생각해보는 발상의 전환이 필요하다는 것이다. 취향공동체, 특히 팬덤은 점차 상실돼가는 사회성 회복을 위한 공공적 정책의 대상이 될 수 없는가?

이와 관련, 김성윤은 팬클럽의 기부활동이 스타라는 상징을 통해서만 나타난다는 점, 그리고 이런 활동이 관료사회나 사회구조에 대한 문제제기와 동떨어져 있다는 점 등에서 기부문화의 한계를 지적할 수도 있지만 가장 중요한 사실은 이들이 사회지향적 활동을 통해 절멸돼가는 사회성을 지켜낸다는 점에 있다며 이렇게 주장한다.

"신자유주의가 됐든 아니면 다시 고개를 쳐든 권위주의가 됐든 어떤 이유로 인해 우리 주변에서 사회적인 것들the social은 무참히 소실되고 있다. 그런 와중에 팬덤은 확실히 우리에게 어떤 에너지가 아직 남아 있음을 보여준다. 이들이 복원하고 있는 공동체적 관계성과 상호부조 같은 것 말이다. 그렇다면 약자를 돌보면서 세상의 부조리에 대응하고자 하는 이들의 실천은 사실상 더 많은 사회적인 것을 요구하는 일종의 상징적 언어가 아닐까."[75]

그렇다. 10대들은 유행하는 독재자 앞에 납작 엎드리기도 하지만, 적절한 기회와 상황만 주어지면 전혀 다른 모습을 보일 수도 있다. 기성세대는 일부 10대들의 마음에 들지 않는 행태에 눈살만 찌푸릴 게 아니라 그들의 소속감에 대한 열망이 세상을 치유할 수 있는 가능성에도 눈을 돌려보는 게 좋겠다.

📚 일독을 권함!

- 이혜미·양소은·김은미, 「청소년의 온라인 유해정보 노출과 온라인 일탈행동에 미치는 요인: 부모의 중재와 또래의 책동 사이」, 『한국언론학보』, 60권3호(2016년 6월), 209-236쪽.

- 김연화, 「청소년의 개인요인, 가족요인 및 또래요인이 내면화, 외현화 문제행동에 미치는 영향」, 『Family and Environment Research』, 52권4호(2014년 8월), 371-382쪽.

- 김경준·김지혜·김영지, 「청소년 또래멘토링의 효과에 대한 질적 연구」, 『한국청소년연구』, 24권3호(2013년 8월), 287-321쪽.

- 곽송연, 「정치적 학살(politicide) 이론의 관점에서 본 가해자의 학살 동기 분석: 5·18 광주의 사례를 중심으로」, 『민주주의와 인권』, 13권1호(2013년 4월), 13-48쪽.

- 심홍진, 「소셜미디어의 정치참여 효과에 관한 연구: 주관적 규범과 동류집단압력을 중심으로」, 『커뮤니케이션 이론』, 8권3호(2012년 12월), 6-52쪽.

- 한세영, 「아동과 청소년의 수치심과 부모와의 의사소통이 또래압력에 미치는 영향」, 『Family and Environment Research』, 47권8호(2009년 9월), 119-130쪽.

- 김은정, 「한국 청소년들의 '학생으로서의 정체성' 수용과정: 또래관계를 비롯한 '의미 있는 타자'들과의 상호작용을 중심으로」, 『한국사회학』, 43권2호(2009년 4월), 85-129쪽.

- 유홍식, 「디지털 미디어시대의 방송저널리즘 윤리 재정립에 관한 연구: 보도의 선정성·폭력성과 디지털 영상조작을 중심으로」, 『방송통신연구』, 56권(2003년 7월), 61-87쪽.

사회적 판단 이론

왜 양당 체제의 정당들은 서로 비슷해지는 걸까?

미국 오클라호마대의 심리학자 무자퍼 셰리프는 1954년 여름 3주간 오클라호마 로버스동굴 주립공원 주변에 사는 건강한 12세 소년 24명을 선발해 무작위로 두 집단으로 나눈 뒤 둘 사이에 경쟁을 시키고 이를 관찰하는 실험을 했다. '로버스동굴실험Robber's Cave Experiment'으로 알려진 이 실험의 결과는 놀라웠다. 얼마 지나지 않아 양 팀은 방울뱀족과 독수리족이라고 이름을 지어 붙였고, 경기할 때 서로 놀리기 시작했을 뿐만 아니라, 상대 캠프를 습격해 약탈하고 깃발을 불태우기까지 했으니 말이다.[76]

셰리프가 동료들과 함께 1961년에 출간한 『우리와 그들, 갈등과 협력에 관하여: 로버스케이브실험을 통해 본 집단관계의 심리학Intergroup Conflict and Cooperation』는 이른바 '현실갈등 이론realistic conflict theory'과 '최소집단 패러다임minimum group paradigm' 연구의 고전 중 하나로 여겨지고 있다.[77]

앞서 살펴본 바와 같이, '최소집단 패러다임' 연구는 사람들을 아주 사소하거나 무의미한 기준에 따라 집단으로 나눠도 각 집단에 속한 사람이 자기 집단에 대한 편애를 보인다는 것을 입증하는 연구다. '로버스동굴실험'을 통해 사람의 인지가 집단의 구성원에 의해 극적으로 변한다는 사실을 발견한 셰리프는 자신의 그런 관심을 확장시켜 '설득'의 문제에 관심을 갖게 되었다.

우리는 모든 새로운 생각을 우리가 가진 기존의 시각과 비교하며 가늠해 판단한다. 당연한 이야기 아닌가? 그러나 상식적으론 당연해도 학자들의 연구 세계에선 다른 의미를 갖는다. 그걸 입증해야 하기 때문이다. 그 일을 하겠다고 나선 셰리프는 한 개인에게 어떤 이슈가 얼마나 중요한 이슈이냐에 따라서 태도 변화 효과가 다르게 나타나는 과정을 설명하면서 개인이 가지고 있는 태도가 태도 대상의 지각과 판단에 영향을 미친다고 했다. 이를 가리켜 '사회적 판단 이론social judgment theory'이라고 한다.

셰리프는 태도를 세 가지 영역으로 나누었다. 첫째, 새로운 생각을 받아들이는 '수용영역대latitude of acceptance'이다. 둘째, 새로운 생각을 거부하는 '거부영역대latitude of rejection'이다. 셋째, 새로운 생각을 수용하지도 않고 거부하지도 않는 '비개입영역대latitude of noncommitment'이다.

셰리프는 어떤 이슈가 우리의 삶에서 얼마나 중대한 것인지의 정도를 가리켜 '자아관여도ego-involvement'라고 했는데, 이는 사회적 판단 이론의 핵심 개념이라고 할 수 있다. 자신의 생각과 같은 입장을 공개적으로 밝힌 집단에 가입한다면, 높은 자아관여도를 갖고 있다고 보는 식이다. 어떤 이슈에 대해 자아관여도가 높은 사람에겐 비개입영역도가 존재하지 않으며, 높은 자아관여도와 극단적인 태도는 불가분의 관계이다.[78]

셰리프는 어떤 사람이 기존에 가지고 있던 태도와 격차가 있는 새로운 메시지를 접하게 되었을 때, 비교의 기준점으로 이러한 새로운 메시지를 수용할 것인지 혹은 거부할 것인지를 판단할 때 사용하는 비교의 기준점을 '앵커anchor(닻)'이라고 했다. 예컨대, 거부영역대로 들어온 메시지는 기존 태도의 닻으로부터 거리가 먼 곳에 위치한다. 메시지가 거부영역대 안에 들어오면 '대조 효과contrast effect', 수용영역대 안에 들어오면 '동화 효과assimilation effect'가 일어난다.[79]

셰리프가 실시한, 추의 무게를 판단하는 실험을 보자. 사람들에게 141g의 기준무게(앵커)를 들게 하고 "이 추가 가장 무거운 무게이다"라고 한 뒤 55~141g 사이의 추를 평가하라고 하면 실제로 가벼운 것들도 무겁다고 평가하는 동화현상assimilation이 발생한 반면, 193g 이상의 기준 무게를 들게 한 뒤 55~141g의 추들을 평가하라고 했을 때 실제로 무거운 것들도 가볍다고 평가하는 대조현상contrast이 발생했다.

이와 관련, 안차수는 "수용 가능한 범위인 수용의 범주latitude of acceptance에 포함되는 대상에 대한 판단은 실제로 개인의 판단과 차이가 존재함에도 더욱 가까운 것으로 느끼며, 수용할 수 없는 범위인 거부의 범주latitude of rejection에 속하는 대상은 실제보다 더욱 동떨어진 것으로 인식된다는 것이다. 개인이 가지고 있는 태도가 판단의 기준이 되고, 이 기준을 통하여 자신의 의견과 비슷한 견해는 동화되는 반면, 자신의 의견과 동떨어진 견해는 대조된다는 것이다"며 다음과 같이 말한다.

사회적 판단 이론의 관점에서, 대조는 자신의 견해와 차이를 보이는 정보로부터의 설득적 영향력persuasive impact을 줄이고자 하는 동기적 노력으로 간주된다. 따라서 자신의 의견과 차이를 보이는 주장을 접하게 되는 경우, 그 정보의 내용에 대한 신중한 검토를 하기보다는 그 정보의 가치판단을 하는 것이 인지적 정합성을 유지하는 데 훨씬 용이하다. 특히 자신의 의견과 아주 상반되는 견해를 싣고 있는 정보에 대해서는 그 견해에 대해 내용을 꼼꼼히 따져서 논리성을 가늠하기보다는 그 정보는 불공정unfair하다는 평가는 물론 심지어 선동적이라는 가치판단을 내리는 것이 자신의 신념을 보호하고 인지체계의 일관성을 유지하는 데 도움이 된다는 것이다.[80]

이런 이치는 설득 커뮤니케이션에 어떻게 적용될 수 있을까? 엠 그리핀Em Griffin은 "자아관여도가 높은 사람을 대상으로 설득적 메시지를 전달하고자 할 때에는 단번에 너무나 큰 태도 변화 효과를 기대해서는 안 된다. 어떤 사람의 태도를 단 한 번에 총체적으로 변화시키는 것은 매우 보기 드문 현상이다. 더 큰 태도 변화를 이끌어낼 수 있는 유일한 변화는 미세하면서도 연속적인 움직임을 통해서만 가능하다"며 다음과 같이 말한다.

"말하는 사람의 높은 신뢰는 듣는 사람의 수용영역대를 넓힐 수 있다. (…) 메시지의 내용이 모호한 경우가 명확한 경우보다 종종 설득적 효과가 크다. 조지 부시는 기차 선거운동에서 '인정 많은 보수주의자'라고 말했는데, 그 말의 진정한 의미를 아는 사람은 아무도 없었지만, 대부분의 사람은 어감을 좋게 여겼고, 그 덕분에 그의 메시지는 유권자의 수용영역대에 안착할 수 있었다. (…) 모든 문제에는 독선적인 사람이 있다. 그들은 '나에게 사실을 혼동하도록 하지 말라. 내 마음은 이미 결정되었다'라고 말한다. 이와 같은 심술궂은 영혼을 가진 사람들의 대부분은 만성적으로 넓은 거부영역대를 지닌다."[81]

누군가를 설득하려는 사람들은 그 사람이 최초에 셰리프가 말한 세 가지 영역대 중 어떤 영역대에 있는지를 어떻게 알 수 있을까? 기업들은 바로 그걸 알기 위해 고객에 대한 분석과 시장조사를 한다. 소비자가 특정 브랜드에 대한 애호도가 강하면 경쟁 브랜드에 대한 설득적 메시지에 노출되더라도 설득이 잘 되지 않기 때문에 소비자가 어떤 영역대에 있는지를 아는 것은 기업에게 매우 중요한 의미를 갖는다.[82]

그리핀은 "사회적 판단 이론을 적용하는 것은 민감한 윤리적 문제를 야기한다"며 "정치가가 메시지를 의도적으로 모호하게 만들어 더 광범위한 영역대의 태도를 가진 사람들에게 수용되도록 하는 것이 과연 옳은가?"라고 묻는다.[83] 그러나 정치 현실에 비추어 보자면, 이런 문제 제기는 한가롭거나 사치스러운 것인지도 모르겠다.

미국 정치학자 앤서니 다운스Anthony Downs는 『민주주의의 경제적 이론An Economic Theory of Democracy』(1957)에서 양당제하의 후보자들은 보다 폭넓은 유권자들을 포섭하기 위해 차이를 극소화시킬 것이라고 말한다. 실제로 미국의 경우 민주당이 공화당을 흉내내는 방향으로 서로 너무 닮아가고 있기 때문에 이데올로기가 개입될 여지가 없어 이슈 자체가 무의미해져 가고 있다.

벤자민 페이지Benjamin I. Page도 정당이나 정치인은 대부분의 상황에서 유권자들의 표를 잃는 가장 직접적인 요인을 제거시키기 위해 이슈를 모호하게 제시할 것이라며, 이를 '정치적 애매성의 원칙theory of political ambiguity'으로 명명했다.[84] 정치판에 이른바 '화려한 추상어'가 난무하는 것도 바로 그런 이유 때문일 게다.

📖 일독을 권함!

- 김남두·황용석, 「적대적 미디어 지각과 이슈 관여가 대통령을 향한 책임귀인 및 회고적 투표의향에 미친 영향에 관한 연구: 2014년 지방선거의 세월호 이슈 사례를 중심으로」, 『한국언론학보』, 59권5호(2015년 10월), 32~63쪽.
- 채진원·장대홍, 「중도수렴과 중도수렴 거부 간의 투쟁: 18대 대선과정과 결과」, 『동향과 전망』, 93권(2015년 2월), 132~168쪽.
- 채진원, 「18대 대선, '중도수렴 전략'에 중도와 무당파들은 어떻게 반응했나?」, 『동향과 전망』, 88권(2013년 6월), 177~213쪽.
- 안차수, 「언론소비자가 갖는 이슈에 대한 태도가 언론의 공정성 판단에 미치는 영향」, 『한국언론정보학보』, 46권(2009년 5월), 323~353쪽.
- 이재신·성민정, 「온라인 댓글이 기사 평가에 미치는 영향: PR적 관점을 중심으로」, 『한국광고홍보학보』, 9권4호(2007년 10월), 7~45쪽.

제12장

관심과 설득

관심경제

왜 우리는 "날 좀 봐달라"고 몸부림쳐야 하는가?

attention(주의, 관심, 주목)은 '무언가를 향해 손을 뻗다', 비유적으론 '세상과 관계하면서 경험을 쌓아나간다'는 뜻의 라틴어 attendere에서 온 말이다. 인지과학자 앤 트라이스먼Anne Treisman 은 주의를 할당하는 방식이 우리가 무엇을 보는지를 결정한다고 말한다. 〈스타워즈〉에 나온 요다의 말처럼 "집중이 곧 현실"이라는 것이다.[1]

관심경제attention economy란 세인의 관심이나 주목을 받는 것이 경제적 성패의 주요 변수가 된 경제를 말한다. 자신을 팔기 위해 남들의 주목을 받아야만 살 수 있다는 점에서 우리는 '주목경제' 시대로 진입한 것이다. 대중문화·광고·홍보·PR은 전통적인 주목산업attention industry이지만, 이젠 전산업의 '주목산업화'로 나아가고 있다.[2] 에릭 슈미트Eric Schmidt는 꾸준히 사로잡고 통제할 수 있는 '안구eyeballs'의 수를 극대화해야만 지배적인 세계기업이 될 수 있을 것이라고 말한다.³ 우리는 바야흐로 "날 좀 봐달라"고 몸부림쳐야만 생존하고 성공할 수 있는 세상에 살게 된 것이다.

경제학자 허버트 사이먼은 1971년 관심경제 이론을 통해 "정보사회가 발전할수록 정보는 점점 흔해지고, 관심은 점점 귀해진다"고 했다. 즉, 정보의 풍요가 관심의 빈곤을 야기하는 상황에서 희소성을 띠는 것은 인간의 관심뿐이라는 것이다.⁴ 전통적인 지대地代가 주로 토지의 비옥도와 위치에 의해서 형성된 데 반해서, 정보혁명으로 인한 지대는 주로 주목에 의해서 형성된다고 할 수 있다.⁵ 일부 학자들은 경제 시스템의 핵심으로 '관심거래attention transactions'가 '금융거래financial transactions'를 대체할 것이라고 주장한다.⁶

찰스 데버Charles Derber는 『주목의 추구The Pursuit of Attention』(2000)라는 책에서 대중문화와 소비자본주의가 개인 수준의 주목에 대한 과도한 욕망을 갖게 했으며, 그 결과 사람들은 오직 자기 자신에 대해서만 말하고 싶어 하기 때문에 사람들 사이의 건전한 대화가 더 이상 불가능해졌다고 주장한다. 그는 대화중에 더 관심을 받으려고 경쟁하는 사람들, 즉 남의 말을 끊고 끼어드는 사람들을 묘사하며 이렇게 말한다. "관심은 본래 '희소한' 것이 아님에도 불구하고, 그것을 마치 할당이라도 받아야만 하는 것으로 느끼는 개인의 입장에서는 희소한 것이 되어버린다."⁷

『관심의 경제학The Attention Economy』(2002)의 저자인 토머스 데이브포트Thomas Davenport는 '관심'에 대해 "희소가치가 폭등하면서 이제 돈만큼이나, 때로는 돈 주고도 못 살 만큼 귀중해진 자원"이라고 평가한다. 그는 '관심 끄는 구체적 요령'을 다음과 같이 제시했다.

△관심을 오래 유지시키려면 형식과 어조 등에 변화를 주어라. △줄거리를 적절하게 알려주어라. △편리하게 그만둘 수 있는 곳exit point과, 언제든지 또 시작할 수 있는 곳entry point과 같은 출입구를 보여줘라. △현실성과 선명함을 부여하라. △평범한 메시지 수천 번보다 독특한 메시지 한번이 더 효과적이다. △음식과 섹스·어린이·건강·재해 등은 늘 관심을 끈다. △'나'를 떠올리게 하거나 내가 닮고 싶은 사람, 유명 인사가 등장하는 이야기를 던져라. △미디어의 적극성에 유의하라.[8]

이와 관련, 프랑코 베라르디 '비포'Franco Berardi 'Bifo'는 『프레카리아트를 위한 랩소디: 기호자본주의의 불안전성과 정보노동의 정신병리』(2009)에서 "이처럼 주의력이라는 인지적 능력이 경제 담론 속으로 들어가고 그 담론의 일부가 된다는 것은 오늘날 그런 인지적 능력이 희귀한 자원이 됐음을 의미한다"며 다음과 같이 말한다.

우리는 온갖 정보에 끊임없이 노출되어 있고 선택을 하기 위해서는 그것들을 평가해야만 한다. 그러나 정보의 흐름에 주의력을 기울이는 데 필요한 시간은 계속 부족해지고 있다. 이런 상황의 결과가 바로 우리 눈앞에 있다. 우리에게는 더 이상 의식적인 관심을 위한 시간이 없기 때문에 이제 정보처리와 의사결정(또한 정치적·경제적 결정)은 점점 더 자동화될 필요가 있다. 우리는 장기적인 이성적 전략이 아니라, 양자택일적 상황 속에서 오직 단기적이고 즉각적인 이익에만 반응하는 결정방식에 지배되곤 한다.[9]

관심이 성공의 척도가 된 IT업계에선 관심을 숭배하는 경향마저 나타난다. 그래서 나온 게 "회원수가 깡패다"는 말이다. 김국현은 이는 '적잖은 위화감을 주는 말'이라며 이렇게 말한다. "맛깡패니 비주얼깡패니 '무슨무슨 깡패'라는 신조어의 위화감 때문만은 아니다. (⋯) 마치 배금주의처럼 관심에 대한 맹목이 도를 넘는다. (⋯) 시장의 평판을 잃은 기업은 틀림없이 도태된다는 자본주의의 자정회로가 기능하지 않는다면 어떤 일이 벌어질까? '회원수가 깡패다'라는 말에는 이 회로를 능욕할 자신감이 읽힌다. 위화감은 그 때문이었다."[10]

이렇듯 관심에 집착하는 삶은 과잉주의hyperattention를 유발하기 십상이다. 한병철은 『피로사회』(2010)에서 "철학을 포함한 인류의 문화적 업적은 깊은 사색적 주의에 힘입은 것이다. 문화는 깊이 주의할 수 있는 환경을 필요로 한다"며 "그러나 이러한 깊은 주의는 과잉주의에 자리를 내주며 사라져가고 있다. 다양한 과업, 정보원천과 처리과정 사이에서 빠르게 초점을 이동하는 것이 이러한 산만한 주의의 특징이다. 그것은 심심한 것에 대해 거의 참을성이 없는 까닭에 창조적 과정에 중요한 의미를 지닌다고 할 수 있는 저 깊은 심심함도 허용하지 못한다"[11]고 말한다.

그런 상황에서 성황을 누리는 것은 자신의 인정욕구 충족을 위한 자기과시 담론이다. 대학 동창들끼리 만나도 주요 화제는 누가 더 잘 나가느냐 하는 것이다. "야, 나는 아직 대리인데 L은 벌써 차장이네. 부럽다 부러워." "야 그래도 연봉은 K 네가 더 많을걸?" "야, C는 이번에 외제차 뽑았다면서? 역시 금융권이 돈 많이 주는 모양이야." "H는 와이프가 억대 연봉이라면서? 너는 완전히 인생 풀린 거야." "야, 누가 뭐래도 우리는 J 못 따라가. 쟤는 부부가 다 공무원이니까 노후까지 그냥 끝난 거야." 이런 대화를 소개한 김준의 총평은 이렇다. "한국의 30대 남자는, 무슨 직장을 다니고, 무슨 차를 몰고, 몇 평의 아파트에 살며, 와이프가 누구인지 외에는 자신을 설명하는 방법이 없는 것일까."[12]

배달알바족이라고 해서 어찌 주목을 받고 싶은 인정욕구가 없으랴. "어느 날 홍대 앞에 배달을 나갔는데 문득 서글퍼졌다. 남들은 연인이나 친구를 만나 이 시간을 즐기고 있는데 빵 하나를 배달한다고 오토바이를 타고 있는 나는 뭔가? 그러다보니 오토바이를 세게, 시끄럽게 타게 되더라. 빵빵 막 소리를 내면서. (⋯) 자기 존재가 사라지는 듯한 느낌, 즐겁게 돌아다니는 사람들 사이에 묻혀 있는 듯한 느낌이 드는데, 나라는 존재가 있다는 걸 스스로에게 강렬하게 인식시키는 방식이 오토바이 소음 내기다. 빵~ 하고."[13]

관심이나 주목을 받는 데에도 계급이 있나보다. 이런 계급투쟁이 가장 적나라하게 펼쳐지는 곳이 바로 사이버공간이다. 이른바 'SNS 자기과시'에 중독된 사람들이 많은 것도 다 관심경제의 문법에 충실하고자 함이지, 다른 뜻이 있는 게 아니다. 이제 우리는 '관심의 민주화'를 외쳐야 할 상황에 도달한 걸까?

📚 일독을 권함!

- 김유정, 「페이스북에서의 자기과시적인 자기표현」, 『한국디지털콘텐츠학회 논문지』, 16권4호(2015년 8월), 503–512쪽.
- 양승혜·김진희·서미혜, 「페이스북은 우리의 삶을 행복하게 하는가?: 대학생 집단에서 페이스북 읽기, 타인과의 상향비교, 삶에 대한 만족도의 관계」, 『한국언론학보』, 58권6호(2014년 12월), 215–244쪽.
- 이광석, 「국내 기술잉여사회의 형성과 특수성 연구」, 『한국언론정보학보』, 66권(2014년 5월), 184–210쪽.
- 이홍경, 「세계적인 메가 셀러 해리포터 시리즈와 문학체계의 변화」, 『독어교육』, 56권(2013년 5월), 353–374쪽.
- 김예란, 「리액션 비디오의 주목경제: K-Pop의 지구적 생산과 소비를 중심으로」, 『방송문화연구』, 24권2호(2012년 12월), 161–192쪽.

왜

넛지

공중도덕을 지키자는
계몽 캠페인은 실패하는가?

남자 화장실의 소변기 앞엔 오줌을 소변기 밖으로 흘리지 말자는 계몽 표어가 붙어 있지만, 별 효과가 없다. 진지하게 훈계하는 것보다는 "남자가 흘리지 말아야 할 것은 눈물만은 아니다"는 식의 유머성 표어가 더 낫긴 하지만, 이 또한 큰 효과를 거둔 것 같지는 않다. 그런데 화장실 관리자가 고심 끝에 소변기에 파리 한 마리를 그려 넣었더니, 소변기 밖으로 새는 소변량의 80%가 줄어들었다. 소변을 보는 남성들이 '조준사격'을 하는 재미로 파리를 겨냥했기 때문이다. 네덜란드 암스테르담 공항에서 실제로 일어난 일이다.[14]

미국 텍사스주는 고속도로에 버려지는 쓰레기를 줄이기 위해 막대한 자금을 들여 요란한 광고 캠페인을 벌였다. 쓰레기를 아무데나 버리지 않는 것이 시민의 의무라고 강조했다. 누가 그걸 몰라서 쓰레기를 버리나? 아무 효과가 없었다. 사람들은 아무리 옳은 일이라도 자신의 계몽이나 훈계의 대상이 되고 있다는 걸 몹시 싫어한다. 그래서 하라고 하면 더 안 하고 하지 말라고 하면 더 하려는 청개구리 심보를 부리는 경향이 있다.

텍사스주 당국은 발상의 전환을 했다. 인기 풋볼팀인 댈러스 카우보이의 선수들을 참여시켜 그들이 쓰레기를 줍고 맨손으로 맥주캔을 찌그러뜨리며 "텍사스를 더럽히지 마!Don't mess with Texas!"라고 으르렁대는 텔레비전 광고를 제작했다. 캠페인 1년 만에 쓰레기는 29%나 줄었고, 6년 후에는 72%나 감소했다. 텍사스 주민의 95%가 이 표어를 알고 있으며, 2006년에는 이 표어가 미국이 가장 사랑하는 표어로 압도적인 지지를 얻어 뉴욕시메디슨 거리를 행진하는 영광을 누리기도 했다.[15]

미국의 행동경제학자 리처드 탈러와 법률가 캐스 선스타인이 쓴 『넛지: 똑똑한 선택을 이끄는 힘』(2008)에 나오는 이야기다. 넛지nudge는 '팔꿈치로 슬쩍 찌르다' '주의를 환기시키다'는 뜻이다. 탈러와 선스타인은 이 단어를 격상시켜 '타인의 선택을 유도하는 부드러운 개입'이라는 정의를 새로 내리고, 그들이 역설하는 '자유주의적 개입주의libertarian paternalism' 이데올로기의 간판 상품으로 만들었다. 이들은 "자유주의적 개입주의는 좌파적인 것도 우파적인 것도 아니며, 민주당적인 것도 공화당적인 것도 아니다"고 역설한다. 넛지는 초당파적이라는 것이다.[16]

자유주의적 개입주의의 실천이론이라 할 수 있는 넛지는 구체적으로 선택설계에 적용될 수 있다. 이 일을 하는 '선택설계자 choice architect'는 사람들이 결정을 내리는 배경이 되는 '정황이나 맥락'을 만드는 사람이다. 투표용지를 디자인하는 사람, 환자에게 선택 가능한 다양한 치료법들을 설명해줘야 하는 의사, 직원들이 회사의 의료보험 플랜에 등록할 때 서류 양식을 만드는 사람, 자녀에게 선택 가능한 교육 방식들을 설명해주는 부모, 물건이나 서비스를 판매하는 세일즈맨 등이 바로 선택설계자들이다.

탈러와 선스타인은 겉보기에는 사소하고 작은 요소라 해도 사람들의 행동방식에 커다란 영향을 끼칠 수 있다며 이렇게 말한다. "넛지는 선택설계자가 취하는 하나의 방식으로서, 사람들에게 어떤 선택을 금지하거나 그들의 경제적 인센티브를 크게 변화시키지 않고 예상 가능한 방향으로 그들의 행동을 변화시키는 것이다. 넛지 형태의 간섭은 쉽게 피할 수 있는 동시에 그렇게 하는 데 비용도 적게 들어야 한다. 넛지는 명령이나 지시가 아니다. 과일을 눈에 잘 띄는 위치에 놓는 것은 넛지다. 그러나 정크푸드를 금지하는 것은 넛지가 아니다."[17]

『넛지』는 많은 사람들을 감동시켰다. 국내에서 2009년 이명박 대통령이 주변 사람들에게 권했다는 책 가운데 하나도 바로『넛지』였다. 이명박뿐만 아니라 미국 대통령 버락 오바마, 영국 총리 데이비드 캐머런도 넛지에 깊은 관심을 보였고, 영국에선 아예 정부예산을 줄이는 데에 넛지이론을 적용하기 위한 특별팀 Behavioural Insights Team이 2010년 내각 기구로 편성되기까지 했다.[18]

그러나 넛지를 비판하는 사람들도 있다. 넛지에 대한 비판은 당파성 문제를 뛰어넘어 인간의 '자유의지'에 관한 것을 문제 삼는다. 예컨대, 일레인 글레이저Eliane Glaser는 "넛지 정치학은 사람들에게 보다 이성적으로 사고하고 행동하도록 권유하는 일에는 관심이 없다. 그것은 과학자·정치인·기업들과 같은 엘리트 집단이 대중의 비이성적인 행동패턴을 알아내고 그에 따라 그들의 선택을 조종하는 데 관심을 가진다"며 다음과 같이 말한다.

세일러와 선스타인은 여전히 선택의 다양성이 존재하기 때문에 넛지가 자유의지를 손상시키지 않는다고 주장한다. 그러나 설득의 기술이 자유의지를 능가하기 때문에 그 주장은 어림도 없는 말이다. 이 모든 것에는 권력, 즉 다른 이들보다 유리한 결정을 할 수 있는 입장이 있으며, 어떤 사람들은 넛지를 통해 다른 이들을 조종할 수 있다는 가장 큰 요인이 배제되어 있다.[19]

넛지의 주창자들이 그런 위험성을 외면하는 건 아니다. 선스타인은 2012년 10월 서울에서 열린 세계지식포럼 강연에서 "정부가 자신의 힘을 공고화하기 위해, 또는 특정 업계에 친화적인 정책을 펴는 부정적인 넛지가 있을 수 있다"면서 "기본적으로 이런 넛지 부작용을 최소화하기 위해서는 투명성과 민주화는 필수"라고 말했다.[20]

넛지를 둘러싼 열띤 논쟁이 벌어지고 있지만, 넛지가 새로운 건 아니다. 그 원조는 '현대 PR의 아버지'로 불리는 에드워드 버네이즈Edward L. Bernays가 역설한 '간접적 수단의 매력appeals of indirection'이라는 개념이다. 버네이즈는 제품이나 서비스를 선전할 때에 제품이나 서비스를 직접 선전하는 대신 이벤트 창출을

통해 행동양식을 판매하는 방법을 썼다.[21]

버네이즈는 사람들의 완고함에 대한 나름의 이론을 갖고 있었다. "때때로 수백만 명의 태도를 변화시키는 것은 가능하지만, 한 사람의 태도를 바꾸는 것이 불가능한 경우가 있다."[22] 그래서 그는 누군가를 설득하는 최선의 방법에 대해서도 이렇게 말했다. "누군가에게 옳지 않다고 말하는 것보다는, 존경 받는 권위자를 내세우거나 자신의 견해에 대한 논리적 틀을 설명하고 전통을 고려하여 설득함으로써, 자신의 주장을 받아들도록 하는 것이 더 쉽다."[23]

'넛지'는 공익을 추구하는 반면, 버네이즈의 '간접적 수단의 매력'은 대기업을 위해 봉사하기도 한다는 차이는 있지만, 대중을 설득하기 위한 방법론이라는 본질에선 같다. 그러니 『넛지』에 버네이즈가 전혀 언급되지 않는 게 이상하다. 부정적 인식을 줄 우려가 있다고 생각했기 때문일까?

'넛지'를 행동경제학이라고 부르는 것 같은데, 실은 커뮤니케이션학이다. PR학이다. '설득' 기술의 변천과정을 살펴보면 이미 넛지가 오래전부터 사용돼왔다는 걸 알 수 있다. PR·광고 전문가들은 행동경제학에 대해 코웃음칠지도 모르겠다. 무슨 옛날이야기를 그렇게 새로운 것처럼 하느냐고 말이다. 그러나 행동경제학을 비웃을 건 아니다. 커뮤니케이션 분야에선 오래된 이야기일망정, 넛지의 이치를 정부·공공기관·시민단체 등의 정책에 고려하는 건 별개의 문제일 수 있기 때문이다. 아직도 우리의 정부부처·지방자치단체·공공기관들이 애용하는 플래카드는 노골적인 계몽과 훈계의 메시지로 가득하다. 쓰레기를 아무데나 버리지 않는 것이 시민의 의무라고 강조한 텍사스주의 과오를 교정할 뜻이 전혀 없는 것 같다.

오늘날 '계몽의 종언'이 외쳐지고 있는데, 그건 과연 진실일까? 누구에게건 어떤 메시지를 직접적으로 말하면 "감히 누굴 가르치는 거냐?"고 반발하지만, 교묘하게 이벤트나 엔터테인먼트의 형식을 취해 주입시키면 열광적으로 받아들이곤 하는 게 현실이다. 즉, 문제는 계몽의 포장술이다. 그런데 포장엔 돈이 많이 든다. 버네이즈의 이벤트 연출 묘기는 모두 다 대기업의 금전적 물량공세 덕분에 가능했던 것이다.

금력과 권력을 가진 쪽의 포장술은 갈수록 세련돼 가는 반면, 그걸 갖지 못한 일부 개혁·진보주의자들은 계몽에 들러붙은 엘리트주의 딱지를 떼면서 대중의 지지와 인기를 얻어내기 위해 독설과 풍자 위주로 카타르시스 효과만 주는 담론에 집착하고 있는 게 우리 현실이다. 우리 시대의 계몽과 설득이 처해 있는 딜레마다.

📚 일독을 권함!

- 강준만, 「'넛지 커뮤니케이션'의 방법론적 유형 분류: 공익적 설득을 위한 넛지의 활용방안」, 『한국언론학보』, 60권6호(2016년 12월), 7~35쪽.
- 이완수·김찬석·박종률, 「'이콘'(Econ)과 '넛지'(Nudge)의 결합: 커뮤니케이션 효과연구에 있어 행동경제학 개념과 이론 적용의 타당성」, 『커뮤니케이션 이론』, 12

권2호(2016년 6월), 129~164쪽.

- 김유라·김광석·김민주, 「마을자치 사업에서 농촌현장포럼의 넛지 효과 분석: 상주시 광골마을 사례를 중심으로」, 『한국행정연구』, 25권1호(2016년 3월), 25~47쪽.

- 김선미, 「학습자의 에니어그램 성격유형을 활용한 프랑스어 쓰기 학습전략의 넛지 효과(Nudge Effect) 고찰」, 『프랑스문화예술연구』, 55권(2016년 2월), 417~456쪽.

- 최수영·김보연, 「넛지를 이용한 유아청결습관 개선의 교구일러스트레이션 디자인」, 『디지털디자인학연구』, 15권3호(2015년 7월), 227~235쪽.

- 이종혁·이창근, 「공공가치 목적 지향의 정책PR 전술 탐색」, 『사회과학연구』(동국대학교 사회과학연구원), 20권3호(2013년 12월), 55~80쪽.

- 강준만, 「PR은 대중의 마음에 해악을 끼치는 독인가: 에드워드 버네이스의 '이벤트 혁명'」, 『인물과사상』, 186권(2013년 10월), 37~58쪽.

문전 걸치기 전략

왜 큰 부탁을 위해 작은 부탁을 먼저 해야 하나?

어느 낙타가 사막을 가다가 날이 저물자 천막을 친 주인에게 다가가 밤에 추우니 코만 천막 안에 넣고 자게 해달라고 부탁한다. 주인이 낙타의 부탁을 들어주자, 낙타는 조금 후 자기의 코가 많은 공간을 차지하지 않는다며 천막 안에 목까지 집어넣고 자게 해달라고 한 번 더 부탁한다. 주인은 낙타의 부탁을 또 들어준다. 이렇게 낙타는 조금 더 조금 더 하면서 결국엔 천막을 차지하고, 주인은 밖에서 잠을 자게 된다.[24]

『아라비안 나이트』에 나오는 이야기다. 현대판 이야기로 바꿔 보자. 방문판매원이 어느 집 문의 초인종을 누른다. 주인이 나오자 상품 설명을 하는데 시큰둥해 하는 주인이 언제 문을 닫을지영 불안하다. 그럴 때에 문간에 발을 쏙 들이밀고 말을 하면 적어도 예고도 없이 문을 쾅 닫아버리는 일만큼은 막을 수 있지 않을까? 물론 여기서 문간에 발을 들이미는 것은 비유적 표현으로,

상대방이 거절하기 힘든 작은 부탁을 뜻한다.

이게 바로 foot-in-the-door technique인데, 줄여서 FITD 테크닉이라고도 한다. 우리말로는 '문전 걸치기 전략' 또는 '단계적 요청법'으로 번역해 쓰고 있다. 1966년 심리학자 조너선 프리드맨Jonathan I. Freedman과 스코트 프레이저Scott C. Fraser의 연구에서 비롯된 문전 걸치기 전략은 상대에게 처음에는 부담감이 적은 부탁을 해 허락을 받으면 그 다음부터는 점차 큰 부탁도 들어주기 쉽게 된다는 것으로, 마케팅 분야 등에서 활용하는 테크닉이다.

이들이 수행한 실험은 이런 것이었다. 연구원들은 스탠퍼드대 인근 부유층 지역을 집집마다 방문해 안전운전을 강조한 표지판을 집 앞 잔디밭에 세우게 해달라고 부탁했다. 표지판은 보기 흉했기에 집주인의 83%가 거절했다. 연구원들은 다른 동네에선 다른 방법을 썼다. 처음엔 안전운전을 강조한 조그만 스티커를 자동차나 집 창문에 붙여달라고 부탁해 대부분 승낙을 얻어냈다. 2주 후 다시 찾아가 보기 흉한 표지판 설치를 제안하자 놀랍게도 집주인의 75%가 설치에 동의했다.

칩 히스Chip Heath와 댄 히스Dan Heath는 이 연구엔 얄팍한 요소와 과학적인 요소가 있다며, 얄팍한 요소는 '기만성'이라고 했다. 그렇다면 과학적인 요소는 무엇인가? "사람들이 새로운 정체성을 구축하는 것을 잘 받아들인다는 사실, 그리고 작은 단계들로부터 정체성이 '성장한다'는 사실이다. 자기 자신을 '지역사회를 염려하는 시민'이라고 생각하기 시작하면 그런 사람처럼 행동하고 싶어진다. 이는 변화를 만들어내려고 노력하는 사람에게는 좋은 소식이다."[25]

언젠가 부산영화제에선 일부 영화운동가들이 영화의 사전심의 철폐에 대한 서명운동을 하고 있었다. 그곳을 지나가던 사람들은 서명운동을 하는 사람들의 권유에 따라 별 생각 없이 쉽게 서명했다. 그런데 사람들이 서명을 마치자마자 그 옆에 있던 또다른 사람이 그들에게 독립영화 발전기금을 모금하기 위한 배지를 사라고 권유하자 별 저항 없이 2000원을 내고 배지를 샀다. 이에 대해 이현우는 "이 광경을 목격하면서 문전 걸치기 전략은 그 적용 범위가 엄청나다는 생각을 했다. 영화의 사전심의 철폐와 독립영화 발전기금은 엄연히 명분 차이가 있음에도 불구하고 일단 서명을 한 사람들은 당연한 수순처럼 배지를 구입하고 있었기 때문이다. 만일 순서가 바뀌었다면 즉, 서명 전에 배지를 먼저 팔았다면 결과는 달랐을 것이다. 상대적으로 저항이 적은 서명을 먼저 요청해 자신이 우리나라 영화 발전에 적극적으로 참여하는 사람이라는 자의식을 갖게 만든 다음, 이들로 하여금 일관성의 원칙이 이끄는 대로 독립영화 발전기금 모금용 배지를 구입하게 만든 전략은 매우 훌륭했다"[26]고 말한다.

이런 연구 결과가 있다. "아침 7시에 시작되는 실험에 참여하겠습니까?"라는 질문을 했더니 실험참가자의 24%가 "예!"라고 대답했다. '아침 7시'가 큰 부담으로 작용한 게 틀림없다. 반면 "실험에 참가하겠습니까?"하고 물으니 실험참가자의 56%가 "예!"라고 대답했고, 이어진 두번째 질문에서 "시간은 아침 7시입니다. 그래도 하겠습니까?"하고 물었더니 단 한 명도 변동사항 없이 모두 실험에 참가하겠다고 대답했다. 일단 실험에 참가하겠다고 대답을 해버렸으니 자신의 일관성 유지를 위해서 '아침 7시'라는 부담도 감수하겠다는 것이다.[27]

'문전 걸치기 전략'의 원조는 이른바 '벤 프랭클린 효과Ben Franklin effect'라는 말까지 낳게 만들 정도로 탁월한 묘기를 선보인 벤자민 프랭클린이다. 펜실베이니아 주의회의 한 의원이 프랭클린을 사사건건 물고 늘어지면서 원수처럼 굴자, 프랭클린은 한 가지 꾀를 냈다. 그의 자서전에는 다음과 같은 이야기가 나온다.

그 사람의 호의를 얻으려고 나는 굴욕적인 존경을 표하지는 않았지만, 얼마간 시간이 지난 후 다른 방법을 사용했다. 그 주의원이 매우 희귀하고 진귀한 책을 소장하고 있다는 말을 듣고, 나는 그 책을 숙독하고 싶다며 며칠간만 빌려줄 수 없겠느냐고 요청하는 편지를 보냈다. 그는 그 책을 즉시 빌려주었고, 나는 일주일 안에 매우 감사하다는 편지와 함께 그 책을 반환했다. 그 다음 우리가 주 의사당에서 만났을 때 (그는 결코 예전에는 그런 적이 없었으나) 나에게 말을 걸고, 매우 친절했다. 그 후 그는 어떤 일이든지 나를 도와주려 했고, 우리는 아주 친한 사이가 되었으며, 우리의 우정은 그가 죽을 때까지 계속되었다. 이것은 내가 옛날에 배웠던 교훈의 또 하나의 예가 된다. 즉, 그 속담은 다음과 같다. '예전에 너를 한번 도와준 일이 있는 사람은, 네가 은혜를 베풀었던 사람보다 더욱 더 너를 다시 도와줄 준비가 되어 있다.'[28]

문전 걸치기 전략은 홈쇼핑의 쇼호스트들이 즐겨 쓰는 기법이 기도 하다. 누구나 부담 없이 들어줄 수 있는 작은 부탁은 거절 하기 힘들다는 것을 잘 아는 쇼호스트들은 "딱 3분만 집중해주세 요"와 같은 멘트를 날리면서 좀처럼 제품의 진짜 가격을 말하진 않는다. "돈으로도 살 수 없는 내 가족의 건강"과 같은 감성적 멘 트를 띄우면서 그와는 비교할 수 없는 작은 금액, 즉 한 달에 단 돈 몇 만원이라는 식으로 힘주어 말할 뿐이다. 택시 한 번 안 타 면 되고, 담배 한 갑 줄이면 되고, 술 먹고 대리운전 한 번 안 부 르면 된다는 식이다.[29]

문전 걸치기 전략은 처음 만난 이성을 유혹하는 데에도 큰 효과를 발휘할 수 있다. 프랑스 심리학자 니콜라 게겐Nicholas Guéguen은 남성 보조요원들로 하여금 길거리에서 300명 이상의 젊은 여성들에게 접근해 술을 한잔 하자는 제안을 하도록 하는 실험을 했다. 일부 보조요원들에게는 직접 제안을 하기 전에 길 을 묻는 등 가벼운 질문을 먼저 하도록 했고, 다른 보조요원들에 게는 여성들에게 다가가 곧바로 제안을 하도록 했다. 그 결과, 먼 저 길을 물어본 경우에는 60%의 여성이 흔쾌히 동의한 반면, 직 접적으로 제안을 한 경우에는 20%만이 동의한 것으로 나타났다. 매우 사소한 차이로 중대한 변화를 만들어낼 수 있다는 사실을 확인한 것이다.[30]

문전 걸치기 전략은 삶의 지혜로도 활용할 수 있다. 정신과의 사 문요한은 변화와 성장의 과정에 '문전 걸치기 전략'을 활용 할 수 있다고 말한다. 덩어리가 크면 뇌는 일단 두려워하거나 거부감을 느끼기 때문에 목표를 단계별로 나누어 한 걸음씩 나아가는 것이 중요하다는 것이다. "목욕탕의 뜨거운 탕 속에 아이를 데리고 들어가는 것은 쉽지 않은 일이다. 그래서 '발부터 담그는' 요령이 필요하다. 그러다보면 뜨거운 물에 적응이 되고 더 들어갈 수 있는 준비와 용기가 마련된다. 중요한 건 첫 승리를 확보해서 발판을 마련한 다음 확장시켜 나가는 것이다. 말 그대로 '한 걸음 한 걸음' 전략이 필요하다."[31]

문전 걸치기의 반대는 '문전박대 전략door-in-the-face technique'이다. '거절 후 양보 전략rejection-then-retreat technique'이라고도 한다. 아예 처음부터 상대방이 들어줄 수 없는 큰 부탁을 함으로써 거절하느라 부담감을 느끼게 만든 후에 다시 작은 부탁을 해서 성사시키는 방식이다. 경우에 따라 첫번째의 과도한 요청을 그대로 받아들이는 사람들도 있기 때문에 이 방식은 일석이조다. 처음 요청을 거절한 사람들에겐 부담이 적은 요청을 해서 성사시킬 가능성이 높기 때문에, 이래저래 시도해봐서 밑질 게 없는 전략인 셈이다.[32] 큰 부탁을 위해 작은 부탁을 먼저 하건 작은 부탁을 위해 큰 부탁을 먼저 하건, 우리 인간은 부탁을 주고받고 밀고 당기기를 하는 '상호성의 동물'인 셈이다. 문전 걸치기 전략이나 문전박대 전략은 그 내용이 어떠한가에 따라 '기만적'이라는 비판을 받을 소지가 다분하므로, 윤리적 측면에도 관심을 기울이는 게 좋겠다.

📚 일독을 권함!

● 강준만, 「'넛지 커뮤니케이션'의 방법론적 유형 분류: 공익적 설득을 위한 넛지의 활용방안」, 『한국언론학보』, 60권6호(2016년 12월), 7~35쪽.

● 차동필, 「단계적 순응 기법 비교 및 단계 연장연구: 다문화 학생을 위한 대학생 멘토 모집에의 적용」, 『한국언론학보』, 60권4호(2016년 8월), 151~168쪽.

● 차동필, 「요청자의 국적과 표현 유형이 다문화 학생들을 위한 멘토 수락 여부에 미치는 영향에 관한 연구: 문전걸치기 기법을 중심으로」, 『한국광고홍보학보』, 17권4호(2015년 10월), 173~193쪽.

● 차동필, 「대학기부금 증대를 위한 설득기법의 활용: 일보후퇴 이보전진 전략의 적용」, 『언론과학연구』, 12권2호(2012년 6월), 478~501쪽.

● 차동필, 「장기기증 활성화를 위한 설득기법의 적용」, 『한국언론학보』, 55권1호(2011년 2월), 32~46쪽.

왜 디폴트 규칙

'귀차니즘'이 기업과 정부의 공략 대상이 되는가?

PC를 작동할 때 모든 명령어를 입력해야 한다면 사용상 큰 불편을 겪게 된다. 그래서 PC 구동시에는 명령어가 사전적으로 정의돼 있는데, 이를 디폴트 옵션default option(기본선택)이라고 한다. 디폴트 옵션은 어떤 의미에서 사전적으로 의사결정 과정을 정해놓은 것이기도 하다.[33] 디폴트 옵션으로 인해 나타나는 결과는 '디폴트 효과default effect' 또는 '초깃값 효과'라고 한다. 최초로 얻은 조건이나 상태를 그대로 수용하는 경향을 가리킨다. 휴대전화나 컴퓨터를 처음 샀을 때 기본설정을 그대로 사용하는 사람들이 많은데, 이 또한 초깃값 효과의 일종이다.[34]

행동경제학은 사람들의 '현상유지 편향status quo bias'을 활용하기 위해 디폴트 옵션에 큰 관심을 갖는다. 현상유지 편향은 사람들이 현재의 상태에 그대로 머물고자 하는 강한 바람을 갖고 있다는 것을 말한다. 미국 컬럼비아경영대학원 교수 마이클 모부

신Michael J. Mauboussin은 기업들이 현상유지 편향을 잘 활용하려면 '기본선택'을 잘 만들어야 한다고 강조한다.

예컨대, 지리적으로 인접한 독일과 오스트리아 국민들이 장기기증에 동의한 비율은 각각 12%와 거의 100%로 큰 차이가 난다. 이 차이는 국민성과는 아무런 관련이 없다. 독일에선 장기기증을 원하는 사람들은 동의서를 작성하도록 해 기본선택이 장기기증을 안 하는 것으로 돼 있는 반면, 오스트리아는 장기기증에 동의하는 것을 기본선택으로 삼고, 원하지 않는 국민은 누구나 전화 한 통화로 거부 의사를 밝히도록 하고 있다. 바로 이런 기본선택의 차이가 그런 결과를 낳은 것이다.[35]

프랑스도 오스트리아 방식을 원용해 2017년부터 장기기증을 명시적으로 거부하지 않은 모든 사망자를 장기기증자로 간주하는 법을 시행하기로 했다. 새 법은 사망자가 생전에 장기기증을 거부한다는 뜻을 확실히 밝히지 않으면 가족이 반대해도 장기적출에 동의한 것으로 판정한다는 내용을 담고 있는데, 이에 따라 사망 후 장기 전체나 일부가 적출되는 것을 원치 않는 사람은 '장기기증 거부명단'에 미리 자신의 이름을 올려야 한다.[36]

현상유지 편향을 속칭 '귀차니즘'이라고 하는 이유도 여기에 있다. 위 사례에서 독일 방식을 '선택가입 방식' 또는 '옵트인opt-in 방식', 오스트리아 방식을 '선택탈퇴 방식' 또는 '옵트아웃opt-out 방식'이라고 하는데, 사람들은 단지 귀찮다는 이유만으로 별생각 없이 '선택가입'과 '선택탈퇴'를 모두 거부하기 때문에 애초에 '선택탈퇴 방식'으로 설계를 하는 것이 장기 기증을 받는 데엔 절대적으로 유리한 것이다.

이는 불특정 다수인에게 무작위로 보내지는 스팸메일을 규제하는 방식으로, e-메일을 비롯해 전화나 팩스를 이용한 광고성 정보 전송 등에서도 적용되기도 한다. 여기서 '옵트인'이란 수신자의 사전 동의를 얻어야 메일을 발송할 수 있도록 하는 방식을 말한다. 반대로 수신자가 발송자에게 수신거부 의사를 밝혀야만 메일 발송이 안 되는 방식은 '옵트아웃'이다. 한국은 2005년 3월 31일부터 휴대전화 등 전화와 팩스를 통해 상품이나 서비스 등을 소개할 경우엔 옵트인, e-메일의 경우는 옵트아웃을 쓰고 있다.[37]

옵트인·옵트아웃 방식의 차이에서 나타나는 현상유지 편향을 가리켜 '디폴트 편향default bias'이라고 한다. 미리 정해놓았다는 의미에서 '기정既定편향'으로 번역해 쓰기도 한다. 공공정책과 관련해 이런 문제를 다루는 것을 '선택설계choice architecture'라고 하며, 선택설계를 중심으로 한 사회개혁 방식을 '부드러운 간섭주의soft paternalism' 또는 '넛지'라고 한다.[38]

이와 관련, 서강대학교 경영대학 교수 민재형은 "인간의 귀차니즘 행태를 역으로 잘 활용하면 큰 효과를 볼 수도 있다"며 "기업이나 정책 입안자나, 중요한 전략을 구상할 때 떠들썩하게 모여 앉아 구호성 캠페인을 벌이는 것보다 사람들의 자연스러운 심리 행태를 고려하는 것이 훨씬 효과적이다"고 말한다.[39]

이처럼 디폴트로서 취할 수 있는 값을 어떤 일정한 규칙에 따라 정하는 것을 '디폴트 규칙default rule'이라고 한다. 일반적으로 가장 사용 빈도가 높은 것, 혹은 가장 사용 효율이 높은 것이 디폴트 규칙으로 선정되지만, 넛지를 시도하는 이들은 이 규칙 제정에 개입하려고 애를 쓴다.

'넛지 전도사'인 캐스 선스타인은 『심플러: 간결한 넛지의 힘 Simpler: The Future of Government』(2013)에서 "'디폴트 규칙'은 만약 사람들이 어떤 것을 승낙하는 선택을 전혀 하지 않는다면 무슨 일이 일어날지 결정하는 규칙이다. (…) 그런 규칙의 중요성은 타성의 힘을 입증하는 것이다. 사람들이 은퇴 계획에 대한 선택적 동의를 원하는지 물어보면 선택적 거부를 원하는지 물어볼 때보다도 참여 수준이 훨씬 더 낮다. 자동 가입은 참여도를 극적으로 높여준다"며 다음과 같이 말한다.

"장기 기증에 대해서도 비슷한 이야기를 할 수 있다. 만약 필요한 사람들이 기증받을 수 있는 장기의 수를 늘리기를 원하면 그를 위한 하나의 효과적인 방법이 있다. 사람들이 사망 시점에 기증에 동의한다고 추정하되 그들이 원할 때는 선택적 거부를 허용하는 것이다. 나는 이것이 올바른 정책이라고 주장하고 있는 것은 아니다. 나는 그저 만약 필요한 사람들이 더 많은 장기를 기증받길 원한다면 디폴트 규칙이 참으로 중요하다는 것을 알아야 한다고 주장할 뿐이다."[40]

디폴트 규칙을 이용해 장기 기증을 많이 받는 것은 비윤리적인가? 이에 대한 논란이 있다. 유리 그니지Uri Gneezy와 존 리스트John A. List는 『무엇이 행동하게 하는가The Why Axis』(2013)에서 이렇게 말한다.

"옵트아웃 제도가 다양한 환경에서 매우 효과적으로 작용하기는 하지만 문제는 이러한 방식으로 장기기증자를 등록시키는 방법이 부정직할 수 있다는 것이다. 이 제도에 반대하는 사람들은 치명적인 사고를 당해 자신의 귀중한 신장을 내어줄 사람에게는, 적어도 무언의 약속이 아니라 분명한 약속을 해달라고 요청할 만큼은 정중해야 한다고 생각한다."[41]

기업들이 디폴트 옵션을 최대한 활용하려고 애쓰는 것에 대해서도 불편한 시선을 보내는 사람들이 많지만, 기업들이 그런 유혹을 외면하긴 어려운 일이다. 이와 관련, 심리학자 로버트 치알디니Robert B. Cialdini는 "디폴트 상황은 관성으로 가려는 경향에 '반하기'보다 '함께 하는' 특징이 있다. 그래서 다른 사람의 결정과 행동에 영향을 주려고 할 때 유용하고 효율적인 도구가 될 수 있다. 상대가 알아차리지 못하게 상황에 약간의 변화를 주는 것이 가능한데, 무엇 때문에 변화를 만들어내기 위해 고생을 무릅써야 하는가?"[42]고 반문한다.

IT기업들은 대부분의 사용자가 기기나 서비스의 구입 또는 설치 당시의 '디폴트 세팅default setting(초기 설정)'대로 사용한다는 점을 알고, 이를 자사의 이익을 위해 최대한 활용, 아니 악용하는 경향이 있다. 이와 관련, 구본권은 "디폴트 세팅 경쟁은 스마트폰 등장 이후 PC에서 모바일 환경으로 옮겨갔다. 스마트폰은 화면이 작아 PC에 비해 사용자가 수시로 설정을 바꾸기가 쉽지 않다"며 다음과 같이 경고한다.

업체 위주의 디폴트 세팅은 공정한 경쟁을 방해하고 결국 사용자 편의를 저해한다. (…) 디폴트 세팅은 사용자인 당신이 스스로를 위해 맞춤형으로 설정한 것이 아니다. 사업자의 이익을 위해 개발되었거나 설정된 경우가 대부분이다. (…) 기술의 구조를 모르거나 이해하지 못할 경우, 또 알더라도 게을러서 수정하지 않는 경우 사용자들은 사업자들이 만들어놓은 디폴트 세팅의 덫에 걸려든 먹잇감이 될 수 있다.[43]

심지어 커피전문점, 택시, 미용실까지 그런 '디폴트 상술'에 뛰어들고 있다. 미국 뉴욕의 커피전문점 '카페 그럼피Cafe Grumpy'에서 커피를 주문하면 마지막에 커피값은 4달러인데 팁을 1, 2, 3달러 중 얼마나 주겠느냐고 강요당한다. 물론 '노 팁'과 '직접 기재'도 적혀 있기는 하지만 커다란 아이패드 모니터에 터치스크린 방식으로 누르게 돼 있어 점원과 뒷사람이 다 지켜보고 있다. 그런 시선 때문에 가운데 있는 2달러를 누르는 사람들이 많은데, 4달러 커피에 2달러면, 팁이 무려 50%다. 뉴욕에서 택시를 타도 신용카드로 결제하면 팁을 20%, 25%, 30% 중 얼마 줄 거냐고 묻는 창이 결제 화면에 뜬다. 미용실에서도 주고 싶은 만큼이 아니라 '강요된 비율(%)' 중 하나를 택하게 한다.

『뉴욕타임스』는 "모바일 장치와 기술이 발전하면서 덩달아 팁까지 올라가고 있다"고 꼬집었고, 『포브스』는 팁이 커지는 이유 중 하나를 '초기 설정값' 때문이라고 분석했다. 종이 영수증과 달리, 모니터상에 어떤 화면을 어떤 크기로, 어떤 위치에 띄울지 각각의 상황마다 쉽게 프로그램을 바꿀 수 있기 때문에 가게에 유리하게 할 수 있다는 것이다. 『포브스』는 "디지털 기술이 팁을 계산하거나 직접 기재하는 불편함을 덜어주는 대신 더 많은 팁을 내게 한다"며 "요구하는 대로 따라 하기보다는 창피함을 무릅쓰고라도 본인의 의지대로 팁을 주는 게 현명한 소비자"라고 말했다.[44]

장기기증 문제와 기업들의 이용에 대해선 논란이 있을망정, 학생들의 학자금 지원이라든가 사회적 약자의 신청 서식을 매우 복잡하게 만들어 그들에게 돌아가야 할 혜택이 돌아가지 않게끔 하는 건 다시 생각해볼 일이다. 이와 관련한 선스타인의 지적이다.

가장 일반적인 교훈은 민간기관과 공공기관 모두 흔히 일을 어렵게 만들기 때문에 실패한다는 점이다. 때때로 그들은 단순하고 의미 있는 디폴트 규칙을 선택하지 않기 때문에 일을 어렵게 만든다. 또한 광범위한 옵션들을 나열하기만 하고 구조화하지 않기 때문에 무심코 문제들을 일으킨다. 사람들이 아예 아무것도 하지 않으면 그냥 괜찮도록 일을 자동적으로 만드는 것이 가장 좋은 접근방식인 경우가 많다.[45]

'디폴트 옵션' 개념을 정치에 적용해보는 건 어떨까? 로버트 W. 맥체스니Robert W. McChesney는 『디지털 디스커넥트: 자본주의는 어떻게 인터넷을 민주주의의 적으로 만들고 있는가Digital

Disconnect: How Capitalism is Turning the Internet Against Democracy』(2014)에서 "파시즘은 현재의 사회관계를 유지하고 재생산하는 데 필요한 다른 선택지가 없을 경우 자동 채택하는 디폴트 옵션 같은 게 될 수 있다"고 경고한다.[46]

파시즘까진 아니더라도, 대중이 다른 선택지가 없기 때문에 갖게 되는 정치적 행태가 사회진보에 역행하는 결과를 낳는 건 자주 일어나는 일이다. 이를 잘 표현해주는 슬로건이 바로 "그 놈이 그 놈이다"는 말이다. 우리가 전사회적 차원의 디폴트 옵션에 충분한 관심을 기울여야 할 이유라 하겠다.

📚 일독을 권함!

● 강준만, 「'넛지 커뮤니케이션'의 방법론적 유형 분류: 공익적 설득을 위한 넛지의 활용방안」, 『한국언론학보』, 60권6호(2016년 12월), 7~35쪽.
● 권영준, 「개인정보 자기결정권과 동의 제도에 대한 고찰」, 『법학논총』(전남대학교 법학연구소), 36권1호(2016년 3월), 673~734쪽.
● 손영화, 「빅데이터 시대의 개인정보 보호방안」, 『기업법연구』, 28권3호(2014년 9월), 355~393쪽.
● 오종철·유시정·이수형, 「옵트인메일(Opt-In Mail) 서비스와 기업 이미지 및 고객 충성도간의 관계에 관한 연구」, 『서비스경영학회지』, 9권4호(2008년 12월), 61~87쪽.
● 김상겸, 「스팸규제에 관한 헌법적 연구」, 『공법학연구』, 5권3호(2004년 12월), 299~319쪽.

왜 어포던스

우리는 정치혐오에
모든 열정을 쏟는가?

어떤 의자는 앉아서 독서를 해야 할 것 같고, 어떤 의자는 편안하게 휴식하고 싶어지고, 또 어떤 의자는 누군가와 마주앉아서 대화를 나누고 싶어진다. 의자의 디자인에 따라서 우리가 하고 싶은 행위가 달라지는 것이다. 의자를 마주한 사람들이 디자이너의 의도대로 생각하고 행동한다면 그 의자는 어포던스가 뛰어난 의자, 즉 디자이너의 의도대로 행위를 유도하는 힘이 매우 강한 의자라고 할 수 있다. 그와 반대되는 경우도 있다. 누구나 한번쯤은 레스토랑 세면대 앞에서 수도꼭지를 눌러야 하는지, 비틀어야 하는지, 아니면 당겨야 하는지 순간적으로 당황해본 경험이 있을 것이다. 아무리 세련되고 감각적으로 디자인된 수도꼭지라고 해도 이 경우는 어포던스가 약한 디자인으로 평가된다.[47]

브레인컴퍼니 대표이사 박병천의 말이다. '어포던스affordance'

개념을 이해하고 실천하는 데 있어서 어포던스가 매우 뛰어난 설명이라고 할 수 있겠다. 어포던스는 '어떤 형태나 이미지가 행위를 유도하는 힘' 또는 '대상의 어떤 속성이 유기체로 하여금 특정한 행동을 하게끔 유도하거나 특정 행동을 쉽게 하게 하는 성질'을 말한다. 예컨대, 사과의 빨간색은 따 먹고자 하는 행동을 유도하며, 적당한 높이의 받침대는 앉는 행동을 잘 지원한다.

어포던스는 우리말로 보통 '행동유도성'이나 '행위지원성'으로 번역되지만, 외래어로 쓰는 경우가 더 많아 여기선 어포던스로 부르기로 하자. 어포던스의 뿌리말인 어포드afford는 원래 '~할 여유가 있다, ~해도 된다, ~을 공급하다, 산출하다'라는 뜻을 가지고 있으나, 인간 컴퓨터 상호작용·인지심리학·산업디자인·인터렉션 디자인·환경심리학·인공지능학 등의 분야에서는 '서로 다른 개념을 연결하는 것'이란 뜻으로 쓰인다.

어포던스는 미국 심리학자 제임스 깁슨James J. Gibson이 1977년에 발표한 「어포던스 이론The Theory of Affordances」이라는 논문에서 처음 사용한 용어로, 그의 저서 『시각적 인지에 대한 생태환경적 접근The Ecological Approach to Visual Perception』(1979)을 통해 널리 알려졌다. 깁슨은 어포던스라는 개념을 세상과 행위자(사람이나 동물) 사이에서 실행할 수 있는 속성이나 관계를 가리키는 말로 썼지만, 미국 인지과학자 도널드 노먼Donald A. Norman은 『디자인과 인간심리The Psychology of Everyday Things』(1988)에서 이 개념을 인간과 컴퓨터 상호작용 분야의 관점에서 사용했다. 그러나 엄밀히 말하자면, 노먼이 말하는 어포던스의 개념은 '지각知覺 어포던스

perceived affordance'라고 하는 것이 정확하다. 노먼은 "디자이너는 눈에 보이는 조형이나 그래픽 요소를 디자인하는 것이 아니라 어포던스를 디자인해야 한다"고 주장했다.[48]

노먼이 고안한 어포던스 가운데 하나는 '기능 강제forcing func-tion' 방식이다. 이는 원하는 것을 얻기 위해 먼저 다른 무언가를 하게 만드는 것이다. 예컨대 차에 기름을 넣고 주유구 뚜껑을 잊어버리고 가거나 현금인출기로 현금을 인출한 후에 카드를 그대로 꽂아두고 가거나 복사를 끝마친 후에 복사기에 원본을 남겨두는 경우를 들 수 있다. 심리학자들은 이를 '완성후postcompletion' 오류라고 한다. 물론 이런 오류를 막기 위한 장치가 이미 다 나와 있는데, 그게 바로 '기능 강제' 방식이다. 즉, 카드를 먼저 뽑아야만 현금을 인출할 수 있게 함으로써 카드를 잊고 가는 일이 없게끔 하는 것이다.[49]

보통 '컴퓨터 및 소프트웨어 조작방식'으로 알려져 있는 '인터페이스interface'는 '어포던스들의 집합체'라고 할 수 있다.[50] 즉, 인터페이스는 서로 다른 두 물체 사이에서 상호간 대화하는 방법을 의미하는 커뮤니케이션인 것이다. 우리 주변에서 쉽게 들을 수 있는 인터페이스에 관한 이야기들을 몇 개 살펴보자. "요번에 새로 구입한 워드프로세서는 굉장히 쓰기 어려워." "하루 종일 모니터를 보면서 일을 했더니, 눈이 가물가물해." "실수로 지우기를 잘못 눌러, 하루 종일 입력한 데이터가 다 날아갔어." "아무리 컴퓨터 책을 읽어봐도, 이 프로그램은 잘 못 쓰겠어." "매뉴얼을 아무리 봐도 잘 모르겠어."[51]

나은영은 "예를 들어, 문고리를 보면 '저 고리를 돌리면 문이 열리겠구나' 하고 생각하게 되는데, 이때 그 문고리는 우리에게 '나를 돌리세요'라고 말해주는 셈이다. 즉, 그 대상을 어떻게 사용해야 사람이 원하는 것을 얻을 수 있는지를 우리에게 알려주는 특성을 그 대상 자체가 지니고 있는 것"이라며 다음과 같이 말한다.

"최근에 발명되어 나오는 최신 휴대폰들은 일일이 설명서를 보지 않아도 어떤 키를 누르면 어떤 기능을 얻어낼 수 있을지 즉각적으로 알 수 있는 경우가 많은데, 그 정도는 사람에 따라 다르다. 구세대 성인들에 비해 신세대 청소년들이 이런 디지털 기기의 사용법을 더 즉각적으로 알아차릴 때가 많다. 그 이유는 태어나자마자 디지털 기계들과 함께 살아온 청소년들이 성인에 비해 생태학적으로 그만큼 더 디지털 환경에 익숙하기 때문이다. 인간이 지금까지 자연환경 속에서 살아오며 '저것은 먹어도 되겠구나' 또는 '저것은 위험하겠구나'라고 거의 즉각적으로 판단할 수 있었던 것도 자연과 인간의 관계 속에서 자연환경 속의 대상들이 '어포던스'를 지니고 있었기 때문이라 할 수 있다."[52]

배리 웰먼Barry Wellman은 「네트워크화된 개인주의를 위한 인터넷의 사회적 어포던스The Social Affordances of the Internet for Networked Individualism」(2003)란 논문에서 테크놀로지 어포던스를 사회학적으로 다루었다. 즉, 테크놀로지가 가지는 '정치사회적 속성'을 연구하자는 것이다. 해럴드 이니스Harold Innis의 '커뮤니케이션의 편향bias communication' 개념은 어포던스 개념의 초기 버전이며, "코드가 곧 법이다code is law”라는 로렌스 레식Lawrence Lessig의 주장은 어포던스의 최근 버전이라고 볼 수 있다.[53]

우리가 새로운 미디어를 볼 때 “이걸 가지고 무엇을 할 수 있을까?”라고 스스로 묻는다면, 이것이 그 미디어의 어포던스를 의미하는 것이다.[54] 예컨대 휴대전화는 이동중인 사람들에게 행동할 수 있게 하는 새로운 어포던스를 유발하며, 이것이 갖는 정치사회적 의미는 매우 크다.[55] 미디어가 다른 사람과 상호작용할 수 있는 사회적 공간을 제공함으로써 정치사회적 의미를 갖게 되는 어포던스를 ‘사회적 어포던스social affordance’라고 한다. 트위터를 보자. 하워드 라인골드Howard Rheingold는 “트위터는 한정된 글자수 안에서 텍스트를 입력하는 빈 상자와 같다”며 “트위터에서의 어포던스는 사용자의 트위터 활용을 제한하거나 북돋울 수도 있다. 트위터 사용자는 원한다면 누구든 팔로우할 수 있고, 다른 사람들도 나를 팔로우할 수 있다. 팔로잉은 비대칭적이다. 사용자는 원치 않는 사람의 팔로잉을 차단할 수 있다. 누구의 팔로워든 누구나 확인할 수 있다. 이 모두가 사회적 어포던스를 의미한다”[56]고 말한다.

어포던스 개념은 그밖에도 다양한 분야에 응용될 수 있다. 우선 광고를 보자. 정승호는 “한국 기업들도 휴대폰, 자동차 등에서 어포던스를 통해 사랑받는 브랜드가 되는 전략을 성공적으로 활용하고 있다”며 “(광고) 스토리를 만들 때 중요한 것은 제품의 기능이 아니고 고객의 관점에서 제품을 사용하는 경험을 통해 느끼고 싶은 환상fantasy이다”고 말한다.[57]

광고 중에는 광고 자체나 광고에 출연한 모델만 유명하게 만들고 판매는 부진했던 사례들이 많다. 박병천은 "디자인이나 광고는 감상용으로 만들어지는 것들이 아니다. 소비자의 마음을 움직이고, 기업이 의도하는 방향으로 소비자가 행동하도록 유도하지 못한다면 존재의미가 없는 것들이다. 그러므로 디자인이나 광고는 늘 어포던스에 초점을 맞추어야 한다"며 다음과 같이 말한다.

'어떻게 디자인하면 또는 어떻게 광고를 만들면 어포던스를 더 강하게 만들 수 있을까'의 관점이 필요하다. 그리고 어포던스의 강약 정도가 디자인과 광고의 우수성을 평가하는 기준이 돼야 한다. 고객이 기업의 의도대로 느끼고 행동하도록 유도하는 힘, 즉 어포던스가 강한 브랜드가 되기 위한 첫번째 조건은 '의도'를 명확화하는 일이다. 고객들이 어떤 욕구를 느끼도록 할 것인지, 어떤 행동을 하도록 유도할 것인지 그 의도를 분명히 설정하는 것이 무엇보다 중요하다. 연설이든 광고든 브랜드든 어포던스보다 박수받는 일에 더 유혹을 느끼면 실패할 가능성이 높아진다.[58]

어포던스는 자기계발에도 적용될 수 있다. 자신이 이루고자 하는 것을 염두에 두고 주변 환경을 조성하는 방식으로 말이다. 양정훈은 "어떤 사람이 지적 성장을 목표로 정한 후 가장 먼저 큰 책장을 샀다. 덩그러니 비어 있는 흰 책장을 보면서 가장 먼저 무엇을 하고 싶겠는가? 책을 사서 채우고 싶을 것이다. 그러다 보니 점점 집에 책이 많아지고 자연스럽게 책을 읽는 환경이 조성됐다"며 다음과 같이 말한다.

"공부를 하려면 도서관에 가는 것도 마찬가지다. 조용한 실내, 적당한 온도, 책의 고유한 냄새. 책장 넘기는 소리, 특유의 긴장감과 함께 각각의 학문에 몰두하는 사람. 이것이 도서관 환경이다. 집중하고 작업하는데 도서관만한 장소가 없다. (…) 어떤 환경에서도 능히 자신의 일을 방해받지 않고 수행할 수 있는 사람이 아니라면 환경을 먼저 바꿔보는 게 어떨까? 능률이 오르는 자신을 발견할 수 있다."[59]

김정래는 정부의 정책도 어포던스 개념을 따라야 한다고 주장한다. 그는 "어포던스는 인간을 '몸 전체로 사회를 담고 있는 복잡계'로 본다. 인간 행동은 비합리적이지도 않지만 전적으로 합리적이지도 않다"며 이렇게 말한다. "복잡계의 어포던스에 따르면 인간은 합리적 계산이 내린 판단만이 아니라, 과거부터 축적돼온 전통과 관행에 따라 판단하고 행동한다. 이 점에 착안해 정치는 국민 모두가 자조의 정신을 갖고 행동할 수 있는 사회 여건을 마련해줘야 한다. 국민이 솔선해 자조 정신을 갖도록 '저녁이 있는 삶'보다는 '아침이 있는 삶'을 권장해야 한다. 그러나 모든 것을 국가가 책임을 질 테니 표를 달라고 구걸하는 정치인들의 행태는 국민에게 장밋빛 환상을 내세우며 자조 정신을 버리고 쇠락衰落의 길로 가라고 내모는 것이다. 우리 모두가 경계해야 하는 이유다."[60]

이는 2012년에 나온 주장이라는 걸 감안해야 할 것 같다. 지난 몇 년 사이에 한국인들의 과로와 살인적인 경쟁은 더욱 악화되었고, 급기야 "왜 사는가?"라는 의문을 제기할 정도로 행복감이 바닥으로 떨어졌으니 말이다. 그런 상황에서 어떤 정치적 어포던스가 필요하다면, 그건 '자조'라기보다는 배려·공감·연대·협동을 이끌어낼 수 있는 어포던스가 아닐까? 이런 의문을 크고 작은 제도적 장치로 발전시키고자 한다면, 사실 어포던스는 이른바 '넛지'의 문제라고 할 수 있다.[6]

한국의 극단적인 정치혐오도 그런 관점에서 생각해볼 필요가 있다. 우리는 유권자의 광범위한 정치참여를 진작시키기 위해 그런 행동을 유도할 수 있는 인터페이스 구축엔 조금도 신경 쓰지 않으면서, 정치에 대해 일방적으로 도덕과 당위 일변도로 비판과 비난만 가하고 있다. 즉 정치혐오에 모든 열정을 쏟는 셈이다.

언론과 지식인에겐 정치비판이 좋은 상품이 되는 반면, 참여를 진작시키기 위한 담론은 상품화가 어렵다. 비당파적인 참여를 부르짖어 이름을 얻은 논객을 본 적이 있는가? '독설의 상품화'로 인기를 얻은 논객들은 많아도 그런 논객은 전무하다. 즉 비판의 어포던스는 지나치게 발달한 반면, 참여를 위한 어포던스는 사실상 전무하다고 해도 과언이 아니다. 유권자가 참여를 거부하면서 기껏해야 야유나 퍼붓는 구경꾼으로만 머무르는 '구경꾼 민주주의spectator democracy'는 곧 사회적 어포던스의 문제이기도 하다.

📚 일독을 권함!

● 강준만, 「'넛지 커뮤니케이션'의 방법론적 유형 분류: 공익적 설득을 위한 넛지의 활용방안」, 『한국언론학보』, 60권6호(2016년 12월), 7–35쪽.

● 박준우, 「소셜 미디어의 사용자 플래저빌리티 향상을 위한 어포던스 디자인 방안 연구」, 『한국디자인문화학회지』, 22권1호(2016년 3월), 153–162쪽.

● 김형우, 「스마트폰 인터페이스의 어포던스 맥락에 관한 연구」, 『멀티미디어학회논문지』, 18권5호(2015년 5월), 663–670쪽.

● 이호선, 「어포던스 기반의 모바일 커뮤니케이션 콘텐츠 디자인에 관한 연구」, 『한국과학예술포럼』, 18권(2014년 12월), 565–576쪽.

● 장훈종, 「BTL광고를 중심으로 한 어포던스 특성 연구」, 『디지털디자인학연구』, 14권3호(2014년 7월), 95–103쪽.

● 권지은·나건, 「인터랙티브 옥외 광고에 있어서 사용자 참여를 유도하기 위한 어포던스에 관한 연구: 허트슨의 어포던스 유형을 중심으로」, 『한국디자인문화학회지』, 19권1호(2013년 3월), 19–29쪽.

● 정혜경, 「모바일 인터페이스의 아이콘과 어포던스와의 관계에 관한 연구: 스마트폰 아이폰4와 갤럭시 S2를 중심으로」, 『한국디자인문화학회지』, 18권1호(2012년 3월), 421–431쪽.

● 김다희·이명주·박승호, 「상호작용적 매체예술에 있어서의 행동 유발성」, 『디지털디자인학연구』, 8권2호(2008년 4월), 341–348쪽.

밀러의 법칙

왜

'7가지 습관'을
외치는 책들이 많은가?

미국의 자기계발 전문가 스티븐 코비Stephen R. Covey의 『성공하는 사람들의 7가지 습관The Seven Habits of Highly Effective People』(1989)이 세계적인 베스트셀러가 된 이후 '7가지 습관'을 외치는 책들이 무더기로 쏟아져 나왔다. 코비의 책을 영 마땅치 않게 보는 하와이대 심리학자 폴 페어솔Paul Pearsall은 "제목에 숫자가 들어 있는 책은 의심하라"고 했지만,[62] 수많은 책들이 다음과 같이 '7가지 습관'을 제목으로 외치고 있다.

성공하는 10대들의 7가지 습관, 성공하는 아이들의 7가지 습관, 멋진 영리더를 위한 7가지 습관, 공부 잘하는 아이의 7가지 습관, 똑똑한 아이를 둔 부모들의 7가지 습관, 두뇌를 깨우는 7가지 습관, 성공하는 한국인의 7가지 습관, 한국 알부자들의 7가지 습관, 인생의 기적을 낳는 7가지 생활습관, 인생을 성공으로 이끄는 7가지 생활습관, 성공하는 사람들의 7가지 관찰습관, 성공한 사람들이 버린 7가지 습관, 성공한 기업의 7가지 자기파괴 습관, 위대한 기업의 7가지 경영습관, 탁월한 소그룹 리더의 7가지 습관, 성공하는 직장인의 7가지 언어습관, 직장인의 7가지 공부습관, 당당한 신입사원의 7가지 습관, 공신들의 7가지 습관, 성공하는 가족들의 7가지 습관, 영어 못하는 사람들의 7가지 습관, 20대 여성이 성공하고 행복할 수 있는 7가지 좋은 습관, 사람들이 나를 좋아하게 만드는 7가지 습관, 사랑을 잘하는 사람들의 7가지 습관, 건강한 사람들의 7가지 습관, 장수한 사람들의 7가지 건강습관, 평생 건강을 책임지는 7가지 거룩한 습관, 내 몸을 살리는 7가지 습관, 암을 이겨내는 사람들의 7가지 습관, 암을 이긴 7가지 습관, 성공하는 사역자의 7가지 습관, 행복한 차세대 크리스천을 위한 7가지 습관 등등.

왜 하필 '7가지 습관'일까? 하버드대학의 심리학자 조지 밀러 George Miller가 약 60년 전에 그 이유를 제시했다.[63] 밀러는 1956년에 발표한 논문 「마법의 숫자 7±2: 정보처리 능력의 한계 The Magical Number Seven, Plus or Minus Two: Some Limits on Our Capacity for Processing Information」에서 왜 7이 '마법의 숫자'인지를 증명하는 실험을 소개했다.

사람들에게 잠깐 다양한 크기의 형태를 보여주고 그것들을 크기순으로 숫자를 매기라고 했을 때, 서로 다른 크기를 7개까지는 상당히 정확하게 평가했지만, 그 이상의 개수를 보여줄 때는 실수할 가능성이 점점 높아진 것으로 나타났다. 7개가 넘어서면 일관된 지각의 오류가 나타났으며, 이는 다른 종류의 실험들에서도 일관되게 나타나는 양상을 보였다. 이를 가리켜 '밀러의 법칙 Miller's Law' 또는 '7의 법칙'이라고 한다.[64]

우리 인간은 제한된 기억 용량으로 인해 한 번에 일곱 단위의 수 이상을 다룰 수 없거나 다루기 어렵다. 좋은 습관을 갖게 하는 것도 7개 정도가 적당하지, 그 이상을 넘어서면 아예 시도할 엄두조차 내기 어렵다고 느낀다. '7가지 습관'을 외치는 책들이 많은 것은 물론 기억해둘 필요가 있는 목록에 가장 많이 쓰이는 숫자가 일곱자리인 것도 이 때문이다. 7음계, 일곱자리 전화번호, 세계 7대 불가사의, 일곱 장으로 승패를 겨루는 세븐 카드 포커 게임, 백설공주와 일곱 난쟁이, 7대 미덕, 7대 악덕 등 7로 이루어진 것들은 무수히 많다. 밀러는 일주일이 7일로 이루어진 것도 기억용량의 한계 때문이라고 추측하기도 했다.[65]

스탠퍼드대의 바바 시브Baba Shiv 교수 연구팀이 기억력 실험에 참여한 두 집단의 사람들 앞에 초콜릿 케이크 한 덩어리와 과일 샐러드 한 접시 가운데 하나를 선택할 수 있게 했더니, 놀라운 결과가 나타났다. 일곱자리 숫자를 기억해야 했던 사람들의 경우 57%가 케이크를 선택한 반면, 두 자리 숫자를 기억해야 했던 사람들의 경우에는 37%만 케이크를 선택했다. 힘든 기억력 과제를 맡은 사람들은 뇌가 산만해져 유혹을 이기지 못하고 칼로리가 높은 디저트를 선택한 것이다. 로이 바우마이스터Roy Baumeister 는 이 결과를 뒷받침하는 실험 결과를 내놓았는데, 그것은 인간의 의지력이 혈당량과 놀라운 상관관계에 있다는 것이다.[66]

'밀러의 법칙'은 여러 분야에 적용되고 있다. 마케팅 전문가 잭 트라우트Jack Trout와 알 리스Al Ries는 『포지셔닝Positioning』(2000)에서 이렇게 말한다.

"누군가에게 특정 상품 범주를 정해주고 거기서 그가 기억하고 있는 브랜드명을 열거해보라고 해보라. 일곱 개 이상을 열거하는 사람은 매우 드물 것이다. 이는 관심도가 높은 범주라 해도 마찬가지다. 관심도가 낮은 상품 범주일 경우 대부분의 소비자는 기껏해야 한두 가지 브랜드명밖에는 나열할 수 없을 것이다. (…) 한 신문에서 실시한 조사 결과에 따르면, 미국인 100명당 80명 정도는 정부 내각의 각료 이름을 한 사람도 들지 못했다. 24세의 한 음악가는 이렇게 답했다고 한다. '부통령 이름이 뭐더라?'"[67]

또 사회학자 윌리엄 구디William J. Goode는 어떤 특정한 분야(심지어 자기 자신이 속한 분야)에 대해서 개개인이 투자하거나 관심을 가지는 것은 제한되어 있다며, "대부분의 사람들은 몇 안 되는 야구선수·과학자·바텐더·조각가·정치가들의 이름만 알아도 만족한다. 여럿이 모여서 하는 평범한 대화들은 이 주제들 중 어느 것에 대해서도 오래 계속되지 않으며, 모든 사람들이 각 주제들에 대해서 평가하는 말을 조금씩만 해도 만족한다. 만약 모든 사람들이 각 활동 분야에서 전혀 다른 '영웅들'을 동경하고 있었다면, 그들은 적절한 대화 또는 만족스런 대화를 나누지 못했을 것이다. 몇 안 되는 최고 실력자들에 대한 합의 자체가 친구들 사이의 사적인 대화에서는 기쁨의 근원이다"[68]라고 말한다.

할리우드엔 투자를 받고 싶으면 시나리오를 단 일곱 단어로 설명할 수 있어야 한다는 '일곱 단어 원칙7 Words Rule'이 있다고 한다. 광고인 박웅현은 논문을 쓰거나 광고를 만들 때에도 이 원칙이 필요하다며, "내가 말하고 싶은 게 일곱 단어로 정리되지 않는 건 아직 내 생각이 정리되지 않았다"는 걸 뜻한다고 말한다.[69] 또 미국 조지메이슨대 역사학자 릭 셴크만Rick Shenkman은 『우리는 얼마나 어리석은가?: 미국 유권자에 대한 진실Just How Stupid Are We?: Facing the Truth About the American Voter』(2008)에서 "만일 어떤 생각을 단 한 줄의 범퍼 스티커에 담을 수 없다면, 그 생각으로 많은 지지를 끌어내리라는 희망은 접어야 마땅하다"[70]고도 말한다.

늘 그렇지만, 앎과 실천은 별개다. '밀러의 법칙'에 대해선 모르는 사람이 거의 없을 정도로 널리 알려져 있지만, 많은 사람들이 이를 아는 것으로만 끝낼 뿐 자신의 일에 적용은 하지 않고 있다. 이에 대해 유정식은 『착각하는 CEO』(2013)에서 다음과 같이 개탄한다.

매직 넘버 7이란 개념이 인간의 인지 한계를 규정하는 일종의 법칙으로 자리 잡았건만, 여전히 대다수의 기업들은 많은 지표를 측정할수록 조직을 더 잘 관리할 수 있고 상세한 지침을 하달해야 직원들이 일사불란하게 업무를 수행할 수 있다는 미신에서 아직도 벗어나지 못하고 있다. 이처럼 회사의 중대한 의사결정 과정을 직원들에게 숨기려 하거나, 한 번에 떠올릴 수조차 없는 여러 개의 평가 지표가 난무하게끔 한다는 것은 회사가 직원들을 신뢰하지 않으며 직원들을 아무것도 모르는 어린아이로 간주한다는 뜻이다.[71]

기억 용량의 한계가 일곱자리라는 건 과장된 것이라는 연구 결과도 있다. 밀러의 견해가 지나치게 낙관적이었다는 것이다. 예컨대, 호주 심리학자 존 스웰러John Sweller는 1999년에 출간한 『기술영역에서의 교육적 디자인Instructional Design in Technical Areas』에서 "우리는 주어진 시간에 두 개에서 네 개까지의 요소 정도를 처리할 수 있을 뿐이며, 실제로 가능한 숫자는 범위 내 최대치보다는 아마도 최저치에 머물 것"이라고 했다. 작업 기억에 저장할 수 있는 이 요소들은 "반복을 통해 기억을 되살리지 않는 한" 빨리 사라진다는 것이다.[72]

우리가 7개 이상 또는 2~4개 이상을 기억하기 힘들어하는 건 사회적 차원에서도 큰 의미를 갖는다. 로버트 프랭크와 필립 쿡은 『이긴 자가 전부 가지는 사회The Winner-Take-All Society』(1995)에서 "어떤 승자 독점 시장들은 구매자 측에서 발생하는 인지적 한계cognitive limitations 때문에 생겨난다"고 말한다.[73]

많은 재화 시장에서, 우리는 수많은 비슷비슷한 경쟁 제품들을 외우고 있을 수가 없으며, 또 일부러 외우려고도 하지 않기 때문에 상위 2~3개 브랜드의 독과점이 일어나며, 이는 결국 경제 전반의 독과점으로 이어진다는 것이다. '1000만 관객 신드롬'으로 대변되는 한국 대중문화의 지독한 쏠림 현상이나 'SKY 신드롬'으로 대변되는 학벌 서열주의 등도 바로 그런 '인지적 한계'와 무관치 않다. 이는 결국 극심한 빈부격차로 이어질 것인바, 사실 이게 바로 '밀러의 법칙'이 야기할 수 있는 가장 놀랍고도 무서운 결과가 아닐까?

📚 일독을 권함!

- 김재휘·권도희, 「제품 포지셔닝에 따른 효과적인 판매전략: 평가모드와 제품 배치 조직화를 중심으로」, 『한국심리학회지: 소비자·광고』, 16권3호(2015년 8월), 433–454쪽.

- 고정민·안성아, 「한국 문화콘텐츠산업 수출의 유형별 포지셔닝 및 전략방향」, 『문화경제연구』, 17권3호(2014년 12월), 139–159쪽.

- 박범순, 「광고의 브랜드 포지셔닝 효과 연구: 브랜드 개성 평가를 중심으로」, 『디지털디자인학연구』, 13권2호(2013년 4월), 191–198쪽.

- 윤정미·임정수, 「소셜 네트워크 서비스 간 유사성과 서비스 선호도에 관한 포지셔닝 분석」, 『한국방송학보』, 26권3호(2012년 5월), 416–457쪽.

- 천용석·전종우, 「글로벌 브랜드 포지셔닝 전략이 브랜드 인식과 구매의도에 미치는 영향: 브랜드 본국 소비자를 중심으로」, 『광고연구』, 92권(2012년 3월), 135–173쪽.

방관자 효과

왜 38명의 목격자는
한 여인의 피살을 외면했는가?

1964년 3월 13일 금요일 새벽, 미국 뉴욕 퀸스 지역 주택가(아파트 단지)에서 키티 제노비스라는 여성이 강도의 칼에 찔려 살해됐다. 제노비스는 3시 15분에서 50분까지 약 35분 동안이나 세 번에 걸쳐 칼에 찔려 비명을 지르면서 이리저리 피해다니며 몸부림쳤지만 결국 죽음을 피하지 못했다.

범인은 윈스톤 모슬리였다. 그는 부인과 두 아이가 있는데도 밤늦게 집을 나와 그냥 여자를 하나 골라 죽이겠다는 생각으로 죽일 여자를 물색하다가 제노비스를 택했다. 그는 칼에 찔려 죽어가는 그녀를 강간한 시간자屍姦者, necrophile이기도 했다. 모슬리는 6일 후 다른 절도 혐의로 체포됐는데 스스로 제노비스 살인을 자백했다. 그는 그간 30~40건의 절도와 더불어 다른 두 여성을 살인·강간한 것으로 밝혀졌다.

처음엔 평범한 살인사건으로 취급됐다가 2주 후인 3월 27일

『뉴욕타임스』가 이 사건을 크게 다루면서 미국 전역이 발칵 뒤집혔다. 기사 제목은 매우 자극적이었다. 「살인을 목격한 38명은 경찰에 신고하지 않았다」.[74] 훗날 『뉴욕타임스』 편집국장이 된 기자 A. M. 로젠탈A. M. Rosenthal이 이 사건을 소재로 쓴 책의 제목도 『38명의 증인들: 키티 제노비스 사건Thirty-Eight Witnesses: The Kitty Genovese Case』이다.

『뉴욕타임스』는 정상적인 38명의 남녀 목격자들이 창가에 서서 희생자가 마지막 30분 동안 비명을 지르는데도 구조는커녕 경고성 고함 한번 지르지 않았다고 밝히면서 이 방관자들의 기이한 행태를 시리즈 형식으로 연속 보도했다. 다른 신문들도 '차가운 사회' '무감각한 시민정신' '인간성의 소실' 등의 제목으로 분노와 개탄을 표출하는 기사와 칼럼을 앞다투어 실었다. 목격자들의 이름과 주소를 공개하라는 분노의 비난이 빗발쳤다.[75]

로젠탈은 자신의 책에서 제노비스가 공격을 당하는 동안 목격자 38명 전원이 전화기를 들지 않은 이유를 어느 누구도 설명할 수 없다며, 그들의 냉담함은 사실상 대도시의 다양성 중 하나라며 이렇게 말했다. "이런 냉담함은 대체로 심리적인 생존에 관건이 된다. 어떤 사람이 수백만 명의 사람들에 둘러싸여 압력을 받았을 때, 그가 이 무수한 사람들이 자신에게 침입하는 것을 저지할 수 있는 유일한 방법은, 가능한 한 그들을 무시하는 것뿐이다. 자기 이웃과 그들의 고통에 무관심해지는 것은 다른 대도시에서와 마찬가지로 뉴욕의 생활에서 불가피한 조건반사이다."[76]

1994년 사건 발생 30주년을 기리는 행사가 열렸을 때 빌 클린턴 대통령은 이렇게 연설했다. "이 사건은 당시 우리 사회에 관한 소름 끼치는 메시지를 전해줍니다. 바로 우리 각자가 위험에 처해 있을 뿐만 아니라 근본적으로 고독하다는 것이지요."

이 사건을 다룬 어느 사회심리학 교재는 목격자들이 "범인이 세 번이나 범행 장소로 돌아와 그 소름 끼치는 행위를 끝마칠 때까지 장장 30분 동안 넋을 잃고 창가에 서서 그 모습을 바라보고 있었다"라고 묘사했다.[77]

미리 밝히자면, 사건 발생 40여 년 후인 2007년, 이 사건을 다룬 『뉴욕타임스』를 비롯한 언론의 보도가 엄청나게 과장되었다는 걸 밝힌 논문이 『아메리칸 사이칼로지스트American Psychologist』에 실렸다. 사건의 목격자가 38명이라는 건 사실이 아니며, 일부 목격자들도 여자의 비명을 듣고 창밖을 어렴풋하게 보긴 했지만 그것이 살인사건일 것이라고는 생각하지 않았다는 것이다. 그럼에도 학생들에게 드라마틱한 연구사례로 우화적 기능이 있어 계속 오류가 교재에 반복되고 있다는 게 논문 필자들의 주장이다.[78]

크게 과장되긴 했지만, 그렇다고 해서 이 사건이 이른바 '방관자傍觀者 효과bystander effect' 사례로서의 가치까지 잃을 정도는 아니다. 신고가 없었던 것은 '차가운 사회' '무감각한 시민정신' '인간성의 소실' 때문이라기보다는, 누군가 다른 사람이 이미 경찰을 불렀을 거라는 추측이 다수를 차지했기 때문에 아무도 경찰을 부르지 않은 비극적인 결과를 낳았으리라는 것, 이게 바로 방관자 효과다. '구경꾼 효과' 또는 '제노비스 신드롬Genovese syndrome'이라고도 한다.[79]

앞서 다룬 '다원적 무지'와도 연결되는 방관자 효과는 주위에 사람들이 많을수록 어려움에 처한 사람을 돕지 않게 되는 현상을 뜻한다. 제노비스 사건에 자극을 받은 사회심리학자 존 달리John Darley와 빕 라탄Bibb Latané이 1968년에 제시한 것인데, 이들은 방관자 효과가 일어나는 이유로 '다원적 무지'와 더불어 '책임감 분산diffusion of responsibility'을 제시했다.[80] '책임감 분산'은 상황의 애매성과 더불어 지켜보는 사람이 많으니, 자신이 아니더라도 누군가 도움을 주겠지 하는 심리적 요인 때문에 자신의 책임을 회피하는 것을 가리킨다. 달리와 라탄이 한 학생이 간질 발작을 일으키는 상황을 만들어놓고 실험을 해본 결과, 혼자 있을 때는 85%가 도움을 주는 반면, 두 명이 있을 땐 62%, 네 명이 있을 땐 31%로 떨어지는 것으로 나타났다.[81]

마거릿 헤퍼넌Margaret Heffernan은 『의도적 눈감기: 비겁한 뇌와 어떻게 함께 살 것인가』(2011)에서 "방관자 효과가 입증한 것은 사회적 자아와 개인의 자아 사이에 엄청난 긴장감이 존재한다는 사실이다. 우리는 단독으로 있을 경우 옳은 일을 할 확률이 크다. 그러나 집단 안에 있을 경우, 우리의 도덕적 자아와 사회적 자아는 서로 충돌하는데 그 충돌은 고통스럽다"며 이렇게 말한다.

우리는 개입이 필요할 정도로 상황이 끔찍하지 않기를 바란다. 어쩌면 상황이 금세 지나갈지도 모르고, 어쩌면 자신이 상황을 잘못 읽었다고 생각하기도 한다. 반응을 하면 괜한 갈등을 야기할 수도 있다고 여긴다. 갈등을 반길 사람은 물론 없다. 이번에도 순응이 가세한다. 괜히 도우려고 했다가 망신을 당할 수도 있고 실제로 대수롭지 않은 일인지도 모른다고 생각한다. 망신에 대한 두려움은 따돌림에 대한 근원적인 공포의 한 부분이다. 이 두 공포의 뿌리가 같다는 사실은 놀라울 정도로 설득력이 있다.[82]

제노비스를 살해한 모슬리는 종신형을 받고 교도소에서 복역 중인데, 사회학 학사 학위를 따는 등 모범적인 수형생활을 하면서 계속 가석방 신청서를 제출하고 있다. 그는 1977년 『뉴욕타임스』에 보낸 편지에서 자신이 저지른 사건에 대해 이렇게 주장했다. "비극적인 범죄임이 분명하다. 그러나 타인이 고통이나 위험에 처해 있을 때 나서서 도와주라고 사회구성원들에게 촉구함으로써 사회에 기여하기도 했다."[83] 모슬리의 뻔뻔함이 놀랍긴 하지만, 여러 학자들도 방관자 효과에 대한 지식이나 깨달음이 방관을 줄이는 데에 기여할 수 있다고 말한다. 그러나 '상황' 앞에선 그런 지식이나 깨달음도 무력하다는 연구 결과도 있다.

존 달리는 1978년 대니얼 베이트슨Daniel Bateson과 함께 이른바 '선한 사마리아인 실험Good Samaritan Experiment'을 실시했다. '선한 사마리아인'은 사마리아 사람이 노상강도를 만나 거의 죽게 된 사람을 극진하게 구출해주는 일화를 다룬 신약성서 『누가복음』 10장 30~37절에서 유래된 말이다.[84]

달리와 베이트슨은 프린스턴 신학대 학생들을 피험자로 선정하고 그들 중 절반에게는 선한 사마리아인에 관한 설교를 하라는 과업을 주었고, 나머지에게는 이와 상관없는 설교 과제를 주었다. 피험자들이 설교하러 가는 길엔 강도에게 당한 듯 보이는 사람이 쓰러져 있는 상황을 연출해놓았다. 이 사람은 지시에 따라 피험자들이 지나갈 때마다 기침을 두 번 하고 신음 소리도 냈다. 상식적으론 선한 사마리아인에 관한 설교를 하기로 돼 있는 학생들이 쓰러진 이에게 도움을 더 많이 줄 것 같지만, 실제 나온 결과는 딴판이었다. 도움을 준 비율을 결정한 변수는 설교의 주제가 아니라, 오직 설교 시작 전까지 남은 시간이었다.[85]

시간도 중요한 변수지만, 도움을 필요로 하는 사람에게 도움을 주었다가 뜻하지 않은 불이익을 받을 수도 있기 때문에 방관을 택하는 경우도 있다. 이를 방지하기 위해 생겨난 것이 이른바 '선한 사마리아인법good Samaritan law'이다. 이 법은 응급사항에 처한 환자를 도울 목적으로 행한 응급처치 등이 본의 아니게 재산상의 피해를 입혔거나 사상死傷에 이르게 한 경우, 고의 또는 중대한 과실이 없는 한 형사상의 책임을 감면해주는 법률상 면책을 일컫는다. 즉, 타인이 응급사항이나 위험에 처한 것을 인지했을 때 본인이 크게 위험하지 않을 경우에는 타인을 위험으로부터 구조해줄 의무를 부여한 것이다. 이 법은 일반인의 적극적인 구호활동 참여를 유도할 취지로 만들어졌으며, 미국의 대다수 주와 프랑스·독일·일본 등에서 시행중이다.

한국에서도 응급환자에게 응급처치를 하다 본의 아닌 과실로 인해 환자를 사망에 이르게 했거나 손해를 입힌 경우 민·형사상의 책임을 감면 또는 면제한다는 '응급의료에 관한 법률(구호자보호법)'이 2008년 6월 13일 개정되어 2008년 12월 14일부터 시행되고 있다. 그동안 국내에서는 사고를 당해 목숨이 위태로운 사람을 구해주려다 결과가 잘못되면 구호자가 소송에 휘말리거나 죄를 덮어쓰는 경우가 많아 위험에 처한 사람을 봐도 도움을 주저하거나 외면하는 경우가 많았다.[86]

구호자보호법의 필요성에 동의한다면, 전사회적 차원의 구호자보호법은 어떻게 볼 것인가 하는 문제에 직면하게 된다. 빈곤이나 불의를 대상으로 '구호'에 나선 사람들이 그로 인해 불이익을 받게 될 경우 이들을 보호할 필요는 없는가? 이는 곧잘 이념문제로 비화되기 때문에 보호는커녕 비난의 대상이 되기 십상이다. 사회적 문제에 대한 방관이 개인의 삶에 득이 되는 시스템의 문제, 이는 우리가 두고두고 풀어야 할 숙제로 남겨진 셈이다.

 일독을 권함!

- 권영자·양지웅, 「초등학교 고학년의 집단따돌림 방관경험과 해결방안 인식에 대한 분석」, 『교육문화연구』, 22권3호(2016년 6월), 151–178쪽.
- 윤종행, 「아동·청소년대상 성폭력범죄에 대한 대책과 선한 사마리아인법의 도입」, 『동아법학』, 59권(2013년 5월), 157–195쪽.
- 윤성우·이영호, 「집단 따돌림 방관자에 대한 또래지지프로그램의 효과」, 『Korean Journal of Clinical Psychology』, 26권2호(2007년 5월), 271–292쪽.
- 최상진·박가열·손영미·이장주, 「지하철에서 누가, 왜 자리를 양보하는가?: 양보 유발요인과 억제요인을 중심으로」, 『한국심리학회지: 문화 및 사회문제』, 9권1호(2003년 8월), 43–66쪽.

사회적 태만

프로젝트 팀의 인원이
10명을 넘으면 안 되는가?

방관자 효과를 낳는 책임감 분산 현상이 조직에서 나타나는 걸 가리켜 '사회적 태만social loafing'이라고 한다. 이 현상을 최초로 발견한 프랑스의 농공학agricultural engineering 교수 막스 링겔만Max Ringelmann의 이름을 따서 '링겔만 효과'라고도 한다.

링겔만은 1913년 말들의 능력에 대해 연구를 하면서 수레를 끄는 말 두 마리의 능력은 한 마리 말이 끌 때 보여주는 능력의 두 배가 되지 못한다는 사실을 밝혀냈다. 이 결과에 놀란 링겔만은 사람들을 대상으로 밧줄 실험을 했다. 밧줄을 잡아당기게 하고 그 힘을 측정한 것이다. 사람도 말과 다를 바 없었다. 두 사람이 같이 밧줄을 끈 경우에 그들은 평균적으로 혼자 밧줄을 끌 때 사용한 힘의 93%밖에 쓰지 않았다. 셋일 땐 83%, 여덟 명일 땐 49%에 불과했다.[87]

특히 집단의 구성원 수가 증가하면 증가할수록 개개인이 집단의 과업 수행에 기여하는 정도는 감소하는 것으로 나타났다. 즉 집단과업을 수행할 때 개인의 공헌도가 분명히 드러나지 않는 상황이나 과업의 결과에 대한 책임감이 분명하지 않은 상황에서는 이와 같은 사회적 태만이 발생하기 더 용이해진다는 것이다.[88]

링겔만의 밧줄 실험은 1974년 미국 워싱턴대학에서 앨런 잉햄 Alan G. Ingham에 의해 재현되었는데, 결과는 같았다. 사회적 태만보다는 집단의 구성원들이 줄을 당길 때 박자를 맞추기 어렵기 때문일 수도 있다는 가능성이 제기되었지만, 그런 희망은 여지없이 깨지고 말았다. 링겔만의 실험 결과는 사회심리학 역사 중 최초의 발견 중 하나로 여겨지기 때문에, 어떤 이들은 링겔만을 '사회심리학의 창시자'로 여기기도 한다.[89]

마키아벨리는 『군주론』에서 "원정대의 지휘권을 평범한 능력을 가진 한 사람에게 맡기는 것이 가장 출중한 두 사람에게 반씩 나누어 맡기는 것보다 더 낫다"고 했다.[90] 물론 책임감의 분산으로 인한 문제를 염려한 말이다. 이는 특히 기업에서 큰 문제가 되고 있다. 기업의 이사회나 팀 회의에서 책임감의 분산 때문에 개인은 집단이 내린 결정 뒤로 몸을 숨기는 경향이 있기 때문이다.

같은 이유로 집단은 개인보다 더 큰 위험부담을 지는 경향이 있다. 이런 경향을 '모험성 이행risky shift'이라고 한다. 1961년 MIT 대학원생 제임스 스토너James Stoner가 석사학위 논문에서 제시한 개념으로, 세간의 상식과는 달리 집단적인 논의는 개인이 혼자 의사결정을 내릴 때보다 더 모험적인 결정을 내린다는 것이다. 실패하더라도 내가 모든 책임을 지지는 않는다는 생각 때문에 집단이 개인보다 더 모험적이거나 과격해질 수 있는 것이다.[91](참고 '집단극화')

사회적 태만은 사실상 '책임'의 문제다. 집단 속에서 각 개인의 기여도나 책임을 정확히 알 수 있다면, 그 누구도 태만을 범하려 하진 않을 것이다. 일부 기업들이 직원들의 성과 평가시 개인별로 기여도를 측정하는 건 물론 승진과 보상체계에서 개인별 성과에 따라 개인별로 다른 인센티브를 줄 수 있는 시스템을 도입하는 것도 바로 그런 이유 때문이다.[92] 그 어떤 시스템을 도입하더라도 팀원의 숫자가 많으면 정확한 평가가 어려워진다. 팀원은 10명 이내로 소수일수록 좋다. 이 원칙을 잘 작용해 성공을 거둔 사례로 미국의 대표적인 혁신기업으로 꼽히는 '고어W. L. Gore and Associates'가 자주 거론된다.

고어의 조직은 직급이 높고 낮음에 따라 위아래로 연결된 사다리형이 아니라, 소규모 팀 단위의 창살형 조직, 즉 평등한 직원들이 수평으로 창살처럼 연결된 조직이다. 이에 대해 김인수는 다음과 같이 말한다.

"소규모 팀 조직 덕분에 고어의 직원들은 서로를 매우 잘 알게 됐다. 공장 안의 다른 부서원들과도 친숙한 관계를 맺게 됐다. 사전 약속 없이도 저녁에 바에서 만나면, 충분히 동석할 수 있는 관계가 됐다. 매우 안정적이고 친밀한 인간관계가 형성된 것이다. 이 같은 안정적인 인간관계는 '사회적 태만'을 최소화한다. 동료로부터 받는 압박이 매우 강력하기 때문이다. 서로를 잘 알기 때문에 누군가 게으름을 피우면 금세 다른 사람들에게 정보가 알려진다. 게으른 사람이라는 평판을 얻게 될 경우, 동료들에게 창피를 당할 수도 있다.”[93]

인터넷 쇼핑기업 아마존도 소규모 팀으로 조직을 관리하는 기업인데, 아마존의 '피자 2판의 규칙two-pizza team rule'은 유명하다. 라지 사이즈 피자 2판으로 한 끼 식사를 해결할 수 있는 6~10명이 최적의 팀 크기라는 뜻이다. 아마존 최고경영자 제프 베조스Jeff Bezos는 "프로젝트 팀이 한 끼 식사에 피자 2판 이상이 필요하다면 너무 큰 팀"이라며 조직이 크면 관료화되고 혁신이 나올 수 없다는 것이다.[94]

팀원의 수가 적어야 할 또다른 이유가 있다. 파킨슨의 법칙Parkinson's Law으로 유명한 영국의 역사학자이자 경영연구가였던 노스코트 파킨슨C. Northcote Parkinson은 위원회 구성은 5명이 이상적이라고 했다. 실증적인 조사를 통해 밝혀진 바에 따르면, 영국 내각의 비효율성이 드러난 시점은 인원이 20명을 넘어설 때였다. 20명이 넘으면 위원회 안에 이너 서클이 구성되고 나머지 사람들은 들러리로 전락하는 등 운영 불능에 빠진다는 것이다.[95]

팀원의 수 외에도 고려해야 할 것이 있다. 여러 실험 결과, 목표가 쉽게 달성될 수 있고 가치가 높다고 믿으면 조직 구성원의 모티베이션이 높아지지만, 그렇지 않으면 낮아지는 것으로 나타났다. 이는 투표에도 적용이 되는데, 유권자들은 "나만 바보되는 것 아닌가" 하는 이른바 '얼간이 효과sucker effect' 때문에 남들이 하는 걸 봐서 하겠다는 태도를 취한다. 그런데 모두 다 그런 생

각을 하면 결과는 엉망이 되고 만다.[96]

　대학생들이 수강 과목에서 팀을 만들어 공동 리포트를 작성할 경우 가장 많이 발생하는 문제가 사회적 태만을 저지르는 무임승차자다. 같은 팀에 소속된 학생들은 똑같은 점수를 받는데, 엄청난 노력을 기울인 학생이나 번번이 모임에 빠지면서 아무런 기여도 하지 않은 학생이 똑같은 점수를 받는 건 부당하지 않겠는가. 그렇다고 우리의 정서상 열심히 하는 학생이 무임승차를 하려는 학생과 싸울 수도 없고 그걸 교수에게 알릴 수도 없으니 열심히 하는 학생들의 속만 끓을 뿐이다. 그러나 멀리 내다보면 그렇게 속상해 할 일은 아니다. 훗날 사회에 나가 다른 일로 만났을 때 무임승차자는 반드시 큰 불이익을 보게 돼 있으니까 말이다.

 일독을 권함!

- 김형진·왕치·양동민, 「동료 사회적 태만이 사회적 보상에 미치는 영향: 과업 가시성과 과업가치, 수단성의 조절효과」, 『산업경제연구』, 29권6호(2016년 12월), 2393~2412쪽.
- 이상희·고은주·이형룡, 「호텔 조직상사의 리더십 유형이 사회적 태만에 미치는 영향: 심리적 주인의식의 매개효과」, 『고객만족경영연구』, 17권1호(2015년 4월), 1~19쪽.
- 주재진, 「경찰공무원의 사회적 태만에 관한 연구」, 『한국경찰학회보』, 45권(2014년 5월), 121~155쪽.
- 박종혁, 「팀 프로젝트 무임승차 방지 방안에 관한 연구」, 『한국컴퓨터정보학회논문지』, 18권2호(2013년 2월), 141~147쪽.

- 범기수·김은정·백세진, 「소집단 커뮤니케이션이 구성원의 집단 응집력, 집단 만족도, 노력회피성향에 미치는 영향」, 『한국광고홍보학보』, 13권2호(2011년 4월), 134–170쪽.
- 소원현, 「동북아 집단주의 문화의 관점에서 바라본 사회적 태만의 변인: 사회적 태만의 요인적 기제 고찰과 해결책 연구」, 『동북아 문화연구』, 25권(2010년 12월), 299–322쪽.

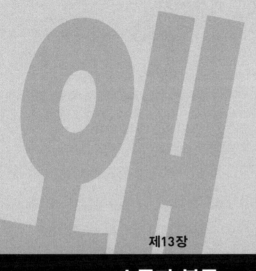

제13장

소통과 불통

메라비언의 법칙

우리는 대화를 하면
상황이 나아질 거라고 착각하는가?

"대화를 하고 나면 상황이 더 나아질 것이라는 생각은 우리가 저지르는 가장 흔한 착각 중 하나이다." 영국 소설가 로즈 매콜리Rose Macaulay의 말이다. 그의 말이 맞다면, 왜 그럴까? 왜 우리는 그런 착각을 자주 범하는 걸까? 그런 '대화 만능론'에 대해 영국의 임상심리학자 스티븐 브라이어스Stephen Briers는 『엉터리 심리학Psychobabble』(2012)에서 이렇게 말한다.

"오히려 나는 과감하게 우리가 의사소통을 너무나 잘하기 때문에 사람들과 갈등을 빚는 거라고 주장하는 바이다. 대부분의 사람들은 상처, 분노, 조소, 거절을 너무나 잘 전달한다(객관적인 확인이 필요한 경우, 당신의 배우자에게 한번 물어보라). 그런데 문제는 이러한 감정들이 주로 우리가 통제할 수 없는 비언어적 채널을 통해 전달된다는 것이다. 겉으로는 문제를 해결하기 위해 대화를 하고 있으면서도 얼마든지 이런 좋지 않은 감정들을 표

출할 수 있다."¹

　대화가 얼마나 소중한 것인데, 그렇게 함부로 말하는가? 이런 비판이 염려가 되었던지 브라이스는 이어 "나는 여기에서 대화를 하지 말자고 주장하는 것이 아니다. 분명히 대화가 필요한 때와 장소가 있다. 하지만 대화가 언제나 그렇게 간단한 것만은 아니다. 나쁜 대화는 종종 아예 아무 말도 하지 않는 것보다 훨씬 나쁜 결과를 낳는다"며 다음과 같이 지적한다.

　대화는 모든 것을 해결해주지 않는다. 논쟁이 벌어지려고 하면 잠시 자리를 피해라. 그리고 상처가 아물도록 앓은 뒤, 조금이라도 남아 있는 상대방의 긍정적인 이미지를 상기하는 것이 좋다. 이렇게 차분히 마음을 가라앉히는 자세를 취한 다음 상대방에게 함께 있는 것이 즐거울 수 있다는 것을(적어도 불쾌하지 않다는 것을) 알려야 한다. (…) 대화가 중요한 것이 아니라 대화하기 이전에 준비해야 할 사전 작업이 더 중요하다.²

　브라이어스가 직접 언급하지는 않았지만, 사실상 그는 메타커뮤니케이션meta-communication에 대해 말하고 있는 것이다. 메타커뮤니케이션은 1951년 영국 인류학자 그레고리 베이츠슨Gregory Bateson이 'communication about communication'이란 뜻으로 만든 용어로 알려져 있는데, 정작 베이츠슨은 그 저작권자는 미국 언어학자 벤자민 리 워프Benjamin Lee Whorf라고 밝혔다. 베이츠슨은 대화에서 표현 자체뿐 아니라 표현을 둘러싼 목소리·제스처·얼굴 표정 등의 속뜻까지 헤아려야 소통이 된다고 봤으며, 대화하는 시 늉만 내고 상대의 속뜻을 헤아리지 못하면 소통이 되지 않는다고 생각했다. 비언어적 행동nonverbal behavior은 자주 그런 메타커뮤니케이션의 기능을 수행한다.[3]

이른바 '메라비언의 법칙rule of Mehrabian'은 메타커뮤니케이션의 중요성을 말해주는 법칙으로 볼 수 있다. '메라비언의 법칙'은 상대방에 대한 인상이나 호감을 결정하는 데 있어 목소리(목소리의 톤이나 음색)는 38%, 보디랭귀지(자세·용모와 복장·제스처)는 55%의 영향을 미치는 반면, 말하는 내용은 겨우 7%만 작용한다는 법칙으로, 대화에서 언어보다는 시각과 청각 이미지가 중요시된다는 커뮤니케이션 이론이다. 그래서 '7%-38%-55% 법칙' 또는 '7 : 38 : 55 법칙'이라고도 한다.

이란 출신으로 캘리포니아대학교 로스앤젤레스캠퍼스UCLA 심리학과 명예교수인 앨버트 메라비언Albert Mehrabian이 1967년에 발표한 논문 「부조화 커뮤니케이션의 해독Decoding of Inconsistent Communications」과 이어 1971년에 출간한 저서 『침묵의 메시지Silent Messages』에서 제시한 것으로, 그는 자신의 핵심 메시지를 이렇게 정리한다. "자신과 이야기하는 상대가 어떤 사람인지 판단할 때 가장 영향을 미치는 요소는 얼굴facial이고 다음으로 음성vocal, 그리고 언어verbal이다." 이 법칙은 대인관계를 위한 자기계발이나 설득·협상·마케팅·광고·프레젠테이션·인성교육·사원교육 등에서 많이 활용되고 있다.[4]

예컨대, 일본 심리학자 간바 와타루는 『비즈니스 협상 심리학』

(1997)에서 "얼굴이 중요하다는 것은 이해가 가지만, 말하는 내용보다 목소리의 질이 상대에게 큰 영향을 미친다는 사실은 놀랍기만 하다"며 다음과 같이 말한다.

"목소리의 질에 관한 연구에서는 목소리가 크고 낮으며 잘 울리는 사람일수록 외향적이고 리더십이 있으며 설득력도 있다고 한다. (…) 다만 낮고 크게 이야기하려면 상당한 비결이 필요하다. 우선 빨리 말하지 않도록 주의해야 한다. 그러려면 소리 내어 신문의 사설을 읽는 것도 좋은 방법이다. 소리내어 읽는 데 익숙해졌다면 이번에는 거울을 보고 이야기를 해보라. 여러 번 되풀이하다 보면 어느 틈엔가 설득력 있고 인상이 좋은 또 한 사람의 당신을 거울 앞에서 발견할 수 있을 것이다."[5]

또 영국의 스토리텔링 전문가 스티븐 데닝Stephen Denning은 『스토리텔링으로 성공하라The Leader's Guide to Storytelling』(2005)에서 '메라비언의 법칙'을 거론하면서 "스토리가 공연되는 방식에 따라 듣는 이의 머릿속에서 그 감정적 어조가 완전히 바뀔 수도 있다"는 점을 강조한다.

파워포인트로 이미지를 전달함으로써 스토리텔링을 보완하라. 파워포인트는 스토리를 보강해줄 수 있다. 그것은 또한 스토리텔러가 맥락을 잃지 않도록 길잡이의 역할을 해준다. 언어적 메시지와 시각적 메시지에 대한 반응은 남성과 여성에게 다르게 나타난다는 점 또한 명심해야 한다. 평균적으로 여성은 언어에 보다 큰 반응을 보이고 남성은 시각적인 것에 보다 큰 반응을 보인다. 따라서 청중 모두

를 감화시키는 기회를 보강하고 싶다면 언어와 시각 자료를 모두 활용하라.[6]

문자 메시지의 대중적 확산은 '메라비언의 법칙'에 역행함으로써 많은 오해의 소지를 유발할 수 있다. 이와 관련, 권오성은 "우리가 7%의 문자메시지 안에서 표현의 다양성에 몰두하는 동안, 93%를 차지하는 온라인 바깥의 소통방법을 소홀히 하고 있진 않은지도 함께 돌아볼 필요가 있다"고 지적한다.[7]

그런 점에서 화상 회의도 소통을 하는 데 있어 명백한 한계가 있다. 미국 디즈니의 전 CEO 마이클 아이즈너Michael Eisner는 "내가 내렸던 최악의 결정은 화상 회의였어요. 그러면 안됩니다. 경영진이 한 자리에 모여서 서로의 눈을 보며 이야기를 나눠야 합니다"라고 한다.[8] 그러나 의도적으로 대화를 기피하려는 사람에겐 '메라비언의 법칙'에 역행하는 뉴미디어가 축복일 수도 있다. 구본권은 "온라인 SNS로 소통을 하는 배경에는 상대의 감정을 읽게 되고 자연히 자신의 감정 또한 드러나게 되는 대면 대화를 기피하려는 심리도 있다"며 "음성 통화와 달리 스마트폰을 통한 문자메시지는 메시지의 내용이나 응답 방식을 발신자가 마음대로 통제할 수 있기 때문에 전화기 건너편 상대의 반응과 감정에 신경 쓸 필요가 없다. '우리 이제 그만 만나.' 마주 보고 있는 상대의 표정과 눈빛, 목소리를 온몸으로 느껴야 하는 부담감 없이 '용건'만 전달할 수 있다는 점이 카카오톡을 통해 이별 통보가 오가는 이유이기도 하다"[9]는 점도 강조한다.

사실 '메라비언의 법칙'은 굳이 법칙이라고 할 것도 없이 이미 우리가 평소 잘 알고 있던 것이다. 잘 아는 사람이건 잘 모르는 사람이건 누군가와 대화를 할 때에 우리는 상대방의 언어보다는 표정과 음성에서 훨씬 더 많은 것을 읽어내곤 한다. 특히 갈등 상황에서 더욱 그렇다. 표정과 음성으론 닫혀 있음에도 입으로만 뭐든지 툭 터놓고 이야기하자고 해봐야 무슨 소용이 있겠는가. 이미 그걸 감지한 상대방은 결코 속마음을 털어놓지 않을 게 뻔하다. 진짜 소통은 말 이전에 표정과 음성으로 하는 것이다.

하지만 주의할 게 있다. '법칙'이라고 하는 건 뜻밖의 사실을 알리기 위한 수사적 장치일 뿐, '메라비언의 법칙'이 모든 경우에 다 적용되는 건 아니다. 사람과 상황에 따라 얼마든지 달라질 수 있다는 것이다. 그럼에도 속마음은 따로 갖고 있으면서 상대와 대화를 하고 나면 상황이 나아질 거라고 착각하는 우리의 버릇에 경종을 울리는 데엔 아주 좋은 이론이라고 할 수 있겠다.

📚 일독을 권함!

- 정은이, 「TV홈쇼핑 쇼호스트의 저명도와 구매의도 간 비언어적 커뮤니케이션 요인의 매개효과연구」, 『언론과학연구』, 13권4호(2013년 12월), 515-548쪽.
- 박보영·범기수, 「서비스업 종사자의 비언어적 커뮤니케이션이 고객의 감정반응 및 행동의도에 미치는 영향: 커피전문점 직원의 용모와 표정 간 비교를 중심으로」, 『한국광고홍보학보』, 15권3호(2013년 7월), 255-282쪽.
- 윤용선, 「이문화간 의사소통 이론에 관한 연구」, 『국제지역연구』, 10권2호(2006년 7월), 161-192쪽.

- 김기영, 「비언어적 의사소통에 대한 이해도 조사」, 『영어교육연구』, 31권(2005년 10월), 68–89쪽.
- 김명주·나은영, 「방송 연설 후보자의 비언어적 커뮤니케이션이 고·저관여 시청자에게 미치는 영향: 제17대 국회의원 후보자들의 목소리, 응시, 손동작을 중심으로」, 『한국방송학보』, 19권3호(2005년 9월), 42–103쪽.
- 장해순·허경호, 「관찰자 측정 스피치 능력 척도 타당성 검증」, 『한국방송학보』, 19권1호(2005년 3월), 178–217쪽.

자기감시

왜 어떤 사람들은 스스로 자신을 감시하면서 살아가는가?

자신의 감정을 겉으로 드러내는 이른바 '행동 누출behavioral leakage'의 정도는 사람에 따라 다르다. 자신의 감정을 얼굴에 그대로 드러내거나 개그맨 신동엽의 경우처럼 얼굴이 아니라 귀가 빨개진다거나 하는 식으로 다른 신체 부위를 통해 드러내는 사람이 있는가 하면 거의 드러내지 않는 사람도 있다. 우리는 전자 유형의 사람을 순진하다고 평가하지만, 사회적으론 그다지 높은 점수를 주지 않는 것 같다. 특히 인간관계에서 많은 사람들을 상대해야 하는 리더의 경우엔 '포커 페이스'를 유지하는 것이 꼭 필요하다고 말한다.

자신의 감정을 겉으로 드러내지 않는 수준을 넘어 신체적으로 드러나는 외적 표현을 자신이 원하는 대로 조정하는 능력을 가진 사람들도 있다. 그런 사람을 가리켜 self-monitoring이 뛰어나다고 말한다. self-monitoring은 우리말로 쉽게 말하자면 '눈치'라고 볼 수 있지만, 그것보다는 좀더 넓은 개념이어서 '자기감시' '자기감찰' '자기감독' '자기점검' '자기 모니터링' 등으로 번역하는데, 문맥에 따라 같은 취지로 달리 번역해도 무방하다. self-monitoring behavior(자기 모니터링 행동)를 줄인 말로 볼 수 있다.

자기감시는 다른 사람들의 감정상태와 다른 사람에게 자신이 어떤 모습으로 비치는지를 정확하게 파악해 상대나 상황에 맞게 자신의 행동을 적절하게 조절하는 것으로, 한마디로 말하자면 대인관계에서 자신에게 가장 유리한 인상을 상대편에게 주기 위해 자신의 이미지를 조작하는 것이라고 정의할 수 있겠다.[10] 자기감시는 사회학자 어빙 고프먼Erving Goffman이 말하는 '인상관리impression management'보다는 더 적극적인 개념이다. 고프먼에게 "커뮤니케이션이란 곧 상황조작에 의한 인상관리 행위"를 의미하는 것이었는데,[11] 그가 말하는 인상관리는 인간이라면 누구나 하고 있는 수준의 것을 의미한다.[12]

자기감시를 많이 하는 사람이 있는가 하면 적게 하거나 거의 하지 않는 사람도 있다. 자기감시를 많이 하는 정도가 심한 사람은 먼저 상황을 파악한 뒤에 적합한 자세를 취한다.[13] self-monitoring이란 개념을 만든 미국 심리학자 마크 스나이더Mark Snyder는 1974년 자기감시의 정도를 판별하기 위해 25개 항목의 체크 리스트를 만들었으며, 나중에 18개로 줄였다.[14] 몇 개만 살펴보자. 아래 ①~⑧의 질문들에 '그렇다'고 답한 숫자가 많을수록, ⑨~⑬의 질문에 '그렇지 않다'고 답한 숫자가 많을수록 자기감시가 강한 사람이다.

①사교 장소에서 어떻게 행동해야 좋을지 불확실할 때, 다른 사람들의 행동을 보고 단서를 얻는가?

②영화나 책이나 음악을 고를 때 친구들의 조언을 자주 구하는 편인가?

③서로 다른 상황과 서로 다른 사람들 앞에서, 아주 다른 사람처럼 행동할 때가 많은가?

④다른 사람들을 흉내내기가 쉬운가?

⑤옳은 목적을 위해서라면, 누군가의 눈을 똑바로 마주하고 무표정하게 거짓말을 할 수 있는가?

⑥실제로는 누군가를 싫어하면서 그들에게 친근하게 대하여 그들을 속이는 일이 있는가?

⑦사람들을 즐겁게 하거나 사람들에게 좋은 인상을 주려고 연기를 하기도 하는가?

⑧자기가 실제로 느끼는 것보다 더 감정을 깊이 느끼는 것처럼 보일 때가 종종 있는가?

⑨당신의 행동은 대개 진정한 자신의 느낌이나 태도나 신념을 표현하는 것인가?

⑩이미 믿고 있는 생각이 아니면 그것을 옹호해서는 안 된다고 생각하는가?

⑪누군가를 즐겁게 하거나 그들의 호감을 사기 위해 자신의 의견을 바꾸거나 행동방식을 바꾸는 것을 거부하겠는가?

⑫누군가의 몸짓을 보고 그 의미를 알아맞히는 게임이나 즉석

연기와 같은 게임을 싫어하는가?

⑬서로 다른 사람과 서로 다른 상황에 맞게 자신의 행동을 바꾸는 데 어려움을 느끼는가?[15]

이 13개 항목 중 상당 부분은 자신을 드러내는 '자기노출self-disclosure'과 관련된 것들이다. 사람마다 '자기노출'의 정도가 다른데, 이는 자기감시와 관련이 있다. 이에 대해 나은영은 이렇게 말한다. "자기감시란 마음속의 내용을 밖으로 표출할 때 그대로 표출해도 되는지를 스스로 점검하는 과정이다. 따라서, 자기감시가 높은 사람들은 마음을 표출하기 전에 스스로 많은 감시를 하여 속마음을 그대로 내보이지 않는 경향이 많고, 자기감시가 낮은 사람들은 그다지 많은 점검을 거치지 않고 바로 속마음을 그대로 표출하는 경향이 있다. 따라서, 자기감시가 낮은 사람들이 자기노출의 정도도 더 많고 솔직하다고 볼 수 있다."[16]

자기감시를 많이 하는 사람high self-monitor은 HSM, 자기감시를 적게 하는 사람ow self-monitor은 LSM으로 부르기로 하자. 스나이더는 LSM은 일상적 행동을 할 때 성격에 영향을 받는 반면, HSM은 상황에 영향을 받는다고 했다. 일반적으로 HSM은 LSM보다 사회에서 성공할 확률이 훨씬 높다. 여러 사람과 함께 일할 때 HSM은 지도자가 될 확률이 높고, 조직 내 다양한 역할과 신호에 주목해야 하는 관리 분야에서도 높은 점수를 받는다. 왜 그럴까? 브라이언 리틀Brian R. Little은 『성격이란 무엇인가Me, Myself, and Us』(2014)에서 "HSM이 승진 기회를 더 많이 얻는 이유 하나는 자신이 원하는 '다음' 관리직에 자기가 적임자라고 스스로 드러내 보인다는 점이다. 이와 대조적으로 LSM은 HSM보다 조직에 더 충실하지만, 승진으로 이어질 수 있는 이미지 관리에는 소홀하다. (…) LSM은 조직 안에서 일부 사람들과 끈끈한 유대를 맺고, HSM은 조직 전반에 걸쳐 넓은 인맥을 맺는 경우가 많다. HSM은 그 인맥에서 중심점을 맡아, 서로 알고 지내지 않았을 사람들을 연결하는 역할을 한다"[17]고 말한다.

영국 케임브리지대 경영학 교수 마틴 킬더프Martin Kilduff는 HSM을 '인간 카멜레온'으로 부르면서, 이런 사람은 다양한 집단들 사이에 다리를 놓는 능력이 뛰어나다고 말한다. 카멜레온이 위장술로 주변환경에 녹아드는 능력을 갖고 있는 것처럼 인간 카멜레온은 자신이 처한 상황과 맥락에 따라 변하며, 카멜레온이 자신의 위치를 들키지 않기 위해 몸을 색을 바꾸는 것처럼 인간 카멜레온은 화법이나 언어를 바꾸고 전면에 내세우는 신념이나 옷차림까지 달리함으로써 그런 능력을 발휘할 수 있다는 것이다.[18]

하지만 자기감시 특성이 높은 개인은 그렇지 않은 개인에 비해 더 많은 역할갈등을 경험하고, 이러한 역할갈등은 직무스트레스와 직무탈진을 높이며, 심각한 건강상의 문제를 일으킬 수 있다는 연구 결과도 많이 나와 있다. 어떤 성격의 일에 종사하느냐에 따라 차이가 나는 것 같다. 백승근·신강현·이종현·허창구는 「감정노동, 피할 수 없을 때 누가 즐길 수 있는가: 자기감시의 조절효과를 중심으로」(2014)라는 논문에서 "이러한 결과는 일반직 사무종사자가 둘 이상의 상급자로부터 발생하는 상충하는 요구들을 충족시켜야 할 때, 자기감시 특성이 높은 개인으로 하여금 역할갈등을 통해 높은 스트레스를 경험하게 만드는 것으로 서비스 직무에서 종업원에게 요구되는 정서적 표현과는 명확히 구분이 필요하다"며 다음과 같이 말한다.

정서노동은 첫째, 종업원이 자신의 정서를 무시하고 기업이 요구하는 정서 요구를 일방으로 따르는 표면행위가 있다. 두번째는 표현해야 하는 정서를 진정으로 느끼고자 의식 노력을 하는 내면행위가 있다. 표면행위는 진짜 정서와 표면정서의 격차로 인한 불일치를 경험하고, 내면행위는 의식적인 노력과정에서 지속적으로 정서 자원을 소모하기 때문에 정서노동으로 인한 피로와 스트레스가 발생한다. 하지만 이 과정에서 자기감시 특성은 두 전략의 구사에 소모되는 에너지를 줄여주기 때문에 정서노동으로 인해 발생하는 스트레스를 적게 경험하고 더 쉽게 직무활동에 몰입하는 경험을 가져올 수 있다.[19]

일반적으로 자기감시가 강한 사람은 약한 사람과 어울리는 걸 선호한다. 상대방이 자신의 모니터링을 감지하지 못하기 때문이다. 그렇게 함으로써 그 사람에게 권력이나 영향력을 행사할 수 있다.[20] 자기감시는 '정체성 관리identity management'라고도 하는데, 일부 사람들은 이걸 비윤리적인 걸로 생각하기도 한다.[21]

이렇듯 자기감시엔 명암이 있다. 자기감시를 많이 하는 사람이 성공할 가능성이 높기도 하지만, 이른바 '가면증후군imposter syndrome'으로 인해 많이 나타나는 자기감시는 매우 피곤할 뿐만 아니라 고통스러운 것이다. 가면증후군은 성공한 사람들이 "능력보다는 요행으로 이 자리에 오른 건데"라는 자기 회의로 괴로워하는 현상을 뜻하는데, 2014년 할리우드 여배우 엠마 왓슨Emma Watson은 한 인터뷰에서 자신이 가면증후군을 앓고 있다고 말하기도 했다. "내가 무언가를 더 잘해낼수록 내가 무능력하다는 느낌이 더 커진다. 시간이 지나면 사람들이 나의 무능력함을 알게 될 것 같고 내가 이뤄낸 것들을 인정받지 못하게 될 것 같다. 나는 사람들이 나에게 기대하는 것처럼 살 수 없을 것 같다."[22]

자기감시를 잘 해서 성공을 하는 것도 좋겠지만, 그렇게 살면 삶이 너무 피곤하지 않을까? 어쩌면 성공한 사람들의 휴가란 그런 자기감시의 굴레로부터 벗어나 혼자만의 공간을 갖기 위한 시간으로 보는 게 옳을지도 모르겠다. 자기감시, 하더라도 적당히 하자. 물론 정서노동자들의 경우처럼 직업상 자기감시가 꼭 필요한 사람들에겐 이마저 사치스러운 이야기로 들리겠지만 말이다.

📚 일독을 권함!

● 임지은·유은아, 「광고 모델의 긍정·부정적 행동이 소비자 반응에 미치는 영향: 사회적 연결감과 자기 감시성을 중심으로」, 『한국광고홍보학보』, 18권4호(2016년 10월), 206~238쪽.
● 김보명·김현영·김진욱·신현식·김진우, 「소셜 비디오 플랫폼 상에서 '나'의 개성

과 '다른 사람'의 개성이 사용자의 긍정성과 소속감에 미치는 영향: 사회적 영향이론과 자기 점검 이론 관점」, 『한국콘텐츠학회논문지』, 16권2호(2016년 2월), 480–493쪽.

- 백승근·신강현·이종현·허창구, 「감정노동, 피할 수 없을 때 누가 즐길 수 있는가: 자기감시의 조절효과를 중심으로」, 『한국심리학회지: 산업 및 조직』, 27권4호(2014년 11월), 719–745쪽.

- 양윤·김하예, 「쿠폰사용과 인상관리: 성차, 사회적 맥락, 자기감시, 쿠폰가치를 중심으로」, 『한국심리학회지: 소비자·광고』, 12권3호(2011년 8월), 477–497쪽.

- 김민정·오홍석·김민수, 「자기감시성향(self-monitoring personality)과 네트워크 특성이 멘토링 네트워크 인지정확성에 미치는 영향에 대한 연구」, 『한국심리학회지: 산업 및 조직』, 21권1호(2008년 2월), 105–126쪽.

- 장해순·한주리·허경호, 「갈등관리스타일에 영향을 미치는 퍼스낼리티 요인: 성격 5요인(Big Five Factors), 자아존중감, 자기감시를 중심으로」, 『한국언론정보학보』, 37권(2007년 2월), 418–451쪽.

왜 우리는 영화나 드라마의 해피엔딩에 집착하는가?

공평한 세상 오류

스위스의 심리학자 장 피아제Jean Piaget는 어린이에 대한 많은 연구를 함으로써 우리의 어린이 이해에 크게 기여했다. 몇 가지 살펴보자. 그는 어린이들이 이름을 현실의 일부로 여긴다며, 이를 '이름에 따른 실재nominal realism'라고 했다. 그런데 이런 현상은 성인들에게서도 많이 나타난다. 사람들이 자신과 이름이 같거나 첫 글자만이라도 같은 사람에게 끌리는 것도 바로 그런 경우로 볼 수 있다.[23]

피아제는 어린이들에게 살아 있지 않은 것을 살아 있는 것처럼 여기는 애니미즘animism이 있다는 사실에 주목했다. 애니미즘은, 인간이 아닌 것을 인간인 것처럼 여기는 의인화anthromorphism와 함께 거론되곤 하는데, 그건 애니미즘이 의인화에 반영되어 있기 때문이다. 물론 애니미즘과 의인화 역시 어린이들만 갖고 있는 건 아니다. 매슈 허트슨Matthew Hutson은 다음과 같이 말한다.

"인간은 나이를 먹어서도 아동기의 마술적 사고에서 벗어나지 못한다. 다만 자라면서 마술적 사고를 억누르는 법을 배울 뿐이다. 성인의 마음속에도 여전히 마법의 성이 존재한다. 주변 모든 것에 영혼이 깃들어 있고, 바람과 시냇물은 비밀스러운 말을 속삭이며, 하늘에서는 우리를 지켜주는 수호자가 내려다보고 있다. (…) 의인화는 복잡하고도 강력한 인간의 본성으로 동물의 권리, 자녀 양육, 제품 디자인, 오락, 마케팅, 인간과 컴퓨터의 상호작용, 환경결정론environmentalism, 종교 등 여러 분야에 영향을 미친다."[24]

피아제는 어린이들이 "나쁜 짓을 하면 자동적으로 벌을 받는다"고 생각하는 것은 그들이 "자연이란 조화를 이루는 일체로 물리적 법칙과 마찬가지로 도덕적 법칙을 따른다"고 생각하기 때문이라고 했다. 이 또한 성인들에게도 나타난다. 피아제는 성인들이 불행한 사고를 당하면 그것을 자신이 받을 업보業報라고 생각하는 것을 가리켜 '내재적 정의immanent justice'라고 했는데,[25] 이 개념에 대해 좀더 살펴보자. 사실 우리 주변엔 이런 사례들이 무수히 많기 때문이다. 교통사고를 당한 행인은 어딘가 부주의한 데가 있었으며, 강간을 당한 여자는 당할 만한 소지가 있었다고 여기며, 가난한 사람들은 게으르며 노력을 충분히 하지 않는 구석이 있다고 여기며, 이승에서 불공평한 대접을 받았으면 저승에 가서 복을 받거나 다음 생에 부귀를 누릴 것이라고 생각한다.

이런 생각이나 믿음을 가리켜 '공평한 세상 오류just-world fallacy' 또는 '공평한 세상 가설just-world hypothesis'이라고 한다. 피아제가 말한 '내재적 정의'를 설명하는 가설인 셈인데, 1960년대부터 관련 실험을 해온 사회심리학자 멜빈 러너Melvin J. Lerner가 제시한 것이다. 그는 그런 연구 결과를 토대로 1980년에 『공평한 세상에 대한 믿음The Belief in a Just World』이라는 책을 출간했다. 이 오류는 사실상의 '피해자 탓하기victim blaming'로, "뿌린 대로 거둔다You reap what you sow"는 말이 그 슬로건이라고 할 수 있다. '자업자득' '인과응보' '업보'라는 말을 즐겨쓰다 보면 그런 오류에 빠질 가능성이 높아진다.[26]

러너가 관련 연구를 하게 된 이유는 그가 젊은 시절 정신병자들을 치료하는 의사와 간호사 사이에서 일했을 때 이들이 환자의 등 뒤에서, 가끔은 그 환자의 면전에 대고 그들에 대한 농담을 떠드는 장면을 여러 번 목격하면서 느낀 충격이었다. 그 불행한 사람들에게 어찌 그럴 수 있단 말인가? 그런 생각을 하긴 했지만, 러너는 의사와 간호사들을 무정한 사람들로 여기지 않았으며 오히려 그들이 환자를 치료하며 대면하는 불쾌한 현실에 대처하기 위해 그러한 행동을 하는 거라고 보았다. 연구 끝에 러너는 공평한 세상을 믿으려는 욕구가 그런 반응의 주된 동기라고 결론내렸다. 만약 이 환자들이 정신병에 걸린 것이 자업자득이라고 본다면, 그들에 대한 농담을 해도 꺼림칙하지 않았을 것이라고 해석한 것이다. 러너의 결론은 우리의 모든 삶의 영역에 광범위하게 적용될 수 있다.[27]

엘리어트 애런슨Elliot Aronson은 "모든 잘못을 희생자의 성격이나 장애 때문이라고 뒤집어씌우면서 피해를 입은 피해자를 비난하는 경향은 아이러니칼하게도 이 세상은 아주 공정한 곳이라고 보려는 욕구를 나타낸다"며 "똑같이 한 일에 대해 동등한 보수를 받는 문제, 살아가는 데 기본이 되는 생활필수품을 제공받는 문제, 나아가서 아무런 잘못이 없는데도 불구하고 마땅히 받아야 할 것 또는 꼭 필요한 것을 받지 못하는 세상에 살고 있다는 것은 상상만 해도 끔찍하다. 따라서 만약 600만의 유태인들이 뚜렷한 이유 없이 학살당했다면, 유대인들이 학살당할 짓을 했음에 틀림없다고 믿어야만 사람들은 다소 마음이 편안해지는 것이다"[28]고 말한다.

닐 로즈Neal Roese는 "본질적으로 이것은 심리적 면역체계의 작용으로 일어나는 합리화의 한 형식이다. 즉 감정으로 상처받는 것으로부터 자신을 보호하기 위해 자기고양적(자기만족적) 방식으로 세상에 대한 인식을 왜곡하는 것이다"며 이렇게 분석한다.

끔찍한 일이 어떤 무고한 사람(아마도 우리 자신과 비슷한)에게 일어난다면 우리에게도 그 동일한 사고가 일어날 수 있다고 생각하게 되고, 그것은 위협적으로 느껴진다. 더구나 좋은 사람에게 나쁜 일이 일어난다는 것은 '세상은 일반적으로 정의롭고 대부분 공정하다'라는, 많은 사람들이 공유하고 있는 암묵적인 전제에 위반되는 것이다. 그래서 이런 '공정'이라는 느낌을 유지하기 위해서 사람들은 피해자를 비난한다. 다시 말해 희생자의 결점을 찾아내서 우리와 같은 평범한 사람들과 피해자를 구분짓는 것이다. 그렇게 함으로써 우리와 같은 사람들에게는 그런 일이 일어나지 않을 것이라고 믿을 수

있다.[29]

박진영은 "사람들은 희망적인 삶을 만들기 위해 공정성을 요구하는 동시에, 일단 세상은 모두에게 공평하기 때문에 다 각자 노력한 만큼 얻게 되어 있다는 '믿음'을 가지고 싶어 한다. 현실은 시궁창일지언정 이렇게 믿기라도 해야 마음이 편해지기 때문이다"며 이렇게 말한다.

"그래서 때로 희망이 절박한 사람들, 사회적 계층이 낮은 사람들이 유독 세상이 공정하다는 믿음을 잃지 않으려 애쓰는 모습을 보인다. 시스템에는 문제가 없고 나만 노력하면 된다고 믿음으로써 희망과 통제감을 어떻게든 가져보려고 발버둥치는 것이라고나 할까? 가혹한 현실을 있는 그대로 받아들이는 순간 모든 의지가 꺾일 수도 있으니 말이다. 그래서 가난한 사람들이 오히려 '가난은 게으름과 무능력의 결과'라는 식의, 사회보다 개인(자신)을 비난하는 메시지에 더 잘 수긍하기도 한다. 그리고 '다 자기가 하기 나름이지'라고 생각하며 희망을 가지려고 한다."[30]

이런 '공평한 세상 오류'를 경영학에 접목시킨 스탠퍼드대 경영대학원 교수 제프리 페퍼Jeffrey Pfeffer는 『권력의 기술: 조직에서 권력을 거머쥐기 위한 13가지 전략Power: Why Some People Have It and Others Don't』(2010)에서 "사람들은 자신이 조직에 적합하고 응당한 대우를 받을 만한 저격이 있다고 생각하기 때문에, 일을 잘하고 적절히 처신하면 만사가 다 잘될 것이라고 생각한다"며, 그러나 "세상이 공정하다고 믿는 것은 권력 획득에 대해 두 가지 부정적인 인식을 초래한다는 점에서 위험하다. 첫째, 그런 믿음을 가지면 모든 상황이나 모든 사람들, 특히 자신이 좋아하지 않는 사람들에게서 뭔가 배울 수 있는 기회를 얻지 못한다. (…) 둘째, 세상이 공정하다고 믿으면 권력의 기반을 다지는 데 필요한 준비를 하지 못하게 된다. 그런 믿음은 여러 상황 곳곳에 지뢰처럼 산재한 위험을 간과하게 만든다"[31]고 덧붙인다.

'세상이 공정하다는 믿음belief in a just-world'은 미디어, 특히 텔레비전 드라마에 의해 강화되기도 한다. 미국 심리학자 마르쿠스 아펠Markus Appel의 2008년 연구에선 드라마와 코미디를 즐겨보는 사람들은 뉴스와 다큐멘터리를 즐겨 보는 사람에 비해 '세상은 정의롭다'고 믿는 비율이 높은 것으로 나타났다. 아펠은 픽션이 '시적 정의poetic justice'라는 주제를 끊임없이 우리 뇌에 주입함으로써 세상이 전반적으로 정의롭다는 과도한 낙관을 심는 데 일말의 책임이 있을지도 모른다고 결론내렸다.[32] '시적 정의'는 시나 소설 속에 나오는 권선징악勸善懲惡과 인과응보因果應報의 사상으로, 17세기 후반 영국의 문학비평가 토머스 라이머Thomas Rymer가 만든 말이다. 그는 극의 행위가 개연성과 합리성을 가지고 도덕적 훈계와 예증으로 교훈을 주어야 하며, 인물들은 이상형이거나 그들 계층의 일반적인 대변자로서 행동해야 한다고 주장했다.[33]

심리학자 웨인 다이어Wayne Dyer는 "세상은 공평하다"고 믿는 사람들에게 이렇게 조언한다. "세계가 언제나 모든 게 공평하도록 지어졌다면, 어떤 생명체든 단 하루도 살아남을 수 없다. 새는

벌레를 잡아먹어서는 안 되며, 누구도 자신의 욕구를 충족할 수 없으리라." 폴커 키츠Volker Kitz와 마누엘 투쉬Manuel Tusch의 조언은 더욱 적극적이다.

세상이 공평하다는 믿음을 단호히 떨쳐 버려라. 때론 누군가 이유 없이 횡재하기도 하고, 누군가는 노력하고도 손해를 본다. 세상에는 우리 힘으로 어쩔 수 없는 일들이 너무도 많다. 그렇기 때문에 지금 당장 잘못한 것도 없이 피해를 보는 것 같아도 언젠가 이유 없이 득을 볼 수도 있다. (…) 나에게도 언제든 예기치 않은 불행이 찾아올 수 있다고 생각하면, 타인의 불행을 지켜보면서 함부로 그 원인을 당사자에게 돌리지 않게 된다. 그럴 때에야 불공평한 세상의 민낯을 제대로 볼 수 있고, 우리가 바꿔 나갈 수 있는 것을 하나씩 바꿔 나가면서 인생의 많은 부분들을 조금 더 정의롭게 꾸려 나갈 수 있다. 어쩌면 공평한 세상의 오류를 내려놓을 때에만 우리는 공평한 세상으로 한 걸음 나아가는지도 모른다.[34]

그렇게 하기 위해 우선 '자업자득' '인과응보' '업보' 등과 같은 말을 조심스럽게 사용할 필요가 있지 않을까? 영화나 드라마를 볼 때에도 권선징악과 인과응보로 대변되는 해피엔딩을 바라지 않는 게 필요할지도 모르겠다. 작가와 제작자들이 관객이나 시청자의 그런 암묵적 요구에 굴복해 '시적 정의'의 구현에 앞장설 수밖에 없다고 한다니 말이다.

📚 일독을 권함!

- 김현성·박세영, 「조직정치지각이 조직시민행동에 미치는 영향: 조직공정성의 매개효과와 공정한 세상에 대한 믿음 및 리더 정치기술의 조절효과를 중심으로」, 『한국심리학회지: 산업 및 조직』, 25권2호(2012년 5월), 397–420쪽.
- 최승혁·허태균, 「공정한 사회를 위한 형사처벌: 공정세상 믿음 및 기대의 상호작용」, 『한국심리학회지: 사회 및 성격』, 25권2호(2011년 5월), 113–125쪽.
- 김지경, 「차별경험, 정의로운 세상에 대한 믿음과 개인자부심, 집단자부심간의 관계에 대한 연구」, 『한국심리학회지: 여성』, 7권1호(2002년 4월), 1–12쪽.

인지적 종결

왜 불확실성을 싫어하면
소통이 어려워지는가?

　스위스 군용 칼과 뷔페식당의 공통점은 한번에 많은 것을 할 수 있는 다목적성을 충족시킨다는 점이다. 이런 일체형 제품이나 업소를 선호하는 이들은 이른바 '인지적 종결cognitive closure'에 대한 욕구가 강한 사람들이다. 인지적 종결욕구란 인지과정에 영향을 미치는 일종의 동기화된 경향성으로, 어떤 질문에 대해 모호함을 피하고 어떻든 확고한 답을 원하는 욕구를 말한다.

　최인철은 "인지적 종결욕구가 강한 사람은 어떤 문제든지 분명한 '답'을 원한다. 그 답이 꼭 정답일 필요는 없다. (…) 불확실한 상황보다는 질서를 선호하고, 자유와 개성보다는 규칙을 좋아하며, 복잡한 것보다는 단순한 것을 좋아한다. 그래서 가능하면 한 가지로 여러 가지를 해결할 수 있는 일체형 물건이나 장소를 선호한다. 기능이 다른 물건을 사서 일일이 정리하기보다는 한꺼번에 모든 걸 해결할 수 있는 단순한 라이프스타일을 선호한다"며 이런 설명을 덧붙인다.

"뭐든지 답을 빨리 찾고자 하는 사람들은 흥미롭게도 보수적인 성향이 강한 사람들이다. 보수적인 가치의 핵심은 새로운 변화로 인한 불확실성보다는 기존의 질서와 가치를 통해 느낄 수 있는 단순함, 안전함, 질서정연함을 선호하는 데 있다. 따라서 보수적인 성향이 짙은 사람들이 인지적 종결 욕구가 강하다는 점도 그리 이상할 게 없다. 인지적 종결욕구가 강한 보수적인 사람들은 헤어스타일을 자주 바꾸지 않는다. 새로운 변화를 시도하지 않고 늘 해오던 머리 모양을 고집한다. 보수적인 사람들은 추상화보다 정물화와 같은 구체적인 그림을 더 선호한다."[35]

1993년 '인지적 종결' 개념을 제시한 미국 사회심리학자 에어리 쿠르굴란스키Arie W. Kruglanski는 이른바 '일상인의 인식론lay epistemics'이라는 이론으로 사람들이 일상적 삶에서 판단을 내릴 때에 동기가 미치는 영향을 탐구했다. epistemics는 1969년 영국 에딘버러대학에서 철학에서의 인식론epistemology과 구별해 지식의 과학적 탐구에 무게를 둔다는 취지에서 처음 만들어진 개념이다.[36] 쿠르굴란스키는 인지적 종결욕구가 다음과 같은 다섯 가지의 차원으로 구성되어 있다고 주장했다.

①삶이 질서정연하고 구조화되기를 바라는 질서에 대한 선호 preference for order ②일관되고 변하지 않는 지식을 선호하는 예측 가능성에 대한 선호preference for predictability ③신속하게 종결에 도달하고자 하는 판단의 명확성decisiveness ④애매한 상황을 싫어하는 모호함에 대한 불편감discomfort for ambiguity ⑤자신의 판단과 일

치하지 않는 증거나 의견을 고려하지 않으려고 하는 폐쇄적 사고closed-mindedness.

이러한 종결욕구는 어떤 불확실한 상황에서 얻은 답이 불확실성을 줄여주는 것으로 보인다면 그 답이 정답이 아니더라도 더이상 정보를 탐색하지 않고 그것을 답으로 결정하는 '포착seizing' 성향과, 이후 이러한 결정을 변경하지 않고 지속하려는 '보존freezing' 성향을 일으킨다. 이와 관련, 주미정·이재식은 "개인이 갖고 있는 종결욕구의 특성에 따라 개인은 특징적인 행동을 보이는 경향이 있다"며 "예를 들어, 종결욕구가 높은 사람은 인지적 판단을 할 때, 일반적으로 초두初頭 효과primacy effect에 좌우되는 경향이 있으며, 종결욕구 수준이 높은 사람들은 종결욕구 수준이 낮은 사람들에 비해 휴리스틱heuristics과 고정관념을 더욱 선호한다. (…) 종결욕구 수준이 높은 사람들은 종결욕구 수준이 낮은 사람들에 비해 문화 특유의 성향을 더욱 현저하게 표현한다. 즉 종결욕구 수준이 높은 경우 개인주의 문화성향에 속하는 사람들은 개인주의 특유의 행위를 더욱 강력하게 표현하는 반면, 집단주의 문화성향에 속하는 사람들은 집단주의 특유의 행위를 더욱 강력하게 표현한다"[37]고 말한다.('초두 효과'란 먼저 제시된 정보가 나중에 들어온 정보보다 전반적인 인상 형성에 더욱 강력한 영향을 미치는 것.)[38]

김남희·천성용·이은재는 "인지 종결욕구는 여러 선행 연구에 의해, 검색 노력search effort, 제품 평가, 구매의도 등 다양한 소비자 행동에 영향을 미치는 것으로 밝혀져왔다. 인지 종결 욕구가 높은 소비자는 의사결정을 내릴 때, 모호함과 불확실성을 회피하고자 하는 강력한 필요에 의해 예측 가능하고 빠른 결론을 선호하고, 인지 종결욕구가 낮은 소비자는 모호함과 불확실성을 불편하게 여기지 않기 때문에 예측 불가능하고 미해결된 상황을 포용한다."며 다음과 같이 말한다.

또한 인지 종결욕구가 높은 사람은 분명하고 예측가능한 상황을 선호하며, 자신의 결정에 대해 확신하는 정도가 높으며, 상황에 대한 불안감을 떨쳐내고자 자신이 결정한 사항에 대해 주위 사람들의 의견을 잘 받아들이려하지 않는 성향을 보인다. 따라서 인지 종결욕구가 높은 사람들은 불확실하거나 모호한 상황을 경험하는 것을 회피하기 위해 명확하고 뚜렷한 지식을 추구한다. 또한 인지 종결욕구가 높은 사람들은 그들이 당면한 문제 상황에 대한 심리적 불안으로 인해 안정을 찾기 위해 상황에 대한 종결을 추구하게 되며, 이는 개인의 의사 결정 방식에도 영향을 미치게 된다. 그러므로 종결에 대한 욕구가 높은 사람들은 다소 불이익을 고려하더라도 확실한 결론을 유지하기 위해 다른 불확정적인 정보를 그대로 받아들이는 경향을 갖기도 한다.[39]

인지적 종결욕구는 네덜란드의 사회심리학자 기어트 홉스테드Geert Hofstede가 제시한 '불확실성 회피uncertainty avoidance' 성향과 비슷한 면이 있다. '불확실성 회피'란 한 문화의 구성원들이 불확실한 상황이나 미지의 상황으로 인해 위협을 느끼는 정도를 의미한다. "다른 것은 무엇이든 위험하다"는 정서는 외국인 공포증xenophobia으로까지 나아갈 수 있는데, 이는 불확실성 회피 경향을 강하게 띠는 정서다. 불확실성 회피 문화가 강한 문화에서는 어떤 것이 더럽고 위험한지에 관한 분류가 엄격하고 절대적이기 때문이다.

홉스테드의 연구에 따르면, 불확실성 회피 경향이 약한 나라일수록 시민의 힘 지수가 더 높았다. 또한 불확실성 회피 경향이 강한 나라의 시민은 자기들이 권력자의 결정에 영향을 줄 수 있는 가능성에 대해 회의적인 생각을 품고 있음이 밝혀졌다. 불확실성 회피 경향이 강한 나라에서는 공무원이 정치와 정치가에 대해 부정적인 감정을 품고 있는 경향이 있었으며, 불확실성 회피 경향이 약한 나라에서는 긍정적인 감정을 지니고 있었다. 불확실성 회피 경향이 강한 나라의 시민들은 권위 있는 어떤 인물이 요구할 때는 언제든지 합법적으로 신분을 확인해보일 수 있도록 신분증 휴대가 의무화되어 있다. 불확실성 회피 경향이 약한 나라에는 이러한 의무가 없으며, 시민의 신분을 확인하는 부담이 권력자 쪽에 있다.[40]

'불확실성' 개념은 문화간 커뮤니케이션intercultural communication에서 상호 이해와 관계를 증진시키기 위한 방안을 찾는 데에 활용되고 있으며, 그걸 가리켜 '불확실성 줄이기 이론uncertainty reduction theory'이라고 한다. 이 이론은 일반적인 인간관계가 처음 이뤄지는 단계에서 상대방에 대한 불확실성을 해소하기 위해 커뮤니케이션 행위가 이루어진다고 보기 때문에, 최근엔 온라인 상황에서 사회적 유대 관계가 형성될 때에 발생되는 정보 추구 행위를 설명하는 데에 많이 이용되고 있다. 불교와 도교에선 불확실성을 피하려 하지 말고 껴안으라고 하지만, 전세계적으로 불확실성을 감소시키기 위한 투쟁이 치열하게 전개되고 있는 것이 현실이다.[41] 우리는 "사람이 화끈해서 좋아"라는 말을 즐겨 하지만, 화끈한 사람은 인지적 종결욕구가 강한 사람일 수 있으니, 너무 좋게만 볼 일은 아니겠다.

 일독을 권함!

- 김남희·천성용·이은재, 「지각된 위험과 인지종결 욕구가 가격 비교 사이트의 최저 가격 제품 구매의도에 미치는 영향」, 『e-비즈니스연구』, 15권6호(2014년 12월), 142-165쪽.

- 박차라·임성택·차상윤·이인성·김진우, 「소셜미디어에서 약한 유대관계의 형성」, 『한국콘텐츠학회논문지』, 14권4호(2014년 4월), 97-109쪽.

- 전중옥·이금·박현희, 「희소성 메시지 유형과 메시지 프레이밍에 따른 온라인 광고의 충동구매 효과: 인지적 종결욕구의 조절효과를 중심으로」, 『한국심리학회지: 소비자·광고』, 14권4호(2013년 11월), 549-574쪽.

- 주미정·이재식, 「문화성향과 종결욕구에 따른 틀효과에서의 차이」, 『인지과학』, 24권2호(2013년 6월), 173-201쪽.

- 강재원, 「소셜 네트워크 데이팅(SND)의 정보 추구 전략들에 관한 연구: 커뮤니케이터관련 변인들과의 관계를 중심으로」, 『한국언론학보』, 56권5호(2012년 10월), 65-87쪽.

- 김소정·송하나, 「재한 중국유학생의 인지적 종결욕구, 자아존중감과 학교적응, 심리적 안녕감의 관계」, 『한국심리학회지: 학교』, 8권2호(2011년 8월), 219-234쪽.

- 안신호, 「사회적 판단과 동기: 동기가 인지적 책략 선택에 미치는 영향을 중심으로」, 『한국심리학회지: 임상』, 15권1호(1996년 5월), 77-103쪽.

왜 사회적 가면

내숭을 떠는 사람의
'내숭 까발리기'는 위험한가?

"이 세상은 무대이며 모든 남자와 여자는 배우이다. 그들은 각자의 배역에 쫓아서 등장했다가는 퇴장하지만 사람은 한 평생 동안 여러 가지 역을 담당한다." 셰익스피어의 말이다. 이 말을 사회학적 관점에서 이해하고 현실에 적용하려고 애썼던 학자가 있다. 어빙 고프먼이다. 그래서 그의 이론을 가리켜 흔히 '연극학적 이론'이라고 한다.[42]

캐나다에서 태어나 미국에서 활동한 고프먼은 "20세기가 끝나기 전 마지막 60년 동안 미시적 차원의 최고 이론가"라는 평가를 받기도 했지만,[43] '미시적 분석'을 폄하하는 경향이 있는 한국에선 별로 알려져 있지 않은 인물이다. 고프먼이 역설했던 '인상관리impression management' 개념은 오늘날 현대인의 삶을 이해하는 데에 매우 날카로운 안목을 제공해준다. 그 어느 나라보다 더 대인관계가 중요한 한국 사회에서 고프먼은 뒤늦게라도 각광을 받을 만한 가치가 있는 사회학자임에 틀림없다. 우리의 실제 삶에서 우리, 특히 사회적 공인公人들이 펼치는 연극은 진짜 연극보다 훨씬 더 계산적이거니와 음흉하기까지 하다. 어디까지가 인정할 수 있는 수준의 연기이고 어디서부터는 인정할 수 없는 연기(위선과 기만)인지, 이에 대한 탐구를 위해서도 고프먼은 다시 불러내야 할 사회학자가 아닐까?

고프먼의 대표작은 1959년에 출간된 『일상생활에서의 자아 표현The Presentation of Self in Everyday Life』이다. 고프먼은 이 책의 첫 부분에서 사회학자 로버트 파크Robert E. Park의 말을 다음과 같이 인용하고 있다.

아마도 사람person이라는 단어가 그 첫번째의 의미로서 가면mask이라는 뜻을 지녔음은 결코 단순한 역사적 우연만은 아닐 것이다. 오히려 모든 사람이 언제 어디서나, 그리고 다소 의식적으로 어떤 역할을 수행하고 있다는 사실에 대한 하나의 인식일 것이다. (⋯) 이러한 역할들 속에서 우리는 서로를 아는 것이며, 우리가 우리 자신을 아는 것도 바로 이러한 역할들 속에서이다.[44]

고프먼은 바로 그러한 '사회적 가면social mask' 연구에 몰두한 인물이었다. 그에게 "커뮤니케이션이란 곧 상황조작에 의한 인상관리 행위"를 의미하는 것이었다.[45] 프로이트의 『꿈의 해석』을 제외한다면, 고프먼만큼 자아에 대해 그렇게 깊이 탐구한 사람이 또 있겠는가라고 평하는 사람도 있다.[46]

그런데 그 '가면'이란 게 뭔가? 우선 아주 쉽게 접근해보자. 야구 심판을 유심히 관찰해보자. 야구 심판은 투수가 던진 공, 특히 스트라이크에 대한 판정을 아주 큰 소리로 그것도 극적인 제스처를 섞어가면서 내려주기 때문에 야구 보는 재미를 더해준다. 그런데 그게 단지 재미를 위해서만 그렇게 하는 걸까? 이 물음에 답하기 전에 투수가 던진 공에 대해 매번 순간적으로 정확한 판단을 내리는 게 쉬운 일이겠는가 하는 걸 생각해볼 필요가 있다. 결코 쉽지 않다. 투수가 시속 150km의 공을 던지는 경우 투수 플레이트에서 홈 플레이트까지 오는 데 걸리는 시간은 불과 0.35초에 불과하다. 이는 심장이 한번 박동하는 평균 시간에 해당한다. 타자가 근육을 움직여 방망이를 휘두르는 데 걸리는 시간은 약 0.25초다. 결국 타자의 두뇌는 약 0.1초 사이에 방망이를 휘둘러야 할지 말아야 할지를 결정해야 한다.[47]

사정이 그와 같은바, 심판으로선 어떤 결정을 내려야 할지 주저할 때가 많다. 그러나 그렇게 주저하는 빛을 보이면 큰일난다. 판정의 권위가 훼손되기 때문이다. 그런 경우일수록 더욱 큰 소리로 더욱 극적인 제스처를 섞어가면서 판정을 내릴 필요가 있다. 즉, '인상관리'를 해야 한다는 게 바로 고프먼의 관찰 결과다.[48]

고프먼의 이론을 가장 적극적으로 받아들인 사람들은 바로 마케팅 전문가들이다. 그들은 고프먼의 이론을 서비스 업무는 물론 인간 체험의 상품화 분야에까지 적용시키고 있다. 일부 마케팅 교수들은 서비스와 체험의 마케팅은 근본적으로 연극이라면서 "무대 위의 배우가 신빙성 있는 공연을 하기 위해 수없이 많은 요인을 고려해야 하는 것처럼 서비스 분야의 '배우'도 관객에게 감동을 불어넣기 위해서는 세심한 연출을 하지 않으면 안 된다"[49]고까지 주장한다.

노스웨스턴대, 컬럼비아대 등과 같은 미국 명문 대학들의 경영대학원 최고경영자 과정에선 연기 원리를 가르치고 있다. 전문 배우와 감독으로 짜여진 강사진은 최고경영자들에게 집중적인 역할극 훈련을 시킨다. 그런가 하면 일부 영국 의학자들은 의사들도 환자들을 대할 때마다 의식적으로건 무의식적으로건 연기하는 자세로 임해야 하며, 의과대학 수업에 연기 과목을 포함시켜야 한다고 주장했다.[50]

고프먼이 말한 '인상관리'는 개인 정체성의 문제와 직결된다. 교수가 학생들에게 보이고 싶어 하는 인상과 자신의 아내에게 보이고 싶어 하는 인상은 전혀 다를 것이다. 상황에 따라 각기 다른 인상을 보여야 할 필요성은 누구에게나 다 해당되는 것이다. 조종혁은 사회인들은 한 상황에서의 연기를 다른 상황의 청중들에게는 보이려 하지 않으며, 사회인들의 연기는 청중관리의 필요성을 느낀다면서 이렇게 말한다.

"그것은 역할 수행의 일관성 유지에 관한 문제이다. 상이한 상황, 상이한 청중들에게 각각 이상적인 연기를 제공하는 것은 자칫 여러 명의 '나', 인상관리의 비일관성이라는 문제를 야기할 수 있다. 따라서 사회인들은 한 상황에서의 연기를 다른 상황에서의 청중들에게는 보이려 하지 않는다. 행위자가 만약 이러한 인상관리의 원칙에 실패한다면 그의 사회적 정체성은 혼란을 면치 못할 것이다. 직장과 가정은 동일한 무대 연기의 장이 될 수 없다. 술친구와의 연기가 직장의 상관에 대한 연기와는 같지 않다."[51]

그렇게 하기 위해선 자신의 표현을 통제하는 것이 필요하다. 이런 경우를 생각해보면 쉽게 이해할 수 있을 것이다. "코미디언이 자신의 프로그램이 아닌 상황에서 기자의 인터뷰에 응했을 때 별안간 진지하고 근엄한 표정으로 돌아가는 것은 그 역시 새로운 상황에 직면하여 표현 통제의 원칙을 이탈할 수 없기 때문이다. 부모의 상을 당한 절친한 친구의 집을 방문한 사람이 평소와 마찬가지의 농담이나 음담패설을 시도하는 경우는 드물다."[52]

권위의 유지엔 '인상관리'가 절대적으로 중요하다. 행여 우습게 보일 일을 해서는 절대로 안 된다. 자신의 권위를 행사해야 할 대상과 먼 거리를 두고 가급적 신비하게 보이는 것이 필요하다. 이는 특히 전문직 종사자에게 필수적이다. 예컨대 "판사의 권위는 그의 역할수행(무대연기) 못지않게 신비화에 기초한다. (…) 법률용어의 어려움은 일반인들의 의미 공유를 차단함으로써 법정의 신비화(권위)를 강화한다. 환자들이 도저히 알아볼 수 없는 의사들의 글씨는 그들만의 상징세계, 그들의 권위를 보호한다."[53]

남녀관계에서 이 가면은 매우 중요한 역할을 한다. 고프먼은 자신의 논지를 전개하기 위해 여대생들의 예를 자주 드는데, 아마도 자신의 이론에서 매우 중요한 위치를 차지하고 있는 이른바 '내숭'이 남자보다는 여자에게 더 발달돼 있다고 생각한 것 같다.

고프먼은 한 대학기숙사에서 여학생들의 행태를 관찰했다. 남학생으로부터 전화가 오면 사무실에서 복도의 스피커를 통해 학생의 이름이 불려진다. 이름이 자주 불리는 게 여학생이 누리는 인기의 척도가 된다. 그래서 여학생들은 자신의 이름이 여러 차례 호명될 때까지 일부러 기다리더라는 것이다.[54] 또 그는 "종종 미국의 대학교 여학생들은 데이트할 만한 남학생 앞에 있을 때, 자신들의 지성과 재능, 결단력 등을 낮추어 보이고자 한다. 그리하여 그들은 모든 사람들한테서 경솔하다는 평을 받는 데도 불구하고, 정신수양이 깊은 듯이 자기들을 보여주고자 한다"며 이렇게 덧붙인다.

"그들은 자기들이 이미 알고 있는 것들을 남자 친구들이 지겹게 설명할 때 참고 들어주는 공연자들이라는 것이다. 또한 그들은 수학이 서투른 애인들 앞에서는 수학을 더 잘 할 수 있음을 숨기기도 하고, 탁구경기에서는 끝나기 직전에 져주기도 한다. 때때로 긴 단어의 철자를 틀리게 쓰는 것은 가장 멋진 기교 중의 하나이다. 그러면 내 남자 친구는 굉장한 쾌감을 느끼고서 답장을 보내주게 된다. '애, 넌 정말로 철자도 잘 모르는구나!' 이런 모든 것을 통해 남자의 자연스러운 우월성이 과시되어지고 여성의 약한 역할이 확인된다."[55]

텔레비전 예능 프로그램에선 여자들의 이런 내숭이 종종 이야깃거리가 되면서 그걸 까발리는 걸 재미의 포인트로 삼고 있지만, 실제 세계에선 '내숭 까발리기'는 위험한 일일 수 있다. 프라이버시 보호 차원에서 말이다. 사실 고프먼의 이론은 프라이버시 보호의 필요성을 강하게 주장하는 사람들의 논거로 이용되기도 한다. 사생활의 공개를 주장하는 사람들은 사람들이 사회적 활동을 위해 쓰고 있는 가면이 우리의 진정한 자아를 가리고 있다고 주장한다. 이런 주장에 대해 미국 조지워싱턴대 법학과 교수 제프리 로즌Jeffrey Rosen이 『뉴욕타임스』지에 기고한 글의 한 대목이다.

교수인 나는 학생들을 대할 때, 동네 세탁소 주인을 대할 때 각각 다른 사회적 가면을 이용한다. 만약 이 가면들을 모두 강제로 벗겨버린다면 남는 것은 진정한 자아가 아니라 방어능력을 잃어버린 상처 입은 인간일 것이다. 고프먼은 또한 사람들이 무대에 서는 배우들처럼 무대 뒤의 공간을 필요로 한다고 주장했다. 이 공간에서 사람들은 남들 앞에서 쓰고 있던 가면을 벗어버리고 추잡한 농담을 지껄이기도 하면서 사회생활의 불가피한 일부인 긴장을 털어낸다. 그러나 끊임없이 정보가 교환되는 인터넷 경제 속에서 사무직 노동자들은 계속되는 감시 속에서 일을 해야 하는 환경 속으로 점점 더 깊숙이 끌려 들어가고 있다.[56]

요컨대 고프먼은 모든 상황에서 일관되게 나타나는 '인성' 혹은 '정체성'은 존재하지 않으며, 인간에게 '자아'라는 게 있다면 그것은 사람들이 다양한 사회 상황에서 역할 연기를 하는 다양한 모습의 조합된 성격ensemble character에 지나지 않는다고 주장하는 것이다.[57] 이처럼 자아를 각 상황에서의 단지 투사된 이미지로서 그리고 신기루와 같은 것으로서 파악하는 고프먼의 견해는 극단적이고 상황적인 것으로 지나치게 과장되었다는 비판을 받기도 하지만,[58] 우리가 프라이버시를 보호해야 할 또 다른 이유라고 하는 점에서 주목할 만한 것임엔 틀림없다 하겠다.

📚 **일독을 권함!**

- 심보선, 「온라인 커뮤니티의 상호작용 의례: 자전거 커뮤니티 사례를 중심으로」, 『문화와 사회』, 16권(2014년 5월), 45–104쪽.

- 박종민·권구민·김선정·장희경, 「트위터를 통한 정치인 자아표현과 공중과의 상호 커뮤니케이션: 고프만(E. Goffman)의 연극적 분석법과 틀 분석의 적용」, 『한국언론학보』, 57권5호(2013년 10월), 155–189쪽.

- 양윤·김하예, 「쿠폰사용과 인상관리: 성차, 사회적 맥락, 자기감시, 쿠폰가치를 중심으로」, 『한국심리학회지: 소비자·광고』, 12권3호(2011년 8월), 477–497쪽.

- 한순자, 「복식의 사회적 가면성에 대한 연구」, 『패션과 니트』, 9권1호(2011년 6월), 1–12쪽.

- 김광기, 「위선이 위악보다 나은 사회학적 이유: 고프만, 버거, 가핑켈을 중심으로」, 『사회와이론』, 18권(2011년 5월), 107–134쪽.

- 박석철, 「인스턴트 메신저 매개 경험 분석: 고프만(Goffman)의 '인상관리' 관점에서」, 『사이버커뮤니케이션학보』, 27권1호(2010년 3월), 5–51쪽.

- 정필주·최샛별, 「예술가의 정체성 갈등과 대응전략: 낙인화, 저항 그리고 미분화된 가상적 정체성을 중심으로」, 『사회과학연구논총』,(이화여자대학교 이화사회과학원), 19권(2008년 6월), 195–228쪽.

- 박정의·성지연, 「여성정치인 웹사이트의 비주얼 분석: 여성성의 인상관리」, 『사이버커뮤니케이션학보』, 20권(2006년 12월), 119–147쪽.

- 최샛별·엄인영, 「싸이 월드에서의 인상관리와 정보의 통제」, 『정보사회와 미디어』, 10권(2006년 12월), 1–30.

왜 거래비용

한국은
'집회·시위공화국'이 되었는가?

　'거래비용'이라는 개념을 창안하고 기업이 형성되는 이유에 대한 본질적인 통찰을 던졌던 미국 경제학자 로널드 코스가 2일(현지시간) 별세했다. 향년 102세. 미 시카고대 석좌교수를 지낸 코스는 1937년 『기업의 본질』이라는 에세이를 펴냈다. 그 이전까지 애덤 스미스 식의 '보이지 않는 손'과 비용 개념으로 시장을 해석해온 경제학자들은 기업이 현대 경제의 핵심 행위자가 되는 이유를 설명하지 못했다. 기존 논리대로라면 기업이 아닌 자유로운 개인 대 개인 간의 거래에서 더 낮은 비용으로 경제활동을 할 수 있어야 하기 때문이다. 코스는 기업이 생기는 이유를 비용 효율성으로 설명했다. 타인을 고용하고 조직을 운영하는 데에는 비용이 들지만, 시장에 참여하려면 그보다 더 많은 비용을 들여야 한다는 것이다. 정보를 얻고, 연구를 하고, 가격협상을 하고, 거래상의 비밀을 유지하는 등의 모든 활동에 들어가는 비용 등을 따지면 기업을 만드는 편이 더 적게 든다. 코스는 이전에 포착하지 못했던 이 모든 비용을 통틀어 '거래비용transaction cost'이라 불렀다. 시장 참여를 늘리면서 거래비용을 줄이려 하다보면 기업들은 점점 규모가 커지는 경향을 보인다고 코스는 설명했다.[59]

2013년 9월에 나온, 영국 출신의 미국 경제학자 로널드 코스Ronald Coase의 부고訃告기사다. 코스는 1937년「기업의 본질The Nature of the Firm」이라는 논문을 통해 기업이 어떻게 효율성을 추구해 나가는지를 설명했지만, 이 논문은 주목을 받지 못했다. 코스는 1960년「사회적 비용의 문제The Problem of Social Costs」라는 논문을 발표함으로써 비로소 주목을 받았다.

이 논문에서 코스는 목장의 소가 이웃 농장의 농작물을 짓밟을 경우 목장주와 농장주 중 누가 울타리를 세워야 하는지를 예로 들며, 사회적 비용도 '재산권' 개념으로 해결할 수 있다고 주장했다. 재산권 손실이 큰 쪽이 비용을 부담하게 된다는 것이다. 그는 환경오염이나 교통혼잡 같은 문제도 정부 규제가 아닌 재산권을 통해 당사자간 합의로 해결하는 편이 더 효율적이라고 설명했다. 코스는 이 논문과 1937년의 논문, 즉 단 두 편의 논문으로 1991년 노벨경제학상을 받았다.[60]

코스의 뒤를 이어 거래비용 개념을 발전시킨 경제학자는 올리버 윌리엄슨Oliver E. Williamson이다. 그는 1975년에 쓴『시장과 위계Markets and Hierarchies』에서 시장실패의 이유를 거래비용 개념으로 설명하면서 시장을 대체하는 거래 구조로서 위계적인 기업이 생겨난다고 주장했다. 박기찬· 이윤철· 이동현은 "거래비용이론의 본질은 시장실패를 막기 위해 거래비용을 최소화할 수 있는 최적의 거래구조를 모색하는 것이다"며 다음과 같이 설명한다.

"만일 가격만으로 시장에서 거래하는 데 필요한 모든 정보를 충분히 파악할 수 있다면 경제활동의 주체는 개인들로만 구성될 수 있을 것이다. 하지만 현실적으로는 시장거래를 함에 있어서 내재적으로 필요한 정보를 획득하는 데는 일정한 비용이 든다. 따라서 시장거래에서 발생하는 거래비용보다 거래를 조직 내부에 집중화하면서 발생되는 조정비용이 더 저렴할 때 위계적인 기업은 효율적이게 된다. 이러한 배경에서 기업이 탄생하게 되는 것이다."[61]

거래비용은 수송비나 보관비처럼 거래에 드는 비용으로 생각하기 쉽지만, 실은 정보탐색 비용을 말한다. 상대방을 신뢰해도 좋은지, 재무상태는 어떤지, 과거 거래실적과 기술능력은 어떤지 등의 정보를 아는 데엔 비용이 든다. 대기업들이 계열사를 두어 내부화하는 것은 그 비용을 줄이려는 것이지만, 공정거래 단속이 있는 데다 내부적으로도 문제가 많으므로 신뢰가 중요해지는 것이라고 볼 수 있다. 즉, 신뢰는 거래비용을 줄일 수 있는 것이다.[62]

그러나 가이 스탠딩Guy Standing은 『프레카리아트The Precariat』(2011)에서 그런 신뢰의 중요성은 무너졌다고 주장한다. "기회주의적 구매자가 막대한 기금을 모을 수 있게 되고 잘 운영되고 있는 회사마저도 접수할 수 있게 됨으로써, 업체 내부에서는 신뢰관계를 형성하려는 인센티브가 더 적어졌다. 모든 게 한시적인 것으로 되고 재협상의 여지가 있다."[63] 그로 인해 노동자의 삶이 더 불안정해졌다는 점을 강조하고자 하는 스탠딩의 주장은 논쟁의 소지가 있겠지만, 거래비용 개념이 크게 흔들리고 있는 건 분명하다. 과거와 달리 집단을 구성하는 게 터무니없이 쉬워진 인터넷 시대에는 사실상 무한시장이 열렸기 때문이다.[64]

돈 탭스Don Tapscott은 『위키노믹스Wikinomics』(2006)에서 "인터넷 때문에 거래비용이 너무나 급격하게 하락해서 코스의 법칙을 사실상 거꾸로 읽는 것이 훨씬 유용하게 되었다"고 주장했다. 이제 기업들은 내부 거래비용이 외부 거래비용을 더 이상 초과하지 않을 때까지 축소되어야 한다는 것이다.[65]

오픈넷 이사 강정수는 "하루가 다르게 진화하는 디지털 기술은 이 거래비용을 빠르게 감소시킨다. 에어비앤비는 빈방을 찾는 거래비용을 낮추고, 우버는 낮은 거래비용으로 운전노동자와 고객을 만나게 한다. 몇년 전까지만 해도 비효율성으로 인해 불가능했던 수요와 공급에 대한 시장 조절이 디지털 기술로 인해 가능해지고 있다. '보이지 않는 디지털 손'이 앞으로 모든 삶의 영역을 시장 아래로 포섭할 것이다"며 다음과 같이 말한다.

"디지털 플랫폼은 수요와 공급뿐 아니라 계획경제와 시장경제를 연결하는 매개체다. 플랫폼 기업은 계획경제를 효율화하는 사물인터넷 환경이 진화할수록, 특정 사회 영역에서 발생하는 수요와 공급을 더욱 효과적으로 조절하는 시장 서비스를 제공할 것이다. 근심은 경제 효율이 증대한다고 사회 구성원 모두의 부가 높아질 수 있을까에 있다. 디지털로 인한 경제원리의 변화를

이해하는 일은 이 근심을 더욱 값지게 할 것이다."⁶⁶

거래비용이 혁명적으로 낮아진다면, 거래비용 때문에 필요했던 거대 위계조직도 달라질 수밖에 없다. 이와 관련, 영국 케임브리지대 선임연구원 나비 라드주Navi Radjou는 "대기업이 통제하는 수직적 가치사슬은 새롭게 떠오르는 소비자 주도의 가치생태계에 의해 위협받고 있다. 소비자가 재화와 서비스를 직접 디자인하고, 창조하고, 시장에서 거래하고, 나눌 수 있게 되면서, 중간 단계의 역할이 필요 없어진 것이다. 이는 검소한 경제frugal economy의 토대를 만들었다"며 다음과 같이 말한다.

검소한 경제는 수억 달러의 가치와 수백만 개의 직업을 만들어낼 수 있다. 물론 이 과정에서 잃는 이도 있다. 바로 서구의 대기업들이다. 거대한 연구개발 예산과 폐쇄적인 조직 구조에 의해 유지되는 이들의 대량생산 모델은 비용과 환경에 민감한 소비자들의 필요를 충족시키기 어렵다. 살아남기 위해서라도 이런 기업들은 검소한 기업으로 다시 태어나야 한다. 프로슈머를 가치사슬 안에 통합시키고, 좀 더 환경 친화적이고 비용을 절감하는 방식으로 시장의 요구를 받아들여야 한다.⁶⁷

그래서 나온 유행어가 이른바 '탈거대화demassification' '기업축소의 법칙law of diminishing'이니 하는 말이다. 그러나 이는 과장되었으며, 오류라는 반론도 있다. 1997년 『이코노미스트』(12월 13일자)지가 "이제 대형업체의 시대는 갔다. 초대형업체만이 살아남는 시대가 온 것이다"고 말했듯이, 실제로 글로벌 산업계에서 일어난 일은 기업들의 초대형화였다. 거래비용의 혁명적 감소가 거대 위계조직의 필요성을 약화시켰는지는 몰라도 동시에 거대 기업의 활발한 활동이 첨단 정보통신기술의 발달로 더욱 힘을 얻게 되었기 때문에 빚어진 일이다.[68]

거래비용은 기업에만 국한되는 건 아니다. 모이제스 나임Moises Naim은 "거래비용이 한 조직의 규모와 해당 조직의 본질까지도 결정한다는 발상은 산업 이외의 다른 많은 분야에도 적용될 수 있다. 그것은 오늘날 기업뿐 아니라 정부기관, 군대, 교회의 규모가 커지고 중앙집권화하게 되었는지 그 이유를 설명해준다"며 "모든 경우에 그렇게 하는 것이 합리적이고 효율적이었기 때문이다. 높은 거래비용은 조직 바깥에서 관리되는 핵심 기능들을 조직 내부로 가져와야 할 강력한 동기를 유발한다. 또 같은 이유로, 거래비용 때문에 조직들이 수직통합을 통해 규모를 키우는 것이 합리적이라고 생각할수록, 그러한 성장은 기존 체제에 기반을 마련하려고 애쓰는 새로운 경쟁자들에게 점점 뛰어넘기 힘든 장벽이 되었다"[69]고 말한다.

거래비용은 정치사회적 차원에서도 논의될 수 있다. 예컨대 기회주의는 불신을 키워 거래 성사를 위한 비용을 증가시키며, 공직선거 후보들의 공약 파기는 정치 불신이라는 거래비용을 초래한다.[70] 사실 한국정치, 아니 한국사회의 가장 큰 문제는 상호 불신의 소용돌이로 인해 거래비용이 너무 높다는 데에 있다.

한국이 전국적으로 하루 평균 124회꼴로 집회·시위가 벌어질 뿐만 아니라 폭력시위와 고공농성 등의 극단적 시위도 자주 벌어지는 '집회·시위공화국'이 된 것도,[71] 바로 그런 상태를 단적으로 표현해준다고 볼 수 있겠다. 특히 법에 대한 불신이라는 거래비용의 폭등은 정상적인 거래 자체를 매우 어렵게 만든다. 2000년 6월 형사정책연구원이 실시한 서울지역 성인 493명에 대한 설문조사 결과 399명(80.9%)과 415명(84.2%)이 각각 "유전무죄·무전유죄라는 말에 공감한다" "동일범죄에 대해서도 가난하고 힘없는 사람이 더 큰 처벌을 받는다"고 답한 것으로 나타났다.[72] 법이 그 지경이니 할 말이 많은 사람들이 시위에 의존하는 건 너무도 당연하지 않을까?

그러나 공익을 앞세우는 시위마저 억울함을 앞세워 과격일변도로 가도 되는 것인지는 의문이다. 2007년 5월 희망제작소 사회창안팀장 안진걸은 「소통과 연대의 집회를 위하여」라는 글에서 '사회운동의 주요 활동 수단인 집회·시위에 대해 이제는 광범위한 성찰이 필요한 때'라고 주장한 바 있다. 그는 "사회운동의 집회·시위가 국민들에게 감동을 주는 것이 아니라 오히려 짜증을 주고 있는 것은 아닌지 성찰하지 않을 수 없다"며 △교통체증 △감동이 없는 집회 △행사장을 뒤덮는 깃발 △전경과의 충돌 △소음 △화형식 △음주행위 등으로 시민들이 시민·사회단체의 집회·시위에 거리감을 느낀다고 지적했다.[73]

그럼에도 우리는 시위의 방법은 미시적인 것으로만 여기고 목적과 목표 중심으로 시위를 판단하려는 경향이 농후하다. 특정 시위에 대한 평가가 보수·진보의 이분법으로 확연하게 편이 갈라지는 것도 문제다. 최근의 주요 시위들을 거론하면서 말해봐야 그런 '편가르기' 심리 기제가 작동할 것이 뻔하다.

왜 그렇게 되었을까? 평화적으로 말하면 아무도 듣지 않기 때문이다. 평화 시위에는 언론도 기사 한줄 안 써준다. 폭력적이 되었을 때 부정적일망정 비로소 주목 대상이 된다. 같은 이치로 '편가르기'를 해야 힘이 생긴다. 악순환의 연속이다. 그러나 이런 조건이 성찰을 포기해야 할 이유는 못 된다. 시위는 성찰과 결합해야만 하며, 그럴 때 비로소 광범위한 참여와 지지를 획득할 수 있다. 단기적으로 권력·금력자와 언론의 주목을 받는 데에 몰두하다보면 그게 부메랑이 되어 시위의 참뜻을 죽이고야 말 것이다.

 일독을 권함!

- 이창진·김재범, 「클래식공연의 관람수요 결정요인: 거래비용을 중심으로」, 『예술경영연구』, 40권(2016년 11월), 5–32쪽.
- 김두환·이강배, 「거래비용을 고려한 기업 간 공유경제에서의 이익 배분 방안」, 『한국산업정보학회논문지』, 20권4호(2015년 8월), 111–126쪽.
- 이창진·김재범, 「거래비용 관점으로 본 클래식 음악공연 관람수요」, 『문화경제연구』, 17권2호(2014년 8월), 3–28쪽.
- 정준희, 「신규 복합 미디어 기업의 부상과 제작자 엑서더스」, 『한국언론정보학보』, 66권(2014년 5월), 28–58쪽.
- 장성희·정의식, 「거래비용이론을 이용한 모바일 채널충성도에 미치는 영향 분석」, 『한국컴퓨터정보학회논문지』, 14권10호(2009년 10월), 149–157쪽.
- 김동훈·김현정, 「거래비용 관점에서 본 온라인 구매와 오프라인 구매의 비교」, 『유통연구』, 9권1호(2004년 1월), 25–45쪽.

제14장

자존과 연대

왜 자기효능감
어떤 네티즌들은
악플에 모든 것을 거는가?

　사람의 신념체계는 행동과 목표와 지각에 영향을 준다는 걸 증명한 스탠퍼드대 심리학자 앨버트 밴두라Albert Bandura는 자신이 변화에 영향을 미칠 수 있다고 믿는 사람들이 착수한 일에서 성공할 가능성이 높은 걸 가리켜 '자기효능감self-efficacy'이라고 불렀다. 자기효능감을 가진 사람들은 눈높이를 더 높이 설정하고 더 노력하며 더 오래 참고 실패를 경험해도 더 쉽게 일어선다는 것이다. 자기효능감은 그의 '사회인지 이론social cognitive theory'의 주요 개념이다.[1]

　크리스토퍼 얼리Chrsitopher Earley는 "자기효능감은 개인이 적극적으로 낯선 세계에 뛰어드는 방식의 핵심적인 요소이다. 자기효능감은 스스로 어떤 구체적인 행동을 실행할 수 있는 능력이 있다고 여기는 자신감의 수준이다"며 다음과 같이 말한다.

　"자기효능감은 우리가 자신의 기술, 정서, 마음의 틀 등을 일관성 있게 조직해 새로운 도전과제를 처리하는 데 도움이 된다. 예를 들면 등반가는 당순히 정상에 오르는 능력에 대한 확신 여부만 생각하지 않는다. 대신에 등반가는 자기효능감을 통해 어떻게 정상을 정복할지, 반드시 필요한 것이 무엇인지, 어떤 행동을 취해야 할지, 어느 정도의 노력과 인내력이 필요할지 등 구체적인 전략을 생각한다. '내가 저것을 할 수 있을까'를 고민하면서 그것을 달성하는 방법까지 파악하는 것이다. 자기효능감이 강한 사람은 일을 열심히 할 뿐 아니라 영리하게 해낸다."[2]

그렇다고 해서 자기효능감이 곧 자신감을 뜻하는 건 아니다. 밴두라는 "필요한 능력이 부족할 경우에는 기대만으로 원하는 성과를 거둘 수 없다"고 말한다. 즉 자기 자신만을 믿는 것으로는 충분치 않으며, 능력이 뒷받침돼야 자신감도 높아진다는 것이다.[3] 자기효능감은 회복탄력성resilience, 즉 환경에 굴하지 않고 우울한 상황을 이겨낼 수 있는 마음의 능력을 키우는 필수조건이다. 버락 오바마의 선거 구호였던 "Yes, we can(그래, 우린 할 수 있어)"은 자기효능감을 간명하게 나타낸 표현이라고 할 수 있다.[4]

그렇다면 자기효능감은 '자아존중감self-esteem'과 어떻게 다른가? 너새니얼 브랜든Nathaniel Branden은 자아존중감 또는 자존감은 자기효능감과 '자기존중self-respect'이 합해진 것으로 본다. 여기서 자기존중은 자신이 행복을 누릴 만한 가치가 있는 사람이라고 느끼는 것을 말한다.[5]

예일대 심리학과 교수 로버트 스턴버그Robert J. Sternberg는 『성공하는 학자가 되기 위한 암묵적 지혜』(2003)에서 자신의 연구

계획서들이 계속 거절당한 경험을 토로한 뒤 이렇게 말한다.

엄격히 말해서 나는 당시 '자기효능감self-efficacy'이 손상된 것이지, '자아존중감self-esteem'을 잃어버린 것은 아니었다. 자기효능감은 당신이 성취해야 할 과제에 대한 성취 믿음을 말하고, 자아존중감은 보다 일반화된 자신에 대한 정서적 평가를 의미한다. 일반적으로 자아존중감은 실제 과제 수행과 필연적으로 연결되지는 않는다. 하지만 문제는 스스로에 대한 신념을 한번 잃어버리게 되면, 아무것도 당신을 나아가게 만들 수 없다는 것이다.[6]

밴두라가 개발한 자기효능 이론과 방법론은 주로 교육적 측면에서 학습의 효율성과 교육방법 등과 관련해 논의돼 왔지만, 최근에는 정보기술·사회복지·의학·경영 등의 분야에서 폭넓게 활용되고 있으며, 특히 '컴퓨터 효능감'이나 '인터넷 효능감'이라는 말이 쓰일 정도로 뉴미디어 및 테크놀로지의 수용에 관한 연구가 많이 이루어지고 있다.[7]

자기효능 이론과 방법론은 대학을 넘어서 경영·스포츠·카운슬링·코치·자기계발 등 다양한 분야에서 일대 혁신을 일으켰다. 자기효능감이 높은 사람은 도전을 즐길 뿐만 아니라 실패를 겪어도 자신을 문제 있는 사람으로 격하시키지 않고 한층 더 노력해 제대로 해낼 때까지 몇 번이고 다시 시도하는 것을 주저하지 않는다고 하니,[8] 어찌 경영·자기계발 전문가들이 이 복음의 메시지를 외면할 수 있었겠는가.

조지워싱턴대학의 경영학 교수로서 '자신감의 수호천사'로 불리는 캐시 코먼 프레이Kathy Korman Frey는 "여자들이 시간에 대한 통제권을 얻기 위해 연봉 인상·승진·탄력적인 근무환경을 요구하고 협상하지 못하는 중요한 이유가 바로 자기효능감의 부족입니다"라면서, "자기효능감은 여자들이 마지막으로 정복해야 할 영역입니다"라고 주장한다.[9]

과유불급의 원리는 자기효능감에도 적용된다. 특히 흡연·음주 등과 같은 유혹 앞에서 더욱 그렇다. 김병수는 "지금까지는 자기효능감이 높은 사람일수록 욕구와 충동을 더 잘 조절할 거라고 여겨왔다. 그런데 지나친 자신감은 오히려 해가 된다"며 "자신의 통제력과 의지력을 강하게 믿는 사람일수록 유혹에 굴복할 가능성이 크다. 의지만 믿고 유혹을 피하거나 행동을 조절하려는 노력은 적게 하기 때문이다. 반면에 자신의 의지력을 현실적으로 인식하고 있는 사람은 위험한 상황을 미리 피하려고 노력하고, 더 조심스럽게 행동한다. 그래서 충동에 빠질 가능성도, 자기 절제력을 잃어버릴 위험성도 상대적으로 낮다"[10]고 말한다.

정반대로 열등감에 시달리는 사람이 자기효능감을 만끽하기 위해 못된 유혹에 굴복하는 것도 가능하다. 김찬호는 『모멸감: 굴욕과 존엄의 감정사회학』(2014)에서 "악플러들 가운데는 피해의식과 열등감에 시달리는 이들이 많다고 한다. 그들에게 악플의 즐거움은 무엇인가"라고 물으면서 다음과 같이 말한다.

자신이 올린 글 한 줄에 다른 사람들이 동요하는 모습을 보면서 자기효능감self-efficacy을 맛볼 수 있다.(그것은 컴퓨터 바이러스를 유포해 세상에 혼란을 일으키는 사람들이나 시스템을 파괴하는 해커들이 느끼는 쾌감과 비슷하다. 그들도 의외로 유약하고 소심한 성격의 소유자가 많다고 한다.) 아무에게도 영향력을 행사하지 못하고 자신의 삶과 환경을 통제하지도 못하면서 무력감에 시달리는 사람일수록 공격적인 발설로써 자기효능감을 느끼려 한다. 그런데 자기효능감은 상대방의 반응에 좌우된다. 마구 욕을 퍼부었는데 상대방이 별로 개의치 않는다면, 계속할 마음이 사라질 것이다.[11]

자기효능감에 대한 탁월한 설명이 아닌가 싶다. 물론 자기효능감은 주로 자기계발 등과 같은 긍정적인 의미로 쓰긴 하지만, 우리 인간에게 자기효능감이 얼마나 중요한가를 말해주는 사례로 악플러가 기여를 한 셈이다. "나는 너를 화나게 만들 수 있어"라거나 "내게도 이런 능력쯤은 있어"라는 식의 잘못된 자기효능감을 만끽하기 위해 오늘도 악플을 올리는 악플러들의 투쟁을 불쌍하거니와 처절하다고 해야 할 것인가? 그리 생각하면 악플에 분노하거나 상처받을 이유가 조금은 약화되지 않을까?

📚 일독을 권함!

- 권영학·김용찬·백영민, 「TV 건강프로그램 시청경험은 어떻게 건강증진행동으로 이어지는가?: 건강 자기효능감의 매개효과를 중심으로」, 『한국언론학보』, 58권4호

(2014년 8월), 350–370쪽.

● 유명순·주영기, 「수입식품 위험인식 및 구매 의사 연구: 휴리스틱 성향, 자기효능감, 뉴스미디어 이용을 중심으로」, 『한국언론학보』, 57권6호(2013년 12월), 211–233쪽.

● 나은영, 「트위터 이용자의 온라인 자기노출에 영향을 주는 요인들: 위협감소 요인과 이익기대 요인의 효과」, 『한국언론학보』, 57권4호(2013년 8월), 124–148쪽.

● 기소진·이수영, 「프라이버시 염려와 자기효능감에 따른 SNS 이용자 유형에 관한 탐색적 연구: 페이스북 이용자를 중심으로」, 『한국언론학보』, 57권1호(2013년 2월), 81–110쪽.

● 장정헌·심재철, 「지각된 위험과 자기효능감이 행동의도에 영향을 미치는 과정을 조절하는 낙관적 편견의 간접효과에 관한 탐색적 연구: 구제역, 광우병, 신종플루 사례를 중심으로」, 『한국언론학보』, 57권1호(2013년 2월), 111–137쪽.

● 노혜정·김은이, 「텔레비전 드라마 노출이 남자 청소년의 외모만족과 자아인식에 미치는 영향: 외모에 대한 사회문화적 태도, 외모만족도, 자아존중감, 자기효능감을 중심으로」, 『한국언론학보』, 55권5호(2011년 10월), 340–365쪽.

● 진창현·여현철, 「소셜 미디어의 수용결정요인에 대한 연구: 자기효능감, 자기표현, 사회문화적 영향을 중심으로」, 『산업경제연구』, 24권3호(2011년 6월), 1295–1321쪽.

● 정용국, 「초등학생이 좋아하는 만화영화 캐릭터의 특성 및 동일화 갈망에 영향을 미치는 요인에 관한 연구」, 『한국언론학보』, 53권6호(2009년 12월), 262–286쪽.

● 박웅기·박윤정, 「인터넷 자기효능감과 인터넷 정보격차의 관계에 관한 연구: 부모와 자녀를 중심으로」, 『한국언론학보』, 제53권2호(2009년 4월), 395–417쪽.

정치적 효능감

왜 "승리는 똥개도 춤추게 만든다"고 하는가?

2007년 10월 서울대 사회발전연구소가 『동아일보』와 함께 실시한 '한국 사회기관 및 단체에 대한 신뢰도' 조사 결과에 따르면, 정당은 2.9%의 신뢰도를 기록했다.(국회 3.2%, 행정부 8.0%, 사법부 10.1%).[12] 2015년 10월 대한불교조계종 불교사회연구소가 만 16세 이상 국민 1200명을 대상으로 실시한 '2015년 한국의 사회·정치 및 종교에 관한 대국민 여론조사'에서 정당 신뢰도는 3.1%였다.(의료계 21.9%, 시민단체 21.5%, 금융기관 20.5%).[13]

2013년 7월 8일 반反부패 민간기구인 국제투명성기구TI는 107개국 11만4000명을 대상으로 한 설문조사 결과인 '부패지표 2013'을 발표했다. 한국은 정당(3.9점)과 의회(3.8점)를 가장 부패한 조직으로 꼽았다. 정당·의회에 대한 평가치는 세계 평균보다 높아서 정치권에 대한 심한 불신을 반영했다.[14]

2015년 8월 『조선일보』와 서울대 아시아연구소가 함께 실시한

'광복 70주년 국민의식 조사'에서 '나 같은 사람들은 정부가 하는 일에 대해 어떤 영향도 주기 어렵다'는 체념이 59.6%로 절반 이상에 달하며 '영향을 줄 수 있다'는 12.0%에 비해 훨씬 높은 것으로 나타났다. '정부는 나 같은 사람들의 의견에 관심이 없다'는 불만도 59.4%로 과반수였고 '관심이 있다'(12.1%)는 응답은 소수였다.[15]

이 조사 결과들은 한국인의 '정치적 소외political alienation'가 심각한 수준이며, '정치적 효능감political efficacy'이 매우 낮다는 걸 말해주기에 충분하다. 정치적 소외의 반대 개념이라고 할 수 있는 정치적 효능감은 시민들이 생각하기에 정부당국이 시민들의 요구에 잘 반응하며, 시민들이 참여하면 뭔가를 성취할 수 있다는 믿음, 그리고 시민들은 자신들이 정치결정을 이해하고 효과적으로 기여할 수 있는 능력이 있다는 믿음을 말한다. 전자를 외적 정치적 효능감external political efficacy, 후자를 내적 정치적 효능감 internal political efficacy이라고 한다. 응답자의 외적 정치적 효능감을 파악하는 전형적인 설문은 '나 같은 사람들은 정부가 하는 일에 대해 어떠한 영향도 주기 어렵다', 내적 정치적 효능감을 파악하는 설문은 '나는 한국이 당면하고 있는 중요한 정치 문제를 잘 이해하고 있다'이다.[16]

한국의 청년세대는 높은 내적 정치적 효능감을 갖고 있는 반면, 외적 정치적 효능감은 매우 낮다. 이 둘 사이의 괴리는 젊은 유권자들이 기존 투표 참여 등의 '관습적' 참여를 포기하는 '참여의 위기' 혹은 '정치적 소외'를 낳는 주요 이유가 되고 있다. 이와 관련, 박원호는 다음과 같이 말한다.

"정치과정에 스스로 참여할 수 있는 역량과 에너지가 매우 높은 반면, 이를 수용할 수 있는 체제의 가능성에 대해 청년들이 극단적으로 의심하는 순간, 이러한 딜레마를 해결할 수 있는 방법은 전통적인 참여, 즉 투표나 정당, 시민단체 등을 경유하는 통상적인 참여를 포기하고 개인이 주체가 되는 단발성의 항의나 시위 등의 새로운 대안적 채널을 찾아내는 일일 것이다. 이를 비관습적 참여unconventional participation라 부른다. 우리가 지난 몇 년 사이에 매우 활발한 '거리의 정치'를 보았던 이유, 그리고 이러한 거리의 정치가 주도적으로 청년층을 중심으로 진행되었던 이면에는 아마도 이러한 딜레마가 존재하지 않았나 하는 생각이다."[17]

사실 한국이 세계적인 '시위공화국'이 된 것은 바로 국민의 낮은 정치효능감 때문일 것이다. 정치를 통한 해결 가능성을 믿질 않으니 몸소 시위에 나설 수밖에 없는 게 아닌가 말이다. 특히 모든 사회적 약자들이 바로 국가적 의제설정agenda-setting에서 밀려나고 있기 때문에, 한국은 늘 격렬한 시위로 몸살을 앓는다. 시위는 몸으로 하는 의제설정 시도이지만, 웬만해선 뉴스로 보도되지 않기 때문에 날이 갈수록 시위가 격렬해지고 심지어 폭력적인 양상까지 보이는 것이다.[18] 많은 노동자들이 택하고 있는 '고공 농성'은 그런 현실을 슬프게 웅변해주고 있다. 『한겨레21』 기자 이문영이 잘 지적했듯이, '고공 농성의 만개'엔 언론의 책임이 크다.

뉴스 가치를 '사건의 크기'로 재단하는 언론에 절망하며 노동자들은 하늘에 올라 스스로 '사건'이 된다. 고공농성이 장기화될수록 하늘 노동자들은 '사건의 시야'에서도 멀어진다. 땅에서 사건이 될 수 없어 고공에 몸을 실은 노동자들이 하늘에서까지 잊힐 때 그들이 새로운 사건이 되는 길은 죽음밖에 없다. (…) 연쇄적이고 동시다발적이며 장기적인 고공농성은 '지극히 한국적 현상'이다. 경제 규모가 비슷한 국가 중 한국만큼 고공농성이 빈번한 나라는 없다.[19]

  김낙호는 「'헬조선'의 정치적 효능감」이라는 칼럼에서 정치적 효능감을 키우기 위한 방법을 제시한다. 그는 "내가 세상을 조롱하는 수준에 머물지 않고 진지하게 관심을 기울여 노조에 가입하고 정당원이 되고 단체를 후원하다 보면, 정말로 제도적 개선을 만들어낼 수 있다는 일상적 경험이 만들어지는 것이다. 그런 경험을 위해 가장 시급한 지점은 당연히 지역 정치의 민주적 내실을 발전시키는 것이다. 혹은 시민들이 사적 밥벌이 너머 공적 참여에 진지하게 나설 여력을 가지는 노동환경 조성도 있다. 나아가 정책 결과에 대해 확실한 책임을 지우는 정당 문화도, 모두 묵직한 사회 진보 과제다"며 다음과 같이 말한다.

  "하지만 확실하게 도울 수 있는 역할은 미디어의 몫이다. 바로 '헬조선'이라는 자학적 유행어를 소개하는 것에 그치지 않고, 그 다음을 논하는 것이다. 시민들이 지역정치에 관심을 할애하도록 의제를 짜고, 왜 불투명하고 갑갑하게 돌아가는지 분석해줄 수도 있다. 부당노동행위의 현실에 체계적으로 저항하는 나름대로 성공적인 방법들을 소개할 수도 있다. 지금의 문제적 정책이 어떤 이들의 과오로 만들어진 것인지, 타임라인으로 집요하게 기억을 되짚어주는 것도 좋다. 그래서 지금 개개인이 무엇을 할 수 있으며, 또한 어떤 부분에 난관이 있기에 어떻게 모두 함께 더 나은 사회적 해결책을 궁리할 것인지, 축적된 지식과 다양한 경험들을 제대로 연결해주는 것 말이다."[20]

곽금주는 자기효능감이 낮은 20대가 자기효능감을 높이는 방법 중 "가장 먼저 시도해볼 만한 방법은 작은 성공 경험을 쌓는 것이다"고 말한다. "일의 중요도나 크기는 그리 중요하지 않다. 그리 어렵지 않은 자격증 따기, 빼먹지 않고 아침운동 하기, 일주일에 책 한 권 읽기, 체중 조절하기 같은 작은 일이라도 목표를 정해 이뤄내고 나면 마음이 뿌듯해지면서 자신에 대한 믿음이 생기게 된다. '나도 이 정도는 이뤄낼 수 있는 사람이다' 하는 생각이 자신감을 북돋워주며 자기효능감을 높여주는 것이다."[21]

이런 작은 성공의 경험은 정치적 효능감을 높이는 데에 절대적으로 중요하다. 청년유니온 사무처장 오세연과 민달팽이 주택협동조합 이사장 권지웅은 "청년 세대가 '작은 승리'의 경험을 갖는 것이 중요하다"고 말한다.[22] 청년 정치인 조성주 역시 "때때로 조직가는 일반 대중들 속에서 지독한 좌절감을 발견하기 때문에 확실한 싸움에만 내기를 걸어야 한다"는 사울 알린스키Saul Alinsky의 말을 인용하면서 자신의 활동 원칙을 이렇게 천명한다. "약자들의 싸움은 패배해서는 안 된다. 만약 패배할 것 같다면 무조건 도망치고 이길 수 있는 싸움만 골라서 해야 한다."[23]

그렇다. 시민들이 정치에 참여하면 뭔가를 성취할 수 있다는 믿음을 청년들에게 주기 위해선 작은 승리나 성공이 절대적으로 필요하다. 미국 심리학자 칼 웨익Karl Weick은 「작은 성공들: 사회문제의 규모를 재정의하기Small Wins: Redefining the Scale of Social Problems」라는 제목의 논문에서 '작은 성공'의 중요성에 대해 이렇게 말한다. "작은 성공의 경험은 무게감을 줄이고('별 거 아니군') 노력의 요구량을 감소시키며('이만큼만 하면 되네') 스스로 생각하는 능력 수준을 높인다('난 이것도 할 수 있잖아!')."[24]

"승리는 똥개도 춤추게 만든다On the day of victory no fatigue is felt"는 말이 있다. 이탈리아의 외무장관이었던 치아노Gian Galeazzo Ciano는 "승리하면 아버지가 100명이 생기지만 패전하면 아무도 알아주지 않는다"고 했다. 미국 제35대 대통령 존 F. 케네디도 똑같은 말을 했다. "승리하면 아버지가 100명이 생기지만 패배하면 고아가 된다는 옛말이 있다."[25]

이는 참여의 '눈덩이 효과'가 그만큼 무섭다는 뜻이기도 하다. 작은 성공은 특정 집단이 협동해 무엇인가 행동에 옮기면 일정 수준의 성취를 할 수 있다고 믿는 '집단효능감collective efficacy'을 키우는 밑거름이 될 수 있다는 이야기다.[26] 아무리 작은 일이라도 성공의 사례들을 계속해서 보여주는 사람들이 있으면 구경만 하던 사람들도 믿음을 보내주는 건 물론 동참하려는 생각마저 갖게 된다. 이렇게 해서 범국민적 차원에서 정치적 효능감을 키워야 진짜 민주주의가 가능해지지 않겠는가.

📚 일독을 권함!

- 금희조·조재호, 「미디어를 통한 뉴스 이용과 대화가 정치 지식, 효능감, 참여에 미치는 영향: 미디어의 종류와 대화 채널의 차별적 효과를 중심으로」, 『한국언론학보』, 59권3호(2015년 6월), 452–481쪽.

- 이종혁·최윤정·조성겸, 「정치 효능감과 관용을 기준으로 한 바람직한 소통 모형: 참여민주주의와 숙의민주주의를 위한 제언」, 『한국언론학보』, 59권2호(2015년 4월), 7–36쪽.

- 김동윤·박현식, 「관여도에 따른 트위터 이용자의 읽기와 쓰기 행위가 정치효능감에 미치는 영향」, 『한국언론학보』, 59권1호(2015년 2월), 93–114쪽.

- 권혁남, 「전략적 뉴스가 정치 냉소주의, 투표참여에 미치는 개인적 특성 효과연구: 2010 지방선거를 중심으로」, 『한국언론학보』, 57권1호(2013년 2월), 5–27쪽.

- 문원기·김은이, 「정치정보의 서비스 품질에 대한 인식이 정치조직 소셜미디어 이용자의 온라인 정치참여에 미치는 영향: 정치적 소셜미디어 이용과 정치효능감과의 관계를 중심으로」, 『한국언론학보』, 58권3호(2014년 6월), 145–172쪽.

- 강수영, 「정치적 자기효능감 척도(PSES) 제작 및 타당화 연구」, 『한국언론학보』, 57권3호(2013년 6월), 294–323쪽.

- 박창식·정일권, 「정치적 소통의 새로운 전망: 20~30대 여성들의 온라인 정치커뮤니티를 중심으로」, 『한국언론학보』, 55권1호(2011년 2월), 219–244쪽.

- 박상호, 「포털뉴스 이용동기가 인터넷 자기효능감, 정치적 신뢰, 정치냉소주의와 정치참여에 미치는 영향에 관한 연구」, 『한국언론학보』, 53권5호(2009년 10월), 153–175쪽.

- 송종길·박상호, 「17대 대통령 선거에서 TV토론 이용동기가 유권자의 정치행태에 미치는 영향 연구: 정치 정보효능감, 정치냉소주의, 정치적 지식과 투표행위를 중심으로」, 『한국언론학보』, 53권3호(2009년 6월), 417–442쪽.

- 송종길, 「공직후보 TV토론 이용 동기가 유권자의 투표행위에 미치는 영향 연구: 서울지역 유권자들의 정치적 지식과 효능감을 중심으로」, 『한국언론학보』, 50권6호(2006년 12월), 440–460쪽.

왜

회복탄력성

어떤 사람들은 슬픔이나 분노를
잘 극복할 수 있는가?

트라우마 연구가인 미국 컬럼비아대 임상심리학자 조지 보나노George Bonanno는 1990년대 초부터 사랑하는 사람과 사별한 사람들의 정서 반응을 연구했다. 그 당시 일반적인 통념은 가까운 친구나 가족이 죽게 되면 마음에 지울 수 없는 상처가 남는다는 것이었지만, 보나노는 실험을 통해 그런 통념과 달리 사별한 사람들에게서 마음의 상처가 생긴 흔적을 찾아낼 수 없음을 확인했다. 대부분의 사람은 사별 이후 몇 달 만에 원래의 생활로 돌아갔으며 놀라울 정도로 환경에 잘 적응했다는 것이다. "상실의 고통을 견뎌내는 것은 그다지 특별한 능력이 아니다. 오히려, 역경 속에서도 번영해온 인류의 좀 더 보편적인 능력의 한 예인지도 모른다. (…) 우리가 상실에 잘 대처하는 것은 그럴 수 있도록 돕는 일련의 선천적인 심리 과정이 마치 내부 설계라도 된 것처럼 갖추어져 있기 때문이다."[27]

보나노는 그렇게 원래 상태로 돌아가는 걸 가리켜 resilience 라고 했다. 우리말로 탄력성·회복탄력성·심리적 건강성·절대 회복력·탄성력 등으로 번역되는 개념인데, 여기선 회복탄력성 으로 쓰기로 하자. 휘었던 대나무가 되튕겨 일어나듯, 눌렸던 용 수철이 금방 튀어오르듯, 슬픔과 고통에서 신속하게 벗어나 삶의 페이스를 되찾는 모습을 개념화한 것으로 이해하면 되겠다.[28] 하 버드 의대 교수 조지 베일런트George E. Vaillant는 『행복의 조건Aging Well』(2002)에서 다음과 같이 말한다.

회복탄력성을 지닌 사람은 신선하고 푸른 고갱이를 지닌 나뭇가 지에 비유할 수 있다. 그런 나뭇가지는 휘어져 모양이 변형되더라도, 힘없이 부러지는 일 없이 금세 다시 제 모습을 찾아 계속 성장한다. 유전자와 환경은 모두 회복탄력성에 중대한 영향을 끼친다. 우리는 사랑하는 친구들과 교제하면서 유머감각이나 이타주의와 같은 적응 적 방어기제를 발전시킨다. 그러나 다른 사람의 마음을 끄는 능력은 많은 부분 유전적으로 물려받은 능력, 즉 타고난 성격이나 외모에 좌 우될 때가 많다.[29]

미국 심리학회는 회복탄력성의 특성을 다음 네 가지로 요약했 다. 첫째, 현실적인 계획을 세워 한 걸음씩 수행해 나가는 힘(목 적성과 인내심). 둘째, 자신의 강점과 능력에 대한 긍정적이고 낙 관적인 태도와 확신(경험 중시). 셋째, 의사소통과 문제 해결의 기술(관계의 기술). 넷째, 감정에 대한 이해와 조절 능력(평정심).[30]

회복탄력성을 예찬하는 사람들 사이에선 회복탄력성의 계발 가능성에 대한 온도 차이가 있다. 보나노는 회복탄력성이 인간의 본성에 가깝기 때문에 슬픔을 견뎌 내기 위해 인위적 노력을 가하는 것은 오히려 해로울 수 있다고 주장한다. 비탄에 잠긴 사람은 그냥 내버려두는 게 상책이라는 것이다. 『사이언티픽 아메리칸』(2011년 3월호)에 따르면, 미국 육군이 100만 명 이상의 병사와 가족들을 대상으로 회복탄력성 능력을 향상시키는 '사상 최대의 심리학적 실험'을 추진중인 것과 관련, 보나노는 회복탄력성이 본성이므로 육군의 계획은 도움이 되기는커녕 부작용만 일으킬지 모른다고 비판했다. 물론 그의 주장은 논란을 불러일으켰다.[31]

반면 계발 가능성에 무게를 두는 이들도 많다. 예컨대 연세대 언론홍보영상학부 교수 김주환은 회복탄력성은 '마음의 근력'과 같다고 말한다. "몸이 힘을 발휘하려면 강한 근육이 필요한 것처럼, 마음이 강한 힘을 발휘하기 위해서는 튼튼한 마음의 근육이 필요하다. 심리학자들에 의하면 마음의 힘은 일종의 '근육'과도 같아서 사람마다 제한된 능력을 갖고 있으며, 견뎌낼 수 있는 무게도 정해져 있다. 그러나 마음의 근육이 견뎌낼 수 있는 무게는 훈련에 의해 얼마든지 키울 수 있다."[32]

미국의 혁신 전문가 톰 켈리Tom Kelley와 데이비드 켈리David Kelley는 『유쾌한 크리에이티브: 어떻게 창조적 자신감을 이끌어낼 것인가Creative Confidence: Unleashing the Creative Potential Within Us All』(2013)에서 "회복탄력성이 뛰어난 사람들인 동시에 문제 해결력이 뛰어난 사람들은 누구보다도 도움을 잘 청하며 그 결과 강력한 사회적 지원을 얻어내고 동료, 가족, 친구들과도 좋은 유대관계를 유지한다"며 "회복탄력성은 종종 단독으로 발휘되는 것처럼 여겨지기도 한다. 이를테면 외로운 영웅이 쓰러졌다가 다시 일어나 승리한다는 식으로 말이다. 그러나 실제로는 다른 사람들에게 손을 뻗치는 것이야말로 확실한 성공 전략이 된다. 그건 결코 자신의 나약함에 대한 인정이 아니다. 단지 우리는 힘들고 불리한 상황에서 다시 뛰어오르기 위해 다른 사람들의 도움이 필요할 뿐"[33]이라고 말한다.

회복탄력성을 키우기 위해 스트레스는 피하는 게 상책인가? 그래서 휴가를 즐긴다거나 여행을 떠나는 것이 좋은 방법인가? 이에 대해 올리버 버크먼Oliver Burkeman은 『행복중독자: 사람들은 왜 돈, 성공, 관계에 목숨을 거는가HELP!: How to Become Slightly Happier and Get a Bit More Done』(2011)에서 "일시적으로 상황을 피하려 하기보다는 차라리 근본적인 대응책을 마련하는 것이 더 현명하지 않을까?"라는 질문을 던진다. "회복탄력성에 대해 연구하는 심리학자들이 추구하는 것이 바로 이 질문에 대한 답이다. 다른 심리학자들이 스트레스는 참을 수 없는 것이라고 부정적으로 평가하는 반면, 회복탄력성을 연구하는 심리학자들은 스트레스를 직시하며, 더 나은 발전을 이룩하게 해주는 긍정적인 요소, 즉 회복탄력성을 제공해주는 요소라고 평가한다."[34]

회복탄력성은 나이가 좀 들어야 발휘될 수 있는 것이기 때문에 10대들에게 과도한 경쟁을 요구하는 것은 매우 부정적인 영향을 미칠 수 있다. 이와 관련, 영국 바스대학교Bath University의 체육 감독인 스티븐 배들리Stephen Baddeley는 "저는 스포츠 정신을 열렬히 믿는 사람입니다. 그렇지 않았다면 지금 이 자리에 있지도 않았겠죠. 하지만 엘리트 스포츠는 일반 스포츠와는 다릅니다. 그것은 아이들에게 육체적으로 해롭습니다"라면서 이렇게 말한다. "자기 몸을 극한으로 밀어붙이기 때문에 고장이 날 수밖에 없어요. 몸이 고장 나지 않는다면 운동을 열심히 하지 않는다는 의미이고요. (…) 10대의 경우에는 실패에 대처할 수 있는 정서적 회복탄력성emotional resilience을 가진 선수가 극소수입니다. 운동하는 10대들이 나쁜 행동에 빠져드는 이유가 많은 것도 다 그 때문이죠."[35]

10대의 나이에 살인적인 입시경쟁에 내몰리는 한국의 학생들을 생각해보자면 이는 심각하게 생각해야 할 문제가 아닐 수 없다. 패자부활전이 없거나 희소한 사회는 의도적으로 회복탄력성을 억압하는 사회가 아닐까? 빈곤의 나락으로 떨어진 사람에게 재기할 기회는 있는가? 이런 물음과 관련, 사회적 차원의 회복탄력성을 생각해볼 수 있겠다. 어떤 사회에 재난이 닥쳤을 때 자기가 먼저 살기 위해 도망치고 싸우는 아비규환阿鼻叫喚이 벌어지기도 하지만 서로 돕고 연합하는 상황이 전개될 수도 있다. 이 후자의 태도가 바로 '집단탄력성collective resilience'이다.[36] 평상시 전 사회적 차원에서 집단탄력성을 키우기 위해선 신뢰 등과 같은 '사회적 자본'이 튼튼해야 한다.

연세대 사회학과 교수 김호기는 "개인 심리 영역에서뿐만 아니라 사회구조 차원에도 회복 탄력성은 존재한다"며 "문제는 언제부턴가 사회적 상처들을 치유할 수 있는 우리 사회의 회복 탄력성이 갈수록 줄어들고, 그 탄력성이 발휘되기 어려운 임계점으로 다가가고 있다는 점이다. 제대로 된 해법을 찾지 못하는 청년 실업, 비정규직, 소득 양극화, 노인빈곤 문제 등은 구체적인 증거들"[37]이라고 말한다.

그러나 회복탄력성 연구는 거의 개인적 차원에 머물러 있다. 브레드 에반스Brad Evans와 쥴리안 리드Julian Reid가 『회복탄력적인 삶: 위험하게 사는 법Resilient Life: The Art of Living Dangerously』(2014)에서 회복탄력성 개념을 비판하는 것도 바로 그런 이유 때문이다. 이들은 회복탄력성 마케팅이 정부의 책임을 외면하게 만들면서 모든 고통을 개인적으로 해결하게끔 만든다고 꼬집는다.[38]

생각해보면 흥미로운 일이 아닐 수 없다. 개인 차원에선 자신의 회복탄력성을 기르기 위한 노력이 치열하게 전개되고 있고, 이와 관련된 자기계발 산업은 날로 그 규모를 더해가고 있는 반면, 사회적 차원의 회복탄력성은 날이 갈수록 약화돼 가고 있으니 말이다. 미국에서 자기계발 산업이 2000년 이래로 매년 10%씩 꾸준히 성장하여 10년 만에 그 규모가 80억 달러에 이른 것도 그런 추세를 말해주는 게 아닐까?[39] 이런 '책임의 개인화' 현상에 브레이크를 걸거나 그걸 보완하기 위해서라도 사회적 회복탄력성을 높이는 정책적 개입이 있어야 할 것 같다.

📚 일독을 권함!

● 손은경·최은영·공마리아, 「초등학교 고학년의 스마트폰 중독 위험성이 정신건강에 미치는 영향에 있어 회복탄력성의 매개효과」, 『재활심리연구』, 23권2호(2016년 6월), 439–457쪽.

● 김영욱·장유진, 「냄비성향 척도 개발과 타당성 검증」, 『커뮤니케이션 이론』, 11권4호(2015년 12월), 171–205쪽.

● 김진주·엄동춘·주세진, 「대학생의 일반적 특성과 회복탄력성이 스마트폰 과다사용에 미치는 영향」, 『한국웰니스학회지』, 9권4호(2014년 11월), 139–147쪽.

● 정성미, 「북한이탈주민의 소통능력 증진을 위한 인문치료」, 『다문화콘텐츠연구』, 16권(2014년 4월), 157–189쪽.

● 최민아·신우열·박민아·김주환, 「커뮤니케이션 능력은 우리를 강하고 행복하게 만든다: 회복탄력성과 자기결정성을 통해본 커뮤니케이션 능력의 역할」, 『한국언론학보』, 53권5호(2009년 10월), 199–220쪽.

자기결정성 이론
왜 스스로 결정한 자발적 선택이
더 큰 힘을 발휘하나?

"만족감을 느끼면서 잠자리에 들려면 매일 아침 결의를 다지면서 일어나야 한다." 미국 저널리스트 조지 호레이스 로리머George Horace Lorimer의 말이다. 'determination(결정, 결의)'의 가치를 예찬하는 명언들은 무수히 많다. 심리학자들이 그런 현상을 외면했을 리 만무하다.

self-determination theory(자기결정 이론, 자기결정성 이론, 자력결정 이론)은 인간의 가장 기본적인 욕구는 자율성이며, 따라서 외적 동기보다는 내적 동기, 즉 스스로 결정한 자발적 선택이 더 큰 힘을 발휘한다는 이론이다. 스스로 동기가 유발된 사람이 주어진 업무에 더 만족하고 있고 당연히 그 업무를 더 잘 수행할 가능성이 높다는 것이다. 미국 로체스터 대학의 심리학자 에드워드 데시Edward L. Deci와 리처드 라이언Richard M. Ryan이 1970년대에 제시한 이론이다.[40]

자기결정성 이론의 핵심은 '행동에 필요한 에너지'인 동기를 뒷받침하는 세 가지 중요한 욕구가 있다는 것인데, 그것은 자율성autonomy, 유능감competence, 관계성relatedness에 대한 욕구다. "자기결정성 이론이 우리에게 전해주는 가장 중요한 메시지는 심리적 유능감에 목표를 부여하려는 욕구를 제대로 파악하지 못하면 목적지향적 행동은 물론이고 행복과 심리적 발달과 같은 보다 근본적 주제들에 대한 완전한 이해가 불가능하다는 것이다."[41]

다니엘 핑크Daniel H. Pink는 『드라이브Drive』(2009)에서 "지난 30년 동안 데시와 라이언은 연구와 교육을 통해 미국과 캐나다, 이스라엘, 싱가포르, 서유럽 전역에서 수십 명의 자기결정성 이론 학자들의 네트워크를 조성했다"며 "이들은 실험실은 물론이고 거의 모든 영역(사업, 교육, 의학, 스포츠, 운동, 개인생산성, 환경주의, 관계, 육체적 건강, 정신적 건강)을 아우르는 임상연구를 통해 자기결정성 이론과 내재 동기에 대해 탐구해왔다. 이들은 수백 편에 달하는 연구논문을 발표했으며, 그중 대다수가 동일한 결론을 내리고 있다. 인간은 자율성과 자기결정성, 관계성에 대해 타고난 내재 욕구를 갖고 있다. 이 욕구가 발산될 때 인간은 더 많은 것을 성취하고 풍요로운 삶을 살 수 있다"[42]고 말한다.

물론 한국에서의 연구와 교육도 매우 활발하다. 자기결정성 이론은 커뮤니케이션학에서 커뮤니케이션 능력, 온라인 게임 중독과 관련해 연구된 것을 비롯해[43] 심리학·교육학·경영학 등 여러 분야에서 많이 연구되고 있다. 최근엔 자기계발과 관련해 많이 활용되고 있다.[44]

에드워드 데시와 리처드 플래스트Richard Flaste는 『마음의 작동법Why We Do What We Do』(1995)에서 수많은 자기계발서들이 외치는 것과는 달리 "동기부여 기법이나 자율성 확보 기법 따위는 없다"고 단언한다. 동기부여는 기법이 아니라 내면에서 와야 하며, 자신을 책임지고 관리하겠다는 결심에서 동기가 부여된다는 것이다.

개인적인 변화의 이유를 찾았을 때, 그리고 부적응 행동의 바탕에 숨은 불만과 무능력, 분노, 고독 등 다양한 감정과 대면하고 해결할 마음을 먹었을 때 그때서야 비로소 변화의 동기가 마련된다. 그 상태가 되었다면 여러 기법이 유용하게 쓰일 수 있다. 하지만 결단이 없다면, 그리고 개인적으로 의미를 부여할 수 있는 변화의 계기가 없다면 기법은 아무런 쓸모가 없다. 기법이 자신을 바꿔줄 거라고 믿는 사람은 내면의 인과관계가 아니라 외부의 인과관계에 의지하며, 자율적이기보다는 통제를 받음으로써 의미 있는 개인적 변화를 이루려는 것이나 다름없다.[45]

결국 중요한 것은 스스로 선택을 할 수 있는 자기통제력이라는 것인데, 이 점에서 자기결정성 이론은 사람들에게 자신이 통제할 수 있다는 환상을 주어 불쾌하거나 지루한 상황을 더 잘 견뎌내게 만드는 효과를 발휘한다는 이른바 '통제의 환상illusion of control'과도 통한다.[46] 김민태는 '통제의 환상'과 관련된 자기결정성 이론을 아이 교육에 활용한 경험에 대해 이렇게 말한다.

"네 살 된 딸아이가 떼를 쓴다. 저녁 먹을 시간인데 TV에서 하는 만화를 보겠다고 울며 바닥에 눕는다. 나는 한 가지 꾀를 냈다. '지금 목욕할래? 밥 먹고 목욕할래?' 아이의 고민은 오래 가지 않는다. '밥 먹고 목욕할래요.' 밥 먹기보다 목욕하기가 더 싫은 거다. 아이는 아빠의 꾀에 낚였다. 이 선택 전략은 내가 아이에게 자주 쓰던 수법이다. 자기 의사를 표현할 수 있게 된 유아들은 끊임없이 '싫어'를 외친다. 뭐든 자기가 하려 들고 엄마 아빠의 말은 들으려고 하지 않는다. 이때 지시를 하는 것보다 선택해야 할 대상을 만들어주면 다툼의 이슈가 의외로 쉽게 해결된다는 것이 발달 전문가들의 조언이다. 인간은 스스로 선택할 수 있을 때 유능감을 느끼기 때문이다."[47]

캐나다 퀘벡대 경영학부 교수인 클로드 퍼네Claud Fernet는 '직무 긴장'에 관한 연구를 통해 "자율적 동기를 가진 직원들은 그렇지 않은 동료들보다 직무에서 심리적 압박감에 덜 시달린다"는 사실을 발견했다. 데이비드 즈와이그David Zweig는 『인비저블: 자기 홍보의 시대, 과시적 성공문화를 거스르는 조용한 영웅들Invisibles: The Power of Anonymous Work in an Age of Relentless Self-Promotion』(2014)에서 겉으로 드러나지 않으면서 자율적 동기에 의해 높은 성취도를 올리는 사람들을 가리켜 '인비저블'이라고 했는데, 퍼네는 즈와이그에게 보낸 이메일에서 다음과 같이 말했다.

"자율적 동기를 지닌 인비저블은 특별히, 혹은 의도적으로 '인비저블'이 된 것이 아닙니다. 그저 일을 통해 완전한 충족감을 얻고자 하는 욕구(와 능력) 때문에 아침에 일어나 일에 전념했을 따름이죠. 만약 성공해서 명성과 인기(남의 눈에 띄는 것)를 누린다고 해도 그걸 궁극적 보상으로 여기지 않고 그보다는 개인적 발전이나 성장 추구, 또는 그들의 핵심 가치와 일치하는 당연한 귀결로 여길 겁니다."[48]

기업의 인사관리에 적용되는 자기결정성 이론의 핵심은 승진이나 연봉 인상과 같은 외재적인 동기부여보다는 내재적인 본질적 동기부여가 더 중요하다는 것이다. 이 방식을 도입한 구글의 인사 분석과 보상 담당 부사장 프라사드 세티Prasad Setty의 지적이다.

전통적인 제도는 성과 평가와 인재 개발이라는 완전히 다른 두 가지 일을 하나로 합치는 중대한 오류를 발생시켰다. 평가는 연봉 인상이나 성과급 지급과 같은 유한한 자원을 분배하기 위해 필요한 것이다. 그러나 인재 개발은 직원이 성장하고 직원이 하는 업무가 개선되기 위해 필요한 것이다.[49]

그렇다고 해서 자기결정성 이론이 항상 보상에 반대하는 것은 아니다. 데시는 이렇게 말한다. "물론 일터와 그 외 환경에서 당근과 채찍은 필요하다. 그러나 눈에 띄지 않을수록 좋은 법이다. 동기를 유발시키려고 보상을 이용하면 동기는 가장 급격히 하락한다."[50] 이는 내적 동기로 인해 하던 일에 보상이 주어지면 내적 동기가 약화되면서 흥미를 잃고, 자기 행동의 원인을 보상이라고 하는 외적 동기로 정당화시키는 이른바 '과잉정당화 효과

overjustification effect'와 통하는 주장이다.[51]

같은 맥락에서 심리학자들은 레고의 인기비결을 "규칙과 상상력을 동시에 구현하고, 자체적으로는 의미를 갖지 않는 재료들을 모아 의미와 스토리를 만드는 것"에서 찾는다. 이에 대해 문요한은 이렇게 말한다. "인간은 자신의 운명을 스스로 주조하려는 속성을 지니고 있다. 자신의 인생을 스스로 만들어가고 싶고 자신의 이야기를 스스로 써내려가고 싶어 한다. 그러므로 낱개의 부품들에 형태를 부여하고 더 나아가 새로운 의미를 담아 새로운 형태를 만드는 레고 놀이야말로 우리 안의 자율 추구와 창조 본능을 충족시켜준다."[52]

그런 이야기가 새로운 건 아니다. 이미 오래 전 괴테는 우리에게 인생을 하나의 작품으로 여기고 그 창작자가 되라고 말했다. "조각가가 조각품으로 탄생시킬 원재료를 갖고 있듯 우리는 누구나 자신의 운명을 손에 쥐고 있다. 예술활동뿐 아니라 다른 모든 것에서도 마찬가지다. 우리는 운명을 주조할 수 있는 능력을 가지고 태어난다. 자신이 원하는 모양으로 재료를 빚어내는 기술을 공들여 배우고 계발해야 한다."[53]

다 아름다운 말이지만, 입시전쟁이라는 과정을 거쳐야 하는 한국의 젊은이들에겐 꿈같은 이야기일 수밖에 없다. 상담심리사 선안남은 자기결정성을 '스스로 결정하고 밀고나가는 주체성'으로 정의하면서 어렸을 때부터 부모의 뜻에 따라 움직이면서 공부만 하던 학생들이 이후에 겪는 고통에 대해 한 사례를 들려준다. "어린 시절부터 부모님이나 선생님, 그리고 사회라는 외부의 기대에 맞춰 움직여왔던 그는 내적 동기보다 외적 동기에 마음의 주파수를 맞춰 살아왔다. 공부도 해야 한다고 하니 했고, 인맥을 쌓을 필요가 있다고 하니 친구를 만났고, 취직도 대기업이 좋다고 하니 그렇게 했다. 그렇기 때문에 지금 그는 아침에 일어나 회사에 가서 하루를 시작하는 것이 재미가 없고 귀찮다. 일상의 많은 일들이 억지로 굴러가는 것 같다는 생각이 든 것이다."[54]

대부분의 한국인들이 그런 식으로 컸기 때문일까? 최근 한국 사회를 강타한 국정농단 사건이 자기결정성을 잃고 스스로 알아서 기는 고위 공직자들과 각계의 지도자·전문가들의 추태를 유감없이 보여준 것은 우연이 아닌 것 같다. 각자 맡은 바 최소한의 임무만 수행했더라도 일어날 수 없는 일이 일어난 것이다. 이 사건은 민주주의는 법의 문제인 동시에 문화의 문제라는 걸 재확인케 해준 사건이라 할 수 있겠다. 자기결정성을 스스로 박탈해야만 성공을 하는 데에 유리한 지금과 같은 풍토는 과연 언제쯤 바뀔 수 있는 걸까?

📚 **일독을 권함!**

- 신호창·송주현, 「사내커뮤니케이션과 구성원 정서적, 자주적, 변화참여 열의와의 관계 연구」, 『정치정보연구』, 18권2호(2015년 6월), 183~222쪽.
- 양윤직·유종숙, 「자기결정성이 SNS의 인게이지먼트와 구전효과에 미치는 영향 연구」, 『한국광고홍보학보』, 16권4호(2014년 10월), 44~76쪽.
- 김효정·안현숙·이동만, 「자기결정성 요인이 인터넷 중독 및 정보윤리에 미치는

영향에 관한 연구: 게임형과 정보검색형 중심으로」, 『인터넷전자상거래연구』, 13권 3호(2013년 9월), 207–228쪽.

- 최수형·한상필, 「온라인 브랜드 커뮤니티 특성과 자기결정성이 브랜드 자산에 미치는 영향에 관한 연구」, 『한국심리학회지: 소비자·광고』, 13권1호(2012년 2월), 41–62쪽.

- 김한주·옥정원·허갑수, 「스포츠팬 관람동기의 다차원적 구조가 팀 애착 및 스폰서십 효과에 미치는 영향에 관한 연구: 자기결정성 이론을 중심으로」, 『한국광고홍보학보』, 13권1호(2011년 1월), 36–64쪽.

- 권두순·이상철·서영호, 「자기결정성 요인이 온라인 게임 몰입에 미치는 영향」, 『경영과학』, 27권3호(2010년 11월), 71–86쪽.

왜

약한 연결의 힘

친구가 해준 소개팅은
번번이 실패할까?

1962년 미국 프린스턴대학교. 역사학과 신입생 마크 그래노베터Mark Granovetter는 교양화학 강의를 듣다가 '약한' 산소가 엄청난 양의 물 분자를 결합시키고, 그 결합은 '강한' 공유결합이라는 사실에 매료되었다. 1965년 역사학 학사학위를 받고 나서 하버드 대학원으로 진학하면서 사회학으로 전공을 바꾼 그는 박사과정 중인 1969년 「약한 연결의 힘The Strength of Weak Ties」이란 논문을 썼지만 학술잡지에 실리지 못해 낙심한 가운데 1970년 사회학 박사학위를 받았다.(국내에서 'ties'는 '연결' '인연' '연계' '유대' '결속' '연대' '관계' 등 다양하게 번역되고 있으며, 'weak'는 '약한'과 더불어 '느슨한'으로 번역하기도 한다.)

교양화학 강의가 자극을 준 「약한 연결의 힘」이란 논문은 4년 후인 1973년에서야 『미국 사회학 저널American Journal of Sociology』에 게재되었다. 처음에 퇴짜를 맞았던 것과는 달리, 이 논문은 나오자마자 학계의 뜨거운 주목을 받았다. "강한 연결이 아닌 약한 연결을 통해서 정보가 확산될 때 많은 사람들을 거치면서 더욱 광범위한 사회 영역으로 뻗어나갈 수 있다"는 주장은 그간 전해 내려온 사회학적 전제를 뒤집었기 때문이다.[55]

그래노베터의 정의에 따르면, '느슨한 관계(약한 연결)'란 어쩌다 연락이 닿는 관계로 정서적 친밀감이 없고 과거에 서로에게 도움을 베푼 일도 없는 관계를 의미한다. 이와 관련, 매튜 프레이저Matthew Fraser와 수미트라 두타Soumitra Dutta는 "그래노베터가 밝혀낸 놀라운 진실은 바로 이것, 즉 우리가 생각보다 훨씬 자주 '느슨한 관계'에 의존한다는 것이다. 이것을 '타인의 친절' 이론이라고 하자. 이런 예기치 않은 의존이 잘 드러나는 사례는 바로 구직활동이다"며 "자문해보라. 새로운 직장을 구할 때 누구에게 도움을 청하는가? 가족? 친한 친구들? 대개의 경우 그들은 별 도움이 되지 못할 것이다. 운 좋게도 족벌주의나 연고주의의 덕을 보지 않는다면 말이다. 현명한 구직자라면 대부분 '네트워크'에 도움을 청한다. 실제로 구직활동을 하고 있거나 이직하려는 이들은 자신의 '네트워크를 재활성화'한다고 말한다. 즉 그들이 구직시장에 나와 있음을 모두에게 알리는 것이다. 이는 '느슨한 관계' 네트워크가 보통은 유휴 상태라는 의미이다"[56]라고 말한다.

그래노베터는 매사추세츠주의 뉴튼에 사는 한 그룹의 남자들이 자신들의 직장을 어떻게 찾았는지에 대한 연구를 통해 '약한 연결의 힘'이라는 개념을 제시했다. 그래노베터는 이 연구를 확장시켜 1974년에 출간한 『일자리 구하기Getting a Job』에서도 대다수의 사람이 친한 친구가 아닌 '느슨한 관계'로 맺어진 아는 사람을 통해 취업한다는 경험적 증거를 제시했다. 그간 노동시장 연구는 경제학을 중심으로 편재돼 있었는데, 이 책은 사회구조적인 측면에서 노동시장을 해부했기 때문에 신경제사회학의 고전으로 여겨지고 있다.[57]

그래노베터는 구직이나 새로운 정보 혹은 새로운 아이디어를 얻는 데 있어서 돈독한 관계를 맺은 사람들보다 '약한 인연'을 지닌 사람들이 더 중요하다는 사실을 설득력 있게 보여주었다. 무엇보다도, 친한 친구와 지인들은 행동반경이 비슷한 반면, 약한 인연을 가진 사람들은 다른 행동반경에서 생활하기 때문이다.[58] 그렇다면 취업과 관련, '약한 연결의 힘'이 한국에서도 발휘될 수 있을까? 그래노베터의 『일자리 구하기』를 국내에 번역·소개한 성균관대 사회학과 교수 유홍준의 검증에 따르면, 한국사회에선 구직과정에서 '강한 연계의 힘'이 작용했다. 일자리 정보가 중요한 만큼, 이런 정보가 소통될 때 한국에서는 학연·지연·혈연 등의 연줄이 강한 집단 내부에서 주고받았다는 의미다. 그는 "또한, 한국의 채용구조가 1차 노동시장의 좋은 일자리들은 소위 '대졸자 공채'를 통해 공식적 방법을 통해 주로 이루어진 점도 반영된 것"이라며 "아직도 많은 부분에서 '강한 연계의 힘'은 유효할 것"이라고 설명했다.

그러나 변화의 조짐은 있다. 유홍준은 "우리나라도 '평생직장'의 시대는 사라지고 있고, 직업 경력 기간에 여러 번에 걸쳐 이직이 발생하는데, 상시적인 경력직의 채용에서는 인적 접촉을 통한 정보가 활용될 소지가 있다"면서 "SNS 확산에 따른 새로운 연결망이 중장기적으로는 구직에도 영향을 미칠 가능성이 있다"고 전망했다.[59]

그래노베터는 "하위계층일수록 강한 연결의 빈도는 더 잦다"고 했는데, 이는 가난할수록, 불안감이 높을수록 사람들은 가족이나 이웃, 또는 자신이 속한 조직과의 강한 연결에 더 집착한다는 뜻이다. 그는 강한 연결에 대한 의존은 일종의 덫이라고 말한다. 그는 또다른 연구에서 강한 연결을 통해 일자리를 잡은 사람들은 약한 연결을 통해 잡은 사람들에 비해 실직 기간이 훨씬 더 길다는 사실을 보여주었다. "강한 연결을 기반으로 한 사회적 에너지의 강력한 집중화 현상은 가난한 공동체를 연결 상태가 대단히 열악하고 캡슐화된 단위로 나누어 버린다. 이는 가난이 끝까지 사라지지 않을 또 다른 이유이다."[60]

이와 관련, 리처드 코치Richard Koch와 그렉 록우드Greg Lockwood는 『낯선 사람 효과: 지금 당신에게 필요한 사람들은 누구인가?Superconnect: Harnessing the Power of Networks and the Strength of Weak Links』(2010)에서 "가난이라는 문제를 근본적으로 해결하기 위해서는 자본, 외부 기업들로 이루어진 약한 연결들을 공동체 속으로 풍부하게 주입함으로써 가난한 사람들이 기존의 공동체를 벗어나 더 넓은 네트워크로 뻗어나갈 기반을 마련해주어야 한다"고 말한다.[61] 코치와 록우드는 '강한 연결과 약한 연결 사이의 균형'도 강조한다. "이를 위해서는 적절한 순간에 적절한 연결을 활용해야 한다. 약한 연결은 기회를 발견하는 데 도움이 되고, 강한 연결은 기회를 현실화하는 데 도움이 된다. (…) 약한 연결의 중요성은 21세기에 들어서면서 더욱 높아졌다. 우리 주변에는 수많은 허브와 강한 연결이 있지만 규모 면에서는 약한 연결이 월등히 크고, 그 영향력도 지속적으로 강화되고 있다."[62]

헤이즐 로즈 마커스Hazel Rose Markus와 앨래나 코너Alana Conner 는 『우리는 왜 충돌하는가Clash!: How to Thrive in a Multicultural World』 (2013)에서 느슨하게 연결된 미국 서부지역이 영화·반도체·소 프트웨어·인터넷 등 지난 세기 최고의 혁신 산업들을 탄생시킨 핵심적인 장소였다는 점에 주목한다. 실제로 동부의 보스턴 기 업들은 지위와 경험을 중요하게 여기는 반면, 서부의 샌프란시스 코 기업들은 평등과 창조성을 강조하는 것으로 밝혀졌다. 또 보 스턴 지역 벤처캐피털 기업들은 팀과 조직 등 여러 다양한 형태 의 집단을 언급하는 반면, 샌프란시스코 기업들은 개인에 더 집 중하는 모습을 보였다.[63]

'약한 연결의 힘'의 원리를 '애인 구하기'에 응용해보는 건 어 떨까? 심이준이 쓴 「친구에게 소개 받은 남자가 뻔한 이유: 왜 내 소개팅은 번번이 실패일까?」라는 제목의 글이 그런 응용을 잘 보여주고 있어 흥미롭다. 그래노베터의 이론에 따르면, 친한 친 구처럼 강하게 연결된 관계는 자신과 알고 지내는 사람이 비슷 하고 같은 정보를 공유하고 있기 때문에 지인처럼 약한 관계로 연결된 사람을 통해서 만나는 것보다 다양하고 새로운 이를 소 개받을 확률이 적다는 것이다.

"오랫동안 알고 지낸 친구의 지인이라면 나도 아는 사람일 확률이 높다. 당신이 알고 있는 대부분의 친구는 같은 동네, 같은 학교일 것이다. 그렇다면 그들이 봐왔던 남정네들도 레이디들도 비슷비슷, 거기서 거기일 수밖에 없다. 이처럼 친한 친구는 나의 시·공간적 배경을 모두 공유하기 때문에 네트워크 또한 한정되어 있다. 때문에 적당히 소개해줄 만한 사람이 없는 것이 냉정한 현실이다. 소개해준다고 해도 대부분 함께 공유하는 인맥이기 때문에 새로운 매력을 줄 만한 사람이 등장할 확률은 그리 높지 않다. 친한 친구에게 소개팅을 받는 것보다 지인에게 받는 것이 좋다는 것, 이것이 소개팅의 아이러니다."[64]

그렇다. 이성을 소개받을 땐 너무 친한 사람에게 의존하지 않는 게 좋다. 개인 차원에서 넓고 약한 관계를 맺느냐 좁고 깊은 관계를 맺느냐 하는 건 삶의 철학과 더불어 어떤 직종에 종사하느냐에 따라 그 이해득실이 달라질 수 있는 문제이겠지만, '약한 연결의 힘'이 분야와 상황에 따라 '강한 연결의 힘'보다 더 강한 효과를 낼 수 있다는 건 부인하기 어려울 것이다. '약한 연결의 힘'은 '세렌디피티serendipity(뜻밖의 발견)'의 가능성을 높여준다는 이유만으로도 그 가치가 충분하다고 말할 수 있지 않을까?

 일독을 권함!

● 박선영·이동민·임재연·전승연, 「SNS상의 사회연결망 유형에 따른 정치참여의 차별적 양상: SNS 이용목적에 따른 사회연결망의 유형과 정치토론 참여를 중심으

로」, 『한국사회학회 사회학대회 논문집』, 2016년 6월, 607–621쪽.

- 추승엽·임성준, 「TV 드라마 제작 프로젝트의 사회 네트워크 연결강도: 성과에 대한 함의」, 『한국콘텐츠학회논문지』, 15권6호(2015년 6월), 1–12쪽.

- 박차라·임성택·차상윤·이인성·김진우, 「소셜미디어에서 약한 유대관계의 형성」, 『한국콘텐츠학회논문지』, 14권4호(2014년 4월), 97–109쪽.

- 김경식, 「사이버 스포츠공동체 연결망에서의 사회적 지위 결정요인과 자원획득: 약한 연결의 강함」, 『한국체육학회지』, 52권3호(2013년 6월), 59–77쪽.

- 김효동·김광재·박한우, 「커뮤니케이션 채널에 따른 사회관계망 분석: 직업군을 중심으로」, 『한국방송학보』, 20권3호(2006년 6월), 83–123쪽.

왜

티핑 포인트

왜 '움직일 수 없는 무자비한 곳'이 일순간에 바뀔 수 있는가?

큰 종이 한 장을 당신에게 주겠다. 그 종이를 접고 또 접고 또다시 접어서 50번까지 계속 접어보자. 마지막으로 접은 종이의 두께는 얼마나 될까? 아마 사람들은 머리 속으로 그 종이를 계속 접어보고 난 뒤 대부분 전화번호부 정도의 두께일 것이라고 대답할 것이다. 정말 대담한 사람들은 냉장고 높이 정도가 될 거라고 할 것이다. 하지만 그 두께는 거의 태양에 도달할 정도다. 만약 당신이 한 번만 더 접는다면 태양까지 갔다가 되돌아올 두께가 될 것이다. 이것을 수학에서 등비수열이라고 부르는 것의 일례이다.[65]

영국 출신으로 미국에서 저널리스트로 활동하고 있는 말콤 글래드웰Malcolm Gladwell의 저서인 『티핑 포인트Tipping Point』(2000)에 나오는 이야기다. 국내 한 TV 드라마의 대사로 소개된 적도 있다. '티핑 포인트'는 때로는 엄청난 변화가 작은 일들에서 시작될 수 있고 대단히 급속하게 발생할 수 있다는 의미로 사용되는 개념이다. 위에 소개한 등비수열의 '마술'처럼 말이다.

tipping은 사전적인 의미로는 '균형을 깨뜨리는 것'인데, 이 책에서 말하는 '티핑'은 균형이 무너지고 이어서 균형을 유지하던 두 세력 중 한 세력이 절대적인 우위를 차지하게 되는 것까지를 의미한다. '티핑 포인트'는 원래 노벨경제학상을 받은 토마스 쉘링Thomas Schelling이 「분리의 모델Models of Segregation」(1969)이라는 논문에서 제시한 '티핑 이론'에 나오는 개념이다. '갑자기 뒤집히는 점'이란 뜻으로 때로는 엄청난 변화가 작은 일들에서 시작될 수 있고 대단히 급속하게 발생할 수 있다는 의미로 사용된다.

이 말은 미국 북동부의 도시에 살던 백인들이 교외로 탈주하는 현상white flight을 기술하기 위해 1970년대에 자주 사용된 표현이다. 사회학자들은 특정한 지역에 이주해오는 아프리카계 미국인의 숫자가 어느 특정한 지점 즉, 20%에 이르게 되면 그 지역 사회가 한계점, 다시 말해 남아 있던 거의 모든 백인들이 한순간에 떠나버리는 한계점에 도달한다는 점을 발견했다. 오늘날 '티핑 포인트'는 일반적으로 '전환점'이라는 의미로 많이 쓰인다. 예컨대, "1989년은 세계화의 티핑 포인트였다"는 식으로 말이다.[66]

티핑 포인트는 마케팅에서도 널리 활용되고 있는데, 글래드웰이 티핑 포인트의 전형적 사례로 제시한 것 중의 하나가 허시 퍼피즈Hush Puppies다. 미시간주 록포드Rockford에 본부를 둔 허시 퍼피즈는 울버린월드와이드Wolverine Worldwide 자회사이자 가죽신발 브랜드명이다. 1958년에 탄생한 허시 퍼피즈는 개(바셋하운드)를 로고로 쓰고 있는데, 이 브랜드명과 로고를 만든 사람은 세일즈 매니저 제임스 개이로드 뮈어James Gaylord Muir다.

뮈어는 동남부 지역으로 세일즈 여행을 떠나 그 지역 세일즈 맨과 어느 레스토랑에서 식사를 같이 하게 되었다. 나온 음식 중엔 당밀을 묻혀 튀긴 옥수수 요리가 있었는데, 그 이름이 희한했다. hush puppies. 지역 농부들이 짖는 개에게 던져주면 개가 그걸 먹느라 조용해진다고 해서 붙여진 이름이었다. 당시 '짖는 개barking dogs'는 비유적으로 "아픈 발sore feet"을 가리키는 말로 쓰이고 있었는데, 순간 뮈어의 뇌리를 스치고 지나간 건 "그래, 바로 이거야. 아픈 발을 조용히 쉬게 해주는 신발, 그게 바로 hush puppies가 아닌가"라는 생각이었다.

그렇게 해서 탄생한 허시 퍼피즈는 잘 나가다가 1994년 연간 매출이 3만 켤레로 뚝 떨어지는 위기 상황에 처하게 되었다. 그런데 곧 이상한 일이 벌어졌다. 1995년에 매출 상승세를 보이기 시작하더니 무려 43만 켤레가 팔려 나가고 1996년에 170만 켤레가 팔려나가는 대이변이 일어났다. 도대체 무슨 일이 있었던 걸까? 이른바 '입소문' 파워 덕분이었다. 1994년에 개봉한 히트 영화 〈포레스트 검프Forrest Gump〉에서 주인공 톰 행크스가 허시 퍼피즈를 신었다는 사실, 그리고 1995년 가을 유명 패션디너이너들이 패션쇼에서 허시 퍼피즈를 부각시켰다는 사실 등이 입소문을 타고 번지면서 매출의 폭증으로 이어진 것이다.[67]

'티핑 포인트'는 베스트셀러나 어떤 사회적 신드롬의 전염성을 설명하는 데에도 유효한 개념이다. 전염은 소수에 의해 이뤄진다. 여기서 '전염'과 관련하여 주목할 것은 '파레토의 법칙'에 따라 어떤 상황에서든지 대개 '작업'의 80%는 참여자 20%에 의해 수행된다는 점이다. 전염에서는 이러한 불균형이 더욱 극단적으로 나타나기 때문에, 극소수의 사람들이 대부분의 일을 저지르거나 저지를 수 있다는 것이다. 그래서 글래드웰은 자신의 책을 다음과 같은 말로 끝맺고 있다. "당신 주변을 돌아보라. 움직일 수 없는 무자비한 곳으로 보일지도 모른다. 그러나 그렇지 않다. 적소適所를 찾아 조금만 힘을 실어주면 일순간에 바뀔 수 있다."[68]

미국의 마케팅 전문가 사이먼 사이넥Simon Sinek은 어떤 제품이 전염병처럼 급속히 퍼지는 '티핑 포인트'에 쉽게 도달하기 위해서는 먼저 15~18%의 고객을 확보해야 한다고 주장한다. 대중은 다른 사람이 먼저 제품을 이용하는 것을 본 다음에야 비로소 제품을 사며, 남의 추천 없이는 움직이지 않기 때문에, 얼리어댑터 early adopter를 공략해야 한다는 것이다. "얼리어댑터는 직관적으로 의사결정을 한다. 자신의 느낌을 믿기 때문이다. 대중 고객과 달리 새로운 제품을 사용하는 데 따르는 위험을 기꺼이 감수한다. 웃돈을 지불하고 어느 정도 불편함을 즐겁게 참아낸다. 아이폰을 사기 위해 6시간씩 줄을 서는 것도 그래서다. 그렇다면 이제 답은 분명해진다. (…) 대중보다는 얼리어댑터들에게 초점을 맞추어야 15~18%의 고객을 훨씬 효과적으로 확보할 수 있다."[69]

공공적 활동을 하는 사람들도 이 개념에 주목할 필요가 있다. 가난한 사람들은 당장 먹고사는 데 급해 공공적 이슈에 관심을 가질 만한 여유가 없고 부유한 사람들은 '지금 이대로'를 외치면서 자기 삶을 더 유쾌하게 보내는 데에만 몰두해 있다. 그 중간에 있는 절대다수의 사람들은 심리적인 불안 또는 탐욕의 포로가 되어 자신을 양 극단의 어느 한쪽으로 몰고 가려고 애를 쓴다.

그런 상황에서 공공적 이슈에 관심을 갖자는 외침은 시대착오적인 것처럼 보인다. 그러나 세상이란 참으로 묘한 곳이다. 밀물이 있으면 썰물이 있고 높은 곳이 있으면 낮은 곳이 있다. 필요 이상으로 피곤하게 사는 한국인들의 기존 삶은 이미 정점을 향해 치닫고 있거나 정점에 도달했을지도 모른다는 점에 주목할 필요가 있다. 전염은 무서운 것이다. 냉소주의와 패배주의의 전염이 위력적이긴 하지만, 그 반대의 전염도 가능하다. 지레 겁을 먹고 포기하는 것만큼 어리석은 건 없다. 전염의 무서운 가능성을 단순 산술로 평가해선 안 된다.

📚 일독을 권함!

- 이원희, 「영화의 마케팅 정보와 입소문 효과의 동적상호작용에 대한연구」, 『대한경영학회 학술발표대회 발표논문집』, 2014년 5월, 214~242쪽.
- 차은호·진영재, 「소셜미디어와 정치적 집단행동 발생에 대한 소고: '나꼼수 현상' 분석을 중심으로」, 『한국정당학회보』, 11권2호(2012년 8월), 157~188쪽.
- 이은재·심완섭, 「온라인 구전정보효과에 관한 연구: Market Maven과 Early Adopter의 비교 연구」, 『통상정보연구』, 10권4호(2008년 12월), 63~79쪽.
- 강미자, 「새로운 문화 패러다임이 된 대중 영화: 〈쉬리〉, 〈공동경비 구역〉, 〈실미도〉, 〈태극기 휘날리며〉를 중심으로」, 『문학과영상』, 5권1호(2004년 6월), 257~275쪽.

'소통 대한민국'을 위하여

'소통'의 필요성을 역설하는 담론은 홍수 사태라고 해도 좋을 정도로 우리 사회에 철철 흘러넘치는데, 소통은 도무지 되지 않는다. 왜 그럴까? 강자건 약자건 '소통'을 외치는 이들은 진정 소통을 하겠다는 뜻은 있는 건가? 혹 자신의 뜻과 다르게 진행되는 사안에 대해 상투적으로 외쳐대는 구호가 '소통'은 아닌가?

김진석이 잘 지적했듯이, "'소통의 부재'는 그 자체로 원인이기보다는 결과이자 증상에 가깝다."[1] 소통疏通의 사전적 의미는 '뜻이 서로 통하여 오해가 없음'이지만, 그 실천 이념은 화이부동和而不同이다. 생각이 서로 다르더라도, 다른 의견을 존중하고 포용해야 한다는 것이다. 그런데 그게 말처럼 쉽지 않다. 그렇게 하다가 어느 세월에 일을 할 수 있겠느냐는 반론이 제기될 법하다. 많은 이들이 소통을 '홍보'로 오해하는 것도 무리는 아니다.

이 책은 본문에서 인간 커뮤니케이션에서 매스 커뮤니케이션에 이르기까지 커뮤니케이션의 문제를 다뤘다. 한국 커뮤니케이션의 근본문제는 무엇인가? 신문과 방송은 후발 주자였을망정 초고속으로 세계 상위권 수준에 올랐고, 인터넷과 휴대전화는 출발부터 세계 상위권이었지만, 문제는 그 알맹이와 더불어 커뮤니케이션을 대하는 우리의 자세에 있다.

우리는 지도자와 권력을 가진 자들의 소통 능력을 문제삼는 일엔 익숙하지만, 우리 사회가 전반적으로 소통을 중요하게 생각하고 높게 평가하는가 하는 점은 외면하고 있다. 소통의 귀결로 여겨지는 타협과 화합은 우선적으로 정치경제적 이해관계가 조정될 때에 가능하다. 그걸 외면하고 명분만으로 일을 풀려고 하는 건 어리석을 뿐만 아니라 위험하다. 그런데 우리는 매사를 '옳다 그르다'로 판단하려는 기질을 갖고 있다. 오죽하면 이미 80여년 전 단재 신채호가 "도덕과 주의主義가 이해利害에서 났느냐, 시비是非에서 났느냐" 하는 질문을 던져놓고, "우리 조선 사람은 매양 이해 이외에서 진리를 찾으려" 한다고 개탄했겠는가.[2]

우리가 진정 소통을 원한다면, 그 정치경제적 기반에 주목해야 한다. 그 '인프라'를 외면한 채 소통 부재의 책임을 개인과 집단에게만 물어선 답이 나오질 않는다. 정치경제적 기반은 문화를 생산하고 문화는 다시 정치경제적 기반을 생산하는 과정을 반복하기 때문에 '원인'과 '결과'의 구분은 어려우며, '결과'가 '원인'으로 부활하는 순환관계를 형성하고 있는 점을 유념할 필요가 있다.

김홍우는 "소통의 부패는 두 가지 양극화 현상 속에서 급속히 진행된다. 첫째는 담론의 독점과 기피라는 양극화이고, 두번째는 '대항하는' 담론과 '위하는' 담론 간의 양극화이다"고 했다.[3] 그런 양극화에 대대적인 균열이 일어날 때에 혼란은 불가피하다. 그 균열의 주요 생산지 중 하나는 인터넷이다. '소통' 담론이 폭발적으로 증가한 노무현·이명박정권 시대는 소통방식의 혁명적 변화를 가져온 인터넷 폭발 시기라는 점은 반드시 짚고 넘어가야 할 대목이다. 사회적 소통의 주체가 될 수 없었던 보통사람들이 인터넷을 통해 소통의 주체로 등극하면서 새로운 소통 문법이 창출되었지만, 아직 그 문법이 전사회적으로 공유되지 못한 데 따른 혼란도 있다는 것이다.

　　10여 년 전, 지방언론을 주제로 한 어느 세미나에서 지방언론의 전망에 대해 비관적인 의견을 말했다가 청중의 비판을 받은 적이 있다. "무언가 도움이 될 말이 있겠다 싶어 만사 제쳐놓고 참석했는데, 그런 말을 하는 건 무책임하지 않은가"라는 게 비판의 요지였다. 맞다. 그래서 모든 세미나는 적어도 끝날 땐 반드시 희망적인 이야기를 해야만 한다. 청중의 노고에 보답하는 의미에서라도 말이다. '소통'에 대해 말하려니 그때 생각이 난다. 소통의 전망에 대해 나는 비관적이기 때문이다. 그러면 잠자코 있지 왜 소통에 대해 글을 쓰는가? 왜 소통이 어려운지 그 이유는 제대로 알아야 한다는 게 나의 답이다. 보수·진보를 막론하고 소통을 죽이는 데에 앞장서는 사람들이 소통을 외치는 일이 무더기로 벌어지고 있는데도 아무런 문제의식을 못 느끼는 둔감이 바로 소통의 적이라는 걸 널리 알리고 싶다는 뜻이다.

이명박·박근혜정권은 소통의 원흉인가? 그렇게 생각하는 사람들이 많은 것 같은데, 내 생각은 다르다. 아니 그 이전에 우리가 언제부터 그렇게 소통을 사랑했던 것인지 그걸 먼저 짚고 넘어갈 필요가 있다고 생각한다. 소통은 한국의 파란만장한 근·현대사에서 한번도 대접받지 못한 개념이다. 선악의 대결구도에서 또는 그렇게 믿는 상황에서 소통은 그 어느 쪽에도 미덕이 아니다. 인권과 정의의 편에 선 사람도 오직 강한 신념으로 무장해야지 소통을 시도한다는 건 '기회주의자'로 몰리기 십상이었다. 우리는 그런 세월을 100년 넘게 살아온 사람들이다.

대중의 일상적 삶에서도 소통은 존중받지 못했다. 연고 중심의 '배짱'과 '이심전심'이 소통을 대체했다. 물론 그게 나쁘기만 했던 건 아니다. 정을 나누고 시간을 절약하는 효율성이 워낙 뛰어났기 때문이다. 그건 우리의 '빨리빨리'가 저주이자 축복인 것과 같다. 우리는 소통이 대단히 좋은 것처럼 말하지만, 그건 시간이 오래 걸린다. '빨리빨리'가 외쳐지는 사회에서 소통은 관료주의적 번문욕례繁文縟禮 취급을 받기 십상이다.

한국은 '빨리빨리'에 중독된 사회다. 한국인들이 사랑하는 '과감한 결단'과 '저돌적 추진'의 적이라고 해도 좋을 정도이다. 오늘날 한국인 다수가 자랑스럽게 생각하는 한국의 '압축성장'은 소통을 건너뛴 '시간 절약'의 결과로 보는 것이 옳지 않을까?

우리는 자신의 마음에 드는 일을 권력이 신속하고 일사불란하게 밀어붙일 때 뜨거운 박수를 보내지 소통의 과정을 건너뛴

다고 비판하진 않는다. 우리가 소통을 외칠 땐 자신의 마음에 안
드는 일을 권력이 밀어붙일 때다. 즉 우리 사회에서 소통은 이미
이념·정략에 오염된 개념이라는 뜻이다. 이명박 정권이 소통의
원흉이라는 판단을 내리기 위해선 그 이전의 김대중·노무현 정
권은 정권 탄생에 표를 던지지 않은 유권자들과 소통을 했던가
하는 판단이 선행되어야 한다. 쉬운 일 같지만, 의외로 쉽지 않은
일이다. 대부분의 사람들이 '옳다 그르다'의 관점에서 접근하기
때문이다. 그 어떤 가치를 강하게 내세우면서 소통의 대상과 의
제를 차별하는 순간 소통은 무너진다. 정권별 정도의 차이는 있
을망정 소통은 우리 모두의 문제로 돌리는 게 옳다. 크게 보아 7
가지 문제를 지적할 수 있겠다.

첫째, 승자독식주의다. 승자가 독식을 하는 체제하에선 소통은
미덕이 아니다. 전혀 불필요하고 거추장스러운 것이다. 무조건
이기면 되는 것이지, 소통이 무슨 소용이란 말인가? 선거란 헌법
이 보장하고 국가가 공인해주는 승자독식의 도박 축제다. 정치
라는 도박산업이 관장하고 있는 인적·물적 자원의 양을 대폭 빼
앗아 시민사회의 자율영역으로 돌리지 않는 한 소통은 계속 쓰
레기 취급을 받게 돼 있다.

둘째, 초강력 중앙집권주의다. 한국 정치의 최대 특수성은 두
말할 필요 없이 '서울 1극 구조'다. 이건 서양 정치이론으로 도저
히 감당할 수 없는 한국적 현상이다. 한국 정치에서 미디어가 절
대적으로 중요한 이유도 바로 여기에 있다. 한국인들은 정당 등
의 매개조직을 경유하지 않은 채 미디어를 통한 '직거래'를 선호

하기 때문이다. '풀뿌리 소통'이 없는 가운데 미디어 장악을 놓고 이전투구를 벌이는 게 한국 정치의 주요 업무다.

셋째, 서열주의다. '나는 무엇이다'보다 '나는 어떠해야 한다'에 집착하는 한국인들은 말로 소통하는 게 아니라 서열과 등급과 계급으로 소통한다. 서열의 내면화로 인해 출세주의가 만연해 있고, 이는 공적 영역에 대한 불신을 가져와 소통을 이중으로 어렵게 만든다.

넷째, 지도자 추종주의다. 세 가지 이유가 있다. ①고난과 시련의 역사로 인한 '영웅 대망론'이다. ②이념과 같은 추상보다는 사람에 더 잘 빠지는 체질과 더불어 한번 마음 주면 웬만해선 돌아서지 않는 의리·정情 문화다. ③지도자의 강력한 리더십으로 모든 걸 빨리 해결하고 싶어 하는 '빨리빨리 문화'다. 대중의 소통권은 지도자들에게 헌납된 가운데 지도자의 '오빠부대'로만 기능하는 사회에서 소통이 가능할 리 없다. 지금 우리는 지도자 추종주의 자체를 문제삼을 생각은 전혀 하지 못한 채 지도자만을 바라보며 추종하거나 탓하는 오류를 범하고 있다.

다섯째, 극단주의다. 보수·진보를 막론하고 '최대형의 의도와 최전선적 논리'에 집착하고 이에 따라 갈등세력 강경파들간의 '적대적 공존'이 발생한다. 소통을 근거로 합리적·생산적 경쟁체제를 꿈꾸는 사람들은 많지만, 이들은 파편화돼 있어 조직화되기 어렵다. 무엇보다도 참여에 대한 반대급부로 줄 게 없기 때문이다. 공직을 줄 수도 없고, 다른 인정욕구를 충족시켜줄 수도 없고, 통쾌하고 후련한 '카타르시스'도 주지 못한다. 특정 이념·

노선·당파성을 내세워 지지자들의 피를 끓게 만드는 탁월한 논객들은 많지만, 소통을 외치는 논객이 없는 이유도 바로 여기에 있다.

여섯째, 이념의 사유화다. 자신이 내세우는 명분과 이념에 대해 조금만 신축성을 보이면 전체를 위해 도움이 되는 경우가 많다. 반대편의 명분과 이념을 갖고 있는 사람과의 소통은 물론 타협이 가능해지기 때문이다. 그런데 그렇게 하지 않는다. 왜 그럴까? 명분·이념에 자신의 사적 이익을 다 걸었기 때문이다. 여기서 말하는 사적 이익은 넓은 개념이다. 자신이 주도해서 세상을 바꾸고 싶어 하는 인정욕망까지 포함하는 개념이다. 그런 인정욕망은 자신이 소속된 집단의 승리를 갈구하는 마음으로 나타나는데, 실제로 이게 '소통 죽이기'의 주요 토대가 된다.

일곱째, 각개약진各個躍進이다. 각개약진이란 적진을 향해 병사 각 개인이 지형지물을 이용하여 개별적으로 돌진하는 걸 뜻하는 군사용어다. 각개약진은 한국적 삶의 기본 패턴이다. 공적 영역과 공인에 대한 불신이 워낙 강해 사회적 문제조차 혼자 또는 가족 단위로 돌파하려는 경향이 매우 강하다는 뜻이다. 심심하면 벌어지는 집단적 열광의 비밀도 바로 여기에 있다. 집단적 열광은 각개약진에 지친 심신을 달래기 위한 집단주의 축제다. 카타르시스가 목적일 뿐 소통이 설 땅은 없다.

이상 살펴본 바와 같이, 한국은 구조적으로 소통을 기대하기 어려운 사회다. 그러나 우리는 한국 사회가 소통이 어렵기 때문에 얻게 되는 '수익'이 있다는 것도 바로 보아야 한다. 한국인들은 합리적인 소통 가능성을 아예 포기했기 때문에 약육강식弱肉強食이라는 사회진화론적 세계관을 수용해 각개약진형 경쟁에 임하고 있다. 속된 말로 "억울하면 출세하라"는 속설을 신봉하는 것이다. 대학입시 전쟁이 가장 대표적인 예다. 기존 경쟁체제를 옹호하는 보수파들의 세계관이 바로 사회진화론인 셈이다. 물론 그걸 '수익'이라고 볼 수 있느냐 하는 반론은 가능할 것이나, "개인 실력으로 소통하라"는 인생관이 낳는 사회적 효과도 외면하지 않아야 이 문제에 대한 논쟁적 소통도 가능하다는 건 분명하다. 즉, 우리 사회가 약자들에게 가혹한 건 특정 권력만의 문제가 아니라 우리 모두가 추구하는 삶의 방식의 귀결이라는 걸 바로 보자는 뜻이다.

'소통 대한민국'으로 가자. 더딜망정 방향은 그렇게 잡자. 그러나 우리는 아직도 방향조차 그쪽으로 틀질 못했다. 무엇이 옳으냐 그르냐 하는 생각은 잠시 접자. 서로 충돌하는 모든 집단들이 각자 다 자기들이 옳다고 생각한다. 어떻게 할 것인가? '선거 민주주의'를 하지 않겠다면 모를까, 그걸 하기로 한 이상, 또 그걸 자유롭게 할 수 있는 여건이 마련된 이상, 이젠 달리 생각할 때가 되지 않았는가? 미우나 고우나 더불어 같이 살아야 하지 않겠는가? 누가 옳건 그르건 그 누구도 완승完勝은 가능하지 않으며, 누가 이기건 승자독식주의는 나라를 망치는 짓이니 소통을 해야 하지 않겠는가?

註

머리말

1) 김국현, 「'바보상자' 시대를 지나 바보 네트워크의 시대로」, 『미디어오늘』, 2015년 2월 25일.

2) 강준만, 「'미디어혁명'이 파괴한 '위선의 제도화': 커뮤니케이션의 관점에서 본 '트럼프 현상'」, 『사회과학 담론과 정책』, 9권2호(2016년 10월), 85-115쪽.

3) 조현욱, 「정치적 온건파 만드는 2가지 방법」, 『중앙일보』, 2012년 11월 6일.

4) 마이크 스태들러(Mike Stadler), 배도희 옮김, 『야구의 심리학』(지식채널, 2007/2011), 102쪽.

5) 잭 보웬(Jack Bowen), 이수경 옮김, 『범퍼스티커로 철학하기』(민음인, 2010/2012), 212-213쪽; 키이스 스타노비치(Keith E. Stanovich), 신현정 옮김, 『심리학의 오해(제10판)』(혜안, 2013), 66-67쪽.

6) 브렛 밀스(Brett Mills) & 데이비드 M. 발로우(David M. Barlow), 권상희 편역, 『미디어 이론 1: 미디어 사상, 연구방법, 콘텍스트 이론』(글로벌콘텐츠, 2012/2016), 9, 23-24쪽.

1장

1) 권태선, 「소통? 불통! 울화통'」, 『한겨레』, 2008년 6월 13일자; 이태희, 「아고라가 청와대에 말한다…재벌과의 핫라인 철폐부터 촛불의 새로운 상상력까지 그들의 말말말」, 『한겨레21』, 제715호(2008년 6월 16일).

2) 김상범, 「"박근혜는 이미 '좀비 대통령'…속 보이는 개헌 책략 버려라"」, 『경향신문』, 2016년 12월 1일; 최혜정, 「박정희·박근혜 시대 종언을 알리다」, 『한겨레』, 2016년 12월 10일; 박래용, 「천만다행이다」, 『경향신문』, 2016년 12월 13일.

3) Werner J. Severin & James W. Tankard, Jr., 『Communication Theories: Origins Methods Uses』(New York: Hastings House, 1979), p.5.

4) 윤석민, 『커뮤니케이션의 이해』(커뮤니케이션북스, 2007), 77-78쪽; 이정춘, 「제3장 라스웰 모형의 효용성과 한계성」, 『현대사회와 매스미디어』(나남, 1990), 61-79쪽.

5) 알렉시스 탠, 김규 역, 『매스커뮤니케이션 이론과 연구』(나남, 1989), 73쪽.

6) 김동윤 외, 『뉴스 수용자의 진화』(커뮤니케이션북스, 2010) 참고.

7) Daniel J. Boorstin, 『Democracy and Its Discontents: Reflections on Everyday America』(New York: Vintage Books, 1975), p.10.

8) 이상의 정의는 내가 내린 게 아니라 기존 문헌들에 거의 공식화돼 있는 걸 그대로 소개한 것에 지나지 않는다. 강의 노트를 작성하면서 참고한 문헌들을 표시해놓지 않은데다 이제

와서 그걸 찾아내기도 어려워 일일이 출처를 밝힐 수 없었음을 이해하여 주시기 바란다.

9) Ronald Steel, 『Walter Lippmann and the American Century』(Boston, Mass.: Little Brown, 1980), 212쪽. 『여론』과 『유령공중』의 번역본엔 월터 리프먼, 오정환 옮김, 『여론·환상의 대중』(동서문화사, 2011); 월터 리프먼, 이충훈 옮김, 『여론』(까치, 2012); 월터 리프먼, 이동근 옮김, 『여론』(아카넷, 2013) 등이 있다.

10) 엘리 패리저(Eli Pariser), 이현숙·이정태 옮김, 『생각 조종자들』(알키, 2011), 79-80쪽.

11) 이준웅 외, 「공공 화법과 토론 교육이 의사소통 능력, 토론 효능감, 시민성에 미치는 효과」, 『한국언론학보』, 제51권1호(2007년 2월), 146쪽.

12) 크리스토퍼 래시(Christopher Lasch), 이희재 옮김, 『진보의 착각: 당신이 진보라 부르는 것들에 관한 오해와 논쟁의 역사』(휴머니스트, 1991/2014), 428-429쪽.

13) 빌 코바치(Bill Kovach)·톰 로젠스틸(Tom Rosenstiel), 이종욱 옮김, 『저널리즘의 기본요소』(한국언론재단, 2003), 43-44쪽.

14) 김성국, 「사이버 공동체 형성의 과제: 자유해방주의적(Libertarian) 관점에서」, 구자순 편저, 『인터넷과 사회현실』(한양대학교출판부, 2000); 피터 콜록, 「온라인 협동의 경제: 사이버공간에서의 선물과 공공재」, 마크 스미스·피터 콜록 편, 조동기 역, 『사이버공간과 공동체』(나남, 2001); 제프 멀건, 「서로 연결된 세상에서 어떻게 살 것인가?」, 홍성욱·백욱인 역음, 『2001 싸이버스페이스 오디쎄이』(창작과비평사, 2001).

15) 한정호·박노일·정진호, 「온라인과 오프라인 커뮤니케이션 상황이 공중 세분화 변인에 미치는 영향에 관한 연구」, 『언론과학연구』, 제7권1호(2007년 3월), 319-350쪽.

16) 브렛 밀스(Brett Mills) & 데이비드 M. 발로우(David M. Barlow), 권상희 편역, 『미디어 이론 2: 미디어 사상, 연구방법, 콘텍스트 이론』(글로벌콘텐츠, 2012/2016), 492쪽.

17) 조항제, 「민주주의·미디어체제의 유형화」, 『언론과 사회』, 13권4호(2005년 11월), 20쪽.

18) 박근영·최윤정, 「온라인 공론장에서 토론이 합의와 대립에 이르게 하는 요인 분석: 개방형 공론장과 커뮤니티 공론장의 토론 숙의성 비교」, 『한국언론학보』, 58권1호(2014년 2월), 39-69쪽.

19) 강명구, 『훈민과 계몽: 한국 훈민공론장의 역사적 형성』(나남, 2016), 13-21쪽.

20) 강명구, 『훈민과 계몽: 한국 훈민공론장의 역사적 형성』(나남, 2016), 486-487쪽.

21) 안토니오 네그리(Antonio Negri)·마이클 하트(Michael Hardt), 윤수종 옮김, 『제국』(이학사, 2001).

22) 강준만, 「자율주의」, 『나의 정치학사전』(인물과사상사, 2005), 181-192쪽.

23) 더그 헨우드(Doug Henwood), 이강국 옮김, 『신경제 이후』(필맥, 2004), 252-258쪽.

24) Charles R. Wright, 김지운 역, 『매스커뮤니케이션 통론』(나남, 1988), 37-41쪽.

25) 윤석민, 『커뮤니케이션의 이해』(커뮤니케이션북스, 2007), 152-153쪽.

26) Larry J. Sabato, Feeding Frenzy: Attack Journalism & American Politics(Baltimore,

Md.: Lanahan Publishers, 1991/2000), p.6.

27) Larry J. Sabato, Feeding Frenzy: Attack Journalism & American Politics(Baltimore, Md.: Lanahan Publishers, 1991/2000), pp.18-19.

28) Larry J. Sabato, Feeding Frenzy: Attack Journalism & American Politics(Baltimore, Md.: Lanahan Publishers, 1991/2000), p.36.

29) W. Lance Bennett et al., When the Press Fails: Political Power and the News Media from Iraq to Katrina(Chicago: The University of Chicago Press, 2007), p.5.

30) Charles R. Wright, 김지운 역, 『매스커뮤니케이션 통론』(나남, 1988), 43-44쪽.

31) 다니엘 다얀(Daniel Dayan) & 엘리후 캐츠(Elihu Katz), 곽현자 옮김, 『미디어 이벤트: 역사를 생중계하다』(한울아카데미, 1992/2011), 59쪽.

32) Wilbur Schramm & William E. Porter, 최윤희 역, 『인간커뮤니케이션』(나남, 1990), 43-46쪽.

33) 최윤식·정우석, 『10년 전쟁: 누가 비즈니스 패권을 차지할 것인가』(알키, 2011), 168-169쪽.

34) 페이스 팝콘(Faith Popcorn) & 리스 마리골드(Lys Marigold), 조은정·김영신 옮김, 『클릭! 미래 속으로』(21세기북스, 1999), 109쪽.

35) 한스 피터 마르틴·하랄드 슈만, 『세계화의 덫: 민주주의와 삶의 질에 대한 공격』(영림카디널, 1997), 27쪽; 요아나 브라이텐바흐(Joana Breidenbach) & 이나 추크리글(Ina Zukrigl), 인성기 옮김, 『춤추는 문화: 세계화 시대의 문화적 다원화』(영림카디널, 1998/2003), 13쪽.

36) 김상훈, 「Chief Entertainment Officer 아세요?」, 『문화일보』, 2006년 3월 13일, 11면.

37) 설원태, 「"그들은 타고난 디지털 사용자들": 해외 젊은이들의 미디어 이용」, 『신문과 방송』, 제451호(2008년 7월), 40쪽.

38) 안호균, 「대학축제 대가 '1억 뒷돈'…총학생회장 적발」, 『뉴시스』, 2013년 2월 18일.

39) 프레드 시버트, 테오도어 피터슨, 윌버 슈람, 강대인 옮김, 『언론의 4이론』(나남, 1991).

40) 데니스 맥퀘일(Denis McQuail), 오진환 역, 『매스커뮤니케이션 이론』(나남, 1990).

41) 데니스 맥퀘일(Denis McQuail), 오진환 역, 『매스커뮤니케이션이론』(나남,1990), 141쪽; 최정호·강현두·오택섭, 『매스미디어와 사회』(나남, 1990), 181쪽.

42) 존 밀턴(John Milton), 임상원 역주, 『아레오파지티카: 존 밀턴의 언론 출판 자유에 대한 선언』(나남, 1998); 박상익, 『언론자유의 경전 아레오파기티카』(소나무, 1999); 팽원순, 『매스코뮤니케이션 법제이론』(법문사, 1988), 61쪽; 고명섭, 「"책은 생명과 진리의 담지자": 언론 자유의 경전 '아레오파기티카'」, 『한겨레』, 2008년 5월 31일자.

43) 염규호, 「미국에서의 명예훼손과 사생활침해: 헌법이론과 학설을 중심으로」, 『언론중재』, 통권 51호(1994년 여름), 40쪽.

44) 데니스 맥퀘일(Denis McQuail), 오진환 역, 『매스커뮤니케이션이론』(나남,1990), 145쪽;

최정호.강현두.오택섭, 『매스미디어와 사회』(나남, 1990), 181쪽.

45) 데니스 맥퀘일(Denis McQuail), 오진환 역, 『매스커뮤니케이션이론』(나남,1990), 147-
148쪽: 최정호.강현두.오택섭, 『매스미디어와 사회』(나남, 1990), 182쪽: 이강수, 「제9장
언론의 사회적 책임 이론 비판」, 『매스커뮤니케이션 사회학』(나남, 1987), 341-386쪽.

46) 데니스 맥퀘일(Denis McQuail), 오진환 역, 『매스커뮤니케이션이론』(나남,1990), 149-
150쪽: 최정호.강현두.오택섭, 『매스미디어와 사회』(나남, 1990), 182-183쪽.

47) John Nerone 엮음, 차재영 옮김, 『최후의 권리: '언론의 4이론'을 넘어서』(한울아카데미,
1998), 161쪽.

48) John Nerone 엮음, 차재영 옮김, 『최후의 권리: '언론의 4이론'을 넘어서』(한울아카데미,
1998), 196-198, 217-218쪽.

49) 데니스 맥퀘일(Denis McQuail), 오진환 역, 『매스커뮤니케이션이론』(나남,1990), 152쪽:
최정호.강현두.오택섭, 『매스미디어와 사회』(나남, 1990), 183쪽.

50) 데니스 맥퀘일(Denis McQuail), 오진환 역, 『매스커뮤니케이션이론』(나남,1990), 154쪽:
최정호.강현두.오택섭, 『매스미디어와 사회』(나남, 1990), 154쪽.

51) 다니엘 핼린(Daniel C. Hallin) & 파올로 만치니(Paolo Mancini), 김수정 외 옮김, 『미디어
시스템 형성과 진화: 정치-미디어 3모델』(한국언론재단, 2004/2009), 37, 41-42쪽.

52) 다니엘 핼린(Daniel C. Hallin) & 파올로 만치니(Paolo Mancini), 김수정 외 옮김, 『미디어
시스템 형성과 진화: 정치-미디어 3모델』(한국언론재단, 2004/2009), 131-332쪽: 조항제,
「민주주의·미디어체제의 유형화」, 『언론과 사회』, 13권4호(2005년 11월), 7-38쪽.

53) 김수정 외, 「역사 서문」, 다니엘 핼린(Daniel C. Hallin) & 파올로 만치니(Paolo Mancini),
김수정 외 옮김, 『미디어 시스템 형성과 진화: 정치-미디어 3모델』(한국언론재단,
2004/2009), vi-vii쪽.

54) 신동흔·강동철, 「국내 광고 20%를 혼자 먹어치운 네이버」, 『조선일보』, 2017년 1월 13일:
김경미, 「네이버 천하 … 매출 4조, 영업익 1조 넘어」, 『중앙일보』, 2017년 1월 27일.

55) 나은영, 『사회심리학적 관점에서 본 인간 커뮤니케이션과 미디어』(한나래, 2002), 85쪽.

56) William Morris & Mary Morris, Morris Dictionary of Word and Phrase Origins, 2nd
ed.(New York: Harper & Row, 1971), p.470.

57) 「Prejudice」, 『Wikipedia』.

58) 「Stereotype」, 『Wikipedia』.

59) Walter Lippmann, 『Public Opinion』(New York: Free Press, 1922/1965), pp.54-55.

60) 데이비드 베레비(David Berreby), 정준형 옮김, 『우리와 그들, 무리짓기에 대한 착각』(에
코리브르, 2005/2007), 192쪽.

61) 김경희, 「뉴스 구성 관행과 고정관념의 재생산: 텔레비전 뉴스의 미혼모 보도 사례 분석」,
『미디어, 젠더 & 문화』, 30권1호(2015년 3월), 6-7쪽.

62) 송상호, 『문명 패러독스: 왜 세상은 생각처럼 되지 않을까?』(인물과사상사, 2008), 209-225쪽.

63) 데이비드 베레비(David Berreby), 정준형 옮김, 『우리와 그들, 무리짓기에 대한 착각』(에 코리브르, 2005/2007), 76-77쪽.

64) 박근, 『한국의 보수여, 일어나라!』(월간조선사, 2002), 128쪽.

65) 박근, 『한국의 보수여, 일어나라!』(월간조선사, 2002), 127-128쪽.

66) 브레네 브라운(Brené Brown), 서현정 옮김, 『나는 왜 내 편이 아닌가: 나를 괴롭히는 완벽주의 신화로부터 자유로워지는 법』(북하이브, 2007/2012), 237쪽.

67) 노리나 허츠(Noreena Hertz), 이은경 옮김, 『누가 내 생각을 움직이는가: 일상을 지배하는 교묘한 선택의 함정들』(비즈니스북스, 2013/2014), 108-110쪽.

68) 디팩 맬호트라(Deepak Malhotra) & 맥스 베이저먼(Max H. Bazerman), 안진환 옮김, 『협상천재』(웅진지식하우스, 2007/2008), 321쪽.

69) Craig McGarty et al., 「Social, Cultural and Cognitive Factors in Stereotype Formation」, Craig McGarty et al., eds., Stereotypes as Explanations: The Formation of Meaningful Beliefs about Social Groups(Cambridge, UK: Cambridge University Press, 2002), pp.2-6.

70) 하라리의 설명을 좀더 들어보자. "오늘날 세계는 자유와 평등을 조화시키는 데 실패하고 있다. 그 모순은 모든 인간 문화에서 떼려야 뗄 수 없는 부분이다. 사실 이것은 문화의 엔진으로서, 우리 종의 창의성과 활력의 근원이기도 하다. 서로 충돌하는 두 음이 동시에 연주되면서 음악작품을 앞으로 밀고 나아가듯이, 우리의 생각과 아이디어와 가치의 불협화음은 우리로 하여금 생각하고, 재평가하고, 비판하게 만든다. 일관성은 따분한 사고의 놀이터다." 유발 하라리(Yuval Noah Harari), 조현욱 옮김, 『사피엔스』(김영사, 2011/2015), 238쪽.

71) 1992년 한국에서도 기독교 일부 교파에 속하는 신자들이 '휴거 파동'을 일으킨 적이 있었다. 물론 그들이 휴거일이라고 굳게 믿었던 그 날 아무 일도 일어나지 않았다. 그래서 그 믿음을 버린 사람들도 있었지만, 여전히 그 믿음을 버리지 않은 사람들도 많았다. 믿음을 버리지 않은 사람들은 왜 그랬을까? 그들은 휴거일이라고 믿었던 날 아무 일도 일어나지 않음에 따라 갖게 된 인지상의 부조화를 없애거나 줄이려는 쪽으로 기존의 믿음을 강화하려 들었기 때문이다. 예컨대, 휴거일 산정에 오류가 있었을 뿐이므로 더욱 열심히 기도해야 한다는 더욱 강한 믿음을 갖게 되었다는 것이다. 한규석, 『사회심리학의 이해』(학지사, 1995), 186쪽.

72) 왕샹둥, 강은영 옮김, 『심리학의 즐거움』(베이직북스, 2007/2013), 30-33쪽; 「Cognitive dissonance」, 『Wikipedia』.

73) Leon Festinger, 『A Theory of Cognitive Dissonance』(Stanford, CA: Stanford University Press, 1957), pp.2-3.

74) 로렌 슬레이터(Lauren Slater), 조증열 옮김, 『스키너의 심리상자 열기』(에코의서재, 2004/2005), 154-157쪽; 애드리언 펀햄(Adrian Furnham), 오혜경 옮김, 『심리학, 즐거운 발견』(북로드, 2008/2010), 229-230쪽.

75) 엠 그리핀(Em Griffin), 김동윤·오소현 옮김, 『첫눈에 반한 커뮤니케이션 이론』(커뮤니케이션북스, 2012), 311쪽.

76) 이영완, 「"정치적 판단은 이성 아닌 감정뇌가 한다"」, 『조선일보』, 2006년 2월 8일, A19면.

77) 로렌 슬레이터(Lauren Slater), 조증열 옮김, 『스키너의 심리상자 열기』(에코의서재, 2004/2005), 154-157쪽.

78) 로렌 슬레이터(Lauren Slater), 조증열 옮김, 『스키너의 심리상자 열기』(에코의서재, 2004/2005), 170쪽.

79) Matt Miller, 『The Two Percent Solution: Fixing America's Problems in Ways Liberals and Conservatives Can Love』(New York: PublicAffairs, 2003), p.32.

80) 로렌 슬레이터(Lauren Slater), 조증열 옮김, 『스키너의 심리상자 열기』(에코의서재, 2004/2005), 164쪽.

81) 황순영, 『우리만 모르고 있는 마케팅의 비밀』(법문사, 2003), 221쪽; 오형규, 『자장면 경제학』(좋은책만들기, 2010), 98-99쪽. 강준만, 「왜 헤어져야 할 커플이 계속 관계를 유지하는가?: 매몰비용」, 『감정 독재: 세상을 꿰뚫는 50가지 이론』(인물과사상사, 2013), 95-100쪽 참고.

2장

1) 에버렛 M. 로저스(Everett M. Rogers), 김영석·강내원·박현구 옮김, 『개혁의 확산』(커뮤니케이션북스, 2003/2005), 322-323쪽.

2) Vincent Mosco, 김지운 역, 『커뮤니케이션 정치경제학』(나남, 1998), 403쪽.

3) 멜빈 드플레르(Melvin L. DeFleur), 권상희 옮김, 『매스커뮤니케이션 이론』(성균관대학교출판부, 2010/2012), 337쪽; 에버렛 M. 로저스(Everett M. Rogers), 김영석·강내원·박현구 옮김, 『개혁의 확산』(커뮤니케이션북스, 2003/2005), 324쪽.

4) 방정배 편, 『현대 매스미디어 원론』(나남, 1996), 41쪽.

5) 차배근, 『매스커뮤니케이션 효과이론』(나남, 1986), 165쪽.

6) S. W. 리틀존(Stephen W. Littlejohn), 김홍규 역, 『커뮤니케이션이론』(나남, 1993), 623쪽.

7) Todd Gitlin, 『Inside Prime Time』(New York: Pantheon Books, 1983), p.333.

8) Richard A. Peterson, 「Revitalizing the Culture Concept」, 『Annual Review of Sociology』, 5(1979), p.151에서 재인용.

9) Jacques Ellul, 『Propaganda: The Foundation of Men's Attitudes』, trans. Konrad Kellen & Jean Lerner (New York: Vintage Books, 1973).

10) 데니스 맥퀘일, 오진환 역, 『매스커뮤니케이션이론』(나남,1990), 307쪽에서 재인용.

11) 차배근, 『매스커뮤니케이션 효과이론』(나남, 1986), 306-307쪽.

12) 김유정, 「소셜네트워크서비스에 대한 이용과 충족 연구: 페이스북 이용을 중심으로」, 『미디어, 젠더 & 문화』, 20권(2011년 12월), 71-105쪽.

13) 방정배 편, 『현대 매스미디어 원론』(나남, 1996), 74쪽.

14) 차배근, 『매스커뮤니케이션 효과이론』(나남, 1986), 384-385쪽. 다니엘 다얀(Daniel Dayan) & 엘리후 캐츠(Elihu Katz), 곽현자 옮김, 『미디어 이벤트: 역사를 생중계하다』(한울아카데미, 1992/2011), 293-295쪽 참고.

15) 조은영·최윤정, 「왜 TV를 시청하며 온라인 대화를 나누는가?: '사회적 시청'의 동기, 행위, 만족에 대한 연구」, 『방송통신연구』, 88권(2014년 10월), 15쪽.

16) 정인숙, 『커뮤니케이션 핵심이론』(커뮤니케이션북스, 2013), 21-27쪽.

17) Melvin L. De Fleur & Sandra Ball-Rokeach, 『Theories of Mass Communication』, 5th ed.(New York: Longman, 1989), 308쪽.

18) S.W.리틀존, 김흥규 역, 『커뮤니케이션이론』(나남, 1993), 631쪽.

19) 이강수, 『현대 매스커뮤니케이션 이론』(나남, 1991), 434-435쪽에서 재인용.

20) 권혁남, 「매스미디어의 기능과 효과」, 권혁남 외, 『대중매체와 사회』(세계사, 1998), 36쪽.

21) 차배근, 『매스커뮤니케이션 효과이론』(나남, 1986), 553-554쪽.

22) 권혁남, 「매스미디어의 기능과 효과」, 권혁남 외, 『대중매체와 사회』(세계사, 1998), 37쪽.

23) 차배근, 『매스커뮤니케이션 효과이론』(나남, 1986), 553쪽.

24) 정인숙, 『커뮤니케이션 핵심이론』(커뮤니케이션북스, 2013), 21-27쪽.

25) 「벌거벗은 임금님」, 『네이버 지식백과』; 「The Emperor's New Clothes」, 『Wikipedia』.

26) 유일상, 『매스미디어와 열린세상』(경인문화사, 1995), 236쪽; 강미은, 『여론조사 뒤집기: 여론 게임의 해부』(개마고원, 1997), 53쪽.

27) 이강수, 『현대 매스커뮤니케이션이론』(나남, 1991), 434쪽.

28) 「Pluralistic ignorance」, 『Wikipedia』; 나은영, 『행복 소통의 심리』(커뮤니케이션북스, 2013), 42쪽.

29) 리처드 탈러(Richard H. Thaler) & 캐스 선스타인(Cass R. Sunstein), 안진환 옮김, 『넛지: 똑똑한 선택을 이끄는 힘』(리더스북, 2008/2009), 98쪽.

30) 한규석, 『사회심리학의 이해』(학지사, 1995), 360쪽.

31) 박선희·한혜경, 「지역과 세대 간 여론양극화와 그 영향요인에 관한 연구: 부산과 광주 지역을 대상으로」, 『한국언론정보학보』, 39권(2007년 8월), 184-185쪽.

32) 박정순, 「지역감정 문제의 본질: 실상과 허상」, 『경북대 사회과학연구』, 5(1989), 187-

205쪽: 강준만, 『전라도 죽이기』(개마고원, 1995), 187-188쪽.

33) 손석희, 〈"한국사회, 수년간 다원적 무지상태…대자보로 분출"」, JTBC, 2013년 12월 18일.

34) 손석춘, 「권력의 거짓말과 '조중동 권력'」, 『경향신문』, 2016년 1월 11일.

35) 나은영, 『행복 소통의 심리』(커뮤니케이션북스, 2013), 41쪽.

36) 토머스 길로비치(Thomas Gilovich), 이양원·장근영 옮김, 『인간 그 속기 쉬운 동물: 미신과 속설은 어떻게 생기나』(모멘토, 1991/2008), 172-173쪽; 제러미 딘(Jeremy Dean), 정명진 옮김, 『프로이트처럼 생각하고 스키너처럼 행동하라』(부글, 2008), 93쪽; 이계평, 「남들도 나처럼 생각하겠지?…잡스도 속았다…'거짓동의 효과'」, 『한국경제』, 2013년 1월 10일.

37) 롤프 도벨리(Rolf Dobelli), 두행숙 옮김, 『스마트한 선택들: 후회없는 결정을 하기 위해 꼭 알아야 할 52가지 심리 법칙』(걷는나무, 2012/2013), 277-278쪽.

38) 이계평, 「남들도 나처럼 생각하겠지?…잡스도 속았다…'거짓동의 효과'」, 『한국경제』, 2013년 1월 10일.

39) 「False-consensus effect」, 『Wikipedia』.

40) 나은영, 「SNS 중이용자와 경이용자의 현실인식 차이: 배양효과와 합의착각효과」, 『한국심리학회지: 사회 및 성격』, 26권3호(2012년 8월), 69쪽.

41) 강미은, 「다른 의견도 존중해야 문화국가다」, 『동아일보』, 2008년 6월 11일.

42) 제갈태일, 「식상한 일들」, 『경북일보』, 2012년 10월 16일.

43) 한경동, 「『논술로 풀어보는 경제』 '짝퉁' 소비현상의 경제학적 진단은?」, 『동아일보』, 2006년 12월 6일.

44) 허연, 「유명잡지 모델 된 풋볼스타, 다음해 슬럼프에 빠진다고?」, 『매일경제』, 2008년 9월 20일.

45) 이강수, 『현대 매스커뮤니케이션이론』(나남, 1991), 434쪽; 「Third-person effect」, 『Wikipedia』.

46) 권혁남, 「매스미디어의 기능과 효과」, 권혁남 외, 『대중매체와 사회』(세계사, 1998), 40-41쪽.

47) 양승목, 「여론조사와 제3자 효과: 여론조사의 영향에 대한 국회의원의 지각적 편향을 중심으로」, 『언론과 사회』, 제18호(1997년 겨울), 10쪽.

48) 데이비드 맥레이니(David McRaney), 박인균 옮김, 『착각의 심리학』(추수밭, 2011/2012), 89쪽.

49) 이강수, 『매스커뮤니케이션 사회학』(나남, 1987), 33쪽.

50) 리처드 펄로프(Richard M. Perloff), 「매스미디어, 사회적 지각, 제3자효과」, 제닝스 브라이언트(Jennings Bryant) & 메리 베스 올리버(Mary Beth Oliver) 편저, 김춘식 외 옮김, 『미디어 효과이론』(나남, 2009/2010), 303쪽.

51) 나은영, 『행복 소통의 심리』(커뮤니케이션북스, 2013), 43쪽.

52) 김재범·이계현, 「여론과 미디어: 다원적 무지와 제3자 가설에 대한 연구」, 『한국언론학보』, 제31호(1994년 봄), 71-72쪽.

53) 권혁남, 「매스미디어의 기능과 효과」, 권혁남 외, 『대중매체와 사회』(세계사, 1998), 41쪽; 「Third-person effect」, 『Wikipedia』.

54) 리처드 펄로프(Richard M. Perloff), 「매스미디어, 사회적 지각, 제3자효과」, 제닝스 브라이언트(Jennings Bryant) & 메리 베스 올리버(Mary Beth Oliver) 편저, 김춘식 외 옮김, 『미디어 효과이론』(나남, 2009/2010), 307쪽.

55) 민정식, 「여론조사결과의 제 3자 효과 지각이 방어적 투표성향에 미치는 영향」, 『언론과학연구』, 13권1호(2013년 3월), 135쪽 재인용.

56) 「Social distance corollary」, 『Wikipedia』.

57) 차동필·한균태, 「공익광고와 제3자 효과: 타인의 반응에 대한 지식이 미친 영향」, 『한국언론학보』, 제47권3호(2003년 6월), 43-44쪽.

58) 리처드 탈러(Richard H. Thaler) & 캐스 선스타인(Cass R. Sunstein), 안진환 옮김, 『넛지: 똑똑한 선택을 이끄는 힘』(리더스북, 2008/2009), 58-59쪽. 강준만, 「왜 사람들은 대부분 자신이 운전을 잘 한다고 생각할까?: 과신 오류」, 『감정 독재: 세상을 꿰뚫는 50가지 이론』(인물과사상사, 2013), 193-198쪽 참고.

59) 스티븐 컨(Stephen Kern), 박성관 옮김, 『시간과 공간의 문화사 1880~1918』(휴머니스트, 1983/2004); 이명천·김요한, 『광고 전략』(커뮤니케이션북스, 2013), 78-79쪽: 이민규, 『끌리는 사람은 1%가 다르다』(더난출판, 2009), 59-61쪽.

60) 쉬나 아이엔가(Sheena Iyengar), 오혜경 옮김, 『선택의 심리학: 어떻게 선택할 것인가』(21세기북스, 2010), 251-252쪽.

61) 김재휘, 『설득 심리 이론』(커뮤니케이션북스, 2013), 3쪽.

62) 김재휘, 『설득 심리 이론』(커뮤니케이션북스, 2013), 4-6쪽; 이남석, 『편향: 나도 모르게 빠지는 생각의 함정』(옥당, 2013), 195-196쪽.

63) 이명천·김요한, 『광고 전략』(커뮤니케이션북스, 2013), 78쪽; 칩 히스(Chip Heath) & 댄 히스(Dan Heath), 안진환 옮김, 『자신있게 결정하라: 불확실함에 맞서는 생각의 프로세스』(웅진지식하우스, 2013), 230쪽.

64) 이명천·김요한, 『광고 전략』(커뮤니케이션북스, 2013), 81-82쪽.

65) 월터 C. 랑거, 최종배 옮김, 『히틀러의 정신분석』(솔, 1999), 103쪽.

66) 에리히 프롬, 김병익 역, 『건전한 사회』(범우사, 1978), 156-157쪽.

67) 제프리 페퍼(Jeffrey Pfeffer), 이경남 옮김, 『권력의 기술: 조직에서 권력을 거머쥐기 위한 13가지 전략』(청림출판, 2010/2011), 49쪽.

68) 김인수, 「[Hello Guru] 조직행동론의 '구루' 히스 형제, 의사결정 원칙을 말하다」, 『매일

경제』, 2013년 10월 25일; 개리 마커스(Gary Marcus), 최호영 옮김, 『클루지: 생각의 역사를 뒤집는 기막힌 발견』(갤리온, 2008), 81-82쪽; 제이슨 츠바이크(Jason Zweig), 오성환·이상근 옮김, 『머니 앤드 브레인: 신경경제학은 어떻게 당신을 부자로 만드는가』(까치, 2007), 146-148쪽.

69) 간바 와타루, 최영미 옮김, 『비즈니스 협상 심리학』(에이지21, 1997/2007), 117-119쪽.

70) 홍성태, 『마케팅의 시크릿 코드』(위즈덤하우스, 2010), 70쪽.

71) 김경진·김경민, 「친숙하다고 다 받아 들일까?: 친숙성의 역효과에 관한 연구」, 『소비자학연구』, 25권3호(2014년 6월), 119-120쪽; 「조절초점이론」, 위키백과.

72) 이민규, 『끌리는 사람은 1%가 다르다』(더난출판, 2009), 63쪽.

73) 제러미 딘(Jeremy Dean), 정명진 옮김, 『프로이트처럼 생각하고 스키너처럼 행동하라』(부글, 2008), 163-168쪽.

74) 이명천·김요한, 『광고 전략』(커뮤니케이션북스, 2013), 82-83쪽.

75) L. F. 얼위트(L. F. Alwitt) & A. A. 미첼(A. A. Mitchell), 이상빈 옮김, 『소비자 심리와 광고효과』(나남, 1985/1989), 86쪽.

76) 엘렌 랭어(Ellen J. Langer), 변용란 옮김, 『마음의 시계: 시간을 거꾸로 돌리는 매혹적인 생리실험』(사이언스북스, 2009/2011), 92쪽.

77) Stewart L. Tubbs & Sylvia Moss, 『Human Communication: Principles and Contexts(Eleventh Edition)』(Boston, MA: McGraw-Hill Higher Education, 2008), pp.434-435; 개리 마커스(Gary Marcus), 최호영 옮김, 『클루지: 생각의 역사를 뒤집는 기막힌 발견』(갤리온, 2008), 57-58쪽; 「수면자효과『sleeper effect, 睡眠者效果』」, 『네이버 지식백과』; 〈Sleeper effect〉, 『Wikipedia』.

78) 조지 베일런트(George E. Vaillant), 이덕남 옮김, 『행복의 조건』(프런티어, 2002/2010), 136-137쪽.

79) 지그문트 바우만(Zygmunt Bauman), 조은평·강지은 옮김, 『고독을 잃어버린 시간』(동녘, 2010/2012), 367쪽.

80) 이학식·안광호·하영원, 『소비자행동: 마케팅전략적 접근(제5판)』(법문사, 2010), 504쪽.

81) 비난트 폰 페터스도르프(Winand von Petersdorff) 외, 박병화 옮김, 『사고의 오류』(율리시즈, 2013/2015), 183쪽.

82) 정성훈, 『사람을 움직이는 100가지 심리법칙』(케이앤제이, 2011), 224-225쪽.

83) 나은영, 『행복 소통의 심리』(커뮤니케이션북스, 2013), 108-110쪽.

84) 나은영, 『행복 소통의 심리』(커뮤니케이션북스, 2013), 108-110쪽.

85) Holly Sklar, 『Reagan, Trilateralism and the Neoliberals: Containment and Intervention in the 1980s』(New York: South End Press, 1986).

86) 남상욱, 「지방선거 6개월 앞… SNS 흑색선전 꼼짝 마: 최근 세 차례 지방선거서 당선무효

자 250명⋯ 금품비리가 65%로 최다」,『한국일보』, 2013년 12월 11일.

87) 롤프 도벨리(Rolf Dobelli), 두행숙 옮김,『스마트한 선택들: 후회없는 결정을 하기 위해 꼭 알아야 할 52가지 심리 법칙』(걷는나무, 2012/2013), 216-217쪽.

3장

1) Elisabeth Noelle-Neumann,『The Spiral of Silence: Public Opinion-Our Social Skin』, 2nd ed.(Chicago: The University of Chicago Press, 1993), p.182.

2) 알랭 드 보통(Alain de Botton), 정영목 옮김,『불안』(은행나무, 2004/2011), 20쪽.

3) 몬트세라트 귀베르나우(Montserrat Guibernau), 유강은 옮김,『소속된다는 것: 현대사회의 유대와 분열』(문예출판사, 2013/2015), 293쪽.

4) 몬트세라트 귀베르나우(Montserrat Guibernau), 유강은 옮김,『소속된다는 것: 현대사회의 유대와 분열』(문예출판사, 2013/2015), 159쪽.

5) 김우룡 엮음,『커뮤니케이션 기본이론』(나남, 1992), 80-82쪽.

6) 김우룡 엮음,『커뮤니케이션 기본이론』(나남, 1992), 85쪽.

7) 정인숙,『커뮤니케이션 핵심 이론』(커뮤니케이션북스, 2013), 65쪽.

8) 윤영찬⋅부형권,「[총선 D-9]"'바람'따라 일시적 여론쏠림 현상 뚜렷"」,『동아일보』, 2004년 4월 6일.

9) 고대훈,「뽕짝, 막장 그리고 선전전」,『중앙일보』, 2017년 2월 4일.

10)「브래들리 효과」,『네이버 지식백과』.

11)「Bradley effect」,『Wikipedia』.

12)「Social desirability bias」,『Wikipedia』;「Impression management」,『Wikipedia』.

13) 최우규,「미 대선의 패자 여론조사」,『경향신문』, 2016년 11월 11일.

14) 마크 고베(Marc Gobé), 안장원 옮김,『감성디자인 감성브랜딩 뉴트렌드』(김앤김북스, 2007/2008), 328쪽.

15) 로버트 세틀(Robert B. Settle) & 파멜라 알렉(Pamela L. Alreck), 대홍기획 마케팅컨설팅 그룹 옮김,『소비의 심리학: 소비자의 코드를 읽는 12가지 키워드』(세종서적, 1989/2003), 60-61쪽.

16) 다비트 보스하르트(David Bosshart), 박종대 옮김,『소비의 미래: 21세기 시장 트렌드』(생각의나무, 1997/2001), 405쪽.

17) 월터 아이작슨(Walter Isaacson), 안진환 옮김,『스티브 잡스(Steve Jobs)』(민음사, 2011), p.881.

18) 제프리 크루이상크(Jeffrey L. Cruikshank), 정준희 옮김,『애플웨이』(더난출판, 2005/2007), 43쪽.

19) 구와바라 데루야, 김정환 옮김, 『스티브 잡스: 그가 우리에게 남긴 말들』(티즈맵, 2010/2011), 33쪽.

20) 권석, 『아이디어는 엉덩이에서 나온다: 잘 마른 멸치 권석 PD의 방송일기 세상 읽기』(새녘, 2012), 337쪽.

21) 대니얼 시겔(Daniel J. Siegel), 오혜경 옮김, 『마음을 여는 기술: 심리학이 알려주는 소통의 지도』(21세기북스, 2010/2011), 232쪽; 전우영, 『나를 움직이는 무의식 프라이밍』(21세기북스, 2013), 11, 33-34쪽.

22) 「점화 효과」, 『위키백과』; 「Priming (psychology)」, 『Wikipedia』.

23) 대니얼 카너먼(Daniel Kahneman), 이진원 옮김, 『생각에 관한 생각: 우리의 행동을 지배하는 생각의 반란』(김영사, 2011/2012), 85쪽; 대니얼 액스트(Daniel Akst), 구계원 옮김, 『자기절제사회: 유혹과잉시대, 어떻게 욕망에 대항할 것인가』(민음사, 2011/2013), 227쪽; 「Lady Macbeth effect」, 『Wikipedia』.

24) 이인식, 「나쁜 짓 떠올린 후 'W□ □H'를 채우게 하면?」, 『중앙선데이』, 제329호(2013년 6월 30일); 이인식, 「해제: 몸으로 생각한다」, 프란시스코 바렐라(Francisco J. Varela) 외, 석봉래 옮김, 『몸의 인지과학』(김영사, 1991/2013), 14-15쪽; 「Lady Macbeth effect」, 『Wikipedia』.

25) 데이비드 디살보(David DiSalvo), 이은진 옮김, 『나는 결심하지만 뇌는 비웃는다』(모멘텀, 2012), 251쪽; 전우영, 「딱딱한 의자에 앉아서 보면 왜 사람 인상도 딱딱해질까」, 『시사저널』, 제1159호(2012년 1월 4일); 이인식, 「나쁜 짓 떠올린 후 'W□ □H'를 채우게 하면?」, 『중앙선데이』, 제329호(2013년 6월 30일).

26) 라이오넬 타이거(Lionel Tiger) & 마이클 맥과이어(Michael McGuire), 김상우 옮김, 『신의 뇌』(와이즈북, 2010/2012), 180쪽.

27) 로저 둘리(Roger Dooley), 황선영 옮김, 『그들로 모르는 그들의 생각을 읽어라』(월컴퍼니, 2012/2013), 31쪽; 전우영, 『나를 움직이는 무의식 프라이밍』(21세기북스, 2013), 107-108, 231-232쪽.

28) 엘렌 랭어(Ellen J. Langer), 변용란 옮김, 『마음의 시계: 시간을 거꾸로 돌리는 매혹적인 생리실험』(사이언스북스, 2009/2011), 162-163쪽; 전우영, 『나를 움직이는 무의식 프라이밍』(21세기북스, 2013), 133-135쪽.

29) 유정식, 『착각하는 CEO: 직관의 오류를 깨뜨리는 심리의 모든 것』(알에이치코리아, 2013), 297쪽. '죄수의 딜레마'에 대해선 강준만, 「왜 지역주의는 해소되기 어려울까?: 죄수의 딜레마」, 『우리는 왜 이렇게 사는 걸까?: 세상을 꿰뚫는 50가지 이론』(인물과사상사, 2014), 297-303쪽 참고.

30) 제닝스 브라이언트(Jennings Bryant) & 메리 베스 올리버(Mary Beth Oliver) 편저, 김춘식 외 옮김, 『미디어 효과이론』(나남, 2009/2010), 32, 100-123, 277, 329, 446쪽; 「Priming

(media)」, 『Wikipedia』.

31) 폴커 키츠(Volker Kitz) & 마누엘 투쉬(Manuel Tusch), 김희상 옮김, 『심리학 나 좀 구해 줘』(갤리온, 2011/2013), 36쪽; 니콜라 게겐(Nicholas Guéguen), 고경란 옮김, 『소비자는 무엇으로 사는가?: 고객의 심리에 관한 100가지 실험』(지형, 2005/2006), 65쪽.

32) 김진성, 「창의성을 자극하는 참 쉬운 방법」, 삼성경제연구소 엮음, 『소림사에서 쿵푸만 배우란 법은 없다: 끊임없이 변신하는 기업들의 경영비법』(삼성경제연구소, 2011), 190-191쪽; 전우영, 『나를 움직이는 무의식 프라이밍』(21세기북스, 2013), 137-138쪽.

33) 대니얼 액스트(Daniel Akst), 구계원 옮김, 『자기절제사회: 유혹과잉시대, 어떻게 욕망에 대항할 것인가』(민음사, 2011/2013), 228-229쪽.

34) 폴커 키츠(Volker Kitz) & 마누엘 투쉬(Manuel Tusch), 김희상 옮김, 『심리학 나 좀 구해 줘』(갤리온, 2011/2013), 36-37쪽.

35) Richard J. Harris, 이창근·김광수 공역, 『매스미디어 심리학』(나남, 1991), 232쪽.

36) James Shanahan & Michael Morgan, 『Television and Its Viewers: Cultivation Theory and Research』(New York: Cambridge University Press, 1999), pp.11-12.

37) 존 피스크(John Fiske), 강태완·김선남 옮김, 『문화커뮤니케이션론』(한뜻, 1990/1997), 247쪽.

38) George Gerbner et al., 「The 'Mainstreaming 'of America: Violence Profile No.11」, 『Journal of Communication』, 30(Summer 1980), p.15; 정인숙, 『커뮤니케이션 핵심이론』(커뮤니케이션북스, 2013), xii-xiii쪽.

39) 김미성, 「마셜 맥루한의 기술결정론, 조지 거브너의 배양이론」, 『신문과 방송』, 1991년 6월, 104-105면.

40) George Gerbner and Larry Gross, 「Living with Television: The Violence Profile」, 『Journal of Communication』, 26(Spring 1976), pp.193-194; 프랭크 푸레디(Frank Furedi), 박형신·박형진 옮김, 『우리는 왜 공포에 빠지는가?: 공포문화 벗어나기』(이학사, 2006/2011), 31-32쪽; 배리 글래스너(Barry Glassner), 연진희 옮김, 『공포의 문화』(부광, 1999/2005), 298-304쪽.

41) George Gerbner and Larry Gross, 「Living with Television: The Violence Profile」, 『Journal of Communication』, 26(Spring 1976), pp.193-194.

42) 조나 레러(Jonah Lehrer), 강미경 옮김, 『탁월한 결정의 비밀: 뇌신경과학의 최전방에서 밝혀낸 결정의 메커니즘』(위즈덤하우스, 2009), 168쪽.

43) 배리 글래스너(Barry Glassner), 연진희 옮김, 『공포의 문화』(부광, 1999/2005), 90쪽.

44) 「Schneider Attacks Gerbner's Report on TV Violence」, 『Broadcasting』, May 2, 1977, pp.57-58; John A. Schneider, 「Networks Hold the Line」, 『Society』, 14:6(September/October 1977), pp.9, 14-17; Richard J. Harris, 이창근·김광수 공역, 『매스미디어 심리학』

(나남, 1991), 233쪽.

45) Stuart Hall et al., 『Policing the Crisis: Mugging, the State, and Law and Order』(New York: Holmes & Meier, 1978).

46) 엘리 패리저(Eli Pariser), 이현숙·이정태 옮김, 『생각 조종자들』(알키, 2011), 201-203쪽.

47) 구본권, 「'좋아요'만 허용한 페이스북의 잔인함」, 『한겨레』, 2014년 12월 30일.

48) 오성근, 『마녀사냥의 역사: 불타는 여성』(미크로, 2000), 15-23쪽; 찰스 맥케이(Charles Mackay), 이윤섭 옮김, 『대중의 미망과 광기』(창해, 1841/2004), 280-298쪽; 존 B. 베리 (John Bagnell Bury), 박홍규 옮김, 『사상의 자유의 역사』(바오, 1914/2006), 80쪽.

49) 헨드릭 빌렘 반 룬(Hendrik Willem van Loon), 이혜정 옮김, 『관용』(서해문집, 1925/2005), 164-165쪽.

50) 프랭크 푸레디(Frank Furedi), 박형신 옮김, 『우리는 왜 공포에 빠지는가?: 공포문화 벗어나기』(이학사, 2006/2011), 117쪽.

51) 클레이 존슨(Clay Johnson), 김상현 옮김, 『똑똑한 정보 밥상: 몸에 좋은 정보 쏙쏙 가려먹기』(에이콘, 2012), 60-61쪽.

52) 앤서니 기든스(Anthony Giddens) & 필립 서튼(Philip W. Sutton), 김봉석 옮김, 『사회학의 핵심 개념들』(동녘, 2014/2015), 380-381쪽.

53) 앤서니 기든스(Anthony Giddens) & 필립 서튼(Philip W. Sutton), 김봉석 옮김, 『사회학의 핵심 개념들』(동녘, 2014/2015), 378-379쪽; Stuart Hall et al., 『Policing the Crisis: Mugging, the State and Law and Order』(New York: Holmes & Meier, 1978), pp.3-28; 「Moral panic」, 『Wikipedia』.

54) 한세희, 「게임 중독 담론과 도덕적 공황」, 『전자신문』, 2010년 10월 25일.

55) 심재웅, 「언론의 학원폭력 보도 유감」, 『한국일보』, 2012년 5월 12일.

56) 양정혜, 「뉴스 미디어가 재현하는 범죄현실: 아동대상 성폭력 범죄의 프레이밍」, 『언론과학연구』, 10권2호(2010년 6월), 373-374쪽.

57) 앤서니 기든스(Anthony Giddens) & 필립 서튼(Philip W. Sutton), 김봉석 옮김, 『사회학의 핵심 개념들』(동녘, 2014/2015), 382쪽.

58) 강성원, 「[저널리즘의 미래⑥] 제한된 취재원, 출입처 중심 받아쓰기 취재 관행의 한계…선정적 이슈 찾아 '하이에나 저널리즘' 행태도」, 『미디어오늘』, 2015년 2월 11일.

59) 손동영, 「사회적 정서와 공존의 여유」, 『머니투데이』, 2015년 12월 4일; 조지 보나노 (George A. Bonanno), 박경선 옮김, 『슬픔뒤에 오는 것들: 상실과 트라우마 그리고 슬픔의 심리학』(초록물고기, 2009/2010), 218-219쪽.

60) 조지 보나노(George A. Bonanno), 박경선 옮김, 『슬픔뒤에 오는 것들: 상실과 트라우마 그리고 슬픔의 심리학』(초록물고기, 2009/2010), 213-219쪽.

61) 아지트 바르키(Ajit Varki) & 대니 브라워(Danny Brower), 노태복 옮김, 『부정본능』(부키,

2014/2015), 138쪽.

62) 어네스트 베커(Ernest Becker), 김재영 옮김, 『죽음의 부정: 프로이트의 인간 이해를 넘어서』(인간사랑, 1973/2008), 11쪽; 「Terror management theory」, 『Wikipedia』.

63) 대커 켈트너(Dacher Keltner), 하윤숙 옮김, 『선의 탄생』(옥당, 2009/2011), 202쪽.

64) 박상희, 「공포 관리 이론 terror management theory」, 『심리학용어사전』, 2014년 4월; 『네이버 지식백과』.

65) 조지 보나노(George A. Bonanno), 박경선 옮김, 『슬픔뒤에 오는 것들: 상실과 트라우마 그리고 슬픔의 심리학』(초록물고기, 2009/2010), 220쪽.

66) 코델리아 파인(Cordelia Fine), 송정은 옮김, 『뇌 마음대로: 나를 멋대로 조종하는 발칙한 뇌의 심리학』(공존, 2006/2010), 40쪽.

67) 캐서린 메이어(Catherine Mayer), 황덕창 옮김, 『어모털리티: 나이가 사라진 시대의 등장』(퍼플카우, 2011/2013), 151-152쪽.

68) 콜린 엘러드(Colin Ellard), 문희경 옮김, 『공간이 사람을 움직인다: 마음을 지배하는 공간의 비밀』(더퀘스트, 2015/2016), 237-238쪽.

69) 마이클 본드(Michael Bond), 문희경 옮김, 『타인의 영향력: 그들의 생각과 행동은 어떻게 나에게 스며드는가』(어크로스, 2014/2015), 258-259쪽; 「Hobbesian trap」, 『Wikipedia』.

70) 손동영, 「사회적 정서와 공존의 여유」, 『머니투데이』, 2015년 12월 4일.

71) 강준만, 「왜 '마녀 사냥'이 일어나곤 하는가?: 도덕적 공황」, 『독선 사회: 세상을 꿰뚫는 50가지 이론 4』(인물과사상사, 2015), 280-285쪽 참고.

72) C. 더글러스 러미스(C. Douglas Lummis), 김종철·최성현 옮김, 『경제성장이 안되면 우리는 풍요롭지 못할 것인가』(녹색평론사, 2000/2011), 99-100쪽; 양권모, 「『여적』공포 마케팅」, 『경향신문』, 2015년 5월 12일.

73) 조지 보나노(George A. Bonanno), 박경선 옮김, 『슬픔 뒤에 오는 것들: 상실과 트라우마 그리고 슬픔의 심리학』(초록물고기, 2009/2010), 222-223쪽.

74) 리처드 와이즈먼(Richard Wiseman), 한창호 옮김, 『괴짜 심리학』(웅진지식하우스, 2007/2008), 50쪽.

75) Loren Coleman, The Copycat Effect: How the Media and Popular Culture Trigger the Mayhem in Tomorrow's Headlines(New York: Paraview Pocket Books, 2004), pp.1-2; 로버트 치알디니(Robert Cialdini), 황혜숙 옮김, 『설득의 심리학(개정5판)』(21세기북스, 2009/2013), 219-220쪽.

76) 로렌 슬레이터(Lauren Slater), 조증열 옮김, 『스키너의 심리상자 열기』(에코의서재, 2004/2005), 114-115쪽.

77) 로렌 슬레이터(Lauren Slater), 조증열 옮김, 『스키너의 심리상자 열기』(에코의서재, 2004/2005), 115쪽.

78) 이천종·김태훈, 「'이은주' 모방자살 늘었다」, 『세계일보』, 2005년 3월 24일, A10면.

79) 이병문, 「유명인 자살보도가 '베르테르 효과' 불러: 서울아산병원 김남국 교수팀, "상관계수 0.74… 통계적으로 유의미"」, 『매일경제』, 2014년 3월 18일.

80) D. Horton & R. R. Whol, 「Mass Communication and Para-Social Interaction: Observations on Intimacy at a Distance」, 『Psychiatry』, 19(1956), pp.215-229; Cooper Lawrence, The Cult of Celebrity: What Our Fascination with the Stars Reveals About Us(Guilford, Conn.: skirt!, 2009), p.22; 「Parasocial interaction」, Wikipedia; 장윤재, 「정서적 허기인가 정보와 오락의 추구인가?: 먹방·쿡방 시청동기와 시청경험, 만족도의 관계」, 『한국방송학보』, 30권4호(2016년 7월), 161쪽.

81) 김희영, 「베르테르 효과' 막는 '파파게노 효과'」, 『기자협회보』, 2013년 12월 18일; 차상호, 「파파게노 효과(Papageno effect)」, 『경남신문』, 2013년 12월 11일.

82) 주혜진, 「자극적 자살보도 이제 '그만'…보도권고기준 지켜야」, 『경향신문』, 2013년 12월 6일.

83) 차상호, 「파파게노 효과(Papageno effect)」, 『경남신문』, 2013년 12월 11일.

84) 제임스 서로위키(James Surowiecki), 홍대운·이창근 옮김, 『대중의 지혜: 시장과 사회를 움직이는 힘』(랜덤하우스중앙, 2004/2005), 81쪽.

85) 로버트 치알디니(Robert Cialdini), 황혜숙 옮김, 『설득의 심리학(개정5판)』(21세기북스, 2009/2013), 185-186쪽.

86) 조나 버거(Jonah Berger), 정윤미 옮김, 『컨테이저스: 잔략적 입소문』(문학동네, 2013), 212-213쪽.

87) 로버트 치알디니(Robert Cialdini) 외, 윤미나 옮김, 『설득의 심리학 2』(21세기북스, 2007/2008), 29-33쪽.

88) 로버트 치알디니(Robert Cialdini) 외, 윤미나 옮김, 『설득의 심리학 2』(21세기북스, 2007/2008), 34-37쪽.

89) 로버트 치알디니(Robert Cialdini), 황혜숙 옮김, 『설득의 심리학(개정5판)』(21세기북스, 2009/2013), 186쪽.

90) 로버트 치알디니(Robert Cialdini), 황혜숙 옮김, 『설득의 심리학(개정5판)』(21세기북스, 2009/2013), 186쪽.

91) 노재현, 「시네마 천국 vs 스크린 지옥」, 『중앙일보』, 2006년 8월 18일, 30면.

92) 수잔 와인생크(Susan M. Weinschenk), 박선령 옮김, 『마음을 움직이는 심리학: 심리학자가 알려주는 설득과 동기유발의 140가지 전략』(위키미디어, 2013), 29쪽.

93) 로버트 치알디니(Robert Cialdini) 외, 윤미나 옮김, 『설득의 심리학 2』(21세기북스, 2007/2008), 38-42쪽.

94) 리처드 탈러(Richard H. Thaler) & 캐스 선스타인(Cass R. Sunstein), 안진환 옮김, 『넛지:

똑똑한 선택을 이끄는 힘』(리더스북, 2008/2009), 108-113쪽.

4장

1) 셰릴 샌드버그(Sheryl Sandberg), 안기순 옮김, 『린 인(Lean In)』(와이즈베리, 2013), 169쪽.

2) 이강수, 『매스커뮤니케이션 사회학』(나남, 1987), 97-98쪽.

3) 로버트 프랭크(Robert H. Frank) & 필립 쿡(Philip J. Cook), 권영경·김양미 옮김, 『이긴 자가 전부 가지는 사회(The Winner-Take-All Society)』(CM비지니스, 1995/1997), 34쪽.

4) S. W. 리틀존, 김흥규 역, 『커뮤니케이션이론』(나남, 1993), 619쪽.

5) Leo Rosten, 『The Washington Correspondents』(New York: Harcourt, Brace, 1937), 150쪽.

6) Herbert J. Gans, 『Deciding What's News: A Study of CBS Evening News, NBC Nightly News, Newsweek and Time』(New York: Vintage Books, 1980), pp.42-52.

7) 허버트 쉴러, 강현두 역, 『현대 자본주의와 정보지배논리』(나남, 1990), 181쪽.

8) Stuart Hall, 「The Determination of News Photographs」, in 『The Manufacture of News: Social Problems, Deviance and the Mass Media』, Stanley Cohen and Jock Young, eds. (London: Constable, 1973), p.183.

9) 안석배, 「개천 龍 '사라지는 사회」, 『조선일보』, 2016년 12월 13일.

10) 손봉석, 「"'8학군 기자'가 늘고 있다": '사회갈등 보도'와 '기자 윤리' 토론회서 언론왜곡 보도 성토」, 『프레시안』, 2003년 9월 4일자.

11) 권헌영, 「법원의 판단으로 본 포털 뉴스서비스의 성격」, 『언론중재』, 통권108호(2008년 가을), 24쪽.

12) Joseph A. DeVito, 『Human Communication』(New York: Longman, 1997), p.263.

13) Pamela J. Shoemaker, 최재완·하봉준 역, 『게이트키핑』(남도, 1993), 21-22쪽.

14) 김우룡 엮음, 『커뮤니케이션 기본이론』(나남, 1992), 69쪽.

15) 차배근, 『매스커뮤니케이션 효과이론』(나남, 1986), 413쪽.

16) Warren K. Agee, Philip H. Ault, Edwin Emery, 『Perspectives on Mass Communications』(New York: Harper & Row, 1982), p.22.

17) S.W.리틀존, 김흥규 역, 『커뮤니케이션이론』(나남, 1993), 619쪽에서 재인용.

18) S.W.리틀존, 김흥규 역, 『커뮤니케이션이론』(나남, 1993), 620쪽.

19) 차배근, 『매스커뮤니케이션 효과이론』(나남, 1986), 498-499쪽.

20) 김우룡 엮음, 『커뮤니케이션 기본이론』(나남, 1992), 77-78쪽.

21) 이준웅, 「의제설정이론: 보도에 따른 여론 변화 설명에 유용」, 『신문과 방송』, 제370호 (2001년 10월), 43쪽.

22) 권혜선, 「"신문 '의제설정' 다매체시대에도 유효": 의제설정이론 제안자 도널드 쇼 노스캐

롤라이나대 교수」, 『미디어오늘』, 2005년 5월 25일, 12면.

23) 장행훈, 「미국 언론은 과연 민주주의의 감시견인가: 47년간 백악관 출입한 헬렌 토마스의 미국 언론 비판」, 『신문과 방송』, 제430호(2006년 10월), 54쪽.

24) 버나드 골드버그, 박정희 옮김, 『BIAS: 뉴스의 속임수』(청년정신, 2003), 34쪽.

25) S.W.리틀존, 김홍규 역, 『커뮤니케이션이론』(나남, 1993),620쪽.

26) 토니 슈와르츠, 심길중 옮김, 『미디어 제2의 신』(리을, 1994), 132-133쪽.

27) 강준만, 「지방의 '내부식민지화'를 고착시키는 일상적 기제: '대학-매체-예산'의 트라이앵글」, 『사회과학연구』(강원대 사회과학연구원), 54집 2호(2015년 12월), 113-147쪽.

28) 롤프 도벨리(Rolf Dobelli), 두행숙 옮김, 『스마트한 생각들: 사람의 마음을 움직이는 52가지 심리 법칙』(걷는나무, 2011/2012), 105-107쪽.

29) 대니얼 카너먼(Daniel Kahneman), 이진원 옮김, 『생각에 관한 생각: 우리의 행동을 지배하는 생각의 반란』(김영사, 2011/2012), 132-133쪽; 「Framing effect(psychology)」, 『Wikipedia』.

30) 샘 혼(Sam Horn), 이상원 옮김, 『적을 만들지 않는 대화법』(갈매나무, 1996/2008), 109쪽.

31) Todd Gitlin, 『The Whole World Is Watching: Mass Media in the Making and Unmaking of the New Left』(Berkeley: University of California Press, 1980), p.7

32) Todd Gitlin, 『The Whole World Is Watching: Mass Media in the Making and Unmaking of the New Left』(Berkeley: University of California Press, 1980), pp.28-29.

33) 데이비드 툭스베리(David Tewksbury) & 디트람 쇼이펠레(Dietram A. Scheufele), 「뉴스 프레이밍 이론과 연구」, 제닝스 브라이언트(Jennings Bryant) & 메리 베스 올리버(Mary Beth Oliver) 편저, 김춘식 외 옮김, 『미디어 효과이론』(나남, 2009/2010), 44쪽.

34) 장하용·제방훈, 「수용자의 인지정교화 가능성 수준이 프레이밍 효과에 미치는 영향에 관한 연구」, 『한국언론정보학보』, 46권(2009년 5월), 75-107쪽.

35) 김재휘, 『설득심리이론』(커뮤니케이션북스, 2013), 52-53쪽.

36) 엠 그리핀(Em Griffin), 김동윤·오소현 옮김, 『첫눈에 반한 커뮤니케이션 이론』(커뮤니케이션북스, 2012), 287-293쪽.

37) 리처드 페티(Richard E. Petty) 외, 「매스미디어와 태도변화: 정교화 가능성 설득모델의 함의」, 제닝스 브라이언트(Jennings Bryant) & 메리 베스 올리버(Mary Beth Oliver) 편저, 김춘식 외 옮김, 『미디어 효과이론』(나남, 2009/2010), 167쪽.

38) 데이비드 스튜어트(David W. Stewart) & 폴 파블로(Paul A. Pavlou), 「미디어가 마케팅 커뮤니케이션에 미치는 효과」, 제닝스 브라이언트(Jennings Bryant) & 메리 베스 올리버(Mary Beth Oliver) 편저, 김춘식 외 옮김, 『미디어 효과이론』(나남, 2009/2010), 434-436쪽.

39) 최세정, 「전략 커뮤니케이션: 광고」, 이준웅·박종민·백혜진 엮음, 『커뮤니케이션 과학의

지평』(나남, 2015), 370-372쪽.

40) 조지 레이코프·로크리지연구소, 나익주 옮김, 『프레임 전쟁: 보수에 맞서는 진보의 성공 전략』(창비, 2007), 65쪽.

41) 조지 레이코프, 유나영 옮김, 『코끼리는 생각하지 마: 미국의 진보세력은 왜 선거에서 패배하는가』(삼인, 2006), 17쪽.

42) 조지 레이코프, 유나영 옮김, 『코끼리는 생각하지 마: 미국의 진보세력은 왜 선거에서 패배하는가』(삼인, 2006), 24-25쪽.

43) 조지 레이코프, 유나영 옮김, 『코끼리는 생각하지 마: 미국의 진보세력은 왜 선거에서 패배하는가』(삼인, 2006), 26쪽.

44) 조지 레이코프, 유나영 옮김, 『코끼리는 생각하지 마: 미국의 진보세력은 왜 선거에서 패배하는가』(삼인, 2006), 141쪽.

45) 마이클 셔머(Michael Shermer), 김소희 옮김, 『믿음의 탄생: 왜 우리는 종교에 의지하는가』(지식갤러리, 2011/2012), 320-322쪽.

46) 이옥순, 『우리 안의 오리엔탈리즘: '인도'라는 이름의 거울』(푸른역사, 2002), 26-27쪽.

47) 이옥순, 『우리 안의 오리엔탈리즘: '인도'라는 이름의 거울』(푸른역사, 2002), 31쪽.

48) 박형지·설혜심, 『제국주의와 남성성: 19세기 영국의 젠더 형성』(아카넷, 2004), 50쪽.

49) 에드워드 W. 사이드, 박홍규 역, 『오리엔탈리즘』(교보문고, 1991).

50) 김성곤, 「"서구 우월감이 부른 팽창정책"」, 『중앙일보』, 1999년 10월 19일, 19면.

51) 샤오메이 천, 정진배·김정아 옮김, 『옥시덴탈리즘』(강, 2001), 13, 30쪽.

52) 김봉진, 「문화제국주의와 한국: 일제와 전후일본」, 『전통과 현대』, 통권4호(1998년 봄), 76-91쪽.

53) 이정우, 「키워드로 읽는 우리 시대: 오리엔탈리즘」, 『한겨레』, 2005년 1월 27일, 14면.

54) Daniel J. Boorstin, 『The Image: A Guide to Pseudo-Events in America』(New York: Atheneum, 1961/1985), p.38. 이 책의 번역서로는 다니엘 부어스틴(Daniel J. Boorstin), 정태철 옮김, 『이미지와 환상』(사계절, 1961/2004)이 있다.

55) Daniel J. Boorstin, 『The Image: A Guide to Pseudo-Events in America』(New York: Atheneum, 1961/1985), pp.9-10.

56) Daniel J. Boorstin, 『The Image: A Guide to Pseudo-Events in America』(New York: Atheneum, 1961/1985), pp.11-12.

57) Dan Nimmo, 『The Political Persuaders: The Techniques of Modern Election Campaigns』(Englewood Cliffs, N.J.: Prentice-Hall, 1970), pp.26-27.

58) 이에 대해선 원용진·한은경·강준만 편저, 『대중매체와 페미니즘』(한나래, 1993)에 실린 논문 「여성운동과 대중매체」와 「여성운동과 뉴스」를 참고.

59) W. Lance Bennett, 『Public Opinions in American Politics』(New York: Harcourt Brace

Jovanovich, 1980), p.239.

60) Daniel J. Boorstin, 『The Image: A Guide to Pseudo-Events in America』(New York: Atheneum, 1961/1985) p. 59.

61) Daniel J. Boorstin, 『The Image: A Guide to Pseudo-Events in America』(New York: Atheneum, 1961/1985), pp.61, 163.

62) Daniel J. Boorstin, 『The Image: A Guide to Pseudo-Events in America』(New York: Atheneum, 1961/1985), p. 164.

63) Daniel J. Boorstin, 『The Image: A Guide to Pseudo-Events in America』(New York: Atheneum, 1961/1985), p. 74.

64) Daniel J. Boorstin, 『The Image: A Guide to Pseudo-Events in America』(New York: Atheneum, 1961/1985), pp. 185, 197.

65) Daniel J. Boorstin, 『Democracy and Its Discontents: Reflections on Everyday America』 (New York: Vintage Books, 1975), pp.28-29.

66) Daniel J. Boorstin, 『The Image: A Guide to Pseudo-Events in America』(New York: Atheneum, 1961/1985), pp.254-255.

67) 다니엘 다얀(Daniel Dayan) & 엘리후 캐츠(Elihu Katz), 곽현자 옮김, 『미디어 이벤트: 역사를 생중계하다』(한울아카데미, 1992/2011), 59쪽.

68) 이강수, 『현대 매스커뮤니케이션이론』(나남, 1991), 434쪽: 「Third-person effect」, 『Wikipedia』.

69) 이남석, 『편향: 나도 모르게 빠지는 생각의 함정』(옥당, 2013), 126-128쪽: 「Hostile media effect」, 『Wikipedia』.

70) 대니얼 J. 레비틴(Daniel J. Levitin), 김성훈 옮김, 『정리하는 뇌』(와이즈베리, 2014/2015), 490쪽.

71) 오택섭·박성희, 「적대적 매체지각: 메시지인가 메신저인가」, 『한국언론학보』, 49권2호 (2005년 4월), 141쪽.

72) 오택섭·박성희, 「적대적 매체지각: 메시지인가 메신저인가」, 『한국언론학보』, 49권2호 (2005년 4월), 136쪽.

73) 홍인기·이상우, 「트위터의 뉴스 재매개가 이용자의 뉴스 지각에 미치는 영향」, 『방송통신연구』, 통권90호(2015년 4월), 76쪽.

74) 강준만, 「제1장 "편향성은 이익이 되는 장사다": 미국 '폭스뉴스'의 성장 전략」, 『증오 상업주의: 정치적 소통의 문화정치학』(인물과사상사, 2013), 17-66쪽 참고.

75) 숙의 민주주의는 기존의 대의 민주주의(representative democracy)가 비교적 결과 중심인데 비해 과정과 결과를 모두 중시하는 민주주의로 정당성을 토의 절차의 여부에서 찾는다는 점에서 '토의 민주주의' 또는 '논의 민주주의'라고도 한다. deliberation을 논자에 따라

숙의(熟議), 심의(審議), 토의(討議), 논의(論議) 등으로 각기 달리 번역해 쓰고 있다. 김
대영, 『공론화와 정치평론: 닫힌 사회에서 광장으로』(책세상, 2005), 83쪽; 이동수, 「디지
털시대의 토의민주주의」, 철학연구회 편, 『디지털시대의 민주주의와 포퓰리즘』(철학과현
실사, 2004), 72-93쪽; 최장집, 박상훈 엮음, 『민주주의의 민주화: 한국 민주주의의 변형과
헤게모니』(후마니타스, 2006), 117쪽.

76) Lauren Feldman, 「The Hostile Media Effect」, Kate Kenski & Kathleen Hall Jamieson,
eds., 『The Oxford Handbook of Political Communication』(New York: Oxford University
Press, 미출간).

5장

1) 하워드 진, 『오만한 제국: 미국의 이데올로기로부터 독립』(당대, 2001), 20쪽.

2) 김동민, 「서론: 언론법제연구의 새로운 관점」, 김동민 편저, 『언론법제의 이론과 현실』(한
나래, 1993), 27쪽.

3) Gaye Tuchman, 「Professionalism as an Agent of Legitimation」, 『Journal of
Communication』, 28:2(Spring 1978), 110쪽.

4) James W. Carey, 「The Communication Revolution and the Professional Communicator」,
『Sociological Review Monograph』, 13(1969), 32-33쪽.

5) Denis McQuail, 『Mass Communication Theory: An Introduction』 2nd ed.(London: Sage,
1987), p.131; 강명구, 『한국 저널리즘 이론』(나남, 1994), 29-32쪽.

6) 이민웅, 『한국 TV 저널리즘의 이해』(나남, 1996), 103-110쪽.

7) 강명구, 『한국 저널리즘 이론』(나남, 1994), 48-49쪽. 윤석민은 『미디어 공정성 연구』
(2015)에서 "강명구의 모형에서 사실성(검증)은 웨스터슈탈의 객관성 개념과 대체가능하다
고 할 때 그는 웨스터슈탈의 객관성 모형에 윤리성 검증과 이데올로기 검증을 추가함으로
써 한층 정교하고 복합적인 차원의 공종성 모형을 구성했다"며 "웨스터슈탈의 모형과 비교
할 때 여러모로 진일보한 것이다"고 평가했다. 윤석민, 『미디어 공정성 연구』(나남, 2015),
56-57쪽.

8) 남재일, 「한국 객관주의 관행의 문화적 특수성: 경찰기자 취재관행의 구조적 성격」, 『언론
과학연구』, 제8권3호(2008년 9월), 241-242쪽.

9) 미첼 스티븐스(Mitchell Stephens), 김익현 옮김, 『비욘드 뉴스: 지혜의 저널리즘』(커뮤니케
이션북스, 2014/2015), 166쪽.

10) 김규원, 「"신문 살아남지만 '언론 객관성'은 죽는다": 미국 인디애나대 저널리즘스쿨 브래
들리 햄 학장」, 『한겨레』, 2005년 12월 2일, 24면.

11) 리처드 에번스, 이영석 옮김, 『역사학을 위한 변론』(소나무, 1999), 293쪽; E. H. 카, 김택

현 옮김, 『역사란 무엇인가』(까치, 1997), 45-47쪽.

12) 미첼 스티븐스(Mitchell Stephens), 김익현 옮김, 『비욘드 뉴스: 지혜의 저널리즘』(커뮤니케이션북스, 2014/2015), 169쪽.

13) C. P. 스노우, 오영환 옮김, 「옮긴이 해제」, 『두 문화: 과학과 인문학의 조화로운 만남을 위하여』(사이언스북스, 2001), 195쪽.

14) 에드워드 W. 사이드(Edward W. Said), 전신욱·서봉섭 옮김, 『권력과 지성인』(창, 1996), 140-141쪽.

15) 조흡, 「문화민족주의에서 문명공존론까지: 에드워드 사이드, ‘테러리스트’와 ‘피아니스트’」, 『인물과 사상 5』(개마고원, 1998), 247-249쪽.

16) 홍성민, 『문화와 아비투스: 부르디외와 유럽정치사상』(나남, 2000), 183쪽.

17) 이정우, 『인간의 얼굴: 탈주와 회귀 사이에서』(민음사, 1999), 334쪽.

18) 이상욱, 「죽음기가 음악 듣는 데 쓰일 줄 몰랐던 에디슨」, 『한겨레』, 2006년 11월 10일, 책·지성 섹션 24-25면.

19) 정태철, 「언론 전문직업인주의(professionalism)의 필요성: 1987년 민주화 이후 한국언론의 문제와 개혁에 대한 논의」, 『언론과학연구』, 제5권2호(2005년 8월), 436쪽. 한국 언론의 전문직화 전개 과정에 대해선 강명구 『한국 언론전문직의 사회학』(나남, 1993) 참고.

20) Michael Schudson, 「On Larson's The Rise of Professionalism」, 『Sociological Review Monograph』, 20(1973), pp.215-229: Terence Johnson, 『Professions and Power』(London: Macmillan, 1977).

21) Dan Schiller, 「An Historical Approach to Objectivity and Professionalism in American News Reporting」, 『Journal of Communication』, 29:4(Autumn 1979), pp.46-57: Gaye Tuchman, 『Making News: A Study in the Construction of Reality』(New York: Free Press, 1978), p.51: Terence Johnson, 「Imperialism and the Professions」, 『Sociological Review Monograph』, 20(1973), p.306: Rita Cruise O'Brien, 「Professionalism in Broadcasting in Developing Countries」, 『Journal of Communication』, 27:2(Spring 1977), pp.150-153.

22) 빌 코바치(Bill Kovach)·톰 로젠스틸(Tom Rosenstiel), 이종욱 옮김, 『저널리즘의 기본요소』(한국언론재단, 2003), 80쪽.

23) Michael Schudson, 「On Larson's The Rise of Professionalism」, 『Sociological Review Monograph』, 20(1973), pp.216-217.

24) 윤석홍, 『Off the Record』(LG 상남언론재단, 1996), 22-23쪽: 로리 앤 프리먼(Laurie Anne Freemann), 변정수 옮김, 『일본 미디어의 정보카르텔』(커뮤니케이션북스, 2006), 109, 229쪽.

25) 『기자협회보』, 1996년 6월 22일.

26) 『기자협회보』, 1996년 8월 16일.

27) 윤성한, 「KBS.동아.연합 등 파괴 움직임」, 『미디어오늘』, 2000년 1월 6일, 7면.

28) 김동규, 「발표저널리즘과 언론의 책임: 발표 저널리즘의 현황과 개선방향」, 『언론중재』, 제93호(2004년 겨울), 4-17쪽; 이재진, 「발표저널리즘과 언론의 책임: 정치적 폭로에 대한 중계보도와 언론의 법적 책임」, 『언론중재』, 제93호(2004년 겨울), 30-45쪽.

29) 정철운·조수경, 「권언유착과 발표저널리즘의 온상, '출입처'」, 『미디어오늘』, 2015년 2월 4일.

30) 강건택, 「트럼프 또 "자폐증은 백신 탓"…의학계 비난 봇물」, 『연합뉴스』, 2015년 9월 18일; 황정우, 「트럼프, 아일랜드 골프리조트 해안방벽 추진…"지구온난화 우려"」, 『연합뉴스』, 2016년 5월 25일; Carolyn Gregoire, 「일부 보수층이 지구 온난화를 받아들일 수 없는 이유」, 『허핑턴포스트』, 2015년 11월 24일; Marc Shapiro, 『Trump This! The Life and Times of Donald Trump: An Unauthorized Biography』(Riverdale, NY: Riverdale Avenue Books, 2016), p.122; Brad Power, 『Donald Trump: White America Is Back(pamphlet)』(2016), p.7.

31) 박봉권, 「미국 홍역 확산막기위한 백신접종 정치 이슈화 왜?」, 『매일경제』, 2015년 2월 4일; 김지은, 「미국 홍역 확산은 엄마들 때문?」, 『한겨레』, 2015년 2월 23일; 「Vaccine controversies」, 『Wikipedia』; 「Jenny McCarthy」, 『Wikipedia』.

32) 조나 버거(Jonah Berger), 정윤미 옮김, 『컨테이저스: 전략적 입소문』(문학동네, 2013), 285-286쪽.

33) 미첼 스티븐스(Mitchell Stephens), 김익현 옮김, 『비욘드 뉴스: 지혜의 저널리즘』(커뮤니케이션북스, 2014/2015), 159-161쪽.

34) 서수민, 「언론의 불편부당 객관주의가 키운 '홍역 확산'」, 『신문과 방송』, 제531호(2015년 3월), 105-107쪽; Brendan Nyhan, 「When 'he said,' 'she said' is dangerous」, 『Columbia Journalism Review』, July 16, 2013.

35) 손제민, 「트럼프를 띄운 '거친 입'」, 『경향신문』, 2015년 7월 21일.

36) 홍주희, 「"저널리스트들이 괴물 트럼프 만들어" 미 언론 반성문」, 『중앙일보』, 2016년 3월 23일.

37) 김유진, 「"미안하다, 나도 트럼프 띄워" 뉴욕 언론인들 '때늦은 후회'」, 『경향신문』, 2016년 5월 4일.

38) 홍주희, 「"저널리스트들이 괴물 트럼프 만들어" 미 언론 반성문」, 『중앙일보』, 2016년 3월 23일; 서유진, 「카슨에 밀린 트럼프 "언론은 인간 쓰레기"」, 『중앙일보』, 2015년 10월 28일; Steve Gold, 『Donald Trump: Lessons in Living Large(pamphlet)』(2015), p.44; Thomas Weiss, 『Donald J. Trump & Social Media Marketing(pamphlet)』(2016), pp.121-123. 강준만, 『도널드 트럼프: 정치의 죽음』(인물과사상사, 2016) 참고.

39) 강준만, 「왜 우리는 정당을 증오하면서도 사랑하는 걸까?: 스톡홀름 신드롬」, 『우리는 왜

이렇게 사는 걸까?: 세상을 꿰뚫는 50가지 이론』(인물과사상사, 2014), 86-91쪽 참고.

40) 심재웅, 「[옴부즈맨 칼럼]'따옴표 제목'을 따져본다」, 『서울신문』, 2010년 5월 11일.

41) 강형철, 「따옴표 제목의 선전 전략」, 『한겨레』, 2015년 7월 14일.

42) Timothy Crouse, 『The Boys on the Bus』(New York: Ballantine Books, 1974).

43) 강준만, 『춤추는 언론 비틀대는 선거: 언론과 선거의 사회학』(아침, 1992).

44) 국기연, 「'"기자 반, 유권자 반" 칼럼니스트도 현장에 분산배치: 미국대선 취재 현장을 가다」, 『신문과 방송』, 제447호(2008년 3월), 33쪽.

45) 양승찬, 「'오차 범위 내 1·2위' 표현도 문제: 경마식 보도」, 『신문과 방송』, 제398호(2004년 2월), 49-50쪽.

46) 이화행, 「'실시간' 판세 제공, 경마 저널리즘이 꽃 피다: 18대 총선보도 분석-인터넷·포털」, 『신문과 방송』, 제449호(2008년 5월), 132-136쪽.

47) 권혁남, 「텔레비전의 15대, 16대 대통령선거 보도 비교 분석」, 『정치커뮤니케이션 연구』, 12권(2009년), 45~91쪽.

48) 설원태, 「해외언론명저/미디어와 정치의 상호작용에 관한 포괄적 이해」, 『신문과 방송』, 제421호(2006년 1월), 129쪽.

49) 미첼 스티븐스(Mitchell Stephens), 김익현 옮김, 『비욘드 뉴스: 지혜의 저널리즘』(커뮤니케이션북스, 2014/2015), 164-165쪽.

50) Douglas E. Schoen, The Political Fix: Changing the Game of American Democracy, From the Grass Roots to the White House(New York: Times Books, 2010), p.172; 박주현, 『기사를 엿으로 바꿔 먹다뇨?: 지역과 언론, 그 복마전을 들여다보다』(인물과사상사, 2008), 136쪽.

51) 빌 코바치(Bill Kovach)·톰 로젠스틸(Tom Rosenstiel), 이종욱 옮김, 『저널리즘의 기본요소』(한국언론재단, 2003), 80-83쪽.

52) 박주현, 「가차 저널리즘(Gotcha Journalism)의 뉴스담론 구성에 관한 탐색적 연구: '이해찬 골프사건'과 '이명박 테니스사건'을 중심으로」, 『한국언론과학연구』, 제7권 1호(2007), 116쪽.

53) 박주현, 「가차 저널리즘(Gotcha Journalism)의 뉴스담론 구성에 관한 탐색적 연구: '이해찬 골프사건'과 '이명박 테니스사건'을 중심으로」, 『한국언론과학연구』, 제7권 1호(2007), 108-143쪽.

54) 박주현, 『기사를 엿으로 바꿔 먹다뇨?: 지역과 언론, 그 복마전을 들여다보다』(인물과사상사, 2008), 135-136쪽.

55) 최영재, 「희생양 찾아 공격 치중 함께 타 버린 객관보도: 숭례문 화재 보도 점검」, 『신문과 방송』, 제447호(2008년 3월), 114-118쪽.

56) 이효성, 「공공 저널리즘의 이론과 실제」, 『한국언론의 좌표』(커뮤니케이션북스, 1996),

417-435쪽; 장원호, 『미국신문의 위기와 미래: 21세기 한국 신문의 과제』(나남, 1998), 165-166쪽; 『조선노보』, 1997년 9월 5일.

57) 김동률, 「주머니 채우기 위해 독자에게 아부': '퍼블릭 저널리즘, 그 비판적 포럼' 세미나」, 『신문과 방송』, 1999년 1월, 89-91쪽.

58) 빌 코바치(Bill Kovach) & 톰 로젠스틸(Tom Rosenstiel), 이종욱 옮김, 『저널리즘의 기본요소』(한국언론재단, 2001/2003), 86-87쪽.

59) 김명기·최진순, 『뉴스의 혁명, NewsML: 뉴스시장의 새로운 패러다임을 열다』(박문각, 2007), 27쪽.

60) 김민남, 『공공저널리즘과 한국언론: 언론과 공동체의 새로운 관계 모색』(커뮤니케이션북스, 1998).

61) 양성희, 「스트리트 저널리즘」, 『중앙일보』, 2008년 6월 7일.

62) 반현, 「시민저널리즘의 법적, 윤리적 쟁점: 시민참여 저널리즘을 중심으로」, 『언론중재』, 통권99호(2006년 여름), 16-29쪽.

63) 최진순, 「시민저널리즘의 발전을 위한 제언(I)」, 『언론중재』, 통권99호(2006년 여름), 36쪽.

64) 이봉렬, 「시민저널리즘의 발전을 위한 제언(II)」, 『언론중재』, 통권99호(2006년 여름), 45-46쪽.

65) 정철운, 「시사저널 조사에서도 JTBC가 신뢰하는 언론 1위」, 『미디어오늘』, 2016년 9월 13일.

66) 안주식, 「오죽하면 수신료 모아 JTBC 주잔 말 나올까」, 『미디어오늘』, 2016년 11월 11일.

67) 김도연, 「JTBC엔 "환호" KBS엔 "니들도 공범" MBC "…"」, 『미디어오늘』, 2016년 11월 13일.

68) 배명복, 「언론과 검찰의 컬래버레이션」, 『중앙일보』, 2016년 11월 22일.

69) 손석희·박성호, 「[손석희, 뉴스를 말하다] 스토리story만 있고 히스토리history는 없고 텍스트text는 있는데 컨텍스트contex가 없다」, 『방송기자』, 10(2012년 12월), 22-29쪽.

70) 금준경, 「손석희 "JTBC, 중앙일보와 논조 갈등 없다"」, 『미디어오늘』, 2015년 6월 3일.

71) 이하늬, 「손석희 "지루하다고? 디지털 시대엔 아젠다 키핑이 필요"」, 『미디어오늘』, 2015년 9월 21일.

72) Jacques Ellul, trans. Konrad Kellen and Jean Lerner, 『Propaganda: The Formation of Men's Attitudes』(New York: Vintage Books, 1973), p.47.

73) Jacques Ellul, 『Political Illusion』, trans. Konrad Kellen (New York: Vintage Books, 1967), p.xix.

74) Leslie Sklair, 「The Sociology of the Opposition to Science and Technology: With Special Reference to the Work of Jacques Ellul」, 『Comparative Studies in Society and History』,

13(1971), p.223; Darrell J. Fasching, 『The Thought of Jacques Ellul: A Systematic Exposition』(New York: Edwin Mellen Press, 1981), p.23.

6장

1) 이런 학자들의 주장은 미국 정부의 강력한 후원을 받았다. 예컨대, Pool의 글이 게재된 『Modernization: The Dynamics of Growth』(Washington D.C.: Voice of America, 1966)는 미 공보원(USIA)에 의해 전세계적으로 공급된 VOA가 후원한 책이었다. Gerald Sussman & John A. Lent, 「커뮤니케이션과 제3세계 개발에 관한 비판적 시각들」, 황상재 편, 『정보사회와 국제커뮤니케이션』(나남, 1998), 131쪽.

2) Peter Golding, "Media Role in National Development:Critique of a Theoretical Orthodoxy," 『Journal of Communication』,24(Summer 1974),p.50.

3) 에버렛 M. 로저스(Everett M. Rogers), 김영석·강내원·박현구 옮김, 『개혁의 확산』(커뮤니케이션북스, 2003/2005), viii쪽.

4) 정인숙, 『커뮤니케이션 핵심이론』(커뮤니케이션북스, 2013), xvii쪽. 에버렛 M. 로저스(Everett M. Rogers), 김영석·강내원·박현구 옮김, 『개혁의 확산』(커뮤니케이션북스, 2003/2005) 참고.

5) 정인숙, 『커뮤니케이션 핵심이론』(커뮤니케이션북스, 2013), 83-84쪽.

6) 로저스는 이른바 '역(逆)미디어제국주의론'(reverse media imperialism)을 주장하며, 미디어제국주의론을 부정하기도 했다. 그런데 그 근거가 영 빈약했다. 로저스는 미국내 SIN(Spanish International Network)을 예로 들며, 이 네트워이 미국에서 4번째로 큰 상업방송 네트웍이며 프로그램 65%를 멕시코의 텔레비전 재벌 텔레비사(Televisa)에서 수입해 온다는 것을 강조했다. Everett M. Rogers & Livia Antola, 「Telenovelas: A Latin American Success Story」, 『Journal of Communication』, 1985 Autumn, pp.24-35.

7) 에버렛 M. 로저스(Everett M. Rogers), 김영석·강내원·박현구 옮김, 『개혁의 확산』(커뮤니케이션북스, 2003/2005), xi쪽.

8) 돈 탭스콧(Don Tapscott), 이진원 옮김, 『디지털 네이티브: 역사상 가장 똑똑한 세대가 움직이는 새로운 세상』(비즈니스북스, 2008/2009), 392쪽.

9) 백혜진, 『소셜마케팅』(커뮤니케이션북스, 2013), 34-35쪽.

10) 조엘 베스트(Joel Best), 안진환 옮김, 『댓츠 어 패드(That's a fad!): 개인과 조직이 일시적 유행에 현혹되지 않는 5가지 방법』(사이, 2006), 25쪽.

11) 조엘 베스트(Joel Best), 안진환 옮김, 『댓츠 어 패드(That's a fad!): 개인과 조직이 일시적 유행에 현혹되지 않는 5가지 방법』(사이, 2006), 190-191쪽.

12) 김재홍, 「새 상품 '얼리어답터'에 물어봐」, 『뉴스메이커』, 2003년 9월 25일, 36-37면.

13) 홍석민, 「"디지털제품 성공 한국서 물어봐": IT 제품 보급속도 세계 최고」, 『동아일보』, 2003년 9월 17일, B3면.

14) 홍주연, 「한국서 통해? 그러면 세계서 통해!: 외국사들 "신제품 테스트하기 딱 좋은 시장"」, 『중앙일보』, 2004년 9월 20일, E1면.

15) 강병한, 「'아이폰6s'가 뭐기에…'1호 개통자' 되려 2박3일 노숙까지」, 『경향신문』, 2015년 10월 24일.

16) Werner J. Severin & James W. Tankard, Jr., 장형익·김홍규 역, 『커뮤니케이션개론』(나남, 1991), 405쪽.

17) Denis McQuail, 오진환 역, 『매스커뮤니케이션 이론』(나남, 1990), 334쪽.

18) Werner J. Severin & James W. Tankard, Jr., 장형익.김홍규역, 『커뮤니케이션개론』(나남,1991), 409쪽.

19) 이강수, 『현대 매스커뮤니케이션의 제문제』(범우사, 1991), 367-380쪽.

20) 정군기, 「영국방송의 디지털전환에 관한 연구: 디지털디바이드의 관점에서」, 『언론과학연구』, 제7권1호(2007년 3월), 267쪽.

21) 김희연, 「인터넷이용률 계층간격차 심화」, 『경향신문』, 2003년 10월 2일, 18면.

22) 나지홍, 「[글로벌 경제 현장] 美 로봇기술 발전할수록… 중산층 비명소리는 커진다」, 『조선일보』, 2015년 3월 16일.

23) 최우성, 「[유레카] 자동화세」, 『한겨레』, 2015년 3월 16일.

24) 이호규, 「정보격차 논의에 대한 비판적 고찰: 집단수준의 논의에서 개인수준의 논의로」, 『한국언론학보』, 제53권6호(2009년 12월), 21쪽.

25) 존 팰프리(John Palfrey) & 우르스 가서(Urs Gasser), 송연석·최완규 옮김, 『그들이 위험하다: 왜 하버드는 디지털 세대를 걱정하는가?』(갤리온, 2008/2010), 238쪽; 「Participatory culture」, 『Wikipedia』.

26) 안선희, 「통신비 비중 미국의 3.4배: 일본보다도 1.4배 높아 사교육비는 2배 웃돌아」, 『한겨레』, 2007년 11월 20일.

27) 이순혁, 「휴대폰 가장 비싼 나라는 한국」, 『한겨레』, 2013년 7월 30일.

28) 전병역, 「스마트폰 보급률 한국 67%로 1위」, 『경향신문』, 2013년 6월 26일.

29) 이순혁, 「휴대폰 가장 비싼 나라는 한국」, 『한겨레』, 2013년 7월 30일.

30) 전병역, 「스마트폰 보급률 한국 67%로 1위」, 『경향신문』, 2013년 6월 26일.

31) 로렌스 레식(Lawrence Lessig), 이주명 옮김, 『자유문화: 인터넷시대의 창작과 저작권 문제』(필맥, 2004/2005), 69쪽.

32) 이호규, 「정보격차 논의에 대한 비판적 고찰: 집단수준의 논의에서 개인수준의 논의로」, 『한국언론학보』, 제53권6호(2009년 12월), 19쪽.

33) 리처드 세넷(Richard Sennett), 김병화 옮김, 『투게더: 다른 사람들과 함께 살아가기』(현암

사, 2012/2013), 235쪽.

34) 마이클 폴라니, 표재명·김봉미 옮김, 『개인적 지식: 후기비판적 철학을 향하여』(아카넷, 1958/2001); 서동진, 「불안의 시대와 주변의 공포: 우리 시대의 노동하는 주체」, 『문학과 사회』, 제68호(2004년 겨울), 1565쪽; 임현진, 『21세기 한국사회의 안과 밖: 세계체제에서 시민사회까지』(서울대학교출판부, 2001), 435쪽; 후지나미 츠토무, 「경험지·암묵지」, 스기야마 고조 외, 『지식과학 사전』(바다출판사, 2005), 90-92쪽; 공병호, 『한국, 번영의 길』(해냄, 2005), 43-45쪽; 리처드 바그너(Richard W. Wagner), 「왜 똑똑한 관리자는 따르는 부하가 없을까?: 똑똑하지만 무능력한 관리자가 되는 이유」, 로버트 스턴버그(Robert J. Stenberg) 외, 『왜 똑똑한 사람이 명청한 짓을 할까: 헛똑똑이의 패러독스』(21세기북스, 2002/2009), 244쪽; 「Tacit knowledge」, 『Wikipedia』.

35) 노나카 이쿠지로, 김무겸 옮김, 『창조적 루틴: 1등 기업의 특별한 지식습관』(북스넛, 2009/2010), 44쪽; 노나카 이쿠지로 & 도쿠오카 고이치로, 박선영 옮김, 『세계의 지(知)로 창조하라』(비즈니스맵, 2009/2010), 237-241쪽.

36) 선우정, 「경영은 知力이다: 세계적 '비즈니스 스승 '노나카 이쿠지로」, 『조선일보』, 2008년 7월 5일자.

37) 카르스텐 괴릭(Carsten Görig), 박여명 옮김, 『SNS 쇼크: 구글과 페이스북, 그들은 어떻게 세상을 통제하는가?』(시그마북스, 2011/2012), 99-100쪽.

38) 칸다 토시아키, 김정환 옮김, 『트위터혁명: 사람들은 왜 트위터에 열광하는가?』(스펙트럼북스, 2009/2010), 149-150쪽.

39) 박기찬·이윤철·이동현, 『경영의 교양을 읽는다』(더난출판, 2005).

40) 서울대학교 공과대학, 『축적의 시간: 서울공대 26명의 석학이 던지는 한국산업의 미래를 위한 제언』(지식노마드, 2015).

41) 장하준·정승일·이종태, 『쾌도난마 한국경제: 장하준·정승일의 격정대화』(부·키, 2005), 161쪽.

42) 김병도, 『코카콜라는 어떻게 산타에게 빨간 옷을 입혔는가: 위기를 돌파하는 마케팅』(21세기북스, 2003).

43) 홍성욱, 『네트워크 혁명, 그 열림과 닫힘: 지식기반사회의 비판과 대안』(들녘, 2002).

44) 박민, 「지식의 저주」, 『문화일보』, 2010년 10월 7일; 이용택, 「두드리는 자와 듣는 자」, 『서울경제』, 2007년 8월 30일; 「Curse of knowledge」, 『Wikipedia』.

45) 댄 애리얼리(Dan Ariely), 안세민 옮김, 『왜 양말은 항상 한 짝만 없어질까?』(사회평론, 2015/2017), 248쪽.

46) 이신영, 「[Weekly BIZ] [Cover Story] 이미지로 말하기, SNS의 새 장르 열다」, 『조선일보』, 2014년 7월 5일.

47) 이방실, 「[DBR칼럼]'멍키프루프' 해석 해프닝과 지식의 저주」, 『동아일보』, 2012년 8월

16일.

48) 사이언 베일락(Sian Beilock), 박선령 옮김, 『어떤 상황에도 긴장하지 않는 부동의 심리학』 (21세기북스, 2010/2011), 21-26쪽.

49) 스콧 켈러(Scott Keller) & 콜린 프라이스(Colin Price), 서영조 옮김, 『차이를 만드는 조직』 (전략시티, 2011/2014), 222-223쪽.

50) 김인수, 「왜 보스는 올챙이 적 시절 기억 못하나: 지식의 저주」, 『매일경제』, 2014년 1월 28일.

51) 박민, 「지식의 저주」, 『문화일보』, 2010년 10월 7일.

52) Ambrose Bierce, The Devil's Dictionary(New York: Bloomsbury, 2008), p.115; 임귀열, 「Politics is… (정치는 무엇인가)」, 『한국일보』, 2012년 3월 7일.

53) 송평인, 「베를린 장벽 붕괴 서막 연 20년전 월요시위 아시나요」, 『동아일보』, 2009년 9월 5일.

54) 로버트 대니얼스(Robert V. Daniels), 「소비에트의 탈공산주의 혁명 1989년-1991년: 실패한 개혁과 체제의 붕괴」, 데이비드 파커(David Parker) 외, 박윤덕 옮김, 『혁명의 탄생: 근대 유럽을 만든 좌우익 혁명들』(교양인, 2000/2009), 442-443쪽.

55) 「인포메이션캐스케이드(Information Cascade)」, 네이버 지식백과; 「Information cascade」, 『Wikipedia』.

56) 클레이 서키(Clay Shirky), 송연석 옮김, 『끌리고 쏠리고 들끓다: 새로운 사회와 대중의 탄생』(갤리온, 2008), 177-178쪽.

57) 던컨 와츠(Duncan J. Watts), 강수정 옮김, 『Small World: 여섯 다리만 건너면 누구와도 연결된다』(세종연구원, 2003/2004), 270쪽.

58) 존 캐서디(John Cassidy), 이경남 옮김, 『시장의 배반』(민음사, 2009/2011), 243쪽.

59) 마이클 본드(Michael Bond), 문희경 옮김, 『타인의 영향력: 그들의 생각과 행동은 어떻게 나에게 스며드는가』(어크로스, 2014/2015), 46-47쪽; 강인선, 「만물상」 아이오와의 선택」, 『조선일보』, 2016년 2월 2일.

60) 제임스 서로위키(James Surowiecki), 홍대운·이창근 옮김, 『대중의 지혜: 시장과 사회를 움직이는 힘』(랜덤하우스중앙, 2004/2005), 90-92쪽.

61) 캐스 선스타인(Cass R. Sunstein), 이기동 옮김, 『루머』(프리뷰, 2009), 49-50쪽.

62) 캐스 선스타인(Cass R. Sunstein), 이기동 옮김, 『루머』(프리뷰, 2009), 57쪽.

63) 존 캐서디(John Cassidy), 이경남 옮김, 『시장의 배반』(민음사, 2009/2011), 244쪽.

64) 마이클 본드(Michael Bond), 문희경 옮김, 『타인의 영향력: 그들의 생각과 행동은 어떻게 나에게 스며드는가』(어크로스, 2014/2015), 47쪽.

65) Susie Dent, fanboys and overdogs: the language report(New York: Oxford University Press, 2005), p.9.

66) 케빈 켈리(Kevin Kelly), 이한음 옮김, 『기술의 충격: 테크놀로지와 함께 진화하는 우리의 미래』(민음사, 2010/2011), 348-349쪽; 김헌식, 『의외의 선택, 뜻밖의 심리학』(위즈덤하우스, 2010), 99쪽.

67) 쉬나 아이엔가(Sheena Iyengar), 오혜경 옮김, 『선택의 심리학: 어떻게 선택할 것인가』(21세기북스, 2010), 295-351쪽; 바스 카스트(Bas Kast), 정인회 옮김, 『선택의 조건: 사람은 무엇으로 행복을 얻는가』(한국경제신문, 2012), 42-58쪽. 강준만, 「왜 지나간 세월은 늘 아쉽기만 한가?: 기회비용」, 『감정 독재: 세상을 꿰뚫는 50가지 이론』(인물과사상사, 2013), 101-106쪽 참고.

68) 배리 슈워츠(Barry Schwartz), 형선호 옮김, 『선택의 심리학』(웅진지식하우스, 2004/2005), 80-81쪽.

69) 케빈 켈리(Kevin Kelly), 이한음 옮김, 『기술의 충격: 테크놀로지와 함께 진화하는 우리의 미래』(민음사, 2010/2011), 348-349쪽.

70) 더글러스 러시코프(Douglas Rushkoff), 김상현 옮김, 『통제하거나 통제되거나: 소셜 시대를 살아가는 10가지 생존법칙』(민음사, 2010/2011), 65-72쪽.

71) 조지프 나이, 홍수원 옮김, 『제국의 패러독스: 외교전문가 조지프 나이의 미국 진단』(세종연구원, 2002), 114쪽.

72) 심슨 가핀켈, 한국데이터베이스진흥센터 옮김, 『데이터베이스 제국』(한빛미디어, 2001), 397-398쪽; 「Collaborative filtering」, 『Wikipedia』.

73) 엘리 패리저(Eli Pariser), 이현숙·이정태 옮김, 『생각 조종자들』(알키, 2011), 41-42쪽.

74) 심슨 가핀켈, 한국데이터베이스진흥센터 옮김, 『데이터베이스 제국』(한빛미디어, 2001), 406쪽.

75) 이준구, 『36.5℃ 인간의 경제학: 경제행위 뒤에 숨겨진 인간의 심리 탐구』(알에이치코리아, 2009), 125-126쪽.

76) 이종대, 「큐레이션이라는 환상, 언론이 놓치고 있는 것들」, 『미디어오늘』, 2015년 1월 14일.

77) 앨리 러셀 혹실드(Arlie Russell Hochschild), 류현 옮김, 『나를 빌려드립니다: 구글 베이비에서 원톨로지스트까지, 사생활을 사고파는 아웃소싱 자본주의』(이매진, 2012/2013), 353-357쪽.

78) Barry Schwartz, 『The Paradox of Choice: Why More Is Less』(New York: Harper Perennial, 2004), pp.189-190.

7장

1) Daniel J. Czitrom, 『Media and the American Mind: From Morse to McLuhan』(Chapel

Hill: University of North Carolina Press, 1982), p. 178.

2) Daniel J. Czitrom, 『Media and the American Mind: From Morse to McLuhan』(Chapel Hill: University of North Carolina Press, 1982), p.177.

3) Marshall McLuhan and Quentin Fore, 『Medium Is the Massage: An Inventory of Effects』(New York: Bantam, 1967), p.26.

4) Samuel L. Becker, 「Presidential Power: The Influence of Broadcasting」, 『Quarterly Journal of Speech』, 47(February 1961), pp.10-18; Peter E. Kane, 「Evaluating the "Great Debates"」, 『Western Speech』, 30(Spring 1966), pp.89-96; Joe McGinniss, 『The Selling of the President 1968』(New York: Pocket Books, 1969).

5) 케네스 데이비스(Kenneth C. Davis), 이순호 옮김, 『미국에 대해 알아야 할 모든 것, 미국사』(책과함께, 2003/2004), 490-491쪽.

6) A. K. 프라딥(A. K. Pradeep), 서영조 옮김, 『바잉브레인: 뇌 속의 욕망을 꺼내는 힘』(한국경제신문, 2010/2013), 337-339쪽.

7) 이상철, 『스포츠저널리즘의 위기』(이진출판사, 1999), 65쪽.

8) 이은호, 『축구의 문화사』(살림, 2004), 52-54쪽.

9) 알프레드 바알, 지현 옮김, 『축구의 역사』(시공사, 1999), 91-93쪽; 스테판 지만스키·앤드루 짐벌리스트, 김광우 옮김, 『왜? 세계는 축구에 열광하고 미국은 야구에 열광하나』(에디터, 2006), 101-106쪽.

10) 박영욱, 『매체, 매체예술 그리고 철학』(향연, 2008), 27쪽.

11) 엠 그리핀(Em Griffin), 김동윤·오소현 옮김, 『첫눈에 반한 커뮤니케이션 이론』(커뮤니케이션북스, 2012), 496쪽.

12) Marshall McLuhan, 박정규 옮김, 『미디어의 이해: 인간의 확장』(커뮤니케이션북스, 1997), 455쪽.

13) Marshall McLuhan, 박정규 옮김, 『미디어의 이해: 인간의 확장』(커뮤니케이션북스, 1997), 54쪽.

14) Marshall McLuhan, 『Understanding Media: The Extensions of Man』(New York: McGraw-Hill, 1965), p.310.

15) Marshall McLuhan, 『Understanding Media: The Extensions of Man』(New York: McGraw-Hill, 1965), p.310.

16) 데이비드 크로토·윌리엄 호인스, 전석호 옮김, 『미디어 소사이어티: 산업·이미지·수용자』(사계절, 2001), 330쪽.

17) 홍성태, 『사이버사회의 문화와 정치』(문화과학사, 2000), 112쪽에서 재인용.

18) 홍성태, 『사이버사회의 문화와 정치』(문화과학사, 2000), 113쪽.

19) 권기헌·박승관·윤영민, 『정보의 신화, 개혁의 논리』(나남, 1998), 84쪽.

20) 권기헌·박승관·윤영민, 『정보의 신화, 개혁의 논리』(나남, 1998), 84-85쪽.

21) 권기헌·박승관·윤영민, 『정보의 신화, 개혁의 논리』(나남, 1998), 85쪽.

22) 권기헌·박승관·윤영민, 『정보의 신화, 개혁의 논리』(나남, 1998), 88-89쪽.

23) 권기헌·박승관·윤영민, 『정보의 신화, 개혁의 논리』(나남, 1998), 90-91쪽.

24) Raymond Williams, 『Television: Technology and Cultural Form』(New York: Schocken Books, 1974/1975), p.128.

25) 토드 기틀린, 남재일 옮김, 『무한 미디어: 미디어 독재와 일상의 종말』(Human & Books, 2006), 22-23쪽.

26) 니콜라스 카(Nicholas Carr), 최지향 옮김, 『생각하지 않는 사람들: 인터넷이 우리의 뇌 구조를 바꾸고 있다』(청림출판, 2010/2011), 9-10쪽

27) 니콜라스 카(Nicholas Carr), 최지향 옮김, 『생각하지 않는 사람들: 인터넷이 우리의 뇌 구조를 바꾸고 있다』(청림출판, 2010/2011), 39, 76쪽.

28) 이동후, 「옮긴이의 글: 미디어 생태학이 던지는 질문」, 케이시 맨 콩 럼(Casey Man Kong Lum) 엮음, 이동후 옮김, 『미디어 생태학 사상: 문화, 기술, 그리고 커뮤니케이션』(한나래, 2006/2008), 19쪽.

29) 이동후 『미디어 생태이론』(커뮤니케이션북스, 2013), ix-x쪽.

30) Tony Schwartz, 『The Responsive Chord』(Garden City, NY: Doubleday, 1973), p.22.

31) 김경용, 「마셜 맥루한 이해: 이론과 은유 사이에서」, 『현대사상』, 창간호(1997년 봄), 79쪽.

32) 김균·정연교, 『맥루언을 읽는다: 마셜 맥루언의 생애와 사상』(궁리, 2006), 101-104쪽.

33) 정희진, 「미디어는 몸의 확장이다」, 『한겨레』, 2015년 5월 2일.

34) 더글러스 코플런드(Douglas Coupland), 김승진 옮김, 『맥루언 행성으로 들어가다: 마셜 맥루언의 삶과 미디어 철학』(민음사, 2009/2013), 57-58쪽.

35) 김균·정연교, 『맥루언을 읽는다: 마셜 맥루언의 생애와 사상』(궁리, 2006), 265쪽.

36) 허버트 알철(J. Herbert Altschull), 양승목 옮김, 『현대언론사상사: 밀턴에서 맥루한까지』(나남, 1990/1993), 616쪽.

37) James W. Carey, 「McLuhan and Mumford: The Roots of Modern Media Analysis」, 『Journal of Communication』, 31:3(Summer 1981), p.177.

38) Jacques Ellul, trans. John Wilkinson, 『The Technological Society』(New York: Vintage Books, 1964), pp.329-330.

39) 크리스 앤더슨, 이노무브그룹 외 옮김, 『롱테일 경제학』(랜덤하우스, 2006), 45-46쪽; 류영호, 『아마존닷컴 경제학: 인터넷 거상 제프 베조스의 성공신화』(에이콘, 2013), 132쪽.

40) 김국현, 『웹 2.0 경제학』(황금부엉이, 2006); 크리스 앤더슨, 이노무브그룹 외 옮김, 『롱테일 경제학』(랜덤하우스, 2006).

41) 조 트리피(Joe Trippi), 윤영미·김정수 옮김, 『혁명은 TV로 중계되지 않는다』(산해, 2004/2006), 365-366쪽.

42) 아담 페넨버그(Adam L. Penenberg), 손유진 옮김, 『바이럴 루프』(틔움, 2009/2010), 51쪽.

43) 에릭 퀄먼(Erik Qualman), inmD 옮김, 『소셜노믹스: 세상을 바꾼 SNS 혁명』(에이콘, 2011/2012), 125쪽.

44) 김익현, 「새로운 저널리즘과 미디어 2.0」, 김동윤 외, 『뉴스 수용자의 진화』(커뮤니케이션 북스, 2010), 205쪽.

45) 스가야 요시히로, 예병일 옮김, 『롱테일 법칙: 웹 2.0 시대의 비즈니스 황금률』(재인, 2006), 166-168쪽.

46) 매튜 프레이저(Matthew Fraser) & 수미트라 두타(Soumitra Dutta), 최경은 옮김, 『소셜 네트워크 e 혁명』(행간, 2008/2010), 205-206쪽.

47) 크리스티아 프릴랜드(Chrystia Freeland), 박세연 옮김, 『플루토크라트: 모든 것을 가진 사람과 그 나머지』(열린책들, 2012/2013), 163-164쪽.

48) 이신영, 「[Weekly BIZ] 별★을 따고 싶나요? 대작 만들어야 대박 난다」, 『조선일보』, 2013년 7월 13일.

49) 최원석, 「[Weekly BIZ] [Cover Story] 제조업의 民主化 革命」, 『조선일보』, 2014년 3월 29일.

50) 니시 가즈히코, 김웅철 옮김, 『정보경영자 5인의 인터넷 예언』(평범사, 1997), 55쪽.

51) 이선기, 『밀레니엄 리더: 디지털 경제를 움직이는 139인의 비전과 전략!』(청림출판, 1999), 54쪽.

52) 크리스 앤더슨(Chris Anderson), 정준희 옮김, 『프리: 비트 경제와 공짜 가격이 만드는 혁명적 미래』(랜덤하우스, 2009), 164-165쪽.

53) 강준만, 「왜 2013 프로야구 FA(자유계약선수) 시장이 과열되었나?: 외부 효과」, 『생각의 문법: 세상을 꿰뚫는 50가지 이론』(인물과사상사, 2015), 285-292쪽 참고.

54) 「Network effect」, 『Wikipedia』.

55) Ori Brafman & Rod A. Beckstrom, The Starfish and the Spider: The Unstoppable Power of Leaderless Organizations(New York: Portfolio, 2006), pp.166-167.

56) 장정모, 「플랫폼과 양면시장은 무엇이고 어떤 역할을 하나요?」, 『조선일보』, 2012년 10월 26일.

57) 케빈 켈리(Kevin Kelly), 이한음 옮김, 『인에비터블: 미래의 정체』(청림출판, 2016/2017), 66-67쪽.

58) Jane Jacobs, The Death and Life of Great American Cities(New York: Vintage Books, 1961/1992), p.145.

59) 리처드 플로리다(Richard Florida), 이원호·이종호·서민철 옮김, 『도시와 창조계급: 창

조경제 시대의 도시발전 전략』(푸른길, 2005/2008), 11쪽; 리처드 플로리다(Richard Florida), 박기복·신지희 옮김, 『후즈유어시티: 세계의 경제엘리트들은 어디서 사는가』(브렌즈, 2008/2010), 57-58쪽; 케빈 켈리(Kevin Kelly), 이한음 옮김, 『기술의 충격: 테크놀로지와 함께 진화하는 우리의 미래』(민음사, 2010/2011), 105쪽.

60) 니얼 퍼거슨(Niall Ferguson), 구세희 옮김, 『위대한 퇴보』(21세기북스, 2012/2013), 11쪽.

61) 에드워드 글레이저(Edward Glaeser), 이진원 옮김, 『도시의 승리』(해냄, 2011), 7쪽.

62) 이상훈, 「세계 최고 초고속인터넷 서비스망 구축」, 『2006년 한국의 실력』(월간조선 2006년 1월호 별책부록), 151쪽.

63) 윌리엄 데이비도우(William H. Davidow), 김동규 옮김, 『과잉연결시대: 일상이 된 인터넷, 그 이면에선 어떤 일이 벌어지는가』(수이북스, 2011). 강준만, 「왜 초연결사회가 국가를 파멸의 위기에 빠드릴 수도 있는가?: 연결과잉」, 『생각과 착각: 세상을 꿰뚫는 50가지 이론』(인물과사상사, 2016), 279-284쪽 참고.

64) 에드워드 홀(Edward T. Hall), 최효선 옮김, 『숨겨진 차원: 공간의 인류학』(한길사, 1966/2002), 273쪽; Desmond Morris, The Human Zoo: A Zoologist's Study of the Urban Animal. 2nd ed.(New York: Kodansha America, 1996), p.7; 바스 카스트(Bas Kast), 정인회 옮김, 『선택의 조건: 사람은 무엇으로 행복을 얻는가』(한국경제신문, 2012), 255쪽; 이영희, 「직장인 새 직업병 '공간축소 증후군'」, 『문화일보』, 2006년 7월 26일.

8장

1) 송혜진, 「전직 대학교수·CEO까지… 그들은 왜 태극기를 들었나」, 『조선일보』, 2017년 2월 4일.

2) 대니얼 카너먼(Daniel Kahneman), 이진원 옮김, 『생각에 관한 생각: 우리의 행동을 지배하는 생각의 반란』(김영사, 2011/2012), 122-124쪽; 「Confirmation bias」, 『Wikipedia』.

3) 롤프 도벨리(Rolf Dobelli), 두행숙 옮김, 『스마트한 생각들: 사람의 마음을 움직이는 52가지 심리 법칙』(걷는나무, 2011/2012), 57쪽.

4) 범상규·송균석, 『호모 이코노미쿠스: 비합리적 소비 행동에 숨은 6가지 심리』(네시간, 2010), 180쪽.

5) 「Cherry picking(fallacy)」, 『Wikipedia』; 손해용, 「재테크와 꼼수 사이 … 진화하는 체리피커: '깍쟁이' 소비자와 금융사의 머리 싸움」, 『중앙일보』, 2012년 10월 22일; 「체리피커『cherry picker』」, 『네이버 지식백과』.

6) 다이언 핼펀(Dian F. Halpern), 「왜 클린턴은 애정행각이 들키지 않을 거라고 생각했을까?: 섹스 스캔들 이후 클린턴이 보인 행동에 대한 인지분석」, 로버트 스턴버그(Robert J. Stenberg) 외, 『왜 똑똑한 사람이 멍청한 짓을 할까: 헛똑똑이의 패러독스』(21세기북스,

2002/2009), 56-57쪽.

7) 춘카 무이(Chunka Mui) & 폴 캐롤(Paul B. Carroll), 이진원 옮김, 『똑똑한 기업을 한순간에 무너뜨린 위험한 전략』(흐름출판, 2008/2009), 282-285쪽; 칩 히스(Chip Heath) & 댄 히스(Dan Heath), 안진환 옮김, 『자신있게 결정하라: 불확실함에 맞서는 생각의 프로세스』(웅진지식하우스, 2013), 24-27쪽.

8) J. 에드워드 루소(J. Edward Russo) & 폴 슈메이커(Paul J. H. Schoemaker), 김명언·최인철 옮김, 『이기는 결정』(학지사, 2001/2010), 164쪽.

9) 게리 클라인(Gary Klein), 이유진 옮김, 『인튜이션: 이성보다 더 이상적인 직관의 힘』(한국경제신문, 2008/2012), 352쪽.

10) 범상규, 「확증편향으로부터의 구세주」, 『네이버캐스트』, 2013년 3월 1일.

11) 이문현, 「서울동부지법 '암행법관'"경청과 설명 필요"」, 『뉴스1』, 2013년 5월 21일.

12) 데이비드 맥레이니(David McRaney), 박인균 옮김, 『착각의 심리학』(추수밭, 2011/2012), 176쪽.

13) 강준만, 『멘토의 시대』(인물과사상사, 2012), 321쪽.

14) 이 책은 1982년 개정판을 낼 때에 『집단사고: 정책결정과 대실패에 관한 심리학적 연구 (Groupthink: Psychological Studies of Policy Decisions and Fiascoes)』라는 제목으로 바뀌었다.

15) 김우룡 엮음, 『커뮤니케이션 기본이론』(나남, 1992), 102-103쪽; Pamela J. Shoemaker, 최재완·하봉준 역, 『게이트키핑』(남도, 1993), 68-69쪽.

16) Gene Healy, 『The Cult of the Presidency: America's Dangerous Devotion to Executive Power』(Washington, D.C.: Cato Institute, 2008), p.256; 샘 소머스(Sam Sommers), 임현경 옮김, 『무엇이 우리의 선택을 좌우하는가』(청림출판, 2011/2013), 150쪽.

17) Irving L. Janis, 『Groupthink: Psychological Studies of Policy Decisions and Fiascoes』, 2nd ed.(Boston, Mass.: Houghton Mifflin Co., 1982), p.40.

18) Irving L. Janis, 『Groupthink: Psychological Studies of Policy Decisions and Fiascoes』, 2nd ed.(Boston, Mass.: Houghton Mifflin Co., 1982), p.41.

19) 스튜어트 서덜랜드(Stuart Sutherland), 이세진 옮김, 『비합리성의 심리학: 왜 인간은 어처구니없는 실수를 반복하는가』(교양인, 2008), 95쪽.

20) Irving L. Janis, 『Crucial Decisions: Leadership in Policymaking and Crisis Management』(New York: The Free Press, 1989), pp.56-63.

21) 제임스 서로위키(James Surowiecki), 홍대운·이창근 옮김, 『대중의 지혜: 시장과 사회를 움직이는 힘』(랜덤하우스중앙, 2005), 72-73쪽.

22) Alan C. Elms, 『Personality in Politics』(New York: Harcourt Brace Jovanovich, 1976), p.160; 한규석, 『사회심리학의 이해』(학지사, 1995), 374쪽.

23) 캐스 선스타인(Cass R. Sunstein) & 리드 헤이스티(Reid Hastie), 이시은 옮김, 『와이저: 똑똑한 조직은 어떻게 움직이는가』(위즈덤하우스, 2014/2015), 15쪽. 데이비드 패트릭 호튼(David P. Houghton), 김경미 옮김, 『정치심리학』(사람의무늬, 2009/2013), 113-129쪽; 김홍회, 「집단사고 이론의 비판적 고찰」, 『한국행정논집』, 12권3호(2000년 9월), 455-467쪽; 강준만, 「왜 우리는 가끔 '폭탄주 잔치'를 벌이는가?: 애빌린 패러독스」, 『생각과 착각: 세상을 꿰뚫는 50가지 이론』(인물과사상사, 2016), 104-108쪽도 참고.

24) 한인재, 「[DBR칼럼]집단사고와 집단지성은 종이 한장 차이」, 『동아일보』, 2013년 4월 11일.

25) 귀스타프 르 봉(Gustave Le Bon), 이상돈 옮김, 『군중심리』(간디서원, 2005), 38-62쪽.

26) 다니엘 솔로브(Daniel J. Solove), 이승훈 옮김, 『인터넷세상과 평판의 미래』(비즈니스맵, 2008), 198쪽.

27) Cass R. Sunstein, 『Why Societies Need Dissent』(Cambridge, MA: Harvard University Press, 2003), pp.111-144; 제임스 서로위키(James Surowiecki), 홍대운·이창근 옮김, 『대중의 지혜: 시장과 사회를 움직이는 힘』(랜덤하우스중앙, 2005), 242쪽.

28) 니콜라스 카(Nicholas Carr), 임종기 옮김, 『빅스위치: Web2.0시대, 거대한 변환이 시작된다』(동아시아, 2008), 228-231쪽

29) Sears, Freedman & Peplau, 홍대식 역, 『사회심리학』 개정판(박영사, 1986), 452-453쪽; 카스 R. 선스타인(Cass R. Sunstein), 박지우·송호창 옮김, 『왜 사회에는 이견이 필요한가』(후마니타스, 2003/2009), 34쪽.

30) 나은영, 『행복 소통의 심리』(커뮤니케이션북스, 2013), 50쪽.

31) Sears, Freedman & Peplau, 홍대식 역, 『사회심리학』 개정판(박영사, 1986), 452-453쪽.

32) 모리 켄, 하연수 옮김, 『구글·아마존화 하는 사회』(작가정신, 2008), 197-198쪽.

33) 니콜라스 카(Nicholas Carr), 임종기 옮김, 『빅스위치: Web2.0시대, 거대한 변환이 시작된다』(동아시아, 2008), 228-231쪽.

34) Russell Brooker & Todd Schaefer Brooker, Public Opinion in the 21st Century: Let the People Speak?(New York: Houghton Mifflin Co., 2006); Tammy Bruce, The American Revolution: Using the Power of the Individual to Save Our Nation from Extremists(New York: William Morrow, 2005); Richard Davis, The Web of Politics: The Internet's Impact on the American Political System(New York: Oxford University Press, 1999); C. J. Glynn et al., Public Opinion, 2nd ed.(Boulder, CO: Westview, 2004); V. L. Hutchings, Public Opinion and Democratic Accountability: How Citizens Learn about Politics(Princeton, NJ: Princeton University Press, 2003); Patricia M. Wallace, The Psychology of the Internet(Cambridge, United Kingdom: Cambridge University Press, 1999).

35) 캐스 R. 선스타인(Cass R. Sunstein), 이정인 옮김, 『우리는 왜 극단에 끌리는가』(프리뷰,

2009/2011), 78쪽.

36) 캐스 R. 선스타인(Cass R. Sunstein), 이정인 옮김, 『우리는 왜 극단에 끌리는가』(프리뷰, 2009/2011), 79쪽.

37) 데이비드 마이어스(David G. Myers), 「집단 극화」, 존 브록만(John Brockman) 엮음, 이충호 옮김, 『이것이 모든 것을 설명할 것이다』(책읽는수요일, 2013/2016), 85쪽.

38) 곽현근, 「주민자치의 비전과 주민참여 제고방안」, 『사회과학연구』(전북대학교 사회과학연구소), 제32집1호(2008), 142-143쪽.

39) Dorothy Auchter, 『Dictionary of Historical Allusions & Eponyms』(Santa Barbara, CA: ABC-CLIO, 1998), p.10; 「발칸반도」, 『위키백과』.

40) 강남규, 「럭비공 공화당, 미국 디폴트 뇌관 건드리나」, 『중앙일보』, 2013년 10월 8일.

41) 「Splinternet」, 『Wikipedia』. splinter는 "조각, 가시, 파편", splinter group은 "정치적인 분파"란 뜻이다.

42) http://web.mit.edu/marshall/www/papers/CyberBalkans.pdf; 니콜라스 카(Nicholas Carr), 임종기 옮김, 『빅스위치: Web2.0시대, 거대한 변환이 시작된다』(동아시아, 2008), 225-232쪽.

43) Cass Sunstein, 『republic.com』(Princeton, NJ: Princeton University Press, 2001), pp.65-84; 데이비드 와인버거(David Weinberger), 이현주 옮김, 『혁명적으로 지식을 체계화하라』(살림비즈, 2007/2008), 353쪽; 강준만, 「왜 개인보다 집단이 더 과격한 결정을 내리는가?: 집단극화 이론」, 『감정 독재: 세상을 꿰뚫는 50가지 이론』(인물과사상사, 2013), 279-283쪽.

44) 이석우, 「"인터넷이 사회균열 부추겨"」, 『서울신문』, 2005년 8월 18일, 12면.

45) 백지운, 「전지구화 시대 중국의 '인터넷 민족주의'」, 『황해문화』, 제48호(2005년 가을), 219쪽.

46) 임석규, 「러셀의 경고」, 『한겨레』, 2014년 4월 28일.

47) 엘리 패리저(Eli Pariser), 이현숙·이정태 옮김, 『생각 조종자들』(알키, 2011), 10, 20쪽.

48) Cass R. Sunstein, 『Why Societies Need Dissent』(Cambridge, MA: Harvard University Press, 2003); Cass R. Sunstein, 『Going to Extremes: How Like Minds Unite and Divide』(New York: Oxford University Press, 2009).

49) 김정근, 「[신년 대담]2014년을 조망하다(1) 정치분야 - 윤평중·조국 교수」, 『경향신문』, 2014년 1월 1일.

50) 「In-group favoritism」, 『Wikipedia』.

51) 「In-group favoritism」, 『Wikipedia』; 「Minimal group paradigm」, 『Wikipedia』.

52) 「Cat's Cradle」, 『Wikipedia』.

53) 폴 블룸(Paul Bloom), 문희경 옮김, 『우리는 왜 빠져드는가?: 인간행동의 숨겨진 비밀을

추적하는 쾌락의 심리학』(살림, 2010/2011), 40-41쪽.

54) 엘리어트 애런슨(Elliot Aronson), 박재호 옮김, 『인간, 사회적 동물: 사회심리학에 관한 모든 것』(탐구당, 2012/2014), 228-229쪽; 나은영, 『행복 소통의 심리』(커뮤니케이션북스, 2013), 54쪽.

55) 피트 런(Pete Lunn), 전소영 옮김, 『경제학이 숨겨온 6가지 거짓말: 인간의 마음을 보지 못한 경제학의 오류』(흐름출판, 2008/2009), 154쪽.

56) David Berreby, US & THEM: The Science of Identity(Chicago: University of Chicago Press, 2008); Frances E. Lee, Beyond Ideology: Politics, Principles, and Partisanship in the U.S. Senate(Chicago: University of Chicago Press, 2009); Bruce Rozenblit, Us Against Them: How Tribalism Affects the Way We Think(Kansas City, MO: Transcendent Publications, 2008).

57) 개드 사드(Gad Saad), 김태훈 옮김, 『소비본능: 왜 남자는 포르노에 열광하고 여자는 다이어트에 중독되는가』(더난출판, 2011/2012), 168쪽.

58) 엘리어트 애런슨(Elliot Aronson), 박재호 옮김, 『인간, 사회적 동물: 사회심리학에 관한 모든 것』(탐구당, 2012/2014), 229쪽.

59) 클로드 스틸(Claude M. Steele), 정여진 옮김, 『고정관념은 세상을 어떻게 위협하는가: 정체성 비상사태』(바이북스, 2010/2014), 105-107쪽. 강준만, 「왜 지능의 유연성을 믿으면 학업성적이 올라가는가? 고정관념의 위협」, 『독선 사회: 세상을 꿰뚫는 50가지 이론 4』(인물과사상사, 2015), 141-146쪽 참고.

60) 안토니 프랫카니스(Anthony R. Pratkanis) & 엘리엇 아론슨(Elliot Aronson), 윤선길 외 옮김, 『프로파간다 시대의 설득 전략』(커뮤니케이션북스, 2001/2005), 233쪽.

61) 「In-group favoritism」, 『Wikipedia』; 「Minimal group paradigm」, 『Wikipedia』. realistic group conflict theory라고도 하는 현실갈등이론은 미국 사회심리학자 도널드 캠벨(Donald T. Campbell, 1916-1996)이 1960년대에 제시한 이론이다. 존 티보(John Thibaut, 1917-1986), 해럴드 켈리(Harold Kelley, 1921-2003), 조지 호만스(George Homans, 1910-1989) 등이 제시한 '사회교환이론(social exchange theory)'은 대인관계에서의 심리적 대가(cost)와 심리적 이득의 관계를 주로 하여 소집단의 형성, 붕괴, 집단과정이나 문제해결을 연구했는데, 캠벨은 사회교환이론이 인간 행동을 동물 행동에 비교하는 등 지나치게 단순화시켰다고 비판하면서 현실갈등이론을 그 대안으로 내놓았다. 「Realistic conflict theory」, 『Wikipedia』.

62) 번트 슈미트(Bernd H. Schmitt), 박성연·윤성·홍성태 옮김, 『체험마케팅: 품질이 아닌 체험 중심의 차별화 전략!』(세종서적, 1999/2002), 256쪽; 「Social identity theory」, 『Wikipedia』.

63) 박상희, 「사회 정체성 이론(social identity theory)」, 한국심리학회 편, 『심리학용어사전』

(2014년 4월); 네이버 지식백과.

64) 황용석, 「'갈등 프레임'을 넘어라」, 『한겨레』, 2016년 3월 29일.

65) 이인식, 『멋진 과학 2』(고즈윈, 2011), 107-108쪽.

66) 김선기, 「'청년세대' 구성의 문화정치학: 2010년 이후 청년세대담론에 관한 비판적 분석」, 『언론과 사회』, 24권1호(2016년 2월), 56-57쪽.

67) 곽기영·옥정봉, 「온라인 커뮤니티 몰입의 브랜드 충성도로의 전이: 사회정체성이론의 관점」, 『한국경영과학회 학술대회논문집』, 2010년 10월, 79쪽.

68) 오찬호, 『우리는 차별에 찬성합니다: 괴물이 된 이십대의 자화상』(개마고원, 2013), 163쪽.

69) 이상언, 「[분수대] '과잠'이 말해 주는 것」, 『중앙일보』, 2016년 3월 23일.

70) 문유석, 『개인주의자 선언』(문학동네, 2015), 32쪽.

71) 최은경, 「""명문대 선배의 氣를 받고 싶어" 수험생 사이서 '中古 과잠'인기」, 『조선일보』, 2015년 4월 2일.

72) 현소은, 「입어 봤나? 특목고 점퍼」, 『한겨레』, 2015년 12월 16일.

9장

1) 질리언 테트(Gillian Tett), 신예경 옮김, 『사일로 이펙트: 무엇이 우리를 눈 멀게 하는가』(어크로스, 2015/2016), 30쪽; 리처드 오글(Richard Ogle), 『스마트월드』(리더스북, 2007/2008), 15쪽.

2) 질리언 테트(Gillian Tett), 신예경 옮김, 『사일로 이펙트: 무엇이 우리를 눈 멀게 하는가』(어크로스, 2015/2016), 30쪽; 강준만, 「왜 갈등 상황에서의 몰입은 위험한가?: 터널 비전」, 『생각의 문법: 세상을 꿰뚫는 50가지 이론』(인물과사상사, 2015), 129-134쪽 참고.

3) 질리언 테트(Gillian Tett), 신예경 옮김, 『사일로 이펙트: 무엇이 우리를 눈 멀게 하는가』(어크로스, 2015/2016), 32-33쪽.

4) 마크 고울스톤(Mark Goulston), 황혜숙 옮김, 『뱀의 뇌에게 말을 걸지 마라: 이제껏 밝혀지지 않았던 설득의 논리』(타임비즈, 2009/2010), 274쪽.

5) 잭 웰치(Jack Welch) & 수지 웰치(Suzy Welch), 강주헌 옮김, 『잭 웰치의 마지막 강의』(알프레드, 2015), 162-164쪽.

6) 질리언 테트(Gillian Tett), 신예경 옮김, 『사일로 이펙트: 무엇이 우리를 눈 멀게 하는가』(어크로스, 2015/2016), 117쪽.

7) 질리언 테트(Gillian Tett), 신예경 옮김, 『사일로 이펙트: 무엇이 우리를 눈 멀게 하는가』(어크로스, 2015/2016), 248-264쪽.

8) 「[사설] 한국 해운 산업 몰락 '최순실'보다 더 큰 罪」, 『조선일보』, 2017년 2월 4일.

9) 하선영, 「AI 경고한 미국, AI 낙관한 한국」, 『중앙일보』, 2016년 12월 29일.

10) 강준만, 『한국생활문화사전』(인물과사상사, 2006), 684쪽.

11) 리처드 왓슨(Richard Watson), 이진원 옮김, 『퓨처마인드: 디지털문화와 함께 진화하는 생각의 미래』(청림출판, 2010/2011), 177-178쪽.

12) 권순일, 「칸막이 없는 사무실, 직장인 병들게 한다」, 『코메디닷컴』, 2015년 4월 8일.

13) MSNBC는 Microsoft and the National Broadcasting Company의 약자로, 마이크로소프트와 제너럴 일렉트릭 소유의 NBC 방송이 1996년 7월 15일 공동으로 출범시킨 24시간 케이블 뉴스 채널이다.

14) Murray Edelman, Constructing the Political Spectacle(Chicago, IL: University of Chicago Press, 1988), pp.73-83.

15) 세르주 모스코비치(Serge Moscovici), 이상률 옮김, 『군중의 시대: 대중심리학에 대한 역사적 고찰』(문예출판사, 1981/1996), 332-333쪽.

16) 움베르토 에코(Umberto Eco), 김희정 옮김, 『적을 만들다: 특별한 기회에 쓴 글들』(열린책들, 2011/2014), 13, 35쪽.

17) James Davison Hunter & Alan Wolfe, Is There a Culture War?: A Dialogue on Values and American Public Life. Washington, D.C.: Brookings Institution Press, 2006), p.18; Alan Wolfe, Does American Democracy Still Work?(New Haven: Yale University Press, 2006), pp.6-7.

18) 비키 쿤켈(Vicki Kunkel), 박혜원 옮김, 『본능의 경제학: 본능 속에 숨겨진 인간행동과 경제학의 비밀』(사이, 2009), 79-80쪽.

19) 비키 쿤켈(Vicki Kunkel), 박혜원 옮김, 『본능의 경제학: 본능 속에 숨겨진 인간행동과 경제학의 비밀』(사이, 2009), 85-86쪽.

20) 조지 레이코프(George Lakoff), 나익주 옮김, 『자유전쟁: '자유' 개념을 두고 벌어지는 진보와 보수의 대격돌』(프레시안북, 2006/2009), 309-311쪽. 웨스틴은 다음 해에 출간한 『정치적 뇌』에서 '당파적 뇌(partisan brain)'란 개념을 제시했다. Drew Westin, 『The Political Brain: The Role of Emotion in Deciding the Fate of the Nation』(New York: PublicAffairs, 2007), pp.x-xv.

21) Richard A. Viguerie & David Franke, 『America's Right Turn: How Conservatives Used News and Alternative Media to Take Power』(Chicago: Bonus Books, 2004), pp.219-221.

22) 권태호, 「왜곡 일삼는 '폭스뉴스', 시청률·신뢰도는 '1위'」, 『한겨레』, 2010년 3월 17일.

23) 김동준, 「미국인 49% 폭스 뉴스 가장 신뢰」, 『PD 저널』, 2010년 2월 10일.

24) Ellen McCarthy & Paul Farhi, 「How Fox News Changed the Face of Journalism」, The Washington Post, October 14, 2011.

25) Andrew Gelman et al., Red State, Blue State, Rich State, Poor State: Why Americans Vote the Way They Do(Princeton, NJ: Princeton University Press, 2008); Robert D.

Putnam. Bowling Alone: The Collapse and Revival of American Community(New York: Touchstone Book, 2000).

26) Robert D. Putnam & David E. Campbell, American Grace: How Religion Divides and United Us(New York: Simon & Schuster, 2010), p.516.

27) David Berreby, US & THEM: The Science of Identity(Chicago: University of Chicago Press, 2008); Frances E. Lee. Beyond Ideology: Politics, Principles, and Partisanship in the U.S. Senate(Chicago: University of Chicago Press, 2009); Bruce Rozenblit, Us Against Them: How Tribalism Affects the Way We Think(Kansas City, MO: Transcendent Publications, 2008).

28) 레베카 코스타(Rebecca Costa), 장세현 옮김, 『지금, 경계선에서: 오래된 믿음에 대한 낯선 성찰』(쌤앤파커스, 2010/2011), 130-131쪽.

29) Nigel Rees, 『Cassell's Dictionary of Word and Phrase Origins』(London: Cassell, 2002), p.118; Grant Barrett, ed., 『Oxford Dictionary of American Political Slang』(New York: Oxford University Press, 2004), pp.79-80, 95, 132-133; William Safire, 『Safire's Political Dictionary』(New York: Random House, 1978), pp.186-187.

30) Murray Edelman, 『Politics as Symbolic Action: Mass Arousal and Quiescence』(Chicago: Markham, 1971), pp.12-13.

31) 정성일, 「안철수와의 '적대적 공생관계'」, 『민중의 소리』, 2013년 5월 26일.

32) 손호철·변상욱, 「손호철 교수 "남한 PSI가입 북한에 상당한 군사적 위협": 적대적 공존관계로 본 노무현 서거 국면」, 『노컷뉴스』, 2009년 5월 27일.

33) 마크 뷰캐넌(Mark Buchanan), 김희봉 옮김, 『사회적 원자: 세상만사를 명쾌하게 해명하는 사회물리학의 세계』(사이언스북스, 2007/2010), 199쪽.

34) Peter Gay, 『The Cultivation of Hatred: The Bourgeois Experience-Victoria to Freud』(New York: W.W.Norton & Co., 1993), pp.213-221.

35) Samuel P. Huntington, 『The Clash of Civilizations and the Remaking of World Order』(New York: Simon & Schuster, 1996), p.97.

36) L. A. Coser, 신용하·박명규 역, 『사회사상사(Masters of Sociological Thought)』(일지사, 1970/1978), 532쪽.

37) Samuel P. Huntington, 『The Clash of Civilizations and the Remaking of World Order』(New York: Simon & Schuster, 1996), p.20.

38) 로버트 스턴버그(Robert J. Sternberg) & 카린 스턴버그(Karin Sternberg), 김정희 옮김, 『우리는 어쩌다 적이 되었을까?』(21세기북스, 1998/2010), 148쪽.

39) 양선희, 「"썩어빠진 엘리트는 필요없다"」, 『중앙일보』, 2016년 12월 7일; 김희연, 「일상의 아이히만」, 『경향신문』, 2017년 1월 9일; 심영섭, 「자발적 집행인」, 『한겨레』, 2017년 1월

13일; 이동연, 「한국의 아이히만」, 『경향신문』, 2017년 1월 20일; 조은아, 「영혼 없는 공무원, 악의 평범성」, 『한겨레』, 2017년 1월 27일.

40) 김희균, 「"유대인 학살전 장애인 27만명 연습살해"」, 『세계일보』, 2003년 10월 2일, 9면.

41) Hannah Arendt, 『Eichmann in Jerusalem: A Report on the Banality of Evil』(New York: Penguin Books, 1963/1985).

42) 한나 아렌트(Hannah Arendt), 김선욱 옮김, 『예루살렘의 아이히만: 악의 평범성에 대한 보고서』(한길사, 1963/2006), 349-391쪽; 김선욱, 『정치와 진리』(책세상, 2001), 111-113쪽; 김선욱, 『한나 아렌트 정치판단이론: 우리 시대의 소통과 정치윤리』(푸른숲, 2002), 34-35쪽; 이진우, 「근본악과 세계애의 사상」, 한나 아렌트(Hannah Arendt), 이진우·태정호 옮김, 『인간의 조건』(한길사, 1996), 29쪽.

43) 김성현, 「"히틀러가 내 어머니를 쏘라고 하면 난 그렇게 할 것"」, 『조선일보』, 2014년 1월 28일.

44) 이삼성, 『20세기의 문명과 야만: 전쟁과 평화, 인간의 비극에 관한 정치적 성찰』(한길사, 1998), 65-69쪽.

45) Erich Fromm, 오제운 역, 『To Have or to Be?(소유냐 존재냐?)』(YBM Si-sa, 1976/1986), 199쪽.

46) 닐 포스트먼(Neil Postman), 김균 옮김, 『테크노폴리: 기술에 정복당한 오늘의 문화』(민음사, 1992/2001), 126쪽.

47) 로랑 베그(Laurent Bègue), 이세진 옮김, 『도덕적 인간은 왜 나쁜 사회를 만드는가』(부키, 2011/2013), 258-259쪽.

48) 김용택, 「너는 나다」, 『서울신문』, 2005년 12월 29일, 26면.

49) 소중한, 「전국교수·연구자네트워크, 국정원 선거개입 규탄 시국대회 열어」, 『오마이뉴스』, 2013년 8월 30일.

50) 금원섭, 「[기자수첩] 조폭 연상시키는 새누리당의 '형님 문화'」, 『조선일보』, 2013년 6월 29일.

51) 김승섭, 「정우택 "'채동욱 호위무사'…조폭문화에서나 나오는 말"」, 『뉴스1』, 2013년 9월 16일.

52) 성한용, 「박근혜 정권의 조폭 문화」, 『한겨레』, 2013년 10월 1일.

53) 김재휘, 『설득 심리 이론』(커뮤니케이션북스, 2013), 20-21쪽; 김경일, 「권위와 복종: 왜 불공정함도 따를까」, 『네이버캐스트』, 2011년 10월 24일.

54) 스탠리 밀그램(Stanley Milgram), 정태연 옮김, 『권위에 대한 복종』(에코리브르, 1974/2009), 31, 36쪽.

55) 로렌 슬레이터(Lauren Slater), 조증열 옮김, 『스키너의 심리상자 열기』(에코의서재, 2004/2005), 85쪽.

56) 수잔 와인생크(Susan M. Weinschenk), 박선령 옮김, 『마음을 움직이는 심리학: 심리학자 가 알려주는 설득과 동기유발의 140가지 전략』(위키미디어, 2013), 53쪽.

57) 마이클 가자니가(Michael Gazzaniga), 박인균 옮김, 『왜 인간인가?: 인류가 밝혀낸 인간에 대한 모든 착각과 진실』(추수밭, 2008/2009), 195쪽.

58) 그런 점에서 임명현 MBC 기자의 최근 성공회대 석사학위 논문 「2012년 파업 이후 공영 방송 기자들의 주체성 재구성에 관한 연구: MBC 사례를 중심으로」는 주목할 만하다. 정 철운, 「170일 파업 이후 MBC 기자들은 어떻게 죽어갔나」, 『미디어오늘』, 2017년 1월 28일; 최원형, 「MBC 기자들은 어떻게 '잉여'와 '도구'가 되었나」, 『한겨레』, 2017년 2월 3일 참고.

59) 엘리어트 애런슨(Elliot Aronson), 윤진·최상진 옮김, 『사회심리학(개정5판)』(탐구당, 1988/1991), 37쪽; 황상민, 『사이버공간에 또다른 내가 있다: 인터넷세계의 인간심리와 행 동』(김영사, 2000), 147-149쪽; 리처드 와이즈먼(Richard Wiseman), 박세연 옮김, 『립잇 업: 멋진 결과를 만드는 작은 행동들』(웅진지식하우스, 2012/2013), 305-310쪽; 폴 에얼릭 (Paul R. Ehrlich) & 로버트 온스타인(Robert Ornstein), 고기탁 옮김, 『공감의 진화: '우리' 대 '타인'을 넘어선 공감의 진화인류학』(에이도스, 2010/2012), 188-189쪽.

60) 주성하, 「인성(人性) 말살하는 교도소」, 『동아일보』, 2004년 5월 8일, A10면; 홍성태, 「전 쟁국가 미국, 잔악한 미군」, 『황해문화』, 제44호(2004년 가을), 321-331쪽; Mohammad A. Auwal, 「The Bush Team's Moral Ethos: An Ethical Critique of the Iraq War」, Steve May, ed., 『Case Studies in Organizational Communication: Ethical Perspectives and Practices』(Thousand Oaks, CA: Sage, 2006), pp.99-100.

61) 로렌 슬레이터(Lauren Slater), 조증열 옮김, 『스키너의 심리상자 열기』(에코의서재, 2004/2005), 70쪽; 「Situationism(psychology)」, 『Wikipedia』; 마이클 셔머(Michael Shermer), 박종성 옮김, 『경제학이 풀지 못한 시장의 비밀』(한국경제신문, 2008/2013), 371쪽.

62) 콰메 앤터니 애피아(Kwame Anthony Appiah), 이은주 옮김, 『윤리학의 배신』(바이북스, 2008/2011), 85쪽.

63) 필립 짐바르도(Philip Zimbardo), 이충호·임지원 옮김, 『루시퍼 이펙트: 무엇이 선량한 사 람을 악하게 만드는가』(웅진지식하우스, 2007), 14쪽.

64) 황상민, 『사이버공간에 또다른 내가 있다: 인터넷세계의 인간심리와 행동』(김영사, 2000), 150쪽.

65) 유승찬, 「자유를 위협하는 '악플의 세력화'」, 『경향신문』, 2016년 8월 29일.

10장

1) 토마스 차모로-프레무지크(Tomas Chamorro-Premuzic), 이현정 옮김, 『위험한 자신감: 현실을 왜곡하는 아찔한 습관』(더퀘스트, 2013/2014), 73쪽.

2) 악셀 호네트(Axel Honneth), 문성훈·이현재 옮김, 『인정투쟁: 사회적 갈등의 도덕적 형식론』(동녘, 1992/1996); 문성훈, 『인정의 시대: 현대사회 변동과 5대 인정』(사월의책, 2014).

3) 프랜시스 후쿠야마(Francis Fukuyama), 구승회 옮김, 『트러스트: 사회도덕과 번영의 창조』(한국경제신문사, 1996), 459-460쪽.

4) 이에 대해 문성훈은 이렇게 말한다. "권력투쟁이 수행되는 것은 권력을 획득함으로써 타인을 지배하고 자신의 생존 보존을 더 효과적으로 수행하기 위함이다. 그러나 이에 반해 인정투쟁은 자신의 생존을 보존하기 위한 것이 아니다. 왜냐하면 인정투쟁에서 삶이란 생명의 보존이라기보다 자신의 정체성을 실현하는 자아실현의 과정이기 때문이다. 따라서 성공적 자아실현을 위해서는 경우에 따라 자신의 생명마저 포기할 수 있다. 그럼에도 타인의 인정이 필요한 것은 타인의 인정을 통해서만 이러한 자아실현이 과연 의미 있고 가치 있는지를 확인할 수 있기 때문이며, 또한 이를 통해서만 아무런 방해 없이 성공적 자아실현이 가능하기 때문이다." 문성훈, 『인정의 시대: 현대사회 변동과 5대 인정』(사월의책, 2014), 109쪽.

5) 프랜시스 후쿠야마(Francis Fukuyama), 이상훈 옮김, 『역사의 종말: 역사의 종점에 선 최후의 인간』(한마음사, 1992), 277-292쪽.

6) 로버트 풀러(Robert W. Fuller), 안종설 옮김, 『신분의 종말: '특별한 자'와 '아무것도 아닌 자'의 경계를 넘어서』(열대림, 2003/2004), 255쪽.

7) 노명우, 『세상물정의 사회학: 세속을 산다는 것에 대하여』(사계절, 2013), 210쪽.

8) 「Zuckerberg, Mark」, 『Current Biography Yearbook 2008』, pp.623-624.

9) Pramod K. Nayar, 『An Introduction to New Media and Cybercultures』(Chichester, UK: Wiley-Blackwell, 2010), pp.62-63.

10) 양지혜, 「한국인 페이스북엔 '먼 친구' 설정 유독 많다는데…」, 『조선일보』, 2013년 7월 29일.

11) 손해용, 「"시시콜콜 자기 얘기 하던 페북, 스스로 발가벗기는 공간 변질"」, 『중앙일보』, 2013년 9월 7일.

12) 양성희, 「[분수대] 우리는 왜 SNS에 중독되는가? 아마도 온라인 인정투쟁 중」, 『중앙일보』, 2013년 8월 17일.

13) 이성훈, 「"페이스북 많이 할수록 불행해져"」, 『조선일보』, 2013년 8월 17일.

14) 마셜 로젠버그(Marshall B. Rosenberg), 캐서린 한 옮김, 『비폭력 대화: 일상에서 쓰는 평화의 언어, 삶의 언어』(한국NVC센터, 2004/2013), 41, 168쪽.

15) 데이비드 즈와이그(David Zweig), 박슬라 옮김, 『인비저블: 자기홍보의 시대, 과시적 성공 문화를 거스르는 조용한 영웅들』(민음인, 2014/2015), 13쪽.

16) 리처드 윌킨슨(Richard G. Wilkinson), 김홍수영 옮김, 『평등해야 건강하다: 불평등은 어떻게 사회를 병들게 하는가?』(후마니타스, 2005/2008), 199쪽.

17) 스티븐 코비(Stephen R. Covey), 김경섭 옮김, 『성공하는 가족들의 7가지 습관』(김영사, 1997/1998), 267쪽.

18) 프랭크 뉴포트(Frank Newport), 정기남 옮김, 『여론조사: 대중의 지혜를 읽는 핵심 키워드』(휴먼비즈니스, 2004/2007), 32쪽; 「Social comparison theory」, 『Wikipedia』.

19) 강준만, 「왜 우리 인간은 '부화뇌동(附和雷同)하는 동물'인가?: 동조」, 『생각의 문법: 세상을 꿰뚫는 50가지 이론』(인물과사상사, 2015), 49-53쪽; 강준만, 「왜 개인보다 집단이 더 과격한 결정을 내리는가?: 집단극화 이론」, 『감정 독재: 세상을 꿰뚫는 50가지 이론』(인물과사상사, 2013), 279-283쪽 참고.

20) 제임스 서로위키(James Surowiecki), 홍대운·이창근 옮김, 『대중의 지혜: 시장과 사회를 움직이는 힘』(랜덤하우스중앙, 2005), 242쪽.

21) 김재휘, 『설득 심리 이론』(커뮤니케이션북스, 2013), 10-13쪽; 존 메이어(John D. Mayer), 김현정 옮김, 『성격, 탁월한 지능의 발견』(추수밭, 2014/2015), 302쪽; 엘렌 랭어(Ellen J. Langer), 이모영 옮김, 『예술가가 되려면: 심리학의 눈으로 바라본 예술가 이야기』(학지사, 2005/2008), 216-217쪽.

22) 로버트 쉴러(Robert J. Shiller), 노지양·조윤정 옮김, 『새로운 금융시대』(알에이치코리아, 2012/2013), 327쪽.

23) 대니얼 J. 레비틴(Daniel J. Levitin), 김성훈 옮김, 『정리하는 뇌』(와이즈베리, 2014/2015), 409쪽.

24) 리처드 세넷(Richard Sennett), 김병화 옮김, 『투게더: 다른 사람들과 함께 살아가기』(현암사, 2012/2013), 229-230쪽.

25) 비난트 폰 페터스도르프(Winand von Petersdorff) 외, 박병화 옮김, 『사고의 오류』(율리시즈, 2013/2014), 24-28쪽.

26) 데이비드 즈와이그(David Zweig), 박슬라 옮김, 『인비저블: 자기홍보의 시대, 과시적 성공 문화를 거스르는 조용한 영웅들』(민음인, 2014/2015), 44쪽.

27) 박진영, 『눈치보는 나, 착각하는 너: 나보다 타인이 더 신경 쓰이는 사람들』(시공사, 2013), 44-48쪽.

28) 홍주희, 「[2014 제주포럼] "선진국 환상 버려야 선진국 된다"」, 『중앙일보』, 2014년 5월 29일.

29) 김경락, 「비교성향 강한 당신 삶에 만족하십니까」, 『한겨레』, 2014년 8월 13일.

30) 이철호, 「스탠퍼드대가 연세대를 앞서는 이유」, 『중앙일보』, 2014년 11월 10일.

31) 롤프 하우블, 이미옥 옮김, 『시기심: '나'는 시기하지 않는다』(에코리브르, 2002), 160쪽.

32) 윌리엄 번스타인(William Bernstein), 김현구 옮김, 『부의 탄생』(시아출판사, 2004/2005),

462-464쪽; 버튼 맬킬(Burton G. Malkiel), 이건·김홍식 옮김, 『시장변화를 이기는 투자』(국일증권경제연구소, 2007/2009), 291쪽.

33) Marvin Terban, 『Scholastic Dictionary of Idioms』(New York: Scholastic, 1996), p.126.

34) Rosemarie Ostler, 『Let's Talk Turkey: The Stories behind America's Favorite Expressions』(New York: Prometheus Books, 2008), pp.100-101; 찰스 패너티(Charles Panati), 이용웅 옮김, 『문화와 유행상품의 역사 2』(자작나무, 1991/1997), 174-177쪽.

35) 윌리엄 번스타인(William Bernstein), 김현구 옮김, 『부의 탄생』(시아출판사, 2004/2005), 462-464쪽.

36) 김종수, 「분수대/이웃효과」, 『중앙일보』, 2007년 5월 8일, 31면

37) 김경두, 「세계에 소문난 '명품 봉' 한국」, 『서울신문』, 2004년 9월 21일, 18면.

38) 박성환·황윤정, 「"감히 연세대 동문 동문 거리는 놈들…"」, 『한겨레 21』, 2014년 7월 1일.

39) 낸시 에트코프(Nancy Etcoff), 이기문 옮김, 『미(美): 가장 예쁜 유전자만 살아남는다』(살림, 1999/2000), 262-263쪽; 댄 애리얼리(Dan Ariely), 이경식 옮김, 『거짓말하는 착한 사람들: 우리는 왜 부정행위에 끌리는가』(청림출판, 2012), 154-158쪽.

40) 「시장신호이론(market signaling)」, 『네이버 지식백과』; 「Information asymmetry」, 『Wikipedia』; 「Signalling (economics)」, 『Wikipedia』; 팀 하포드(Tim Harford), 김명철 옮김, 『경제학 콘서트』(웅진지식하우스, 2005/2006), 172-174, 197쪽; 박찬희·한순구, 『인생을 바꾸는 게임의 법칙』(경문사, 2005), 234-235쪽; 레이 피스먼(Ray Fisman) & 팀 설리번(Tim Sullivan), 이진원 옮김, 『경제학자도 풀지 못한 조직의 비밀』(웅진지식하우스, 2013/2014), 73-74쪽; 폴 오이어(Paul Oyer), 홍지수 옮김, 『짝찾기 경제학』(청림출판, 2014), 100-102쪽.

41) 마이클 스펜스(Michael Spence), 이현주 옮김, 『넥스트 컨버전스: 위기 이후 도래하는 부와 기회의 시대』(리더스북, 2011/2012), 13-14, 243쪽.

42) 한순구, 「신비주의 마케팅 효과는 잠깐… 소비자, 곧 품질差 알게 돼」, 『조선일보』, 2012년 9월 12일.

43) 「시장신호이론(market signaling)」, 『네이버 지식백과』; 「Information asymmetry」, 『Wikipedia』; 「Signalling (economics)」, 『Wikipedia』; 팀 하포드(Tim Harford), 김명철 옮김, 『경제학 콘서트』(웅진지식하우스, 2005/2006), 172-174, 197쪽; 박찬희·한순구, 『인생을 바꾸는 게임의 법칙』(경문사, 2005), 234-235쪽; 레이 피스먼(Ray Fisman) & 팀 설리번(Tim Sullivan), 이진원 옮김, 『경제학자도 풀지 못한 조직의 비밀』(웅진지식하우스, 2013/2014), 73-74쪽; 폴 오이어(Paul Oyer), 홍지수 옮김, 『짝찾기 경제학』(청림출판, 2014), 100-102쪽.

44) 전중환, 『오래된 연장통: 인간본성의 진짜 얼굴을 만나다』(사이언스북스, 2010), 83쪽.

45) 데이비드 버스(David Buss), 전중환 옮김, 『욕망의 진화』(사이언스북스, 2003/2007),

245쪽.

46) 「[사설] '스펙 공화국' 면하려면 기업 채용 방식 바꿔야」, 『서울신문』, 2012년 10월 27일.

47) 김혜미, 「취업 어학 스펙 부모 소득 순 ⋯ 학점은 무관」, 『중앙일보』, 2013년 6월 4일.

48) 박승혁, 「[기자수첩] '리베이트'가 아니라 '킥백'으로 써야」, 『조선일보』, 2013년 5월 23일;
임귀열, 「[임귀열 영어] Specs vs. Career build-up」, 『한국일보』, 2011년 3월 24일.

49) 김현철, 『불안하니까 사람이다: 정신과 의사들만 아는 불안 심리 30』(애플북스, 2011),
45쪽.

50) 김준, 「서류전형을 왜 부활할까」, 『경향신문』, 2014년 1월 20일.

51) 이명수, 「후광효과가 판치는 사회」, 『한겨레』, 2013년 9월 3일.

52) 「Halo effect」, 『Wikipedia』; 「후광효과[halo effect, 後光效果]」, 『네이버 지식백과』.

53) 필 로젠츠바이크(Phil Rosenzweig), 이주형 옮김, 『헤일로 이펙트: 기업의 성공을 가로막는
9가지 망상』(스마트비즈니스, 2007), 96-98쪽.

54) 로버트 치알디니(Robert Cialdini), 황혜숙 옮김, 『설득의 심리학(개정5판)』(21세기북스,
2009/2013), 253-256, 253-256쪽.

55) 리처드 와이즈먼(Richard Wiseman), 한창호 옮김, 『괴짜 심리학』(웅진지식하우스,
2007/2008), 169쪽; 변태섭, 「첫인상 보고 총선 후보에 투표하다간⋯ 첫인상, 섣불리 믿을
만한 게 못된다⋯ 총선도 신중히」, 『한국일보』, 2012년 3월 10일.

56) 「[사설]죽음 부른 성형공화국 누가 부추겼나」, 『동아일보』, 2012년 10월 29일; 수전 리 맥
도널드, 「서글픈 성형 공화국」, 『중앙선데이』, 제299호(2012년 12월 2일); 「'성형공화국'
1위 韓, 가슴 성형 보다는..」, 『파이낸셜뉴스』, 2013년 1월 31일; 배국남, 「한국, 왜 성형공
화국으로 전락했나!」, 『이투데이』, 2013년 3월 6일.

57) David O. Sears, Jonathan L. Freedman, Letitia Anne Peplau, 홍대식 역, 『사회심리학』
개정판(박영사, 1986), 67-69쪽.

58) 스튜어트 서덜랜드(Stuart Sutherland), 이세진 옮김, 『비합리성의 심리학: 왜 인간은 어처
구니없는 실수를 반복하는가』(교양인, 1992/2008), 48-49쪽.

59) 모페이, 전왕록 옮김, 『사무실 심리게임: 무능한 동료에게 희생당하지 않기 위한 생존기
술』(비즈니스맵, 2010/2011), 133-135쪽.

60) 「Halo effect」, 『Wikipedia』.

61) 제러미 딘(Jeremy Dean), 정명진 옮김, 『프로이트처럼 생각하고 스키너처럼 행동하라』(부
글, 2008), 63-67쪽.

62) 로버트 치알디니(Robert Cialdini), 황혜숙 옮김, 『설득의 심리학(개정5판)』(21세기북스,
2009/2013), 285쪽.

63) 손효주 외, 「끓는다 끓어, 슈퍼팬: 스포츠 열혈팬들의 심리를 파헤치다」, 『동아일보』,
2012년 10월 27일.

64) 로버트 치알디니(Robert Cialdini), 황혜숙 옮김, 『설득의 심리학(개정5판)』(21세기북스, 2009/2013), 286-287쪽.

65) 「Basking in reflected glory」, 『Wikipedia』; 김학수, 「프로야구 승리와 패배의 미학」, 『뉴스천지』, 2012년 11월 6일; 홍성태, 『마케팅의 시크릿 코드』(위즈덤하우스, 2010), 200쪽.

66) 엄보운, 「[Why] 힘 한번 못쓰고 끝난 '가을 야구'… LG 유광 점퍼, 헐값에 매물로 쏟아져」, 『조선일보』, 2013년 10월 26일. 김원, 「680g 유광점퍼, 팬심 묶는 가을의 열정이 되다」, 『중앙일보』, 2016년 10월 20일.

67) 엄보운, 「[Why] 힘 한번 못쓰고 끝난 '가을 야구'… LG 유광 점퍼, 헐값에 매물로 쏟아져」, 『조선일보』, 2013년 10월 26일; 김원, 「680g 유광점퍼, 팬심 묶는 가을의 열정이 되다」, 『중앙일보』, 2016년 10월 20일.

68) 「Basking in reflected glory」, 『Wikipedia』.

69) 류혜인, 『왜 아무도 성냥팔이 소녀를 도와주지 않았을까: 동화로 보는 심리학』(이가서, 2013), 62-63쪽; 리처드 와이즈먼(Richard Wiseman), 한창호 옮김, 『괴짜 심리학』(웅진지식하우스, 2007/2008), 47-49쪽; 새디어스 러셀(Thaddeus Russsell), 이정진 옮김, 『불한당들의 미국사』(까치, 2010/2012), 221쪽; 「Mars effect」, 『Wikipedia』.

70) 발타자르 그라시안(Baltasar Gracian), 임정재 옮김, 『너무나 인간적이지만 현실감각 없는 당신에게』(타커스, 2012), 215쪽.

71) 로버트 치알디니(Robert Cialdini), 황혜숙 옮김, 『설득의 심리학(개정5판)』(21세기북스, 2009/2013), 288쪽.

72) Pierre Bourdieu and Loic J.D.Wacquant. 『An Invitation to Reflexive Sociology』(Chicago:University of Chicago Press,1992), pp.204-205.

73) 이상호, 「사회질서의 재생산과 상징권력: 부르디외의 계급이론」, 현택수 편, 『문화와 권력: 부르디외 사회학의 이해』(나남, 1998), 173쪽.

74) Axel Honneth, 「The Fragmented World of Symbolic Forms: Reflections on Pierre Bourdieu's Sociology of Culture」, 『Theory, Culture and Society』, 3:3(1986), p.61.

75) 삐에르 부르디외, 최종철 옮김, 『구별짓기: 문화와 취향의 사회학 상(上)』(새물결, 1995), 44쪽; 피에르 부르디외, 문경자 옮김, 『피에르 부르디외: 혼돈을 일으키는 과학』(솔, 1994), 174-175쪽.

76) 최서윤, 「"취향입니다, 존중해주시죠"가 지닌 공허함」, 『미디어오늘』, 2015년 4월 1일.

77) Pierre Bourdieu, 「The Aristocracy of Culture」, 『Media, Culture and Society』, 2(1980), p.253; 삐에르 부르디외, 최종철 옮김, 『구별짓기: 문화와 취향의 사회학 상(上)』(새물결, 1995), 104쪽.

78) 폴 맥도널드(Paul McDonald), 「제4장 스타연구」, 조안 홀로우즈(Joanne Hollows) & 마크 얀코비치(Mark Jancovich) 엮음, 『왜 대중영화인가』(한울, 1995/1999), 146-147쪽.

79) 김기봉, 「포스트모던 역사이론: '무기의 비판'인가 '비판의 무기'인가」, 『역사비평』, 통권 56호(2001년 가을), 43-44쪽.

80) 허민, 「朴대통령의 '아비투스(habitus·習俗)'」, 『문화일보』, 2015년 2월 2일 참고.

81) 홍성민, 「12. 한국정치학의 정체성과 학자들의 아비투스」, 『문화와 아비투스: 부르디외와 유럽정치사상』(나남출판, 2000), 380-413쪽을 참고할 것.

82) 남재일, 「한국 기자의 사건중심보도 아비투스」, 『한국언론학회 학술대회 발표논문집』, 2005년 10월, 167-174쪽 참고.

11장

1) 엘리어트 애런슨(Elliot Aronson), 박재호 옮김, 『인간, 사회적 동물: 사회심리학에 관한 모든 것』(탐구당, 2012/2014), 50쪽; 정인숙, 『커뮤니케이션 핵심 이론』(커뮤니케이션북스, 2013); 이남석, 『편향: 나도 모르게 빠지는 생각의 함정』(옥당, 2013), 153-158쪽; 정승양, 「주변 환경따라 달라지는 인간의 행동」, 『서울경제』, 2013년 1월 11일.

2) 그레고리 번스(Gregory Berns), 김정미 옮김, 『상식파괴자』(비즈니스맵, 2008/2010), 152쪽.

3) 마크 뷰캐넌(Mark Buchanan), 김희봉 옮김, 『사회적 원자: 세상만사를 명쾌하게 해명하는 사회물리학의 세계』(사이언스북스, 2007/2010), 128쪽.

4) 샘 소머스(Sam Sommers), 임현경 옮김, 『무엇이 우리의 선택을 좌우하는가: 우리의 감정, 행동, 결정을 주도하는 보이지 않는 힘』(청림출판, 2011/2013), 135-136쪽.

5) 로랑 베그(Laurent Begue), 이세진 옮김, 『도덕적 인간은 왜 나쁜 사회를 만드는가』(부키, 2011/2013), 98쪽.

6) 나은영, 『행복 소통의 심리』(커뮤니케이션북스, 2013), 65-67쪽.

7) 나은영, 『행복 소통의 심리』(커뮤니케이션북스, 2013), 61-63쪽.

8) 데이비드 맥레이니(David McRaney), 박인균 옮김, 『착각의 심리학』(추수밭, 2011/2012), 338-339쪽.

9) 실뱅 들루베(Sylvain Delouvee), 문신원 옮김, 『당신의 이성을 마비시키는 그럴듯한 착각들』(지식채널, 2013), 80쪽.

10) Rosemarie Ostler, Let's Talk Turkey: The Stories behind America's Favorite Expressions(New York: Prometheus Books, 2008), pp.174-175; William Safire, Safire's Political Dictionary(New York: Random House, 1978), pp. 41-42.

11) 범상규, 『심리학이 소비자에 대해 가르쳐준 것들』(바다출판사, 2013), 36쪽.

12) 서정환, 「규제 비웃는 외부불경제, 괴물로 자라나 일상을 위협하다」, 『한국경제』, 2013년 8월 17일. 강준만, 「왜 2013 프로야구 FA(자유계약선수) 시장이 과열되었나?: 외부 효과」, 『생각의 문법: 세상을 꿰뚫는 50가지 이론』(인물과사상사, 2015), 285-292쪽 참고.

13) 로버트 카플란(Robert D. Kaplan), 장병걸 옮김, 『무정부시대가 오는가』(코기토, 2001), 101쪽.

14) 리처드 탈러(Richard H. Thaler) & 캐스 선스타인(Cass R. Sunstein), 안진환 옮김, 『넛지: 똑똑한 선택을 이끄는 힘』(리더스북, 2008/2009), 90-91쪽.

15) 캐스 선스타인(Cass R. Sunstein), 이기동 옮김, 『루머』(프리뷰, 2009), 48쪽.

16) 조엘 베스트(Joel Best), 안진환 옮김, 『댓츠 어 패드('That's a fad!'): 개인과 조직이 일시적 유행에 현혹되지 않는 5가지 방법』(사이, 2006), 155쪽.

17) 황선아, 「상상덩어리 위트 패션의 힘」, 『동아일보』, 2013년 7월 4일; 이남석, 『편향: 나도 모르게 빠지는 생각의 함정』(옥당, 2013), 153-158쪽.

18) 한승우, 「레밍에이드와 출산장려정책」, 『한겨레』, 2004년 10월 7일, 22면.

19) 춘카 무이(Chunka Mui) & 폴 캐롤(Paul B. Carroll), 이진원 옮김, 『똑똑한 기업을 한순간에 무너뜨린 위험한 전략』(흐름출판, 2008/2009), 228-229쪽.

20) F. L. 알렌(Frederick Lewis Allen), 박진빈 옮김, 『원더풀 아메리카』(앨피, 1931/2006), 298쪽.

21) 오치 미치오, 곽해선 옮김, 『와스프: 미국의 엘리트는 어떻게 만들어지는가』(살림, 1998/1999), 168쪽. '스놉(snob)'은 원래 '아랫사람을 무시하고 윗사람에게 아부하거나 신사인 체하는 속물이나 재물 숭배자'라는 뜻이다.

22) 싱클레어 루이스, 이종인 옮김, 『배빗』(열린책들, 1922/2011), 63-64쪽.

23) 리처드 윌킨슨(Richard G. Wilkinson) & 케이트 피킷(Kate Pickett), 전재웅 옮김, 『평등이 답이다: 왜 평등한 사회는 늘 바람직한가?』(이후, 2010/2012), 205쪽.

24) 리처드 윌킨슨(Richard G. Wilkinson), 김홍수영 옮김, 『평등해야 건강하다: 불평등은 어떻게 사회를 병들게 하는가?』(후마니타스, 2006/2008), 200-201쪽.

25) 김광현, 『기호인가 기만인가: 한국 대중문화의 가면』(열린책들, 2000), 217쪽; 김헌식, 『K팝 컬처의 심리』(북코리아, 2012), 93쪽; 황선아, 「상상덩어리 위트 패션의 힘」, 『동아일보』, 2013년 7월 4일.

26) 존 리켓, 이영식 옮김, 『얼굴 문화, 그 예술적 위장』(보고싶은책, 1997), 97쪽.

27) 낸시 에트코프, 이기문 옮김, 『미(美): 가장 예쁜 유전자만 살아남는다』(살림, 2000), 260쪽.

28) 제임스 B. 트위첼, 최기철 옮김, 『럭셔리 신드롬: 사치의 대중화, 소비의 마지막 선택』(미래의창, 2003), 158-159쪽.

29) 조풍연, 「'노노스' 제품 잘 팔린다」, 『세계일보』, 2005년 2월 19일, A18면.

30) 이지은, 「'마이카'는 BMW 재테크는 해외펀드, 여행은 몰디브로: '귀족마케팅' 전문가들이 들려주는 '강남 부자' 라이프스타일」, 『신동아』, 2004년 10월, 246-255쪽.

31) 「신간소개: 부자들의 여행지 발간」, 『매일경제』, 2006년 8월 21일, B8면.

32) 주디스 슈클라(Judith N. Shklar), 사공일 옮김, 『일상의 악덕』(나남, 1984/2011), 148-149쪽.

33) Neil Ewart, Everyday Phrases: Their Origins and Meanings(Poole·Dorset, UK: Blandford Press, 1983), p.51; 「Underdog (term)」, 『Wikipedia』.

34) 여준상, 「Underdog Marketing: 열정과 의지로 약점을 극복하라!」, 『DAEHONG COMMUNICATIONS』, 217호(2011년 11-12월), 62-65쪽.

35) 성정연·정유정·전선규, 「언더독(Underdog)에 대한 감성적 반응이 상표태도와 선호도에 미치는 효과」, 『소비자학연구』, 24권1호(2013년 3월), 364쪽.

36) 「언더독효과underdog effect」, 네이버 지식백과.

37) 「Opinion poll」, Wikipedia; 「Bandwagon effect」, Wikipedia.

38) 최요한, 「박근혜 '붕대투혼'의 진실… 언더독 전략」, 『오마이뉴스』, 2013년 12월 1일.

39) 마이클 프렐(Michael Prell), 박수민 옮김, 『언더도그마: 강자가 말하는 '약자의 본심'』(지식갤러리, 2011/2012), 20-21, 90쪽.

40) 전승훈, 「우리 안의 언더도그마」, 『동아일보』, 2012년 3월 28일.

41) 김진석, 『니체는 왜 민주주의에 반대했는가』(개마고원, 2009), 289쪽.

42) 마이클 본드(Michael Bond), 문희경 옮김, 『타인의 영향력: 그들의 생각과 행동은 어떻게 나에게 스며드는가』(어크로스, 2014/2015), 21-23쪽.

43) 선안남, 『스크린에서 마음을 읽다』(시공사, 2011), 65쪽; 비난트 폰 페터스도르프(Winand von Petersdorff) 외, 박병화 옮김, 『사고의 오류』(율리시즈, 2013/2015), 112-113쪽.

44) 안명숙, 「항공사 객실승무원의 감성전염이 조직시민행동과 소진에 미치는 영향」, 『호텔리조트연구』, 13권1호(2014년 2월), 123쪽; 구위안인, 송은진 옮김, 『영향력은 어떻게 만들어지는가』(라의눈, 2014/2016), 147쪽; 백승찬, 「[책과 삶]모두가 '예' 할 때 '아니요' 할 수 있는가」, 『경향신문』, 2015년 7월 4일.

45) 마이클 가자니가(Michael S. Gazzaniga), 박인균 옮김, 『뇌로부터의 자유: 무엇이 우리의 생각, 감정, 행동을 조종하는가?』(추수밭, 2011/2012), 247쪽.

46) 리처드 레스택(Richard M. Restack), 홍승효 옮김, 『인간적인, 너무나 인간적인 뇌』(휴머니스트, 2012/2015), 103-104쪽.

47) 필립 짐바르도(Philip Zimbardo), 이충호·임지원 옮김, 『루시퍼 이펙트: 무엇이 선량한 사람을 악하게 만드는가』(웅진지식하우스, 2007), 357쪽. 강준만, 「왜 의사는 환자를 비인간화하면서 냉정하게 대해야 하는가? detached concern」, 『재미있는 영어 인문학 이야기 2』(인물과사상사, 2015), 17-19쪽 참고.

48) 비난트 폰 페터스도르프(Winand von Petersdorff) 외, 박병화 옮김, 『사고의 오류』(율리시즈, 2013/2015), 115쪽.

49) 하노 벡(Hanno Beck), 배명자 옮김, 『경제학자의 생각법』(알프레드, 2009/2015), 21-

23쪽.

50) 차두원·진영현, 『초연결시대, 공유경제와 사물인터넷의 미래』(한스미디어, 2015), 224-225쪽.

51) 김헌식, 『K팝 컬처의 심리: 대중문화 심리로 본 한국사회 2』(북코리아, 2012), 63-65쪽.

52) 전우영, 『나를 움직이는 무의식 프라이밍』(21세기북스, 2013), 99-100쪽.

53) , 『에디톨로지: 창조는 편집이다』(21세기북스, 2014), 244-245쪽; 「Uniform fetishism」, 『Wikipedia』.

54) 「Deindividuation」, 『Wikipedia』; 이철민, 「'앵무새 죽이기'와 '표현의 자유'사이」, 『조선일보』, 2012년 9월 7일.

55) 하퍼 리(Harper Lee), 김욱동 옮김, 『앵무새 죽이기』(문예출판사, 1960/2002), 297-298쪽.

56) 리처드 플로리다(Richard Florida), 이길태 옮김, 『창조적 변화를 주도하는 사람들』(전자신문사, 2002), 185-190쪽; 헤이즐 로즈 마커스(Hazel Rose Markus) & 앨래나 코너(Alana Conner), 박세연 옮김, 『우리는 왜 충돌하는가』(흐름출판, 2013/2015), 239-240쪽.

57) 정택민, 「페이스북 CEO 복장 논란 "스티브 잡스도 했는데 왜?"」, 『조선일보』, 2012년 5월 10일.

58) 허버트 마이어스(Herbert Meyers) & 리처드 거스트먼(Richard Gerstman), 강수정 옮김, 『크리에이티브 마인드: 창의적 리더 20인에게 미래의 가치를 묻다』(에코리브르, 2007/2008), 72쪽.

59) 노회찬·구영식, 『대한민국 진보, 어디로 가는가?』(비아북, 2014), 275쪽.

60) 「Groupshift」, 『Wikipedia』.

61) 케빈 켈리(Kevin Kelly), 「익명성은 통제되어야 한다」, 존 브록만(John Brockman) 엮음, 이영기 옮김, 『위험한 생각들: 당대 최고의 석학 110명에게 물었다』(갤리온, 2006/2007), 198-199쪽.

62) 앨리사 퀴트(Alissa Quart), 유병규·박태일 옮김, 『나이키는 왜 짝퉁을 낳았을까』(한국경제신문, 2003/2004), 14쪽.

63) 박원영, 『투덜투덜 뉴욕, 뚜벅뚜벅 뉴욕: 꼰대 감독의 뉴욕 잠입 생존기』(미래를소유한사람들, 2015), 261-262쪽.

64) 제임스 트위첼(James B. Twitchel), 토탈브랜드코리아 옮김, 『대학 교회 박물관의 브랜드 마케팅 스토리』(김앤김북스, 2004/2007), 235-236쪽.

65) 로버트 라이시(Robert B. Reich), 오성호 옮김, 『부유한 노예』(김영사, 2000/2001), 188쪽. 강준만, 「왜 날이 갈수록 인맥이 더 중요해지는가?: 여섯 단계의 분리」, 『우리는 왜 이렇게 사는 걸까?: 세상을 꿰뚫는 50가지 이론』(인물과사상사, 2014), 206-212쪽 참고.

66) 김주환, 『그릿』(쌤앤파커스, 2013), 179-182쪽.

67) 매트 리들리(Matt Ridley), 김한영 옮김, 『본성과 양육』(김영사, 2003/2004), 356-357쪽.

68) 데이브 그로스먼(Dave Grossman), 이동훈 옮김, 『살인의 심리학』(플래닛, 2009/2011), 232-233쪽.

69) 로빈 던바, 김정희 옮김, 『발칙한 진화론: 인간행동에 숨겨진 도발적 진화코드』(21세기북스, 2010/2011), 32-37쪽; 폴 에얼릭(Paul R. Ehrlich) & 로버트 온스타인(Robert Ornstein), 고기탁 옮김, 『공감의 진화: '우리' 대 '타인'을 넘어선 공감의 진화인류학』(에이도스, 2010/2012), 54-55쪽. 강준만, 「왜 발이 넓은 마당발의 인간관계는 피상적인가?: 던바의 수」, 『감정 독재: 세상을 꿰뚫는 50가지 이론』(인물과사상사, 2013), 269-273쪽 참고.

70) 톰 스탠디지(Tom Standage), 노승영 옮김, 『소셜미디어 2000년: 파피루스에서 페이스북까지』(열린책들, 2013/2015), 25쪽.

71) 티나 로젠버그(Tina Rosenberg,), 이종호 옮김, 『또래압력은 어떻게 세상을 치유하는가: 소속감에 대한 열망이 만들어낸 사회 치유의 역사』(알에이치코리아, 2011/2012), 75쪽.

72) 티나 로젠버그(Tina Rosenberg,), 이종호 옮김, 『또래압력은 어떻게 세상을 치유하는가: 소속감에 대한 열망이 만들어낸 사회 치유의 역사』(알에이치코리아, 2011/2012), 19쪽.

73) 티나 로젠버그(Tina Rosenberg,), 이종호 옮김, 『또래압력은 어떻게 세상을 치유하는가: 소속감에 대한 열망이 만들어낸 사회 치유의 역사』(알에이치코리아, 2011/2012), 205쪽.

74) 티나 로젠버그(Tina Rosenberg,), 이종호 옮김, 『또래압력은 어떻게 세상을 치유하는가: 소속감에 대한 열망이 만들어낸 사회 치유의 역사』(알에이치코리아, 2011/2012), 228, 235쪽.

75) 김성윤, 「공익사업하는 팬질」, 『한겨레21』, 2010년 7월 9일. 강준만·강지원, 『빠순이는 무엇을 갈망하는가?: 소통 공동체 형성을 위한 투쟁으로서의 팬덤』(인물과사상사, 2016) 참고.

76) 벤 대트너(Ben Dattner) & 대런 달(Darren Dahl), 홍경탁 옮김, 『비난 게임: 조직의 성공과 실패를 결정짓는 보이지 않는 힘』(북카라반, 2011/2015), 144쪽.

77) 무자퍼 셰리프(Muzafer Sherif) 외, 정태연 옮김, 『우리와 그들, 갈등과 협력에 관하여: 로버스케이브실험을 통해 본 집단관계의 심리학』(에코리브르, 1961/2012); 「Realistic conflict theory」, 『Wikipedia』.

78) 엠 그리핀(Em Griffin), 김동윤·오소현 옮김, 『첫눈에 반한 커뮤니케이션 이론』(커뮤니케이션북스, 2012), 267-275쪽; 「Social judgment theory」, 『Wikipedia』. 자아 관여도는 '적대적 미디어 효과(hostile media effect)' 연구에도 이용되고 있다. R. M. 펄로프(R. M. Perloff)는 적대적 미디어 지각의 심리적 근원으로 사회적 판단이론에서 제시된 자아 관여를 지목했는데, 여기서 자아 관여는 어떤 이슈가 자신이 동일시하는 사회집단과 모종의 관련을 지니게 될 때 해당 집단의 핵심 가치가 각인된 자아 개념이 활성화되어 해당 이슈에 대한 몰입(commitment)이 증가하는 현상을 말한다. 자아 관여는 특히 가족, 정치, 종교와 관련된 가치가 개입될 때 두드러지게 나타난다. 김남두·황용석, 「적대적 미디어 지각과 이

슈 관여가 대통령을 향한 책임귀인 및 회고적 투표의향에 미친 영향에 관한 연구」, 『한국
언론학보』, 59권5호(2015년 10월), 39-40쪽.

79) 엠 그리핀(Em Griffin), 김동윤·오소현 옮김, 『첫눈에 반한 커뮤니케이션 이론』(커뮤니케
이션북스, 2012), 275-277쪽.

80) 안차수, 「언론소비자가 갖는 이슈에 대한 태도가 언론의 공정성 판단에 미치는 영향」, 『한
국언론정보학보』, 46권(2009년 5월), 326-328쪽.

81) 엠 그리핀(Em Griffin), 김동윤·오소현 옮김, 『첫눈에 반한 커뮤니케이션 이론』(커뮤니케
이션북스, 2012), 279-282쪽.

82) 엠 그리핀(Em Griffin), 김동윤·오소현 옮김, 『첫눈에 반한 커뮤니케이션 이론』(커뮤니
케이션북스, 2012), 283쪽; 이학식·안광호·하영원, 『소비자행동: 마케팅전략적 접근(제
5판)』(법문사, 2010), 270-271쪽.

83) 엠 그리핀(Em Griffin), 김동윤·오소현 옮김, 『첫눈에 반한 커뮤니케이션 이론』(커뮤니케
이션북스, 2012), 282쪽.

84) 강준만, 『춤추는 언론 비틀대는 선거: 언론과 선거의 사회학』(아침, 1992), 23쪽. 강준만,
「왜 때론 애매모호함이 필요한가? strategic ambiguity」, 『재미있는 영어 인문학 이야기 2』
(인물과사상사, 2015), 73-75쪽 참고.

12장

1) 폴 돌런(Paul Dolan), 이영아 옮김, 『행복은 어떻게 설계되는가: 경제학과 심리학으로 파헤
친 행복의 성장조건』(와이즈베리, 2014/2015), 252-253쪽; 대니얼 골먼(Daniel Goleman),
박세연 옮김, 『포커스: 당신의 잠재된 탁월함을 깨우는 열쇠』(리더스북, 2013/2014), 19쪽.

2) 김상현, 『인터넷의 거품을 걷어라: 인터넷, 사이버 세상에서 살아남기』(미래M&B, 2000),
73-74쪽.

3) 조너선 크레리(Jonathan Crary), 김성호 옮김, 『24/7 잠의 종말』(문학동네, 2013/2014),
121쪽.

4) 케빈 켈리(Kevin Kelly), 이한음 옮김, 『인에비터블: 미래의 정체』(청림출판, 2016/2017),
264-265쪽; 이인화, 「가상세계전망」, 『CHEIL WORLDWIDE』, OCTOBER 2008, 23쪽.

5) 강남훈, 『정보혁명의 정치경제학』(문화과학사, 2002), 109쪽.

6) 「Attention economy」, 『Wikipedia』.

7) 토머스 데이븐포트(Thomas H. Davenport) & 존 벡(John C. Beck), 김병조·권기환·이동
현 옮김, 『관심의 경제학: 정보비만과 관심결핍의 시대를 사는 새로운 관점』(21세기북스,
2002/2006), 111-112쪽; 알피 콘(Alfie Kohn), 이영노 옮김, 『경쟁에 반대한다: 왜 우리는
이기기 위한 경주에 삶을 낭비하는가?』(산눈, 1986/2009), 105쪽.

8) 장원준, 「[Cover Story] '관심의 경제학 '저자 토머스 데이븐포트 교수」, 『조선일보』, 2009년 6월 6일.

9) 프랑코 베라르디 '비포'(Franco Berardi 'Bifo'), 정유리 옮김, 『프레카리아트를 위한 랩소디: 기호자본주의의 불안전성과 정보노동의 정신병리』(난장, 2009/2013), 80쪽.

10) 김국현, 「회원수가 정말 '깡패'인가?」, 『미디어오늘』, 2015년 7월 15일.

11) 한병철, 김태환 옮김, 『피로사회』(문학과지성사, 2010/2012), 32쪽.

12) 김준, 「[김대리의 뒷담화] 동창 승진 축하모임에서 뭔놈의 車·연봉 자랑… 우리 학창시절 엔 안그랬잖아」, 『조선일보』, 2015년 4월 16일.

13) 이진순, 「우리는 오늘 맥도날드를 점거한다: 알바노조 위원장 구교현」, 『한겨레』, 2015년 2월 7일.

14) 리처드 탈러(Richard H. Thaler) & 캐스 선스타인(Cass R. Sunstein), 안진환 옮김, 『넛지: 똑똑한 선택을 이끄는 힘』(리더스북, 2008/2009), 18쪽.

15) 리처드 탈러(Richard H. Thaler) & 캐스 선스타인(Cass R. Sunstein), 안진환 옮김, 『넛지: 똑똑한 선택을 이끄는 힘』(리더스북, 2008/2009), 100-101쪽.

16) 리처드 탈러(Richard H. Thaler) & 캐스 선스타인(Cass R. Sunstein), 안진환 옮김, 『넛지: 똑똑한 선택을 이끄는 힘』(리더스북, 2008/2009), 373쪽. 두 저자의 다른 책으로는 캐스 R. 선스타인(Cass R. Sunstein), 박지우·송호창 옮김, 『왜 사회에는 이견이 필요한가』(후 마니타스, 2003/2009); 캐스 R. 선스타인(Cass R. Sunstein), 이정인 옮김, 『우리는 왜 극 단에 끌리는가』(프리뷰, 2009/2011); 캐스 R. 선스타인(Cass R. Sunstein), 장경덕 옮김, 『심플러: 현명한 선택을 이끄는 부드러운 개입』(21세기북스, 2013); 캐스 선스타인(Cass R. Sunstein) & 리드 헤이스티(Reid Hastie), 이시은 옮김, 『와이저: 똑똑한 조직은 어떻게 움 직이는가』(위즈덤하우스, 2014/2015); 리처드 탈러(Richard H. Thaler) 박세연 옮김, 『똑똑 한 사람들의 명청한 선택』(리더스북, 2015/2016) 등이 있다.

17) 리처드 탈러(Richard H. Thaler) & 캐스 선스타인(Cass R. Sunstein), 안진환 옮김, 『넛지: 똑똑한 선택을 이끄는 힘』(리더스북, 2008/2009), 21쪽.

18) 「Nudge theory」, 『Wikipedia』; 「Behavioural Insights Team」, 『Wikipedia』.

19) 일레인 글레이저(Eliane Glaser), 최봉실 옮김, 『겟 리얼: 이데올로기는 살아 있다』(마티, 2012/2013), 52-53쪽.

20) 매일경제 세계지식포럼 사무국, 『퍼펙트 스톰: 세계지식포럼 리포트』(매일경제신문사, 2012), 203쪽.

21) 래리 타이(Larry Tye), 송기인·김현희·이종혁 옮김, 『여론을 만든 사람, 에드워드 버네이 즈: 'PR의 아버지'는 PR을 어떻게 만들었나?』(커뮤니케이션북스, 1998/2004), 89쪽.

22) 래리 타이(Larry Tye), 송기인·김현희·이종혁 옮김, 『여론을 만든 사람, 에드워드 버네이 즈: 'PR의 아버지'는 PR을 어떻게 만들었나?』(커뮤니케이션북스, 1998/2004), 183쪽.

23) 래리 타이(Larry Tye), 송기인·김현희·이종혁 옮김, 『여론을 만든 사람, 에드워드 버네이즈: 'PR의 아버지'는 PR을 어떻게 만들었나?』(커뮤니케이션북스, 1998/2004), 184쪽.

24) 클리포드 나스(Cliford Nass) & 코리나 옌(Corina Yen), 방영호 옮김, 『관계의 본심』(푸른숲, 2010/2011), 290-291쪽.

25) 칩 히스(Chip Heath) & 댄 히스(Dan Heath), 안진환 옮김, 『스위치: 손쉽게 극적인 변화를 이끌어내는 행동설계의 힘』(웅진지식하우스, 2010), 228-232쪽.

26) 이현우, 『한국인에게 가장 잘 통하는 설득전략 24』(더난출판, 2005), 57쪽.

27) 「미끼 상품 마케팅」, 『제주일보』, 2004년 12월 1일.

28) 엘리어트 애런슨(Elliot Aronson), 윤진·최상진 옮김, 『사회심리학(개정5판)』(탐구당, 1988/1991), 403쪽; 토드 부크홀츠(Todd G. Buchholz), 장석훈 옮김, 『러쉬!: 우리는 왜 도전과 경쟁을 즐기는가』(청림출판, 2011/2012), 317-318; 「Ben Franklin effect」, 『Wikipedia』.

29) 「홈쇼핑 화술」, 『VOGUE』, 2013년 4월호; 『스타일닷컴』, 2013년 4월 19일.

30) 리처드 와이즈먼(Richard Wiseman), 박세연 옮김, 『립잇업: 멋진 결과를 만드는 작은 행동들』(웅진지식하우스, 2012/2013), 193쪽.

31) 문요한, 「일단 발만 담그자!」, 『노컷뉴스』, 2007년 6월 18일.

32) 로버트 치알디니(Robert Cialdini), 황혜숙 옮김, 『설득의 심리학(개정5판)』(21세기북스, 2009/2013), 78-82쪽; 니콜라 게겐(Nicholas Guéguen), 고경란 옮김, 『소비자는 무엇으로 사는가?: 고객의 심리에 관한 100가지 실험』(지형, 2005/2006), 239쪽; 「foot-in-the-door technique」, 『Wikipedia』.

33) 이상건, 「투자의 좋은 동반자 '디폴트 옵션'」, 『한경비즈니스』, 제862호(2012년 6월 13일).

34) 범상규·송균석, 『호모 이코노미쿠스: 비합리적 소비 행동에 숨은 6가지 심리』(네시간, 2010), 208쪽; 「Default effect (psychology)」, 『Wikipedia』.

35) 이계평, 「기업경영 변화가 어렵다?…'현상유지'편향을 역이용하라」, 『한국경제』, 2012년 2월 3일.

36) 김보경, 「프랑스, 장기기증 서약 없어도 동의로 간주」, 『연합뉴스』, 2017년 1월 3일.

37) 「옵트인/옵트아웃」, 『네이버 지식백과』.

38) 이준구, 『36.5℃ 인간의 경제학: 경제행위 뒤에 숨겨진 인간의 심리 탐구』(알에이치코리아, 2009), 131-132쪽; 「Choice architecture」, 『Wikipedia』; 「Soft paternalism」, 『Wikipedia』. 강준만, 「왜 '옛 애인'과 '옛 직장'이 그리워질까?: 현상유지 편향」, 『감정 독재: 세상을 꿰뚫는 50가지 이론』(인물과사상사, 2013), 90-93쪽; 「왜 공중도덕을 지키자는 계몽 캠페인은 실패하는가?: 넛지」, 『감정 독재: 세상을 꿰뚫는 50가지 이론』(인물과사상사, 2013), 262-267쪽 참고.

39) 민재형, 「『휴넷MBA와 함께 하는 경영 뉴트렌드』 변화 싫어하는 귀차니즘 심리를 역이용

하라」, 『조선일보』, 2011년 11월 24일.

40) 캐스 선스타인(Cass R. Sunstein), 장경덕 옮김, 『심플러: 간결한 넛지의 힘』(21세기북스, 2013), 133-135쪽.

41) 유리 그니지(Uri Gneezy) & 존 리스트(John A. List), 안기순 옮김, 『무엇이 행동하게 하는 가: 마음을 움직이는 경제학』(김영사, 2013/2014), 238-239쪽.

42) 로버트 치알디니(Robert B. Cialdini) 외, 『설득의 심리학 완결편: 작은 시도로 큰 변화를 이끌어내는 '스몰 빅'의 놀라운 힘』(21세기북스, 2014/2015), 131쪽.

43) 구본권, 『당신을 공유하시겠습니까?』(어크로스, 2014), 104-108쪽.

44) 윤정호, 「4달러 커피에 3달러 팁… 모바일 결제가 부른 '팁 바가지'」, 『조선일보』, 2015년 2월 3일.

45) 캐스 선스타인(Cass R. Sunstein), 장경덕 옮김, 『심플러: 간결한 넛지의 힘』(21세기북스, 2013), 247쪽.

46) 로버트 W. 맥체스니(Robert W. McChesney), 전규찬 옮김, 『디지털 디스커넥트: 자본주의 는 어떻게 인터넷을 민주주의의 적으로 만들고 있는가』(삼천리, 2014), 7-8쪽.

47) 박병천, 「소비자의 마음과 행동을 유도하는 힘」, 『머니투데이』, 2010년 10월 12일.

48) 「어포던스」, 『위키백과』; 「행동 유도성(affordance)」, 『네이버 지식백과』; 「Affordance」, 『Wikipedia』; 박병천, 「소비자의 마음과 행동을 유도하는 힘」, 『머니투데이』, 2010년 10월 12일; 도널드 노먼(Donald A. Norman), 이창우·김영진·박창호 옮김, 『디자인과 인간심 리』(학지사, 1988/1996), 24-26쪽. 깁슨은 어포던스가 비 가시적(볼 수 있는 것)일 필요 가 있다고 생각하지 않았지만, 노먼에게 핵심적인 것은 어포던스의 가시성이었다. 도널드 노먼(Donald A. Norman), 박창호 옮김, 『미래 세상의 디자인』(학지사, 2007/2009), 93-94쪽.

49) 리처드 탈러(Richard H. Thaler) & 캐스 선스타인(Cass R. Sunstein), 안진환 옮김, 『넛지: 똑똑한 선택을 이끄는 힘』(리더스북, 2008/2009), 145쪽.

50) 이재현, 『디지털 문화』(커뮤니케이션북스, 2013), 2쪽. 미국 철학자 마이클 하임(Michael R. Heim, 1944-)은 인터페이스의 의미는 경제학에서부터 형이상학에 이르기까지 광범위 하게 적용된다며 다음과 같이 말한다. "인터페이스는 둘 이상의 정보원이 직접 대면하는 곳에서 발생한다…. 인터페이스는 비디오 하드웨어나 우리가 들여다보는 스크린 이상의 것을 의미한다. 인터페이스는 소프트웨어를 지칭하기도 하고, 우리가 능동적으로 컴퓨터 의 작동에 변화를 가하고 결과적으로 컴퓨터에 의해서 조절되는 세계를 변경시키는 방식 을 지칭하기도 한다. 또한 인터페이스는 소프트웨어가 인간 사용자를 컴퓨터 처리기에 연 결지어주는 접촉 지점을 일컫기도 한다." 마이클 하임, 여명숙 옮김, 『가상현실의 철학적 의미』(책세상, 1993/1997), 132쪽.

51) 카이호 히로유키·하라다 에츠코·쿠로스 마사아키, 박영목·이동연 옮김, 『인터페이스란

무엇인가: 사람은 컴퓨터와 어떻게 만나야 하는가』(지호, 1998), 5쪽.

52) 나은영, 『행복 소통의 심리』(커뮤니케이션북스, 2013), 9-10쪽.

53) 요하이 벤클러(Yochai Benkler), 최은창 옮김, 『네트워크의 부: 사회적 생산은 시장과 자유
를 어떻게 바꾸는가』(커뮤니케이션북스, 2006/2015), 27-28쪽. 셰리 터클(Sherry Turkle)
은 『외로워지는 사람들: 테크놀로지가 인간관계를 조정한다』(2010)에서 "테크놀로지는 그
어포던스가 우리의 인간적 약점과 만날 때 매력적이다"고 말한다. "알다시피 우리는 정말
상처받기 쉬운 존재다. 외로움을 타면서도 친밀해지는 건 두려워한다. 디지털 연결망과 사
교 로봇은 '친구 맺기를 요구하지 않는 교류'라는 환상을 제공한다. 우리의 네트워크화된
삶에는 서로 묶여 있는 순간에도 서로에게서 숨을 수 있는 여지가 있다. 대화보다는 문자
메시지가 선호된다." 셰리 터클(Sherry Turkle), 이은주 옮김, 『외로워지는 사람들: 테크놀
로지가 인간관계를 조정한다』(청림출판, 2010/2012), 18-19쪽.

54) 나은영, 「스마트미디어 시대 네트워크 인간의 선택」, 김영석 외, 『스마트미디어: 테크놀로
지·시장·인간』(나남, 2015), 423쪽.

55) 존 어리(John Urry), 강현수·이희상 옮김, 『모빌리티』(아카넷, 2014), 39-40쪽.

56) 하워드 라인골드(Howard Rheingold), 김광수 옮김, 『넷스마트: 구글, 페이스북, 위키, 그
리고 그보다 스마트해야 할 당신』(문학동네, 2012/2014), 257쪽.

57) 정승호, 「고객에게 감동을, 러브마크와 세렌디피티」, 『창업경영신문』, 2011년 2월 23일.

58) 박병천, 「소비자의 마음과 행동을 유도하는 힘」, 『머니투데이』, 2010년 10월 12일.

59) 양정훈, 「『성공을 위한 시간경영』 어포던스의 법칙」, 『세계일보』, 2010년 9월 13일.

60) 김정래, 「정부는 스스로 돕는 者를 도와야 한다」, 『문화일보』, 2012년 8월 16일.

61) 강준만, 「왜 공중도덕을 지키자는 계몽 캠페인은 실패하는가?: 넛지」, 『감정 독재: 세상을
꿰뚫는 50가지 이론』(인물과사상사, 2013), 262-267쪽 참고.

62) 폴 페어솔(Paul Pearsall), 정태연·전경숙 옮김, 『역설의 심리학: 익숙한 인생의 가치와 결
별하라』(동인, 2005/2007), 132쪽.

63) 언어학자 노엄 촘스키(Noam Chomsky, 1928-)와 공동 작업을 하기도 했던 밀러는 심
리언어학 또는 언어심리학(psycholinguistics)의 창시자 중의 한 명으로 유명한 인물이다.
「George Armitage Miller」, 『Wikipedia』.

64) 쉬나 아이엔가(Sheena Iyengar), 오혜경 옮김, 『선택의 심리학: 어떻게 선택할 것인가』
(21세기북스, 2010), 304-306쪽.

65) 바스 카스트(Bas Kast), 정인회 옮김, 『선택의 조건: 사람은 무엇으로 행복을 얻는가』(한국
경제신문, 2012), 52-53쪽.

66) 조나 레러(Jonah Lehrer), 강미경 옮김, 『탁월한 결정의 비밀: 뇌신경과학의 최전방에서
밝혀낸 결정의 메커니즘』(위즈덤하우스, 2009), 243-244쪽; 스티븐 브라이어스(Stephen
Briers), 구계원 옮김, 『엉터리 심리학』(동양북스, 2012/2014), 160-161쪽.

67) 잭 트라우트(Jack Trout) & 알 리스(Al Ries), 안진환 옮김, 『포지셔닝』(을유문화사, 2000/2002), 53쪽.

68) 로버트 프랭크(Robert H. Frank) & 필립 쿡(Philip J. Cook), 권영경·김양미 옮김, 『이긴 자가 전부 가지는 사회』(CM비지니스, 1995/1997), 75-76쪽.

69) 박웅현, 『여덟 단어: 인생을 대하는 우리의 자세』(북하우스, 2013), 207-209쪽.

70) 잭 보웬(Jack Bowen), 이수경 옮김, 『범퍼스티커로 철학하기』(민음인, 2010/2012), 11쪽.

71) 유정식, 『착각하는 CEO: 직관의 오류를 깨뜨리는 심리의 모든 것』(알에이치코리아, 2013), 14쪽.

72) 니콜라스 카(Nicholas Carr), 최지향 옮김, 『생각하지 않는 사람들: 인터넷이 우리의 뇌 구조를 바꾸고 있다』(청림출판, 2010/2011), 186쪽; 매기 잭슨(Maggie Jackson), 왕수민 옮김, 『집중력의 탄생: 현대인의 지성을 회복하기 위한 강력한 로드맵』(다산호당, 2008/2010), 141쪽.

73) 로버트 프랭크(Robert H. Frank) & 필립 쿡(Philip J. Cook), 권영경·김양미 옮김, 『이긴 자가 전부 가지는 사회』(CM비지니스, 1995/1997), 75쪽.

74) 「Murder of Kitty Genovese」, 『Wikipedia』.

75) 로렌 슬레이터(Lauren Slater), 조증열 옮김, 『스키너의 심리상자 열기』(에코의서재, 2004/2005), 100-101쪽; 강미은, 『여론조사 뒤집기: 여론 게임의 해부』(개마고원, 1997), 53-54쪽.

76) 말콤 글래드웰(Malcolm Gladwell), 임옥희 옮김, 『티핑 포인트: 베스트셀러는 어떻게 뜨게 되는가?』(이끌리오, 2000), 43-44쪽.

77) 스티븐 레빗(Steven D. Levitt) & 스티븐 더브너(Stephen J. Dubner), 안진환 옮김, 『슈퍼 괴짜경제학』(웅진지식하우스, 2009), 146쪽.

78) 「Bystander effect」, 『Wikipedia』.

79) 강미은, 『여론조사 뒤집기: 여론 게임의 해부』(개마고원, 1997), 53-54쪽; 「방관자효과(bystander effect, 傍觀者效果)」, 『네이버 지식백과』; 「제노비스 신드롬(Genovese syndrome)」, 『네이버 지식백과』.

80) 로저 호크(Roger R. Hock), 유연옥 옮김, 『심리학을 변화시킨 40가지 연구』(학지사, 1992/2001), 444-456; 「Bystander effect」, 『Wikipedia』; 「John Darley」, 『Wikipedia』.

81) 로버트 치알디니(Robert Cialdini), 윤미나 옮김, 『설득의 심리학 2』(21세기북스, 2007/2008), 251쪽; 「Diffusion of responsibility」, 『Wikipedia』.

82) 마거릿 헤퍼넌(Margaret Heffernan), 김학영 옮김, 『의도적 눈감기: 비겁한 뇌와 어떻게 함께 살 것인가』(푸른숲, 2011/2013), 228-229쪽. 강준만, 「왜 한국은 '불감사회(不感社會)'가 되었는가?: 의도적 눈감기」, 『생각과 착각: 세상을 꿰뚫는 50가지 이론』(인물과사상사, 2016), 187-192쪽 참고.

83) 조프 롤스(Geoff Rolls), 박윤정 옮김, 『유모차를 사랑한 남자: 인간 존재의 수수께끼를 푸는 심리학 탐험 16 장면』(미래인, 2005/2008), 90쪽.

84) a good Samaritan은 "자선가", samaritanism은 "괴로워하는 사람에 대한 자비, 친절"을 뜻한다. 사마리아족은 로마 지배 시절 말기 1백만 명이 넘었으나, 2012년 1월 1일 현재 인구는 751명에 불과하다. 아마도 뿔뿔이 흩어진 것으로 보인다. Martin H. Manser, 『Get to the Roots: A Dictionary of Word & Phrase Origins』(New York: Avon Books, 1990), p.104; 「Samaritans」, 『Wikipedia』.

85) 정성훈, 『사람을 움직이는 100가지 심리법칙』(케이앤제이, 2011), 210-211쪽; 코델리아 파인(Cordelia Fine), 송정은 옮김, 『뇌 마음대로: 나를 멋대로 조종하는 발칙한 뇌의 심리학』(공존, 2006/2010), 88-89쪽.

86) 「선한 사마리아인법(good Samaritan law)」, 『네이버 지식백과』; 「Good Samaritan law」, 『Wikipedia』.

87) 롤프 도벨리(Rolf Dobelli), 두행숙 옮김, 『스마트한 생각들: 사람의 마음을 움직이는 52가지 심리 법칙』(걷는나무, 2011/2012), 95쪽.

88) 김재휘, 『설득 심리 이론』(커뮤니케이션북스, 2013), 22쪽.

89) 레토 슈나이더(Reto U. Schneider), 이정모 옮김, 『매드 사이언스 북: 엉뚱하고 기발한 과학실험 111』(뿌리와이파리, 2004/2008), 52-53쪽; 「Max Ringelmann」, Wikipedia.

90) Niccolo Machiavelli, 『The Prince and The Discourses』(New York: The Modern Library, 1950), p.462.

91) 롤프 도벨리(Rolf Dobelli), 두행숙 옮김, 『스마트한 생각들: 사람의 마음을 움직이는 52가지 심리 법칙』(걷는나무, 2011/2012), 97-99쪽; 「Group polarization」, 『Wikipedia』.

92) 이계평, 「조직내 '사회적 태만 '줄이려면」, 『한국경제』, 2013년 6월 27일.

93) 김인수, 「줄다리기의 경영학: 8명이 4명보다 못한 까닭」, 『매일경제』, 2012년 8월 27일.

94) 김인수, 「줄다리기의 경영학: 8명이 4명보다 못한 까닭」, 『매일경제』, 2012년 8월 27일.

95) 노스코트 파킨슨, 김광웅 옮김, 『파킨슨의 법칙』(21세기북스, 1957/2003), 57-69쪽. 강준만, 「왜 어느 소방대원은 상습적인 방화를 저질렀을까?: 파킨슨의 법칙」, 『감정독재: 세상을 꿰뚫는 50가지 이론』(인물과사상사, 2013), 296-300쪽 참고.

96) 「Social loafing」, 『Wikipedia』.

13장

1) 스티븐 브라이어스(Stephen Briers), 구계원 옮김, 『엉터리 심리학』(동양북스, 2012/2014), 77-78쪽.

2) 스티븐 브라이어스(Stephen Briers), 구계원 옮김, 『엉터리 심리학』(동양북스, 2012/2014),

89-90쪽.

3) Joseph A. DeVito, 『The Interpersonal Communication Book』 3rd ed. (New York: Harper & Row, 1983), p.195; 「Meta-communication」, 『Wikipedia』.

4) 허은아, 『메라비언 법칙』(위즈덤하우스, 2012), 5-9쪽; 제임스 보그(James Borg), 이수연 옮김, 『설득력: 간결하고 강력하게 말하는 대화의 힘』(비즈니스맵, 2007/2009), 85-86쪽; Joseph A. DeVito, 『The Interpersonal Communication Book(3rd ed.)』(New York: Harper & Row, 1983), p.194; 「Albert Mehrabian」, 『Wikipedia』; 「메라비언의 법칙(The Law of Mehrabian)」, 『네이버 지식백과』.

5) 간바 와타루, 최영미 옮김, 『비즈니스 협상 심리학』(에이지21, 1997/2007), 183-184쪽.

6) 스티븐 데닝(Stephen Denning), 안진환 옮김, 『스토리텔링으로 성공하라』(을유문화사, 2005/2006), 67-68쪽.

7) 권오성, 「"살쪘어요" 추가했다 역풍…"소통 93%는 몸짓과 음성"」, 『한겨레』, 2015년 3월 24일.

8) 스콧 켈러(Scott Keller) & 콜린 프라이스(Colin Price), 서영조 옮김, 『차이를 만드는 조직』(전략시티, 2011/2014), 376쪽.

9) 구본권, 『당신을 공유하시겠습니까?』(어크로스, 2014), 230-231쪽.

10) Joseph A. DeVito, Human Communication: The Basic Course, 11th ed.(New York: Pearson, 2009), p.460; 이민규, 『끌리는 사람은 1%가 다르다』(더난출판, 2009), 92쪽.

11) 조종혁, 『커뮤니케이션학: 이론과 관점』(세영사, 1992), 336쪽.

12) 강준만, 「왜 내숭을 떠는 사람의 '내숭 까발리기'는 위험한가?: 사회적 가면」, 『생각의 문법: 세상을 꿰뚫는 50가지 이론』(인물과사상사, 2015), 182-187쪽 참고.

13) John Stewart ed., 『Bridges Not Walls: A Book about Interpersonal Communication』(New York: McGraw-Hill, 1995), p.164.

14) 「Mark Snyder (psychologist)」, 『Wikipedia』; 「Self-monitoring」, 『Wikipedia』.

15) 수전 케인(Susan Cain), 김우열 옮김, 『콰이어트: 시끄러운 세상에서 조용히 세상을 움직이는 힘』(알에이치코리아, 2012), 326-327쪽.

16) 나은영, 『인간커뮤니케이션과 미디어』(한나래, 2002), 70쪽.

17) 브라이언 리틀(Brian R. Little), 이창신 옮김, 『성격이란 무엇인가』(김영사, 2014/2015), 114-123쪽.

18) 린다 그래튼(Lynda Gratton), 조성숙 옮김, 『일의 미래: 10년 후, 나는 어디서 누구와 어떤 일을 하고 있을까』(생각연구소, 2011/2012), 292-293쪽.

19) 백승근·신강현·이종현·허창구, 「감정노동, 피할 수 없을 때 누가 즐길 수 있는가: 자기감시의 조절효과를 중심으로」, 『한국심리학회지: 산업 및 조직』, 27권4호(2014년 11월), 721-727쪽.

20) Joseph A. DeVito, 『The Interpersonal Communication Book』 3rd ed. (New York: Harper & Row, 1983), pp.33-35.

21) Judy C. Pearson et al., 『Human Communication』, 3rd ed.(New York: McGraw-Hill, 2008), p.54.

22) 김태열, 「"성공하려면 가면을 벗으세요. '가면증후군'"」, 『헤럴드경제』, 2014년 11월 11일. 강준만, 「왜 여배우 엠마 왓슨은 자신을 사기꾼처럼 여기는가?: 가면 증후군」, 『독선 사회: 세상을 꿰뚫는 50가지 이론 4』(인물과사상사, 2015), 87-91쪽 참고.

23) 매슈 허트슨(Matthew Hutson), 정은아 옮김, 『왜 우리는 미신에 빠져드는가』(소울메이트, 2012/2013), 93-95쪽.

24) 매슈 허트슨(Matthew Hutson), 정은아 옮김, 『왜 우리는 미신에 빠져드는가』(소울메이트, 2012/2013), 276-277쪽.

25) 매슈 허트슨(Matthew Hutson), 정은아 옮김, 『왜 우리는 미신에 빠져드는가』(소울메이트, 2012/2013), 366-367쪽.

26) 한규석, 『사회심리학의 이해』(학지사, 1995), 143-144쪽; 데이비드 맥레이니(David McRaney), 박인균 옮김, 『착각의 심리학』(추수밭, 2011/2012), 122-126쪽; 「Just-world hypothesis」, 『Wikipedia』. 강준만, 「왜 파워포인트 프레젠테이션은 우리의 적이 되었는가?: 통제의 환상」, 『감정 독재: 세상을 꿰뚫는 50가지 이론』(인물과사상사, 2013), 31-37쪽 참고.

27) 리처드 스미스(Richard H. Smith), 이영아 옮김, 『쌤통의 심리학: 타인의 고통을 즐기는 은밀한 본성에 관하여』(현암사, 2013/2015), 145쪽.

28) 엘리어트 애런슨(Elliot Aronson), 박재호 옮김, 『인간, 사회적 동물: 사회심리학에 관한 모든 것』(탐구당, 2012/2014), 479쪽.

29) 닐 로즈(Neal Roese), 허태균 옮김, 『이프(If)의 심리학: 실패를 성공으로 바꾸는 후회의 재발견』(21세기북스, 2005/2008), 135-136쪽.

30) 박진영, 『심리학 일주일』(시공사, 2014), 231쪽.

31) 제프리 페퍼(Jeffrey Pfeffer), 이경남 옮김, 『권력의 기술: 조직에서 권력을 거머쥐기 위한 13가지 전략』(청림출판, 2010/2011), 20-21쪽.

32) Markus Appel, 「Fictional Narratives Cultivate Just-World Beliefs」, 『Journal of Communication』, 58(2008), pp.62-83; 조너선 갓셜(Jonathan Gottschall), 노승영 옮김, 『스토리텔링 애니멀: 인간은 왜 그토록 이야기에 빠져드는가』(민음사, 2012/2014), 168쪽.

33) 「시적 정의(詩的 正義, Poetic justice, Poetische Gerechtigkeit)」, 『네이버 지식백과』.

34) 폴커 키츠(Volker Kitz) & 마누엘 투쉬(Manuel Tusch), 김희상 옮김, 『스마트한 심리학 사용법』(갤리온, 2013/2014), 201-205쪽.

35) 최인철, 『돈 버는 심리 돈 새는 심리: 심리학으로 풀어본 경제 이야기』(랜덤하우스중앙,

2005), 247-249쪽.

36) 안신호, 「사회적 판단과 동기 : 동기가 인지적 책략 선택에 미치는 영향을 중심으로」, 『한국심리학회지: 임상』, 15권1호(1996년 5월), 84쪽; 「Epistemics」, 『Wikipedia』.

37) 주미정·이재식, 「문화성향과 종결욕구에 따른 틀효과에서의 차이」, 『인지과학』, 24권2호(2013년 6월), 179-181쪽.

38) 강준만, 「왜 매년 5000명이 양악 성형수술을 하는가?: 초두 효과」, 『우리는 왜 이렇게 사는 걸까?: 세상을 꿰뚫는 50가지 이론』(인물과사상사, 2014), 162-166쪽 참고.

39) 김남희·천성용·이은재, 「지각된 위험과 인지종결 욕구가 가격 비교 사이트의 최저 가격 제품 구매의도에 미치는 영향」, 『e-비즈니스연구』, 15권6호(2014년 12월), 152-154쪽.

40) Geert Hofstede, 차재호·나은영 옮김, 『세계의 문화와 조직』(학지사, 1995), 163-205쪽.

41) Joseph A. DeVito, Human Communication: The Basic Course, 11th ed.(New York: Pearson, 2009), p.461; Rueyling Chuang, 「An Examination of Taoist and Buddhist Perspectives on Interpersonal Conflicts, Emotions, and Adversaries」, Fred E. Jandt, ed., 『Intercultural Communication: A Global Reader』(Thousand Oaks, CA: Sage, 2004), pp.47-48; 박차라·임성택·차상윤·이인성·김진우, 「소셜미디어에서 약한 유대관계의 형성」, 『한국콘텐츠학회논문지』, 14권4호(2014년 4월), 97-109쪽; 심재웅·김대중, 「대인 커뮤니케이션」, 이준웅·박종민·백혜진 엮음, 『커뮤니케이션 과학의 지평』(나남, 2015), 66-69쪽. 강준만, 「왜 한국인은 '다르다'를 '틀리다'라고 말하나?」, 『세계문화의 겉과속』(인물과사상사, 2012), 65-76쪽; 엠 그리핀(Em Griffin), 김동윤·오소현 옮김, 『첫눈에 반한 커뮤니케이션 이론』(커뮤니케이션북스, 2012), 190, 207-222쪽 참고.

42) 전병재, 『사회심리학: 관점과 이론』(경문사, 1987), 388쪽.

43) 조나단 터너, 정태환 외 역, 「제30장 어빙 고프만의 연극적 이론」, 『현대 사회학 이론』(나남, 2001), 509쪽.

44) 어빙 고프만, 김병서 옮김, 『자아표현과 인상관리: 연극적 사회분석론』(경문사, 1959/1987), 3쪽.

45) 조종혁, 『커뮤니케이션학: 이론과 관점』(세영사, 1992), 336쪽.

46) Irving Louis Horowitz, 「Books」, 『Commonweal』, May 23, 1975, p.150.

47) 조나 레러(Jonah Lehrer), 강미경 옮김, 『탁월한 결정의 비밀: 뇌신경과학의 최전방에서 밝혀낸 결정의 메커니즘』(위즈덤하우스, 2009), 58쪽; 조현준, 『왜 팔리는가: 뇌과학이 들려주는 소비자 행동의 3가지 비밀』(아템포, 2013), 127쪽.

48) 조종혁, 『커뮤니케이션학: 이론과 관점』(세영사, 1992), 338쪽.

49) 제러미 리프킨, 이희재 옮김, 『소유의 종말(The Age of Access)』(민음사, 2001), 244쪽.

50) 제러미 리프킨, 이희재 옮김, 『소유의 종말(The Age of Access)』(민음사, 2001), 245쪽.

51) 조종혁, 『커뮤니케이션학: 이론과 관점』(세영사, 1992), 339-340쪽.

52) 조종혁, 『커뮤니케이션학: 이론과 관점』(세영사, 1992), 340쪽.

53) 조종혁, 『커뮤니케이션학: 이론과 관점』(세영사, 1992), 342쪽.

54) 조종혁, 『커뮤니케이션과 상징조작: 현대사회의 신화』(성균관대학교출판부, 1994), 26쪽.

55) 어빙 고프만, 김병서 옮김, 『자아표현과 인상관리: 연극적 사회분석론』(경문사, 1959/1987), 19-20쪽.

56) 제프리 로즌, 「동아일보 제휴 뉴욕타임스: 당신의 사생활이 무너지고 있다」, 『동아일보』, 2000년 5월 3일, A23면.

57) 조나단 터너, 정태환 외 공역, 『현대 사회학 이론』(나남, 2001), 498쪽; 한규석·황상민, 「사이버공간 속의 인간관계와 심리적 특성」, 황상민·한규석 편저, 『사이버공간의 심리: 인간적 정보화사회를 위해서』(박영사, 1999), 24쪽.

58) 조나단 터너, 정태환 외 공역, 『현대 사회학 이론』(나남, 2001), 508쪽.

59) 구정은, 「'기업이 생기는 이유' 설명한 미 경제학자 로널드 코스 별세」, 『경향신문』, 2013년 9월 4일.

60) 구정은, 「'기업이 생기는 이유' 설명한 미 경제학자 로널드 코스 별세」, 『경향신문』, 2013년 9월 4일; 최병모·이수진, 『코즈가 들려주는 외부효과 이야기』(자음과모음, 2011), 12-13쪽.

61) 박기찬·이윤철·이동현, 『경영의 교양을 읽는다』(더난출판, 2005), 287-293쪽.

62) 조준현, 『서프라이즈 경제학』(인물과사상사, 2009), 131-132쪽; 김윤태, 『사회적 인간의 몰락: 왜 사람들은 고립되고 원자화되고 파편화되는가』(이학사, 2015), 122-123쪽.

63) 가이 스탠딩(Guy Standing), 김태호 옮김, 『프레카리아트: 새로운 위험한 계급』(박종철출판사, 2011/2014), 68쪽.

64) 레이철 보츠먼(Rachel Botsman) & 루 로저스(Roo Rogers), 이은진 옮김, 『위 제너레이션』(모멘텀, 2011), 168-170쪽.

65) 돈 탭스코트(Don Tapscott) & 앤서니 윌리엄스(Anthony D. Williams), 윤미나 옮김, 『위키노믹스: 웹2.0의 경제학』(21세기북스, 2006/2007), 93쪽.

66) 강정수, 「디지털 자본주의와 근심」, 『한겨레』, 2015년 2월 26일.

67) 나비 라드주, 「[Weekly BIZ] 공유경제 확산과 중산층 구매력 약화로 '검소한 경제' 부상하고 있어」, 『조선일보』, 2015년 2월 14일.

68) 존 실리 브라운(John Seely Brown) & 폴 두기드(Paul Duguid), 이진우 옮김, 『비트에서 인간으로』(거름, 2000/2001), 40-45쪽.

69) 모이제스 나임(Moises Naim), 김병순 옮김, 『권력의 종말: 다른 세상의 시작』(책읽는수요일, 2013/2015), 100쪽.

70) 김인규, 『박정희, 압축 민주화로 이끌다: 경제학 제국주의자의 한국경제론』(기파랑, 2014), 153-154쪽.

71) 김건호, 「2014년 하루 집회·시위 124건… 집회·시위 공화국」, 『세계일보』, 2015년 2월 23일.

72) 기획취재팀, 「'사법 저울'이 기울었다: 강한 자엔 '솜방망이' 약한 자엔 '쇠몽둥이'」, 『경향신문』, 2000년 12월 26일, 1면.

73) 이정애, 「안진걸 희망제작소 팀장 "요즘 집회·시위 감동없고 짜증"」, 『한겨레』, 2007년 5월 25일, 12면.

14장

1) 톰 켈리(Tom Kelley) & 데이비드 켈리(David Kelley), 박종성 옮김, 『유쾌한 크리에이티브: 어떻게 창조적 자신감을 이끌어낼 것인가』(청림출판, 2013/2014), 22쪽; 「Self-efficacy」, 『Wikipedia』.

2) 크리스토퍼 얼리(Chrsitopher Earley), 순 앙(Soon Ang) & 주생 탄(Joo-Seong Tan), 박수철 옮김, 『문화지능: 글로벌시대 새로운 환경을 위한 생존전략』(영림카디널, 2006/2007), 110-111쪽.

3) 스티븐 기즈(Stephen Guise), 구세희 옮김, 『습관의 재발견: 기적같은 변화를 불러오는 작은 습관의 힘』(비즈니스북스, 2013/2014), 134쪽; 토마스 차모로-프레무지크(Tomas Chamorro-Premuzic), 이현정 옮김, 『위험한 자신감: 현실을 왜곡하는 아찔한 습관』(더퀘스트, 2013/2014), 68쪽.

4) 백승찬, 「[책과 삶] 탈진한 우리네를 위한 '마음 근육' 단련법」, 『경향신문』, 2014년 9월 27일.

5) 너새니얼 브랜든(Nathaniel Branden), 김세진 옮김, 『자존감의 여섯 기둥: 어떻게 나를 사랑할 것인가』(교양인, 1994/2015), 59쪽.

6) 로버트 스턴버그(Robert J. Sternberg), 신종호 옮김, 『성공하는 학자가 되기 위한 암묵적 지혜』(학지사, 2003/2009), 120-121쪽.

7) 박웅기·박윤정, 「인터넷 자기효능감과 인터넷 정보격차의 관계에 관한 연구: 부모와 자녀를 중심으로」, 『한국언론학보』, 제53권2호(2009년 4월), 398쪽.

8) 캐롤라인 애덤스 밀러(Caroline Adams Miller) 외, 우문식·박선령 옮김, 『어떻게 인생 목표를 이룰까?: 와튼스쿨의 베스트 인생 만들기 프로그램』(물푸레, 2011/2012), 54-55쪽.

9) 브리짓 슐트(Brigid Schulte), 안진이 옮김, 『타임푸어: 항상 시간에 쫓기는 현대인을 위한 일·가사·휴식 균형잡기』(더퀘스트, 2014/2015), 416쪽.

10) 김병수, 「당신의 의지력을 믿지 마라」, 『인물과 사상』, 2015년 4월호, 174쪽.

11) 김찬호, 『모멸감: 굴욕과 존엄의 감정사회학』(문학과지성사, 2014), 140쪽.

12) 김윤철, 「신뢰집단 만들기」, 『경향신문』, 2014년 10월 11일.

13) 김희선, 「"종교 신뢰도 급락…천주교가 신뢰도 가장 높아"」, 『연합뉴스』, 2015년 10월 28일.

14) 이성훈, 「'정치인 不信'은 만국 공통의 정서」, 『조선일보』, 2013년 7월 11일.

15) 홍영림, 「"나는 중도층" 절반 육박… "보수"·"진보"는 각각 29%·21%로 줄어」, 『조선일보』, 2015년 8월 10일.

16) 권혁남, 『미디어 정치 캠페인』(커뮤니케이션북스, 2014), 493-494쪽; 박원호, 「세대 갈등: 청년의 정치적 소외를 중심으로」, 고상두·민희 편저, 『후기산업사회와 한국정치: 갈등의 지속과 변화』(마인드탭, 2015), 152-153쪽; 「Political efficacy」, 『Wikipedia』; 「Political Alienation」, 『Wikipedia』.

17) 박원호, 「세대 갈등: 청년의 정치적 소외를 중심으로」, 고상두·민희 편저, 『후기산업사회와 한국정치: 갈등의 지속과 변화』(마인드탭, 2015), 154쪽.

18) 강준만, 「왜 지방 주민들이 서울의 문제들을 걱정하는가?: 의제설정 이론」, 『우리는 왜 이렇게 사는 걸까?: 세상을 꿰뚫는 50가지 이론』(인물과사상사, 2014), 278-283쪽 참고.

19) 이문영, 「차광호가 내려와도 하늘은 여전히 빽빽하다」, 『미디어오늘』, 2015년 7월 15일.

20) 김낙호, 「'헬조선'의 정치적 효능감」, 『한국일보』, 2015년 9월 13일.

21) 곽금주, 『20대 심리학』(알에이치코리아, 2008), 43-44쪽.

22) 김고은, 「"언론, '고시원 사는 친구'에 관심…그 너머 청년을 봐달라"」, 『기자협회보』, 2015년 4월 29일.

23) 조성주, 『알린스키, 변화의 정치학』(후마니타스, 2015), 8쪽.

24) 칩 히스(Chip Heath) & 댄 히스(Dan Heath), 안진환 옮김, 『스위치: 손쉽게 극적인 변화를 이끌어내는 행동설계의 힘』(웅진지식하우스, 2010), 209쪽.

25) 임귀열, 「『임귀열 영어』 There never was a good war or a bad peace. (좋은 전쟁 없고 나쁜 평화 없다)」, 『한국일보』, 2010년 12월 1일.

26) '집단 효능감'은 원래 범죄사회학에서 쓰는 개념으로 한 공동체의 구성원들이 지역내의 개인이나 집단의 행동을 통제할 수 있는 능력을 가리키는 말이다. 즉, 공동체 내부의 결속과 연대감으로 일어날 수 있는 범죄를 미연에 방지하거나 통제한다는 이야기다. 이른바 '깨진 유리창 이론(broken window theory)'에 대한 대안으로 이해하면 되겠다. 「Collective efficacy」, 『Wikipedia』; 김봉수 외, 『평판사회: 땅콩회항 이후, 기업경영은 어떻게 달라져야 하는가』(알에이치코리아, 2015), 171-172쪽. 강준만, 「왜 '깨진 유리창' 하나가 그 지역의 무법천지를 불러오는가?: '깨진 유리창' 이론」, 『우리는 왜 이렇게 사는 걸까?: 세상을 꿰뚫는 50가지 이론』(인물과사상사, 2014), 249-253쪽 참고.

27) 이인식, 『멋진 과학 2』(고즈윈, 2011), 348쪽; 조지 보나노(George A. Bonanno), 박경선 옮김, 『슬픔뒤에 오는 것들: 상실과 트라우마 그리고 슬픔의 심리학』(초록물고기, 2009/2010), 353-358쪽.

28) 김찬호, 『모멸감: 굴욕과 존엄의 감정사회학』(문학과지성사, 2014), 281쪽.

29) 조지 베일런트(George E. Vaillant), 이덕남 옮김, 『행복의 조건』(프런티어, 2002/2010), 384-385쪽.

30) 최성애, 『나와 우리 아이를 살리는 회복탄력성: 최성애 박사의 행복 에너지 충전법』(해냄, 2014), 15쪽.

31) 이인식, 『멋진 과학 2』(고즈윈, 2011), 348-349쪽; 「George Bonanno」, 『Wikipedia』.

32) 김주환, 『회복탄력성: 시련을 행운으로 바꾸게 하는 유쾌한 비밀』(위즈덤하우스, 2011), 19쪽.

33) 톰 켈리(Tom Kelley) & 데이비드 켈리(David Kelley), 박종성 옮김, 『유쾌한 크리에이티브: 어떻게 창조적 자신감을 이끌어낼 것인가』(청림출판, 2013/2014), 84-85쪽.

34) 올리버 버크먼(Oliver Burkeman), 김민주·송희령 옮김, 『행복중독자: 사람들은 왜 돈, 성공, 관계에 목숨을 거는가』(생각연구소, 2011/2012), 93-94쪽.

35) 마거릿 헤퍼넌(Margaret Heffernan), 김성훈 옮김, 『경쟁의 배신: 경쟁은 누구도 승자로 만들지 않는다』(알에이치코리아, 2014), 231쪽.

36) 마이클 본드(Michael Bond), 문희경 옮김, 『타인의 영향력: 그들의 생각과 행동은 어떻게 나에게 스며드는가』(어크로스, 2014/2015), 80-81쪽.

37) 김호기, 「사회의 회복 탄력성」, 『한국일보』, 2014년 12월 23일.

38) 「Psychological resilience」, 『Wikipedia』.

39) 레베카 코스타(Rebecca Costa), 장세현 옮김, 『지금, 경계선에서: 오래된 믿음에 대한 낯선 성찰』(샘앤파커스, 2010/2011), 159쪽.

40) 「Self-determination theory」, 『Wikipedia』.

41) C. Page Moreau & Darren W. Dahl, 「인지적 제약과 소비자 창의성」, Arthur B. Markman & Kristin L. Wood 공편, 김경일 외 공역, 『혁신의 도구』(학지사, 2009/2013), 211쪽; 니르 이얄(Nir Eyal) & 라이언 후버(Ryan Hoover), 조지현 옮김, 『훅: 습관을 만드는 신상품 개발 모델』(리더스북, 2013/2014), 100쪽.

42) 다니엘 핑크(Daniel H. Pink), 김주환 옮김, 『드라이브』(청림출판, 2009/2011), 104쪽.

43) 김주환·이윤미·김민규·김은주, 「온라인 게임 중독의 유형과 원인에 관한 연구: 자기결정성 이론을 중심으로」, 『한국언론학보』, 50권5호(2006년 10월), 79-107쪽; 최민아·신우열·박민아·김주환, 「커뮤니케이션 능력은 우리를 강하고 행복하게 만든다: 회복탄력성과 자기결정성을 통해본 커뮤니케이션 능력의 역할」, 『한국언론학보』, 53권5호(2009년 10월), 199-220쪽.

44) 예컨대, 김혜영·이동귀, 「직장인의 자기계발 동기와 심리적 안녕감의 관계」, 『한국심리학회지: 산업 및 조직』, 22권2호(2009), 261-293쪽 참고.

45) 에드워드 데시(Edward L. Deci) & 리처드 플래스트(Richard Flaste), 이상원 옮김, 『마음

의 작동법: 무엇이 당신을 움직이는가』(에코의서재, 1995/2011), 250쪽.

46) 강준만, 「왜 파워포인트 프레젠테이션은 우리의 적이 되었는가?: 통제의 환상」, 『감정 독재: 세상을 꿰뚫는 50가지 이론』(인물과사상사, 2013), 31-37쪽 참고.

47) 김민태, 『나는 고작 한번 해봤을 뿐이다』(위즈덤하우스, 2016), 103-104쪽.

48) 데이비드 즈와이그(David Zweig), 박슬라 옮김, 『인비저블: 자기홍보의 시대, 과시적 성공 문화를 거스르는 조용한 영웅들』(민음인, 2014/2015), 298쪽.

49) 라즐로 복(Laszlo Bock), 이경식 옮김, 『구글의 아침은 자유가 시작된다: 구글 인사책임자가 직접 공개하는 인재등용의 비밀』(알에이치코리아, 2015), 266-267쪽.

50) 다니엘 핑크(Daniel H. Pink), 김주환 옮김, 『드라이브』(청림출판, 2009/2011), 103쪽.

51) 강준만, 「왜 재미있게 하던 일도 돈을 주면 하기 싫어질까?: 과잉정당화 효과」, 『생각의 문법: 세상을 꿰뚫는 50가지 이론』(인물과사상사, 2015), 169-173쪽 참고.

52) 문요한, 『스스로 살아가는 힘: 내가 선택하고 결정하는 인생법』(더난출판, 2014), 111-112쪽.

53) 문요한, 『스스로 살아가는 힘: 내가 선택하고 결정하는 인생법』(더난출판, 2014), 112-113쪽.

54) 선안남, 『기대의 심리학』(소울메이트, 2010), 93-96쪽.

55) 리처드 코치(Richard Koch) & 그렉 록우드(Greg Lockwood), 박세연 옮김, 『낯선 사람 효과: 지금 당신에게 필요한 사람들은 누구인가?』(흐름출판, 2010/2012), 63-67쪽; 「Human bonding」, 『Wikipedia』; 「Mark Granovetter」, 『Wikipedia』.

56) 매튜 프레이저(Matthew Fraser) & 수미트라 두타(Soumitra Dutta), 최경은 옮김, 『소셜 네트워크 e 혁명』(행간, 2008/2010), 82-83쪽.

57) 마크 그라노베터(Mark Granovetter), 유홍준·정태인 옮김, 『일자리 구하기: 일자리 접촉과 직업경력 연구』(아카넷, 1995/2012); 매튜 프레이저(Matthew Fraser) & 수미트라 두타(Soumitra Dutta), 최경은 옮김, 『소셜 네트워크 e 혁명』(행간, 2008/2010), 83쪽; 문소영, 「SNS가 연줄 위주 한국 구직활동 변화시킬까?」, 『서울신문』, 2012년 6월 27일.

58) 키이스 페라지(Keith Ferrazzi) & 탈 라즈(Tahl Raz), 이종선 옮김, 『혼자 밥먹지 마라』(랜덤하우스, 2005), 162-163쪽.

59) 문소영, 「SNS가 연줄 위주 한국 구직활동 변화시킬까?」, 『서울신문』, 2012년 6월 27일.

60) 리처드 코치(Richard Koch) & 그렉 록우드(Greg Lockwood), 박세연 옮김, 『낯선 사람 효과: 지금 당신에게 필요한 사람들은 누구인가?』(흐름출판, 2010/2012), 365-367쪽.

61) 리처드 코치(Richard Koch) & 그렉 록우드(Greg Lockwood), 박세연 옮김, 『낯선 사람 효과: 지금 당신에게 필요한 사람들은 누구인가?』(흐름출판, 2010/2012), 376쪽.

62) 리처드 코치(Richard Koch) & 그렉 록우드(Greg Lockwood), 박세연 옮김, 『낯선 사람 효과: 지금 당신에게 필요한 사람들은 누구인가?』(흐름출판, 2010/2012), 355쪽.

63) 헤이즐 로즈 마커스(Hazel Rose Markus) & 앨래나 코너(Alana Conner), 박세연 옮김, 『우리는 왜 충돌하는가』(흐름출판, 2013/2015), 234-235쪽.

64) 심이준, 「친구에게 소개 받은 남자가 뻔한 이유: 왜 내 소개팅은 번번이 실패일까?」, 『예스24 채널예스』, 2012년 11월 19일.

65) 말콤 글래드웰(Malcolm Gladwell), 임옥희 옮김, 『티핑 포인트: 베스트셀러는 어떻게 뜨게 되는가?』,(이끌리오, 2000), 26쪽.

66) Thomas C. Schelling, Micromotives and Macrobehavior(New York: W.W. Norton & Co., 1978/2006), p.101; 말콤 글래드웰(Malcolm Gladwell), 임옥희 옮김, 『티핑 포인트: 베스트셀러는 어떻게 뜨게 되는가?』,(이끌리오, 2000), 27쪽; 「White Flight」, 『Wikipedia』; 필립 코틀러(Philip Kotler), 안진환 옮김, 『마켓 3.0: 모든 것을 바꾸어놓을 새로운 시장의 도래』(타임비즈, 2010), 56쪽.

67) Evan Morris, 『From Altoids to Zima: The Surprising Stories Behind 125 Brand Names』(New York: Fireside Book, 2004), pp.91-92; 「Hush Puppies」, 『Wikipedia』.

68) Malcolm Gladwell, 『The Tipping Point: How Little Things Can Make a Big Difference』,(New York: Back Bay Books, 2000), p.259.

69) 사이먼 사이넥(Simon Sinek), 이영민 옮김, 『나는 왜 이 일을 하는가?』(타임비즈, 2009/2013), 160-182쪽; 김인수, 「[매경 MBA] 삼성전자가 애플 이기려면…WHY로 고객 사로잡아라」, 『매일경제』, 2013년 9월 27일.

맺음말

1) 김진석, 『기우뚱한 균형』(개마고원, 2008), 239-240쪽.

2) 하우봉, 「새로운 시각에서 쓴 한국유교사: 옮긴이의 말」, 강재언, 하우봉 옮김, 『선비의 나라 한국유학 2천년』(한길사, 2003), 501-502쪽.

3) 김홍우, 「닫힌 사회와 소통의 정치: 한국정치의 활성화를 위한 제언」, 김홍우 외, 『삶의 정치, 소통의 정치』(대화출판사, 2003), 50쪽.댜

찾아보기